2015
安徽文化年鉴

《安徽文化年鉴》编委会编

全国百佳图书出版单位
时代出版传媒股份有限公司
安徽人民出版社

图书在版编目（CIP）数据

安徽文化年鉴. 2015 / 《安徽文化年鉴》编委会编.
—合肥：安徽人民出版社，2016.1

ISBN 978-7-212-08579-7

Ⅰ. ①安… Ⅱ. ①安… Ⅲ. ①文化事业—安徽省—2015—年鉴
Ⅳ. ①G127.54-54

中国版本图书馆 CIP 数据核字（2016）第 013763 号

安徽文化年鉴（2015）
《安徽文化年鉴》编委会编

出 版 人：胡正义　　责任印制：董　亮
责任编辑：胡小薇　　装帧设计：孺　樑

出版发行：时代出版传媒股份有限公司 http://www.press-mart.com
安徽人民出版社 http://www.ahpeople.com
合肥市政务文化新区翡翠路 1118 号出版传媒广场 8 楼
邮　　编：230071
营销部电话：0551-63533258　0551-63533292（传真）
印　　制：合肥新安彩印包装有限公司

（如发现印装质量问题，影响阅读，请与印刷厂商联系调换）

开本：889×1194　1/16　印张：27.25　彩插：6 页　字数：850 千
版次：2016 年 3 月第 1 版　2016 年 3 月第 1 次印刷

标准书号：ISBN 978-7-212-08579-7　定价：260.00 元

皖南山乡春色　　(冯帆/摄)

2014年3月9日，中共中央总书记、国家主席、中央军委主席习近平参加十二届全国人大二次会议安徽代表团全体会议。习近平指出，各级领导干部都要树立和发扬好的作风，做到“三严三实”，既严以修身、严以用权、严以律己，又谋事要实、创业要实、做人要实

（徐国康/摄）

2014 年 3 月 27 日，中共中央政治局常委、中央书记处书记刘云山，中共中央政治局委员、书记处书记、中央组织部部长赵乐际参观考察“安徽好人馆”

2014 年 10 月 10 日，省委在合肥市召开全省党的群众路线教育实践活动总结大会，学习贯彻习近平总书记在党的群众路线教育实践活动总结大会上的重要讲话精神，对安徽省教育实践活动进行总结，对巩固和拓展活动成果、加强作风建设、推进从严治党进行全面部署

（徐国康/摄）

2014年5月10日，省委书记张宝顺率安徽经贸文化访问团，来到台湾省云林县四湖乡海清宫包公祖庙，举行赠送包公铜像仪式，受到台湾各地包公庙代表和当地民众的热烈欢迎

（徐国康/摄）

2014年11月12日，省长王学军和德国下萨克森州州长施特凡窑魏尔在合肥市共同签署安徽省与下萨克森州结好30周年备忘录

（杨竹/摄）

2014年12月29日，安徽省社会科学界联合会第七次代表大会在合肥市召开。省领导张宝顺、王学军、王明方、唐承沛、臧世凯、谢广祥等出席开幕式。省委副书记李锦斌讲话，省委常委、宣传部部长曹征海主持开幕式

2014年12月26日，安徽省文学艺术界联合会第六次代表大会在合肥市召开。省委书记张宝顺，中国文联党组书记、副主席赵实出席会议并讲话。省领导王学军、王明方、李锦斌、唐承沛、曹征海、臧世凯、谢广祥出席会议

2014 年 9 月 12 日，中国稻米博物馆在庐江县建成。博物馆占地 20 亩，建筑面积 7000 平方米，馆名由“杂交水稻之父”袁隆平院士题写　(周跃东/摄影)

2014 年 5 月 15 日，第十届中国（深圳）国际文化产业博览交易会在深圳会展中心举行。文博会安徽馆以“创意安徽记忆文化”为主题，以“记忆、创意、精品”为展示理念，突出宣传推介安徽文化品牌形象、知名企业和品牌产品　(陈群/摄)

2014 年 10 月 12 日，安徽省第十三届运动会在安庆市体育中心体育场开幕

（徐国康 杨竹/摄）

2014 年 8 月 26 日晚，由著名黄梅戏表演艺术家韩再芬领衔主演的大型原创黄梅戏舞台剧《徽州往事》在国家大剧院上演。从 26 日至 31 日，该剧连演 6 场，创下地方剧种在国家大剧院连演场次最多的纪录

（杨竹/摄）

2014 年 3 月 27 日，全国首家省级好人馆——安徽好人馆正式开馆

（温沁/摄）

2014 年 9 月 19 日，首届安徽文化惠民消费季活动启动仪式在安徽国际会展中心举行

（姚林 杨竹/摄）

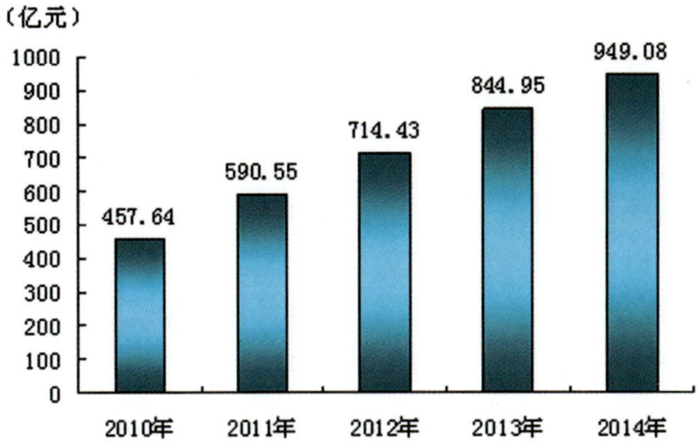

2010—2014 年全省文化及相关产业增加值

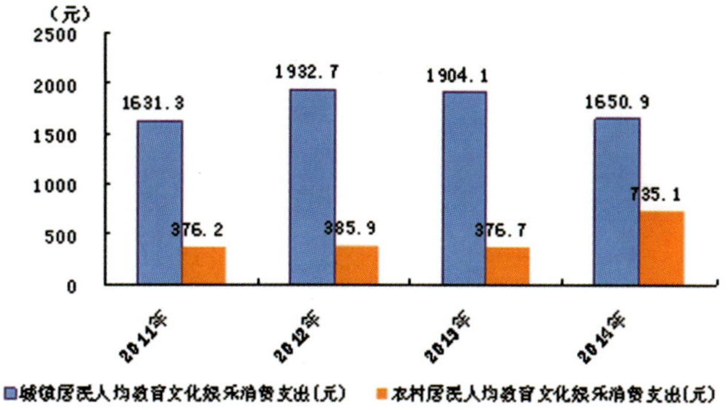

2011—2014 年全省城镇和农村常住居民人均教育文化娱乐支出

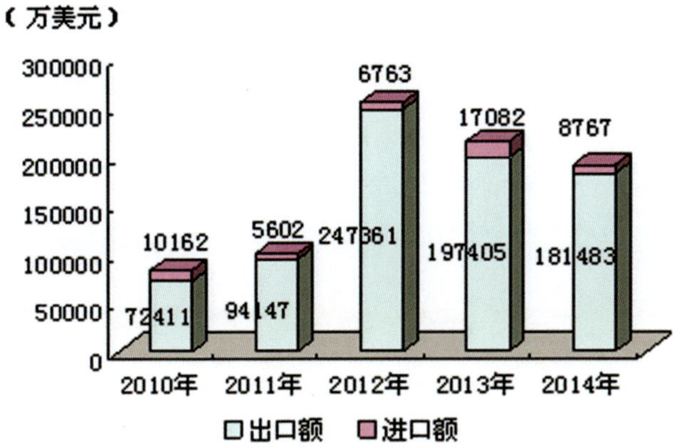

2010—2014 年全省文化及相关产品进出口情况

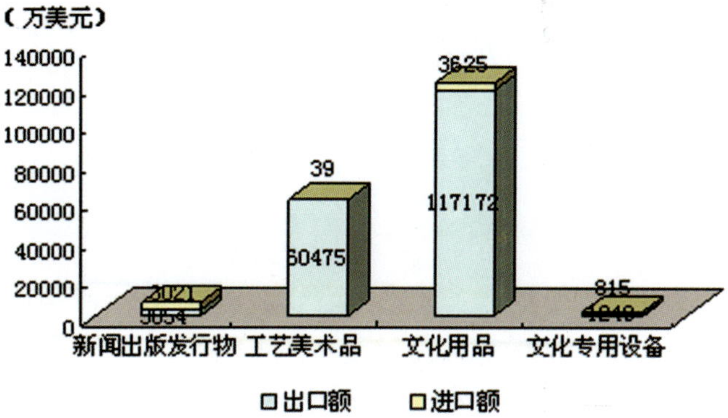

2014 年全省文化及相关产品进出口情况(按商品类别分)

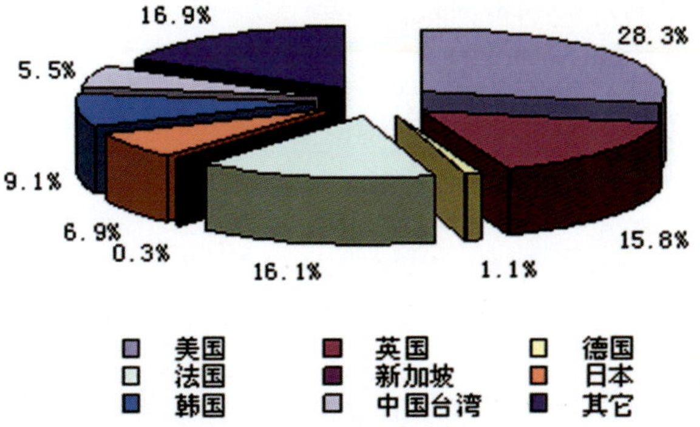

2014 年全省版权引进构成(按国家和地区分)

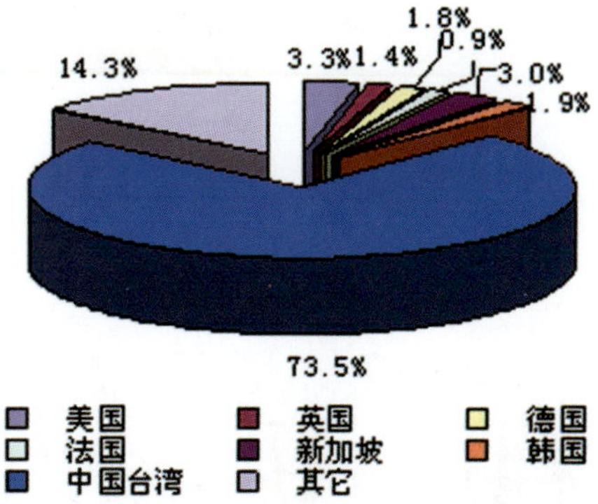

2014 年全省版权输出构成(按国家和地区分)

《安徽文化年鉴》创办于2012年，已连续出版4卷。以图文并茂形式系统记述全省文化事业发展和文化强省建设的轨迹，全面展示徽风皖韵特色。一经创编，就受到各级领导和社会各界的高度评价。2013年在第二届全省年鉴编纂出版质量评奖中获特等奖，荣获全省专业年鉴第一名；2014年获中国版协全国年鉴编纂出版质量特等奖，在众多的专业年鉴中脱颖而出；2015年被收入“中国年鉴全文数据库”，并获“首届中国出版政府奖网络出版物提名奖”，已入藏中国版本图书馆。

安徽文化年鉴

编 辑 说 明

一、《安徽文化年鉴》是系统记述全省宣传文化事业发展和安徽文化强省建设进程的资料性工具书。2012年创刊,本卷是第四部。

二、《安徽文化年鉴》(2015)以中国特色社会主义理论为指导,全面贯彻落实党的十八大和十八届三中、四中全会精神,旨在准确及时记载2014年全省文化发展改革情况,大力弘扬安徽先进文化,展示徽风皖韵特色,为文化强省建设提供翔实丰富的资料支撑,为后世留下堪存堪鉴的史实内容。

三、本书在省委宣传部领导下,由安徽省年鉴研究会和安徽省文化产业发展研究会组织编纂,省各宣传文化单位、各市县(区)委宣传部参加编写。同时,采取约请专家学者撰稿、采集媒体志鉴资料、挖掘历史人文知识等方法,以拓宽资料渠道,丰富年鉴内容。

四、本书采取分类编辑法,全书主体内容按类目、分目、条目三个层次编排,条目是基本单元。类目排在内扉页,由省内书法家题写类名;分目名称双栏排,"特辑""附录"和地级市、直管县分目通栏排;条目标题加【】,为黑体字。部分篇内容为文章体或资料体,未按三个层次编排。

五、全书23个篇目,依次为:特载、安徽文化概况、精神文明建设、哲学社会科学、出版发行印刷、新闻报业、广播电视电影、网络文化、文化产业、文学、舞台艺术、美术书法摄影、图书馆博物馆文化馆、文物考古、教育体育、档案党史地方志、民族宗教、旅游、专题文化概览、市县(区)文化概览、大事记、调研报告、附录。为方便读者查阅,书前有详细的目录和英文要目,书后有主题词索引、人名索引和图片索引,并在内扉页上刊登分目名称。

六、本卷主体资料时限为2014年1月1日至12月31日,部分篇目资料时间适当上溯。"特载"篇登载社科理论强省实施方案等8篇文献,将教育与体育整合成一个类目。增加大量的文化事业、文化产业统计图表资料。计量单位采用国家公布的公制和国际单位制,少数非统计意义的计量单位仍用市制。

七、本书力求图文并茂,用文字和图片客观记载文化事业和文化产业发展,展示时代风貌。全书85万字,选登315幅图片、32张图表资料。

八、本书在编写过程中,得到省委宣传部的高度重视和各相关部门、单位的大力支持,省及各市县(区)地方志办公室给予热情帮助,在此一并表示感谢。由于时间紧迫、编辑水平有限,差错在所难免,恳请读者批评指正。

《安徽文化年鉴》编辑部

目 录

特 载

理论社科强实施方案……………………………… 2
思想道德强实施方案 ……………………………4
新闻出版强实施方案 ……………………………… 6
广播影视强实施方案 ……………………………… 9
网络舆论强实施方案 ………………………… 11
文化演艺强实施方案 ………………………… 14
文化产业强实施方案 ………………………… 17
文化开放强实施方案……………………………20

安徽文化概况

安徽简况 …………………………………… 24
　历史
　地理
　资源
　气候
　人口
文化遗产……………………………………………26
　物质文化遗产
　非物质文化遗产
新闻报道……………………………………………28
　新闻发布
　海外媒体采访
文化市场管理………………………………………29
　职能转变
　服务市场发展
　强化文化市场监管
文化体制改革………………………………………30
　概况
　构建现代公共文化服务体系
　建立健全现代文化市场体系
　文化品牌建设
　推进文化走出去战略实施
　文化改革发展保障措施强化
“扫黄打非”………………………………………31
　概况
　专项治理
　督办案件
　宣传引导
公共文化服务体系建设……………………………32
　投资概况
　重大项目进展
　重点文化设施建设
　农民文化乐园建设
　乡镇综合文化服务中心建设
　公共文化服务体系示范区(示范项目)建设
　文化民生工程
对外文化交流………………………………………33
　概况
　皖台文化交流
　皖港文化交流
　皖澳文化交流
　皖俄文化交流
　赴德培训
　皖风徽韵在海外
　重大文化交流活动
公共文化服务机制创新……………………………34
　三馆联盟成立
　开展“百馆(站)千村”文化结对活动
重要会议……………………………………………35
　宣传工作会议
　安徽省文联第六次代表大会在合肥召开
　安徽省社科联第七次代表大会在合肥召开

精神文明建设

综　　述……………………………………………38
概况
全国文明城市创建
好人安徽建设
活动载体建设
培育社会主义核心价值观
“三线三边”治理……………………………………39
概况
社区志愿服务广场创建活动…………………………40
概况
“五个一工程”………………………………………41
概况
2014 年中国好人名单 ………………………………41

哲学　社会科学

综　　述……………………………………………44
社科发展概况
社科基金项目成果
教学科研骨干研修工作
安徽省社科联…………………………………………45
学术研究概况
社科普及
重大社科活动
安徽省社会科学院……………………………………48
学科建设
科研项目
科研成果
智库建设
名刊建设
学术活动
研究中心运作概况
社科成果获奖概况
社科研究………………………………………………51
徽学研究
皖江历史文化研究
淮河文化研究
淮系集团研究

出版 发行 印刷

出　　版……………………………………………56
概况
重大主题出版
国家新闻出版专项资金资助项目
报纸期刊
知识产权管理
出版市场管理
发　　行……………………………………………58
出版物发行管理
重要节展
重点企业发展
印　　刷……………………………………………59
概况
印刷产业园区
绿色印刷
印刷复制管理
出版教育………………………………………………60
安徽省新闻出版职业技术学院

新闻报业

安徽日报报业集团……………………………………62
综述
创办新媒体
宣传报道………………………………………………62
概况
主题宣传
典型报道
新闻策划
重大活动………………………………………………64
组建新媒体集团
《安徽日报》微信公众账号上线
安徽十大新闻评选
特色报纸与特色栏目…………………………………65
《安徽日报》
《安徽日报》特色栏目
《新安晚报》
《新安晚报》特色栏目
《安徽商报》
《安徽商报》特色栏目
《文摘周刊》

《文摘周刊》特色栏目
《安徽日报农村版》
《安徽日报农村版》特色栏目
《新闻世界杂志》
《新闻世界杂志》特色栏目
《江淮时报》
《江淮时报》特色栏目
《安徽法制报》
《安徽法制报》特色栏目
《徽商杂志》
《徽商杂志》特色栏目
《亳州晚报》
《亳州晚报》特色栏目
《双语学习报》
《双语学习报》特色栏目
《数码娱乐 DVD 导刊》
《数码娱乐 DVD 导刊》特色栏目
新闻理论研究……69
综述
走 转 改……69
综述
媒体融合……70
安徽新媒体集团
安徽日报法人微博
安徽日报微信公众账号
中安在线
新版安徽手机报
安徽网与新安晚报新媒体平台
合肥网与安徽商报新媒体平台
报友网
徽商网与徽商新媒体平台
亳州晚报新媒体平台

广播　电视　电影

广播影视业……72
概况
新闻宣传
精品创作
体制改革
重点工程
产业发展
监管工作
安徽广播电视台……73
概况
频率、频道介绍
重点栏目
品牌活动
电　影……77
农村公益电影放映
城市数字影院建设
电影专项资金管理
电影创作生产
广电行业管理……77
播出机构管理
节目传送管理
广告播出管理
非法设施治理
行政权力清单制度建立
广电教育……78
概况
教学工作
就业工作

网络文化

综　述……80
概况
网络文化建设
网上正面宣传引导
网络监督管理
网络文明建设……81
概况
媒体融合……82
概况
网络信息安全……82
概况

文化产业

综　述……84
概况
国家级文化产业示范区创建
动漫产业
安徽出版集团……85
概况
安徽新华发行集团……87
概况
互联网平台型企业战略

教材发行服务标准提升
传统媒体与新兴媒体融合
文化物流业
文化走出去战略实施
服务城乡公共文化体系
安徽演艺集团……………………………………………89
概况
安徽广电传媒产业集团…………………………………90
概况
网络运营
广告经营
电视购物
院线建设
改革创新
对外合作
企业上市工作
安徽新媒体集团…………………………………………91
概况
安徽文化产业统计表……………………………………92

文 学

文学创作 ………………………………………………104
概况
小说创作
散文创作
诗歌创作
其他文学作品创作
文学理论 ………………………………………………106
古代文学研究
近现代文学研究
美学与文学理论
文学活动 ………………………………………………108
安徽省第二届小说对抗大奖赛颁奖大会在六安市举行
安徽省作家协会首届散文大奖赛颁奖大会在马鞍山举行
方铭文集《文学的鉴赏与评论》研讨会在肥举行
周本立新作《绿叶红椿》在肥研讨
高正文文学创作35周年研讨会在合肥召开
安徽作家台湾采风团赴台交流
严歌平文艺评论集《究竟是谁侵犯了谁?》研讨会在马鞍山市举行
千名文艺家下基层采风活动
安徽省第六次文代会召开

舞台艺术

综 述 ………………………………………………112
舞台艺术概况
国家艺术基金申报
文化展演展示 …………………………………………112
首届安徽文化惠民消费季·好戏大家看系列展演展示活动
2014安徽省小戏折子戏调演
校园大舞台——徽风皖韵进高校活动
优秀作品集中进京展示
戏 剧 ………………………………………………113
戏剧演出
戏剧创作
戏剧活动
音 乐 ………………………………………………117
音乐活动
音乐创作及出版
音乐考级工作
组织建设
舞 蹈 ………………………………………………119
概况
舞协工作
舞蹈采风与创研
舞蹈赛事
舞蹈作品获奖情况
舞蹈惠民活动
舞蹈人才培养
杂 技 ………………………………………………121
概况
曲 艺 ………………………………………………121
概况
曲艺活动
艺术研究与教育 ………………………………………122
安徽省艺术研究院

美术 书法 摄影

美 术 ………………………………………………124
概况
安徽省油画作品晋京邀请展
安徽省美协工作会议暨十二届全国美展安徽省第二次草图观摩会

首届安徽粉画作品展优秀作品苏州特展
安徽省油画精品高校巡回展
第五届安徽美术大展
艺术中国——中国画走进联合国
徽园平价艺术月活动
艺术家下基层活动
“艺林千秋”——纪念安徽省文学艺术界联合会成立60周年美术作品展
“我们的中国梦”中堂展
2014年省美协主办的个人展览
国画创作
油画创作
版画创作
雕塑创作
水彩粉画创作
其他画种入选第十二届全国美展及获奖情况
书 法 ……127
举办“中国梦·安徽行”16市书法晋省展活动
开展送文化下基层活动
举办"敬亭书风"书法作品展
举办安徽省第三届书法大赛
联合举办长江流域四省书法作品展
摄 影 ……128
概况
摄影采风
摄影展览
摄影作品及理论成果
摄影活动
摄影家协会工作

图书馆 博物馆 文化馆

图书馆 ……134
公共图书馆概况
安徽省图书馆概况
图书馆资源开发利用
读者活动
文化信息资源共享工程
数字图书馆推广工程
中华古籍保护
博物馆 纪念馆 ……135
博物馆概况
安徽博物院概况
非国有博物馆
陈列展览
学术研究与对外交流
公共服务
文化馆 ……136
文化馆概况
文化馆活动

文物 考古

不可移动文物 ……138
概况
大遗址保护
全国重点文物保护单位
世界文化遗产保护
考古发掘 ……139
概况
重要考古项目
可移动文物 ……141
概况
第一次全国可移动文物普查
可移动文物保护修复基地建设
可移动文物保护技术、方法及其应用
非物质文化遗产保护 ……142
概况
古籍保护

教育 体育

教育综述 ……144
概况
基础教育
职业教育
高等教育
艺术教育 ……148
概况
语言文字工作 ……148
概况
校园文化 ……149
校园社区建设
思政品德教育
高校校园文化活动
高校社科研究与对外交流 ……150
社科研究
对外交流
体育综述 ……151

概况
群众体育 ……………………………………………151
全民健身品牌活动
第四届全国绿色运动健身大会
省第七届少数民族传统体育项目运动会
首届中国国际健身气功交流比赛大会
省第六届残疾人运动会
省直机关第七届运动会
合肥国际马拉松赛
全国库钓大奖赛
省首届示范县篮球赛
第六届省"美好乡村"农民篮球赛
全民健身场地设施建设
竞技体育 ……………………………………………154
竞技体育成绩
参加第十七届仁川亚运会
竞技体育管理体制改革
调整运动项目结构
青少年体育 …………………………………………154
安徽省第十三届运动会
少年体育组织建设
青少年阳光体育活动
体育产业 ……………………………………………155
2014 全国体育文化·体育旅游博览会
第六届世界传统武术锦标赛
培育特色赛事品牌和体育用品
体育文化 ……………………………………………156
体育文化建设
体育宣传
体育科研 ……………………………………………156
国民体质监测
体育课题研究

档案 党史 地方志

档　　案 ……………………………………………158
概况
服务全面深化改革
服务经济社会建设
服务文化建设
档案资源体系建设
档案馆舍建设
档案信息化建设
档案法制建设
档案监督指导
党史研究 ……………………………………………160
概况
党史编研
专题研究和资料征编
党史宣传教育
地 方 志 ……………………………………………161
概况
省志编纂
市县志编纂
年鉴编纂
旧志整理
地方志馆建设和信息化建设
刊物编印
读志用志
学术研讨
地情研究
《安徽年鉴》《安徽文化年鉴》双双获大奖

民族 宗教

民　　族 ……………………………………………164
少数民族概况
民族文化弘扬与保护 ………………………………164
宁国市畲族村、望江县回民村入选首批
中国少数民族特色村寨
全省民族团结进步教育基地宣传画册刊印
《孔雀·孔雀》获首届全国少数民族优秀舞蹈
作品展演优秀奖
安庆市举办民族团结书画展
宁国市云梯畲族乡获评"安徽省民间文化艺术之乡"
宣城市档案局收集云梯畲族乡民族特色档案
少数民族武术项目亮相亳州传统武术大会
宿州市回族作曲家许飞获市"文艺奖"突出贡献奖
安庆市"柏兆记"品牌获"安徽老字号"称号
少数民族重大活动 …………………………………166
安徽省第七届少数民族传统体育运动会
少数民族教育 ………………………………………166
省民委、省教育厅加大民族教育经费投入
安徽省选派第五批 40 名援疆教师赴疆工作
各界支持民族学校加强计算机教育
在皖高校重视民族文化交流
副省长谢广祥赴定远县调研民族教育工作
宗　　教 ……………………………………………167
宗教概况
宗教文化开发与利用 ………………………………167

齐云山承办首届中国风景名胜区道教名山联盟大会
《安徽佛教》正式创办
安徽佛教首届迎新春书画展
安庆市举办马东升书法篆刻遗作展及捐赠仪式
涡阳县天静宫老子文化研究学会成立
宗教重大活动 ……168
"宗教慈善周"活动
安徽省天主教第五次代表会议召开
天主教安徽教区主教座堂举行落成典礼
安徽省道教第四次代表会议召开
安徽省佛协举办汉传佛教讲经交流会
合肥开福寺等寺庙举办方丈升座法会
基督教界加强神学思想建设
安徽省伊协开展教职人员"讲经读书"活动
赵朴初人间佛教思想暨太湖禅宗文化学术研讨会在合肥召开

旅 游

综 述 ……172
旅游行业规模
旅游重大决策
国内旅游
入境旅游
出境旅游
旅行社业
旅游饭店业
旅游商品
红色旅游
乡村旅游
假日旅游
旅游文化建设 ……174
皖南国际文化旅游示范区建设
长三角旅游合作
文明旅游
旅游纪检监察及行风建设
旅游体制改革
旅游监管和旅游市场专项整治
旅游安全与应急管理
旅游公共信息服务
旅游景点景区 ……176
旅游景区建设
旅游项目建设
旅游标准化建设
智慧旅游建设
旅游活动 ……178
安徽省旅游星级饭店主题服务技能大赛
2014"中国旅游日"安徽主场活动
全省首届"徽姑娘"农家乐服务技能(展示)大赛复赛
"智慧旅游 悦读安徽——安徽大学生文化旅游行第二季"活动
"文明旅游·为美好安徽加分"系列宣传活动
第26届马鞍山中国李白诗歌节
"高铁时代·皖美旅行"系列旅游营销推介活动
2014安徽自驾游大会
"岁月余味体验之旅"主题产品研发推广活动
2014中国黄山国际旅游节暨第三届安徽国际旅行商大会
2014中国体育文化·体育旅游博览会
安徽及皖南国际文化旅游示范区旅游宣传口号征集活动
2014年安徽省导游大赛

专题文化概览

机关文化 ……182
廉政文化 ……184
军旅文化 ……187

市县(区)文化概览

合 肥 市 ……190
文化概览
创建全国文明城市
"大湖名城·悦读合肥"全民阅读活动
文艺家下基层活动
瑶 海 区 ……192
文化概览
民俗民间文艺汇演
庐 阳 区 ……193
文化概览
庐阳区三十岗乡打造安徽省首个"文化创意村"
蜀 山 区 ……194
文化概览
蜀山区加强特色文艺团队建设
包 河 区 ……195
文化概览
儿童剧《江淮好少年》获省"五个一"工程奖
肥 东 县 ……196

文化概览
肥东县"全民文化月"
肥 西 县 ……………………………………196
文化概览
肥西县精神文明建设硕果累累
长 丰 县 ……………………………………197
文化概览
新欣艺术团坚持创新谋发展
庐 江 县 ……………………………………198
文化概况
巢 湖 市 ……………………………………199
文化概览
巢湖市获 2014—2016 年度"中国民间文化艺术之乡"称号
宿 州 市 ……………………………………200
文化概览
全省文化市场综合执法标准规范化培训班在宿州举办
隋唐大运河申遗成功
第二届戏曲大舞台举办
砀山唢呐载誉美国第十届"亚裔艺术节"
埇 桥 区 ……………………………………201
文化概览
萧　县 ……………………………………202
文化概览
砀 山 县 ……………………………………203
文化概览
砀山果园被列入世界吉尼斯记录
举办梨花旅游暨民俗文化节
灵 璧 县 ……………………………………204
文化概览
灵璧菠林喇叭入选国家级非物质文化遗产
泗　县 ……………………………………205
文化概览
淮 北 市 ……………………………………206
文化概览
柳孜运河遗址成功入选《世界遗产名录》
淮北市举办首届市民文化节
淮北市推出"学雷锋志愿服务地图"
相 山 区 ……………………………………209
文化概览
烈 山 区 ……………………………………210
文化概览
全国首家石榴博物馆开馆
淮北榴园村获省首批"宜居村庄"称号
杜 集 区 ……………………………………211
文化概览
杜集区举办首届段园葡萄采摘节
濉 溪 县 ……………………………………212
文化概览
濉溪县获安徽省第三届文明县城称号
阜 阳 市 ……………………………………213
文化概览
阜阳分众化宣讲重实效
"微宣讲"直接受众超百万
阜阳市打造"千人网军队伍"
阜阳市蝉联第三届安徽省文明城市
颍 州 区 ……………………………………216
文化概览
颍州区获安徽省第一届文明城区称号
颍 泉 区 ……………………………………217
文化概览
颍泉区成立"泉心泉益"志愿者协会
颍 东 区 ……………………………………218
文化概览
文物和"非遗"传承保护加强
界 首 市 ……………………………………219
文化概览
自助移动智能图书馆建设
临 泉 县 ……………………………………220
文化概览
临泉县获"中国杂技之乡"称号
阜 南 县 ……………………………………220
文化概览
王家坝抗洪纪念馆
太 和 县 ……………………………………222
文化概览
举办第六个全民健身日活动展演
颍 上 县 ……………………………………222
文化概览
颍上县管子文化旅游节
亳 州 市 ……………………………………223
文化概览
老庄思想与弘扬社会主义核心价值观学术研讨会在亳州举行
第十三届全国考古与文物保护化学学术研讨会在亳州召开
谯 城 区 ……………………………………226
文化概览
现代舞台情景梆剧《红芍花》获安徽省第十三届精神文明建设"五个一工程"奖
涡 阳 县 ……………………………………227

文化概览
《老子传说》获批国家级非物质文化遗产保护项目
蒙 城 县 ……228
文化概览
央视《美丽中华行》栏目拍摄启动仪式在蒙城举行
利 辛 县 ……229
文化概览
蚌 埠 市 ……230
文化概览
蚌埠大禹文化产业园区获批国家级示范园区
“掌握蚌埠”APP 移动客户端上线运行
龙子湖区 ……232
文化概览
蚌 山 区 ……233
文化概览
举办纪念建党 93 周年“六个一”活动
禹 会 区 ……234
文化概览
《蚌埠·禹会诸侯之地》出版发行
淮 上 区 ……234
文化概览
“走进淮上”系列活动
怀 远 县 ……235
文化概览
怀远县被命名为全国文化先进县
固 镇 县 ……236
文化概览
固镇县举办文艺创作和艺术表演表彰奖励大会
五 河 县 ……237
文化概览
打造五河民歌文化品牌
淮 南 市 ……239
文化概览
206 文化创意产业园开园
淮南获省"五个一工程"大奖
动画系列片《淮南子传奇》第二季获第 27 届中国电视金鹰奖
杨公镇汤王村被评为“全国优秀人文社科普及基地”
大 通 区 ……242
文化概览
大通“万人坑”教育馆入列第一批国家级抗战纪念设施遗址名录
田家庵区 ……243
文化概览
“幸福田家庵·美丽红五月”群众文化成果展示活动蓬勃开展
谢家集区 ……244
文化概览
“天使之声”少儿合唱团成为百里煤城靓丽文化名片
八公山区 ……245
文化概览
八公山文旅融合转型发展
潘 集 区 ……246
文化概览
第二十届“4·20”农民文体节
凤 台 县 ……247
文化概览
省级爱国主义教育基地板张集革命烈士陵园
首届安徽省国际标准舞青少年锦标赛在凤台举办
毛集社会发展综合实验区 ……248
文化概览
开拍抗战题材电影《永远的黄玫瑰》
滁 州 市 ……249
文化概览
原创黄梅戏《孝行天下》获安徽省“五个一”工程奖
朱长海获评“中国好人”
一批影视剧在长城文化创意产业园开拍
琅 琊 区 ……252
文化概览
1912 时尚街区建成
南 谯 区 ……253
文化概览
天 长 市 ……253
文化概览
天官画入选安徽省非物质文化遗产名录
天长孝文化入选安徽省非物质文化遗产名录
明 光 市 ……254
文化概览
全 椒 县 ……255
文化概览
全椒县委宣传部获全国“扫黄打非”先进集体称号
刘恩连登“中国好人”榜
来 安 县 ……256
文化概览
举办 2014 中国·滁州第三届桃文化旅游节
来安人物馆揭牌暨木兰纪念厅揭幕
凤 阳 县 ……257
文化概览
凤阳县再次获“中国民间文化艺术之乡”称号
定 远 县 ……259
文化概览
金兴安捐赠安徽省第一家作家书屋

马鞍山市 ……………………………………260
文化概览
马鞍山市实现“全国文明城市”三连冠
马鞍山市入列国家公共文化服务标准化试点建设城市
马鞍山市获“中国诗歌之城”称号
首届安徽省姑孰画派研究会画家作品展在马鞍山市开展
花 山 区 ……………………………………262
文化概览
花山区实施"红袖标"工程
雨 山 区 ……………………………………263
文化概览
雨山区鹊桥社区“邻里节”
博 望 区 ……………………………………264
文化概览
长三角城市自行车越野邀请赛在博望区举行
当 涂 县 ……………………………………265
文化概览
当涂县获评“全国文明城市提名城市(县级)”称号
和 县 ……………………………………266
文化概览
首届“乡村旅游月”活动
“范培开书法研讨会”在和县召开
含 山 县 ……………………………………267
文化概览
旅游微电影《含山恋》获奖
芜 湖 市 ……………………………………269
文化概览
芜湖多部作品获省“五个一工程”奖
芜湖广告产业园跻身国家级试点园区
传统媒体和新媒体融合发展
“三线三边”环境治理工作全省领先
镜 湖 区 ……………………………………272
文化概览
首创全省公共图书馆服务外包管理模式
弋 江 区 ……………………………………273
文化概览
群众文化活动树品牌
鸠 江 区 ……………………………………274
文化概览
芜湖方特走出“文化+旅游+科技”发展模式
三 山 区 ……………………………………275
文化概览
三山区举办第三届社区文化节
芜 湖 县 ……………………………………276
文化概览
芜湖县多部戏剧、音乐参赛作品获奖
芜湖县完成省级农民文化乐园试点建设
繁 昌 县 ……………………………………277
文化概览
繁昌县图书馆获评中国“最美基层图书馆”
繁昌窑遗址入选2014年中国重要考古新发现
南 陵 县 ……………………………………278
文化概览
铁拐宋墓入选2014年度“中国十大考古新发现”候选名单
无 为 县 ……………………………………279
文化概览
现代庐剧《好支书王坤友》在全市巡演
铜 陵 市 ……………………………………280
文化概览
铜陵市荣获第一届安徽省文明示范城市称号
《铜陵作家文库》结集出版
铜官山区 ……………………………………282
文化概览
铜官乐大舞台被评为省群众文化辅导优秀项目
狮子山区 ……………………………………283
文化概览
狮子山区公共文化服务体系建设成效初显
郊 区 ……………………………………284
文化概览
大通澜溪老街修缮保护工程启动
铜 陵 县 ……………………………………285
文化概览
铜陵县获第一届安徽省文明县称号
安 庆 市 ……………………………………286
文化概览
安庆市举办“十一”黄梅戏展演周
曹征海到安庆调研
2014深圳·安庆黄梅戏艺术周
安庆市设立文学艺术奖
迎 江 区 ……………………………………290
文化概览
滨江健身长廊投入使用
大 观 区 ……………………………………291
文化概览
宜 秀 区 ……………………………………292
文化概览
宜秀区举办中华经典诗诵读会
桐 城 市 ……………………………………293
文化概览

黄梅戏《惊天一兰》赴北京演出
怀 宁 县 ……………………………………………294
文化概览
"孔雀东南飞"传说入选国家级非物质文化遗产名录
怀宁县被命名为中国民间文化艺术之乡
枞 阳 县 ……………………………………………295
文化概览
设立"方苞文学奖""朱光潜艺术奖"
黄镇铜像安放仪式
潜 山 县 ……………………………………………296
文化概览
张根水纪念馆开馆
潜山县非遗展示馆开馆
太 湖 县 ……………………………………………297
文化概览
《风韵太湖》文化丛书出版
望 江 县 ……………………………………………299
文化概览
高士镇获"安徽民间文化艺术之乡"称号
岳 西 县 ……………………………………………300
文化概览
《中国岳西高腔剧目集成》正式出版
岳西县水畈村入选中国十大最美乡村
黄 山 市 ……………………………………………301
文化概览
电影《邓小平登黄山》在黄山拍摄
纪录片《大黄山》在全国播出并获 6 项大奖
黄山市新增 4 项国家级非物质文化遗产项目
第十届黄山书市在黄山市举办
屯 溪 区 ……………………………………………304
文化概览
《屯溪八景》邮票珍藏册发行
黄 山 区 ……………………………………………305
文化概览
仙源镇跻身中国民间文化艺术之乡
徽 州 区 ……………………………………………306
文化概览
徽州竹简菜单亮相 APEC 峰会
歙 县 ……………………………………………307
文化概览
徽班纪念馆正式开馆
歙县徽州府衙修复工程获鲁班奖
休 宁 县 ……………………………………………308
文化概览
举办首届"最美休宁人"系列活动
祁 门 县 ……………………………………………309
文化概览
黟 县 ……………………………………………310
文化概览
黄山风景区 ……………………………………………311
文化概览
黄山风景区实施国保单位修缮工程
六 安 市 ……………………………………………312
文化概览
全省"三线三边"环境治理工作调度会在金寨县召开
举办首届六安市绿色发展论坛
第三届中国大别山(六安)山水文化旅游节
"绿色六安·山水江原"中韩文化交流活动在六安举办
金 安 区 ……………………………………………314
文化概览
音乐作品《路》获第四届全国大型音乐展演金奖
裕 安 区 ……………………………………………315
文化概览
裕安区获评安徽省第一届文明城区
寿 县 ……………………………………………316
文化概览
寿县"豆腐传统制作技艺"入选第四批国家级非遗名录
霍 山 县 ……………………………………………317
文化概览
霍山县获"全国文化先进县"称号
霍 邱 县 ……………………………………………318
文化概览
金 寨 县 ……………………………………………319
文化概览
金寨县文广新局获"全国文化系统先进集体"称号
舒 城 县 ……………………………………………320
文化概览
省市作家开展"梦之路活力龙舒金秋笔会"采风活动
叶集试验区 ……………………………………………321
文化概览
池 州 市 ……………………………………………322
文化概览
池州市举办"杏花梦·农耕情"非物质文化展演活动
池州市举办安徽省第七届皖江 8 市群艺(原生态民歌)大赛
池州市平天湖入选中国十大"最美赏月地"
贵 池 区 ……………………………………………324
文化概览
杏花村文化旅游区初具规模
青 阳 县 ……………………………………………325

文化概览
青阳农民画传承发展迎来春天
石台县……326
文化概览
牯牛降全力推进核心景区开发
东至县……327
文化概览
至德小学获全国第三届未成年人思想道德建设工作先进单位称号
九华山风景区……328
文化概览
第六届世界传统武术锦标赛在九华山举行
宣城市……329
文化概览
宣城市获“中国文房四宝之城”称号
宣城市正式启动文化旅游产业“八大工程”建设
举办首届三月三敬亭山传统民俗文化旅游月
宣城市获评首个“安徽省生态市”
宣州区……331
文化概览
新增一批省市非遗项目
9个民营博物馆相继建成
宁国市……332
文化概览
郎溪县……334
文化概览
郎溪县获首批省级公共文化服务体系示范区创建资格
“中国民间文化艺术之乡”——郎溪县梅渚镇
泾县……335
文化概览
泾县举办群众文化活动周
绩溪县……336
文化概览
手龙舞跻身国家级非遗保护名录
央视大型纪录片《记住乡愁》走进绩溪仁里
村级文化博物馆宅坦博物馆开馆
旌德县……337
文化概览
旌德县举办梓山大舞台——灵芝广场文艺活动
旌德县被评为中国宣砚之乡
旌德县被评为安徽民间文化艺术之乡
宿松县……338
文化概览
农村区域文化中心建设模式创新与示范项目获批立项
广德县……339
文化概览
“乡村好人”评选做法入选全国“培育和践行社会主义核心价值观百家经验”
“皖南朝晖竹木雕刻文化园”被评为全省第二批非遗传习基地

大事记

2014年安徽文化大事记……342

调研报告

合肥文化产业园区转型升级调研……346
合肥市手工艺产业发展调查……348
蚌埠市手工艺产业发展调查……352
阜阳市手工艺产业发展调查……356

附录

在全省宣传工作会议上的讲话（曹征海）……362
在省文联第六次代表大会上的讲话（张宝顺）……369
在省文联第六次代表大会闭幕式上的讲话（曹征海）……371
在省社科联第七次代表大会上的讲话（李锦斌）……374
在省社科联第七次代表大会闭幕式上的讲话（曹征海）……376
安徽省文化事业、文化产业发展统计表……380

索引

主题词索引……387
人名索引……401
图表索引……405

《安徽文化年鉴》编写人员名单……411

Main Contents

SPECIAL

Working Scheme on Reinforcement of Theoretical Research of Social Sciences ··· 2
Working Scheme on Reinforcement of Ideology and Morality ··· 4
Working Scheme on Reinforcement of Press and Publications ··· 6
Working Scheme on Reinforcement of Radio, Film and Television ··· 9
Working Scheme on Reinforcement of Public Opinion on Internet ··· 11
Working Scheme on Reinforcement of Performing Arts ··· 14
Working Scheme on Reinforcement of Cultural Industries ··· 17
Working Scheme on Reinforcement of Cultural Opening ··· 20

OVERVIEW OF ANHUI CULTURE

General Overview ··· 24
Cultural Heritage ··· 26
Administration of News Report ··· 28
Administration of Cultural Market ··· 29
Cultural System Reform ··· 30
Eliminating Pornography and Illegal Publications ··· 31
Development of System of Public Cultural Services ··· 32
Cultural Exchange ··· 33
Public Cultural Service System Innovation ··· 34
Important Meeting ··· 35

CONSTRUCTION OF SPIRITUAL CIVILIZATION

Summary ··· 38
"Three Line Trilateral" Governance ··· 39
Community Volunteer Service Activities ··· 40
"Five-One Project" ··· 41
List of China Good Person(2014) ··· 41

PHILOSOPHY AND SOCIAL SCIENCES

Summary ··· 44
Anhui Province Federation of Social Sciences ··· 45
Anhui Academy of Social Sciences ··· 48
Researches of Social Sciences ··· 51

PUBLICATION , PUBLISHING , PRINTING

Publication ··· 56
Publishing ··· 58
Printing ··· 59
Publishing Education ··· 60

NEWSPAPERS

Anhui Daily Newspaper Group ··· 62
Propaganda and Report ··· 62
Major Activities ··· 64
Characteristic Newspapers and Characteristic Columns ··· 65
Academic Researches in Journalism Theories ··· 69
Concentrate on the Grass-units, Redirect the Working

Style,Replace the Reporting Preferences ……………69
Media Convergence ……………………………………70

RADIO, TELEVISION, FILM

Radio, Film and Television Industry ……………72
Anhui Radio and Television Station ……………73
Film ……………………………………………………77
Administration of Radio, Film and Television ………77
Radio, Film and Television Education ……………78

CYBER CULTURE

Summary ………………………………………………80
Construction of Network Civilization ……………81
Media Convergence ……………………………………82
Network Information Security ………………………82

CULTURE INDUSTRY

Summary ………………………………………………84
Anhui Publishing Group ………………………………85
Anhui Xinhua Distribution Group …………………87
Anhui Performing Arts Group ………………………89
Anhui Radio and Television Media Industry Group ……………………………………………………90
Anhui New Media Group ……………………………91
Statistical Table of Anhui Cultural Industry …………92

LITERATURE

Literary Work ………………………………………104
Literary Theory ………………………………………106
Major Literary Activities ……………………………108

STAGE ARTS

Summary ………………………………………………112
Traditional Chinese Drama …………………………113
Music …………………………………………………117
Dance …………………………………………………119
Acrobatics ……………………………………………121
Folk Art ………………………………………………121
Art Research and Education …………………………122

PAINTING , CALLIGRAPHY , PHOTOGRAPHY

Painting ………………………………………………124
Calligraphy ……………………………………………127
Photography ……………………………………………128

LIBRARY , MUSEUM , CULTURAL CENTER

Library ………………………………………………134
Museum and Memorial ………………………………135
Cultural Center ………………………………………136

CULTURAL RELIC , ARCHAEOLOGY

Unmovable Cultural Relics …………………………138
Archaeology Excavation ……………………………139
Movable Cultural Relics ……………………………141
Protection of Non-material Cultural Heritage ………142

EDUCATION , SPORTS

Education Summary …………………………………144
Art Education …………………………………………148
Language Affairs ………………………………………148
Campus Culture ………………………………………149
Social Science Research in Universities and Foreign Exchange ……………………………………150
Sports Summary ………………………………………151
Mass Sports ……………………………………………151
Competition Sports ……………………………………154
Youth Sports …………………………………………154
Sports Industry ………………………………………155
Sports Culture …………………………………………156
Sports Scientific Research ……………………………156

ARCHIVES , CPC HISTORY , CHOROGRAPHY

Archives ······158
Research on History of the Communist Party of China ······160
Chorography ······161

NATIONAL MINORITY AND RELIGION

National Minority ······164
Promotion and Protection of National Culture ······164
Major Activities of National Minority ······166
Education of National Minority ······166
Religion ······167
Development and Utilization of Religious Culture ······167
Major Religious Activities ······168

TOURISM

Summary ······172
Construction of Tourism Culture ······174
Tourism Scenic Attractions ······176
Tourism Activities ······178

CULTURAL EVENTS IN FOCUS

Development of Culture of Governmental Organ ······182
Culture of a Clean and Honest Government ······184
Construction of Military Culture ······187

CULTURE OF CITIES AND COUNTIES (DISTRICTS)

Hefei City ······190
Yaohai District ······192
Luyang District ······193
Shushan District ······194
Baohe District ······195
Feidong Country ······196
Feixi Country ······196
Changfeng Country ······197
Lujiang Country ······198
Chaohu City ······199
Suzhou City ······200
Yongqiao District ······201
Xiaoxian Country ······202
Dangshan Country ······203
Lingbi Country ······204
Sixian Country ······205
Huaibei City ······206
Xiangshan District ······209
Lieshan District ······210
Duji District ······211
Suixi Country ······212
Fuyang City ······213
Yingzhou District ······216
Yingquan District ······217
Yingdong District ······218
Jiehshou City ······219
Linquan Country ······220
Funan Country ······220
Taihe Country ······222
Yingshang Country ······222
Bozhou City ······223
Qiaocheng District ······226
Guoyang Country ······227
Mengcheng Country ······228
Lixin Country ······229
Bengbu City ······230
Longzihu District ······232
Bengshan District ······233
Yuhui District ······234
Huaishang District ······234
Huaiyuan Country ······235
Guzhen Country ······236
Wuhe Country ······237
Huainan City ······239
Datong District ······242
Tianjia´ an District ······243
Xiejiaji District ······244
Bagongshan District ······245
Panji District ······246
Fengtai Country ······247
Mao set experimentation area ······248
Chuzhou City ······249
Langya District ······252
Nanqiao District ······253
Tianchang City ······253
Mingguang City ······254
Quanjiao Country ······255

Lai´ an Country ······256
Fengyang Country ······257
Dingyuan Country ······259
Ma´ anshan City ······260
Huashan District ······262
Yushan District ······263
Bowang District ······264
Dangtu Country ······265
Hexian Country ······266
Hanshan Country ······267
Wuhu City ······269
Jinghu District ······272
Yijiang District ······273
Jiujiang District ······274
Sanshan District ······275
Wuhu Country ······276
Fanchang Country ······277
Nanling Country ······278
Wuwei Country ······279
Tongling City ······280
Tongguanshan District ······282
Shizishan District ······283
Jiaoqu District ······284
Tongling Country ······285
Anqing City ······286
Yingjiang District ······290
Daguan District ······291
Yixiu District ······292
Tongcheng City ······293
Huaining Country ······294
Zongyang Country ······295
Qianshan Country ······296
Taihu Country ······297
Wangjiang Country ······298
Yuexi Country ······300
Huangshan City ······301
Dunxi District ······304
Huangshan District ······305
Huizhou District ······306
Shexian Country ······307
Xiuning Country ······308
Qimen Country ······309
Yixian Country ······310
Huangshan Mountain Scenic Area ······311
Lu´ an City ······312
Jin´an District ······314
Yu´an District ······315
Shouxian Country ······316
Huoshan Country ······317
Huoqiu Country ······318
Jinzhai Country ······319
Shucheng Country ······320
Ye Set Test Area ······321
Chizhou City ······322
Guichi District ······324
Qingyang Country ······325
Shitai Country ······326
Dongzhi Country ······327
Jiuhua Mountain Scenic Area ······328
Xuancheng City ······329
Xuanzhou District ······331
Ningguo City ······332
Langxi Country ······334
Jingxian Country ······335
Jixi Country ······336
Jingde Country ······337
Susong Country ······338
Guangde Country ······339

CHRONOLOGICAL EVENTS

Chronological Culture Events in 2014 ······342

INVESTIGATION REPORT

Research on Transformation and Upgrading of Hefei Cultural Industry Park ······346
Investigation on the Development of Handicraft Industry in Hefei City ······348
Investigation on the Development of Handicraft Industry in Bengbu City ······352
Investigation on the Development of Handicraft Industry in Fuyang City ······356

APPENDIX

Address to the Congress of propaganda work in the province (Cao zhenghai) ······362
Address to the 6th Congress of Anhui

Federation of Literary and Art Circles(Zhang Baoshun) ……369
Address to the Closing Ceremony of the 6th Congress of Anhui Federation of Literary and Art Circles(Cao zhenghai) ……371
Address to the 7th Congress of Anhui Federation of Social Science Circles (Li jinbin) ……374
Address to the Closing Ceremony of the 7th Congress of Anhui Federation of Social Science Circles(Cao zhenghai) ……376
Statistical Tables on Development of Anhui Cultural Undertakings and Industries ……380

INDEX

Key Words Index ……387
Name Index ……401
Photo Index ……405

List of Editorial Staff ……411

特载

□理论社科强实施方案

□思想道德强实施方案

□新闻出版强实施方案

□广播影视强实施方案

□网络舆论强实施方案

□文化演艺强实施方案

□文化产业强实施方案

□文化开放强实施方案

编者按：为深入贯彻党的十八大、十八届三中全会和全国、全省宣传思想工作会议精神，全面落实省委、省政府《文化强省建设实施纲要》有关要求，省委宣传部将文化强省建设分解为“八个强”，以文化影响力、竞争力和整体实力进入全国十强乃至更高位次为标杆，以提升公共文化服务能力和水平，更好地满足人民群众精神文化需要为目的，构建量化评价体系。

理论社科强实施方案

一、基本现状

近年来，全省理论社科战线高举中国特色社会主义伟大旗帜，不断加强理论武装工作，积极推进哲学社会科学繁荣发展，进一步巩固了马克思主义在意识形态领域的指导地位，巩固了全省人民团结奋斗的共同思想基础，学习型党组织建设、理论宣讲、社科规划、学科阵地建设在全国取得较好位次或较大影响。

（一）党的理论创新成果不断深入人心。理论学习宣传形式多样，富有成效。党委中心组率先垂范，学习型党组织示范带动，广大党员干部理论学习与时俱进，我省学习型党组织建设在全国作经验交流。“经济大讲堂”“宣传文化系统读书报告会”“安徽人文讲坛”等高端讲堂深受欢迎，理论下基层、形势政策教育、社科普及活动月等品牌活动广泛开展。重大主题宣讲及时深入，理论宣讲工作居全国前列。

（二）服务党和政府决策的能力不断提升。《学界兴皖咨议》《咨政》《决策》和“安徽发展报告”“安徽发展蓝皮书”等成为应用对策研究展示的重要平台，一批重大现实问题调研报告、专家建言和政策建议，得到中央、省领导多次批示，被有关部门采纳。

（三）具有安徽特色的研究工程不断拓展。《安徽通史》《安徽历史名人词典》等标志性文化工程出版面世；徽学研究中心、中国诗学研究中心等国家和省级重点研究基地快速发展；徽州文化、皖江文化、淮河文化等地域文化研究初成体系。省中国特色社会主义理论体系研究中心发表理论文章稳中有升，2013年有2篇入选全国马克思主义理论研究和建设工程项目，名列全国前茅。

（四）社科项目立项数目和资助经费不断增多。2013年全省承担国家社科基金项目128项，资助总额近2600万元，立项数和资助额居全国31个省区市第十一位。《学术界》入选首批国家社科基金资助百家学术期刊，《古汉字发展论》入选《国家哲学社会科学成果文库》。省社科规划项目改革创新，发布年度、项目类型、资助金额全面升级。

（五）各类学科建设不断加强。全省哲学社会科学重点学科52个，其中国家级重点学科3个；重点研究机构45个，其中教育部重点研究基地3个。在文史哲等传统优势学科基础上，古文字学、徽学、中国古代诗学、桐城派文学、淮河文化、老庄文化、安徽出土文献整理与研究等领域逐渐形成特色。

（六）社科期刊影响不断增强。全省社科期刊中，入编《中文社会科学引文索引（2014—2015）来源期刊》《中国人文社会科学核心期刊要览（2013版）》《中文核心期刊要目总览》的分别有7类、5类、4类。在人民大学报刊复印（2012）转载学术论文综合指数排名中，《学术界》《江淮论坛》分列综合类期刊（100强）第七十四、第八十六位，《安徽史学》名列历史地理类第十三位，《安徽大学学报》《安徽师范大学学报》分列高校学报（100强）第六十四、第六十七位。

（七）理论社科队伍不断壮大。全省各级专兼职理论宣讲骨干1.1万人。省社科协会153个、会员6万多人。中级职称以上在职社科研究人员1.2万人，正高职称占9.4%，副高职称占33.3%。国务院特殊津贴社科专家168人，省政府特殊津贴社科专家202人。省哲学社会科学学科技术带头人50人、带头人后备人选91人。国家社科基金规划评审组专家14位，居全国省区市第一方阵。

与此同时，我省理论社科工作还存在一些薄弱方面：针对性实效性弱，理论学习结合度不强，理论宣传系统性不够，理论研究转化率较低，理论工作科学化水平不高；资政服务弱，与党委政府中心工作和改革发展实践联系不紧，导致各级重视程度不高；机制平台弱，战略布局、资源整合、推进机制、平台建设滞后，导致工作规范化不够；精品力作弱，富有时代特征和地方特色的成果不多，导致社会影响力不大；资金投入弱，社科规划资助、社科普及等经费普遍偏低，导致系统带动力不强；高端人才弱，大师级人物和高层次领军人才匮乏，导致整体创新性不足，等等。

二、目标任务

到2016年总体目标：理论武装扎实深入推进，全省上下“两个巩固”进一步强化，“三个自信”进一步增强，理论社科工作主要指标、整体水平和综合实力处于全国中西部领先水平，部分学科和领域位居全国前列，努力形成与科学发展相适应的有效运行机制，与推进中国特色社会主义事业、实现中国梦相适应的思想引领能力，与培育和践行社会主义核心价值观相适应的共识聚合能力，与美好安徽建设相适应的决策咨询能力，与文化强省建设相适应的支撑匹配能力，与人民群众精神文化需求相适应的理论惠民能力。

（一）团结奋进的思想基础更加巩固。党的理论创新成果学习、研究和宣传持续有力推进，全省广大人民群众自觉践行社会主义核心价值观，对马克思主义的信仰、对社会主义的信念、对改革开放和现代化建设的信心、对党和政府的信任进一步坚定，凝聚起了为建设美好安徽、共同圆梦中国而努力奋斗的强大合力。

（二）资政兴皖的智库作用充分彰显。成立安徽智库联盟并有效运行，《咨政》、学界兴皖成果专报、学界兴皖文库、社科规划《成果要报》、省领导圈阅课题等展示平台进一步拓展，以重大实践问题为主攻方向的研究导向不断强化，形成一系列重要决策咨询研究成果，形成一批创新服务能力强的决策咨询品牌和研究基地。

（三）在全国的综合影响显著提升。学科、项目、基地、人才队伍建设力度进一步加大，学科体系进一步优化，若干重点学科和研究领域达到全国先进水平，国家社科基金立项总数位居全国前十，省中国特色社会主义理论体系研究中心发表重点文章保持全国第一方阵。

（四）理论社科的基础建设不断夯实。强化扶持，科学衔接，在领导指导体制、组织体系建设、公共财政投入、工作运行机制、公共数据库建设、人才队伍保障等领域积极创新，形成多出优秀成果和人才的保障体系。

（五）支持发展的人文环境全面优化。全社会对哲学社会科学地位作用的认识更加充分，参与和支持的行动更加自觉，公众人文社会科学素养日益提高，学理论用理论蔚然成风，哲学社会科学发展与文化强省建设的匹配度明显提升。

2020年目标展望：全省理论社科工作基础更加优化、成效更加显著，理论研究特别是智库作用更加凸显，全省人民团结奋斗的共同思想基础更加巩固，安徽理论社科界在全国的地位和影响更加突出，理论社科工作者的创造活力竞相迸发，创新潜能充分涌流，形成一批享誉全国全省的理论社科名作、名家、名刊、名坛和名牌，成为理论社科强省。

三、总体要求

高举中国特色社会主义伟大旗帜，认真贯彻落实党的十八大、十八届三中全会和习近平总书记系列重要讲话精神，以“两个巩固”为根本，以推进理论武装工作科学化制度化为重点，以增强理论社科工作总体实力、竞争力和影响力为核心，努力建设一批优长学科和特色学科，培养一批学术领军人物和学科带头人，形成一批研究实力强的科研团队、普及能力强的宣传团队，推出一批实践需要、影响深远的精品力作，建成一批群众欢迎的社科普及品牌和社科公共设施，形成理论武装及时跟进、理论创新实力雄厚、资政服务有力有效、社科精品不断涌现、社科普及育人惠民的良好局面。

总体工作思路是实施六大工程：

（一）哲学社科创新工程。着力推进学科体系、学术观点、科研方法创新。积极参与国家理论社科研究和建设工程，提升安徽社科专家学者的参与度和影响力。深化“中国特色社会主义在安徽的具体实践”研究，推出一批在全国有影响的成果。加大社科研究规划立项和资助力度。积极主办承办全国性或国际性学术会议，打造理论社科高层次交流平台。

（二）理论学习示范工程。加强和改进各级党委（党组）中心组学习，持续开展学习型党组织建设示范点创建活动，抓好党校、行政学院、干部学院的理论培训。培育和宣传学理论、用理论的先进典型，发挥示范带动作用，激励各级党组织和广大党员干部奋发学习，进而推动全社会的学习。

（三）宣传阵地拓展工程。强化媒体的理论宣传责任，改进传统宣传形式，巩固报刊理论版面，创新理论栏目，加强电视、互联网、手机等新媒体理论阵地建设，发挥安徽社会科学网等社科网站的重要作用，加强中安在线等网站理论专栏建设。

（四）资政服务引导工程。以安徽智库联盟为龙头，推动综合性与专业化特色化相结合的高水平科研平台建设，重点建设10个省级特色研究基地，提升智库咨询服务能力。以省委、省政府关注和改革发展实践中的重大问题为导向，引导理论社科界围绕全面深化改革、打造三个强省、建设美好安徽，及时提出切实有效的对策建议，及时收集反映具有重要参考价值的信息，更好推动经济社会发展。

（五）社科精品打造工程。有针对性地确立一批重点培育的精品项目，纳入规划，加强指导，重点推介，推出一批社科研究精品成果。组织编辑《兴皖学术文库》，实施“安徽社科文库”重点出版工程，组织力量深入挖掘安徽历史人文的当代价值，推出一批重点学术著作，努力形成中国特色社会主义理论体系、社会主义核心价值观、建设美好安徽、安徽社科名家、安徽历史文化等品牌系列。

（六）人才队伍建设工程。建立健全理论宣讲人才库、理论专家人才库，加强基层和高校社科组织建设，扎实推进研修培训工作，着力加强思想政治、理论业务和作风建设，打造一支政治可靠、业务精良的理论骨干和高层次人才队伍。在全省宣传文化系统拔尖人才、青年英才培养计划中，扩大参评范围，增加人才占比。着力培育青年学术后备力量，完善青年人才制度，每年重点培养10名青年理论社科英才。

四、主要措施

（一）加快形成理论学习的长效机制。按照“抓领导带头，抓基层示范”的思路，不断健全运行机制，改进学习考评方式，探索建立中心组学习旁听制度，每年通报推介10个中心组学习特色做法。加强党委中心组服务体系建设，每年举办1~2期中心组学习秘书培训班。深入推进学习型党组织建设，每年评出50个示范点，发挥典型引导带动作用。继续办好“经济大讲堂”“宣传文化系统读书报告会”等，推动各级讲坛讲堂优化整合，打造高水平的理论学习平台。

（二）注重理论宣传的分众化和互动性。围绕中心工作和重大战略部署，实行集中宣讲与面上宣讲并重、领导干部宣讲与专家群众宣讲结合，组织“百人宣讲团”“百姓宣讲团”赴基层宣讲。加强全省兼职宣讲骨干队伍建设，2016年发展到1.6万人。加大宣讲工作典型培育推介力度，确保在中宣部表彰中榜上有名。深入开展理论社科下基层活动，定期举办“社科名家大巡讲”，每年增加5~10个社科普及基地。改进党报党刊及网站理论宣传的内容和形式，加强评论工作，开设互动栏目，增强生动性和吸引力。

（三）增强理论研究的前瞻性和实用度。着力提高国家社科基金项目申报立项工作水平，确保每年立项不低于全国总体增幅。不断改进省社科规划项目布局，健全以年度项目为主体，以重大项目为龙头，以政府决策咨询项目、社科基地项目、省市协作项目、后期资助项目为补充的省社科基金项目资助体系。2016年省社科规划项目、省软科学项目、省人文社科重大重点项目总量超过800项。加强社会调查、统计分析、专题资料、实证案例等专题数据库建设，加强地方社科决策咨询研究系统数据采集和信息库建设，加强学术交流、成果发布、资讯服务平台建设。

（四）运用品牌化运作方式。巩固提升、加快形成有较大影响的理论普及读物品牌和宣讲活动品牌。有计划、有投入地培育《学术界》《江淮论坛》等理论社科期刊，“安徽人文讲坛”“安徽文化论坛”“城市发展论坛”等理论社科论坛，理论下基层、学术年会等理论社科活动，“安徽发展研究”“经济大讲堂”等理论社科栏目，徽学、老庄文化、淮河文化等领域的理论社科领军人物。策划启动安徽社科界“文化茶座”和“理论沙龙”，组建安徽智库联盟，形成一批独具特色的理论品牌。

（五）建立健全激励考核制度。科学量化标准，提高理论考核分值在文化建设指标体系中的比重，提高实质性工作和核心目标分值在理论指标体系中的比重。加大对科研项目引导和扶持力度，贯彻落实《国家社会科学基金管理办法》，出台省《哲学社会科学规划项目管理办法》，树立创新为重、质量第一的导向，提倡原创性和实用性，强化过程管理和效果控制，鼓励多出成果、多出精品。规范完善省哲学社会科学优秀成果评奖制度，进一步增强省社科奖的权威性、导向性。

思想道德强实施方案

一、基本现状

近年来，我省大力推进社会主义核心价值体系建设，深入开展中国特色社会主义和中国梦主题宣传教育，传承弘扬以爱国主义为核心的民族精神和以改革开放为核心的时代精神，深化拓展群众性精神文明创建活动，人民群众的精神世界不断丰富，公民道德素质和城乡社会文明程度明显提升，“好人安徽”现象引起全社会关注。

（一）社会主义核心价值观宣传教育广泛深入。在全国率先出台《培育和践行社会主义核心价值观的实施意见》，通过理论宣讲、舆论宣传、以文化人等多种途径，深入宣传社会主义核心价值观的地位作用、基本内涵，努力扩大社会认知认同。扎实开展“践行核心价值打造好人安徽”主题实践活动，推动社会主义核心价值观在安徽落地生根。充分发挥先进典型的示范带动作用，先后推出沈浩、王坤友、房玫等17个全国先进典型，用先进典型的模范行为和高尚人格引领群众。大力加强爱国主义教育基地建设，10家单位被中宣部授予“全国爱国主义教育示范基地”荣誉称号，青少年爱国主义读书教育活动规模和成绩近20年始终稳居全国前列。诚信建设扎实推进，14家单位被评为全国“百城万店无假货”示范街(店)。

(二)思想政治工作有力有效。紧紧抓住理想信念教育这个核心，教育引导广大干部群众把思想和行动统一到中央和省委的决策部署上来。深入开展形势政策教育，“四宣讲”(重大问题及时宣讲、关注问题领导宣讲、热点问题专家宣讲、难点问题反复宣讲)工作机制和“四进入”(进社区、进乡村、进企业、进校园)工作格局被中宣部在全国推广。文化科技卫生“三下乡”活动经验被中央主流媒体集中推介。全省大学生思想政治教育工作论坛、安徽企业文化论坛、全省社区思想政治工作论坛和思想政治工作大调研渐成品牌。以基层党校创建、优秀党课评比、党员典型宣传为主要内容的基层党员教育“三项活动”覆盖全省。

(三)公民道德建设成果丰硕。大力选树群众身边的道德模范和最美安徽好人，切实加强未成年人思想道德建设。截至2013年底，11人当选全国道德模范，四届总数位居全国第二；829人入列中国好人榜，六年皆居全国榜首，全国优秀志愿者和志愿服务组织入选数位居全国前十。在全国率先建成省级安徽好人馆。兴建722所乡村学校少年宫，青少年人文关怀和心理疏导有序推进，中华经典诵读和“我们的节日”主题实践活动不断深入。诚信缺失、餐饮浪费、交通陋习、不文明出游等道德领域突出问题得到初步治理。

(四)城乡文明程度持续提升。马鞍山市蝉联全国文明城市；合肥市、淮北市、芜湖市、铜陵市等入选提名资格城市，连续两年在全国文明指数测评中全部上榜、排名靠前。农村创建深入推进，以城带乡、城乡共建的机制更加完善，星级文明户、文化墙等农村创建活动不断深化。

当前，社会思想文化呈现活跃复杂、多元并存的新特点，主流积极健康向上，但也有少数人思想迷茫、价值扭曲，一些领域道德失范、诚信缺失，社会反映强烈、群众充满期待。思想道德建设工作中，全国标杆性的重大典型和道德模范不够多，青少年心理健康教育滞后，组织开展的一些活动特色不够鲜明、声势不够强大、品牌不够响亮、影响力不够深远。全国文明城市入选数量少，农村创建相对薄弱，志愿服务活动开展不够经常、体制机制不够完善、服务水平还不够高，群众性精神文明创建活动有待进一步深化拓展。

二、目标任务

到2016年总体目标：社会主义核心价值观进一步深入人心，广大干部群众的道路自信、理论自信、制度自信不断增强，精神文明创建活动扎实深入，信用安徽建设取得实质性进展，“好人安徽”品牌在全国产生广泛影响。打造1~2个在全国有广泛影响的核心价值观教育实践活动品牌；推出1~2个在全国有广泛影响的典型人物或典型经验，全国道德模范、中国好人入选数保持全国前三；学雷锋志愿服务常态化、制度化，注册志愿者人数达到城市人口的8%，推出1~2个在全国有广泛影响的志愿服务先进个人或集体，江淮志愿服务品牌在全国产生较大影响力；全国文明城市当选数位列全国前十、中部领先，“三线三边”(公路沿线、铁路沿线、江河沿线和城市周边、景区周边、省际周边)环境治理实现“一年有起色、两年有变化、三年大变样”。

2020年目标展望：全社会团结奋斗的共同思想基础更加巩固，全省公民思想道德素质和社会文明程度显著提升。重大先进典型和道德模范入选数稳居全国前列，注册志愿者人数达到城市人口的10%以上，“好人安徽”品牌享誉全国，全国文明城市总数达到5个以上，力争进入全国第一方阵。

三、总体要求

高举中国特色社会主义伟大旗帜，认真贯彻落实党的十八大、十八届三中全会和习近平总书记系列重要讲话精神，按照中央《培育和践行社会主义核心价值观的意见》和省委《实施意见》部署要求，着力强化思想引领，重点开展核心价值观“主题季”活动，推动“三个倡导”深入人心；着力强化实践养成，重点开展“践行核心价值打造好人安徽”主题实践活动，推动公民道德建设工程再上台阶；着力强化群众参与，重点开展多种形式的文明争创活动和“三线三边”环境治理行动，推动城乡文明程度同步提升。

总体原则是：

(一)坚持宣传教育、思想引领。细分对象，选准角度，改进方式，创新载体，在全社会广泛开展社会主义核心价值观宣传教育活动，推动“三个倡导”内化于心、外化于行。

(二)坚持共建共享、利民惠民。从群众最关心、最直接、最现实的利益问题出发，顺民意、解民忧、惠民生，让广大群众成为文明创建的实践者、参与者、受益者。

(三)坚持分类指导、典型示

范。结合区域的自然环境、历史文化、经济社会发展等特点，因地制宜设计路径、确定目标，选树不同类型的典型，发挥引领带动作用，在尊重差异中彰显特色。

（四）坚持群众主体、群众评判。以群众满意不满意、高兴不高兴、答应不答应作为评判标准，充分发挥群众的首创精神和主体作用。

四、主要措施

（一）实施思想引领工程。深入开展中国特色社会主义和中国梦宣传教育，进一步增强全社会的道路自信、理论自信和制度自信。深入开展“三个倡导”宣传教育，用社会主义核心价值观筑牢团结奋斗的共同思想道德基础。深入开展理想信念教育、革命传统教育、形势政策教育，大力弘扬民族精神和时代精神。加强和改进思想政治工作，注重人文关怀和心理疏导，努力培育自尊自信、理性平和、积极向上的社会心态。

（二）实施素质养成工程。强化行为规范教育，发挥市民公约、乡规民约、职业规范、学生守则的引导作用，强化法律法规的约束保障作用，使核心价值观成为人们日常工作生活的基本遵循。重视以文化人、以文育人，开展优秀传统文化的普及教育，丰富传统节日的文化内涵，培育具有地方特色的民俗活动，深入推进全民阅读、经典诵读和青少年爱国主义读书教育活动，努力营造健康向上的社会文化环境。丰富各类教育实践活动，打造好爱国主义教育基地、公益性文化场所和乡村学校少年宫等育人平台，加强诚信、孝敬、勤俭、环保教育，推动形成青少年爱学习、爱劳动、爱祖国活动的长效机制。

（三）实施道德提升工程。加强社会公德、职业道德、家庭美德和个人品德建设，拓展“践行核心价值 打造好人安徽”主题实践活动，深化道德模范、劳动模范、安徽好人和美德少年评选活动，健全褒奖礼遇道德模范的荣誉制度，推动形成修身律己、崇德向善、礼让宽容的道德风尚。深入开展以诚信为重点的道德领域突出问题专项教育治理，完善覆盖全面的社会征信系统，加大对失信失德行为的约束惩戒力度，在全社会广泛形成守信光荣、失信可耻的氛围。推进志愿服务制度化，完善招募注册、培训管理、服务记录、对接平台，探索建立嘉许和回馈制度，弘扬志愿服务文化，依托社区广泛开展邻里守望志愿服务活动，不断提升江淮志愿服务品牌的影响力感召力。

（四）实施文明争创工程。深化文明城市、文明县城（城区）创建，不断提升居民生活幸福指数。理顺文明行业创建体制，完善文明单位创建网络管理平台，提升行业创建水平。广泛开展文明村镇、文明家庭、星级文明户等各类创建活动，培育健康向上的文明乡风。深入开展各类“讲文明树新风”活动，深化文明交通、文明餐桌、文明旅游、文明传播行动，制作刊播一批具有徽风皖韵、彰显安徽特色的精品公益广告。

（五）实施环境治理工程。以“三线三边”为突破口，以“四治理一提升”（垃圾污水治理、建筑治理、广告标牌治理、矿山治理和绿化提升行动）为重点任务，开展城乡环境综合治理行动，从整体上有序、持续改善城乡人居环境，推进美丽中国、美好安徽建设。

新闻出版强实施方案

一、基本现状

近年来，我省新闻出版体制改革不断深化，主流舆论巩固壮大，产业发展步履稳健，文化与科技融合力度加大，产业结构转型升级加快，公共文化服务体系建设日趋完善，营造了积极健康向上的思想舆论环境，较好满足了人民群众日益增长的精神文化需求，为打造新闻出版强奠定了基础。

（一）导向引领成效显著。突出重大主题、重大活动、重大典型和重大成就，成功组织一系列宣传战役，唱响了兴皖富民的主旋律。始终坚持以人民为中心的工作导向，大力实施精品战略。500余种出版物获各类奖项，《美丽的村庄》《四面八方》《走进帕米尔高原》和《新安家族》4种图书荣获全国“五个一”工程奖，《中葡关系史》等28种出版物荣获中国出版政府奖，《中国诗论史》等25种出版物荣获中华优秀出版物奖，1种图书入选中宣部、新闻出版总署首届“优秀理论读物”，31种图书入选“三个一百”原创出版工程，2种图书入选总署纪念建军80周年重点出版物，7种图书入选总署向全国青少年推荐的百种优秀图书，13种报刊入选总署向全国青少年儿童推荐优秀少儿报刊；《安徽日报》《合肥晚报》《保健与生活》《中国药理学通报》《金属矿山》分别入选2013年全国百强报纸、百强期刊,《安徽大学学报》《安徽师范大学学报》《合肥工业大学学报》《财贸研究》《华东经济管理》入选全国社科版百强学报。

(二)体制改革进一步深化。新闻出版行业在文化领域率先推进行政管理体制改革和经营性新闻出版单位转企改制,成为全省文化体制改革的排头兵。2009年底,在全国率先全面完成图书、电子、音像出版社转企改制任务。2013年底,全省66种非时政类报刊基本完成转制。先后组建了安徽新华发行集团、安徽出版集团、安徽日报报业集团,时代出版、皖新传媒成功上市。北京时代华文书局获得国家新闻出版总署批准的图书出版资质,成为全国第一家跨地区走出去发展的出版企业。出版集团在上海自贸区成立全国第一家出版文化企业。报业集团、出版集团和发行集团荣获全国文化体制改革先进单位。通过改革,确立了三大主体,即管理主体、市场主体、服务主体;促进了三大转变,即政府职能转变、体制机制转变、发展方式转变。

(三)产业规模不断壮大。根据国家新闻出版广电总局《2012年新闻出版产业分析报告》,2012年我省新闻出版产业主要经济指标综合评价在全国同行业排名第九位,实现营业收入521.31亿元,较2011年增长16.67%;增加值146.87亿元,增长9.34%;总产出536.50亿元,增长16.57%;资产总额470.54亿元,增长11.11%;所有者权益(净资产)267.94亿元,增长14.20%;利润总额72.21亿元,增长7.86%;纳税总额31.16亿元,增长17.90%。安徽出版集团、安徽新华发行集团在全国同行业集团综合排名分别列第五和第二位,再次双双入选"全国文化企业30强";时代出版、皖新传媒荣获第三届中国出版政府奖先进单位。预计2013年全省新闻出版业实现总产出620亿元、增加值160亿元。

与此同时,也要清醒地看到差距与不足。一是与先进省份相比,我省新闻出版产业规模总量不够大,面临着前面标兵较远、后面追兵紧逼、不进则退、慢进也退的逼人态势。二是主业比重下降、核心竞争力不够强。音像制品和电子出版物继续萎缩,有可能逐步淡出出版物市场;数字出版发展不快,传统出版企业的数字化转型缓慢,安徽国家动漫、数字出版基地建设起步晚、发展不快,数字出版的集聚效应和对业态转型的引领带动作用不明显。三是精品力作、名报名刊不多,品牌影响力、发行覆盖面和行业知名度不大。2012年,单品种累计印数超过100万册的图书、平均期印数超过100万份的报纸和平均期印数超过100万册的期刊,我省无一入选。第三届中国出版政府奖76个正奖我省仅获一个图书奖正奖,在期刊奖、音像电子网络出版物奖、印刷复制奖、装帧设计奖评选中未获一项正奖。四是印刷复制业在我省新闻出版业占有很大比重,但与先进省份相比还有不小差距。2012年,我省印刷复制业实现营业收入301.17亿元,占全行业营业收入的57.77%,规模和比重仅为而广东的15.7%和62.5%、浙江的21.6%和68.5%。五是民营出版业发展相对滞后,数量少且规模不大。社会资本和民间资本在行业中比重不高,在内容创意、数字出版等核心产业不多。六是人才队伍整体不强,缺少行业领军人物,谋发展、精出版、懂经营、善管理的人才不多,干事创业环境不够优,成为制约全省新闻出版业跨越发展的瓶颈。

二、目标任务

到2016年总体目标:新闻出版宣传水平和舆论引导能力显著提升,能够更加紧密地围绕中心,更加有效地服务大局,为全面深化改革、建设美好安徽提供良好的舆论环境和智力支持。全面推进新闻、出版、发行、印刷等行业创新发展、融合发展,传统产业巩固拓展,新兴业态稳步提升,出版业数字化转型快速推进,确保全省新闻出版业年均增速高于全国平均水平,力争达到20%,行业总体经济规模综合评价继续保持在全国十强以内,总产出突破1000亿元,力争达到1200亿元,基本建成新闻出版强省。

(一)报刊发展提质增效。做大做强主流媒体,建成以安徽日报为龙头、都市报为支撑、专业报为补充的安徽报刊群。把《安徽日报》办成全国党报品牌报纸,把《新安晚报》《合肥晚报》《市场星报》办成全国有影响力的都市报,《新安晚报》《益寿文摘》争取达到期发行80万份。推进传统媒体和新兴媒体融合发展,支持纸质媒体向数字媒体发展,安徽新媒体集团建成运营。以提高刊物质量扩大知名度和市场占有率,把《恋爱·婚姻·家庭》《保健与生活》《华夏女工》《小学生导读》等综合实力较强的期刊,办成在全国有影响力的标志性刊物,把《中国药理学通报》《金属矿山》《学术界》《决策》《清明》《徽商》办成在国内各自领域有影响力的品牌。《恋爱·婚姻·家庭》《保健与生活》分别争取达到期发行60万册和30万册。

(二)精品出版成效显著。加大对一流题材、原创出版的引导扶持力度,策划推出更多具有广泛影响和市场效益、代表中国出版最高水准的重点主题出版物、文化学术名著和优秀畅销读物,在全国"五个一工程"奖、中国政府奖和中华优秀出版物奖评选中取得更好成绩。围绕全民教育、终身教育和优秀传统文化教育,积极有效推进教材的开发和出版。

（三）新闻出版产业蓬勃发展。以报业、出版、发行三大集团为龙头，拓展延伸图书出版、报刊传媒、印刷复制、发行物流等出版产业链，安徽日报报业集团进入全国省级报业集团前十强，安徽出版集团、安徽新华发行集团蝉联“全国文化企业30强”。出版集团2014年实现销售收入200亿元，进入全国出版集团前四强，2016年实现销售收入和资产总额双超200亿元，大部分出版社进入全国同类出版社前十强，3~5家出版社进入全国同类出版社前五强，1~2家出版社进入全国同类出版社前两强。发行集团2014年进入全国出版发行业前十强，“十二五”末进入前六强，2016年实现销售收入和资产总额双超200亿元，力争跨入全国出版发行业前三强，同时形成1~2个销售收入超百亿元的产业集群。全省力争新增2~3家新闻出版上市企业。产业基地（园区）建设彰显特色，安徽国家动漫、数字出版基地增设1~2家新园区，基地动漫、数字出版总产值达到100亿元，进入全国数字出版基地十强。新打造1~2个有特色、具有辐射带动作用的区域性印刷包装产业集群，全省印刷业总产值突破700亿元，力争达到800亿元，保持全国十强。

（四）新闻出版公共服务体系更加完善。农家书屋“建、管、用”长效机制和公共图书服务体系初步建立，新闻出版公共服务更趋标准化均等化，群众能够经常、及时看到新书报好书报。“书香安徽”活动影响广泛，成为全国争先、中部领先的全民阅读品牌。

2020年目标展望：全省新闻出版工作始终坚持正确导向，主流舆论进一步巩固壮大，舆论环境更加健康和谐，新闻出版业总产出力争比“十二五”末翻一番，在全国的位次比“十二五”末前进1~2位，出版集团、发行集团销售收入和资产总额双超300亿元、力争达到500亿元，再打造4~5家销售收入和资产总额双超百亿元的新闻出版产业集群、建设5~6家国家级、省级新闻出版产业基地（园区），安徽新闻出版强省的地位更加巩固。

三、总体要求

高举中国特色社会主义伟大旗帜，认真贯彻落实党的十八大、十八届三中全会和习近平总书记系列重要讲话精神，统筹新闻宣传与出版发行、出版事业和出版产业，进一步巩固拓展传统领域，加快布局新型业态，大力提升报业媒体建设、出版精品打造、出版产业发展和书报惠民水平，在跨越赶超中奋力推进新闻出版强省建设。

（一）把握正确导向，增强定力。坚持党管媒体原则，坚持团结稳定鼓劲、正面宣传为主方针，坚持马克思主义新闻观，始终把社会效益放在首位，管好导向、管好班子、管好队伍，严肃宣传纪律、强化担当精神，规范采编行为、注重统筹策划，提高新闻出版传播力公信力影响力。

（二）深化改革创新，激发活力。全面深化文化体制改革，充分解放和发展新闻出版生产力，转变职能、理顺关系，做强主业、做大产业，两轮驱动、多元发展，不断增创全省新闻出版业新优势。

（三）强化龙头带动，增强实力。发挥报业、出版、发行三大龙头企业的作用，推动骨干企业跨地区跨行业跨所有制兼并重组，着力培育综合性新闻出版企业集团，带动省市县和各门类、各种所有制新闻出版业加快发展。

四、主要措施

（一）深入推进新闻出版体制机制创新。按照有关部署，做好省级新闻出版管理部门机构改革工作，理顺职责关系，完善工作机制。把转变职能作为机构改革的核心任务，坚持“服务支持、规范监管、创优环境、做大做强”的工作思路，切实履行好导向引领、经济调节、市场监管、社会管理、公共服务等职能。以培育合格市场主体为目标，深化拓展出版、发行领域改革，完善法人治理结构，加快公司制、股份制改革，整合新闻出版资源，培育资本、产权、版权、技术、信息等要素市场，形成符合现代企业制度要求、体现新闻出版企业特点的资产组织形式和经营管理模式，推动有实力的企业兼并重组、交叉持股、跨界发展，提高新闻出版产业规模化、集约化、专业化水平。

（二）加快产业转型升级。大力推进数字出版重点项目建设和关键技术、重点产品研发。组织开展数字出版转型示范工作，评估推出一批转型示范单位。及时调整完善安徽国家动漫、数字出版基地合肥园区、芜湖园区发展规划，将省内有代表性的动漫和数字出版龙头企业和重点项目逐步纳入基地统一规划，享受统一的优惠扶持政策。加强基地（园区）基础配套设施建设，加大招商力度，吸引、汇聚各类数字出版企业，提升基地集聚辐射作用。贯彻落实新闻出版广电总局《加强数字出版内容投送平台建设和管理的指导意见》，加快建设全省数字出版内容投送骨干平台，加快网络出版、手机出版、云出版等数字出版新业态发展。加快推动实体书店转型发展，加强业务创新，延伸增值服务，提升文化体验，密切与读者互动，增强与网络和电子书的差异化竞争能力。推动全省印刷业向绿色印刷、先进的制造服务业和数字印刷转型，大力提升印刷业文化内涵，依靠文化创新催生印刷企业的核心竞争力，形成“文化创意+印刷包装”的新型企业模式，积极构建信息技术、创意设计和加工服务三位一体的现代印刷产业形态。

（三）建立健全新闻出版公共服务体系。结合扩大农民文化乐园建设试点和农村公共图书服务一体化建设试点，对农家书屋出版物及时补充更新，推动农家书屋数字化转型，提升服务综合效能。推进“书香安徽”全民阅读，开展“省直机关读书月”“新安读书月”、青少年爱国主义读书教育等活动，营造多读书、读好书、读书好的良好氛围。

（四）拓宽融资渠道。通过争取项目扶持资金、开展招商引资、鼓励社会捐助等方式，形成多元化投资格局。支持符合条件的新闻出版企业上市融资，鼓励金融资本、社会资本与出版资源相结合，建立多层次出版产品和要素市场。鼓励非公有资本进入政策许可的新闻出版产业领域，形成以国有资本为主体、多种所有制共同发展的新闻出版产业格局。发挥好文化强省建设专项资金的激励引导作用，打造出版品牌，推动产业发展。

（五）加强人才培养和队伍建设。加强新闻出版工作者职业道德建设，完善职业道德承诺制度，建立新闻出版从业人员违纪违规档案，严厉打击新闻敲诈、有偿新闻等违法违纪行为，净化舆论环境，树立新闻工作者良好形象。建立健全新闻出版人才信息库，强化新闻出版职业资格管理。抓好准入登记、注册年检、职称评审等工作，加强高端人才培养，着力造就一批名编辑、名记者。加强对全省新闻出版行政执法人员的教育，围绕行政审批等执法工作重点，开展专题、专项业务培训，建设一支懂政策、善执法、会管理的新闻出版行政管理队伍。加强行业精神文明创建，以诚信体系建设为重点，打造一支诚实守信、公平竞争、守法经营、健康昂扬的新闻出版队伍。强化新闻出版专业技术人员的教育培训。发挥安徽新闻出版职业技术学院“专、特、新、精”的办学优势，推动部校共建，培养造就更多优秀新闻出版后备人才。

（六）积极推动各项政策落实。贯彻落实各级各部门出台的有关加快推进文化科技融合、加快数字出版产业发展、支持民间资本参与出版经营活动以及发展文化产业的各项财政、税收、土地等优惠政策，加大对重大项目和新兴产业的扶持力度，引导和激励全社会共同参与新闻出版业发展。贯彻落实有关文化单位转企改制、事业单位分类改革的各项政策措施，健全完善保障机制，充分调动新闻出版战线广大干部职工干事创业的积极性。

广播影视强实施方案

一、基本现状

近年来，随着文化体制改革的不断深入和文化建设投入力度的持续加大，安徽广播影视事业产业呈现良好发展态势，综合实力和影响力不断增强，广播电视媒体宣传处于全国中等偏上水平，精品创作生产居中部地区前列，“村村通”工程进入全国先进行列，经营创收接近全国前十。

（一）媒体宣传有声有色。精心开展宣传贯彻党的十八大，以及“走进皖江示范区”、“科学发展 成就辉煌”、“美好安徽·圆梦中国”、三个强省建设等重大主题、重大活动、重大典型宣传，形成主流舆论强势，为建设美好安徽营造了良好氛围。2012年，全省广播节目播出52.33万小时、列全国第十一位，电视节目播出63.64万小时、列全国第十五位；全省广电媒体在中央台发稿3320条、同比增长18%，其中广播发稿量居全国第一、电视发稿量列全国第十二位；安徽卫视获“省级卫视覆盖传播力第一名”。

（二）精品创作力度加大。2012年，全省共创作生产电影17部、电视剧46部1848集、广播剧5部11集、动画片37部15385分钟，同比分别增长112.5%、7.2%、25%和99.1%。电影《第一书记》等4件作品获第十二届全国“五个一工程”奖、居全国第六位，其中广播剧获奖数居全国第一；《清溪河》等8件作品分获“华表奖”“金鹰奖”“百花奖”和中国广播影视大奖；《橡树餐厅》等3部动画片被国家广电行政管理部门评为优秀国产动画片、居全国第七位；有7个项目在国家广电行政管理部门组织的少儿精品及国产动画发展专项资金评审中获奖、居中部第一；合肥市获“全国原创电视动画片生产十大城市”，合肥同人文化传播有限公司获“全国原创电视动画片生产企业十强”。

（三）惠民服务提质增效。2012年，在全国率先完成国家下达我省的8500个20户以下广播电视村村通工程建设任务，2011、2012连续两年名列省33项民生工程群众满意度测评第一，并作为三个先进省份之一在全国“十二五”广播电视村村通工程电视电话会议上作经验介绍。全省共组织放映农村公益电影33.04万场，超额完成16%。到2012年底，全省共发展数字电视用户383.95万户，列全国第十三位。无线广播综合人口覆盖率97.79%、列全国第十四位，无线电视综合人口覆盖率97.84%、进入全国前十位。

（四）产业发展充满生机。2012年，全省广播电视创收61.73亿元，列全国第十一位。形成了以省广电传媒产业集团为龙头的若干广播影视骨干企业，重点打造的合肥市包河区"国家广播影视科技创新实验基地"系第一个批准的国家级广播影视科技创新实验基地，目前已有7家广电企业登记注册，另有6家重点广电企业签订了入驻协议。合肥、芜湖获批国家级动漫产业发展基地，形成初步规模效应。2012年底，全省电影票房收入3.71亿元，列全国第十五位；正常营运影院达87家、银幕总数570块、座位数8.75万个，同比分别增长58.2%、67.1%、55.8%。

与此同时，与加速崛起的发展态势相比、与建设美好安徽的目标要求相比，我省广播影视事业产业发展还有较大差距。主要表现在：舆论引导能力和媒体影响力还不强，品牌节目栏目、品牌频道频率不多，网络广播电视等新媒体新业务发展较为滞后；广播影视产品和服务供给仍然不足，展现徽风皖韵、具有广泛影响的精品力作偏少；广播影视公共服务体系还不够健全，传输覆盖水平不高，有线电视入户率较低，仅列全国第二十七位；广播影视产业规模不够大，结构不够合理，总体实力和竞争力还不够强等。

二、目标任务

到2016年总体目标：初步形成与安徽经济社会快速发展和文化强省建设相适应的广播影视发展格局，广播影视舆论引导能力、创作生产能力、惠民服务水平、产业竞争实力全面提升，全省广电媒体在中央台发稿、广播影视经营创收双双跻身全国十强。

（一）舆论引导能力显著提升。安徽广播电视台成为全国最有影响力的省级台之一，部分市县广播电视台进入全国市县级广电媒体第一方阵，拥有一批在全国有重要影响的品牌节目栏目和品牌频率频道，形成全省广播电视传统媒体与新媒体融合发展、优势互补的局面。安徽卫视品牌效应进一步凸显，全天及晚间黄金时段收视率位居省级卫视前三位；移动多媒体广播（CMMB）用户数突破200万户、居全国前十位；全省广播电视媒体在中央台发稿进入全国前九位，其中广播发稿量保持全国前三。

（二）精品创作生产成果丰硕。力争2016年，创作生产电影达20部以上，1~2部获全国大奖，3部以上进入全国院线；电视剧、动画片各达32部，15部以上在央视或三家以上省级卫视、网络电视台播出，6部以上获全国大奖；广播剧继续保持全国领先；纪录片达6部以上，3部以上成为全国优秀纪录片，1部以上在央视播出。实施广播影视精品走出去战略，力争每年与境外机构合拍2~3部传播徽文化的高端纪录片并发行国际版。

（三）惠民服务水平大幅提高。广播影视公共服务体系建设标准高、质量好、管理维护到位，进入全国先进行列。力争到2016年，全省有线电视入户率达38%以上，位列全国二十位左右；广播电视综合入户率达75%以上，进入全国前十二位；在超额完成国家下达的每年18.65万场放映任务的同时，努力提升电影放映质量，其中新片的比例达60%以上。

（四）产业竞争实力明显增强。力争2016年，全省广播影视创收突破200亿元，其中广播电视达195亿元、进入全国前九位，电影票房超8亿元、进入全国前十位。培育形成10家广电骨干企业，其中有1~2家成功上市，城市多厅数字影院达到180家。努力打造广电影视文化产业园、广电网络融合科技产业园等一批创新型、科技型广电产业园区（基地），重点打造好"国家广播影视科技创新实验基地"，到2016年完成总投入30亿元、实现利税5亿元。

2020年目标展望：全省广播影视综合实力、竞争力和影响力进一步增强，广播影视媒体宣传、精品创作、惠民服务、产业发展等综合指标基本进入全国前十位，走出一条符合科学发展要求、体现时代特征、具有徽风皖韵的广播影视强省之路。

三、总体要求

高举中国特色社会主义伟大旗帜，认真贯彻落实党的十八大、十八届三中全会和习近平总书记系列重要讲话精神，坚持前瞻性规划和阶段性目标相统一、整体推进和重点突破相结合、巩固优势和扭转短板相统筹，不断推动广播影视业发展上规模上水平上台阶。

重点实施六大战略：

（一）改革创新战略。着力构建有利于广播影视科学发展的体制机制，积极推进职能转变，创新管理方式，履行管理职能，凝聚发展合力。深化经营性单位改革，推动国有企业公司制股份制改造，完善法人治理结构，鼓励引导民营企业加快发展，激发各级各类广电企业的创新创造活力。

（二）转型发展战略。大力改造传统媒体传统产业，提高广播影视制作、传输、播映全程数字化水平，加快广播电视网络数字化双向化改造和下一代广播电视网建设，巩固发展核心优势。积极适应三网融合和移动互联网时代提出的新挑战新要求，坚持台网并重，加快发展新媒体新业态，推动传统媒体与新媒体融合发展，实现全媒体转型。

（三）统筹推进战略。加大项目、资金、资源、技术等整合力度，统筹发展公益性事业和经营性产业，推进城乡、区域广播影视协调发展。坚持突出主业、多元发展，持续打造内容生产、广告经营、网络传输等主导产业，发展视听新媒体、地面数字电视、电视购物、电影院线等新兴产业，拓展相关衍生产业。

（四）龙头带动战略。充分发挥省、市广播电视台的引领、带动作用，推动全省广电媒体整体水平大幅提升。以省广电传媒产业集团等大型骨干企业为龙头，促进跨地区、跨行业、跨所有制兼并重组和资源整合，培育一批综合实力强、发展后劲足、竞争优势明显的广电龙头企业和企业集团，扶持引领中小广电企业发展壮大。

（五）品牌提升战略。以放大安徽卫视品牌效应为重点，大力加强频率频道品牌建设。实施广播影视精品战略，打造品牌节目栏目，推出更多弘扬主流价值、展现徽风皖韵、具有深远影响的精品力作。推动广电与科技深度融合，着力打造一批面向市场、全国一流的广电产品品牌、园区（基地）品牌。

（六）人才培养战略。完善育才、引才、聚才、用才工作机制，形成良好的创业环境，不断集聚素质优良、富有活力的广播影视专业人才、创意人才和经营管理人才，造就一批拔尖人才和名家大师。

四、主要措施

（一）强化资源整合。充分利用各级各类专项资金以及社会资金，切实加大对广播影视重点项目的扶持和投入力度。支持全省广播电视主流媒体发挥自身优势、整合资源，大力加强频率频道、节目栏目建设，办好网络广播电视台，实现互联互动、融合发展。区别功能定位，整合业务经营，推动省广播电视台发挥广告经营的优势、省广电传媒产业集团发挥影视剧制作发行传输的优势，逐步形成广电事业带动产业、产业发展推动事业进步的新格局。积极参与智慧城市建设，促进高新技术在广电领域的集成创新和转化运用，大力发展高清互动电视、3D电视、互联网电视、手机电视、地面数字电视等新媒体新业务。

（二）强化借力发展。创新工作举措，进一步贯彻落实省部协议。积极争取名主持、名策划、名编剧、名导演、名演员的支持，发挥其在广播影视精品创作、产业发展和公共服务体系建设等方面的积极作用。优化发展环境，鼓励和引导民间资本进入广播影视产业，扶持发展一批“专、精、特、新”民营广电企业，吸引更多国内外名企名校大院大所来我省投资发展广播影视业。

（三）强化队伍建设。大力实施广播影视拔尖人才工程和人才素质提升工程，通过公开招聘、进修深造、访问观摩、挂职锻炼、交流轮岗、采风体验等多种方式，加强广播影视人才队伍建设。建立人才选拔和激励机制，通过举办各种业务竞赛、开展评先评优及表彰奖励等措施，发现和培养更多优秀广电人才。采取脱产调学、在职培训、网络学习等手段，进一步加强对基层广播影视从业人员的业务培训和学历教育。建立健全“走转改”活动常态化机制，重点加强采编播一线人员培训，不断提高广电从业人员的思想政治素质和业务能力，为广播影视强提供有力人才支撑。

（四）强化宣传推介。推动各级广电媒体加大在中央台发稿力度。充分运用市场机制，调动各方面积极性，做好广播影视精品的宣传推介、发行和播映工作，促进更多皖产影视精品走进大众、走向世界、占领市场。通过举办电影周、电视周、中国（安徽）微电影大赛、全省优秀影视作品网络展播等活动，搭建展示平台，促进创作和传播，并推动我省广电节目在海外落地和扩大覆盖范围。办好安徽电影网，完善后续建设，拓展增殖业务，形成品牌效应。

网络舆论强实施方案

一、基本现状

近年来，我省各级党委、政府及有关部门高度重视互联网宣传管理工作，坚持“积极利用、科学发展、依法管理、确保安全”的指导方针，一手抓建设、一手抓运用，一手抓宣传、一手抓管理，网络宣传管理工作呈现出基调正、特色明、亮点多、影响大、效果好的良好态势，在国家互联网信息办公室组织的评选表彰中，囊括了所有奖项，实现了全线飘红，重大主题网上新闻宣传、网络评论、网络舆情监测和应急管理、网络文明建设等工作均进入全国前五位，安徽互联网宣传管理工作综合水平已跻身全国先进行列。

（一）互联网宣传管理体系基本形成。省委、省政府出台了《关于加强和改进互联网管理工作的实施意见》《关于加强微博客管理工作的实施意见》等文件，进一步理顺了互联网管理体制，提高了互联网管理效能。全省16个省辖市全部成立了网宣办，105个县区市中有94个成立了网宣办，形成了网宣部门牵头协调、相关部门齐抓共管、省市县上下联动的互联网宣传管理格局。

（二）网上正面宣传和舆论引导成效显著。紧紧围绕中央决策部署和省委中心工作，始终坚持正确舆论导向，充分发挥网络特色和优势，积极开展网上正面宣传和舆论引导，大力唱响网上主旋律。在国家互联网信息办公室组织的庆祝中国共产党成立90周年互联网宣传报道等重大活动中，我省均荣获“优秀组织奖”，特别是国家互联网信息办公室表彰的党的十八大网上新闻宣传和管理工作各十个“先进集体”，我省均排名第五位。国家互联网信息办公室表彰的网络评论工作十个“先进单位”，我省排名第三位。在第一届、第二届全国“温馨感人博文帖文大赛”活动中，我省均获得“优秀组织奖”，且名列全国第一。

（三）涉皖舆情监测和应急管理积极有力。制定了较完善的工作机制，在中宣部表彰的舆情报送工作“先进集体”中，我省连续三年进入全国前五位；在国家互联网信息办公室召开的每周全国网络舆情会商视频会上，我省一直作为固定发言单位，且多次受到肯定和表扬。

（四）网络依法管理和网络文明建设扎实有效。牢固树立政治意识、大局意识、责任意识、创新意识，坚持依法依规管理，认真履行互联网信息内容管理职能，认真落实国家互联网信息办公室各项部署安排，深入持久地开展整治网上各类有害信息专项行动和网络文明建设，不断净化网络环境。2012年我省开展的整治互联网新闻信息服务违规行为专项行动，国家互联网信息办公室将我省文件全文转发，向全国各地推广，这是多年来全国互联网宣传管理工作中的第一次；我省开展的万家网站签署文明办网自律公约活动，得到了中央领导的批示和肯定，中央新闻媒体进行了集中采访报道；在2014年初召开的全国互联网宣传管理工作会议上，我省作为七家单位之一，在会上交流了文明办网、文明上网工作经验。

与此同时，与互联网新技术、新应用、新业态飞速发展的形势相比，与建设网络强国、建设美好安徽的目标要求相比，我省互联网宣传管理工作也还有较大差距。主要表现在：网络媒体不够强，缺乏在全国有影响力、竞争力的新闻网站和商业网站。据国际知名的全球网站排名机构Alexa今年1月公布的数据，中安在线列国内新闻网站第33位、省级新闻网站第16位；安徽网络电视台列国内新闻网站第82位、省级新闻网站第67位。我省知名的商业网站如合肥论坛、万家热线等，在全国影响力也较有限。政务微博和媒体法人微博的数量和影响力不够。安徽发布厅运行一年多来，成员单位达到115家，但尚有一些地方和与民生密切相关的省直部门没有开设政务微博。已经开设的政务微博尚存在信息更新不够及时、与公众互动沟通不够密切、粉丝数量不够多等不足。市县互联网宣传管理力量相对薄弱，有的机构不健全。在突发事件网上舆情应对工作中，涉事部门和地方回应处置能力有待进一步增强等。

二、目标任务

到2016年总体目标：形成比较完善的互联网管理领导体制和网上舆论引导工作机制，网络媒体竞争力和影响力显著增强，网络宣传和舆论引导能力显著提升，网络依法管理和文明建设水平显著提高，全省互联网宣传管理工作综合水平保持全国前五位。

（一）网络媒体做大做强。坚持改革创新，加大政策支持力度，优化资源配置，打造强势网络媒体，推动省直重点新闻网站在全国的影响力持续提升，建设一批有影响力的微信类公众平台；全国性重大主题网上宣传、网络评论工作水平保持全国前五位。

（二）网络舆情可管可控。健全大舆情工作机制，发现及时，研判有力，掌握主动，舆情报送工作在全国考评中保持前五位。

（三）网络管理有力有效。坚持有法必依、执法必严、违法必究，严格规范网络信息传播秩序，保障公民合法权益、维护社会和谐稳定和国家安全。坚持分级管理和属地管理相结合，加大统筹协调力度，发挥各部门积极作用，调动各方面积极性，各司其职、各负其责，密切配合、形成合力，在全国互联网管理各项考核评比中进入前五位。

（四）网络文明多姿多彩。坚持自律和他律相结合，广泛开展丰富多彩的网络文明教育实践活动，积极引导互联网从业人员、网络名人和广大网民坚守法律法规底线、社会主义制度底线、国家利益底线、公民合法权益底线、社会公共秩序底线、道德风尚底线、信息真实性底线，不断深化文明办网、文明上网成果，努力构建文明和谐的网络环境，网络文明建设工作在全国考评位次保持在前五位。

2020年目标展望：全面构建起“为民、文明、诚信、法治、安全、创新”的网络空间，把我省各级各类重点网站建设成为传播积极向上正能量和文明理性表达意见的新平台，成为弘扬社会主义核心价值观的文化阵地和舆论阵地，网络舆论引导和管理工作为维护安徽改革发展稳定大局发挥更加积极重要的作用。

三、总体要求

高举中国特色社会主义伟大旗帜，认真贯彻落实党的十八大、十八届三中全会和习近平总书记系列重要讲话精神，始终坚持"积极利用、科学发展、依法管理、确保安全"的指导方针，坚持"围绕中心、服务大局、争先进位、勇创一流"的目标要求，做到敢于担当、敢于管理、敢于创新，完善体制机制，壮大网络队伍，做强网络媒体，加强依法管理，牢牢掌握网上舆论工作主动权、主导权和话语权，形成网上正面舆论强势，为促进全面深化改革、建设美好安徽，实现中华民族伟大复兴的中国梦提供强大网络正能量。

总体工作思路是：

（一）完善体制机制，强化组织保障。完善互联网管理领导体制，推动互联网宣传管理工作省市县三级全覆盖，健全互联网基础管理、内容管理、行业管理以及网络违法犯罪防范和打击工作联动机制，形成正面引导与依法管理相结合的网络舆论工作格局。

（二）聚合网媒优势，壮大主流舆论。加强和改进网络内容建设，充分发挥新闻网站和手机报、政务微博、媒体法人微博、新闻客户端的主阵地作用，商业网站和微博、微信类公众平台的建设性作用及省外网站的辐射作用，聚集安徽好声音，传播社会正能量，唱响网上主旋律。

（三）掌控涉皖舆情，提高服务水平。进一步健全完善工作机制，不断提高网络舆情工作服务大局、服务决策、服务稳定的水平。

（四）依法从严管理，规范传播秩序。坚持科学管理、依法管理、有效管理，强化责任主体，落实分级管理和属地管理责任。加强网络身份管理，加强网站分级与分类管理，严格规范网络重点业务。深入开展整治网上不良和有害信息专项行动，大力开展网络文明教育实践活动。

四、主要措施

（一）加强网上主阵地建设。发挥政府和市场的作用，鼓励网络媒体创新内容、创新业态、创新形式、创新方法、创新手段，打造更多被市场认可的网络产品和信息消费产品，丰富网民多样化、多层次、多元性的网络文化消费需求。推动中安在线等重点新闻网站创新运营机制，增强活力，壮大实力，做大做强网上正面宣传。推动安徽网络电视台业态发展取得新进展，努力实现覆盖网络视频、IPTV、互联网电视、手机电视（社交电视）等跨网络、跨终端、多业务形态的全媒体业务布局。组建安徽新媒体集团，大力发展以手机报和新闻客户端为代表的拥有庞大用户群、市场竞争力、媒体话语权的移动新媒体，充分占领移动互联网舆论新阵地。推进全省手机报整合，精心打造安徽手机报平台，实现"全省一张报"，切实办好安徽手机报的市县版和行业版。落实《关于进一步支持主流媒体加强新媒体建设的意见》，推动传统媒体和新兴媒体融合发展，推进报网台网互动，积极运用新技术新业态拓展传播业务，加快数字化、网络化、移动化转型升级步伐，增强主流媒体在多元化传播中的整体实力和竞争力。落实《安徽省机构微博建设和管理暂行办法》，建好用好政务微博和媒体法人微博，努力提升以安徽发布为龙头、在新媒体舆论场集群发声的传播效应。鼓励商业网站做好做强面向生活、生产和管理的信息消费产品和服务，发挥建设性作用。

（二）加强网上正面宣传和舆论引导。围绕中央和省委决策部署，认真做好重大主题、重大活动、重要会议网上宣传和网络评论，提高策划和组织能力，增强网上舆论引导实效，形成正面舆论强势。推动新组建的安徽新媒体集团在阵地、技术、资本、人才、管理、效益上实现新突破，在全国"移动互联网传播工程""大数据建设工程""传统媒体与新媒体融合发展工程"以及"网德建设工程""网军建设工程"中发挥主力军和示范引领作用。加强与国内知名网站的联系与协调，加大宣传安徽的重要稿件供稿和转载力度，扩大安徽好声音和正能量在互联网空间的传播和影响。加强网站文化、教育、科普、读书等频道和栏目建设，推动优秀文化精品网上传播，鼓励网站制作适合互联网和移动新媒体传播的精品佳作，鼓励网民创作格调健康的网络文化作品。

（三）加强网络分级管理和属地管理。整合资源、扩充力量、加大投入，落实县区市网宣部门机构、人员和编制，推进省市县三级网络宣传管理工作全覆盖。认真贯彻全国人大常委会《关于加强网络信息保护的决定》，积极推进网络实名制实施。明确网站定性定位，实现分类管理，规定业务要求和准入条件，落实好商业网站信息内容管理工作制度。严格执行新闻信息服务年检和考核制度，健全新闻稿件审发管理制度，严把报网台网互动环节关，严把网上新闻信息来源关、导向关。加大域名和IP地址、网站准入、接入服务、年检等基础管理力度。

（四）加强网络文明教育和专项整治。坚持自律和他律相结合，深化文明办网、文明上网，深入开展"坚守七条底线　共建网络文明"主题实践活动、文明网站创建和文明上网先进社区创建活动，总结经验，推广试点，扩大成效。始终保持高压态势，持续开展打击网络淫秽色情低俗信息、违规登载新闻信息等专项行动，坚决打击网络有害信息特别是网络谣言，既抓好封堵，又着力打源头、挖窝点，对非法渔利网站、网络炒作公司、网络“大谣”等幕后推手，根据情节轻重，会同有关部门依法依规进行处理。

（五）加强网络宣传管理人才队伍建设。高度重视互联网管理干部的培养和使用，把政治坚定、熟悉信息技术、具有创新意识的干部充实到重要岗位，努力培养造就一支高素质的互联网宣传管理人才队伍，提高互联网管理专业化水平。深化网络媒体“走转改”活动，提高互联网新闻采编人员的政治和业务素质。完善网评人才培养、评价和激励机制。支持传统媒体法人微博策划组织有特色、有影响的专题采访报道，将其纳入重大宣传活动统一安排，将其从业人员纳入新闻职评行列和新闻战线总体培训计划，将其新闻作品（微博、微信）纳入安徽新闻奖评选。加快网站从业人员资质认证体系建设，实行版主、栏目主持人等重点岗位持证上岗制度。开展优秀政务微博和优秀媒体法人微博年度评选活动。做好网络意见领袖、网络作家、自由撰稿人、独立演员歌手等群体的工作，使其成为有效传播正能量的积极力量。加大培训力度，加强网络宣传、网络管理、网络评论、舆情监测分析和应急管理等业务培训，提高互联网宣传管理队伍综合业务水平；加强各级党政领导干部、企事业管理人员互联网知识和网络突发事件处置工作学习培训，推动其不断提升网络舆情应对能力；加强对主要商业网站负责人和编辑人员的政治业务培训，引导其坚守“七条底线”，增强社会责任感，自觉维护国家利益。

文化演艺强实施方案

一、基本现状

近年来，随着经济社会健康快速发展，安徽文化演艺事业取得了长足进步，一批思想性、艺术性和观赏性相统一的演艺精品相继推出，公共文化服务体系进一步完善，群众性文化活动广泛开展，文物和非遗保护成效显著，文化市场规范有序，呈现出良好的发展态势。

（一）演艺创作生产成果丰硕。在全国第十二届精神文明建设“五个一工程”评选中，我省有6部作品获奖，舞剧《徽班》等名列其中。2013年，我省获得全国性重要文艺奖项138个，其中，黄梅戏《风雨丽人行》入选国家舞台艺术精品工程重点资助剧目，黄梅戏《半个月亮》、徽剧《惊魂记》获第13届中国戏剧节优秀剧目奖，黄梅戏《雷雨》《徽州往事》分别获得第14届文华奖优秀剧目奖、剧目奖。

（二）公共文化服务体系建设稳步推进。加快重大公共文化设施建设，省美术馆、百戏城开工建设，市级“三馆一院”和县级“两馆一场”建设加快推进。乡镇综合文化站评定等级站1276个，其中一、二、三级站分别为347个、452个、477个，上等级率达89%。首批中心村农民文化乐园建设试点工作顺利开展。马鞍山市和铜陵社区文化建设、淮南少儿文艺发展项目分别通过首批国家公共文化服务体系示范区、示范项目验收；安庆市和宣城村级文化广场建设与服务、蚌埠花鼓灯特色群众文化建设分别被列入第二批国家公共文化服务体系示范区、示范项目名单。全省公共文化场馆实现免费开放。在全国第五次公共图书馆评估定级中，我省85个公共图书馆上等级，一级馆由8家增加到34家，增幅居中部省份第一。在全国第二批博物馆定级评估中，新增国家二级博物馆3家，增幅居全国第四。在第五届全国“服务农民、服务基层”先进文化集体评比中，我省有9家基层单位入选，6个表彰类别中均有单位获奖，获奖数居全国第一位。

（三）群众文化和民间文化活动丰富多彩。“我们的中国梦——文化进万家”、“三下乡”、“百团千场万人”文化下基层、“校园大舞台”、“情暖农民工”等文化惠民活动在全省城乡蓬勃开展。举办“黄梅戏展演周”和徽剧、庐剧、泗州戏、二夹弦、文南词等我省代表性地方戏精粹展演，中国安庆黄梅戏艺术节、安徽民俗文化节、安徽花鼓灯会、省民间杂技艺术节等文化活动特色鲜明，中国农民歌会和中国（黄山）非遗传统技艺大展成功举办。在第十一届中国民间文艺“山花奖”评选中，我省有4件作品获奖，获奖总数居全国第七位。全省现有中国民间文化艺术之乡24个，安徽省民间文化艺术之乡32个。

（四）文化遗产传承保护逐步加强。新增第七批国保单位74处，总数居全国第十三位；6个大遗址入选国家“十二五”重大遗址名单，入选数量居全国第七位；实施徽州区呈坎村、泾县黄田村2个全国文物保护样板工程(全国共3处)；全省拥有世界遗产地2处、国家历史文化名城5座、中国历史文化名镇名村27个，省级历史文化名城9座、历史文化名镇、村、街区42个，涉及13个市、31个县区，基本覆盖全省遗产分布区域。全省有各类博物馆、纪念馆141座，总数排名全国第五位。非遗名录体系全面建立，公布省级非遗名录273项，其中60项入选国家非遗名录，2项入选联合国教科文组织命名的人类非遗名录；命名省级传承人409人，其中国家级传承人75人；命名省级非遗传习基地33个，其中2个单位入选首批国家级非遗生产性保护示范基地，居全国第二位。

(五)文化市场健康有序。截至2012年底，全省有文化市场经营机构11507个，数量居全国第八位；娱乐场所3879个，居全国第七位。演出市场涵盖剧场演出、演唱会演出、旅游演出、公共服务演出等多种形式，品类结构得到进一步优化。全年引进境内外优秀艺术团组近300余批(次)，增强了演出市场活力。2013年，全省国有院团演出总场次为13000场，观众约120多万人次，演出总收入3.4亿元；全省民营艺术院团演出场次约30多万场，收入超5亿元。文化行政管理部门通过简政放权和创新管理，进一步激发和释放了市场活力，在全国综合考评中，我省文化市场管理工作位居第一方阵。

与此同时，与建设文化强省的目标要求相比，我省文化演艺工作还有较大差距。主要表现在：一是缺少具有广泛影响力和持久竞争力的演艺精品和文化品牌。目前，我省在国家级重要文艺类奖项评比中，整体成绩尚未进入全国前十。二是公共文化服务体系基层基础较为薄弱。全省有市级图书馆、文化馆、博物馆、剧院各13个、13个、15个、14个，县级图书馆、文化馆、剧场各88个、107个、33个，建设达标率在全国处于中等偏下水平。三是群众文化、民间文化活动品牌打造力度不够，规模档次有待进一步提高；重视“送文化”、忽视“种文化”的现象不同程度存在，自我发展能力相对不足。四是文化遗产缺乏全面、系统、科学的保护，有些地方存在“重申报、轻保护，重开发、轻传承”的现象。五是文化市场门类不健全、城乡不平衡，开放度、活跃度不高，全省一万多个行政村，平均4个村一年只有1场演出。

二、目标任务

到2016年总体目标：演艺精品创作生产能力显著提升，公共文化服务体系建设能力明显增强，群众文化和民间文化活动更加丰富，优秀传统文化传承扎实有效，文化市场培育管理工作进入全国前十，广大人民群众日益增长的精神文化需求得到较好满足。

(一)演艺精品在全国产生重大影响。每年推出3~5部、3年推出10部左右优秀剧目，争取每年有1部入选国家舞台艺术精品工程重点资助剧目。力争在第十三届全国“五个一工程”评选中，有1部以上戏剧类作品获奖。在2016年第十一届中国艺术节上，力争我省参演剧目获1个文华大奖、1个文华优秀剧目奖，进入全国前十位。在全国开展的以“中国梦”为主题的文艺系列活动中取得优异成绩。

(二)公共文化服务体系基本建成。力争有500个美好乡村重点示范村建成农民文化乐园。创建成功第二批国家公共文化服务体系建设1个示范区、2个示范项目，创建16个省级公共文化服务示范区，总体工作位于全国第一方阵。加快数字文化资源建设，保持全国领先水平。推动省级四馆(省美术馆、省图书馆、省博物馆、省文化馆)建设，省市级图书馆、文化馆100%达到部颁一级评估标准，县级两馆80%达到三级以上评估标准，公共文化场馆建设、管理、使用方面迈进全国第一方阵。

(三)群众文化和民间文化活动蓬勃开展。力争在第十一届中国艺术节上，群星奖获奖作品达10个，进入第一方阵。立足实际，突出特色，创新活动载体，打造3~5个“省内叫得响、全国有影响”的地域文化活动品牌。广泛开展城乡群众文化活动，努力实现村村有队伍、镇镇有特色，县县有亮点、市市有品牌。完善群众文化志愿辅导机制，群众文化辅导员达到10000人。

(四)文化遗产传承保护成效显著。实施2个古村落古民居全国文物保护样板工程，形成在全国推广的成功经验。实施2项国家考古遗址公园建设工程，实现“零”的突破。推进徽州文化生态保护区建设，建成9个文化遗产密集区，完成规划建设目标，在文化生态整体保护方面保持全国领先。新增3个国家级非遗生产性保护示范基地，累计达到5家，力争保持全国第二位。

(五)文化市场健康繁荣。政府职能得到有效转变，市场环境、管理水平得到优化提升，一批市场主体得到培育壮大，文化市场结构调整和转型升级步伐加快，文化市场建设成为全国文化市场发展的新亮点和满足人民群众多样化文化需求的重要场所。

2020年目标展望：在全国有较大影响的演艺精品更加丰富，公共文化服务体系实现标准化均等化和城乡一体化发展，群众文化和民间文化活动形成一大批知名品牌，优秀传统文化传承体系进一步完善，现代文化市场体系进一步健全，从业机构和经营收入等排名居全国前列，广大人民群众享有更加健康丰富的精神文化生活。

三、总体要求

高举中国特色社会主义伟大旗帜，认真贯彻落实党的十八大、十八届三中全会和习近平总书记系列重要讲话精神，跨越攀升，攻坚克难，争先进位，充分激发文化创造活力和内生动力，不断增强安徽文化的服务力、影响力。

突出三个重点：

(一)强化精品意识。立足新起点、确立新目标，大力实施精品战略，着力推出弘扬社会主义核心价值观、思想性艺术性观赏性相统一、安徽特色与时代特征相结合的一流演艺精品和文化品牌。

(二)坚持文化惠民。牢固树立以人民为中心的工作导向，坚持文化为民、文化惠民，坚持面向基层、服务群众，不断提高公共文化服务能力，更好地满足人民群众日益增长的精神文化需求。

(三)转变服务方式。进一步转变政府职能，切实履行政策调节、市场监管、社会管理、公共服务职责，推进由"办文化"为主向"管文化"为主转变，由"管系统"向"管行业"转变，由"送文化"向"种文化"转变，由"重管理"向"重服务"转变，由"被动服务"向"主动服务"转变。

四、主要措施

(一)打造一流文化品牌。切实抓好选题规划，每年适时召开文艺创作题材规划会，凝练创作生产重点方向，遴选确定重大项目，建立重点项目库。聘请有一定代表性和权威性的专家组成咨询委员会，负责对选题进行综合评估和可行性论证。实行专题项目制，制订方案、明确流程，设立台账、追踪问效，有计划地推动重点作品的创作生产。按照"动态管理、滚动开发、梯次推进、持续打造"的要求，每年确定十大演艺项目，予以重点扶持。以"五个一工程"为龙头，认真组织实施舞台艺术精品工程、重大历史题材美术创作工程等，深入发掘安徽丰厚文化底蕴，努力创作出更多具有中国特色、安徽风格的优秀作品。加快启动实施文学原创工程，进一步提高安徽文艺的原创能力。优先发展以黄梅戏为代表的具有品牌性、地域性的重点文艺门类，继续抓好美术、书法、摄影、音乐、舞蹈、民间文艺、曲艺、杂技等门类的精品创作生产。规范提升中国农民歌会、中国黄梅戏艺术节、安徽省艺术节等示范性品牌活动。充分利用历史文化资源，形成一城一品、一地一特色的民间文化品牌。

(二)进一步夯实基层基础。以农村和社区为重点，以标准化均等化为主攻方向，继续大力实施文化惠民工程，整合打造中心村农民文化乐园、乡镇综合性文化服务中心，积极探索农村公共文化服务"建管用"新机制，打通文化惠民"最后一公里"。深化博物馆、图书馆、美术馆和乡镇综合文化站免费开放工作。组织开展群众乐于参与、便于参与的文化活动，引导群众在文化建设中自我表现、自我教育、自我服务，不断提高社区文化、村镇文化、企业文化、校园文化等建设水平。秉持"政府主导、社会参与、市场运作、惠民乐民"的思路，突出文化本体和地方特色，指导市县开展群众性品牌文化活动。加强对文化艺术知识的普及、群众性文化活动的指导和群众文艺骨干的培训。

(三)大力整合各方资源。进一步理顺关系，统筹各级行政部门、企事业单位和社会各方面的资源和力量，形成强大工作合力。整合宣传、文化、组织、教育、科技、体育等部门资源，积极推进公共文化服务体系建设。优化发展环境，引导和鼓励社会力量通过兴办实体、资助项目、赞助活动、提供设施等形式参与公共文化服务和文艺精品创作生产，努力争取国家、社会以及名编剧、名导演、名演员、名企业和重要科研机构的支持。发挥省、市、县文化单位人才、技术和资源优势，与镇村(社区)"结对子"，开展丰富多彩的"种文化"活动。

(四)健全完善评价激励机制。以需求为导向，建立群众文化需求动态反馈、社会力量参与公共文化绩效评价和监督机制。充分运用市场机制，调动各方面积极性，通过加入院线、演出赛事等多种手段，对文化演艺产品进行宣传推介。培养高素质文艺评论队伍，开展积极健康的文艺批评。加强文艺阵地建设，支持安徽日报、安徽广播电视台等主要新闻媒体开办文艺评论节目栏目，积极扶持《清明》《安徽文学》《诗歌月刊》等重点文学期刊。加大优秀文化产品推介力度，精心组织本土文化精品专题推介、展演、展映、展播、出版发行活动。修改完善文化品牌扶持奖励办法，加大扶持奖励力度，对于获得全国性大奖的作品，省里予以配套奖励。

(五)培养造就高素质文化人才队伍。加强高等院校文化艺术学科建设，建设1所艺术类本科院校。实施拔尖人才和青年英才培养工程，通过公开招聘、学习培训、进修深造、交流轮岗、挂职锻炼、外出观摩、采风体验等多种方式，加强文化演艺人才队伍建设，提高队伍整体素质。打破地域限制和行政限制，采取聘用制、签约制、合作制等多种机制，建设一批文艺名家工作室或创作基地，吸引国内外文艺名家到我省开展创作指导等活动。实施基层文化人才建设工程，通过公开招聘，在全省大中专院校毕业生中择优选拔一批专业人才，逐步充实到全省乡镇综合文化站，对服务期满的高校毕业生报考文化部门公务员和相关专业研究生实行定向招录。加强群众文化辅导员队伍建设，进行相应评级并颁发证书，给予一定补助。

（六）加大投入扶持力度。保证公共财政对文化建设投入的增长幅度高于同级财政经常性收入增长幅度，提高文化支出占财政支出的比例，到2016年，全省人均文化事业费力争达到全国平均水平。扩大政府文化资助和文化采购，建立政府购买公共演出服务机制。积极探索"政府扶持、社会参与、市场运作"的投入机制，构建投融资平台，引导各类创业投资、股权投资和民间投资加大对文化产品和服务的投入，形成多方参与的长效机制。

文化产业强实施方案

一、基本情况

近年来，省委、省政府高度重视文化发展，采取一系列政策措施，深入推进文化体制改革，解放和发展文化生产力，做大做强文化产业。全省文化产业呈现出蓬勃发展的良好态势，整体实力和竞争力显著增强，成为全省经济新的增长点，在满足人民群众精神文化需求、增强安徽文化软实力等方面发挥了越来越重要的作用。

（一）文化改革重点任务率先完成。文化体制改革由点到面、有序推开、逐步深化，在探索中前进、在创新中发展，在全国率先完成阶段性重点任务，初步建立适应文化产业又好又快发展的文化宏观管理体制和微观运行机制。全省出版、发行、电影、演艺、新闻网站、非时政类报刊等领域439家经营性文化单位完成转制，成为文化市场主体。文化行政部门转变职能，实现政企政事分开、管办分离。市县全部实现文化、广电、新闻出版"三局合一"并成立文化市场综合执法机构，执法规范化科学化水平显著提高。出台一系列针对性强、含金量高的政策措施，文化产业发展环境不断优化。连续3次被评为"全国文化体制改革工作先进地区"，创造了非试点省走在全国前列的"安徽现象"。

（二）文化产业综合实力显著提升。"十二五"以来，文化产业成为全省增速最快的产业之一，年均增长超过20%，2013年增加值844.95亿元，占GDP比重4.44%，较上年提高0.29个百分点。省属报业、出版、发行、演艺、广电五大集团2013年实现营业收入288.53亿元、利润总额14.34亿元。出版、发行两集团销售收入和资产总额双双突破百亿，多次入选"全国文化企业30强"。重大文化项目投资持续增加，文化产业园区集聚能力显著增强，合肥入选首批国家级文化和科技融合示范基地，合肥、芜湖成功入选国家动漫、数字出版基地。全省28家动漫企业通过国家认定，总数居全国第五、中部第一。民营文化企业迅猛发展，规模以上企业达到1318家，科大讯飞、经纶书业、影星银幕等一批本土企业成长为行业龙头。

（三）文化市场体系初步形成。文化产品市场日益丰富，图书、报刊、音像制品等物流体系初步建成，电影、广播电视节目交易市场日趋繁荣发展，动漫、网络音乐、网络游戏等新兴市场快速兴起。文化要素市场加快建设，时代出版、皖新传媒等5家文化企业实现上市，居全国第七。成立文化行业协会，组建文化产权交易机构，设立文化产业投资类基金。对外文化贸易提质增量，文化产品和服务输出到168个国家和地区，2013年核心文化产品出口6.1亿美元，居全国第十一位。出版集团在北京国际书博会上输出版权连续7年居全国第一，在上海自贸区成立全国第一家出版文化企业。

与此同时，我省文化产业与发达地区相比，与群众日益增长的精神文化需求相比，还存在较大差距。主要表现在：一是文化产业总体规模不够大，整体实力不够强，2012年文化法人单位增加值、占GDP比重分别仅居全国第十七位、第十八位。二是文化产业结构不够优，城乡之间、区域之间、门类之间发展不平衡，居民文化消费水平较低，文化市场有待进一步培育，文化产品和服务结构性短缺还比较突出。三是文化创新能力不够强，文化资源整合力度和转化程度不足，新兴业态、创新型企业不多，原创作品、特色产品、高端产品等具有核心竞争力的文化产品还比较少。四是文化产业规模化集约化专业化水平不够高，产业园区总体规模偏小、水平偏低、定位不高，同质化现象较为普遍，国家文化产业示范园区尚属空白。五是一些领域文化管理体制机制仍有掣肘，文化发展优惠政策没有完全落实到位，文化人才总量不大、结构不优，高层次人才和领军人物匮乏。

二、目标任务

到2016年总体目标：文化体制机制不断创新，文化产品创作生产体系日益完善，现代文化产业体系和文化市场体系基本建立，公有制为主体、多种所有制共同发展的文化产业格局逐步形成，部分领域和行业在中部领先、进入全国前十。

(一)文化产业综合实力大幅提升。全省文化产业增加值达到1500亿元，占GDP比重超过5%，成为国民经济支柱性产业，文化产业法人单位增加值及占GDP比重力争进入全国前十五位。

(二)文化企业竞争能力显著增强。培育一批骨干文化企业和企业集团，稳固出版、发行集团的“全国文化企业30强”地位；上市文化企业力争突破10家，进入全国前六位；国家认证动漫企业达到50家，进入全国前四位。

(三)文化园区集聚水平不断提高。统筹发展特色文化产业园区和产业集群，力争创建2个以上国家级文化和科技融合示范基地，实现国家文化产业示范(试验)园区零的突破。

(四)现代文化市场体系基本建立。推进多层次文化产品市场和要素市场建设，积极引导和促进文化消费，城镇居民人均文化消费支出突破1000元，力争进入全国前十位；农村居民人均文化消费支出超过400元，力争进入全国前十五位。

(五)对外文化贸易不断扩大。进一步拓展对外文化贸易渠道和网络，核心文化产品出口突破10亿美元大关，力争进入全国前八位；版权输出继续保持全国前三位。

2020年目标展望：文化体制机制更加充满活力、富有效率，现代文化市场体系和文化产业格局更加完善，文化产业发展环境更加优化，人民群众精神文化需求得到更大满足，文化创新力、影响力、竞争力显著增强，文化产业强目标全面实现、主要指标在全国排名进一步提升。

三、总体要求

高举中国特色社会主义伟大旗帜，深入贯彻落实党的十八大、十八届三中全会和习近平总书记系列重要讲话精神，积极适应社会主义精神文明建设规律和市场经济发展规律，科学把握文化产业的意识形态属性和商品属性，始终把社会效益放在首位、实现社会效益和经济效益相统一，大力促进文化产业持续快速发展，为建设美好安徽提供重要支撑。

重点实施五大战略：

(一)创新引领战略。深入推进文化体制机制创新、内容创新、形式创新、业态创新，加快文化与科技、旅游等相关产业融合发展，增强核心竞争力，促进文化产业结构优化升级。

(二)品牌提升战略。深入挖掘安徽特色文化资源，精心策划重大文化项目，打造一批全国一流的文化产品品牌、服务品牌、企业品牌、园区基地品牌，形成体现徽风皖韵、彰显独特魅力的文化品牌系列。

(三)龙头带动战略。推动骨干文化企业跨地区、跨行业、跨所有制兼并重组，培育一批综合实力强、竞争优势明显的大型综合性文化企业和集团，打造一批“专、精、特、新”文化企业，重点扶持一批文化产业示范园区(基地)和特色集群，不断提高文化产业规模化集约化专业化水平。

(四)市场支撑战略。统筹国内国际两个市场、两种资源，着力培育一批具有国际竞争力的外向型骨干企业，打造一批具有国际知名度和美誉度的文化品牌，推动我省特色文化产品和服务抢占省外国外文化市场。

(五)人才兴文战略。牢固树立人才是第一资源理念，不断完善人才引进、培育、使用、评价、激励机制，集聚一批素质优良、富有活力的文化专业人才、文化创意人才和经营管理人才，打造文化产业发展的人才高地。

四、主要措施

(一)着力推进文化体制机制创新

1.创新文化宏观管理体制。按照政企分开、政事分开、政资分开原则，推动文化行政管理部门与其所属的文化企事业单位进一步理顺关系，实现由办文化向管文化转变。加强文化市场综合执法队伍建设，不断提升执法能力和水平。建立党委和政府监管国有文化资产的机构，实行管人管事管资产管导向相统一，探索组建国有文化资本运营公司。加强行业组织建设，健全中介机构。

2.创新文化微观运行机制。以建立现代企业制度为重点，继续推进国有文化企业的公司制股份制改造，完善法人治理结构。支持省属文化集团之间、与其他所有制企业之间交叉持股、跨界发展，在重要传媒类企业探索实行特殊管理股制度，在国有控股上市文化企业开展股权激励试点。积极稳妥推进新闻媒体改革，优化整合省级广电领域经营性资产和业务，统筹推进传统媒体与新兴媒体融合发展，打造全国一流新闻媒体和产业集团。

3.创新文化调控引导机制。健全坚持正确导向、体现主流价值的体制机制，完善文化产品评价体系和激励机制。落实文化品牌建设扶持奖励办法，每年重点打造10部演艺、10部影视作品，扶持10个文化产业示范园区(基地)、10家文化改革发展示范企业。继续抓好各市一戏一片一企一园“四个一”重点文化品牌工程，促进形成安徽文化产业品牌群。支持文化企业争创中国驰名商标、省著名商标，鼓励文化企事业单位牵头或参与国家标准和行业标准的制订修订。

(二)优化提升文化产业结构

1.构建现代文化产业体系。推进文化产业结构调整,发展壮大出版发行、影视制作、印刷复制、演艺娱乐、广告会展等传统文化产业,加快发展文化创意、数字出版、移动多媒体、动漫游戏等新兴文化产业。优化文化产业布局,依托合肥城市圈和皖南、皖北等资源优势,积极构建文化产业发展新格局。发掘城市文化资源,发展特色文化产业,建设特色文化城市,打造一批文化产业强市强县。

2.做大做强骨干文化企业。以培育文化产业领域战略投资者为目标,支持出版、发行集团建成能够参与国际竞争的文化航母,引导报业、演艺、广电集团打造具有较强竞争力和综合实力的大型文化产业集团。深入实施"百千万工程",促进民营文化企业向"专、精、特、新"方向发展。鼓励各地政府搭建的中小企业融资担保平台为小微企业提供担保,促进大、中、小文化企业协调发展。

3. 加快文化产业重大项目建设。出台并实施支持促进文化产业重大项目建设暂行办法,扎实推进"861"行动计划文化产业项目建设,在重点领域谋划实施一批业态新、链条长、附加值高的文化项目。围绕主导产业组织集约、高效、精准招商,提高引资水平、扩大投资规模。加强对重大文化产业项目的管理,健全项目考核评价机制,不断提高签约项目落地率、在建项目投产率、运营项目盈利率。

4. 培育文化产业园区和集群。坚持走差异化、错位化、特色化发展之路,建好文化产业示范园区(基地),实施动态管理,促进规范提升。推动各地依托首位产业和核心项目,有针对性地引导优势产业、优秀企业、优质资源向园区集中,建成一批产值过百亿的特色文化产业集群。鼓励有条件的城市利用老工厂老街区老码头打造高品位文化创意产业基地。

5.促进文化产业融合发展。落实国务院《推进文化创意和设计服务与相关产业融合发展的若干意见》,加快文化与装备制造、教育、体育、信息、建筑、农业等产业对接融合,延伸文化产业链,提高附加值。实施文化科技创新工程,扶持发展特色鲜明、创新能力强的省级文化科技企业,加快建设国家级文化和科技融合示范基地、动漫基地、数字出版基地(园区)、广播影视科技创新实验基地。出台并实施文化与旅游融合发展政策,推动文化旅游产品开发、文化旅游业态培育、文化旅游市场推广和文化旅游环境营造,重点推进皖南国际文化旅游示范区建设。

(三)加快培育文化市场体系

1.健全现代文化市场体系。大力发展图书、电子音像制品、演出娱乐、影视剧、动漫游戏等产品市场,打造区域性文化产品集散中心,推动建设全国性电影院线和演出院线,支持实体书店发展和多层次演艺场所建设。加快培育资本、产权、版权、技术、信息等要素市场,建立省级文化产权交易平台,设立并完善文化产业创业投资基金,筹建文化产业担保公司。支持符合条件的文化企业在主板、创业板和新三板发行上市或挂牌交易,利用资本市场并购重组、做大做强。支持社会资本参与对外出版、网络出版,以控股形式参与国有影视制作机构、文艺院团改制经营,吸引更多社会资本有序进入文化领域。组织开展文化消费活动,加快发展大众性文化消费市场,大力发展文化电子商务,促进形成新的文化消费增长点。

2.大力开拓国际文化市场。落实国务院《加快发展对外文化贸易的意见》,强化企业主体、市场运作,培育具有国际竞争力的外向型骨干企业。支持有实力的文化企业开展文化对外贸易、文化对外直接投资,在境外兴办文化实体,兼并境外文化企业,建设海外文化基地。实施皖版图书、优秀影视作品、特色演艺精品、徽派工艺品海外推广计划,优先扶持具有安徽特色的文化产品和服务出口。坚持对外文化贸易与外宣、外事、外贸、外经、侨务、教育、科技、旅游、体育等相结合,形成工作合力。

(四)切实强化文化产业发展保障

1.健全完善文化保障政策。认真落实各项扶持政策,对文化企业特别是转企改制国有文化单位给予财税、金融、用地、贸易等多方面激励,加大对民营文化企业和小微企业扶持力度。针对影响文化产业发展的新情况新问题,及时研究制定更加优惠、更加具体的政策措施。加强对文化政策法规的执行效果评估,推动文化改革发展科学化制度化规范化。

2.建强文化人才队伍。实施宣传文化领域拔尖人才和青年英才培养工程,在文化产业各领域各门类培养造就更多领军人物和急需人才,重点培养影视制作、新媒体新技术、项目管理和资本运作、涉外文化贸易等领域高端人才。在国有文化企业探索实施职业经理人制度,按照市场化选聘高级管理人员,培养引进文化产业复合型人才和文化企业家。建立文化产业专家人才库,建设一批专业研究基地和工作室。

3.加大工作推进力度。建立文化强省建设目标体系,加强党委科学发展考核评价体系和政府目标绩效管理中文化产业的考核,组织开展文化强市、文化强县评选。建立领导干部定点联系制度,协调指导重点企业、重大项目、园区基地发展。

文化开放强实施方案

一、基本现状

近年来，随着经济社会快速发展和对外开放的日益扩大，安徽文化开放的领域和层次不断提高，知名度和影响力不断增强，对外宣传工作处于全国偏上水平，对外文化交流合作位居全国中等，对外文化贸易进入全国前10行列。

（一）对外宣传有声有色。“中外记者看安徽”活动成为安徽外宣的重要品牌，皖江示范区、优化投资环境等重大主题对外宣传成效显著，徽商大会、皖港经贸合作交流等重大活动宣传影响广泛。对外传播能力建设不断增强。在海内外开辟26个外宣窗口阵地，形成了“魅力安徽”宣传专版、中国安徽英文网站、安徽卫视国际频道和《中国安徽之声》对外广播等多渠道、多途径的对外传播格局；“中国安徽电视周”连续在境外举办18届，节目进入到对象国国家电视台播放。建立健全省委省政府、省直部门和市委市政府三级新闻发言人体系，境外涉皖舆情平稳有序。中宣部、中央外宣办多次推介我省的做法和经验。外宣品制作精益求精。《徽印》《皖赋》《中国黄山》《魅力安徽》等广泛用于我省对外交往和重大经贸文化活动，《中国黄山》画册被国务院新闻办列为重点采购书目，作为国家领导人对外文化礼品。

（二）对外文化交流合作日趋活跃。2013年，省文化厅共组织完成对外文化交流项目42批次、604人次，出访目的地涵盖亚、欧、南美、非洲等国家和地区。我省与32个国家的78个城市建设友城关系，有22个国家和港澳地区的410多人次境外记者来皖采访，入境旅游人数达到385.5万人次。文化国际合作持续拓展。安徽出版集团与美国图书馆联盟等机构建立合作，与国家汉办、孔子学院总部达成战略合作；安徽新华发行集团与新加坡友联书局共同发起成立新龙图贸易发展有限公司，建立包括图书在内的相关文化产品网上交易平台。文化对外影响逐步增大。安徽出版集团作为中国唯一文化企业，分别出席中国印度两国总理新德里、北京互访活动，与印方企业在多领域建立了合作机制；安徽新华发行集团在美国纽约成功举办“阅读中国、品味安徽”美国·中国图书展示月暨皖版图书推介会；安徽演艺集团杂技《美丽的梦》，以“精品剧目和文化品牌输出”的方式，在德国巡演200场；省广电局、安徽广电传媒集团成功举办皖台文化旅游交流周暨台湾电影周活动；传统经典黄梅戏《天仙配》、《女驸马》参加第六届巴黎中国传统戏剧节。

（三）对外文化贸易提质增量。全省文化贸易涉及全球168个国家和地区，2013年，核心文化产品出口6.1亿美元，居全国第11位。安徽出版集团所属华文国际公司贸易总额达12亿美元，居安徽进出口企业首位。徽墨歙砚、藤柳编织等被列入国家文化出口重点项目。版权贸易稳步增长。2013年，全省版权输出889项，连续7年在北京国际图书博览会上位居全国第一，输出形式也由过去单一的图书版权许可模式发展为多种组合模式，一批影视作品版权输出到北美、东南亚及港澳台地区；2012年，全省出版物进出口实现营业收入18.29亿元。海外实体投资逐年增加。安徽出版集团率先在俄罗斯成立新时代印刷厂，全资收购波兰时代马尔沙维克出版集团，在上海自贸区设立全国唯一一家出版传媒企业；安徽新华发行集团所属新龙图公司荣获“国家文化出口重点企业”，出口图书（实物）近100万美元；民营文化企业安徽经纶文化传媒集团在加拿大设立公司，申办对外出版主体。

与此同时，与加速崛起的发展态势相比、与建设美好安徽的目标要求相比，我省文化开放还有较大差距。主要表现在：对外宣传的针对性不够强、影响较小，在一些国家和地区还听不到安徽声音、看不到安徽图像；对外文化交流合作的形式较为单一、渠道较为狭窄，缺少政府引导和商业运作相结合、社会力量和民间机构共同参与的方式和手段；对外文化贸易总量偏小，体现当代中国价值观念、安徽文化特色且附加值较高的文化产品输出较少。

二、目标任务

到2016年总体目标：初步建成与安徽经济社会快速发展和文化强省建设相适应的文化开放格局，文化的对外传播力和国际影响力全面提升，对外宣传整体工作保持中部地区领先水平、重点领域保持全国领先地位，对外文化交流合作综合排名进入全国前10位，对外文化贸易力争进入全国前8位。

（一）对外宣传安徽成效显著。加大对外传播能力建设，安徽在海内外的知名度和影响力不断扩大，安徽形象在与我省经贸往来频繁、文化交流密切、友好省州合作的国家和地区，特别是美国、欧盟、俄罗斯、非洲和台湾地区有显著提升。

（二）对外文化交流合作彰显特色。创新对外文化交流合作方式方法，对外文化交流合作的途径、渠道进一步拓展，形成一批拥有自主产权、国际品牌的文化交流项目，推出更多具有安徽特色、安徽风格、安徽气派的优秀文化产品在海外巡演、展播。

（三）对外文化贸易多元发展。坚持创新驱动，谋求文化与科技的深度融合，实现由文化实物出口为主，逐步转向海外合作出版、版权交易、印刷服务、网络高科技和文化产品整合销售等多元一体的全产业链模式发展。

2020年目标展望：对外宣传整体工作继续保持中部地区领先水平、重点领域继续保持全国领先地位；对外文化交流合作综合排名力争进入全国前8位；对外文化贸易力争进入全国前6位，其中核心文化产品出口金额突破20亿美元，安徽出版集团对外文化贸易总额突破40亿美元。

三、总体要求

高举中国特色社会主义伟大旗帜，认真贯彻落实党的十八大、十八届三中全会和习近平总书记系列重要讲话精神，坚持战略思考、顶层设计，分类指导、统筹兼顾，开拓创新、重点突破，积聚力量、再创优势，讲好安徽故事、传播好安徽声音、展示好安徽形象，不断提升安徽知名度美誉度。

总体工作思路是：

（一）扩大影响，提升形象。紧紧围绕省委、省政府工作大局，围绕我省经济建设、改革开放中心工作，组织开展深度采访和系列报道，形成对外宣传舆论声势，全面展示徽风皖韵的独特魅力和美好安徽的崭新形象。

（二）增进交流，打造品牌。充分挖掘地域文化资源，着力打造反映中华民族核心价值观的演艺内容、交流项目，争取更多具有安徽特色、地域特点的文化演艺项目上升为国家文化交流品牌。积极拓展国际演艺市场，不断探索海外演出新模式。充分发挥政府、民间、企业以及非营利性机构等多方面作用，努力推动安徽文化面向全国、走向海外。

（三）龙头引领，创新发展。落实《国务院关于加快发展对外文化贸易的意见》，鼓励和支持龙头文化企业在走出去的基础上走进去，积极开展文化对外贸易、直接对外文化投资、在境外兴办文化实体、兼并境外文化企业。加强与国际知名跨国文化集团合作，培育具有国际竞争力的外向型骨干企业，加快建设海外文化基地，促进具有较强地域特色和思想内涵的皖版图书、优秀影视作品、特色演艺精品的海外推广与营销。

（四）统筹协调，增强合力。树立大开放理念，坚持政府主导、企业主体、市场运作、社会参与，统筹媒体传播、文化交流，统筹对内宣传和对外宣传，统筹对外宣传和文化交流贸易，充分利用国际国内市场、有效整合社会资源，发挥党政机关、人民团体、社会组织等方面特别是文化、经贸、外事、外宣、旅游、科技、教育等部门的积极性主动性，变各方力量分散走出去为攥起拳头整体走出去。

（五）完善机制，培养人才。建立由省委宣传部牵头、省直宣口单位参加的工作协调机制，加强对文化开放工作的整体规划。加大财政扶持力度，设立进一步鼓励文化企业及文化产品走出去专项资金。培养和引进既熟悉新闻、文化、出版业务，又精通对外贸易、市场管理、品牌营销的复合型高端人才。

四、主要措施

（一）实施对外宣传形象展示工程

1.以中国梦引领美好安徽形象对外宣传。以中国梦对外宣传为引领，组织开展“美好安徽 迎客天下”主题宣传，继续开展“中外记者看安徽”等系列采访活动。推动“美好安徽 迎客天下”形象公益广告宣传，在北京、上海等国内重要城市和机场、港口、涉外宾馆、旅游景点等主要涉外场所展示展播安徽形象，扩大安徽对外影响。

2.加强重大主题重大活动的对外宣传。加大我省优化投资环境、加快产业结构升级、实施创新驱动发展、加强生态文明建设、做好社会保障和改善民生工作的对外宣传。加大我省举办和组团参与的重大经贸活动对外宣传力度。配合我省在境外开展经贸文化交流活动，邀请境外媒体、组织省内主流媒体开展互动宣传。组织开展“安徽企业在海外”主题宣传，为安徽企业特别是文化企业在海外的投资、经营、发展提供舆论支持。

3.增强对外传播能力。充分发挥省直主要新闻单位对外宣传安徽的主力军作用，力争每年新开辟1~2个外宣窗口。继续办好海外26个外宣窗口阵地，着力在扩大对外传播的针对性和影响力上下功夫。注重发挥电视在对外宣传中的主渠道作用，提高安徽卫视国际频道在境外的有效落地和播出；整合全省电视外宣资源，建立电视外宣“江淮联盟”；利用央视国际频道、外语频道，加强与境外主流电视媒体的节目交流，输出更多安徽题材的纪录片、生活剧、动漫片和娱乐类节目。

（二）实施对外文化交流合作拓展工程

1.积极参与国家对外文化交流活动。充分利用“感知中国”推广活动、孔子学院及海外文化中心等国家平台，积极参与中国文化年、旅游年和文化部“欢乐春节”等品牌活动，重点组织好我省参与中俄

“两江地区”文化交流工程、乌兰巴托部省对口合作工程、港澳台文化传承工程等对外文化交流项目，组织好“中国文化年·安徽周”活动，搭建交流平台，拓宽交流渠道，服务国家外交大局和文化强省建设。

2.着力打造国际性对外文化交流品牌。依托各市资源和力量，挖掘我省现有的文化资源，重点扶持和推动黄梅戏、徽剧、花鼓灯、杂技、安徽民乐、少儿艺术等优秀产品和服务的出口，精心培育一批具有国际竞争力的对外文化交流知名品牌。推动我省非物质文化遗产、民俗文化的国际交流。继续在境外办好安徽文化周、电视周、电影周，推动影视节目的海外发行与播出，提升安徽文化对外影响力。

3.不断探索海外演出市场新模式。拓展国际演艺市场，变“劳务输出”为“项目输出”，以“安徽素材、中国故事、国际视野”的理念和外国受众易于接受的手法，打造反映中华优秀传统文化和核心价值观的海外演艺项目。探索构建国际文化营销、传播和推广网络。加强与国内外大型文化传媒集团和民营文化企业的合作，推动“徽”字号文化艺术走出国门。

（三）实施对外文化贸易跨越工程

1.巩固对外文化贸易在全国的优势地位。支持和培育主业突出、成长性好、品牌效应明显、核心竞争力强的龙头文化贸易企业，推进其他领域优势企业进入文化产业发展，参与重大外向型文化产业项目实施和文化产业园区建设。积极开展大型文化产品贸易推广活动，定期发布海外市场信息，协助企业了解国际市场动态，推动文化产品走出去，确保我省核心文化产品出口总额稳步增长。

2.创新对外文化贸易模式。加快建立文化贸易海外基地、国际高端文化贸易平台、海外销售网点、海外文化电子商务平台，在资本运作模式、资源合作方式、市场开发层次以及经营方式上，开辟更多新的对外贸易渠道。培育和扶持产品以外文为主、市场以国际为主的“双外”型民营文化企业。

3. 促进对外文化贸易快速发展。支持和推进安徽出版集团和安徽新华发行集团建成大型跨国文化传媒集团。抓好大宗、主打文化产品出口，挖掘培育具有潜力的文化产品出口，逐步实现产品链延伸，打造版权输出、合作出版、图书实物出口、文化产品出口、文化装备出口、境外办实体等业务相互支撑、相互带动的全方位对外文化贸易格局。

安徽文化概况

□安徽简况

□文化遗产

□新闻报道

□文化市场管理

□文化体制改革

□“扫黄打非”

□公共文化服务体系建设

□对外文化交流

□公共文化服务机制创新

□重要会议

安徽简况

【历史】安徽于清康熙六年(1667)建省,取徽州、安庆两府的首字为名。因境内有皖山、皖水与皖国,简称皖。1952年,安徽省人民政府在合肥市成立。

史前时期。安徽历史悠久,繁昌县人字洞发现人类活动遗迹距今已有240万年左右,是中国乃至欧亚大陆目前所知最早的旧石器时代人类活动居住点。到了新石器时代,安徽淮河、长江两流域出现众多人群聚落;安徽新石器时代出土文物丰富,其中有大量的重复表达某种意义的刻画符号,有怀宁孙家城、固镇濠城集大汶口文化古城两个面积较大的城池,在含山凌家滩发现有许多精美绝伦的玉石器等。夏商时期,安徽地区主要是淮夷居住的区域,分布有很多夷族的部落,是中原王朝通往江南地区的主要通道。

先秦时期。随着楚国不断向淮河流域扩展,吴国以及后来越国向北方开拓,以致安徽成为“吴头楚尾”之地,众多小国被兼并。吴越灭亡后,安徽绝大部分地区成为楚国疆域,楚国最后两个都城钜阳(今太和境内)、寿春(今寿县)均设在安徽的淮河流域。宋国的都城也自商丘迁到相(今淮北市相山区),成为皖北地区的政治中心之一,后灭于齐。在先秦时期,安徽诞生了管子(今颍上人)、老子(今涡阳人)、庄子(今蒙城人)、墨子(今淮北市人)等思想家,对中国文化发展产生重要影响。

秦至北宋时期。此一时期是安徽历史发展辉煌壮丽的时期。陈胜、吴广在宿州大泽乡揭竿而起,掀开秦末农民大起义序幕。汉初安徽经济逐渐得到恢复,东汉王景做庐江太守,修复了由春秋时楚相孙叔敖创建的芍陂(后改名安丰塘,位于今寿县境内),教民牛耕,促进江淮地区经济发展。魏晋时期中原人口大批南迁,他们带来的新技术使皖南地区逐渐得到开发。隋唐时期大运河流经皖北之地,沿岸出现许多新的城镇,安徽经济有了较大发展,出现了“天下以江淮为国命”的局面。从西汉到北宋时期,安徽政治军事文化大家辈出:曹操、周瑜、鲁肃等叱咤三国,曹丕建立了三国魏王朝;八公山淝水之战奠定南北朝对峙的基础;砀山人朱温灭唐建后梁,开始了五代十国时期;庐州杨行密在江淮地区建立吴国。汉初淮南王刘安等人创立的“淮南学术”名闻天下;汉末曹操父子为核心的“建安文学”,开创文学新局面;汉代相县经学独树一帜,汉魏至南朝庐江何氏礼学名闻遐迩,玄学名士音乐家嵇康,医学家华佗,教育家文翁,画家戴逵、曹霸、李公麟,名臣吕氏父子(吕夷简、吕公著)、包拯,诗人梅尧臣,经学家程大昌等,皆一时之选,无出其右。李白、杜牧、白居易、欧阳修、苏轼、王安石等文坛巨匠也在江淮大地留下众多名篇佳句。

南宋至鸦片战争。从南宋开始,安徽长江以北地区成为宋金及宋元争夺的重要战场,城乡残败,人口流失;同时黄河开始不停南泛,夺淮入海,淹没良田城乡,经济严重破坏;再加上元朝统治残暴,社会矛盾激化,导致刘福通、朱元璋等人领导农民大起义。后朱元璋推翻蒙元政权,建立明王朝,跟随朱元璋起事的江淮群雄成为明王朝重臣与贵族。清朝时期,政治舞台上的风云人物有合肥人李天馥,桐城人张英、张廷玉父子;歙县人曹振镛官至宰辅,三朝宰臣、一度监国。从南宋到清代,徽商崛起,促进我国东南地区经济社会发展。这一时期,安徽南部文房四宝(宣纸、徽墨、宣笔、歙砚)、新安画派、新安医学、桐城文派等的兴起并繁盛,深刻影响了中国文化的进程。算学家程大位、梅文鼎,医学家朱楠,音乐家朱载堉,经学家方以智、钱澄之、毕沅,考据学家戴震、程瑶田,农学家王桢,文学家吴敬梓、施闰

九华山天台

章、方苞、姚鼐、刘大櫆，书法家邓石如等在中国文化学术史上皆占有重要地位。

近现代时期。1840年以后，安徽也和全国一样逐渐成为半殖民地半封建社会。由于外国列强的侵略，清朝政府的腐败，引起民怨沸腾。安徽南部成为太平天国的势力范围，北部则是捻军活动的主要地区。晚清的政治舞台上，合肥人李鸿章建立淮军，倡导“洋务运动”，影响晚清政坛40年，促进了中国近代化进程。淮军将领刘铭传出任台湾首任巡抚，为台湾的发展奠定了基础。随着西方新文化的输入、马克思主义的传播，怀宁人陈独秀成为新文化运动的主将、“五四”运动的总司令与中国共产党的主要创始人，绩溪人胡适成为中国新文化运动的骨干。北洋政坛上，以合肥人段祺瑞为首的皖系称雄一时。到了新民主主义革命时期，泾县曾为新四军军部所在地，发生过震惊中外的“皖南事变”；皖北是淮海战役的主战场；渡江战役首先在皖江（长江安徽段）打响。近现代江淮大地名人辈出，产生了表演艺术家程长庚、杨月楼，教育家孙家鼐、吴汝纶、陶行知，军事家冯玉祥、张治中，革命家王稼祥，书画家黄宾虹、林散之，诺贝尔奖获得者杨振宁，“两弹”元勋邓稼先，哲学家方东美，美学家朱光潜、宗白华，作家张恨水、阿英、蒋光慈，实业家周学熙，历史学家徐中舒、周一良等。安徽民俗文化绚烂夺目，出现徽州四雕（砖、石、木、竹）、芜湖铁画、阜阳剪纸、泗州戏、黄梅戏、沿淮花鼓灯、推剧、庐剧等，展现了安徽劳动人民的文化创造力。

【地理】安徽省沿江近海，为泛长三角地区，与山东、江苏、浙江、江西、湖北、河南六省接壤。面积14万平方公里，其中平原、山区、丘陵、圩区、湖沼洼地分别占25.5%、31.20%、29.5%、5.8%、8.0%。长江、淮河横贯东西，形成平原、丘陵、山地相间排列的格局。全省大致可分为5个自然区域：①淮北平原。黄淮海平原的一部分，地面由西北向东南略有倾斜，海拔20~40米，为全省重要的粮油棉生产基地；②江淮丘陵。地面主要由丘陵、台地和镶嵌其间的河谷平原组成，主要山岭呈东北—西南走向。东部为江、淮水系的分水岭，海拔100~300米；西北部略低，河谷平原宽阔。③大别山区。位于本省与鄂、豫两省交界处，为大别山的主体部分，地势险要，有海拔1700米以上山峰多座。④沿江平原。长江中下游平原的一部分，包括巢湖流域的湖积平原和长江沿岸的冲积平原，海拔多在20米左右，河网密集，土地肥沃。⑤皖南山区。大部分海拔200~400米，山形网浑、秀气。黄山屹立在该区中部，主峰海拔1873米，为本省最高点。

梅山水库

河流基本属于长江、淮河两大水系，南部和浙江接壤的小部分地区属新安江（钱塘江）水系。长江在省境内呈西南—东北流向，长416公里，两侧重要支流有皖河、秋浦河、运漕河、青弋江、滁河等。长江沿岸湖泊众多，面积较大的有巢湖、大官湖、泊湖、菜子湖等。其中巢湖为全省第一大湖、全国第五大淡水湖，面积约800平方千米。淮河横贯本省北部，省内全长430千米，流域面积6.7万平方千米，两岸支流众多，成不对称的羽毛状水系，重要的有颍河、西淝河、涡河、浍河、淠河等。新安江发源于休宁县境内的怀玉山，为钱塘江的正源，省内干流长约240千米，流域面积6500平方千米。

【资源】动植物资源。全省植物种类丰富，共有木本植物300余种、草本植物2100余种，其中包括不少珍稀树种和特有树种，如古老孑遗植物银杏、金钱松、鹅掌楸、大别山五针松、琅琊榆、永瓣藤等。野生动物500余种，主要分布在大别山区和皖南山区。其中兽类90多种，鸟类320种，爬行类和两栖类90多种。全省有国家重点保护动物54种，以扬子鳄、白鳍豚最为珍贵。

矿产资源。发现有用矿种138种（含亚矿种），已探明储量的90种。其中煤、铁、铜、硫、明矾石在华东地区甚至全国均占有重要地位。矿产资源分布集中，已探明储量的几种矿产主要是淮南、淮北的煤炭和沿江地区的铁、铜、硫、明矾石及其伴生矿产。优势矿产种类多，储量大，开发利用前景好。伴生矿床多，综合利用价值高。能源矿产主要有煤炭、石煤、泥炭、温泉等，以煤炭最具优势，已探明储量居全国第7位，为华东地区之首。金属矿产中的铁矿和铜矿储量较大，铁矿探明储量15亿吨，分布遍及全省，以马鞍山、当涂、繁昌、庐江等地最为集中。铜矿储量占华东地区的20%，主要集中在铜陵、贵池、怀宁、庐江等地。非金属矿产以硫铁矿、明矾石、石灰石最为突出。

水资源。全省水资源总量580.5亿立方米，其中淮河流域、长江流域和东南诸河分别占44.1%、48.3%和7.6%。天然年径流量533亿立方米，地下水天然补给资源量213亿立方米。由于人口密度大，耕地利用率高，平均每人和每亩耕地占有的径流量低于全国平均水平。水资源分布不平衡，与人口和耕地的分布很不相称，主要表现在山区水资源多，人口、耕地少；平原水资源少，人口、耕地多，尤以淮北平原区矛盾最为突出。河流众多，部分河流水流湍急，落差较大，水力资源的蕴藏量相当丰富。为开发利用水资源，安徽在历史上兴建了许多水利工程设施，以寿县境内的安丰塘（古称芍陂）最为有名。新中国成立以后，除治理淮河外，还建设了淠史杭水利灌溉、驷马山引江灌溉等多项水利工程设施，对全省工农业生产起到重要的保障作用。

旅游资源。安徽旅游资源遍及全省，南部以自然山水风光为主，景区相连成片；北部以历史文物古迹为多，点小而分散。最负盛名的旅游景点为黄山。“五岳归来不看山，黄山归来不看岳”，黄山被称为“天下第一名山”，于1990年被联合国教科文组织列入《世界文化与自然遗产名录》。佛教名山九华山以鳞次栉比、独具特色的寺庙建筑引人入胜，又以秀丽的山水风光使人流连。道教名山齐云山则以其独特的丹霞地貌和摩崖石刻为世人瞩目。滁州琅琊山以宋朝欧阳修《醉翁亭记》一文而名扬天下。天柱山古称“皖山”，汉武帝曾登临此山，称之为南岳，“中天一柱”，凌霄矗立，令人叹为观止。人文旅游资源除国家、省级历史文化名城外，还有世界文化遗产西递、宏村，屯溪的“宋街”，合肥、安庆等地的古建筑，凤阳的中都城和皇陵等。

【气候】安徽的气候属暖温带向亚热带过渡地区。淮河以北属暖温带半温润季风气候，淮河以南属亚热带温润季风气候，四季分明，春暖多变，夏雨集中，秋高气爽，冬季寒冷。全省各地年平均气温在14℃~17℃之间，淮北和大别山区在15℃以下，沿江和皖南南部在16℃以上。冬季淮北和江淮北部极端气温低于-10℃~14℃，夏季全省最高气温可达38℃以上。各地年平均降水量在773~1670毫米之间，南多北少，山区多平原、丘陵地区少，淮北和沿淮地区在773~905毫米，沿江江南在1170~1670毫米。

【人口】根据第六次全国人口普查主要数据公报，2010年11月1日零时，安徽省常住人口为5950万，同第五次全国人口普查2000年11月1日零时的5986万相比，10年共减少35.9万，下降0.6%，年平均下降0.06%。全省净流出到省外半年以上人数为911.9万。全省普查登记的户籍人口为6862万，同第五次全国人口普查2000年11月1日零时的6245万人相比，10年共增加616.7万，增长9.9%，年平均增长0.95%。

2014年年底，全省常住人口6083万人，人口自然增长率6.97‰，城镇化率49.2%。

文化遗产

【物质文化遗产】安徽历史文化底蕴深厚，文物古迹众多。全省现有各类文物遗存2.5万多处，其中黄山、皖南古村落西递宏村、中国大运河安徽段被列入世界文化遗产，亳州、寿县、歙县、安庆、绩溪为全国历史文化名城。蒙城尉迟寺遗址被史学界称作“中国原始第一村”，凤阳明皇陵有现存帝陵皇碑之最，青瓦白墙的古民居是徽派建筑的典型代表。截至2014年年底，全省共有世界文化遗产3处，全国历史文化名城5座、省级历史文化名城9座，中国历史文化名镇名村27处，省级历史文化名镇、村、街区42个，中国传统村落111个，省级传统村落228个，全国重点文物保护单位130处、全省文物保护单位708处、市县级文物保护单位3000多处。含山县凌家滩和凤阳县明中都皇故城两个国家考古遗址公园建设进度加快。

不可移动文物。①古遗址。包括古文化遗址、古城址、古窑址、古矿冶遗址等，其中重要的古遗址有繁昌人字洞早期人类活动遗址、和县猿人遗址、潜山薛家岗遗址、含山凌家滩遗址、蚌埠禹会村遗址、蒙城尉迟寺遗址、寿县寿春城、凤阳明中都皇故城遗址、濉溪临涣古城、唐代五寿州窑、宋代“宣州官窑”、绩溪霞间窑、皖南大工山——凤凰山铜矿遗址，等等。②古墓葬。上至新石器时代，下历明清，墓葬制式多样。重要的墓葬有亳州曹氏宗族墓群，繁昌万牛墩土墩墓群，六安双墩汉墓群，合肥包拯家族墓群，凤阳明皇陵及六安皋陶墓，灵璧虞姬墓，寿县刘安墓，庐江周瑜墓，当涂李白墓，休宁戴震墓，枞阳方以智墓、姚鼐墓，桐城姚莹墓、张廷玉墓，怀宁邓石如墓，歙县渐江墓等。③古建筑。其中以皖南明清建筑为最，其民居、牌坊、祠堂号称徽派建筑三绝，仅黄山市就有现存明清民居四五千幢。④古代石刻。其中尤以黄山、九华山、齐云山、天柱山、浮山、齐山等地摩崖石刻最为著名，留下历代名家题刻，颇具史料价值和艺术价值。⑤革命旧址和纪念建筑物。

博物馆、纪念馆。全省有各类博物馆、纪念馆 167 座，馆藏文物 71.56 万件(套)。安徽文物藏品以商周青铜器、文房四宝、古代书画、徽州雕刻、明清徽州契约文书等最具特色。其中一级文物 2331 件(套)、二级文物 5192 件(套)、三级文物 47853 件(套)。这些文物有以下 4 个特点：①历史悠久，绵延不断。从 240 万年前繁昌人字洞遗址出土的旧石器到含山凌家滩的新石器，从夏商周、秦汉时期的上古文物到明清、近现代文物，尚无缺环，具有延续性。②各种文物品类齐全，内涵丰富。有金属器(青铜、金银、铁器等)、陶瓷器、玉石器、书画、善本文书、杂项(漆器、竹木、牙雕等)，各类文物琳琅满目，洋洋大观。③文物品位高，价值大。和县猿人头盖骨，龙虎尊，楚金币，楚大鼎，鄂君启金节，凌家滩玉鹰、玉人、玉龙等特别珍贵，全国罕见。④文物独具一格，自成流派。新安画派书画、徽州版画等风格独特，影响深远；江淮方国铜器和楚系铜器、寿州窑和繁昌窑瓷器、潘玉良画作等在全国占有重要地位。(李玮)

【非物质文化遗产】安徽襟江带淮，吴头楚尾，承东启西，地形地貌南北迥异，复杂多样。由于地形地貌的多样，安徽各地生产、生活习俗亦各有差异，又由于不同地方迁徙来的移民带入的外来文化和土生土长原生态文化的融合、变异，使安徽文化呈现出中华文化特有的丰富性与多元性；皖江地区有吴楚文化的瑰丽多姿，徽州是儒家文化的典型缩本，皖北则是儒释道合流的思想源地，故吴越文化、三楚文化、儒家文化和佛道文化均为安徽的非物质文化遗产烙下了深深的印记，构成了安徽非物质文化遗产独特的韵味。

徽剧

安徽省非物质文化遗产保护工作，主要体现以下 5 个方面：①开展全省非物质文化遗产资源普查。首次普查搜集非物质文化遗产线索 10016 条，建立国家、省、市、县四级非物质文化遗产名录保护体系。截至 2014 年年底，全省共有联合国教科文组织人类非物质文化遗产代表作名录 3 项、国家级非物质文化遗产代表性项目名录 72 项、省级非物质文化遗产代表性项目名录 343 项、市级非物质文化遗产代表性项目名录 934 项、县级非物质文化遗产代表性项目名录 3174 项。②公布非物质文化遗产名录项目代表性传承人名录。截至 2014 年底，全省有国家级传承人 75 人、省级传承人 576 人，市级传承人 1526 人，县级传承人 3257 人。③建立各级传习基地。国家级非物质文化遗产生产性保护示范基地 3 个、国家级非物质文化遗产研究基地 1 个、省级非物质文化遗产传习基地 68 个、省级非物质文化遗产传习所 19 个。④建立文化生态保护区。徽州文化生态保护区是我国第 2 个国家级保护实验区，是我国第 1 个通过保护规划的跨省级示范区，涉及二省三市八县区。⑤建立民俗博物馆。截至 2014 年年底，全省有各类专题博物馆、民俗博物馆、专题展示厅共 313 个，其中国营单位 90 个、民营单位 223 个。

新闻报道

【新闻发布】2014年，全省持续推进新闻发布工作的规范化、制度化和专业化建设，不断加强新闻发布工作的议题设置和主题策划能力，及时准确对外发布权威信息，回应社会关切，在推动党务、政务公开，满足社会公众信息需求等方面取得了良好成效。据不完全统计，全省共举办新闻发布会400余场，省级组织召开35场，其中党委部门新闻发布会7场。国新办《对外宣传通讯》第18期刊发《安徽新闻发布工作纳入政务公开年度考核》，介绍安徽的做法和经验：一是完善制度。会同省政务公开办起草《安徽省人民政府办公厅关于印发通过新闻发布做好我省重点领域政府信息公开的工作安排的通知》，制定《重点领域政府信息公开新闻发布会申请表》，明确政府信息公开重点领域和发布流程。2014年，安徽省政府办公厅还出台相关文件，将各地各部门参加或举办新闻发布会总次数以及主要负责同志参加新闻发布会的情况纳入政务公开年度考核范畴，进一步推动全省新闻发布工作步入新常态。二是创新方式。在发布时机上，注意在关键时间节点发布权威信息，着力提高新闻发布的新闻性和实效性。在发布内容上，紧紧围绕党委政府工作着力点、群众关注点和社会聚焦点，着力增强新闻发布的权威性和影响力，吸引了广大新闻媒体特别是中央媒体的高度关注。如中央电视台11月30日《新闻联播》以近2分钟的时长，单条报道安徽省物价局发布的省级涉企收费清单制度建设情况，取得了良好的社会反响。在发布形式上，注重发挥新媒体宣传优势，在省政府网站“中国安徽”和重点门户新闻网站“中安在线”上开设新闻发布专题，图文刊发发布内容，并与安徽官方微博“安徽发布”相结合，第一时间播报发布内容，着力提升新闻发布的时效性和互动性。三是提升水平。组织开展第八期“媒体管理和新闻业务”培训班，赴德国培训取得良好效果。各市也高度重视新闻发布工作，不断加强新闻发言人和新闻发布工作的学习培训，提高新闻发布工作能力水平。

【海外媒体采访】1.“美好安徽、迎客天下”主题宣传浓墨重彩。2014年，继续深化“美好安徽、迎客天下”主题宣传，开展形式多样、内容丰富的采访和展播活动，全面、立体、集中地对外推介展示充满魅力、蕴含潜力、富有活力的安徽形象。一是组织系列主题采访活动。9月16—22日，组织开展“走进美好安徽”海内外广播电台集中采访活动，来自中央人民广播电台中国之声，中国国际广播电台英语、俄语、西班牙语、日语、斯瓦希里语外籍记者，全澳华语广播以及广西北部湾之声等8个语种近40名记者深入合肥、芜湖、安庆、黄山等地采访报道，共编发消息、录音报道、记者手记等71篇，高清组图近52组，图片和视频600多幅(条)。其中，国际在线为本次采访活动开设了中文、英语、日语、俄语、克罗地亚语、西班牙语专题网页地址，面向海内外长期宣传展示美好安徽形象。10月16—21日，组织开展“走进美好安徽”海内外电视采访活动，邀请美国中文电视台、美国多元文化传播集团、韩国阿里郎国际广播电视台、澳大利亚华厦传媒集团、台湾中视、国新办五洲传播中心、中央电视台国际频道等13家海内外知名电视媒体和新浪、腾讯等重点网站来皖采访。在一周的时间内，摄制组走进皖北、皖中、皖南，既宣传报道安徽秀丽的自然风光、深厚的人文底蕴、多彩的文化艺术和巨大的发展变化，也聚焦记录讲述安徽普通百姓的生活。美国中文台、美国多元文化传播集团、韩国阿里郎国际电视台等制作的徽文化、淮南豆腐和九华山与地藏菩萨等具有地域特色的专题节目陆续播出后，受到广泛好评，吸引更多海外受众关注安徽。10月28日至11月2日，与《香港商报》共同举办“皖北十年看发展”集中采访活动，邀请《香港商报》《香港文汇报》《香港大公报》《星岛日报》、香港卫视和《南方日报》《广州日报》《深圳特区报》等13家港粤媒体聚焦皖北，共发文字稿41篇(条)、图片80幅、17个整版报道。其中香港商报刊发了13个整版和1个头版整版，面向香港和广东地区乃至海内外有力传播皖北10年来经济社会发展新气象。二是策划主题展播展示。天安门广场大屏幕宣传片迄今播出2000多次，已成为对外推介安徽的重要品牌。在保持原版宣传片内容风格的基础上，充分吸纳各方意见，增加和完善了皖北春光、黄山秋色和黄梅戏经典画面，做到内容更全、画面更美、效果更好。此外，举办了数字北京信息亭“美好安徽、迎客天下”主题图片展，利用位于北京政务、商务核心地段103台数字信息亭高清LCD屏幕，从自然风光、历史人文、经济建设、安徽好人等4个单元分3个批次滚动展出“美好安徽、迎客天下”主题精品图片，受到广大受众的关注和点赞。

2.“中外记者看安徽”采风活动影响广泛。经过多年实践，“中外记者看安徽”采访采风活动已成为外媒关注安徽、走进安徽、推介安徽的重要载体。2014 年 5 月 21—24 日，接待了国家新闻出版广电总局邀请的缅甸瑞丹伦集团摄制组，精心策划，周密安排，协助摄制组顺利拍摄安徽现代农业发展、新农村建设情况以及农民生活情况，获得摄制组成员的一致好评。5 月 24—27 日，墨西哥最大的公共电视台——电视十一台应中国驻墨西哥大使馆之邀来到合肥、泾县两地，重点拍摄中国科技大学、中科院合肥分院、宣纸文化园等科教文化内容。安徽的山水人文给摄制组留下了深刻美好的印象，墨西哥"电视十一台"新闻部主任奥尔特加·里瓦斯说："我们将展现给墨西哥观众的是一个充满活力的安徽，一个不断发展的安徽"。6 月 19—22 日，协助美国国家地理频道高清电视纪录片《寰宇中国》摄制组来皖拍摄，宣城、芜湖两市主动对接、积极策划。《寰宇中国》由美国国家地理频道负责制作，采用外方主持人走访中国主要城市形式，介绍中国特有的文化及风土人情。该片将在美国 30 家电视台的联播节目《寰宇中国》及国家地理频道播出。此外，协调日本 NHK 摄制组赴马鞍山拍摄，介绍安徽现代牧业的发展现状和趋势，为报道北京 2014 年国际食品大会提供素材。协助纪录片《美丽乡村》在黄山等地取景拍摄。《美丽乡村》是国家新闻出版总署 2014 年重点项目，重点宣传中国新农村建设取得的巨大成就，节目制作完成后面向海内外发行。

文化市场管理

【职能转变】规范审批，加快文化市场管理职能转变。贯彻落实简政放权要求，会同相关部门制定我省调整互联网上网服务行业准入政策，放开网吧审批，指导各地严格依法行政，有序开展审批，推动行业转型升级。将"港、澳投资者在内地投资设立合资、合作、独资经营的演出场所经营单位审批"和"台湾地区投资者在内地投资设立合资、合作经营的演出场所经营单位审批" 2 项下放至市级文化行政管理部门；将港、澳投资者在内地投资设立合资、合作、独资经营的演出经纪机构审批等 9 项工商登记前置审批事项改为后置审批。认真做好涉外演出审批工作和演出经纪机构服务工作，全年引进境内外优秀艺术团组近 300 余批(次)。

【服务市场发展】继续实施民营艺术院团发展"四个十"工程。评选表彰第二批全省民营艺术院团"十大名团""十大名剧"。积极鼓励民营院团参与"送戏进万村"政府采购活动，在已完成的 1.6 万场演出中，民营院团承担 70%的演出任务。举办全省民营院团发展座谈会。

组织全省民营艺术院团优秀剧目展演。以"我们精彩·我们展示"为主题的首届安徽文化惠民消费季·好戏大家看——全省民营院团优秀剧目展演合肥成功举办。15 个剧团近 400 名民营文艺工作者汇聚省城，奉献了黄梅戏、泗州戏、扬剧、庐剧等 6 场戏剧、1 场杂技，成为文化惠民消费季的一道靓丽风景。积极参加全省小戏折子戏调演比赛，20 余个优秀民营院团与国有院团同台竞技，共设 94 个奖项。

【强化文化市场监管】市场监管力度加大。先后组织了元旦、春节期间文化市场、"2014 净网""2014 清源"、知识产权保护和暑期文化市场整治等专项行动，文化市场呈现健康发展态势，营造了良好社会文化环境。截至 11 月 30 日，全省各级文化市场综合执法机构共出动 64 万人次，检查各类文化经营单位 21 万家次，责令整改经营单位 461 家次，受理举报 367 件，立案调查 1095 件，移交案件 30 件，办结案件 1971 件，罚款 294 万元，责令停业整顿 40 家次，没收违法所得 2 万余元。

"我们精彩·我们展示"为主题的首届安徽文化惠民消费季·好戏大家看——全省民营院团优秀剧目展演

监管方式创新。全面启动全省文化市场综合执法技术监管与服务平台推广应用工作,在全国率先试点、全面推广、多次培训,平台推广应用取得阶段性成效。完成23000多条基础数据采集,文化类经营单位激活率94%,平台推广应用工作位居全国前列。各级审批部门和综合执法机构全面启用平台执法办案,优化了行政审批程序,规范了市场执法行为,实现了市场准入、综合执法、动态监管、公共服务和领导决策的五连互通,推进信息化建设再上新台阶。

文化体制改革

【概况】2014年,全省宣传思想文化领域深入贯彻落实党中央、国务院一系列重大决策部署,不断深化文化体制改革,完善文化经济政策,探索推进公共文化服务标准化均等化,大力培育和规范文化市场,加快推进文化走出去,各项工作取得新进展新成效。

精心谋划文化改革发展方案。将中央精神与安徽实际紧密结合,认真抓好改革顶层设计,制定出台《深化文化体制改革实施方案》和《2014年文化改革发展工作要点》,明确改革目标任务和重大举措,并召开专题会议安排部署、推动落实。围绕打造充满活力的文化强省,以文化影响力竞争力和整体实力进入全国十强乃至更高位次为标杆,分别制定推进理论社科、思想道德、新闻出版、广播影视、网络舆论、文化演艺、文化产业、文化开放“八个强”实施方案,确保文化强省建设能量化、有抓手、可考核。

培育和践行社会主义核心价值观。在全国率先出台《关于培育和践行社会主义核心价值观的实施意见》。以“美好安徽·圆梦中国”为主题,深入开展中国特色社会主义和中国梦宣传教育活动,在安徽日报开辟《中国特色社会主义的安徽实践》理论宣传专栏,编辑出版《画说中国梦》《中国道路》等一批重点书籍。以“践行核心价值·打造好人安徽”品牌活动为引领,大力推进城乡文明创建、“三线三边”城乡环境综合治理等“十大行动”;50人入选中国好人榜,7年入选总数达875人,稳居全国榜首。募集道德建设资金830万元,发放道德信贷4500万元,帮扶救助道德模范893人次。策划打造全国首个省级好人馆——安徽好人馆,被中共中央政治局常委、中央书记处书记刘云山誉为“道德教育的创新创造”。策划开展“主题季”活动,围绕“爱国、敬业、诚信、友善”价值准则,与节庆日、纪念日活动相结合,抓住节点、常年推进。大力推进志愿服务和诚信建设制度化,出台共产党员志愿服务若干意见,推动20家省直和中央驻皖单位联合签署《“构建诚信、惩戒失信”合作备忘录》,建立信用惩戒“黑名单”,发布产品质量“红黑榜”。

健全完善文化管理体制。按照政企分开、政事分开原则,积极推动政府部门由办文化向管文化转变,推动党政部门与其所属的文化企事业单位进一步理顺关系。整合省新闻出版、广播影视部门机构和职责,成立省新闻出版广电局。完善互联网管理领导体制和工作机制,成立以省委书记为组长的网络安全和信息化领导小组。推动新闻发布制度化,建立重点领域政府信息公开发布工作机制。推动安徽广播电视台与广电传媒产业集团资源和业务优化整合,成立地面数字电视公司。加快传统媒体和新兴媒体融合发展,组建安徽新媒体集团。探索国有文化资产管理体制,出台《省属文化企业“双效”业绩考核及负责人薪酬管理办法》,将“双效”业绩考核中的社会效益权重提高到50%,并细化指标、明确分值,确保文化安全,确保国有资产保值增值。省属文化企业2014年资产总值、利润总额较2010年翻一番,分别达到356.34亿元、15.27亿元。

【构建现代公共文化服务体系】坚持面向基层、服务群众,统筹构建全覆盖、可持续的全省五级公共文化服务体系。启动省级滨湖文化艺术中心规划建设,推进市级“三馆一院”和县级“两馆一场”达标升级。整合基层宣传文化、党员教育、科学普及、体育健身等设施,选择30个乡镇试点建设综合性文化服务中心。出台《村级基本公共文化服务标准化建设的指导意见》,建成100个农民文化乐园。开展“送戏进万村”活动,保证每个中心村一年有一场正规文艺演出。启动广播电视“户户通”工程,免费提供10套以上公益性节目。实施农村电影放映提质工程,保证群众每月看一场质量较高的电影。实施公共图书服务一体化建设,成立全省公共图书馆、文化馆、博物馆联盟。制定出台《安徽省非物质文化遗产条例》,完善文化遗产保护和传承工作机制。

【建立健全现代文化市场体系】大力培育合格市场主体。完善新华发行集团、广电传媒产业集团法人治理结构。召开文化改革发展示范企业战略合作座谈会,推动省属文化企业相互以及与其他所有制企业之间开展战略合作。实施省属文化企业并购重组项目30多个、投入资金20多亿元。出版集团6次、发行集团5次入选“全国文化企业30

强”。扎实推进重大项目建设。424个文化产业项目列入省“861”项目投资计划，当年实际完成投资467.39亿元。加快文化与相关产业融合发展；召开省属文化企业集团与移动运营商合作对接会、文化与金融战略合作座谈会；与中国科大展开深度合作，在交通银行进行文化银行试点。推动省属文化企业与黄山市签订战略合作协议，在古村落保护开发、文化产业发展等方面进行战略合作。加快构建文化投融资体系，3家文化企业在“新三板”挂牌交易。加快民营文化企业发展，评选“2013安徽民营文化企业100强”。省民营文化企业协会与中国民生银行签订战略合作协议，促进民营文化企业发展。

【文化品牌建设】集成资源、集中力量、集聚优势，重点打造省级“四个十”(十台演艺精品、十部影视佳作、十强文化企业、十大文化园区)文化品牌。以“五个一工程”为龙头，以现实题材、革命题材和重大历史题材为重点，大力实施文化精品工程。面向全国广泛开展优秀黄梅戏剧本征集活动，精心编排打磨重点原创剧目和一批小戏、折子戏在全国和地方巡演，受到观众好评。在全国第十三届“五个一工程”评选中，安徽有8部作品入选，获奖数量居全国第三位。全国纪念邓小平同志诞辰110周年重点献礼影片《邓小平登黄山》正式上映。

【推进文化走出去战略实施】制订安徽文化产品和服务出口指导目录，推动打造全球图书版权交流和版贸合作交易平台。24家企业入围“2013—2014年度国家文化出口重点企业”，位居中部第一。全省文化产品和服务出口到168个国家和地区。出版集团在北京国际书博会上输出版权连续7年居全国第一，在上海自贸区成立全国第一家出版文化企业。华文国际进出口总额继续稳居全省外贸企业首位。

【文化改革发展保障措施强化】成立省委全面深化改革领导小组文化体制改革专项小组，出台专项小组工作规则。推动各地成立专门机构，配备骨干力量，推动落实各项重点任务。加强改革督查，按季度组织报送重大改革举措进展情况，对改革任务完成情况进行核查通报。贯彻落实文化经济政策，制定出台《安徽省关于推进文化创意和设计服务与相关产业融合发展的行动计划》《关于加快文化贸易发展的意见》等一系列配套文件，推动解决转制文化企业收入分配、社会保障、税收优惠等问题，保证改革平稳有序进行。

“扫黄打非”

【概况】2014年，省“扫黄打非”领导小组办公室按照中央、省两办转发的《2014年“扫黄打非”行动方案》要求，深入开展“扫黄打非”“清源”“净网”“秋风”行动，清市场、强宣传、办大案、挖窝点，网上网下一起抓，苍蝇老虎一起打，较好地完成工作任务，维护了国家文化安全和意识形态安全，促进全省政治稳定、经济发展和社会和谐。省“扫黄打非”领导小组办公室再次获全国先进称号。

1月15日，在集体收听收看第27次全国“扫黄打非”工作电视电话会议之后，召开全省“扫黄打非”工作会议，表彰2013年度“扫黄打非”先进集体和先进个人，部署2014年度工作任务，省委常委、宣传部长、省“扫黄打非”领导小组组长曹征海出席会议并讲话。省委办公厅、省政府办公厅联合下发《2014年“扫黄打非”行动方案》，对全省“扫黄打非”工作进行总体安排。全年以通知、意见、指示等及时部署全省“扫黄打非”工作。建立“扫黄打非三大数据库”(违禁非法出版物数据库、非法报刊数据库、违规违法网站数据库)，违禁非法出版物和非法报刊一旦在市场上发现便能及时比对，使查办工作有方向有遵循。

【专项治理】根据全国“扫黄打非”工作小组的统一部署，省“扫黄打非”领导小组办公室组织开展“扫黄打非”“净网”“清源”“秋风”三大专项行动，每一个专项行动都专门下发通知，从宣传引导、集中治理、查办案件、治理源头、强化防范、严格问责等方面，及时进行全面部署。7月18日，召开“扫黄打非”“清源2014”“净网2014”“秋风2014”三大专项行动交流推进会，总结上半年工作经验，分析存在问题，进一步统一思想、硬化举措、全面部署、深入推进三大专项行动。国庆节前，组织全省16个市“扫黄打非”工作人员，采取南、北两片互查的形式，对各地开展三大专项行动情况进行暗访检查，并指导各地针对暗访查出的问题进行逐项整改。

结合安徽实际，3月至5月，针对印刷复制企业“五项制度”落实上存在的不足，省“扫黄打非”领导小组办公室组织开展了全省印刷复制企业专项整治行动。专项整治行动分动员部署、组织实施、总结验收三个阶段，并于5月份联系省新闻出版广电局等多个部门成立验收组，分赴各地进行抽查与验收，促进全省印刷复制企业管理更加规范。8月份，组织开展为期2个月的全省校园周边文化市场整治专项行动，重点查处校园及周边出版物市场提供或出售危害青少年身心健康出版物的行为，严厉打击印制、发行和组织征订盗版教材教辅等非法出版活动等。

【督办案件】2014年以来，省"扫黄打非"领导小组办公室与文化、新闻出版广电、公安、法院、检察院等省直"扫黄打非"成员单位密切配合，牵头依法办理全国督办、转办案件35件，对每一起转来的案件都做到有结果报结果、没有结果报过程，在规定时限里给予及时回复。全年各市、省直管县向省"扫黄打非"办公室备报案件55起，其中宣城"雪豹男同"网传播淫秽色情案、合肥"DY161电影"网传播淫秽色情案被全国挂牌督办；滁州"南方电影"网传播淫秽色情案、合肥"小傅书店出售非法出版物"案、蚌埠"安德广场出售淫秽色情光盘"案等被省里督办。为鼓励各地加大办案力度，先后2次下发表彰通报，对办案有功的先进集体通报表彰，并拿出10万元进行奖励。这些案件的查办，严厉打击了违法违规经营行为，依法严惩了罪犯，警示违法经营者，教育了跟风者，号召广大群众自觉参加"扫黄打非"斗争。

【宣传引导】在2014年"4·26"世界知识产权日期间，省"扫黄打非"办公室牵头组织新闻媒体，对全省"扫黄打非"工作阶段性成果进行集中宣传，提高了全省广大群众认知度、参与度。组织4月24日全省公开集中销毁侵权盗版及非法出版物和"拒绝盗版、拥抱梦想"绿书签宣传活动，全省16个市和2个省直管县同时举行。省委常委、宣传部部长曹征海，省人大常委会副主任王翠凤，省政府副省长谢广祥，省政协副主席赵韩出席省销毁活动仪式主会场，社会各界人士约500人参加了反盗版签名活动，观看了"扫黄打非"成果展。全省此次共销毁侵权盗版及非法出版物101.7万件，其中，主会场销毁13.4万件，有力震慑了不法分子，教育了人民群众。

在合肥城区25条公交线路上的100台公交车车厢、30个公交站牌处，张贴"扫黄打非"公益广告、宣传漫画；在合肥城区人流密集地的20处电子屏上，播放"扫黄打非"宣传口号。投入15万元，分别在宿州、阜阳、安庆、芜湖、黄山等城市100台公交车车厢上，进行了"扫黄打非"公益广告宣传。省暨滁州市、合肥市等地联动，建立"扫黄打非"宣传教育基地（试点），有效强化社会监督。安徽日报、安徽电视台、中安网等主流媒体开辟专栏，报道"扫黄打非"工作意义、取得的重大成果，跟踪宣传阶段性工作。每月编发一期《近期"扫黄打非"工作情况通报》，交流工作信息，推动工作开展。

公共文化服务体系建设

【投资概况】2014年，全省共实施文化文物基础设施建设项目23个，总计建筑面积45.32万平方米，总投资6.41亿元，当年完成投资0.53亿元。

【重大项目进展】纳入"十二五"全国地市级公共文化设施建设规划的宿州市文化中心（含图书馆、文化馆）建成完工并对外开放。亳州市文化馆、淮南市文化艺术中心（图书馆、文化馆、美术馆、少儿艺术研发基地）、滁州市博物馆等一批市县三馆正在紧张施工中。

【重点文化设施建设】安徽省重点文化项目省美术馆基建工程顺利推进，展览陈列设计方案完成招标，正紧锣密鼓推进，截至2014年年底，省美术馆完成投资额1138万元。经多轮评审、论证和多方征求意见，先后完成省美术馆项目施工总承包招标文件、项目工程量清单及主要设备材料推荐品牌清单的制定和修改，并发布省美术馆项目施工总承包招标公告。2014年10月，中国建筑第八工程局有限公司中标，同月进场施工。

【农民文化乐园建设】在深化20

12月30日，安徽省美术馆、科技馆、百戏城举行开工仪式

个农民文化乐园试点工作的同时，新增80个省级试点村，总数达100个，实现16市全覆盖。在金寨县召开全省农民文化乐园建设试点工作推进会，组织编写、印发《农民文化乐园操作手册》，制定印发《关于村级基本公共文化服务标准化建设的指导意见》《村级基本公共文化服务操作手册》。在全国基层公共文化服务工作现场经验交流会上，安徽作为全国5个作典型经验交流发言的省区之一。

【乡镇综合文化服务中心建设】为进一步推动宣传文化、党员教育、科学普及、体育健身等基层设施资源整合，制定下发《安徽省文化厅关于做好乡镇综合文化服务中心试点工作的通知》，从全省申报的77个乡镇中确定30个乡镇，开展乡镇综合文化服务中心试点工作。

【公共文化服务体系示范区（示范项目）建设】强化地方政府公共文化服务体系建设主体责任和主导作用，启动首批省级公共文化服务体系示范区创建，泗县、界首、天长、金寨、含山、芜湖、宁国、郎溪、青阳、太湖、歙县、广德等12个县（市）获得首批省级公共文化服务体系示范区创建资格。

【文化民生工程】2014年，安徽省三项文化民生工程任务圆满完成。①全省339个基层公共电子阅览室全部建成，软硬件配置严格按标准配备到位。至此，覆盖全省的1632个基层公共阅览室全部建成，公共文化信息化服务体系初步形成。②公共文化场馆免费开放工作有序进行。全省139家博物馆纪念馆、107个公共图书馆、120个文化馆、14个美术馆、1437个乡镇综合文化站等公共文化场馆免费开放。③农村文化建设专项补助规范实施。2014年，全省15539个行政村文化建设实行专项补助，共完成政府采购演出21722场，放映电影194916场，开展文化体育活动94817场，更新农家书屋书籍177.98万册。

对外文化交流

【概况】2014年，安徽省对外文化交流以“文化开放强”为引领，加强顶层设计和战略规划，理顺体制机制，有效整合资源，统筹协调各方，有力地推动安徽文化“走出去”，全面展示皖风徽韵的深厚内涵和精彩魅力。省及各市外事外贸、文化演艺、教育科技、体育旅游、新闻广电等单位部门结合重大活动、重要工作和重点项目，成功举办“中国徽文化”巴黎主题图片展，主动承接“中华文化海外传播工程”“丝路书香”等境外文化工程投资项目，积极参与俄罗斯、智利等国“中国中心”“中国语言文化中心”和孔子学院布局建设，精心组织WTA国际女子网球公开赛等系列文化交流合作活动。省文化厅共组织对外文化交流项目44批次、449人次。出访22批次、276人次，出访目的地涵盖亚、欧、美13个国家和地区。省属文化龙头企业加快“走出去”步伐，在扩大版权贸易、开辟对外贸易渠道、促进文化产品出口等方面取得新进展。

【皖台文化交流】2014年，省台办邀请台湾“大高雄新闻记者公会”采访团（包括《民众日报》《台湾时报》、中天新闻网等）13家台湾南部媒体18名记者来皖采访，这是台湾南部媒体记者首次组团赴安徽采访，增进了台湾南部民众对安徽的了解和认识。3月23日，省文化厅成功举办唐代文物佛塔回乡、欧豪年美术馆开馆、孙多慈艺术展等3项皖台文化交流合作活动。中国国民党荣誉主席吴伯雄与中共安徽省委书记张宝顺、唐承沛、曹征海、花建慧等省领导出席。此次活动中，叶景成先生捐赠安徽省唐代流失的珍贵文物“刘氏等造石佛塔”，欧豪年先生捐赠120幅不同时期的代表性作品；展出民国时期皖籍旅台的杰出女画家孙多慈先生100幅不同题材的艺术作品。5月5—11日，以省委书记张宝顺为团长的安徽经贸文化访问团赴台开展大型文化交流活动，把安徽省最具代表性的黄梅戏、徽剧、花鼓灯及京剧、民歌、民乐等艺术送到台湾，在台共计演出5场，活动突出“文化同根脉，两岸一家亲”理念，广泛接触台湾社区民众、青年学生、少数民族、皖籍新娘等各界人士，影响深远。

【皖港文化交流】根据文化部工作安排，精心组织34人的访演团于2月13—17日赴香港参加“元宵彩灯会”，在香港文化中心露天广场、将军澳宝翠公园、天水围银座广场演出3场，安徽花鼓灯、黄梅戏、泗州戏以及安徽民歌相继登台，安徽艺术团良好的精神风貌和精湛的艺术水准，给香港民众留下了深刻而美好的印象。此外，香港康文署和中华文化城代表在皖考察安徽祁门目连戏，拟邀请目连戏2015年赴港参加“2015中国戏剧节”活动；完成香港高级公务员代表团来皖交流访问接待，并邀请香港民族艺术文化有限公司来皖成功举办兵器展等活动。

【皖澳文化交流】应澳门新建业集

3月23日，唐代文物佛塔回乡、欧豪年美术馆开馆、孙多慈艺术展开幕仪式在安徽博物院举行

团邀请，6月26日至7月1日，安徽花鼓灯艺术团一行36人，赴澳参加中央新闻电影制片厂与澳门特区政府、中央人民政府驻澳门特区联络办、澳门新建业集团举办的《庆祝中华人民共和国成立65周年澳门回归15周年暨纪录片“在希望的田野上”开机仪式庆典晚会》文艺演出，取得很好的社会反响。

【皖俄文化交流】根据省委、省政府中俄“两江地区”文化交流工作总体部署，安徽省组织“徽文化”展示展览团组赴俄罗斯楚瓦什共和国参加第22届“俄罗斯之源”全俄艺术节活动，深入社区、村镇为楚瓦什基层民众奉献8场精彩演出，并举办为期一周的“徽文化”展示展览。这是安徽省首次在该地区开展大型文化交流活动。

【赴德培训】2014年，安徽省“第九期媒体管理与新闻业务培训班”在德国举办。培训班由省新闻出版广电局牵头组织，11个市委宣传部负责人和省直宣口单位有关人员共18人参加。本次培训主题鲜明、内容丰富、形式多样，各位学员积极主动、学有所获，达到提高媒体管理能力和新闻业务水平的培训目的。

【皖风徽韵在海外】2014年，安徽演艺集团组织省歌舞剧院赴泰国、加拿大演出。所属省杂技团从2014年9月起赴美国，进行为期7个月、280余场次的商业巡演，其中2014年巡演150多场。安徽出版集团与法国阿歇特出版集团合作出版《中法建交始末》一书，该书的出版发行是国务院新闻办在欧洲举办的“感知中国”重要活动之一；与丝绸之路沿线30多个国家近百家文化机构建立联系与合作，重点打造文化生活社交平台——“时光流影TIMEFACE”，书写“中国文化生活的时代脸谱”。

【重大文化交流活动】部省对口合作项目。与乌兰巴托中国文化中心开展为期一年的文化交流活动。2014年恰逢中蒙建交65周年，在乌兰巴托中国文化中心开展了演出、讲座、培训、书画展、摄影展等5次出访和蒙古画家来皖采风、蒙古优秀大学生来皖“奖学之旅”、文化中心“合作伙伴”来皖访问等3次来访活动。

省道文化交流活动。连续14年举办中韩省道文化交流活动。2014年以“绿色六安·山水江源”为主题，突出特色，在乡镇文化站、农民文化乐园等乡村3天演出4场，近8000农民第一次在家门口看到国外专业演出，文化交流与文化惠民得到很好结合。

成功举办中意博物馆年会。4月，中意博物馆联盟展览交流第三次会议暨首届联盟理事会在安徽省举行。来自意大利、新加坡、台湾地区以及北京等20多个省市博物馆及相关机构的负责人和代表参加会议。年会促进安徽省与意大利博物馆间交流与合作。

公共文化服务机制创新

【三馆联盟成立】顺应公共文化服务均等化的需求，促进公共文化资源在区域和城乡之间的合理配置、有序流动、重心下移，组织全省107家图书馆、120家文化馆、67家公办博物馆和10家民办博物馆，分别组建全省公共图书馆阅读推广联盟、全省文化馆活动联盟、全省博物馆陈列展览联盟三大联盟。以省图书馆、安徽博物院、安徽省文化馆等省级馆为龙头，通过品牌联创、活动联办、培训联做、平台联建、场地联用，整合全省的馆藏、人才、技术、资金、品牌服务等方面的资源，搭建多层次、多门类、多方位的交流合作平台，形成资源共享、优势互补、区域联动、服务基层的长效运行机制，提升全省基层馆的服务能力。

【开展“百馆(站)千村”文化结对活动】组织100个文化馆（站）与1000个美好乡村中心村结成帮扶“对子”，推动文化资源向基层流转、向农村倾斜，提升基层尤其是村级公共文化服务水平。芜湖、蚌埠等地创新推出各具特色的文化结对活动。群众文化辅导员队伍扩大到9300人。

重要会议

【宣传工作会议】 2014年1月21日，全省宣传工作会议在合肥召开。会议学习传达了省委书记张宝顺有关重要指示精神。省委常委、宣传部部长曹征海出席会议并讲话，副省长谢广祥主持会议。曹征海指出，过去一年，宣传思想文化工作继往开来，成果丰硕。新的一年，要紧紧围绕“两个巩固”的根本任务，以文化影响力、竞争力和整体实力进入全国十强乃至更高位次为标杆，以提升公共文化服务能力和水平、更好地满足人民群众精神文化需求为目的，大力推进理论社科强、思想道德强、新闻出版强、广电影视强、网络舆论强、文化演艺强、文化产业强和文化开放强，推动文化强省建设取得新进展。要把改革创新贯穿到“八个强”建设的各领域全过程，真正让体制机制、人才队伍、组织领导强起来。要大力推进全战线解放思想、改进作风、加强学习、真抓实干，更加有为地履职尽责，为文化强省建设提供有力保障。谢广祥强调，要提高认识，抓好落实，大力推进文化改革创新。要加快完善文化管理体制，进一步简政放权、严格监管、提升服务。要加大资源整合力度，建立现代公共文化服务体系。

【安徽省文联第六次代表大会在合肥召开】12月26—27日，安徽省文学艺术界联合会第六次代表大会在合肥召开。来自全省各地、各艺术门类的388名文艺工作者代表齐聚一堂，共商安徽文艺繁荣发展大计。省委书记张宝顺，中国文联党组书记、副主席赵实，省委常委、宣传部部长曹征海出席会议并讲话。省领导王学军、王明方、李锦斌、唐承沛、臧世凯、谢广祥出席会议。

张宝顺在讲话中首先代表省委、省政府向大会的召开表示热烈祝贺，向与会代表和全省广大文艺工作者致以崇高敬意和诚挚问候。他说，安徽人文璀璨，钟灵毓秀，文脉浩荡，在中华文明孕育发展的历史长河中，屡开风气之先，人才佳作辈出。新世纪以来，全省广大文艺工作者牢记神圣使命，把握时代大势，奉献了一大批思想内涵丰富、艺术品质上乘的精神食粮，涌现了一大批有建树、有影响的杰出人才。实践证明，全省广大文艺工作者是一支胸怀理想、勇于担当的队伍，是一支锐意进取、乐于奉献的队伍，是一支值得信赖、大有可为的队伍。张宝顺指出，习近平总书记在文艺工作座谈会上的重要讲话，是指导当前和今后一个时期文艺工作的纲领性文献。当前，安徽正处在全面建成小康社会关键时期，既呼唤文艺事业大繁荣大发展，也为文艺创作提供了大空间大舞台。希望广大文艺工作者坚持以习近平总书记系列重要讲话为引领，立时代潮头，举精神之旗，强文化自信，努力创作生产更多无愧于历史、无愧于时代、无愧于人民的优秀作品。要坚持先进文化的前进方向，高扬中国梦的主旋律，从江淮儿女追梦圆梦的生动实践中汲取营养、挖掘素材、提炼主题，推出更多具有安徽元素、安徽风格、安徽气派的精品力作。要坚持以人民为中心的创作导向，唱响为民放歌的好声音，始终把人民放在心中最高位置，笔触伸向人民、镜头对准人民、文艺献给人民，真正解决好“为了谁、依靠谁、我是谁”的根本问题。要坚持向上向善的价值取向，彰显文化人的正能量，把社会主义核心价值观生动活泼、活灵活现地体现在文艺创作之中，打造更多思想性、艺术性、观赏性相统一的传世佳作。要坚持德艺双馨的崇高志向，恪守职业道德，牢记社会责任，不断提高学养、涵养、修养，坚决同低俗、庸俗、媚俗之风作斗争，争当时代风气的先觉者、先行者、先倡者。张宝顺强调，各级党委要加强和改进对文艺工作的领导，切实把文艺工作摆上重要议事日程，牢牢把握文艺发展的正确方向。要不断提高领导文艺工作的能力和水平，诚心诚意同文艺工作者交朋友，营造有利于文艺创作的良好环境。各级文联组织要坚持围绕中心、服务大局，更好地履行联络、协调、服务的基本职责，更好地发挥组织、引导、维权的重要作用，共同谱写安徽文艺事业繁荣发展的新篇章。

赵实指出，当前，文艺界最重要的任务就是把习近平总书记重要讲话精神深入学习好、领会好、贯彻好、落实好。希望安徽广大文艺工作者坚持以人民为中心的创作导向，高扬社会主义核心价值观的旗帜，聚焦中国梦的时代主题，真诚创作、展示和传播更多人民群众喜爱的优秀作品，把最好的精神食粮奉献给人民。要自觉追求德艺双馨，不断提高职业素质，积极践行“爱国、为民、崇德、尚艺”的文艺界核心价值观，处理好义利关系，认真严肃地考虑作品的社会效果，讲品位，重艺德，努力以高尚的职业操守、良好的社会形象、文质兼美的优秀作品赢得人民喜爱和尊重。安徽省文联要认真履行“团结引导、联络协调、服务管理、自律维权”的基本职能，切实在行业建设中发挥主导作用，努力把文联和各文艺家协会建成广大文艺工作者的温馨和谐之家。

曹征海在大会闭幕式上讲话指出：这次会议是在文艺界广泛开展“深入生活、扎根人民”主题实践活动之际召开的一次盛会，是承前启后、继往开来、凝聚力量、团结奋进的一次大会。今后五年，安徽文艺怎么发展、应该有什么样担当，如何才能不负省委的重托和人民的期待，是摆在文艺战线面前必须回答而且要解决好的重要紧迫课题。安徽文艺要大力发扬光荣传统，讲好中国故事、安徽故事，着力构建“文艺皖军”新的高峰；安徽文艺工作者要执着坚守德艺双馨的崇高追求，当好时代风气的先觉者、先行者、先倡者，着力谱写艺术人生新的篇章；安徽文联要切实加强自身建设，发挥桥梁纽带作用，努力打造文艺工作者温馨和谐新的家园。曹征海强调指出，在每一个历史的关键时期，一代代作家艺术家都自觉主动地承担起了自己的神圣使命，为推动社会前行、激励人民奋进奉献了青春和才华。让我们齐心协力、真抓实干，承继传统、开拓创新，共同开创安徽文艺和安徽文联更加辉煌灿烂的明天。

在为期两天的大会中，与会代表听取和审议了省文联第五届主席团工作报告，讨论修改了《安徽省文联章程》，选举产生了省文联第六届委员会、主席团。

大会选举出安徽省文联第六届委员会主席团领导班子：吴雪当选为主席团主席，王艳、王长安、许辉、李慧桥、张居淮、陈田、陈坚、林勇、唐跃、盘龙、韩再芬当选为主席团副主席，季宇为名誉主席。

【安徽省社科联第七次代表大会在合肥召开】 2014年12月29—30日，安徽省社会科学界联合会第七次代表大会在合肥召开。省领导张宝顺、王学军、王明方、唐承沛、臧世凯、谢广祥等出席。省委副书记李锦斌，省委常委、宣传部部长曹征海讲话。来自全省哲学社会科学界的300多名代表欢聚一堂，共商安徽哲学社会科学繁荣发展大计。

李锦斌在讲话中代表省委、省政府向大会的召开表示热烈祝贺，向与会代表和全省广大哲学社会科学工作者致以诚挚问候。他在充分肯定全省各级社科联组织和广大哲学社会科学工作者取得的重要成绩后指出，全省广大哲学社会科学工作者要深入学习贯彻十八大和十八届三中、四中全会精神，深入学习贯彻习近平总书记系列重要讲话精神，坚持以研究回答重大理论和现实问题为主攻方向，着力推进理论创新、学术创新，努力为加快建设美好安徽、全面建成小康社会提供强大的智力支持和理论支撑。要突出主题主线，着眼推进理论武装、引领社会思潮、弘扬核心价值观，在深化理论研究阐释上作出新贡献；要贴近决策需求，紧紧围绕描绘宏伟蓝图、实施重大战略、化解焦点难点问题，在推动改革发展上取得新成绩；要践行根本宗旨，落实群众路线要求、关注群众现实诉求、顺应群众精神文化需求，在服务基层群众上展现新作为；要加强自身建设，完善学科发展布局、健全成果运用机制、抓好人才队伍建设，在打造一流智库上迈出新步伐。他强调，各级党委要加强对哲学社会科学工作的领导，支持社科联组织依照法律和章程独立自主地开展工作，为我省哲学社会科学繁荣发展创造良好环境。

曹征海在讲话中就做好今后五年全省社科工作和社科联工作强调了五点意见：在推进“两个巩固”中担起责任，自觉当好坚守意识形态主阵地的坚强战士；在贴紧跟进大局中主动作为，着力打造服务三个强省的新型智库；在遵循规律特点中改进创新，大力提升社科皖军的核心竞争力；在建强人才队伍中激发活力，着力打造社科强省的主力军排头兵；在优化服务管理中倾心尽力，努力建成社科工作者的温馨和谐家园。曹征海强调指出，历史表明，一个伟大时代的产生必然要以哲学社会科学的繁荣发展为基础。民族伟大复兴的共同事业赋予责任使命，美好安徽建设的火热实践给予空间舞台。让我们高举中国特色社会主义伟大旗帜，不断增强理论自觉和理论自信，从新的起点再出发，抓住机遇、奋发作为，以哲学社会科学事业的新成果，不断开辟思想理论事业的新境界。

会议审议并通过了《安徽省社会科学界联合会第六届委员会工作报告》(修改草案)，选举产生了新一届委员会和主席团。曹征海当选为主席，马雷当选为常务副主席，范恒森、卜幼凡、江涛为专职副主席，叶晓明、孙东海、李中、李仁群、李琳琦、吴天宏、吴劲松、陈初升、陈超英、苗键、周军、周加来、施立业、洪永平、顾党胜、程艺为兼职副主席。省总工会代表群团组织向大会致贺词，30家兄弟省(区、市)社科联、省内22家省直单位和30所高校向大会发来贺信、贺电。

精神文明建设

□综　　述

□“三线三边”治理

□社区志愿服务广场创建活动

□“五个一工程”

□2014年中国好人名单

综　述

【概况】2014年，安徽省认真贯彻落实党的十八大和习近平总书记系列重要讲话精神，以培育和践行社会主义核心价值观为根本，围绕文化强省“思想道德强”目标，深化思想道德建设，拓展文明创建活动，推进“三线三边”环境治理，努力提升公民文明素质和城乡文明程度，为美好安徽建设提供了强大精神力量。

【全国文明城市创建】全面拓展群众性创建活动，组织开展模拟测评检查、省市联动整治等系列活动，合肥、铜陵、芜湖市被评为第四届全国文明城市，马鞍山蝉联全国文明城市，淮北、黄山、池州、安庆、蚌埠、宣城市及巢湖市、宁国市、当涂县、肥西县、天长市共11个市县入选全国文明城市提名城市。坚持分类指导、动态管理，评选表彰安徽省文明城市、文明县城、文明城区、文明村镇、文明单位和未成年人思想道德建设先进城市等，推动争创工作典型带动、全域覆盖。持续开展舆论监督，在《安徽日报》、安徽卫视新闻联播、安徽文明网开设“文明创建大看台”，曝光突出问题，推介经验做法，推动文明创建常态化、长效化。

【好人安徽建设】深入开展“践行核心价值，打造好人安徽”主题实践活动，建成全国首家省级好人馆，接待省内外访团234批次，参观人数近15万人次。建设安徽好人馆馆群，宣城、铜陵、马鞍山分馆建成开放。编排安徽好人馆典型事迹赴基层巡展巡演巡讲，“流动的安徽好人馆”走进20余个市县。选树各级各行业身边好人92万余人，一批“心动安徽·最美人物”脱颖而出，50人登年度“中国好人榜”。组织20家省文明委成员单位签署《安徽省“构建诚信、惩戒失信”合作备忘录》，建立失信惩戒“黑名单”，发布产品质量“红黑榜”189批次。争取中央彩票公益金建设乡村学校少年宫146所，配套建设乡村学校少年宫576所。关爱困难道德模范，募集道德建设基金830万元，帮扶道德模范893人次，发放道德信贷4500万元，积极营造好人好报的社会氛围。

【活动载体建设】加强志愿服务制度化建设，出台《全省推进志愿服务制度化实施方案》《关于加快推进社会工作者与志愿者联动的实施意见》《社区志愿服务工作方案》，宣传合肥市“五色帮客”、淮北市“党员志愿服务”、阜阳市“接你回家”等典型做法，推出一批关爱他人、关爱自然、关爱社会的先进个人和优秀组织。推进安徽文明网群建设，在全国率先开通文明单位网，探索网络信息时代创建工作新途径。深化文明交通行动，推进文明旅游宣传教育，出台文明餐饮评价准则，组织开展公益广告作品大赛，评选最美家庭、星级文明户，表彰文明单位创建十佳品牌，大力培育文明和谐的社会风尚。

【培育社会主义核心价值观】制定《关于培育和践行社会主义核心价值观的实施意见》，并强力实施；组织开辟专栏专题，高频率刊播核心价值观24字公益广告，策划组织“用爱共筑中国梦”全媒体征文活动，开展“图说我们的价值观”公益广告宣传活动，编写《奋发向上、崇德向善》等普及读本；策划培育践行核心价值观“主题季”活动，推动知行合一；制定《安徽省节俭养德全民节约行动工作方案》，召开安徽省节俭养德全民节约行动电视电话会议，大力倡导全民节约、全面节约；制定《安徽省关于命名学雷锋活动示范点和岗位学雷锋标兵的实施方案》，着力推动立足岗位学雷锋；制定《“弘扬君子文化践行核心价值”研究与实践活动方案》；积极推进核心价值观主题公

阜阳邮政分公司在全市邮政投递窗口开展“爱心邮路”创建活动。图为投递员在为老人读报

园(广场)、主题社区建设,把核心价值观融入挂灯笼、贴春联、逛庙会等百姓节日主题活动;组织召开全省培育和践行社会主义核心价值观工作经验交流会,集中总结宣传推介一批创新做法和举措。

“三线三边”治理

安徽省推进“三线三边”治理工作座谈会召开

【**概况**】2014年,安徽省把“三线三边”(铁路沿线、公路沿线、江河沿线及城市周边、省际周边、景区周边)环境综合治理作为美好乡村建设的重点,集中力量、攻坚克难,推动农村环境面貌取得了明显改观。

突出治理重点,打造“三线三边”优美环境。坚持统筹谋划,重点抓好“四治理一提升”行动。一是突出干净整洁,开展垃圾污水治理行动,清除沿线沿边生产生活垃圾。二是突出整齐美观,开展建筑治理行动,治理沿线建房、夹道建房、违章搭建。三是突出规范有序,开展广告标牌治理行动,解决广告标牌设置杂乱无序等问题。四是突出生态修复,开展矿山治理行动,积极修复被破坏的地貌景观、植被资源。五是突出提质增量,开展绿化提升行动,打造一批森林长廊。全年关停非煤矿山1109座,复绿治理矿山641座,拆除违法广告牌1209座,新增绿化面积112万亩。

抓住关键环节,推动治理工作循序渐进。把“三线三边”环境治理作为一个系统工程,抓住重点环节,压实责任、压茬推进。一是抓治理标准,编制专项规划和技术导则,指导地方结合历史文化特色和资源优势,打造一批具有徽风皖韵特点的沿线沿边景观。二是抓流程管理,推广建账、查账、对账、评账、销账“五账”工作法,明确重点、步步深入。三是抓宣传推动,推出系列暗访纪实,暴露突出问题,推动工作整改,引导群众从“袖手看”到“拍手赞”,再到“动手干”。

注重教育引导,提高农民群众文明素养。“三线三边”环境治理,重在环境改善,难在观念转变,必须做到治理整顿、教育引导同步推进。一是开展社会主义核心价值观宣传教育,利用“三线三边”已有的宣传栏、广告牌,普及核心价值观12个主题词24个字,增加群众的知晓度。二是开展广泛道德实践,通过设立乡村好人榜、加强公益广告宣传、实施道德信贷工程等方式,引导广大农民“改陋习、提素质、学雷锋、做好人”。三是开展移风易俗活动,深化星级文明户、文明家庭创建,制定完善村规民约,组建村民理事会,建设农民文化乐园,通过宣讲团、文化墙、地方戏、快板书等群众喜闻乐见的形式,引导农民群众讲科学、讲文明、讲卫生,养成良好的生活方式,让文明新风吹入“三线三边”。

加强统筹协调,形成推进工作的“大合唱”。“三线三边”环境治理点多、线长、面广,需要上下一心、合力推进。一是党委政府高度重视,省委省政府主要领导同志亲自抓、负总责,各市、县作为责任主体实行一把手负责制,相关厅局分别担任“线长”“边长”“重点长”,明确治理责任,落实政策、项目和资金的支持措施。二是社会力量积极参与,发挥民生项目牵动作用,与农村清洁工程、土地整治、矿山复绿等项目结合起来,通过以奖代补、资源共享、合作共建等方式,推动各方面资源向“三线三边”治理工作倾斜。三是文明办全力推动,将“三线三边”治理作为文明城市、文明县城、文明城区、文明村镇、文明单位创建的重要标准,并且增加考核权重。

行动开展以来,全省3275公里铁路、16537公里高速及国省道路、6525公里内河航道得到了有效治理,路边干净了,水面清洁了,景观变美了,群众非常满意。

社区志愿服务广场创建活动

合肥市望湖社区志愿服务广场活动现场一角

【概况】 为积极培育践行社会主义核心价值观，大力弘扬志愿服务精神，不断提升志愿服务知晓率、支持率和参与率，2014年，安徽省广泛开展社区星级志愿服务广场创建活动，探索志愿服务制度化、常态化新路径、新阵地，产生了良好社会效果。

打造志愿服务活动的平台。出台《安徽省社区星级志愿服务广场创建管理办法》《安徽省社区星级志愿服务广场评选标准》，发挥志愿服务站对社区志愿服务工作的统筹规划、组织落实的基础作用，确定人流量相对较多的社区开阔场地作为志愿服务广场，每月至少开展一次志愿服务广场活动。每次志愿服务广场活动根据辖区志愿服务资源和需求情况设计载体，内容多种多样，包括义诊咨询、电器维修、无偿献血、捐款捐物、文艺演出、环保宣传等，以丰富居民文化生活、解决居民实际问题为导向，真正让志愿服务深入社区、扎根群众。

打造宣传志愿服务文化的舞台。一方面设立固化宣传阵地，社区志愿服务广场普遍建有6至10块志愿服务宣传栏，主要宣传志愿服务知识、展示本地志愿服务典型、身边好人和先进事迹，成为培育社会主义核心价值观的良好载体。另一方面，开展志愿服务广场活动，捐款捐物、无偿献血、义诊咨询、评选好人、经典诵读等，活动本身也是弘扬志愿服务精神、培育核心价值的良好载体。据不完全统计，每月全省各地志愿服务广场开展活动2000多次，既服务了群众，更将爱的种子深植百姓心田。

打造对接志愿服务供需的前台。社区志愿服务广场宣传栏公布社区志愿服务站的联系人、联系电话，作为常态接收志愿服务注册、需求的方式。社区发动辖区居民及辖区单位员工、学校学生参加社区志愿服务队，以志愿者的专业特长，成立各类特色鲜明的志愿服务队伍，在社区网上和志愿服务广场宣传栏公布志愿服务对接电话，使辖区志愿者“工作在单位、活动在社区、奉献双岗位”的服务群众新机制得以实现。每次广场活动的现场，专门安排人员负责登记新志愿者、接收爱心居民捐款、捐物，纪录困难群体志愿服务需要，再根据具体情况，为志愿者安排活动，为有困难的居民提供志愿服务，真正实现社区志愿服务供需的对接。

社区星级志愿服务广场立足社区、贴近百姓，聚人气、接地气，从创建之初就受到广泛关注。2014年底全省一半以上社区建成社区志愿服务广场，成为践行核心价值的新阵地、服务群众的新平台。

芜湖市志愿者来到社区开展志愿服务活动

“五个一工程”

电视纪录片《大黄山》海报

【概况】 2014年，在全国第十三届精神文明建设“五个一工程”评选中，安徽创作生产的电影《一八九四·甲午大海战》、电视剧《杨善洲》、电视纪录片《大黄山》、黄梅戏《小乔初嫁》、话剧《徽商传奇》、广播剧《爸爸的脊梁》、图书《梦焰》和《少年与海》等8部作品获得“优秀作品奖”，获奖数量跃居全国第3位，形成引人瞩目的“安徽文艺现象”，安徽省委宣传部获得“组织工作奖”。在中宣部召开的第十三届精神文明建设“五个一工程”表彰会上，安徽代表广播剧类别作了经验介绍。

精神文明建设“五个一工程”是由中宣部组织实施的评选推出文艺精品的示范性、导向性工程。该届“五个一工程”评选自2012年6月1日至2014年5月31日之间首次播映、上演、出版的电影、电视剧(包括电视动画片、电视纪录片)、戏剧、歌曲、广播剧和图书。在优秀作品不断涌现、评选标准不断提高、竞争更加激烈的条件下，安徽有8部作品获奖，充分展示文艺创作的实力和水平。

近年来，安徽坚持以人民为中心的创作导向，把创作生产优秀作品作为工作的中心环节，依托丰厚文化底蕴、聚集全国优势资源，以实施包括“文化演艺强”“广播影视强”在内的“八个强”为主抓手，大力推进省“四个十”、市“四个一”文化品牌工程，加快建设安徽文化高地，推动各文化艺术门类创作活跃、竞相繁荣，涌现出一大批展现安徽特色、具有中国气派、深受人民喜爱的优秀文艺作品。

在参加全国评选稍前举行的安徽省第十三届精神文明建设“五个一工程”评选中，共有6部电影、13部电视剧（包括电视动画片、电视纪录片)、17部戏剧、5部广播剧、13首歌曲、8部图书，共计62部作品获得“优秀作品奖”，合肥市委宣传部等16家单位获得“组织工作奖”，充分展示近年来安徽文化事业繁荣发展的丰硕成果。

2014年中国好人名单

合肥市 洪　波　沈鑫敏　李　文　杜先汝　程　银　金兴安　张景兰

淮北市 姜　恒　李传代　邵英文

亳州市 张先义　张玉柱　冯　焱　赵　磊　于金宝

宿州市 侯士云　王艳秋　梁朝朋　许启金

蚌埠市 高绪贵　单守杰　王继芳夫妇

阜阳市 鲍振平　张子辉

淮南市 高俊平　张　宝

滁州市 徐家柱　刘恩连　朱长海　金兴安(与合肥市同)

六安市 张　健　孙守群夫妇

马鞍山市 王自莲　王启志　周克武　童朝珍

芜湖市 陈余芳　钱广忠　卢昌林　沈瑞雪　王新发　王家治

宣城市 黄仕娟

铜陵市 杨河清　段兴宝　唐光德　沈承学　胡锡福　王绪宏

池州市 罗腊英

安庆市 吴江玲　江兴美　曹宗英　肖　霞

黄山市 潘立华

广德县 姚良卿

宿松县 孙长江

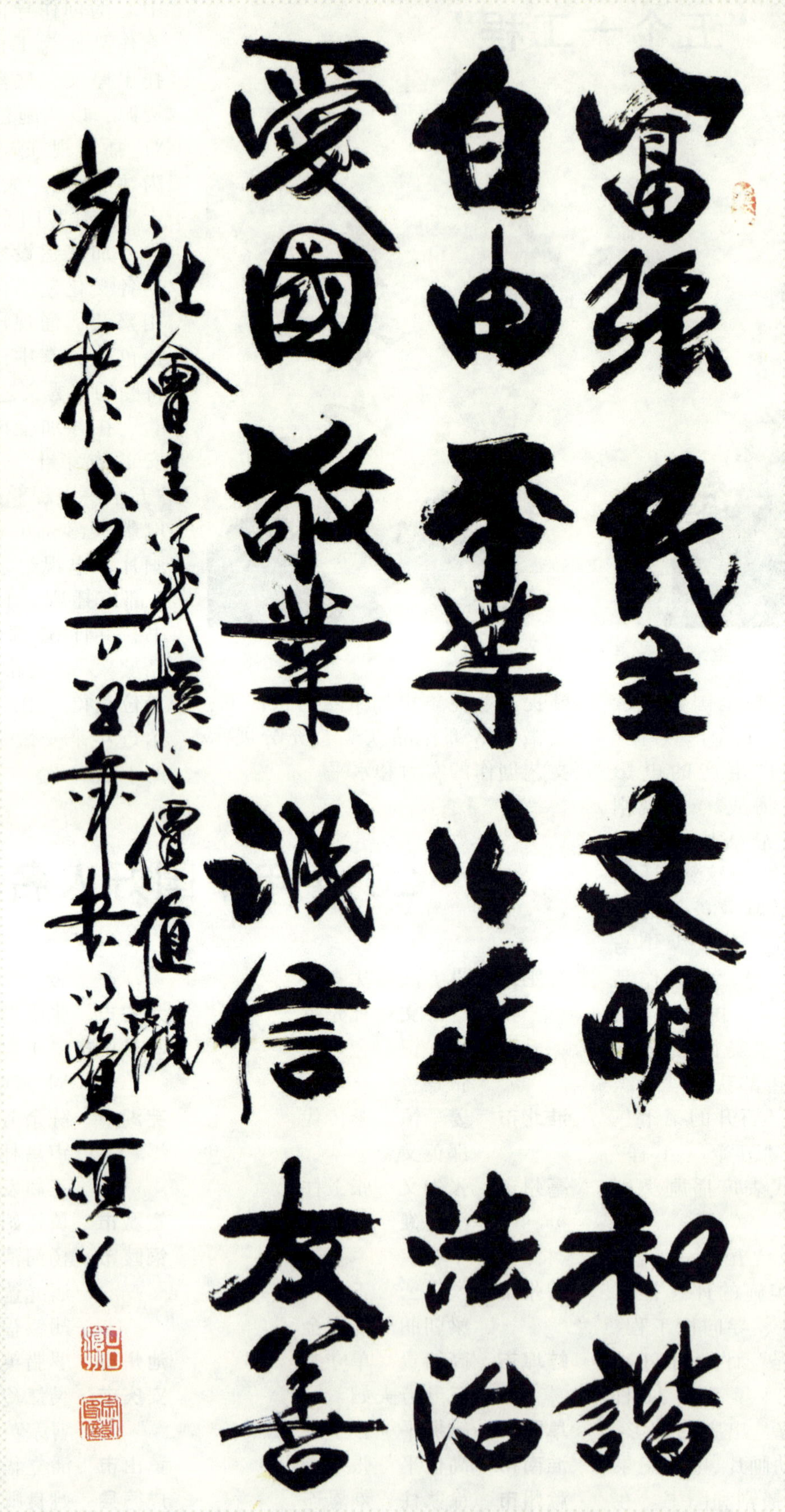
富強 民主 文明 和諧
自由 平等 公正 法治
愛國 敬業 誠信 友善
社會主義核心價值觀

哲學社會科学

史培刚题

□综　　述

□安徽省社科联

□安徽省社会科学院

□社科研究

综　述

【社科发展概况】2014年，省社科规划项目管理取得重大突破，项目发布周期大大缩短，由长期的两年发布一次调整为一年发布一次；项目类型不断丰富，年度项目中增设重点项目、青年项目，并增加安徽历史文化专项课题和后期资助课题；项目经费大幅提升，由原来的每两年400万元，增加到每年500万元，资助经费增加1.5倍。创新项目申报和评审方式，建立网上申报、评审系统和网上评审专家库，实行网上申报和在线评审。首次与省教育厅人文社会科学研究项目、省科技厅软科学研究项目统一申报平台，实现全省社科研究资源的整合和共享，避免重复申报和交叉立项。增加网上双向匿名评审和公示两个环节，制定《评审细则》，使评审更加公正规范和公开透明，赢得社科界好评。2014年度省社科规划年度项目、安徽历史文化研究专项课题和后期资助课题共立项310项，覆盖所有省属高校等45家科研单位。推进项目管理制度化建设，制定省社科规划项目管理办法、经费管理办法，修订鉴定结项管理办法。加强项目结项管理，严把出口关，全年办理国家课题结项69项、省课题结项102项。2014年，全省22家科研单位共111个国家社科基金项目获得立项资助，资助经费超过2400万元。重点项目取得重大突破，获准立项11项，超过前5年立项数之和。2014年度配合全国社科规划办对安徽财经大学等6家科研单位共32个国家社科基金项目经费管理和使用情况进行专项审计，总体情况良好。

省社科规划项目主要围绕本省经济社会发展问题进行研究，2014年共73个项目顺利结项。其中有关注当前经济发展问题的“工农关系调整与欠发达地区农业现代化”“加快转变安徽经济发展方式的机制创新研究”“经济发展方式转变背景下的安徽文化创意产业发展战略研究”“安徽民营科技企业风险控制策略研究”等，有立足本地文化遗产传承问题的“明清徽派篆刻研究”“中国豆腐文化研究——以淮南市为例”“非物质文化遗产——巢湖民歌研究”“安徽省非物质音乐文化遗产的保护、传承及其开发利用”“徽学视域下徽州民俗体育及其传承研究”等，有基于社会转型中文化认同问题的“我国不同历史阶段青年马克思主义者素质比较及对当代的启示”“缺失与重建——中国传统文化在当代大学生信仰重塑中的价值研究”“利用安徽红色资源推进社会主义核心价值体系大众化研究”，各项目负责人立足长远，把握大局，结合当前安徽经济社会发展现状，运用自身研究专长，选取角度，提出很多有价值的对策建议，为安徽加快建设三个强省、建设美好安徽提供助力。

【社科基金项目成果】据不完全统计，2014年，全省在研的国家社科基金项目共在各类学术刊物上发表阶段性论文472篇，其中CSSCI核心来源期刊233篇，《人大复印资料》和《新华文摘》转载25篇；形成调研报告20余篇，相关专著10部。安徽师范大学杨四平主持的项目“20世纪中国文学的海外接受研究”在结项鉴定中被评为优秀等级。部分项目的阶段性成果丰富。安徽大学严贝妮主持的项目“情报分析中的个体认知偏差及其干预策略研究”，共发表论文14篇，其中CSSCI论文12篇，1篇为人大复印报刊资料全文转载；安徽农业大学徐俊主持的项目“我国第一代独生子女社会保障问题抽样调查研究”，共发表论文19篇，其中CSSCI论文10篇，2篇分别被《中国社会科学文摘》转载和《人大复印报刊资料·社会科学总论》全文转载。有些项目注重解决现实问题，相关研究成果为党委政府领导决策参考发挥作用。安徽大学范和生主持的项目“基层社会矛盾演化规律与维

安徽省社会科学界第九届(2014)学术年会大会

护社会大局稳定抽样调查研究”，形成4篇调研报告，其中2篇调研报告被地方政府所采用，1篇调研报告进入全国百强白皮书行列，获中国社科院优秀报告奖；安徽财经大学秦立建主持的项目“农民工基本医疗保险的异地转接研究”，3篇调研报告分别在国务院发展研究中心的内部报告《经济要参》、卫生部内部报告《医院领导决策参考》以及财政部内部报告《财政研究简报》上发表；安徽大学程建华主持的项目“我国通货膨胀动态特征、预期冲击与最优监测目标研究”，与中科院预测科学中心合作的研究报告以内参摘要形式通过中科院办公厅上报中办、国办；安徽大学孙中锋主持的项目“产业转移背景下的“产业—人口”集聚耦合机理研究”，中期调研报告《生育政策调整对安徽省人口数量规模发展的影响》，引起了多位省领导的高度关注，并作了重要批示。

【教学科研骨干研修工作】哲学社会科学教学科研骨干研修工作扎实推进。研修工作趋于制度化、规范化，2014年举办4期研修班，培训学员234人。一是坚持政治性主题，进一步深化研修内容。把提高学员的思想政治素养作为贯穿始终的目标要求，重点学习党的重大理论、党的方针政策和重大决策部署以及世情、国情、省情等内容，设置五个板块，较好地体现了政治性、思想性、理论性的统一，体现了中央要求、时代精神和地方特色的统一。二是坚持高水平授课，提升研修层次。把打造精品课程作为办好研修班的核心环节，根据往期教学效果和学员反馈意见，综合考量专家的权威性和讲解的感染力，精心遴选课题和授课人，确保研修的指导性、权威性。三是坚持多形式培训，进一步增强研修效果。坚持个人自学与研讨交流相结合、观看录像与听取报告相结合、课堂教学与社会考察相结合、规定课程与安徽特色相结合，采取灵活多样的学习形式，激发学习兴趣，增强研修实效。四是坚持制度化推进，进一步提高办班水平。完善学员遴选制度、系统调学制度、教学管理制度，制定详细的研修工作流程，完善研修工作评价反馈机制，推进研修工作科学化、规范化、流程化。

安徽省社科联

安徽省社会科学界联合会第七次代表大会

【学术研究概况】2014年，省社科联坚持把学习贯彻习近平总书记系列重要讲话作为重大政治任务，围绕讲话提出的重要观点和论断，列出一批重点选题组织社科界开展深入研究，推出了一批有深度有创见的高质量学术成果。11月6日，召开了省社科界学习十八届四中全会精神座谈会，8位专家学者畅所欲言，围绕中国特色社会主义法治道路和法制体系、加强党对依法治国的领导等问题深入交流，经过《安徽日报》等媒体宣传引起较大反响。

推动学界兴皖应用对策研究。以“全面深化改革、建设美好安徽”为主题，继续深入推进省属社科类社会组织“学界兴皖”应用对策调研活动，活动共收到调研报告56篇，其中，省新四军历史研究会撰写的《淮南市新四军老战士、老同志自力更生创建新四军纪念林先进事迹的调查报告》被省委书记张宝顺批示；省哲学学会撰写的《构建新型农村电网的对策和建议》《关于农村文化乐园建设管理和推广价值的研究》和省旅游学会撰写的《亳州市旅游业优劣势分析与发展战略策略》分别被省委常委、常务副省长詹夏来，省委常委、宣传部长曹征海和副省长花建慧批示。全年编发《学界兴皖》专报省领导的内参17期，其中关于农村电网建设、基层图书馆社会化服务的内参得到詹夏来、曹征海等省领导的批示。

发布年度课题。紧密结合全面深化改革和安徽全面建成小康社会所面临的理论与实践问题，面向全省社科类社会组织和市县、高校社科联发布课题指南，经专家评审和省社科联主席办公会议批准，74个课题给予资助立项，26个课题给予非资助立项。从部分已结项成果来看，在保证学理性的前提下，研究更具针对性、实效性。结合工作实际，继续开展机关A类（班子成员）、B类（处以下干部）课题研究，外请专家对B课题进行了立项评审，做好过程督促检查，保证了质量。

建设新型智库。建立安徽社科专家库，从中选择专家参与重大课题调研，或推荐为省外社科评奖专家。在总结既往与实际工作部门联合举办智库论坛经验的基础上，以"新常态下的安徽发展"为主题，于11月22日举办了首届安徽智库论坛，8位省内知名学者参与研讨，省政协副主席李修松出席并讲话，成果通过《学界兴皖·安徽智库论坛》上报省领导，多家全国性和省内媒体予以宣传报道。积极探索与有关机构建立安徽智库联盟，努力形成服务兴皖富民的合力。

举办第九届省社科界学术年会。以"全面深化改革与安徽实践"为主题，与省马克思主义学会、安徽农业大学、安徽大学联合组织召开省社科界第九届（2014）学术年会，得到热烈响应，共收到应征论文400多篇，在认真筛查的基础上经学术委员会评审出60篇优秀论文，这些原创性成果结集以《兴皖学术文库》（第九辑）公开出版，并以多种途径宣传推介。12月20日召开了学术年会大会，省委常委、宣传部长曹征海在讲话中肯定学术年会抓住了当今时代主题和安徽发展的总特征，也反映了广大理论社科工作者服务中心大局的思想和行动自觉。年会还举办了"新常态下的安徽发展"和"十八届四中全会的法治精神解释"的主题报告，开展了创新国家治理与完善制度体系、经济改革牵引与全面小康建设、价值观引领与软实力提升和省属社科类社会组织"学界兴皖"调研成果等4个专场学术交流。

《学术界》进入全国期刊20强。2014年，省社科联主管主办的《学术界》杂志再次荣获"'复印报刊资料'重要转载来源期刊"称号，并且进入社科联（院）系统主办刊物20强，在上届排名24的基础上上升了6位，获得了第18名的好成绩；在全国1000余种综合类刊物总排名中进入30强，在上届排名42的基础上大幅上升15位，获27名的好成绩，扩大在省内同类刊物中的领先优势。

【社科普及】"社科名家大巡讲"全面推进。紧密结合全面深化改革的要求和省委、省政府的中心工作开展社科名家大巡讲活动，组建了由省、市社科专家和安徽人文讲坛有关讲席教授组成的宣讲团，确定了选题，并以动态菜单方式向全省发布。根据统一部署和社会需求，宣讲团深入农村、企业、机关、社区、学校，全年共开展各类巡讲活动260多场，受众一百多万人。10月31日，召开了"2014年社科名家大巡讲工作交流暨培训工作会议"，总结交流了工作，对2015年大巡讲工作作出部署。

"安徽人文讲坛"高质量举办。"安徽人文讲坛"以评析安徽历史文化和人民群众关心的时代话题为主要内容，每月第二个星期天下午如期在省图书馆举行。2014年，举办"中国马克思主义与群众路线"等12场讲座，社会反响热烈，评价很好，多次讲座现场座无虚席，走道上也挤满了听众，现场互动热烈。《新安晚报》对讲坛进行了较为全面的报道，每期讲坛内容都以专版刊发，扩大了受众面。人文讲坛还应邀走进企业、社区举办。

第十届全省社科知识普及月成功举办。全省第十届社会科学知识普及活动月开幕式9月4日在亳州举行，省人大常委会副主任沈卫国、省委宣传部常务副部长郎涛等出席开幕式。活动月期间省市联动，各市、高校社科联和省社科普及基地围绕主题，开展近百项社科知识普及活动。

社科知识普及工作基础更趋巩固。一是继续推进队伍建设。9月份举办全省社科知识普及骨干培训班，这次培训，将社科普及骨干培训与立法调研统筹推进，为此还专

7月26日，安徽社科名家大巡讲滁州专场暨明光市第39期周末讲坛在明光市举办

全省第十届社会科学知识普及活动月开幕式

门编印社科普及工作骨干培训班学习资料教材，内容涵盖相关法律、领导讲话、政策文件、工作研讨等。二是基地建设步伐加快。全年共批准筹建7个省级社科普及基地，总数达到12个，在第十六次全国社科普及工作会议上，共有合肥市包河区大圩镇农民文化乐园、淮南市杨公镇汤王村、黄山市中国徽州文化博物馆等3个省社科普及基地获评全国优秀社科普及基地。对已建成的社科普及基地加强管理，11月2日在淮南市杨公镇召开了“首届全省社科知识普及基地工作交流会”。三是社科知识普及立法工作取得新进展。通过立法调研与论证，持续加强与相关部门的协作，社科知识普及进入立法议事日程。四是开展社科知识普及规划项目立项。为推进社科普及工作的系统性、战略性和可操作性，打造社科普及精品力作，实施社科普及工程，出台《安徽省社科知识普及规划项目管理办法》，发布社科知识普及规划项目，经过严格评审资助立项21项，另有15项为非资助项目，努力推出一批社科知识普及工作研究成果和优秀社科知识普及读物。五是开展第二次全省公众社科素养调查。据抽样调查，全省公众社会科学素养指数为5.8，较十年前提升了16%，表明安徽社科知识普及工作成效显著，也为进一步推动社科知识普及工作提供了依据。

【重大社科活动】成功召开省社科联第七次代表大会。经省委同意，2014年召开省社科联第七次代表大会。12月29日的开幕式上，省领导张宝顺、王学军、王明方、李锦斌、唐承沛、曹征海、臧世凯、谢广祥出席，李锦斌副书记代表省委发表重要讲话，肯定了成绩，提出了希望和要求，给全体代表以莫大的鼓舞。会议选举新一届省社科联委员会和主席团，省委常委、宣传部长曹征海当选为主席。在闭幕式讲话中，曹征海要求全省社科战线在紧贴跟进大局中主动作为，围绕省委李锦斌副书记提出的打造一流智库的目标，立足安徽、着眼全国、面向世界，实施“四项行动”，建设“四大高地”，即实施马克思主义理论研究创新行动，建设党的理论创新成果研究高地；实施应用对策研究拓展行动，建设经济新常态实践创新研究高地；实施重点学科提升行动，建设社科优势学科高地；实施传统文化传承创新行动，建设安徽文化研究高地，着力打造服务“三个强省”建设的新型智库。与会代表一致认为，这是一次团结鼓劲、开拓进取的大会，必将有效地凝聚全省社科界力量，为全面深化改革、建设美好安徽贡献智慧和力量。

“安徽省社会科学奖”恢复为省政府奖。在全国评比达标表彰工作协调小组给安徽省委、省政府《关于安徽省申报项目的复函》中，同意将安徽省社会科学文学艺术出版奖更名为“安徽省社会科学奖”。这标志着经过一年多的努力，作为

第六届皖江地区历史文化研讨会

省政府奖的“安徽省社会科学奖”重新得以恢复,给全省社科工作者以极大地鼓舞。省社科联及时做好奖项恢复后的相关工作,积极协调有关部门筹划开展第十一次(2011—2012年度)省社会科学奖的评奖工作,研究完善评奖办法。为落实曹征海部长关于对上届社科奖“送奖上门”的要求,组织2009—2010年度安徽省社会科学文学艺术出版奖(社科类)集中送奖活动,给获奖者送去温暖,还举办座谈会征求对社科评奖工作的意见建议。

举办第六届皖江地区历史文化研讨会。10月25日,第六届皖江地区历史文化研讨会在安庆市召开。本届研讨会由安徽省社科联与安庆师范学院联合主办,安庆市社科联、安庆职业技术学院、安庆市皖江文化研究会协办。本届研讨会高举建设社会主义先进文化旗帜,大力弘扬社会主义核心价值观,以“皖江文化与创新发展”为主题,以创新性研究引领和推动皖江地区经济社会的创新性发展为宗旨,积极为皖江地区凭借黄金水道实现加速崛起,提供强大的文化支撑力量。研讨会共收到论文124篇,来自沿江各市社科联的嘉宾和省内外专家学者、有关单位代表,共计110多人参加了研讨会。

安徽省社会科学院

【学科建设】2014年,省社科院11项重点和骨干学科建设围绕安徽经济社会文化和生态建设重大历史和现实问题开展,如中国特色社会主义在安徽的实践、徽文化、淮河文化、法治安徽、安徽社会建设与社会管理等,为安徽经济社会发展提供强大理论支撑。2014年,首期学科建设全面收官。经院内外专家评估考核,首期学科建设项目均实现预期目标。学科建设项目紧紧围绕既定方向和目标任务,共出版著作52部,发表B类(CSSCI来源期刊)以上论文174篇,在《人民日报》《光明日报》发表论文7篇,共有35项成果获省领导批示。

2014年9月,省社科院启动第二期学科建设。“安徽社会经济史”等3项为院重点学科建设项目;“安徽产业经济研究”等8项为院骨干学科建设项目。第二期学科建设项目开局良好。

【科研项目】2014年,省社科院国家社科基金课题立项数达4项,其中年度项目3项:新四军与外界关系研究(汪谦干)、近百年学人诗词及其诗论词论研究(刘梦芙)、微博舆论与公众情绪互动研究(常松);青年项目1项:中国现代文学与中国现代大学互动关系研究(王晴飞)。人均立项数在全省处于领先地位。2014年,全院共获得7项省社科规划课题立项,获2项重点课题立项;获1项省软科学项目立项、7项省社科联课题立项。

2014年,省社科院相关研究机构还先后应合肥市蜀山区、岳西县、霍邱县、灵璧县等县区请求,帮助其编制县区级文化建设和文化改革发展规划,科研工作触角不断向下延伸,主动服务基层、创新服务模式。顺应“十三五”规划的形势要求,省社科院积极承接省级和省辖市的“十三五”规划预研项目。目前已与省委宣传部、省发改委、省经信委、合肥市发改委、合肥市委宣传部等部门开展“十三五”规划的前期研究合作项目。

【科研成果】2014年,省社科院共出版学术专著10余部,发表论文和研究报告近300篇。中国人民大学复印报刊资料中心发布2014年度转载学术论文指数排名,省社科院专家学者发表的论文转载量列全国社科院、社科联系统排行榜第8位,连续3年保持全国社科院、社科联系统排行榜前10位。

省社科院新闻与传播研究所所长、研究员常松主编的《博客舆情的分析与研判》一书,由社会科学文献出版社于2014年6月出版。该书是常松研究员主持的国家社科基金项目“博客舆情分析研判机制研究”的最终成果。该课题于2013年4月顺利结项,并获得优秀等次。中国社会科学院中国特色社会主义研究中心主任、原中国社会科学院新闻与传播研究所所长、研究员、博士生导师尹韵公先生为该书作序。

全国人大代表、省社科院研究员钱念孙两次在光明日报头版《光明专论》发表文章,文章一经发表即引起广泛转载,其中6月13日在该报头版头条《光明专论》发表《君子文化与社会主义核心价值观》于10月5日被《新华文摘》第19期全文转载。

省社科院马克思主义研究所承担的“中国特色社会主义”学科建设项目的集体成果《中国特色社会主义理论体系论要》由安徽人民出版社出版,在“中特理论”界引起广泛反响。

省社科院研究员沈跃春主持的马克思主义理论研究和建设工程项目“中国梦与社会建设研究”的阶段性成果《加强社会建设:实现中国梦的必然要求》,在《光明日报》的《理论·实践》版发表,引起广泛反响。

为增强人们对“中国梦”的理解,配合社会各界对“中国梦”的宣传,省社科院历史所汪谦干研究员撰写《"中国梦"一词的由来》一文。该文在中国社会科学院当代中国史研究所主办的《当代中国史研究》2013年第6期、中共中央党校主办的《理论动态》第1989期刊发后，社会反响较大，《光明日报》2014年2月12日、《新华文摘》2014年第6期、《青海日报》2014年3月3日、《中国组织人事报》2014年3月7日先后摘载，光明网、人民网、求是理论网、人民论坛网、国史网、凤凰网、中国社会科学网等数十家网站转载或摘载。

2014年，省社科院上报的省领导圈定课题重大选题和课题成果，获得多位省领导的肯定和批示。其中，原省委书记张宝顺批示："感谢大家为安徽发展大局所做的工作。新的一年希继续努力，创新成果，为省委、省政府决策服务。"省委副书记李锦斌批示："社科院的课题研究选题准、立意新、有深度，还望继续立足前沿，服务中心，谋划路径，助推发展。"省委宣传部部长曹征海专就社科院《安徽新型智库建设研究》《构建现代文化市场体系研究》《安徽文化消费问题研究》和《安徽省文化产业转型升级问题研究》等4份研究报告作出长篇批示，并就相关问题的研究和解决作出明确部署。省委常委、副省长陈树隆批示："请住建厅配合社科院加强江淮城市群建设战略研究，请环保厅配合做好我省区域性大气污染联防联治法律机制研究。"副省长谢广祥批示："社科院2013年重大课题的完成，对全省重要决策及推进'三个强省'建设具有积极作用。望进一步完善机制，整合各方面资源，在2014年取得更高水平的研究成果。"副省长方春明批示："'法治安徽'评价体系研究选题比较有意义"，并要求省法制办参与该课题研究。

【智库建设】省社科院党组出台《关于加强〈咨政〉工作的意见》，充分利用《咨政》的平台作用，树立全院办《咨政》的方针，通过强化激励措施、增强编辑力量、提升稿件质量、开放办《咨政》、加强宣传推介等途径，加大《咨政》的品牌建设力度，重点推送社科科研人员最新的应用对策研究成果。《咨政》已成为社科院专家科研成果和风貌的重要展示平台，2014年共11次获得省领导肯定性批示。

此外，省社科院还与安徽大学、省政府参事室、安徽日报社等单位签订了战略合作协议；与安徽大学、安徽师范大学、安徽财经大学、合肥师范学院等高校合作成立协同创新中心；与刚成立的合肥市社科院开展一系列合作和交流，相关课题已经立项。2014年11月，第一家省社科院分院在蚌埠挂牌，为开门办院、加强与地方政府深度合作开辟了新路。2014年，省社科院还先后在1个县、1个乡镇、2家企业挂牌成立省情调研基地，组织科研人员定期开展省情大调研活动。

【名刊建设】《江淮论坛》《安徽史学》进入全国同类期刊第一方阵。在中国社科院中国社会科学评价中心11月发布的《中国人文社会科学期刊评价报告(2014年)》中，《江淮论坛》位列综合性人文社会科学期刊89位，比2013年前移20位；《安徽史学》位列历史学科期刊第17位。省委宣传部部长曹征海在社科院《学者及期刊学术论文转载排名情况的报告》上作出批示：省社科院学术研究及学术期刊在全国排名提升，可喜可贺！请继续努力，为实现"理论社科强省"发挥更大作用。

省社科院主办的《小康生活·文明风》作为安徽省精神文明建设工作性刊物，得到了中央文明办领导的肯定和多次批示，已成为全省精神文明建设领域的权威指导刊物。

【学术活动】2014年，省社科院相关研究所先后承办"生态安徽与水环境安全法治建设高层论坛""钟馗文化与道教文化研讨会""新型城镇化背景下城乡一体化"学术讨论会"安徽省新型城镇化发展暨首届乡镇论坛"。11月，省社科院与光明日报社联合主办"中国·亳州老庄思想与弘扬社会主义核心价值观"学术研讨会，10多位全国著名专家学者到会，研讨成果在《光明日报》整版刊登。12月初，省社科院和省情研究会等联合举办"安徽省第三届小城镇发展高峰论坛"。12月底，省社科院与安庆市委、市政府联合主办第二届安徽文化论坛，

生态安徽与水环境安全法治建设高层论坛

11月2日，中国·亳州老庄思想与弘扬社会主义核心价值观学术研讨会在亳州举行

主题为“文化安庆与社会主义文化建设新路径”。省社科院还先后参与长江中游城市群发展战略研究方案研讨、长三角联合研究中心工作会议、华东六省一市社科院院长论坛 、第十五次全国白皮书年会、第八届中国社会科学前沿论坛等重大学术活动，并做重点发言。当年，省社科院还先后接待中国社科院以及北京、福建、江苏、河北、河南、天津、黑龙江等省市社科院的来访，进行了广泛交流与互动。

【研究中心运作概况】 安徽是经济欠发达地区，财政支持社科发展能力有限。为此，省社科院整合各方面资源，创新科研体制机制，积极主动与省直相关部门联系，合作建立了一批非编制研究中心。如与安徽省文明办合作成立安徽精神文明建设研究中心，与省经信委合作成立安徽工业经济研究院，与省住建厅合作成立安徽城市研究中心，与省文化产业促进会合作成立安徽文化研究中心，与省旅游局合作成立安徽旅游发展研究中心等。其中，文化研究中心和城市研究中心每年推出的《安徽文化产业发展蓝皮书》和《安徽城市发展报告》，已成为研究安徽文化产业和安徽城市发展的权威著作。

研究中心采取灵活的运作模式，以委托项目研究为依托，以丰富多彩的活动为载体，以高质量的研究成果为核心，使得理论研究更加贴近相关部门的实际工作，研究成果更具科学性、现实性和可操作性。

2014年，全国人大代表、省社科院文学所原所长钱念孙研究员在《光明日报》头版头条发表《君子文化与社会主义核心价值观》，学术影响和社会反响较大，受到省委常委、宣传部部长曹征海的肯定。省社科院以此为契机，成立君子文化研究中心，并与蒙城、桐城2个县（市）省委宣传部确立的君子文化研究基地展开合作，举办“君子之交”论坛、“君子文化与健康政治生态构建”研讨会。中心结合当前正在深入开展的培育和践行社会主义核心价值观活动，创新方式方法，连续筹划、举办多项体现安徽特色、在全国有影响力的活动。

【社科成果获奖概况】 2014年，安徽省政府通报2009—2010年度安徽省社会科学文学艺术出版奖成果，省社科院有7项成果获奖，其中著作一等奖1项：《传统文化与现代文明相对接——新乡村建设的理论与实践》（辛秋水等）；著作三等奖1项：《安徽就业问题研究》（宋蓓主编）；论文三等奖5项：《合肥市生态园林城市创建存在的问题及其对策》（岳毅平）、《当前县（区）“一把手” 权力监督问题调查与思考》（杨根乔）、《当代安徽社会阶级阶层的演进》（方金友）、《明清时期徽州宗族内部的伦常秩序控制》（陈瑞）、《安徽农村文化惠民工程实施效益典型调查及政策建议》（庆跃先 张东明）。

华东六省一市社科院院长论坛在杭州举行

社科研究

【徽学研究】2014年,徽学研究议题和领域有所拓展,方法趋于多样,《安徽史学》等几本刊物依然是徽学成果重要发表阵地。

研究项目。本年度徽学领域获得立项的有国家社科基金重大招标项目“明清以来徽州会馆资料的整理与研究”(王振忠),国家社科基金课题一般项目“民间藏600年徽州归户文书的调查、整理与研究(1368—1949)”(刘伯山),“商业账簿与近代徽商经营实态研究”(马勇虎),青年项目“徽州文化资源保护与产业融合研究”(秦枫)。立项的教育部人文社会科学重点研究基地重大项目课题为“徽州古村落家族文化的调查与研究”(沈昕)、“徽州文化生态保护区与徽州非物质文化遗产的保护与利用研究”(汤书昆),另有教育部人文社科研究规划基金“明清徽州杂字的整理与研究”(戴元枝),青年基金项目为“明清时期徽州图甲文书的搜集与研究”(黄忠鑫)、“卷入与变迁:近代徽州外销茶业研究”(邹怡)。

学术著作。《徽州文化史》共分《先秦至元代卷》(翟屯建)、《明清卷》(周晓光)、《近代卷》(卞利)3卷本,系统考察徽州文化发生、发展以及演变历程,具有重要学术价值和出版意义。《徽州家谱宗族史叙事冲突研究》(冯剑辉)对徽州家谱宗族史建构过程进行有益探析。《歙县里东乡传统农村社会》(柯灵权)包含大量丰富民间史料,旨在重构歙县传统社会真貌。当年《徽州古村落文化丛书》共出版《屏山——徽州风水第一村》(胡时滨,舒育玲)、《六都——文武兼修 千年相承》(胡永政)、《黄龙口——宗族聚落的典范》(赵懿梅)、《溪口——新安江源第一埠》(汪顺生)等4个分册,以一个村落一本书的形式,描写徽州独特村落文化和价值。

学术论文。当年通过家谱等资料研究徽州宗族发展和徽州社会变迁取得一定成果,主要论文有《明清时期徽州宗族中的执事人员》(陈瑞)、《明清徽州图甲绝户承继与宗族发展——以祁门瀛洲黄氏为中心的考察》(黄忠鑫)、《“方德让家”:从旌德方氏看明清皖南宗族的家史编纂》(李甜)、《谈谈明代徽州人“四民观”——以隆庆刊〈瑨溪金氏族谱〉为中心》(阿风)、《宗族组织与户役分担——以明代祁门桃源洪氏为个案》(王绍欣)、《明清徽州宗族墓祭研究》(陈雪明)、《家谱研究的意义与方法——以明清徽州家谱为例》(徐彬)、《清代徽州家谱述论》(朱玉荣)。有很多学者投入徽商研究,主要论文有《从王翠翘传奇看明末清初人对于徽商“海寇”的另类解读》(陈支平)、《明末清初徽州书画商人的经营活动》(姚旸、范金民)、《论徽商研究中的几个问题》(李琳琦)、《再论清代徽州盐商与淮安河下之盛衰——以〈淮安萧湖游览记图考〉为中心》(王振忠)、《明清时期徽商在江浙地区的慈善活动》(洪千芷)、《明清绩溪商人研究》(韩旭)。有关徽州各种契约文书研究论文主要有《安徽歙北文肃祖祠文书初识》(方利山)、《明清黟县胡氏经济变化探微——以〈乾隆黟县胡氏阄书汇录〉为中心》(张雁)、《清代图甲与保甲关系新论——基于徽州赋役合同文书的考察》(黄忠鑫)、《论清代徽州禁约合同——以俞藏48件徽州禁约文书为中心》(陈云朝)、《大买·小买·大小买——清代徽州土地卖契地权研究》(汪柏树)、《清代徽州玉米经济新探——以文书资料为中心》(梁诸英)、《徽州文书中的清代基层社会生活实态例说》(吴秉坤),此外《清代徽州坟产纠纷研究》(龚雪)、《清代以来徽州乡村民间借贷研究》(顾玉乔)、《明代中后期徽州府丝绢分担纠纷与地方财政》(章亚鹏)等都大量使用徽州文书进行相关研究。有关徽州社会生活研究论文主要有《从碎片、拼图到整体:徽州乡村社会研究路径的回顾与思考》(唐力行)、《刘大櫆对清代徽州教育的贡献及影响》(江小角)、《明代徽州“义男”新探——以嘉靖祁门主仆互控案为中心》(冯剑辉)、《明清徽州林木盗砍事件的社会经济与文化考察》(梁诸英)、《明代科举地理现象的再认识——以徽州府科举群体为例》(丁修真)、《明清时期徽州出家现象考论》(康健)、《明清以来徽州宗族对宗教的态度》(陶明选)、《明清徽州的自杀纠纷及法律解决》(郭学勤)、《再议明清时期徽州地区对讼师的“偏见”——大环境与小个人的互动和博弈》(周海);此外在《明代里老解纷机制研究》(杨亚平)、《〈王赵两姓互控案卷〉〈追山案卷〉的整理与研究》(舒兰兰)、《明清时期乡约运行机制研究》(马馨)文章中,对徽州基层社会运行机制做了有益的探讨。《明清徽州水利的几个问题》(孟凡胜)、《明清时期徽州的水碓业》(梁诸英)、《明清时期徽州水灾与徽州社会》(梁诸英)开始对明清徽州水利问题进行探讨。《从徽州文书看非遗保护中文献资料的重要性》(卞利)、《华云进香:民间信仰、朝山习俗与明清以来徽州的日常生活》(王振忠)、《非物质文化遗产视域下的文化展演——以徽州五福神会为中心的讨论》(陈元贵)、《从明清徽商、家乐班的活动探徽剧文化的张力》(罗可曼)等对徽州文化遗产进行关注。《汪机及其著述研究》(钱高丽)、《徽州学者金榜三论》(徐道彬)、《〈朱子世家〉版本考略》(尹波,张尚英)等对徽州艺术及其相关人物进行研究。

学术会议。8月21—23日,由北京大学中国古文献研究中心、安徽大学徽学研究中心联合主办"儒学与地域文化:徽学国际学术研讨会",围绕"儒学、地域文化、徽学"3个主题词开展讨论,来自韩国、日本和台湾、香港地区以及内地众多著名高校、研究机构90多位专家学者参加会议,共收到论文84篇。

【皖江历史文化研究】学术著作。2014年全国共出版有关皖江历史文化研究著作17部。其中桐城派与桐城文化研究著作2部,即《桐城地域文化研究》(吴功华)、《桐城吴汝纶研究》(曾光光);黄梅戏研究著作2部,分别是《严凤英画传》(张凤高)、《徐代泉黄梅戏唱腔作品选》(徐代泉);陈独秀研究著作6部,主要有《硬骨头陈独秀五次被捕纪事》(丁晓平)、《先驱之死:陈独秀的晚年岁月》(张宝明、刘云飞)、《酒旗风暖少年狂:陈独秀与近代学人》(石钟扬)、《陈独秀思想研究新论》(贾钢涛);赵朴初研究著作1部,即《赵朴初传:行愿在世间》(谷卿、汪远定);海子研究著作3部,分别是《海子 顾城:两个诗人的罗生门》(刘春)、《我的顾城,我的海子》(夏墨)、《海子诗传》(江雁);张恨水研究著作1部,即《张恨水年谱》(谢家顺);方以智研究著作1部,即《方以智心性论研究》(刘元青);其他研究著作4部,分别是《皖江城市带回族文化涵化研究:以几个回族传统社区为例》(操竹霞)、《邓石如篆书〈千字文〉入门》(柯国富、华骏铭)、《二十世纪仙学大师:陈撄宁仙道养生思想研究》(赖慧玲)、《从文化育人到实践成人:安庆师范学院特色文化建设的探索与创新》(张国定)。

学术论文。2014年全国发表有关皖江历史文化研究论文460余篇。其中桐城派研究论文64篇,如《桐城派与赠序文体》(叶当前)、《乾嘉考据学家与桐城派关系考论》(漆永祥)等;黄梅戏研究论文84篇,如《黄梅戏的生态形式与媒介形式》(邵敏)、《黄梅戏文献整理与研究》(黄晶)等;陈独秀研究论文96篇,如《陈独秀与蔡元培教育思想之比较》(陈祥明)、《〈新青年〉陈独秀与康有为孔教思想论争的历史重探》(彭春凌)等;赵朴初研究论文12篇,如《赵朴初、星云法师的新佛教观比较》(陈辽、袁普泉)、《赵朴初:摩腹大有益》(徐文、王昊)等;朱光潜研究论文37篇,如《朱光潜早期美学思想中的意象概念》(王怀义)、《朱光潜翻译维柯〈新科学〉的原因、过程与收获》(朱墨)等;张恨水研究论文27篇,如《论张恨水的写实追求与新文学作家的批评》(王木青)、《过眼繁华:张恨水的北京叙事——从〈春明外史〉到〈啼笑因缘〉》(季剑青)等;海子研究论文63篇,如《海子诗歌"死亡意识"的认知阐释》(米保富)等;皖江其他历史人物研究110余篇,如《方以智为什么说西学"拙于言通几"?——论方以智的中西哲学比较研究》(许苏民)、《从"六尺巷"考证张英的礼让精神》(肖玉元)等;皖江历史文化综合研究论文60余篇,如《关于皖江地区文化遗产保护与利用的思考》(江小角、王蔚林)等。

儒学与地域文化:徽学国际学术研讨会

学术会议。2014年全国共举办有关皖江历史文化研究学术会议7次。分别是"张恨水与文化自强学术研讨会"(7月18日,潜山。会议举办时间与地点,下同)、"赵朴初人间佛教思想暨太湖禅宗文化学术研讨会"(10月11日,合肥)、"桐城派与桐城文化传承和创新学术研讨会"(10月25日,安庆)、"第六届皖江地区历史文化研讨会"(10月24日,安庆)、"赵朴初思想研讨会"(10月31日,香港)、"2014年安徽省黄梅戏剧本创作研讨会"(11月26日,安庆)、"第二届安徽文化论坛"之"文化安庆与社会主义文化建设新路径"(12月28日,安庆)。

张恨水与文化自强学术研讨会

【淮河文化研究】课题立项。2014年共有3项课题获得国家社科基金立项资助，分别是“建国以来淮河流域水资源环境变迁与水事纠纷问题研究”(张崇旺)、“水利公共工程与江淮海地区社会经济变迁研究(1578—1998)”(李巨澜)、《集体化时期中国共产党领导下的淮河治理研究（1949—1980)》(葛玲)。此外，教育部人文社科研究项目有“元明以降淮北地区社会变迁研究”“转型期淮河流域城乡空间结构演化及其驱动机制研究”“苏北纸塑狮子头非物质文化遗产的生产性保护与传播研究”。安徽省社科规划基金项目有“皖北历史文化与生态旅游协同发展对策研究”“皖北文化与皖北高校大学生思想政治教育关系研究”“砀山唢呐艺术生态与形态研究”“民族音乐学视野下的安徽谢颖锣鼓研究”“《〈淮南子〉中的礼乐文化研究”“老子政治伦理及其当代价值研究”“《淮南子》对外传播暨翻译研究”“沿淮城市群发展进程中的政府间自组织合作研究”“安徽沿淮方言词汇与淮河文化研究”“蒙城方言熟语研究”“安徽江淮地区商周青铜容器分期与区域文化研究”。安徽省社科联课题有“区域协作是皖北旅游可持续发展的必由之路——对构建皖北文化旅游品牌的思考”“凤台花鼓灯起源、历史演进与文化价值研究”“嬗变与构建：近代淮河文化发展研究”“地方网络文化建设研究——以阜阳市为例”“提升亳文化影响力研究”。江苏省社科规划基金项目有“江苏城市文化遗产——泰州淮剧的生存与发展问题研究”“扬州文化资源研究”“泰州学派‘百姓日用’美学思想研究”“明代江淮官话语法研究”。河南省社科规划基金项目有“生态环境变迁与淮河流域经济中心空间移动研究”“非遗视角下的信阳民歌流变研究”。另外还有18项课题分别获得安徽、江苏、河南3省教育厅人文社科研究项目立项。

学术著作。主要有《淮河流域环境与发展》(中国工程院等)、《淮河流域闸坝运行对河流生态与环境影响研究》(蒋艳、栾震宇)、《走读淮河》(水利部淮河水利委员会办公室、中国农林水利工会淮河委员会)、《淮河水文志 1990—2010》(淮河水文局)、《淮河流域闸坝调度改善水质理论与实践》(夏军)、《禹会村遗址研究——禹会村遗址与淮河流域文明研讨会论文集编》(中国社会科学院、安徽省文化厅等)、《淮河文化论丛》(第一辑)(于世勋)、《文化传承与创新发展——第七届淮河文化研讨会论文选编》(刘飞跃、王建刚)、《淮河流域节水型社会建设与制度体系研究》

中国·亳州老庄思想与弘扬社会主义核心价值观学术研讨会

(徐邦斌、王式成)。

学术论文。主要有《关于淮河文化研究的几点思考》(朱玉龙)、《兴云泽物：清代淮河上中游地区龙王庙考察》(徐士友)、《灾荒记忆与后灾荒时代的苦难叙事——以当代淮河流域文学为中心的考察》(李长中、杜红梅)、《从淮河生态经济走廊构建看淮河流域城市形象传播》(柳邦坤)、《淮河生态经济带发展战略思路》(叶立生)、《乾嘉道时期淮河流域粮价研究(1736—1850)》(朱琳)、《安徽省淮河柳编的制作工艺及相关问题研究——以阜南、霍邱两县为例》(赵伟)、《春秋时期淮河流域青铜器纹饰研究》(王盼盼)、《河南省淮河流域社会—经济—水资源—水环境(SERE)协调发展研究》(梁静)、《淮河流域早期文明的研究——以蒙城尉迟寺为例》(于朋朋)。

学术会议。2014年全国共举办有关淮河文化研究学术会议7次。分别是"2014亳文化研究座谈会"(4月11日,亳州)、"第九届全国管子学术研讨会"(5月6日，颍上)、第五届"淮河流域暴雨·洪水学术交流研讨会"(5月19日，寿县)、"淮河文化传承与创新"高层论坛(8月9日，阜阳)、"西游记起源文化研讨会"(8月11日,湖北随州)、"中国·亳州老庄思想与弘扬社会主义核心价值观学术研讨会"(11月2日，亳州)、"禹会村遗址与淮河流域文明研讨会"(12月21日，蚌埠)。

【淮系集团研究】2014年是甲午战争120周年，全国威海、北京、上海、武汉、福州、大连、沈阳、合肥、青岛等地举行层次较高、规模较大"纪念甲午战争120周年学术研讨会",甲午战争中北洋海军与淮军、李鸿章与丁汝昌等历史人物多为会议关注讨论重点。11月7—9日,合肥召开"甲午战争中的淮军——甲午战争120周年学术研讨会",来自中国及日本70余名专家学者，围绕淮军兵力调动与后勤保障、淮军将领、甲午陆战等几个议题,探讨论述淮军在整个甲午战争中作用。当年国内关于淮系集团研究主要表现在以下两个方面。

甲午战争中的淮军——甲午战争120周年学术研讨会

学术著作。李鸿章研究一直为学界重视,2014年出版著作有《李鸿章传》(作者:[英] R.K.Douglas,译者:张维军),该传记初版于1895年,为李鸿章第一部传记,记录李鸿章从镇压太平天国起义到签订《马关条约》近50年仕途生涯,是研究李鸿章乃至晚清历史重要参考文献。《李鸿章与近代上海社会》(徐锋华),书中认为,李鸿章1862年奉命率淮军东下上海,担任江苏巡抚,对上海社会经济文化建设贡献良多。上海是李鸿章辉煌人生起点,没有上海经历,就没有晚清重臣李鸿章。通俗性著作有《晚清第一外交官：李鸿章传》(靳会永)、《谋略高手李鸿章》(作者:[美]威廉·弗朗西斯·曼尼克思，译者:李飞)。

学术论文。①人物研究。2014年有关李鸿章研究专题学术论文30余篇,涉及其海防思想、军事建设、外交活动、人际关系、经济思想、教育思想、体育思想、综合评价等,主要有《走上层路线:李提摩太与李鸿章关系初探》(许艳民)、《李鸿章对甲午战争的反思——以1896年欧美之行为例》(侯杰等)、《略论同光之际铁路问题的复杂性》(熊月之)、《李鸿章的海防思想与海军建设——两次海防大筹议过程探讨》(翁飞)、《合作中的分歧:马嘉理案交涉再研究》(方英)、《马关议和清政府密电问题考证补》(吉辰)。其他人物研究包括刘铭传、张树声、丁汝昌、周馥等,以及晚清合肥地区淮军家族与地方社会研究。

②淮军与北洋海军研究。主要有《文化建军是立军之本——甲午战争双甲子的思考》(华强)、《淮军建设的审视》(孙先文、张金铣)、《清代团练研究及淮军文化资源利用——以某省某地区为例》(赵松林、郭艳)、《庐江淮军文化遗产研究》(王蔚林)、《江淮圩堡文化景观旅游开发研究——以肥西县四大圩堡为例》(车珠琳)等。

□出　版

□发　行

□印　刷

□出版教育

出版發行印刷

盧紅星

出　　版

安徽出版集团大厦

【概况】2014年，全省15家出版单位制定图书选题4686种、8859册；音像电子选题334种，使用书号5646个。对11家图书出版单位和3家电子出版单位进行年检，对99种少儿类图书、157种教辅类图书、30种疑似低俗和跟风炒作类图书进行检查，对安徽文艺出版社的《昆曲艺术大典》等12个项目年检，验收安徽美术出版社《潘玉良全集》等9个项目。开展获新闻出版行业专项资金资助项目的年度检查，涉及资助金额近1200万元。加强对农村留守儿童思想教育类选题的开发和指导。组织全省出版单位参加国家出版基金管理培训班和全国音像电子出版单位负责人培训班、出版物重大选题管理培训班和条码管理、传统媒体与新兴媒体融合发展培训班，组织出版单位做好图书、音像电子选题网上审批和书号额度、条码网上申领的培训。

【重大主题出版】出版十八大和十八届三中、四中全会主题出版物200余种，“中国梦”主题出版物100余种。其中，《社会主义价值观导论》等4种选题入选新闻出版广电总局“培育和践行社会主义核心价值观主题出版重点选题”，位居全国前列；《梦想的力量——中国梦青少年读本》入选庆祝新中国成立65周年重点出版物；《我的“中国梦”——青春励志故事》等3种出版物入选深入学习宣传贯彻党的十八大精神重点选题；《中国深蓝梦》首次全程记录“蛟龙号”从研制到海试全流程，成为中国海洋文学最优秀的科普读物和生动的爱国主义教育教材。

【国家新闻出版专项资金资助项目】全省有19种图书、音像、电子出版物增补入选国家“十二五”重点出版规划，110种增补入选省“十二五”出版规划，29个项目入选2010—2020年国家古籍整理重点出版规划，5个项目入选2013—2020年国家辞书出版规划。《中法建交始末》等8种出版物入选2014

2014年9月26日，安徽省新闻出版广电局与国家新闻出版广电总局广科院等签订合作协议

年度国家出版基金资助项目，资助总额超1000万元；《儒林外史》等45个项目获"经典中国国际出版工程"资助365.1万元，《清代四川南部县衙门档案》等4个项目获2014年度全国古籍整理出版专项经费资助310万元。安徽文艺出版社《梦焰》、安徽少年儿童出版社《少年与海》获中宣部"五个一工程"奖。安徽科学技术出版社《〈黄帝内经〉和〈本草纲目〉中的中老年养生秘方》等3种出版物入选首届向全国老年人推荐优秀出版物。

【报纸期刊】围绕省委和省政府的中心工作，加强舆论引导，唱响主旋律，引导各类报刊及所属新媒体多层次、多角度地开展党的十八届三中、四中全会精神和习近平总书记系列重要讲话精神以及社会主义核心价值观、中国梦等重大主题宣传。启动打击"假新闻、假记者、假报刊"专项行动，开展打击新闻敲诈专项行动，大力整治报刊重点领域虚假广告，清理整顿中央新闻单位驻地方机构工作。组织全省新闻采编人员岗位培训考试工作，全省193家新闻单位按照要求组织岗位培训56场次，培训13900多人，8000余位持有记者证的新闻采编人员参加考试。开展学术期刊认定及清理工作，《江淮论坛》等128家期刊为学术期刊获总局批复。组织8家期刊出版单位携百余种期刊参加第二届中国期刊交易博览会。全国政协副主席何厚铧视察安徽展区时，对期刊业注重媒体融合和拓展海外市场表示赞赏。组织全省少儿报刊社参加全国优秀少儿报刊推荐活动，《小学生导读》《娃娃乐园》入选全国优秀少儿报刊。组织安徽省期刊社参加"全国最美期刊"评选，《时代发现》入选"全国最美期刊"。组织报刊社参加新闻出版行业（报刊）领军人才评选，2人入选。

【知识产权管理】查处一批在全国有重大影响力的案件，其中1起案件获国家五部委挂牌督办、4起案件获国家版权局挂牌督办、3起案件入列国家版权局"剑网2014"专项行动公布案件、"999宝藏网侵犯著作权案"入列全国"剑网2014"专项行动十大典型案件。安徽省数字版权保护平台上线运行，突破了过去人工监管效率低和取证难的局限，有效提升了执法效能。确定全省64家主要网站按备案登记地分配至各市版权部门进行主动监管，有效提高网络版权监管针对性。

政府机关软件正版化工作全面完成，受到国家联合检查组高度评价。开展软件正版化的部署、培训、督查等系列工作，逐步建立企业单位基本信息数据库，完成150多家企业软件正版化整改工作。开通网络登记渠道，全省版权作品登记量近1300件，比上年增长1.6倍。全省出版单位共签订版权输出合同399项，增长39.5%，占全国各省（市、区）版权输出总量的15.3%，实现"七连冠"。版权输出地域由印尼、越南等华人集中地区向波兰、澳大利亚、英国、法国、美国、拉美等非华语国家拓展，其中输出到非华语国家和地区的项目数量所占比例达70%以上。

【出版市场管理】扎实开展出版市场"扫黄打非"集中行动和专项治理，强化出版市场监管，加强反非法和违禁出版物工作，查办督办大要案。开展封堵有害出版物、打击非法出版活动，组织开展"两节""两会"等重要节点期间的出版物市场集中检查行动、校园及周边出版物市场专项整治行动、整顿少儿读物市场专项行动、查处取缔无证经营出版物专项行动、治理教材教辅市场专项行动，以及"扫黄打非"清源行动、秋风行动、净网行动、剑网行动等，全省共出动出版物市场执法人员10万余人次，查办非法出版活动案件80余起，查缴非法和违禁出版物186312册（盘）。

集团第十届黄山书市上向黄山市图书馆以及黄山市部分中小学图书馆捐赠图书

发　行

9 月 15 日，安徽新华发行集团在合肥召开干部大会

【出版物发行管理】全年发行单位营业收入总额为 212.36 亿元。规范出版物批发单位行政审批，共受理并批准新设立出版物批发单位申请 20 件、出版物批发单位变更申请审批 39 件，审核检验出版物经营单位 4226 家。组织开展全民阅读活动，完成“看书、看报刊、看电影、看电视、看戏”活动中的“看书”任务，组织 220 多家出版物发行企业参加全省惠民阅读活动。安徽省再次被列入全国 12 个实体书店扶持奖励试点省，黄山孔乙己文化传播有限公司等 5 家实体书店获得中央补助文化产业专项资金 1100 万元，实体书店扶持数量再获突破。在省级文化强省资金中首次争取到实体书店扶持资金 200 万元。

【重要节展】统一组织省内出版单位参加 2014 年北京图书订货会，安徽展团共设展位 32 个，参展单位 19 家，7000 余种出版物参展。组织 25 家出版单位携 6000 余种精品图书参加第 24 届全国图书交易博览会，捐赠出版物 10 万余元。安徽省新闻出版广电局获第 24 届全国图书交易博览会优秀组织奖和优秀设计奖。

【重点企业发展】2014 年，安徽出版集团有限责任公司实现销售收入 234.85 亿元、利润总额 7.43 亿元，比上年分别增长 65.95%、14.30%；总资产市值 213.69 亿元，净资产市值 127.95 亿元；对外文化贸易总额在对外贸易 500 强企业中居第一位、在所有工商企业中居第一位。集团资本运作步伐加快，成为全国唯一有 2 家企业登陆公开资本市场的出版企业。版权输出 1074 项，连续 7 年居全国出版集团第一，连续 6 次获全国文化企业 30 强。业内首家文化生活类社交互动中文平台“时光流影（TIMEFACE）”上线，注册用户近 100 万人，日点击量 5 万多次，日上传图片数万张。自主研发的 POD 技术（自出版）“半秒一键成书”，填补按需出版和印刷产业空白，被评为出版发行业年度创新十强第一名。

安徽发行集团 2014 年实现营业收入 184.36 亿元、净利润 7.1 亿元、资产总额 144.1 亿元，分别是 2010 年的 2.85 倍、2.45 倍和 2.63 倍，总体经济规模已跃居全国同行

5 月 15 日至 19 日，安徽新华发行集团以“前言后记”全新的书店形象亮相第十届深圳文博会

第一。该集团第五次入选“全国文化企业30强”,连续10年进入“中国服务业500强”，核心企业——安徽新华传媒股份有限公司市值已突破260亿元，集团及其控股、参股企业的总市值超过300亿元。皖新传媒入选由世界媒体实验室(World Media Lab) 编制的2014年度《世界媒体500强》,荣获第三届“中国出版政府奖”“2014安徽企业100强”“2014中国上市公司百佳企业领军企业”“2014中国上市公司诚信示范标杆企业”“2014中国上市公司最具核心竞争力企业”“2014上市公司品牌管理金盾奖”。集团所属安徽省新龙图贸易进出口有限公司入选“国家文化出口重点企业”。

印 刷

【概况】2014年，全省印刷企业3036家（其中出版物印刷企业245家、包装印刷企业1430家、其他印刷企业1314家、专项企业35家、复制企业4家)，从业人员86064人。全省印刷工业总产值337.71亿元、资产总额393.16亿元、对外加工贸易额12.94亿元，比上年分别增长7.71%、9.42%、26.99%。

【印刷产业园区】安徽现有3个印刷产业园,印刷工业总产值之和占全省印刷工业产值总额的1/4。2005年批准挂牌的合肥庐阳产业园 (出版物印刷产业园) 印刷企业63家,印刷工业总产值为18.23亿元;2012年批准挂牌的阜阳省级印刷包装产业园印刷企业12家,印刷工业总产值为14.38亿元;2014年批准挂牌的桐城省级印刷包装产业园印刷企业370家,印刷工业总产值为51.27亿元。

【绿色印刷】印刷企业转型升级工作受总局表彰,省新闻出版广电局在2014年全国绿色印刷推进会上进行经验交流发言。合肥市华丰印务有限公司等11家企业被认证为国家绿色印刷企业,中小学教科书绿色印刷覆盖率达100%。争取文化强省专项资金100万元，支持6家2014年前获得绿色印刷认证的企业转型升级(绿色印刷) 技改补贴。推动安徽新华印刷股份有限公司“安徽新华绿色印刷产业改造升级项目”入选2014年度国家文化产业发展专项资金项目（环保印刷设备升级改造工程)，获资助3000万元。安徽金辉印务有限公司入选“2014年国家印刷复制示范企业”。2家印刷企业入选第十二届中国印刷企业100强，11家印刷企业入选“2013年安徽民营文化企业100强”名单。作为“全国印刷标准化研发试验基地”之一的安徽新华印刷股份有限公司，2014年主持和参与制定《精装书籍要求》《平装书籍要求》《印后加工一般要求》3项国家出版物印刷标准以及“纸品印制质量检验规范”系列和“绿色印刷”系列中的6项国家标准。

【印刷复制管理】组织有关专家进行教辅“印装质量和价格专项检查工作”，圆满完成了180种抽样教辅和30种买样教辅的印刷质量检测和价格检查任务。组织开展对2012—2014年出版的504种皖版图书印刷质量抽样工作。举办印刷委托书管理系统全国联网培训班，邀请有关专家来皖讲解,有效提升企业从业人员业务水平。按期推动跨省印刷委托备案系统,提高备案效率,动态掌握全省印刷委托书及进出省图书印刷品种和印刷总量的具体情况。

阜阳印刷包装产业园

出版教育

【安徽省新闻出版职业技术学院】该学院是中德两国政府合作创建的新闻出版印刷包装行业产学研一体化的职业教育培训基地，现有印刷包装系、新闻传播系、艺术设计系、经济管理系和基础部等5个教学机构、2个教学辅助机构。现有教职工200余人，其中在编教师150余人，在校生近4000人（含中职），开设印刷图文信息处理、印刷技术、包装技术与设计、新闻采编与制作专业（网络出版编辑方向）、传媒策划与管理、动漫设计与制作、财务管理、国际贸易实务（版权贸易）、广告媒体开发等17个满足新闻出版、艺术设计、印刷包装类产业链岗位（群）需求的专业，其中省级特色专业6个、省级试点改革专业4个、新闻出版广电总局骨干示范专业2个。2014年，教职工在国内核心期刊发表论文近百篇，在一般期刊发表论文超过500篇；主编各类专业教材122部，其中3部为省级“十一五”规划教材；获省部级教学成果奖6项，其中省级教学成果一、二等奖各1项，省级教学成果三等奖4项，全国高职高专印刷与包装教指委“十一五”教学成果一等奖1项、二等奖1项；国家级精品课程1门、省级精品课程3门、省级精品开放课程2门、省级示范实验实训中心建设项目2个；为行业企业解决技术难题50项。

学院坚持“内涵发展、特色立校，深入探索中国式的双元制人才培养机制和方法”的办学理念和“厚德力行、博学勤思”的校训，学习和借鉴德国“双元制”职业教育经验，逐步建立了以能力培养为中心的理论教学与实践教学并重的教学体系，已发展成为规模适度、特色鲜明、优势突出的教育培训基地。学院依托中德合作项目优势，先后选派教职工赴德国和新加坡等地进行长短期“双元制”职业教育培训和专业进修共72人次，同时分批次从德国相关院校和企业聘请教授、专家指导专业设置、课程建设和培训师资，培养了一批能够熟练运用“双元制”教学方法实施教学的师资队伍。在教学过程中，采取理论教学和实践教学相结合，工学融合、项目递进的教学方法，以学生技能实践能力培养为核心，积极推行学历证书和职业资格书认证制度，加强学生实践工作能力的培养，努力缩短毕业生的工作适应期。

学院从加强与行业协会联系入手，加强与新闻、传媒、设计、印刷、包装类企业事业单位的合作，广泛建立教学实习基地，聘请企事业单位技术人员担任实习教师，将课堂搬到实习基地，要求学生在参与企业生产的过程中，完成生产实习的教学任务。学院先后与省内外116家大中型企业签订了合作协议，建立一批人才培训中心和教学实训基地，不仅从根本上解决了学生实践教学问题，也为毕业生就业拓展了更为广阔空间。另外，学院还被国家新闻出版广电总局和省劳动和社会保障厅批准为“特有工种职业技能鉴定站”和“印刷工种职业技能鉴定所”。

安徽省新闻出版职业技术学院举办毕业生欢送晚会

新聞報業

方茂鸿题

□安徽日报报业集团

□宣传报道

□重大活动

□特色报纸与特色栏目

□新闻理论研究

□走 转 改

□媒体融合

安徽日报报业集团

【综述】2014年，安徽日报报业集团坚持党管媒体不动摇，全面贯彻党的十八届三中、四中全会精神，紧紧围绕省委省政府重大决策部署，在省委坚强领导下，按照“八个强”要求，深入创新开展主题宣传、典型报道和热点引导，积极扎实推进媒体融合，不断巩固壮大主阵地，有力统筹和引领网上网下两个舆论场。《安徽日报》坚守党报功能定位不变、服务大局和基层的宗旨不变，遵循新闻传播规律，大力改进创新，注重新闻策划，推进融合报道，把坚持正确舆论导向、围绕中心服务大局、唱响主旋律传递正能量，作为宣传报道的重中之重，围绕“全面深化改革”“建设美好安徽”“党的群众路线教育活动”“转型发展”“培育和践行社会主义核心价值观”等重大主题，推出策划100多个，多次获得中宣部《新闻阅评》《内部通信》和《人民日报》《中国新闻出版报》等专题阅评，以及省领导批示肯定和社会各界好评，省委宣传部《新闻阅评》《舆情信息》多次刊文表扬。报业集团所属《新安晚报》《安徽商报》《文摘周刊》《安徽日报农村版》《江淮时报》《安徽法制报》《徽商杂志》、中安在线等媒体，立足自身定位，发挥特色优势，推出丰富多彩系列策划，有力提升党报集团的传播力、引导力和影响力。

【创办新媒体】2014年7月1日，报业集团媒体融合步伐大大加快，成立新媒体集团；《安徽日报》和报业集团所属媒体纷纷推出法人微博、微信公共号、客户端等新媒体，新技术运用、新产品开发实现多点突破，扩大了新闻宣传主阵地，拓展了党报集团新闻传播的覆盖面，提升了舆论的引导力和影响力。

宣传报道

【概况】2014年，省内新闻宣传以安徽日报为龙头，各系列报刊和新媒体同频共振，主题鲜明，基调平稳，重点突出，策划到位，热点引导及时有力，舆论监督切实有效，媒体融合有力推进，形成了“宣传有高度，策划有深度，报道有角度，文风有活度，评论有力度，融合有黏度”的新态势，为外树安徽形象、内聚发展力量，打造三个强省、建设美好安徽，营造了良好舆论环境。

【主题宣传】结合改扩版，安徽日报等集团媒体遵循新闻传播规律，大力改进创新，把做强做透主题宣传作为报道的重中之重。

围绕省委省政府中心工作，主题策划系列化，报道厚重引导有力。安徽日报相继开设了一大批重点栏目，从年初的《深入开展党的群众路线教育实践活动》《转变作风听民声》《全面深化改革进行时》《培育和践行社会主义核心价值观》，到年中的《转型发展中的安徽》《新常态、新思路、新作为》，再到年底的《法治安徽新征程》《2014年终特稿》等，这些重点栏目交叉推出、连续不断，及时刊发了一大批重点报道、深度报道，如《全面深化改革进行时》推出报道70多篇，《转型发展中的安徽》推出报道90多篇，生动展示全省各地深入贯彻落实中央和省委省政府有关重要部署、重大政策的进展成效，大力宣传安徽省经济运行平稳、质量提升、结构趋优、活力增强的喜人态势。

除精心策划主打栏目外，安徽日报还策划了很多子栏目，以突出主题、深化宣传，形成舆论引领矩阵。如社会主义核心价值观的宣传，就策划《安徽行动》《江淮时评》《安徽好人》《百姓故事》《一线调查》等系列子栏目，这些栏目的报道体裁丰富、形式多样，营造了很强的舆论阵势和声势。

对特别重大主题，安徽日报等媒体还强力策划推出特别报道，进行厚重宣传。如安徽日报推出的《深化改革——安徽再出发》等8篇特别报道，每篇都在万字左右，对安徽各项改革的认知与剖析准确，对改革及其成效的总结和思考透彻深刻。省委常委、宣传部部长曹征海对此批示表扬：“安徽日报精心策划、重点推出‘深化改革——安徽再出发’系列报道，全面、系统、及时宣传安徽省委省政府推进新一轮改革的目的、任务和举措，凸显主流媒体的引导力和影响力。虽然篇幅较长，但以数字、故事说理，语言生动，收到较好的宣传效果。”再如，安徽日报7月1日起推出的“转型发展中的安徽”系列特别报道，内容丰富，采编精心，曹征海对其中的《一流文化品牌，彰显“安徽魅力”》做出批示：“本报道全景式展现安徽文化强省的进展和成效，具体生动，可读性强。”

安徽日报不断创新采取“1+x”报道方法，或以头版消息+后面版面重点稿件或整版稿件的形式，或以头版消息+评论、专访、综述等方式，及时全面做好省委省政府重大决策部署的解读。如每季度重要经济数据发布后，除了做好重要信息发布，安徽日报还通过配发、链接权威人士和专家专访，对数据进行详尽解读，帮助读者准确掌握信息、把握大势。

2014年，《安徽日报》还通过精心策划，重点推出了几组重要的系列评论员文章，及时宣传、解读中央和省委省政府重大方针、重大部署。如"贯彻'三严三实'系列谈""如何处理转型发展的辩证关系""上半年怎么看下半年怎么干"等。其中"贯彻'三严三实'系列谈"，得到中宣部《新闻阅评》肯定。根据每个阶段宣传特点和受众需求，《安徽日报》还有重点策划推出了众多解读专版，如11月20日的《详解事业单位人事制度改革》、12月1日的《四问涉企收费清单》等，均对重大改革政策进行了及时分析解读。

《安徽日报》先后注册法人微博、微信，微博粉丝量达到65万。微博开通之初，安徽日报就在重要版面开辟《一周微博热点回顾》专栏，把一周关注度比较高、讨论比较热的微博搬上报纸。随着微博影响力的不断扩大，《安徽日报》又在焦点新闻版开通《微博话吧》专栏，不定期精选刊登微博上的热点话题和粉丝的精彩评论，既扩大微博的影响力，也丰富报纸内容。2014年安徽日报改扩版后，专门开设《网事在线》专版，每周一期，对网络媒体热点内容进行深度解读报道，对社会热议的网络话题进行梳理和点评。同时，法人微博对安徽日报上的重大主题宣传和精彩内容进行重点推介，既开辟专栏刊登，又以链接的方式进行导读；而对读者关心的重大政策、重要新闻以及感兴趣的有趣话题，法人微博还用微博语言重新整理编辑，进行发布，对纸质内容做"二度开发"。在主题策划和重大主题报道上，传统媒体与新兴媒体加强联动互动，进行集中式全媒性深入报道，进一步提升了党报媒体的影响力。

【典型报道】《安徽日报》等集团媒体，大力拓宽典型报道覆盖面，既重视报道人物典型，也重视报道地区典型、单位典型；既重视报道好人好事中的典型，也重视报道经济发展和科技创新中的典型；既重视报道重要典型人物的先进事迹，也重视报道普通人物的感人故事，引起广泛反响。

聚焦人物典型，突出报道活度，以精彩故事引领社会风尚。2014年，安徽日报实现《安徽好人》《江淮之子》《百姓故事》栏目常态化，每周都有稿件见报，推出了一大批典型人物先进事迹。这些报道主要通过讲故事手法，通过大量细节，鲜活展现他们的事迹，着力在受众中营造典型人物"可敬可亲可学"的共鸣氛围，形成示范效应，引领社会风尚。

挖掘发展典型，突出创新做法，以独特经验给人借鉴启迪。围绕深化改革、转型发展，安徽日报等集团媒体强化地区和企业经济发展典型、科技创新典型的宣传。在《转型发展中的安徽》和《记者走江淮·一线调查》等栏目中，推出一系列在区域、在行业乃至在全国都有示范作用的先进典型。报道强调大视野与小角度结合，把"点"放到"面"上来写，把深刻主题用鲜活的案例来阐释，使报道在全省甚至更大范围内具有普遍的借鉴性和指导性。

深度总结工作典型，突出新举措新亮点，以激励新思路新发展。在群众路线教育活动、美好乡村建设、全国文明城市创建等重点工作中，安徽日报注重创新角度创新手法，深挖全省各地各部门涌现出的典型，从报道成效、成绩为主，转变为报道新思路、新举措、新亮点为主，展现全省经济社会发展的新常态、新作为，使工作典型的宣传报道有深度、有内涵，先进经验得到有效传播，先进方法得到有效借鉴。

安徽日报记者探访"东乡武术"

【新闻策划】《安徽日报》等集团媒体努力创新理念和形式，推出一大批有影响、有力度，思想深刻、可读性强的策划报道，深化了主题宣传。

紧扣重大主题抓策划，突破常规有声势有影响。围绕培育和践行社会主义核心价值观、群众路线教育实践活动、依法治国等重大主题，安徽日报在做好常规报道的同时，自主策划推出一批深度报道、调查报道。如对社会主义核心价值观宣传，大手笔策划，以系列专版形式推出"铸魂江淮——培育和践行社会主义核心价值观"各市篇大型报道，综合报道全省各地在培育和践行社会主义核心价值观中的思路、做法和成效，有声势有气势有影响。

《安徽日报》还自主策划推出一批系列评论员文章等时评报道。如围绕践行"三严三实"、反对"四风"、做好今年经济工作等，策划推出"培育和践行社会主义核心价值观""学习贯彻'三严三实'系列谈""整治'四风'服务群众系列谈"等系列评论。围绕"群众路线教育实践活动"，安徽日报策划"转作风听民声·一线调查"系列报道，推出《"走读"干部，人要在岗心要安》等既讲存在的问题也提出解决办法的报道，内容实在，群众欢迎。这些"自选动作"与"规定动作"相互配合，协同共进，很好地体现党报主题宣传的主动性、创新性。

围绕社会热点焦点抓策划，及时有力引导舆论。面对自媒体时代复杂的舆情变化，安徽日报坚守党报定位和宗旨，以中央和省委省政府的关注点和社会热点为策划重点，推出一批调研报道、深度报道，及时准确报道全省各地对重大决策部署的贯彻落实情况，以及生产生活工作中出现的问题和解决办法。如中央出台一号文件、国务院出台人事制度改革、安徽推出涉企收费清单制度等，《安徽日报》都及时策划，推出系列专版报道，进行深度解读。"秸秆禁烧"是2014年上下关注的热点，也是省政府着力推进的重点，安徽日报抓住季节及时策划推出《记者走江淮·一线调查》等系列调研报道200多篇，既报道各地做法和成效，探寻秸秆综合利用新路，又报道禁烧中存在的问题，时效强，有深度，有力地引领两个舆论场形成合力。

2014年，安徽日报等集团媒体在热点问题的引导和舆论监督的报道上，不断顺应形势和受众需求，增设相关专栏，加大了监督力度。在确保事实准确无误、把握导向的基础上，选择有一定代表性的事件和热点，主动及时介入，认真反复调查、核实，进行科学有效的舆论监督。如4月8日安徽日报头版头条刊发的《莫让"新概念农资"坑农》，点名报道省内几个县农村市场上一些不法商家打着新科技新技术幌子，将"伪劣农资"高价出售给农民的现象。报道引起省相关部门的高度重视。

针对网上网下舆论关注点兴奋点抓策划，有效打通两个舆论场，占领舆论引领高地。针对网上网下舆论关注点兴奋点，安徽日报等集团媒体根据网络舆情生成、扩散特点，发挥党报高公信力与深度报道优势，以及安徽日报法人博微、微信公众号、中安在线等网站的发布优势，积极开展策划：在网下，深度调查热点事件，力求做深、做实、做透；在网上，主动与网民互动，力求做准、做活、做特，并通过立体发布、及时跟进、持续关注，谋求网上网下"两个舆论场"的最大化重叠，有效占领舆论高地，守牢阵地。

针对易于引发舆论热点的事件，如"休宁中学搬迁风波"，安徽日报在进行深入实地调查基础上，在"记者求真"等栏目刊发《名校搬迁"救市"，还是"优化布局"？》等报道，同时利用微博微信和网站滚动发布记者调查动态和有关方面的反馈，用事实和真相及时予以回应，快速制止谣言，平息事件。针对群众关心关注的难点问题，安徽日报则用新媒体率先发声、报纸跟进，推动问题解决。如2014年6月，针对"歙县三潭枇杷卖难"，安徽日报率先通过法人微博发布消息，报纸及时跟进，成功促销积压枇杷，化解了群众燃眉之急。为此，黄山市和歙县相关部门还专门给报社致信感谢。

重大活动

【组建新媒体集团】 2014年7月1日安徽新媒体集团挂牌成立。新媒体集团是由省委宣传部主管、安徽日报报业集团出资并主办的国有大型文化企业，全部资产和业务整体划入中安在线网站。报业集团履行出资人职责，顺利完成了新媒体集团的名称核准、业务切割、资产划分、工商变更等工作。组建安徽新媒体集团是加快推动传统媒体与新兴媒体融合发展，做大做强安徽主流媒体的重要举措。

【《安徽日报》微信公众账号上线】 2014年6月20日，安徽日报微信公众账号正式上线。这是安徽日报积极推进媒体融合的重要举措。安徽日报微信公众账号坚持正确舆论导向，立足本土，紧跟热点，突出巩固壮大网上舆论阵地，注重服务性和趣味性，着力打造有品位、有深度、有特色的网络新闻平台。2014年策划推出了一批"铸魂江淮""身边诚信事·守信人""回首2014"等互动栏目和粉丝活动，品牌影响力稳步提升。

【安徽十大新闻评选】《安徽日报》品牌活动，因评选权威、公正，在社会上具有很高的知名度、公信力和

7月1日，安徽新媒体集团在合肥挂牌成立。省委常委、省委宣传部部长曹征海，副省长谢广祥为新媒体集团揭牌

影响力。活动从读者、网友和专家推荐条目，到广泛征求群众意见、推出候选条目，再到读者网友投票揭晓结果，显示了群众参与强、读者互动强、结果认同强的特点。2014年评选产生“习近平总书记在安徽代表团提出‘三严三实’”“省委法律顾问制度在全国率先建立”“土地承包经营权确权试点扩面”等10大新闻，基本上涵盖当年发生在安徽或对安徽产生重大影响的大事要事。

特色报纸与特色栏目

【《安徽日报》】1952年6月1日创刊，是中共安徽省委机关报，安徽省内最具引导力、影响力、公信力的权威主流媒体。刘云山同志考察安徽日报社时说：“《安徽日报》办报水平在全国处在第一方阵。”安徽日报坚持正确导向，积极主动宣传党的主张，有效引导社会热点，充分发挥党和人民群众沟通的桥梁和纽带作用。多年来，通过倡导新理念、新视角、新版式，形成了丰富多彩、大气浑厚、图文并重、富有冲击力的皖派风格。2014年再次改扩版，一举成功，新闻宣传多次受到省领导和中宣部、国家新闻出版广电总局的肯定表扬，中宣部《新闻阅评》《内部通信》和《中国新闻出版报》等报刊多次刊发专文，向全国同行介绍安徽日报创新理念、加强融合、提升新闻宣传水平的好做法好经验。

【《安徽日报》特色栏目】1.“江淮”系列栏目：包括《江淮观察》《江淮时评》《江淮之子》《江淮新风貌》等，围绕中央和省委省政府决策部署以及全省经济社会发展等方面政策形势、重大建设和突出成果、各类先进典型人物等，进行深度剖析、透视、评论和报道，旨在引导和统一人们的思想认识，为美好安徽建设聚集精气神。如“从‘一季报’看经济走势”系列及其“江淮观察”报道，“上半年怎么看、下半年怎么干”系列及其“江淮时评”，都是通过观察分析和评论，强化人们对经济发展现状、发展形势和深化改革调整的正确认识，提振人们对经济发展的信心。

2.“人物”系列栏目：包括《安徽好人》《百姓故事》等，报道全省各地涌现出来的助人为乐、诚实守信、孝老爱亲、敬业奉献等好人典型事迹，以及群众身边的乐于助人、爱岗敬业、敢于创业等普通人物的感人事迹，营造良好的社会风尚。如2014年8月9日的《李传代：工具装载节俭养德》，报道“安徽好人”淮北矿业集团职工李传代克勤克俭的优良品德；2014年7月

《安徽日报》采编人员在开展业务研讨

26日的《蒙城农民义捐造血干细胞》，报道蒙城县农民胡晓义坚持义务献血、为浙江6岁女孩无偿捐献造血干细胞的感人故事等。这些报道都通过鲜活的故事，展现了“安徽好人”和“好人安徽”的精神风貌，引领人们自觉践行社会主义核心价值观。

3.“一线调研”系列栏目：包括《一线调研》《记者走江淮》《怎么看怎么办》等，以记者深入一线调查调研或走访的形式，通过实地采访，取得第一手材料，生动地进行现场报道，体现全省各地各行业昂扬向上的精神风貌和勇于探索、勇于创新的时代精神；同时还针对经济社会发展的热点难点问题，进行深入调研分析。如“转作风 听民声·一线调查”等系列调查报道，剖析典型问题和典型现象，反映群众路线教育活动的成效和经验。

4.热点报道和舆论监督系列栏目：包括《热点透视》《记者出击》《基层来信》《记者求真》等栏目，围绕社会和大众关心关注的热点事件、话题以及群众反映的问题，或深入调查研究进行深度分析报道，回应社会关切。如4月8日的《莫让“新概念农资”坑农》等；或进行实地调查，及时进行舆论监督；或经过记者调查确认后，以来信形式反映当前基层群众面临的难题、问题和困惑；或进行监督和直接反映问题，督促问题得到有效的解决，如5月16日的《牛肉价格一路飙升，养牛大县为何难现“牛市”》等。

【《新安晚报》】由安徽日报报业集团主办的省级晚报，创刊于1993年1月1日，以“为老百姓办，给老百姓看”为办报宗旨，连续多年被评为“中国十大晚报”，并获“中国报业创新奖”“全国数字出版转型示范单位”等多项称号。

【《新安晚报》特色栏目】1.厅长零距离：品牌栏目。邀请省内各个厅局的主要负责同志接听热线，就卫生、医疗、税务、教育、劳动保障、工商等民生问题，和读者进行互动和交流，旨在在百姓和政府之间搭建沟通桥梁。2014年就“购房纳税”“全省空气质量按新标准监测发布”“经济困难家庭申请法律援助”等问题，邀请相关厅局领导为读者答疑解惑，社会反响较好。

2.街谈巷议：时评栏目。瞄准新闻热点，用百姓视角说事啦理、明辨是非，既注重引导舆论又同时传递新闻背后的道理和常识。2014年该栏目关注的“残联冬季送温暖，不送棉衣被褥，却发少女裙裤”“大妈暴走”等热点话题，引发读者热议。

3.新安利群阳光助学：大型社会公益活动栏目。通过报纸版面、微博微信、学校推荐等多种途径，寻找寒门学子，帮助品学兼优、生活贫困的高考生实现大学梦想。2014年帮助巢春燕等100名寒门学子圆了大学梦。

【《安徽商报》】由安徽日报报业集团主办的综合类都市报纸，2000年1月1日创刊，秉承“新闻快捷、思想敏锐、服务周到、人文关怀”的办报理念，立足合肥，面向民生，偏重都市泛财经，先后获得“中国最具成长性媒体”“全国都市报30强”“中国地标大报”等殊荣。

【《安徽商报》特色栏目】1.“培育践行社会主义核心价值观”系列：2014年，将《向善的力量》《身边的感动》《安徽好人》等栏目，整合形成《培育践行社会主义核心价值观》系列专栏，推出的《核心价值观助力企业发展》《“一米阳光”送来邻里温暖》等重磅报道，深度报道全省各地培育和践行社会主义核心价值观的好做法和好经验。

2. 粉特刊：2014年世界杯特刊。开设《特派记者探访报道》《作家球评》《微信神聊》《直播时刻》《激情桑巴》《我粉我评》等数十个栏目。从形式到内容，都致力于满足受众需求，并在细节中凸显最新鲜、最全面的特色，深受读者好评。

3.爱心面对面：公益栏目。2004年3月开办，2011年获“安徽新闻

“安徽十大新闻”专家推荐会

奖”名栏目奖。11 年来,栏目组深入社会基层,先后采访报道数百个农村和城镇贫困家庭。2014 年,栏目组还先后策划组织《救助水泡娃娃小乖》《单亲妈妈为救白血病女儿求助本报》等系列报道和公益活动。

【《文摘周刊》】1981 年创刊，是安徽日报社主办的第一张子报。文摘周刊以服务读者为宗旨，融思想性、知识性、实用性和可读性于一体,体现“博采众长,荟萃精华,倡导新风”的办报特色,受到全国广大读者厚爱，现跻身全国文摘报“三强”,连续多年被评选为“中国邮政发行畅销报刊”。

【《文摘周刊》特色栏目】1.警钟长鸣:深度报道反腐大案要案,传达中央反腐决心信心、敲响警钟。该栏目兼顾可读性和思想性,2014 年刊登很多有重大影响的反腐题材稿件,如《云南原省委书记白恩培落马》《起底刘铁男父子贪腐“朋友圈”》《徐才厚涉贿案移送审查起诉》等。

2.他山之石:经典栏目。联系国内热点问题,反观国外处理类似问题的做法，帮助读者开阔眼界、拓宽思路，在读者中形成良好口碑。如 2014 年先后刊登的《日本三管齐下“夺回蓝天”》《公车管理,多国都“下重手”》《英美“双拳”遏制官员亲缘贪腐》等,非常有借鉴价值。

【《安徽日报农村版》】2007 年 1 月创刊，是安徽日报社主办的面向“三农”的一份专业类报纸。重点提供各类“三农”相关政策信息、市场信息、技术信息以及法制、生活类信息服务,突出实用性、服务性、可读性,在全国“三农”报纸中享有较高知名度。

【《安徽日报农村版》特色栏目】1.

安徽商报开展“大家写安徽”活动

记者调查:围绕政府工作重点,选准读者普遍关心的热点、焦点问题展开调查，维护广大基层干群的权益,报道多次得到省领导和市县主要领导的重视与批示。2014 年推出的《濉溪两农民购买秸秆打捆机后的遭遇:干部出游掏腰包,奖补资金领不到》,不但推动问题解决,而且还获安徽新闻奖一等奖。

2.读者点题:以吸引读者参与办报、增强服务“三农”的针对性和贴近性为宗旨，做到有问必答、有求必应,在读者中有着较高的知名度和影响力。2014 年推出的重点报道《关注有机食品》《小蚂蚁菜园》等,及时回应广大读者的关切。

【《新闻世界杂志》】安徽日报报业集团主管、主办的传媒理论刊物，创刊于 1989 年。旨在传授新闻业务知识,探讨新闻理论,总结新闻实践经验,促进新闻改革。立足权威性、知识性、可读性,成为学界和业界交流的平台,多次被评为华东地区优秀期刊。

【《新闻世界杂志》特色栏目】1.媒体融合发展：面对融合发展大势，新闻世界特别开设《媒体融合发展》栏目,刊发相关理论研讨文章及实践报告，如 2014 年安徽新闻奖论文一等奖获奖作品《媒体融合：主流地位回归的重要路径》《“新型媒体”业态构想——微信公众号对传统媒体发展的影响分析》等,反映媒体融合发展趋势和实践水平。

2.调查研究:作为国内新闻院校“实证研究”的交流园地,在以定性研究为主流的新闻传播研究领域,倡导利用定量研究方法,以调查数据为依据,探讨和解决新闻传播领域的实际问题，如 2014 年刊发的《大学生新媒体素养调查研究》《灾难报道的英雄叙事——以〈人民日报〉为例对不同历史时期灾难话语的分析》等。

【《江淮时报》】1993 年创刊，安徽日报报业集团主办。作为服务省政协的机关报,为各级政协组织履行政治协商、民主监督、参政议政职能发挥了重要作用,对提高统一战线、多党合作和人民政协在各界群众中的普遍认知,引导各界群众有序参与民主政治建设,发挥着舆论宣传主阵地的作用。

【《江淮时报》特色栏目】1.社情民意:所刊内容既有委员关注民生的信息速递，也有委员基层走访心得，成为江淮时报体现政协特色、关注民情的重要载体和平台。2014年相继策划推出《民企职工评职称“雾里看花”？》《物联网：开启智慧农业的“金钥匙”》等一批有力度、有影响的深度报道。

2.文史天地：通过采访委员、皖籍名流等的回顾、追思、口述、考证等方式，展现人民政协事业的光辉历程。同时结合时事热点，及时配发史料回顾和历史名人等具有地域特色的独家稿件。史料价值是该栏目的重要特色。2014年刊发的《孙家鼐与〈嵩寮石景〉诗》《接收朝鲜难童的一段历史记忆》《民国的一桩糊涂股票案》等，在读者中产生良好影响。

【《安徽法制报》】1983年创刊，安徽日报报业集团主办。以“弘扬法治文明，支撑百姓尊严”为办报宗旨，用法治理念和视角诠释经济社会生活，是全省民主法制建设及政法、行政执法、社会管理综合治理工作的重要舆论阵地。先后获全国法制类样板报纸、华东地区优秀报纸、全国省级法制报业发展创新奖等称号，全国法制类十强报纸。

【《安徽法制报》特色栏目】1.和你说法：曾获全国法制好栏目奖，主要选取发生在本省乃至全国的重大法治事件和与人民群众密切相关的法治新闻报道，邀请法学专家和法律工作者，发掘新闻中的法律含量，给读者答疑解惑。2014年，该栏目相继推出《高考替考涉嫌多项犯罪》《冷冻胚胎不能成继承标的》等报道，收到较好的社会效果。

2.关注：瞄准各地发生的重大法治新闻或社会关注的深层次问题，积极寻找新闻的第二落点，专注挖掘新闻背后的法治价值、法律意义、借鉴作用。如2014年，针对重庆铜梁女大学生搭黑车遇害等不断发生的黑车犯罪现象，通过对省内法院系统近年来审理黑车犯罪案件的梳理，分析黑车犯罪的成因和社会危害，推出《“司法数据”寻根“黑车犯罪”》等报道。

【《徽商杂志》】2009年创刊，安徽日报报业集团主办，是一本以徽商为主要服务、报道对象的杂志。杂志以“传承徽商精神，服务安徽崛起大业”为办刊宗旨，紧盯商人群体，以安徽为立足点，通过覆盖全国的安徽商会将杂志发行和影响力向全国渗透。目前，期均发行量超过10万份，成为苹果手机应用系统中最受读者欢迎中文杂志的“TOP10”之一，已经成为名副其实的“全球徽商第一刊”。

【《徽商杂志》特色栏目】1.封面人物：该杂志的重要栏目，旨在通过对徽商人物的致富经验和创富智慧进行挖掘，探密其人生轨迹、创业生涯、成败得失以及人生观、财富观等。2014年，封面人物栏目对王文银、曹仁贤、吴福庆在内的十多位知名徽商进行了深入采访和报道，让读者看到了不一样的徽商。

2.主题策划：聚焦当月最重大的财经事件，通过故事案例、观点点评、独家解密，有层次有梯度地将新闻的核心事实一一展开。2014年，该栏目对包括移动互联时代的商业选择、扬子集团“重生”、皖企掘金新三板等进行深度报道。

【《亳州晚报》】中共亳州市委机关报，安徽日报报业集团主办。2011年8月划转安徽日报报业集团，以“坚持党性，走近百姓”为办报宗旨，坚持“党报性质，晚报风格”的办报理念。

【《亳州晚报》特色栏目】1.花戏楼：以亳州地标建筑——花戏楼为名，每周一期，聚焦本土原创文艺作品，刊载反映亳州风物风貌、风土人情、历史文化的各类体裁的文艺作品，如2014年刊发的《云起时》《诗联佐酒味更醇》《桃花依旧》等作品。

2.厚德亳州、好人好评：全称为“厚德亳州、好人好评——践行社会主义核心价值观在身边”，2014年4月开办，每月一期。在报道月度亳州好人事迹的同时，邀请社会各界人士对好人事迹进行点评，让“好人”的故事和精神在“老庄故里、道德之乡”弘扬、传承。

【《双语学习报》】2006年创刊，安徽日报报业集团主管主办。以《义务教育英语课程标准》教育教学理念为指导，侧重于学生英文阅读与表达能力培养和发展的报纸。内容贴近时代、贴近学生生活，突出时效性、注重趣味性和启迪性。

【《双语学习报》特色栏目】Beautiful mind美丽心灵：语言学习类栏目。主要刊登与学生家庭、成长、学习等相关的心灵故事。文章角度和话题新颖，内容真挚感人，语言优美，富有教育意义。

【《数码娱乐DVD导刊》】2005年创刊，系安徽日报报业集团主管主办，在全国30多个大中城市发行的DVD/蓝光资讯类月刊。每期以专业、实用和服务的理念，为读者推介100多部最新、最酷和最值得收藏的DVD/蓝光音像产品，内容涵盖电影、剧集、纪录片、音乐、动漫、游戏等各个领域。

【《数码娱乐DVD导刊》特色栏目】重装上阵：根据影视和DVD/蓝光市场上最新鲜的热点话题策划组稿，形式多样，关联丰富，趣味十足。深度挖掘电影幕后不为人知的轶事、趣事，拓展读者对影视、DVD/蓝光市场的认识，帮助读者总结分类，并有序地对DVD/蓝光进行详细介绍和版本比较。

新闻理论研究

【综述】2014年，面对新兴媒体快速成长，报业集团上下高度关注媒体融合与传统新闻业发展的关系，从理论层面探索传统新闻业和媒体融合的发展策略。报业集团新闻理论研究成果卓著，在国家级核心理论期刊和省级理论期刊发表有关论文近500篇，主要以以下两项成果为代表：

1.《加快媒体融合发展，壮大主流舆论阵地》，作者徐东平。该文2014年7月2日发表于安徽日报，以习近平总书记关于加快传统媒体和新媒体融合发展的重要讲话为指针，分析了互联网时代的媒体发展趋势，系统阐述了传统媒体要顺势转身、再造新平台、在融合发展中浴火重生的思路，提出了传统媒体与新媒体融合发展要学会借船出海、追求更权威、体现更专业、点滴灌溉深耕作、造就复合型人才等具体对策。论文选题重大，分析深入，阐述系统，观点鲜明，对策具体，富有前沿性、针对性和创新性。论文发表后，社会反响热烈，深得好评，《新华文摘》全文转载。

2.《更新理念，整合资源，融通发展——党报在传播格局大变革下如何有力有效引领舆情》，负责人王甄。该研究结合工作实际，通过分析新媒体环境下舆情引导与管理的有利和不利条件，探讨党报在传播格局大变革下如何有力有效引领舆情。文章认为，面对日益更新的传播环境和纷繁复杂的舆情生态，党报要遵循新闻传播规律和新兴媒体发展规律，强化互联网思维，做到"整合理念，明确思路把握要领""整合资源，突出优势补齐短板""整合手段，拓宽渠道再造平台"，从而实现在舆情引领中及时发声、权威发声、有力发声、有效发声。

走转改

安徽报业集团深入基层开展"走、转、改"活动

【综述】2014年，报业集团各媒体认真贯彻落实中央八项规定和省委省政府三十条规定，落实中宣部和省委宣传部关于贯彻党的十八大精神、切实改进文风的意见要求，不断深化拓展"走转改"活动。

《安徽日报》在2014年"新春走基层"活动中，深入创新"走转改"内涵，实现重大主题报道"软着陆"，要求记者务必带着思考"走"、责任"走"、带着真情"走"。各部门紧密结合实际策划选题，记者通过"采访+调研""观察+思考""文风+形式"等，将稿件采深写活、采实写新。记者编辑踊跃参与，结合新闻宣传报道，有思考、有探索地深入基层、深入一线，杜绝走马观花地"采"、浅尝辄止地"写"、浮躁浅显地"编"，采编和刊发一大批质量高、文风活的报道。2014年3月3日的《中国新闻出版报》在重要版面刊发报道《〈安徽日报〉：记者带着思考"走转改"》，介绍安徽日报"走基层"经验成果："用见微知著的'小'将主题报道阐释得入脑入心，将社会进步主流展现得感染人、鼓舞人、激励人，有力地提升党报主题宣传效果。"在媒体融合发展中，报业集团还将"走转改"与现代传播的联动互动融为一体，开辟专版专栏专业，拓宽载体，加强"报网""报博""报微"互动与联动，使集团的"走转改"活动更有特色、有深度。

在"走转改"活动中，安徽日报还大兴调研之风。依托"一线调研"系列调查类栏目，由总编辑带头，派出大批记者深入一线和基层，以事实为依据，深度反映党委政府和民众关心关注的问题。来自基层的报道明显增多，报道内容比过去更鲜活、更贴近。采编人员着力抓住社会关注点，用问题探路，带着思考调研，以数据说话，采写了“转型发展”“秸秆禁烧”“社区聚焦”等系列调研类报道近百篇，时效强，视角新，接地气，内容实，《中国新闻出版报》、省委宣传部《舆情信息》分别刊发文章，介绍安徽日报“秸秆禁烧”系列调研报道的成功经验，充分体现了党报深入推进“走转改”活动的积极成效。

媒体融合

【安徽新媒体集团】 2014年，报业集团媒体融合步伐大大加快，努力做到内容共享、平台共用、深度融合，由纸质媒体为主的传统报业集团正向现代传媒集团转型升级。安徽新媒体集团作为新形势下媒体融合发展的产物，主要任务是充分整合资源，拓展新的传播和文化业态，大力发展移动互联网应用、多媒体数据库开发利用、网络音视频、公共平台自媒体建设、区域垂直专业门户网站、电子商务、电子出版等新媒体、新技术业务。

【安徽日报法人微博】 2012年12月开通，目的是进一步加强传统媒体与新媒体深度融合，提升新闻宣传传播力、影响力，唱响网上主旋律，传递社会正能量。主要栏目有《微直播》《记者在现场》等实时直播栏目，《安徽好人》《皖韵》等宣传安徽主题栏目，《午间话吧》《聚议厅》《微话题》等互动栏目。目前法人微博“粉丝”量突破65万，被评为“全国十大党报官方微博”。

【安徽日报微信公众账号】 2014年6月20日上线，致力讲好安徽故事，展示安徽形象。开设《今日头条》《权威发布》《小安说事》《今日舆情》等一批固定的栏目，初步形成品牌特色和影响，日平均阅读量达6千多次。在安徽新媒体集团与新媒体排行榜联合发布的“安徽微信影响力排行榜 (非政务类)”榜单中，“安徽日报”微信公众账号连续两期榜上有名。

【中安在线】 安徽省唯一重点新闻门户网站，以新闻为主,及时提供权威、全面的安徽新闻。2014年，中安在线稳步发展，访问量、影响力不断进步，Alexa综合排名在全国地方重点新闻门户网站中位列第14位，较上年提高2位，百度网页收录量增幅为7%。

【新版安徽手机报】 安徽新媒体集团主办的省属重点新媒体，安徽省移动互联网新闻宣传和舆论引导的主阵地，是安徽“手机版”的党报，同时也是全省公共事务应急信息发布平台。至2014年底，总用户数达到540万，取得了用户数全国第二、收费订阅用户数全国第十五的好成绩。

【安徽网与新安晚报新媒体平台】 安徽网为安徽省地方重点新闻网站，基本构建了以微博、微信、APP为主干的移动传播矩阵，为新安晚报的进一步融合发展、提升报纸影响力和传播力起到了重要的作用，被评为“2011年中国十大新锐网站”。

【合肥网与安徽商报新媒体平台】 2011年1月1日，安徽商报旗下原好赞社区全新品牌升级，正式更名为合肥网，目前拥有多个网络品牌产品。2011年，安徽商报官方微博正式上线；官网微信于2014年完成认证，向读者发布即时信息，进行有效互动。

【报友网】 安徽日报农村版官方网站，2012年11月12日正式上线，以常规新闻网站的形式呈现。除推送安徽日报农村版新闻内容外，还开辟了读者评报、报纸订阅、信息服务等栏目，加强与读者互动交流，为农资专业合作社社员服务。

【徽商网与徽商新媒体平台】 徽商网由徽商杂志社于2009年10月创办，是一家为徽商服务、为商会服务、报道徽商资讯的专业化网站。目前，与徽商网站建立互连的网站超过50家，尤其是商会网站、安徽名企、徽商理事会企业都已经相互连接。徽商微信公众账号有“安徽报业影视文化有限公司”“徽商传媒”“徽商杂志”“徽商时尚”“徽商旅游”等，覆盖徽商企业家及高端人群。

【亳州晚报新媒体平台】 2007年，亳州晚报社开通中国亳州网（www.bozhou.cn），全力打造亳州门户网站，同年开通亳州晚报数字报版；2009年开通《亳州手机报》；2011年开通亳州晚报、中国亳州网官方微博，同年开通亳州晚报安卓、苹果版手机客户端；2012年开通亳州晚报社、中国亳州网、亳州摄影网官方微信，亳州晚报官方微信影响力排名一直处于安徽纸媒前列；在移动互联网背景下，报社基本建成亳州最有影响的新媒体矩阵群，成为宣传亳州的靓丽平台。中国亳州网被中国地市新闻联盟评为2014年度中国最具有价值品牌。

廣播電視電影

盧紅星

□广播影视业

□安徽广播电视台

□电　　影

□广电行业管理

□广电教育

广播影视业

【概况】截至2014年年底,全省共有省级广播电视台1座,市级广播电视台3座、广播电台13座、电视台13座,县级广播电视台61座。共开办公共广播节目105套,全年制作各类广播节目179638小时,总播出时间521869小时;共开办公共电视节目112套,全年制作各类电视节目76278小时,总播出时间610264小时。全省共有中波广播发射台和转播台23座、电视发射台和转播台136座、调频广播发射台和转播台291座、微波站100座,广播人口综合覆盖率98.55%、电视人口综合覆盖率98.72%。全省微波线路总长3858.1公里,省级干线网总长6809公里,市级干线网5691公里,县级及县级以下干线网38538公里。全省有线电视用户769.48万户,入户率35.89%。广播电视从业人员23071人,其中省级广播影视机构从业人员9417人。

【新闻宣传】全省各级主流新闻媒体紧紧围绕深入宣传党的十八届三中、四中全会和习近平总书记系列重要讲话精神,在重要版面和重点时段开辟《践行社会主义核心价值观》《少年中国梦》等专题专栏,集中开展《打造三个强省·优化投资环境》《三线三边在行动》等专题宣传,圆满完成全国和全省"两会""群众路线教育""三严三实"等宣传报道任务。全省各级广播电视媒体2014年在中央台发稿3705条,比上年增长4.1%,其中省台广播在中央台发稿连续4年居全国各省份第一位。先后邀请英国BBC摄制组、缅甸瑞丹伦集团摄制组、日本NHK摄制组和墨西哥电视十一台等多家境外媒体来皖采访拍摄。

【精品创作】坚持抓重点、带整体的精品战略,生产数量、质量不断提升。全年共制作生产电影14部、电视剧8部283集、广播剧3部7集、动画片20部12717分钟。电影《一八九四·甲午大海战》、电视剧《杨善洲》、纪录片《大黄山》、广播剧《爸爸的脊梁》获全国第十三届"五个一工程"奖,《邓小平登黄山》被国家新闻出版广电总局列入建国65周年重点国产影片;《大黄山》在"金熊猫"国际纪录片评选中获自然及环境类"亚洲制作奖",《淮河六章》获人文类"评委会特别奖";《母亲母亲》荣获第27届中国电视金鹰奖优秀电视剧大奖;《村支书金岚岚》被评为国家"十二五"中国百部农村电影工程作品、中国文学基金会中国文学艺术发展专项基金资助作品;《我的康乃馨》在第八届加拿大中国电影节上获"金枫杯"最佳儿童片奖;《太空熊猫总动员》被国家新闻出版广电总局推荐参评第67届戛纳国际电影节优秀动画片奖。

电影《邓小平登黄山》安徽首映式在安徽大剧院举行

【体制改革】完成省级新闻出版、广播影视机构和职责整合工作,推动"三定方案"出台和落实。深化行政审批改革,大力推进简政放权,承接、下放、取消一批行政审批项目;认真开展行政权力清理规范活动,向社会公布了行政权力清单和责任清单。深化落实省委、省政府《文化强省建设实施纲要》,联合省委宣传部制定《广播影视强省实施方案》,进一步明确广播影视强省建设当前和今后一个时期的目标任务、总体要求和主要措施。

【重点工程】提前3个月圆满完成国家下达的2014年9000个20户以下已通电自然村村村通广播电视建设任务。提前1个月完成18.65万场年度放映任务,全年累计放映农村公益电影19.6万场,完成任务的105.1%。建成全省农村公益电影监管平台,组建成立安徽公益电影传媒公司,全年新片放映比例达54%。加快推进地面数字电视建设,推动成立安徽广电无线传媒有限公司,顺利完成地面数字电视频道的筛选和试点工作。组织开展全省专题讲座,邀请参加国家标准制定的总局广科院专家授课,并与广科院共同完成《全省应急广播建设初步方案》。全省 62 个县(市)已建有 97 家县级城市数字影院，实现全覆盖，提前一年完成国家提出的建设目标任务。

【产业发展】在经济下行压力较大的情况下，全省广播电视总创收 71 亿元；全省城市数字影院建设快速增长，全年新增影院 68 家、银幕 349 块、座位 4.98 万个，票房总额达 8.2 亿元，比上年增长 60.16%，增幅位居全国前列。国家广播影视科技创新实验基地建设项目被列入省“861”项目投资计划和省委宣传部重点扶持的 11 家文化产业示范园区(基地)，已有 13 家国家重点广电企业登记注册、9 家大型广电企业签订入驻协议，2014 年完成投资 5.01 亿元，实现税收 1.13 亿元。

【监管工作】推进广播电视节目综合评价体系建设，严格落实网络剧、微电影等网络视听节目先审后播和备案管理制度，有效净化荧屏声频和网络环境。加大收听收看和评议工作力度，全年共印发《视听评议》简报 48 期，下发整改通知 12 份。统筹传统媒体与新兴媒体管理，集中开展了清查整治非法电台电视台(点)、清理违规广播电视广告、整治非法卫星地面接收设施等专项行动，全年共拆除收缴非法卫星地面接收设施 13725 套(件)，查处违规网站 30 家、违规频率频道 13 个、违规广告 60 起。与省委宣传部、省政法委等省直 9 个部门联合出台《关于进一步加强和改进广播电视社会管理的意见》，着力建立健全“责任明确、协作密切、监管有力、规范高效”的广播电视社会管理长效机制。建立健全安全播出检查常态机制，全省广播电视总停播时长同比下降 66.98%。

安徽广播电视台

【概况】安徽广播电视台成立于 2010 年 12 月，由原安徽人民广播电台、安徽电视台、安徽广播电视传输发射总台合并重组而成，是集广播、电视、报纸、网络、新媒体等多种业务为一体的省级广播电视综合传媒机构。现拥有 10 个电视频道、9 套广播频率、20 座传输发射台站、1 家报社以及网络广播电视台、移动电视、手机电视等新媒体，电视节目日播出时长 210 多小时，广播节目日播出时长 203 小时 30 分钟，传输发射总播出时间 180 多万小时。经过多年的建设，安徽广播电视台现已具备强大的内容生产、媒体运营、综合传播能力，尤其是近年来强力推进资源整合、品牌整合、实力整合，各项业务快速融合，新媒体、新业态蓬勃发展，品牌效应和社会影响日益扩大，整体实力显著提升，跨入了全国省级台先进行列。

2014 安徽卫视春晚

【频率、频道介绍】(见表一、表二)

3.主要频率、频道简介

卫视频道。安徽卫视覆盖人口超过 10 亿，是中国具有重要影响力的强势传媒，它依托强大的电视剧战略和杰出的节目研发生产能力，成为中国最有影响的电视剧和综艺节目制作播出平台之一，曾投资拍摄和播出如《甄嬛传》《三国演义》等多部热剧，并制作大批轰动全国的综艺节目，如《超级演说家》《超级先生》《我为歌狂》《男生女生向前冲》等，赢得亿万观众的青睐和好评。2014 年，安徽卫视锐意进取，积极改版，奉行“好剧行天下、综艺乐万家”的频道理念，以开放融合的姿态，更前瞻的思考和更宽广的视角，打造新型转播生态链和价值链，成为中国最具开放气质和融合精神的省级卫视平台。

经济生活频道。2001 年正式开播，十多年来，已经成为安徽地面频道领导品牌，频道品牌影响力和美誉度持续提升，并连续多年位居省级地面频道收视冠军。频道以《第一时间》《帮女郎 帮你忙》等民生新闻栏目为支柱，以“民生剧场”“年度经济人物评选”等民生活动为亮点，构筑了民生性、贴近性、本

1.安徽广播电视台广播频率 （表一）

台名	频率名称	开播时间
安徽广播电视台	安徽新闻综合广播频率	1952年6月1日开播,2003年9月由原安徽人民广播电台改版为新闻综合广播
	安徽经济广播频率	1994 年 1 月
	安徽音乐广播频率	1999 年 3 月
	安徽生活广播频率	2002 年 5 月
	安徽交通广播频率	2004 年 1 月
	安徽农村广播频率	2005 年 7 月
	安徽小说评书广播频率	2007 年 9 月
	安徽戏曲广播频率	2008 年 7 月
	安徽旅游广播频率	2009 年 3 月

2.安徽广播电视台电视频道 （表二）

台名	频道名称	开播时间
安徽广播电视台	新闻综合频道(安徽卫视)	1960 年 9 月 30 日开播 1997 年 10 月 6 日上星
	影视频道	1993 年 12 月
	经济生活频道	2001 年 7 月
	综艺频道	2001 年 7 月文体频道开播,2010 年 1 月 1 日改版为综艺频道
	公共频道	2002 年 7 月
	科教频道	2003 年 12 月
	家家购物数字付费频道	2004 年 11 月
	安徽移动电视频道	2005 年 5 月
	人物数字付费频道	2006 年 12 月
	国际频道	2009 年 3 月

土化的频道定位,成为“安徽第一民生频道”“爱生活 看经视”的频道宣传语已经深入观众心中。

公共频道。2007 年 3 月 1 日正式播出，全力打造新闻品质和专业特色，发展成为“安徽第一电视直播平台”“快频道”的新闻专业频道。注重打造品牌活动，打造“安徽年度新闻人物评选”“新安读书月”等多个名牌公益活动。2011 年被安徽省人民政府定为“安徽省应急电视频道”。

综艺频道。2010 年 1 月 1 日正式开播，是实行制播分离、推动体制机制创新的具体体现，也是完善全台频道整体架构、满足群众多元化文化需求的现实举措。现有《快乐无敌大 PK》《全民大精彩》《周末赛宝会》《娱乐直通车》《美食来了》等多档自办栏目，全天收视持续保持高速增长，省、市网排名均位居前列。举办的“春节联欢晚会”“江淮情”等大型活动已成为系列品牌活动。

新闻综合广播。是安徽省委、省政府和全省人民的重要舆论喉舌，是省内发布信息最权威、覆盖率最大、信号最清晰、影响力最大的电台，有“安徽广播第一台”之誉。2014 年，安徽新闻综合频率坚持“贴近实际、贴近群众、贴近生活”的原则，努力创新改版，积极打造品牌频率，频率获“全国最具综合实力省级广播频率（非交通类）”称号。外宣发稿连年保持全国省级电台第一。

交通广播。安徽广播电视台交通频率于 2004 年 1 月 1 日正式开播，同频同步覆盖安徽，是安徽地区广播第一品牌，影响力、收听率、广告创收均位居第一。2011 年 9 月被安徽省人民政府授予安徽省应急广播，成为全国首家省级政府应急广播，2012 年被国家人社部、国家广电总局授予“先进集体”荣誉称号。其新浪官方微博 2013、2014 连续两年荣获“安徽年度影响力媒体微博”、成为唯一获此殊荣的广播媒体。

音乐广播 。安徽广播电视台音乐频率于 1999 年 3 月 12 日正式开播，是安徽省唯一一家省级专业音乐频率，以其精准的市场定位和丰富时尚的内容吸引了大批忠实听众，在省内享有较高的知名度和美誉度。2014 年央视索福瑞市场调查数据显示，音乐频率在省内居家人群收听率稳居第一，移动人群收听率居第二，平均收听率和市场占有率均稳居第一，在省会合肥近 20 家电台中稳居前 2 位。

【重点栏目】 《安徽新闻联播》安徽卫视每天 18:30 播出，报道题材以时政、经济、主题、民生、监督和国内外资讯为主，具有内容权威、报道鲜活、时效性快、覆盖面广等特点。该节目先后多次被评为优秀栏目、十佳栏目、名栏目等，播音岗被全国妇联授予“巾帼文明岗”称号，并涌现

《男生女生向前冲》演播现场

出一批十佳新闻工作者、优秀新闻工作者、百优节目主持人、“四个一批”拔尖人才、“六个一批”拔尖人才等先进个人。

《超级新闻场》是安徽卫视新闻栏目，报道内容涵盖热点新闻、新闻评论、网络视频、网络图片及观众图片、新闻故事等，选题贴近生活，表述生动活泼，在国内卫视中率先使用多点触摸屏技术，深受观众欢迎。栏目先后荣获“中国广播影视大奖栏目类大奖”，“《综艺》年度上星频道30佳”等荣誉。

《新闻第一线》是公共频道一档以本土新闻为主的日播新闻栏目，以突发现场、最新资讯、深度调查构成基本新闻构架，以SNG直播为特色，通过记者直播连线的方式，同步报道正在发生的新闻，以及对当天重要事件的追踪。栏目稳居同时段所有频道收视前列。

《男生女生向前冲》是安徽卫视一档大型户外竞技类真人秀节目。2014年，作为安徽卫视自办节目的代表性品牌，《男生女生向前冲》第六季继续坚持全民健身榜样节目独有特色，节目在坚持全国独创男女分赛道设计以外，更从游戏关卡、景观呼应及运动理念上震撼升级。户外游戏赛道舞美搭建面积超过6200平方米，再创国内同类节目之最。

《超级演说家》是安徽卫视原创的一档语言竞技类真人秀节目，在电视荧屏“泛娱乐化”的背景下横空出世，以“寻找中国最会说话的人”为目标，以高水准的演说为节目核心，成为“限娱令”大潮下节目创新的榜样与典范。2014年第二季节目回归，在赛制、舞美、嘉宾、选手四个方面做到了全面提升，不仅延续了第一季的超高口碑，并且在各大省级卫视竞争激烈的周五晚间黄金时段收视表现强劲。

《超级先生》是全国首档好男人励志成长真人秀，采取明星观察团与选手平等对话的节目形态，和电商深度合作，以独有的“看电视、选先生、拿折扣”同步掀起热议讨论，在2014年度“TV地标”中国电视媒体综合实力大型调研榜单中，《超级先生》荣膺“年度上星频道最具创新影响力节目”十强称号。

《超级笑星》率先以“笑”为核心，打造全国首档原创喜剧综艺，拉开了2014喜剧元年的大幕，也是安徽卫视大力推动节目创新，倾力打造原创精品节目迈出的重要一步。2014年《超级笑星》升级篇以“打造中国笑点，推出中国笑星”为核心，在导师阵容、节目形式、选手类型等方面都实现了全面升级，并推出“中国梦从笑开始”这一全民互动口号，倡议大家“嘴角上扬15°”，用全民微笑展现一种更积极的生活方式。节目受到各界媒体和观众的广泛好评。

电视栏目《超级演说家》播出画面

《全省新闻联播》是安徽新闻综合频率龙头节目，是全省广播频率中历史最长、影响最大、地位最高的名牌节目。该节目承担宣传党委政府中心工作、引导社会舆论等重要宣传任务。2014年，栏目共开设50多个专栏专题，集中力量打好各个阶段的宣传战役。此外，精心策划选题，努力增强报道的指导性、思想性和深度。

《嘻哈二人行》是安徽音乐频率在下班晚高峰时段专门打造的一档娱乐音乐节目,节目收听率屡创新高，在同时段及同类型节目竞争中优势明显。2014年，《嘻哈二人行》在国家新闻出版广电总局“时代之声”全国广播业综合实力大型调研中荣获“全国最具特色省级广播栏目”。

《特别关注》是安徽省级广播中第一档大型民生新闻栏目，开播六年来，在收听率和市场占有率上均取得不俗成绩，多次获得安徽新闻奖、安徽广播新闻奖、安徽网络新闻奖以及各类行业新闻奖。2012年至2014年连续三年被中国广播电视协会评为“全国广播栏目民生影响力十强”，这是广播电视领域最高专业奖。

《畅通2014》是安徽交通频率一档晚间资讯伴随节目。“路况开道，资讯先行，服务车友，轻松伴随”，为广大车友提供吃住行游购娱方面的资讯服务。每天根据车友关心的时令热点话题，节目的侧重点会有所不同。2014全年市场调查的数据显示，《畅通2014》节目在晚高峰这个竞争异常激烈的时段，收听率突破10，市场占有率突破20，屡屡占领新的高点。

《农民服务台》节目是安徽农村频率的重点农业科技服务节目。节目邀请安徽省农委、安徽省农科院、安徽农业大学的专家作客直播室，紧扣农时农事，为农民群众提供农业种植、养殖方面的技术指导和科技普及。该节目被评为安徽省“十佳”广播栏目，先后多次获得安徽新闻奖、安徽广播奖等荣誉，主持人张玲曾获得安徽省“巾帼建功”先进个人荣誉称号。

【品牌活动】 国剧盛典是安徽卫视重磅打造的跨年品牌节目，是电视剧领域具有重要影响的活动之一，是省级卫视最有影响、最有收视竞争力的大型品牌活动之一。至2014年，《国剧盛典》已成功举办6届，旨在打造国内最全面、最专业、最具权威的电视剧评选活动。《2014国剧盛典》以“我们的时代”为主题，汇集众多国产电视剧优秀从业者和精品剧集，100多位电视剧精英欢聚一堂、共话经典。从2010年起，《国剧盛典》连续5年在同时段全国省级卫视多台晚会中脱颖而出，收视排名均挺进前三甲。

春节联欢晚会是安徽卫视每年向观众奉献的一场综艺性文艺晚会。在从2009年开始的中国电视艺术家协会、电视文艺委员会举办的全国春节文艺晚会及春节特别节目评选中连续获奖，其中2010年、2011年、2012、2013年连续四年获得“最佳作品奖”(最高奖)。2014年，安徽卫视春晚立足“不请明星大腕，不搞豪华阵容，节俭办晚会”，压缩时长，重视原创，晚会喜庆热闹而又简约精彩，不拼明星舞美、节目质量上乘、徽风皖韵气息浓郁，获得了广大观众的一致好评。

“安徽年度经济人物”评选活动是安徽广播电视台自2007年开始发起的年度大型公益品牌活动，截至今年已连续举办七届，活动以宏大的气度和宽广的视野，挖掘出平凡人物身上不平凡的品质，塑造了奋斗在江淮大地的精英群像，弘扬了安徽发展进步的高昂旋律，成为安徽最有影响、全国颇为知名的品牌活动。

“新安读书月”活动是由安徽广播电视台主办的大型年度性社会文化公益品牌活动，它以“读书”为核心，通过一系列各具特色、全民参与的主题活动，在全社会营造“多读书、读好书”的阅读氛围。作为国内首个由广播电视台主办的读书活动，“新安读书月”创办六年来，充分发挥主流媒体号召力、影响力、传播力的优势，在推动全民阅读、打造“书香安徽”这一文化品牌中起着独树一帜的作用。

“牵手·瑞风行动”是由安徽广播电视台、JAC江淮汽车联合主办、安徽新闻综合频率策划并承办的关注留守儿童暑期安全的系列公益活动。2014年，活动历时近一个月，走过了合肥、滁州、淮南等地，行程2600多公里，受到当地孩子们的热烈欢迎和热情响应，也得到地方政府的高度认可和大力支持。

“安徽省中华经典诵读”系列活动是安徽农村频率在全省范围与县区政府合作举办的系列活动，近年来先后走进肥东、颍上等地，将安徽广播电视台著名播音员主持人和省内文艺团体组织起来，诵读经典诗文、弘扬社会主义核心价值观，取得了明显实效。

“全省广播故事大赛”由安徽广播电视台联合安徽省文明办主办，安徽小说评书频率承办，大赛旨在贯彻落实党的十八大和十八届三、四中全会精神，培育和践行社会主义核心价值观，深化“践行核心价值 打造好人安徽”主题实践活动，并为扩大安徽小说评书频率的知名度和美誉度,在全省广大听众中产生了极高的关注度和广泛的影响力。

电 影

利辛县农村电影放映现场

【农村公益电影放映】组建省农村公益电影传媒股份公司，建成省农村公益电影放映监管平台，开展农村公益电影放映大调研，安排230万元专项资金为30个县（区）更新农村电影数字放映设备，丰富农村公益电影节目片源，组织农村电影放映队深入乡村，学校、社区进行放映，超额完成全年放映任务。

【城市数字影院建设】全省正常营运影院193家、银幕总数1131块、座位数164477个；全年新增影院68家、银幕349块、座位数49762个，平均每5天新增一家影院。城市影院电影票房8.2亿元，比上年增长60.16%，在全国排名第13位；放映场次达139.24万场、观众达2695.7万人次，比上年分别增长64.56%、54.23%，增幅居全国前列。

【电影专项资金管理】严格按照《国家电影事业发展专项资金管理办法》有关规定，规范电影事业专项资金管理，严格电影专资缴纳程序，全省共征缴国家电影专项资金约4133万元，连续4年被评为“国家电影专项资金管理工作一等奖”。对65家申请“先征后返”电影专项资金影院、2家申请数字放映设备补贴影院及13家申请放映国产片返还电影专资影院进行补贴，金额共2409万元。此外，继2013年首次对全省15家县城数字影院开展县级影院补贴后，又向21家符合条件的县级影院补贴1260万元。

【电影创作生产】全省备案立项影片57部，制作生产影片15部，均已初审后送总局电影局终审。电影《大山之恋》《大山的声音》等在央视黄金时段播出，《邓小平登黄山》《村支部金岚岚》进入城市院线发行。同时，积极跟踪重点电影《徽班进京》、黄梅戏电影《天仙配》的拍摄制作、生产等相关协调和落实工作。《徽班进京》进入演员遴选阶段，黄梅戏电影《天仙配》正在进行剧本创作合同审定，电影《新女驸马》《天仙配之天翻地覆》《胭花》《鼓娃》等影片正在积极制作、生产。

《村支部金岚岚》电影海报

广电行业管理

【播出机构管理】全面加强频道频率管理，切实巩固违规频道频率的整顿工作成果，组织开展“回头看”，关闭擅自开办的芜湖文化频道和滁州文产频道。组织县级台建设和发展情况问卷调查，开展全省移动电视摸底调查。

【节目传送管理】重点整顿有线电视网违规传送节目和发布游走字幕广告行为，关闭擅开频道12个，关停非法传送的高清频道4个，对11个市县网发布游走字幕广告进行查处。同时调查全省互联网电视业务，叫停4个市县台擅自提供的IPTV信号。

【广告播出管理】加大对违规广告查处力度，开展“广告集中监管月”活动，重点加强对游走字幕广告、贴片广告和覆盖广告等3类广告进行监管；加强对虚假违法医疗药品广告治理，突出对养生类节目变相发布广告的查处，推行养生类节目备案管理制度；联合商务部门开展购物广告集中整治活动。全年共查处各类违规广告60起。加强公益广告管理，督促引导各播出机构加大公益广告制作播出力度，全年共制作公益广告3435条，总时长2833分钟；播出1888751条次、1370084分钟；开设专栏295个。3个公益广告项目获得总局2013至2014年度广播电视公益广告专项资金扶持。联合省文明办等单位开展首届“讲文明树新风”公益广告大赛。省新闻出版广电局在全国广播电视公益广告管理工作会议上，作典型发言。

【非法设施治理建立】针对非法台新趋势，重点加强城市非法广播的监听和查处，首次安排专项资金为25市县配备了非法台监测设备，进行了2轮巡回监测和暗访，全年拆除收缴非法卫星地面接收设施13725套（件），查处违规网站30家、违规频率频道13个。

【行政权力清单制度建立】加大简政放权力度，权力精简幅度达60%，其中行政审批精简41%。编制权力行使责任清单，共梳理出680条责任事项和881条追责情形，绘制了权力运行流程图。全年窗口办理行政审批45件、公共服务事项608件，群众满意率和审批件提前办结率均为100%。

广电教育

【概况】安徽广播影视职业技术学院原隶属于安徽省广播电影电视局，于2013年划归安徽省教育厅主管，是全国最早举办广播影视类高等职业教育的院校之一，在安徽省高等职业院校人才培养工作评估中荣获“优秀”等级。学院现有在职教职工283人，其中专任教师187人（其中，硕士研究生以上学位67人、本科学历152人、高级职称40人、中级职称72人），“双师素质”教师110人；省级教学团队2个、省级教学名师1人、省级优秀教师3人、省级专业带头教师9人、省级教坛新秀2人。另外学院还与省电台、省电视台等单位签订协议，建立一批相对稳定的高学历、高职称、“双师素质”的专业外聘教师队伍80余人。

【教学工作】2014年，组织教师和学生参加各级各类比赛，10位老师代表安徽进入全国复赛，9名学生“在2014年安徽省高职院校职业技能大赛”中分别荣获国家级优秀奖，省二等奖、三等奖，在全国大学生数学建模大赛上获二等奖1项。加强省、院两级质量工程申报与建设工作，12个省级项目获准立项，新增院级精品课程1门、院级在线开放（MOOC）示范课程2门、院级教学名师2名、院级教坛新秀2名、院级教研项目10项。获教育部人文社科项目1项、安徽省自然科学1项、安徽省人文社科6项、合肥市社科规划项目1项。组织指导学生办理生源地助学贷款350人，申请贷款总额200余万元。超过30%的学生获得各类校级奖学金，提供200多个勤工助学工作岗位，为2名孤儿生减免学费1万元。新建校企合作实训就业基地，生产8集动画片《小鸡来了》《新华侃客》节目等作品。

【就业工作】举办2015届毕业生校园大型综合专场招聘会，完成创业孵化基地建设，组织开展就业创业指导课程教学比赛，毕业生就业率为94.66%，达成90%的预定目标。

安徽广播影视职业技术学院迎新年联欢会

網絡文化

方茂鴻題

□综　　述

□网络文明建设

□媒体融合

□网络信息安全

综　　述

安徽网信系统学习贯彻党的十八届五中全会精神报告会

【概况】截至2014年年底，安徽共有各类网站近10万个，网民超过3000万人，微博注册用户近4000万个，网页更新率在全国居前列，属于互联网较活跃地区。2006年8月成立互联网宣传管理办公室，设3个处、18个行政编制。2011年进一步完善机构，设立省互联网信息办公室，增设2个处，增加16个行政编制，现共有5个处室、34个行政编制。全省16个省辖市及105个县(市、区)均成立了网宣办。

省网宣办履行互联网内容管理职能，以围绕中心、服务大局为宗旨，以内聚力量、外树形象为目标，认真贯彻国家互联信息办公室和安徽省委省政府的部署，坚持“积极利用、科学发展、依法管理、确保安全”的总方针，践行“忠诚、担当、创新、廉洁、团结、奉献”的网信精神，积极传播网上正能量，着力提高网上舆论引导能力，加强网络新媒体建设、服务和管理，为全省改革发展稳定大局和美好安徽建设营造积极、正面、客观、友善的网上舆论环境。

【网络文化建设】中央和省委省政府高度重视网络文化建设和管理工作。省第九次党代会提出扎实推进社会主义核心价值体系建设，要“牢牢把握正确舆论导向，壮大主流舆论，整合宣传资源，加强网上思想文化建设，规范网上信息传播秩序，形成健康向上的舆论环境”。2007年省网宣办成立不久，即成立了由省委常委、宣传部部长为组长，省政府副省长为副组长，省公安、国安、经信、通信管理、文化、教育、广电、出版等近30个部门参加的省网络文化建设和管理工作领导小组。领导小组各成员单位认真贯彻中央和省委省政府的决策部署，相互协调，密切配合，坚持一手抓发展、一手抓管理，有力地推进了安徽网络文化建设。

【网上正面宣传引导】认真组织省内各级新闻网站、安徽发布等政务微博、安徽手机报等平台，深入宣传习近平总书记系列重要讲话和党的十八届三中、四中全会精神，认真做好中国梦和社会主义核心价值观等重大主题网上宣传，精心组织全面深化改革和美好安徽建设成就网上宣传。中安在线等新闻网站及时开设“学习贯彻‘三严三实’”“崛起安徽·全面深化改革进行时”“中国梦·我的梦”“安徽省贯彻中央八项规定制度建设”“节俭养德·全民节约行动”“安徽省千名文艺家下基层采风”等专题50多个。在省内重大主题宣传中，网络评论同步跟进，同步发声，先后组织5000多名网评员撰写网评和微评，着力推送转发“国平”等系列文

“网络名人探访长江经济带——皖‘约’徽风里”活动启动仪式

章。与此同时,积极支持安徽新媒体集团暨中安在线打造"宛新平"网上评论,主动发声,积极发声,唱响网上主旋律,弘扬社会正能量。

【网络监督管理】省互联网宣传管理办公室、省互联网信息办公室负责互联网信息内容管理,省经济和信息化委员会及省通信管理局负责互联网行业发展管理,省公安厅负责打击网络违法犯罪活动,省国家安全厅负责打击利用互联网从事危害国家安全的违法犯罪活动,省国家保密局负责加强互联网涉密信息检查监管,省文化、广电、新闻出版、教育、卫生等相关部门负责本部门的互联网信息内容前置审批事项。各部门提出相应的管理办法,落实按登记和备案机构所在地进行属地管理、分级管理的责任,加大对接入服务企业的日常监管力度,落实信息安全管理责任。形成统一协调、各司其职、相互配合、上下联动的综合管理体系。以构建规范有序、安全诚信、健康文明的网络环境为目标,集中开展整治互联网新闻信息服务违规行为。

一是切实加强基础管理。严把准入关口,对新开办或更名的新闻单位网站进行审核备案,取缔违规网站,对具有潜在影响力的商业网站论坛纳入许可管理。健全网站三项制度,督促网站健全基本工作制度、内容审核制度、信息安全制度,严把网站信息内容导向关、事实关、来源关。做好对网站的年检工作。开展新闻网站信息内容管理人员登记备案工作和省主要媒体微博客账号、微信号及新闻客户端的摸底调查。参与省编办开展的党政机关网站开办审核、资格复核及网站标识管理工作。

二是建立健全管理机制。加强网站内容管理和分类管理,出台《关于进一步加强新闻网站内容管理的通知》,明确要求各新闻网站规范新闻信息来源。落实《商业网站信息内容管理工作制度》,严格执行"非新闻类网站不得发布时政新闻的规定",推动商业网站落实信息内容管理责任,强化信息内容审核;加强属地网站内容监测监看,建立网站违规发布信息行为登记建档制度,设立监看工作台账,发现问题,及时处置。

三是扎实开展专项整治行动。按照中央要求,组织开展了整治网上政治类有害信息、网上恶性政治谣言、淫秽色情及低俗信息、涉暴恐有害信息、"净网 2014""剑网 2014"、打击网络侵权、清理整治网络视频有害信息等 10 余项专项行动,并配合有关部门开展了打击伪基站、打击互联网领域侵权假冒商品、整治非法广告等专项行动。全年共查处非法和违规网站 90 个,关闭非法网站 20 个。对各类网站、网站论坛、社区、博客、微博客的文字、图片、音视频进行全天候梳理排查,共排查清理各类有害信息 20000 余条。拓展社会公众监督和举报渠道。在省、市所有新闻单位网站和重点商业网站共 187 家网站公布了互联网违法和不良信息举报电话,安排专人负责汇总收集、报送办理网站、网民举报,及时查处各类违法违规行为。

网络文明建设

首届"安徽好网民"颁奖典礼

【概况】以创建"文明上网先进社区"为抓手,推动网络文明建设。对首批试点的 64 家单位进行评估总结和授牌,积极引导网站依法办网、文明办网,引导网民依法上网、文明上网。围绕中国梦和社会主义核心价值观主题,开展"全省优秀网络文化作品评比展示活动",组织各市网宣办、中央新闻网站驻皖频道、省属新闻网站,向广大网民征集优秀网络公益广告、优秀网络音乐、优秀网络文学作品(诗歌、散文、小说、故事)、优秀网络 CG 作品及网络摄影作品、优秀微视频(微电影、DV、Flash 短片)等五类作品,组织专家评审,并在网上进行集中展示,丰富网上积极进取、健康向上的文化作品,满足人民群众的网络文化需求,引导网站网民传播好声音、争做好网民。

媒体融合

【概况】 传统媒体和新兴媒体融合发展初见成效。认真落实中央加快传统媒体和新兴媒体融合发展的部署，安徽新媒体集团于2014年7月1日正式挂牌成立；按照“一省一报一平台”的基本思路，将省内原有的41家手机报整合成为新版《安徽手机报》；推进政务微博、微信建设和管理，全省16个省辖市及省直与民生密切相关的部门都开办了政务微博，“安徽微博发布厅”成员已达130余个。“安徽发布”在新浪、腾讯、人民网、新华网4家微博粉丝总数已突破280万，共发微博44000余条。“安徽发布”获得腾讯网颁发的“2014互联网政务影响力奖”第1名，“安徽微博发布厅”中9家成员单位在“2014华中首届政务高峰论坛”上，分获“影响力奖”“传播力奖”和“创新奖”。

安徽新媒体高峰论坛

网络信息安全

【概况】认真贯彻落实中央网络安全和信息化工作会议精神，根据中央部署，省委成立了由省委书记任组长、省长和省委副书记任副组长的网络安全和信息化领导小组，建立了领导小组成员单位联络员队伍和协调联系制度，全面加强全省网络安全和信息化工作。

认真落实中央网信办有关部署，开展为期3个月的全省网络信息安全大检查，特别是在全国及省“两会”、十八届四中全会召开等关键时间节点，部署开展全省新闻网站网络与信息安全专项检查，确保全省新闻网站安全有序运行；按照全国统一部署，开展“首届安徽网络安全宣传周”活动，指导中安在线等网站开办“网络安全宣传周”专题，开展“网络安全知识在线访谈”，举办网络安全大讲堂”，对省直有关部门、省属新闻网站、在肥主要商业网站、部分合肥市属网站的网络安全负责人及网络安全专员进行网络安全专题培训。

首届安徽网络安全宣传周“网络安全大讲堂”

文化產業

□综　　述

□安徽出版集团

□安徽新华发行集团

□安徽演艺集团

□安徽广电传媒产业集团

□安徽新媒体集团

综　述

【概况】2014年是文化强省建设“八个强”方案推进实施的第一年，按照《文化产业强实施方案》部署要求，全省大力实施创新引领、品牌提升、龙头带动、消费拉动、人才兴文“五大战略”，着力推进文化产业在转型升级中做大做强，文化产业整体实力、影响力和竞争力得到大幅提升。

2014年，全省有规模以上文化及相关产业法人单位1585个，全年主营业务收入1748亿元，分列全国第10位和第11位；文化产业增加值及占GDP比重分列全国第13位和第12位。据第三次全国经济普查结果，全省文化产业法人单位35100个，数量居全国第八位；文化产业法人单位增加值645.82亿元，占GDP比重3.39%，分列全国第11位和第12位，分别比普查前提升6位。

重大项目投资带动持续发力。列入省“861”行动计划文化产业重大项目424个，当年完成投资469亿元，比上年增长38.51%；全年签订重大合同项目137个，投资总额774.36亿元，协议引进资金762.52亿元，项目落地率达97.81%。

文化消费成为新的热点。成功举办以“五看”(看书、看报、看戏、看电影、看电视)为重点，由45项重点活动组成的首届安徽文化惠民消费季活动，以财政直补消费者、企业让利、文化公益活动等方式，吸引2304万人次参与，活动期间文化消费金额达90.43亿元。

文化出口保持平稳。全省文化产品和服务出口覆盖168个国家和地区，核心文化产品出口金额3.2亿美元；全年版权输出912项，连续7年位居北京书博会版权输出全国第一；24家文化出口企业获评2013—2014年度国家文化出口重点企业，入选企业数据全国第4位。

国有骨干文化企业实力继续增强。省属文化企业集团营业收入、利润总额分别达到307.27亿元和15.14亿元，比上年分别增长22.41%和5.44%。安徽出版集团、安徽新华发行集团总资产市值双超200亿元，再次双双入选全国文化企业30强。

民营文化企业快速发展。全省民营文化及相关产业法人单位数33311个，比上年增加8305个，增长33.21%。全省百强民营文化企业主营业务收入186.8亿元，利润总额23.4亿元，比上年分别增长11.7%和5.3%；其中4家文化专用设备生产企业分别增长为90.1%和193.1%，17家文化创意和设计服务企业分别增长61.2%和47.1%，4家文化信息传输服务企业分别增长24.3%和51.6%。主营业务收入超过10亿元的6家，1亿元以上的43家，分别增长100%和16.7%；利润总额超过1000万元的47家，增长6.8%。科大讯飞、芜湖文化创意产业孵化器、乐堂动漫、影星银幕等民营科技领军企业带头作用凸显。2014年科大讯飞首次入选全国文化企业30强，使安徽入选全国文化企业30强数增至3家，与北京、浙江、江苏并列全国第一。

文化产业重点园区建设取得新突破。蚌埠大禹文化产业园获批全国第五批文化产业示范园区，绩溪胡开文墨业有限公司、合肥安达电子有限责任公司获批第六批国家文化产业示范基地。合肥、芜湖国家级动漫、数字出版基地营业收入居全国第4位。新认定了合肥万达文化旅游城、宿州市钟馗文化园、蚌埠龙子湖文化产业园、阜阳印刷包装产业园、淮南文化设备用品和创意产业园、芜湖复兴之路爱国主义教育基地、中国（宣城）文房四宝产业园、铜陵天井小镇文化旅游区、池州市杏花村文化旅游区、安庆市五千年文博园、合肥国家广播影视科技创新实验基地等11个省级重点扶持文化产业示范园区(基地)，从资金、政策等方面予以支持。部分园区(基地)投资效益开始显现，2014年滁州中国文具产业示范区主营

首届安徽省文化惠民消费季宣城市活动在泾县中国宣纸文化园启动

合肥万达文化旅游城

业务收入 18.42 亿元，纳税总额 2793.54 万元，净资产 11.95 亿元，分别比上年增长 26.6%、26.52%和 40.59%。芜湖方特 3 个主题公园 2014 年累计营业收入 5.75 亿元，增长 14%；净利润 4803.77 万元，增长 398.25%；净资产 7.4 亿元，增长 52.07%。

融资创新取得新进展。安徽华印机电股份、金诺科技股份在"新三板"挂牌交易。举办首届民营文化企业银企对接会，合肥交通银行进行文化银行试点。

人才培训首次在境外办。文化产业纳入安徽省千人赴港培训计划，首次在香港经济管理学院开展为期 10 天的文化创意产业培训，43 位重点企业、重点园区和省市有关部门负责人参加培训。

【国家级文化产业示范区创建】蚌埠市参加第五届国家级文化产业示范区创建工作，通过不懈努力，创建取得成功，实现我省国家级文化产业示范园区"零"的突破(全国仅 2 个)。2 家企业成功申报国家级文化产业示范基地，全省总数达到 10 家。

【动漫产业】2014 年，全省共有 5 家动漫企业通过文化部、财政部、国税总局认定。至此，安徽被国家认定的动漫企业总数已达 33 家，位列中部地区第一、全国第七。全省动漫企业当年共制作发行动画片 13317 分钟，约占全国总产量的十分之一。

安徽樱艺缘文化传播有限公司、安徽同人文化传播有限公司动漫作品双双入选文化部"弘扬社会主义核心价值观动漫扶持计划"；合肥泰尚文化打造的《太空熊猫历险记》是安徽省第一部动画 3D 电影，2014 年入围世界民族电影节并随国家新闻出版广电总局参展戛纳电影节；合肥乐堂动漫信息技术有限公司着力开拓欧美市场，多款拥有自主知识产权的手机游戏软件，包括"雄霸三国""粉红糖果屋""海底大冒险"等热销海外。省文化厅等部门联合举办第三届安徽省动漫大赛，共收到参赛作品 515 件。经过专家初评、终评，共评出优秀动画作品奖 10 部、优秀漫画作品奖 3 部、优秀网络动漫作品奖 2 部、优秀动漫舞台剧奖 1 部，优秀动漫新人奖 2 名，优秀动漫教育机构奖 2 个。

安徽出版集团

【概况】2014 年，集团实现营业收入 143.65 亿元、利润总额 5.76 亿元，账面总资产 148.04 亿元，账面净资产 62.27 亿元。按 2014 年 12 月底股权价值计算，集团总资产市值 213.69 亿元，净资产市值 127.95 亿元。集团连续 6 次获全国文化企业 30 强，居中国服务业 500 强第 197 位。田海明获第十二届韬奋出版奖，为该奖项设立以来安徽省获奖第一人。

集团所属时代出版传媒股份公司实现销售收入 74.07 亿元、净利润 4 亿元，分别比上年增长 25.65%、11.11%。全年出版图书 10568 种，增长 8.9%；其中再版重印 6103 种，占 57.7%。

精品生产成果丰硕。图书《梦焰》《少年与海》和电影《甲午大海战》获得第十三届"五个一工程"奖，获奖数在全国出版集团排名第一，也是唯一获得出版奖和电影奖的出版集团；《中国天机》等 10 种出版物获第五届中华优秀出版物奖，位居全国出版集团第一，创历史最好成绩，软实力得到彰显。党和国家领导人刘云山、刘奇葆等在北京国际图书博览会上专程到集团展台视察，给予肯定表扬。《中法建交始末》被选为习近平主席出访法国送给奥朗德总统的礼品，这是出版集团精品生产成绩突出的又一重要标志。109 种图书入选国家、省重点出版和主题出版重点选题或规划，其中《百年黄梅戏》等 15 种入选国家"十二五"重点出版物规划增补项目；《〈西厢记〉全谱》等 3 种入选《2011—2020 年国家

8月31日，中共中央政治局常委刘云山视察2014北京国际图书博览会(BIBF) 安徽出版集团展位

古籍整理出版规划》。《戴震全书》等64种图书获安徽省社会科学文学艺术出版奖。近百种图书或项目获得政府资助，累计4774万元。《哈佛凌晨四点半》畅销百万册。3种图书入选国务院新闻办公室外宣重点招标项目，19种46册图书入选经典中国国际出版工程。

跨界融合成效明显。业内首家文化生活类社交互动中文平台“时光流影(TIMEFACE)”上线，被评为出版发行业年度创新十强第一名，该社负责人被评为年度“十大出版人物”之一，也是全国唯一一家受邀参加全国互联网大会的出版企业。《焦点访谈》对该项目作了专题报道。设立时代雅视影视投资公司，在拍5部、筹拍6部影视剧和纪录片。市场星报官方微信阅读数位列全省纸媒第一，入选全省传统出版数字化转型示范单位，在报纸出版单位中排名第一。拍摄制作20余部微电影和专题片，2部获省级奖项，3部送全国展映。

多元产业蓬勃发展。坚持把文化贸易特别是对外文化贸易作为集团跨越发展的突出优势和重要增长点，注重把生意做成产业，从产业链拓展到产业面。华文国际公司销售收入126亿元人民币，海关统计进出口总额14.83亿美元；公司在澳大利亚墨尔本、美国芝加哥的文化产品和装备展示营销中心建成启用。坚持把文化元素导入多元产业，推进文化创意和设计与产业经济融合，提升多元企业产品和服务的文化内涵与附加值。省医药公司销售收入26.34亿元、利润1500多万元。天鹅湖大酒店营业收入和利润总额逆势上扬，分别达9300多万元、1700多万元，比上年分别增长1.53%、19.06%。省中旅加强网络和实体店销售终端建设，实现营业收入2.5亿元。市场星报社注重以活动树品牌，以品牌促营销，实现利润831万元，超额170%完成年度目标。

资本运作成绩突出。集团所属安泰科技股份公司在新三板挂牌，集团成为全国少有的有2家企业登陆公开资本市场的出版企业之一。重组控股科大立安安全技术公司，集团所属成员单位增至30家，初步形成从弱电、建筑智能、消防安全到智慧城市及公共安全的完整产业链。时代出版传媒股份公司以流通市值和总市值82.50亿元，在境内外上市的出版发行和印刷公司中流通市值排名第8、书报刊上市公司流通市值排名第4、沪深上市书报刊公司总市值排名第八。时代出版股票入选恒生500强指数。主导安徽文化产业创业投资基

8月27日，第21届北京国际图书博览会开幕，7000余种皖版精品图书亮相

金在亳州设立规模为7500万元的子基金。

对外贸易成功晋级。集团所属华文国际经贸公司跃居中国对外贸易500强第283位，比上年提升86个位次；对外文化贸易额居外贸500强企业第一；全年销售收入126亿元人民币，海关统计进出口总额14.83亿美元，比上年增长26.37%，居全省外贸企业第一。集团及所属企业共13家6个项目入选“全国文化出口重点企业和项目”，入选企业和项目数量继续名列全国文化企业第一、全国新闻出版界第一，占安徽全省入选企业一半以上。全年版权输出1074项(含青少年“简转繁”648项)，输出到21个国家和地区，连续7年居全国出版集团第一。12种150册图书入选全国输出版、引进版优秀图书奖，入选总量连续6年居全国前列。

管理创新不断强化。坚持以党的建设统领经营发展和各个方面工作，通过改进作风来强化落实、促进发展。健全科学民主决策机制，规范议事和决策程序，严格执行“三重一大”报批制度，加强内部审计，精细管理深入推进。成立巡视工作领导组和8个工作组，巡视工作覆盖到集团暨时代出版公司各单位，经营风险得到有效防控。时代出版公司和省中旅顺利通过ISO9001认证，省中旅还获批为安徽省服务业标准化试点单位。省医药(集团)公司通过新版GSP现场认证，并以新的WMS系统上线为契机，整合业务流程，提高物流效率。

人才建设扎实推进。创新人才培养方式，推动全员素质提升、能力增强。“翼基金”第三批资助6个项目计100万元，3年累计投入200万元，资助11个项目，结项3个。华文国际公司通过公开选拔、竞争择优，跟踪培养中层后备人才团队。黄山书社实施一般图书“项目股权激励”和“众筹”试点，市场星报社大力推进事业部制。这项创新举措，激发了创造活力，对培养人才起到了引领和推动作用。举办新提任中层管理人员、财务人员、编辑、新员工、文书档案工作培训班，近700人次参加学习。集团现有中宣部“四个一批”人才4人、待批2人；省“六个一批”人才、拔尖人才、青年英才共有32人；现有全国劳模1人、省级劳模11人。

安徽新华发行集团

9月11—14日，第十届黄山书市在水秀山灵的黄山市举办

【概况】2014年，集团围绕打造中国最大的文化教育科技传媒集团战略目标，加速改革发展，各项经营指标继续保持较快增长，实现营业收入132.86亿元、利润7.16亿元、资产总额142.79亿元，全面完成既定的阶段性目标。根据2014年7月新闻出版广电总局发布的《新闻出版产业分析报告》，集团总体经济规模跃居全国同行第一，上市公司——皖新传媒居32家境内外上市的出版发行和印刷公司流通市值第4位，居6家境内外发行业上市公司第1位（以2013年12月31日收盘价进行统计）。集团第五次入围“全国文化企业30强”；连续10年进入“中国服务业500强”，位列第189名。皖新传媒先后荣获“中国出版政府奖”、2014中国上市公司最具核心竞争力企业、2014中国上市公司诚信示范标杆企业、2014中国上市公司百佳行业领军企业等称号。

【互联网平台型企业战略】集团提出要坚持以文化教育为核心，用金融工具驱动传统业务增长，从传统文化企业向互联网平台企业转型，成为人们终身学习教育的集成商和服务商。在此基础上，重点培育文化消费、教育服务、现代物流、综合商贸、文化地产五大产业集群。积极导入现代企业管理的理念、制度和方法，全方位、大力度地实施内部变革。在管理中引入战略地图、关键业绩指标(KPI)考核，组织实施ERP，推行平衡计分卡，以及标杆管理、项目管理，激发发展潜能，塑造“以业绩论英雄，凭德才坐位子”的绩效文化。完成了直属

8月26—28日，安徽新华发行集团启动"秋实行动"，在全省广泛开展"送书到校、分书到班"活动

公司业务整合和重组，成立文化消费总公司和教育服务总公司，调整、优化市县公司组织架构，将市县公司原有的文化消费业务和教育服务业务分离，贯通总部与市县公司两大业务板块，形成专业化、垂直化、一体化的业务运营体系，为集团的平台战略做好组织、流程、绩效等各方面的准备。

【教材发行服务标准提升】春秋两季教材抢运高峰，总部和专业公司员工分赴全省16个市子公司、63个县分公司开展"送书到校、分书到班"活动，将服务对象从全省1.6万所中小学校向15.5万个班级延伸，改变了全国60多年中小学教材发行的传统经营方式和服务方式。此举被评为"2014年度中国出版发行业十大创新"之举，得到了上级主管部门的充分肯定，被蒋建国(时任国家新闻出版广电总局党组书记)认为是"改革经营方式、改进服务方式"的典型，批示要求在全国宣传、推广经验。

【传统媒体与新兴媒体融合】制定了融合发展的"1221"战略规划，主要包括：建设1个新媒体技术研究院：中国科大——皖新传媒新媒体研究院；打造2大互联网服务平台：数字出版发行服务平台与教育云服务平台；完善2大服务支撑体系，即供应链金融服务体系、基于O2O的微信出版发行体系；做实一批新媒体特色内容品牌项目，如可视化数字教科书与国学教育内容品牌项目。新媒体研究院制作的国内首部大学可视化教科书《美丽化学》正式上线，荣获由美国国家科学基金会(NSF)和美国《大众科学》杂志(Popular Science)举办的VIZZIES国际科学可视化竞赛视频类专家奖(Experts'Choice)，这是来自中国大陆的参赛作品首次在该竞赛中获奖。与腾讯微信支付合作，共同打造以微信为载体，以新华书店实体业态为基础的O2O"智慧书城"，形成具有品牌和特色的线上线下相协同的销售平台，开启了基于微信的移动端数字消费、数字阅读、数字体验闭环式尝试。联合国际数字出版领域的优势团队——以色列CDI系统有限公司以及科研机构，共同开展面向移动互联网的数字版权管理核心技术的开发与集成工作，在此基础上打造中以数字教育基地，建立文化教育科技创新企业孵化器。

【文化物流业】利用现代物流仓储、配送、运输管理技术和物联网技术，对传统出版物物流业进行改造升级，积极跨行业发展第三方、第四方物流业务。成功中标中国外文局图书仓储物流招标项目，承接中国外文局所属新世界出版社等6家出版社的图书仓储与配送业务，在传统主业物流业务上首次实现了跨地域经营。2014年，集团现代物流业务实现第三方物流发货值350多亿元、出版物主业发货值50亿元，被世界500强企业联想、海尔评为"金牌供应商"。

【文化走出去战略实施】与中国外文局实施战略合作，筹建中国翻译产业园，培养文化"走出去"专门人才；联手收购法国凤凰书店，打造中国在海外的外宣窗口和交流平台，探索海外文化基地和文化宣传站点可持续盈利的新模式；依托互联网技术，建设以新加坡为基地、东南亚最大的中文图书电子商务平台，向日本、美国、欧洲、台湾等国家和地区拓展，打造文化"走出去"海上丝绸之路；选拔、组织安徽省优秀青少年科技爱好者，走进世界超一流的魏茨曼科学研究院，和以色列同龄人开展互动和竞赛，开创中以两国青少年正式交流的先河，搭建中以青少年科技文化交流新平台。

【服务城乡公共文化体系】建设"农民文化家园"和服务留守儿童的"布克乐园"，开展"留守儿童免费视频专座"、农民电脑上网"扫盲班"等公益活动，为农村基层文化服务体系建设探索新路。开办安徽首家24小时书店，举办新安读书月、省直机关读书月、黄山书市等大型公益文化活动，参加“首届安徽文化惠民消费季”，打造“前言后记”“读书会”“e窗工程”“藏书家协会”等自有文化品牌，努力营造“多读书、读好书”的良好氛围。举办全省青少年科技发明大赛激发青少年科技创新能力，开展“院士进校园”“名师名家进校园”活动，培养青少年社会主义核心价值观。

安徽演艺集团

“鼓乡情韵”送戏下乡小岗村专场文艺演出

【概况】 2014年，实现营业收入5750.69万元、资产总额3.37亿元、净资产1.34亿元，利润总额18.14万元。全年创排新剧（节）目103台，复排剧（节）目183台，演出2110场次。《小乔初嫁》《徽商传奇》获中宣部第十三届精神文明建设“五个一工程”优秀作品奖；《好人安徽大舞台》获第九届全国戏剧文化奖。话剧金狮奖优秀新剧目，话剧《板车女孩》入选2014年度国家艺术基金资助项目，徽剧《惊魂记》、电影《许海峰的枪》、泗州戏《摸花轿》、歌曲《马路天使》获省第十三届精神文明建设“五个一工程”优秀作品奖。6个项目获得国家艺术基金资助。

演艺“走出去”成效显著。赴泰国、俄罗斯、加拿大、美国、蒙古及宝岛台湾、澳门等7个国家和地区访问演出，省杂技团在美国8座城市商业巡演150多场次。引进西班牙、法国、澳大利亚以及台湾等国家和地区的艺术团来肥演出，丰富人民群众精神文化生活。

演艺“走上去”再创佳绩。成功举办“上海展演月”活动，黄梅戏《雷雨》《天仙配》、舞剧《徽班》、徽剧《惊魂记》、话剧《徽商传奇》、歌舞乐《风情安徽》等6台精品剧目在上海云峰剧院展演。黄梅戏《小乔初嫁》在广东、江苏、浙江、上海等省市巡演80余场，青春版《女驸马》在上海巡演22场，歌舞乐《风情安徽》在全国八省市巡演40场。杂技剧《时空之旅》在四川都江堰驻点演出232场次。

演艺“走下去”精彩纷呈。春节期间，整合省直及合肥市、滁州市的7家演艺院团，精心组织16台优秀剧(节)目在安徽大剧院、安徽艺术剧场惠民演出，到全省100家农民文化乐园慰问演出80余场。

积极创新人才培养引进机制。集团有3人获得国家级艺术奖项，4人被评为省拔尖人才，4人被评为省青年英才，1人被评为省科技创新领军人才。先后举办多场青年人才专场展演活动，为青年艺术人才搭建成长的平台，20多名优秀青年演员荣获省级以上艺术奖项。

《徽商传奇》剧照

安徽广电传媒产业集团

中共中央政治局委员、中央书记处书记、中宣部部长刘奇葆参观第十届中国(深圳)国际文化产业博览交易会安徽广电集团展区

【概况】2014 年，安徽广电传媒产业集团实现营业收入 30.13 亿元，比上年增长 14.09%；利润总额 2.35 亿元，增长 20.51%；资产总额达到 57.19 亿元，净资产 16.88 亿元。入选“中国服务业 500 强”“安徽企业 100 强”，同时获评“首届安徽文化惠民消费季活动组织工作先进单位”“2014 年安徽省广播影视科技创新奖组织奖”“第十届深圳文博会安徽参展活动优秀组织奖”“全省舆情信息工作先进单位”，集团团委获省直机关“五四红旗团委”、省直机关第七届运动会“优秀组织奖”等称号。

2014 年，安广网络公司所属子公司广行科技公司获评“国家级高新技术企业”，1 项专利技术被国际标准组织采用，“4K 超高清视频编码系统”获“2014 年全省广播影视科技创新特等奖”。金鹏广告公司获 “国家级高新技术企业”“中国广告行业最具竞争力公司”“省文化产业示范基地”“中国广告年度最佳整合传播机构大奖”、第 21 届中国国际广告节 “整合营销金奖”“第六届金鼎创意传播国际大奖”微传播类金奖、2014 中国广告长城奖整合营销金奖等奖项。家家购物公司获评“守合同重信用单位”。电影集团完成省级国有院线星空院线组建工作。

【网络运营】投资 5 亿元，基本建成集双向宽带、高清互动、信息服务为一体的全省“一张网”。组建并运营安徽无线传媒数字电视公司，采用有线、无线等方式，形成立体化网络覆盖体系。通过收购、整合、数字整转合作等形式，新增基本用户 101.3 万户，全省用户总数由 2009 年 150 万户发展到 412 万户，比上年增长 175%；新发展增值业务用户 33 万户，增长 201.6%。网络产品线日益丰富，完成全省自有营业厅智能终端演示体验，智慧 TV、e+智慧 TV 等 7 个产品套餐商用推广。合肥市 3 个县、阜阳市、亳州市及桐城市、涡阳县相继出台实施有线电视建设配套费政策；广行科技公司设立深圳研发中心，成立安徽广行领视通信科技有限公司，研发推出 4K 极清实时编码器、视频推流服务器、物联网智能家居、TVS 电视生活综合体、OTT 互联网电视、下一代智能终端、时事探针大数据分析系统等，并形成自主知识产权。

【广告经营】金鹏传媒公司与省广播电视台合作创新地面频道广告运营机制，并取得江西卫视、江苏城市频道等媒体安徽区域或行业广告总代理权，代理滁州、宣城等地市台；与苏州传视合资成立安徽银鹏影视传媒有限公司，研发内容

安广网络公司参加消协组织的“3·15”消费者权益日宣传活动

安徽广电集团与台湾东森、厦门国贸、龙邦国际兴业公司达成合作协议

制作生产与供应。依托聚力互动传播机构平台，走向全国市场，全年实现收入 2600 万元，比上年增长 56%。

【电视购物】家家购物频道实现省内全覆盖、省外重点市场覆盖推进提速。新增覆盖贵州、福建、甘肃、江西、新疆等地 4575.8 万户，累计有效覆盖 21 个省 220 个市 1 亿户，覆盖人口数达 3.5 亿。12 月份单月销量突破 1 亿元，比上年同期增长 32%。覆盖方式创新突破，与浙江华数集团合作成立杭州家淘购物公司，开创合资合作发展电视购物的“浙江模式”。家家猫网上商城和微信官方订购销售商品双双超过 1000 万元。

【院线建设】完成省级国有院线星空院线组建工作。强化 6 家自营影城管理，全年票房收入 3719 万元，净利润 296 万元，首次实现整体盈利。新建宿州大戏院影城即将投入运营。新安院线整合资源、创新思路，投资入股并发起成立安徽公益电影传媒股份有限公司，形成全省“一张网”。院线订片量超过 11 万场，再创历史新高。

【改革创新】与省广播电视台在广告、无线网络、电视购物、影视剧制作等领域形成合作经营新局面，安徽广电无线传媒公司组建并投入运营。网络整合扫尾工作加快推进，安庆市及望江、怀远县网络资产移交完成；省属企业网络整合启动，与马钢集团初步达成合作共识。转企改制稳步实施，网络事业身份职工规范方案编制进一步优化。以建立现代企业为重点，建立健全金鹏广告等 4 家公司法人治理结构，形成权力机构、决策机构、监督机构和经营管理者之间的制衡机制。

【对外合作】与台湾东森、厦门国贸、龙邦兴业 3 家上市公司合作，共同发展电子商务新型零售业，深度拓展台湾、大陆、东南亚及澳洲等国际市场等。电视剧《半为苍生半美人》版权输出到泰国、柬埔寨等国家。与中影、上影及韩国 KBS、SBS 等实力影视公司合作打造徽风皖韵影视精品。与歙县结对共建雄村古村落，深度开发歙县旅游文化资源。

【企业上市筹备】成立集团整体上市工作领导小组及上市办公室，选聘上市专业中介机构并全力开展尽职调查，拟定上市工作方案；积极协调省财政厅、省地税局解决上市障碍，与省广播电视台协商解决系列历史遗留问题，受到中宣部、国家广电总局和省委、省政府、省委宣传部充分肯定和大力支持。

安徽新媒体集团

【概况】经省委批准，安徽新媒体集团于 2014 年 7 月 1 日正式挂牌成立，是全国首家省级网络媒体集团。集团紧紧围绕媒体融合发展、网络舆论强、“互联网+” 等目标任务，在内容、渠道、平台、经营、管理等方面全面谋划，围绕内容建设、技术支撑、机制创新、项目带动、人才队伍等 5 个方面加快推动集团发展和媒体融合，重点建设安徽手机报、中安新闻客户端、网上安徽好人馆、第三方政务微信公众账号服务、网络舆情服务等一批覆盖面广、影响力强的产品和项目。

把握正确导向。新媒体集团拥有新闻网站、手机报、客户端、微博微信、专业网站、数字报、论坛等系列传播平台，各平台严格实行内容三审制，坚持导向第一的一致标准。着力打造网上《安徽好人馆》集成报道和大型网络本土评论栏目“宛新平”，产生广泛、良好社会影响。

强化科学发展。整合全省市县、行业 30 多个手机报进行，实现一省一报。与电信、移动、联通三大运营商建立全面战略合作关系，与腾讯、百度、奇虎 360 等网络技术公司就安徽省内政务微信、形象推广、网络安全建设等实行了全面对接。

推进改革创新。紧紧围绕主业发展、紧紧围绕网络用户、紧紧围绕人的转型，积极实践探索，着力推进一系列改革创新举措。树立一个目标，即"做大做强、三年上市"；完成两大任务，即新闻宣传和产业发展；健全三大制度，即劳动人事、工资分配和保险保障；抓好四大媒体，即中安在线、中安新闻客户端、安徽手机报和安徽发布微博微信；夯实五大增长点，即传统广告、技术产品、电子政务服务、电子商务和资本合作；处理好六大关系，即社会效益和经济效益、长远发展与眼前利益、新闻宣传与经济发展、正面宣传与舆论监督、集体与个人、股东与经营者等关系。

加强内部管理。转变用人机制，探索建立统一的人才管理体系，加大内容生产、技术研发、资本运作和经营管理人才的培养引进力度，优化人才结构，改进考核评价、采编管理以及收入分配制度，积极探索吸引人才、留住人才、用好人才的有效办法。创新采编流程，建立全天候、全流程、一体化的"中央厨房式"采编体系，通过采编、传播流程改造，实现不同媒介间的交融和媒体发布通道的灵活多样。

2014 年各市规模以上文化企业基本情况

单位：个、人、万元

地　区	代　码	法人单位数	从业人员期末人数	资产总计
合肥市	3401	131	36167	2302599
淮北市	3406	23	3638	145514
亳州市	3416	34	3395	76022
宿州市	3413	45	4346	296485
蚌埠市	3403	52	6589	343653
阜阳市	3412	148	17627	556619
淮南市	3404	11	875	44350
滁州市	3411	85	19152	626899
六安市	3415	61	15463	522601
马鞍山市	3405	27	5648	1504450
芜湖市	3402	50	5881	322594
宣城市	3418	67	10070	334291
铜陵市	3407	10	1029	59176
池州市	3417	31	3853	155354
安庆市	3408	80	8184	622790
黄山市	3410	25	5100	368442

2014 年全省上市文化企业主要财务状况

单位：万元

企业名称	证券代码	行业类别	资产总额	营业收入	利润总额
山鹰纸业	600567	文化用品的生产	1849975	773539	11522
皖新传媒	601801	新闻出版发行服务	720815	574468	70348
时代出版	600551	新闻出版发行服务	616564	536374	40213
黄山旅游	600054	文化休闲娱乐服务	343170	148991	30712
九华旅游	603199	文化休闲娱乐服务	91156	38579	8816
科大讯飞	002230	文化创意和设计服务	516990	177521	43375
永新股份	002014	文化产品生产的辅助生产	196605	166845	17911

2014年安徽省规模以上文化制造业企业主要经济指标

单位:个、人、万元

类别	代码	法人单位数	从业人员期末人数	资产总计	主营业务收入	主营业务税金及附加	营业利润	应缴增值税	工业总产值	工业销售产值	出口交货值
总计		880	147017	8281837	11696531	60442	750742	265467	12320666	11920058	1885197
一、按行业小类分组											
雕塑工艺品制造	2431	28	2488	118340	212941	1414	11319	2306	274485	256725	54000
金属工艺品制造	2432	11	1230	63682	93140	421	6705	930	97779	97453	1
漆器工艺品制造	2433	3	406	16347	30909	164	3004	195	33479	31169	3267
花画工艺品制造	2434	1	103	3601	5534	64	204	91	8606	8513	0
天然植物纤维编织工艺品制造	2435	81	14985	416411	924787	7373	40864	13158	973347	958022	777211
抽纱刺绣工艺品制造	2436	6	572	17803	29143	193	1356	487	29584	29408	1935
地毯、挂毯制造	2437	5	735	21574	72057	144	1897	910	75054	72195	0
珠宝首饰及有关物品制造	2438	3	388	17448	32535	280	1860	596	32821	30987	0
其他工艺美术品制造	2439	81	8805	317766	682789	3708	33552	16641	742214	692282	155497
园林、陈设艺术及其他陶瓷制品制造	3079	10	1494	38602	179963	1280	15497	739	180426	179717	163
书、报刊印刷	2311	24	5895	258963	343586	1212	17738	6882	374812	359874	0
本册印制	2312	13	1267	46165	91930	241	9441	811	99437	97717	0
包装装潢及其他印刷	2319	257	31621	1956414	3067744	14187	257408	71702	3265405	3153255	56875
装订及印刷相关服务	2320	4	414	13100	25831	21	3767	259	26197	26196	0
记录媒介复制	2330	1	54	5475	2650	21	330	4	2426	2650	0
文具制造	2411	14	2306	71460	208119	1863	9050	6477	210363	208474	43056
笔的制造	2412	21	2889	73450	173464	781	13022	5337	177124	174227	25461
墨水、墨汁制造	2414	0	0	0	0	0	0	0	0	0	0
中乐器制造	2421	0	0	0	0	0	0	0	0	0	0

2014年安徽省规模以上文化制造业企业主要经济指标(续1)

单位:个、人、万元

类别	代码	法人单位数	从业人员期末人数	资产总计	主营业务收入	主营业务税金及附加	营业利润	应缴增值税	工业总产值	工业销售产值	出口交货值
西乐器制造	2422	2	121	1621	9004	71	297	155	9127	9004	613
电子乐器制造	2423	0	0	0	0	0	0	0	0	0	0
其他乐器及零件制造	2429	0	0	0	0	0	0	0	0	0	0
玩具制造	2450	70	18965	292047	693655	3693	44478	18082	707953	691029	243042
露天游乐场所游乐设备制造	2461	1	131	2951	3585	19	19	4	2346	3585	0
游艺用品及室内游艺器材制造	2462	5	561	32506	86027	1382	6152	1471	90037	89878	0
其他娱乐用品制造	2469	4	330	15429	16925	163	796	152	17113	16925	1331
电视机制造	3951	9	11569	713913	1314933	2382	107853	28798	1363026	1310986	268884
音响设备制造	3952	11	2093	45668	81986	428	4167	2300	83510	81977	19053
影视录放设备制造	3953	2	254	12014	10045	77	825	641	10045	10090	0
焰火、鞭炮产品制造	2672	16	2020	62114	137490	4672	13464	4784	139255	139340	0
机制纸及纸板制造 *	2221	59	10870	2026950	1398241	3298	35701	39848	1484818	1428320	3941
手工纸制造	2222	12	2107	67161	77253	384	8797	2808	81523	78765	1213
油墨及类似产品制造	2642	10	483	31645	74425	336	3845	1578	76304	73624	430
颜料制造 *	2643	12	1898	98979	137569	565	11417	3689	147798	138230	1924
信息化学品制造 *	2664	8	859	72392	67439	329	5295	1513	68945	66652	0
照明灯具制造 *	3872	53	6891	327551	471081	3267	29280	9280	503432	490989	35664
其他电子设备制造 *	3990	13	5702	662277	357026	3163	40321	13467	349069	341225	30936
印刷专用设备制造	3542	17	2158	65442	152220	378	7941	4428	162890	161608	6278
广播电视节目制作及发射设备制造	3931	1	165	8608	9424	150	1493	0	9424	9424	0
广播电视接收设备及器材制造	3932	3	905	67858	164641	124	612	-654	164972	154677	623
应用电视设备及其他广播电视设备制造	3939	4	2178	145812	173385	1227	-1175	348	173180	172722	141179

2014年各市规模以上文化服务业法人单位主要经济指标

单位：个、人、万元

类别	代码	法人单位数	从业人员期末人数	资产总计	主营业务收入	主营业务税金及附加	营业利润	应缴增值税
合肥市	3401	142	24237	2122476	1145995	12879	119011	22170
淮北市	3406	11	541	17929	22653	151	2916	200
亳州市	3416	13	1151	30470	9946	313	505	156
宿州市	3413	12	789	15354	15742	115	1575	147
蚌埠市	3403	18	1456	264857	41735	1602	4668	1442
阜阳市	3412	4	313	36995	12269	612	348	77
淮南市	3404	15	703	11734	12309	195	672	547
滁州市	3411	9	446	24174	10603	177	1459	134
六安市	3415	6	824	64806	34463	200	296	364
马鞍山市	3405	26	1741	745007	228862	1683	15163	4164
芜湖市	3402	56	4806	400337	253051	3823	30458	3499
宣城市	3418	11	592	39458	9024	339	-525	67
铜陵市	3407	15	789	21335	22879	312	1164	664
池州市	3417	7	2949	494168	52540	2404	8905	239
安庆市	3408	23	2148	426224	55439	1422	8086	666
黄山市	3410	10	2151	843803	103770	2943	11191	189

2014年安徽省规模以上文化服务业主要经济指标

单位：个、人、万元

类别	代码	法人单位数	从业人员期末人数	资产总计	主营业务收入	主营业务税金及附加	营业利润	应缴增值税
总计		378	45636	5559127	2031278	29169	205893	34725
图书出版	8521	13	1148	713273	324468	806	27921	6220
报纸出版	8522	12	3336	240470	95776	2700	3560	1912
期刊出版	8523	1	26	407	490	1	1	6
广播	8610	1	88	744	773	177	0	53
电视	8620	3	547	9099	7263	80	-800	168
电影和影视节目制作	8630	5	611	44770	21955	159	-1349	517
电影放映	8650	29	1277	67164	38281	1098	2304	2156
文艺创作与表演	8710	14	1268	25511	5458	149	-3337	5
艺术表演场馆	8720	4	691	28039	7640	177	-1475	0
文物及非物质文化遗产保护	8740	2	517	99413	18603	659	-1697	0
群众文化活动	8770	1	40	3167	42321	104	771	235
其他文化艺术业	8790	2	140	2823	245	9	3	0
互联网信息服务	6420	15	3902	40810	114574	1202	-1984	1527
其他电信服务	6319	4	214	2571	4507	93	16	33
有线广播电视传输服务	6321	9	5186	524988	135929	1533	28508	344
无线广播电视传输服务	6322	2	42	6370	1438	4	639	23
广告业	7240	63	4023	197634	227094	2641	20802	3689
软件开发	6510	28	2214	270855	109244	1977	23365	3217
数字内容服务	6591	9	742	53397	29015	133	18846	905
工程勘察设计	7482	45	3840	770414	292005	3569	24661	5462
专业化设计服务	7491	34	5513	287768	251453	1535	30010	7443
公园管理	7851	8	2204	562409	71068	2923	2849	318
游览景区管理	7852	32	5711	1446530	169980	5698	27884	170
歌舞厅娱乐活动	8911	19	543	12528	8930	309	952	21
网吧活动	8913	1	55	4923	6924	12	-263	21
其他室内娱乐活动	8919	2	109	6192	3880	134	1535	1
游乐园	8920	2	420	94903	12055	900	568	0
其他娱乐业	8990	2	177	18051	2086	4	364	0
摄影扩印服务	7492	6	537	6736	13910	133	872	19

国家级文化产业示范基地(园区)

序　号	类　别	名　称
1	基地	合肥市安美艺术中心
2	基地	安庆市五千年工艺美术有限公司
3	基地	桐城市佛光铜质工艺品有限公司
4	基地	黄山市屯溪老街
5	基地	蚌埠光彩投资有限责任公司
6	基地	中国宣纸集团
7	基地	安庆帝雅艺术品有限公司
8	基地	安徽演艺集团有限责任公司
9	基地	合肥安达创展科技股份有限公司
10	基地	绩溪胡开文墨业有限公司
11	基地	合肥国家级文化和科技融合示范基地
12	园区	蚌埠大禹文化产业示范园区
13	园区	芜湖市文化创意产业园广告产业试点园

2014年省重点扶持文化产业示范园区

序　号	名　称
1	宿州市钟馗文化园
2	蚌埠龙子湖文化产业园
3	阜阳印刷包装产业园
4	淮南文化设备用品和创意产业园
5	芜湖复兴之路爱国主义教育基地
6	中国(宣城)文房四宝产业园
7	铜陵天井小镇文化旅游区
8	池州市杏花村文化旅游区
9	安庆市五千年文博园
10	合肥国家广播影视科技创新实验基地

省级文化产业示范基地

序号	名称
第一批(9家)	
1	安徽万盛文化艺术传播有限公司(江淮大戏院)
2	合肥市安美艺术中心
3	合肥市元一时代广场
4	灵璧县中国灵璧石(渔沟)国际交易中心
5	蚌埠市南山文化市场
6	马鞍山市洪滨丝画手工艺术品有限公司
7	安庆市五千年工艺美术有限公司
8	桐城市佛光铜质工艺品有限公司
9	黄山市屯溪老街
第二批(10家)	
1	安徽华教文化教育品有限公司
2	安徽阿里巴巴文化娱乐有限公司
3	蚌埠正东玉器有限责任公司
4	阜南柳编工艺品协会
5	安徽未来文化传播有限公司
6	芜湖方特欢乐世界经营管理有限公司
7	宁国恩龙世界木屋村
8	铜陵九鼎雕塑有限公司
9	安庆帝雅艺术品有限公司
10	黄山市古城歙砚有限公司
第三批(20家)	
1	裕丰物业投资有限公司
2	安徽阜阳开源剪纸艺术有限公司
3	卢氏刻花彩陶有限公司
4	淮南市天宝工艺品制造有限责任公司
5	淮南市乐森黑马乐器有限公司
6	霍山玉石公司
7	安徽华安达工艺品有限公司
8	巢湖市掇英轩文房用品厂
9	芜湖元木旅游投资有限公司
10	绩溪县上庄徽城建镇建设投资有限公司
11	安徽省泾县明星宣纸厂
12	安徽金太阳文化旅游发展有限公司
13	泾县三兔宣笔有限公司
14	安徽江南文化园置业有限公司
15	安徽省杏花村文化旅游发展有限公司
16	安徽中卡通动画制作有限公司
17	安徽省孔雀东南飞文化发展有限公司
18	黄山徽州竹艺轩雕刻有限公司
19	黄山市中权影视文化传播有限公司
20	黄山徽文化产业投资有限责任公司

省级文化产业示范基地(续1)

第四批(63家)	
序号	名 称
1	安徽万盛文化艺术传播有限公司
2	安徽演艺院线有限公司
3	临泉县宏扬杂技有限公司
4	安徽再芬黄梅文化艺术股份有限公司
5	芜湖新视听演艺中心
6	合肥汉源文化传播有限公司
7	利辛县文苑演艺传播有限责任公司
8	安徽相山之声文化艺术有限公司
9	石台县黄梅戏剧团有限责任公司
10	亳州市谯城区梆剧团
11	安徽明星大马戏团
12	蚌埠星宇文化创意产业(集团)有限公司
13	金鹊广告股份有限公司
14	马鞍山华彤网络科技有限公司
15	合肥安达电子有限责任公司
16	合肥智明星通软件科技有限公司
17	安徽同人文化传播有限公司
18	安徽卓诚文化传媒(集团)有限公司
19	安徽星视窗广告传媒有限公司
20	合肥金诺数码科技股份有限公司
21	安徽璎珞文化传媒有限公司
22	安徽新视野科教文化传播有限责任公司
23	铜陵百舟网络科技有限公司
24	安徽省金石雕塑有限公司
25	马鞍山百助网络科技有限公司
26	安徽凯尊文化集团
27	安徽省阳光半岛文化发展有限公司
28	黄山京黟旅游开发有限公司
29	黄山歙县牌坊群鲍家花园开发有限公司
30	安徽嘉恒集团股份公司花鼓灯嘉年华分公司
31	安徽丫山花海石林旅游有限公司
32	淮南焦岗湖影视城股份有限公司
33	齐云山旅游股份有限公司
34	安徽盛世天源国际养生文化发展有限公司
35	安徽易达旅游发展有限公司
36	亳州市文化旅游发展有限责任公司
37	宁国千秋畲族风情谷旅游开发有限公司
38	安徽省源泉徽文化民俗博物馆
39	涡阳老子文化旅游开发有限公司
40	安徽庆发柳编集团有限公司
41	灵璧县磬乡文化发展有限公司

省级文化产业示范基地(续2)

第四批(63家)	
序号	名 称
42	安徽省蓼源贸易有限责任公司
43	安徽新富泰发饰有限公司
44	安徽华宇工艺品集团有限公司
45	天长市双丰文化用品有限公司
46	安徽省皖通艺术品有限公司
47	安徽国翠玉雕有限公司
48	安徽明德竹木工艺制品有限公司
49	岳西县泉源盛工艺品有限公司
50	铜陵市青铜时代雕塑有限责任公司
51	黄山市徽派雕刻研究所
52	安徽青花坊瓷业股份有限公司
53	淮北市烈山区洪庄文化艺术有限公司
54	黄山徽文化产业园发展有限公司
55	安徽远锦文化艺术创意发展有限公司
56	淮南市东锦旅游文化用品有限公司
57	青阳县太平工艺美术扇厂
58	安徽省泾县宏大笔刷有限公司
59	安徽省绩溪胡开文墨业有限公司
60	安徽康佳电子有限公司
61	安徽图强文具股份有限公司
62	安徽省长兴工艺玩具集团有限责任公司
63	安徽影星银幕有限责任公司

2014年全省分地区文化及相关产业施工和建成投产项目情况

位:个、%

地 区	施工项目		全部建成投产项目	项目建成投产率
		#新开工		
合 计	1633	1194	1159	71.0
合 肥	471	432	401	85.1
淮 北	24	16	21	87.5
亳 州	13	7	6	46.2
宿 州	19	6	7	36.8
蚌 埠	37	21	22	59.5
阜 阳	61	42	33	54.1
淮 南	56	23	37	66.1
滁 州	118	76	75	63.6
六 安	13	6	9	69.2
马鞍山	172	140	127	73.8
芜 湖	211	161	141	66.8
宣 城	35	16	9	25.7
铜 陵	60	43	51	85
池 州	7	3	3	42.9

2014 年全省文化及相关产品进出口情况

单位:万美元、%

项 目	进出口额合计	出口额	进口额	贸易差额	增长		
					进出口	出口	进口
总 计	190250	181483	8767	172716	-11.3	-8.0	-48.6
新闻出版发行物	6875	3021	3854	-833	-1.6	-43.6	136.5
书报刊及其他印刷品	6192	2990	3202	-212	-3.3	-43.6	190.4
音像及电子出版物	683	31	652	-621	16.1	-49.6	23.7
工艺美术品	60514	60475	39	60436	-36.6	-36.5	-66.0
雕塑工艺品	22062	22054	8	22046	-55.9	-55.9	-47.3
金属工艺品	4152	4147	5	4142	12.9	12.9	185.1
花画工艺品	11158	11147	11	11136	-12.4	-12.5	273810.0
抽纱刺绣工艺品	766	758	8	750	-13.7	-14.1	77.0
地毯、挂毯	5155	5147	8	5139	-4.0	-2.5	-91.4
珠宝首饰及有关物品	1660	1660	0	1660	111.8	112.6	-97.1
纪念币	0	0	0	0	–	–	–
其他装饰品	2127	2127	0	2127	11.9	11.9	–
天然植物纤维编制工艺品	13435	13435	0	13435	-33.0	-33.0	–
文化用品	120797	117172	3625	113547	9.6	22.8	-75.5
文具用品	12848	12533	315	12218	3.1	2.7	22.6
文化用油墨颜料	641	466	175	291	-12.1	-12.6	-10.9
画布	32	32	0	32	-36.3	-36.3	
乐器	1490	1484	6	1478	-29.2	-29.4	116.8
玩具	16809	16803	6	16797	15.8	15.7	2828.3
游艺器材及娱乐用品	9277	8668	609	8059	18.5	16.9	45.5
文化用纸	728	703	25	678	-53.7	-54.0	-43.4
照相器材	368	272	96	176	102.0	55.6	1179.1
印刷胶印设备	2994	1938	1056	882	-55.5	-32.6	-72.6
摄影扩印设备	89	88	1	87	-58.4	-55.1	-93.0
文化用家电	69730	69441	289	69152	36.3	36.5	-2.6
复印设备	20	20	0	20	-61.8	-61.8	–
造纸设备	5769	4723	1046	3677	-54.1	64.4	-89.2
文化专用设备	2064	815	1249	-434	12.5	-37.7	137.5
广播电视设备	1822	573	1249	-676	2.9	-53.9	137.5
电影设备	19	19	0	19	-30.5	-30.5	–
电气设备	223	223	0	223	496.5	496.5	–

省级文化产业集群专业镇

序　号	市	专业镇名称	产　业
1	合 肥	庐阳区大杨镇	包装印刷
2	合 肥	瑶海区大兴镇	造纸加工
3	阜 阳	阜南县黄岗镇	柳编工艺
4	阜 阳	太和县马集乡	毛发制品
5	滁 州	天长市冶山镇	玩　具
6	滁 州	天长市郑集镇	雕刻工艺品
7	六 安	舒城县桃溪镇	童车童床
8	六 安	霍邱县临淮岗乡	柳编工艺
9	六 安	霍山县诸佛庵镇	竹制品
10	宣 城	泾县丁家桥镇	宣　纸
11	宣 城	泾县泾川镇	宣　纸
12	宣 城	泾县榔桥镇	木竹制品
13	宣 城	绩溪县上庄镇	雕刻徽墨
14	安 庆	桐城市新渡镇	包装印刷
15	黄 山	休宁县万安镇	工艺品
16	黄 山	黟县渔亭镇	旅游工艺品

文学

吴雪题

□文学创作

□文学理论

□文学活动

文学创作

12 月 26—27 日，安徽省文学艺术界联合会第六次代表大会召开

【**概况**】2014 年，安徽省的文学创作继续保持着良好发展态势，继续发扬安徽文学现实主义传统，佳作频现，亮点频闪，显示了充足的发展后劲。这一年在习近平北京文艺座谈会讲话精神指引下，省文联统一布置文艺家下基层活动，取得丰硕成果。

【**小说创作**】在小说创作上，2014 年一改以往少数作家单兵作战的状况，一批颇有实力的中青年作家频频在全国重点文学期刊集束式亮相。许春樵、何世华、曹多勇、钱玉贵、孙志保、杨小凡、陈家桥等一批作家中短篇作品刊发于《小说月报原创版》《上海文学》《中国作家》《钟山》《花城》等中文核心期刊，《小说选刊》《小说月报》《中篇小说选刊》《长江文艺好小说》等知名选刊选载潘小平的中篇小说《豌豆花开》、杨小凡的中篇小说《总裁班》、余同友的短篇小说《泰坦尼克号》《转世》等，《长篇小说选刊》转载了杨小凡长篇小说《楼市》，郭明辉、张子雨、洪放、陈斌先、程迎兵、邱晓鸣、朱斌峰、王建平、韩旭东、李为民、许侃、何世平、胡大平等在省级以上期刊发表了大量中短篇小说。

据统计，2014 年安徽省作家出版各类长篇小说 30 余部。从出版的作品看，取材丰富多样，既有历史题材，也有现实题材；表现手法既有老一辈作家传统的现实主义手法，也有年轻一代有着较强探索性的手法。安徽省文联、作协于 2013 年启动的长篇小说精品工程 10 部长篇于当年出版。

2014 年深秋时节，安徽省长篇小说精品创作工程作品研讨会在合肥召开，来自全省的 30 多名评论家、编辑对入选全省长篇小说精品创作工程的 10 部作品进行了研讨。省文联、省作协举办的全省首届长篇小说精品创作工程自 2012 年底启动，经过一年多时间层层发动，全省 150 余名作家提交选题，经评委严格评审，确定 30 部第一轮入围作品，又从 30 部作品中反复评选，确定 10 部入围作品，并于 2014 年 9 月由安徽文艺出版社出版。专家认为，这 10 部长篇小说具有浓重的安徽地域文化特色，题材丰富多元，内涵深微厚重，显示出安徽作家深厚的传统文化精神与审美气度，也体现出他们对历史与当下生活的深度思考，作品面世后，社会反响良好，对全省长篇小说原创是一个巨大的促进。

杨继光的《命脉》真实地艺术地再现共和国从上世纪 50 年代末到本世纪头 10 年的灌区水利建设历史。它是安徽小说史上首部反映水利题材的长篇小说。作品以龙潭灌区工程建设与发展为背景，通篇洋溢着一个水利人对共和国几十年水利建设的世纪忧思，小说弘扬了时代主旋律，具有强烈的正能量。

郭明辉创作的《东门破》是一部反映抗战时期内地市井生活的长篇小说。小说刻画内地百姓面对战乱的非常遭遇和人生选择。作品走入民国历史的风俗图景，又以民间生存场景为依托，塑造一系列性格特征鲜明、骨肉丰满的民间人物形象。

王国刚的长篇科幻小说《嫦娥之梦》是一部科幻佳作，作者以简练生动、充满想象力的文笔，带领人们踏上一段探索未来世界的神奇之旅，在给人们讲述精彩的冒险故事的同时，又融入了许多天文、科技、环保、地质等知识。

周恒的《喇叭》紧紧围绕喇叭这个主要情节线索来开展和演绎，讲述的是清朝末年主要是民国时期“周家班”爷孙四代艺人在淮北濉河两岸吹喇叭的故事。浓郁的淮北风情，融入器乐文化、音乐文化、政治文化等多种元素，为《喇叭》打造了特殊的文化韵味。

李国彬的《冬至》描绘社会转型时期商业大潮的冲击，其中，现代化进程的推进、潜规则的顽固、人性恶的膨胀、各种蜕变与挣扎、各种悲哀与欢乐、个人奋斗的艰苦卓绝和困厄中的迷失与沉沦，如潮汐汹涌，给人以极具震撼力的阅读体验。

苗秀侠的“非虚构”长篇小说《农民的眼睛》，是她又一部关注土地与乡村的长篇力作。小说以一位年近60的乡村医生农民（姓农名民）的眼睛，带领我们走进日益粗粝、但也不乏丝丝温情的皖北乡村生活的真实现场，触发人们对当下乡村文明正逐渐走向衰败现状的深层忧思。

钱玉贵的《尘世喧嚣》写的是当下物质时代的爱情故事，心却是古典韵味的。前半部是被世俗定义的现实故事，充斥着俗气、肤浅、浮华、暗斗、物欲等浊气；后半部是浪漫的爱情故事，飘逸着纯洁、美丽、富有、真诚、高尚等清新之气。

李平的《天下祁红》写的是历史人物、祁红创始人余干臣的人生历程，作者紧扣史实，张扬着艺术想象力，作品画面波澜壮阔，饱含着徽州传统文化内蕴和那个时代种种先进思想与行为，直面那个内忧外患频仍，社会矛盾激化尖锐时代的王朝更替。

胡进的《无言的结局》似是一部反映官场正邪斗争的反腐小说，又像是一部步步惊心的侦破小说，可又像时下很流行的官场小说。其实，它更是一部饱含岁月情怀、有关世态人心的精彩小说，它以传神之笔刻画了一位战斗在反腐第一线的纪检人半生成长的心路历程。

余同友的《光明行》回归传统的批判现实主义立场，以一个村庄（瓦庄）、一种文化（傩戏）、两个乡下人（刘灯红、刘也青）的个体性命运，集中展现了改革开放30多年来的时代变迁和人性嬗变，折射出市场经济洪流中当代中国人集体性的精神蜕变与道德沦丧。

杨小凡的中篇小说《总裁班》在《当代》发表后，即引起强烈反响，《小说选刊》《小说月报》《中篇小说选刊》《中华文学选刊》等多家选刊争相转载。

杨小凡还出版了中短篇小说集《药都往事》。该书以药都这个有着3000多年历史的独特地域为基点，着力塑造了100多个鲜活的人物，并让这些人物活跃于同一方水土，形成了一种集体性格，组接了一根文化的链条，呈现出题材的整体美感。作品带着人们穿越时间的隧道，走进小说人物内心的世界，从现实的关照出发，让人们来体验这些人物和文化的传承性。这些人物的身上都有动人而温婉的故事，积蓄着一股内在的力量。作家对笔下人物命运的关怀，对其精神价值的肯定，对个体生命力量的诠释，充满了真情和善意。

省文联举办广场演出，纪念《讲话》发表72周年

【散文创作】2014年安徽散文创作收获颇丰。第六届冰心散文奖在山东省济南市揭晓，安徽作家许辉、许泽夫、武稚榜上有名。冰心散文奖是与茅盾文学奖、鲁迅文学奖等齐名的我国文学界散文类最高奖项，是中国散文学会根据冰心先生遗愿于2000年创立的。在前五届评选中，先后有铁凝、贾平凹、迟子建、肖复兴等上百位作家获此殊荣。许辉现为安徽省作家协会主席，此次获奖作品是散文集《和自己的淮河单独在一起》。这部作品以淮河为主题，有着丰富的历史、文化和生活气息。许泽夫的获奖作品是散文诗集《牧人吟》，该书包含180多篇专门写牛的散文诗，作者把故乡动人的场景和生命的感悟织结成一幅幅“原风景”的水墨画。武稚的获奖作品是散文《江南古镇》，通过对时光的老、桥的老、檐角的老、窗格的老、小巷的老，以及树的老、人的老的详细描述，表达了镇里人中规中矩守着老过日子的悠闲心情，也表达了因游人增多而为古镇担忧的心情。第六届冰心散文奖设散文集奖、散文单篇作品奖、散文理论作品奖以及优秀散文奖等4个奖项，评奖征稿范围为2012年到2013年在中国大陆正式公开出版发表的散文单篇作品、散文集、散文理论作品。

苏北、沈天鸿、李平易、赵焰等

重点作家不时有新作面世，散文作家许俊文、老鱼、江飞、闫红、江少宾、钱红丽、苍耳、查一路、许冬林、李俊平等都有作品分别在《散文》《天涯》《随笔》《读书》等杂志重点推出。安徽的散文创作已经形成了一支较有实力的作家群体，有的已在全国具有一定的影响力。

【诗歌创作】安徽向来是诗歌大省，诗人群体庞大，民间诗社活跃，省文联杂志《诗歌月刊》成为重要诗歌刊物，也推动了安徽诗歌的创作。

沈天鸿、余怒、许敏、黄玲君、方文竹、吴少东、江耶、夭夭、徐红、陈忠村、王妃、阿成、杨立、杜绿绿、高峰、八零等一批安徽诗人诗歌及诗歌评论作品频频刊载于《诗刊》《星星诗刊》《山花》《人民日报》《安徽文学》等报刊。

【其他文学作品创作】亳州市拍摄的《大药商》在央视6套电影频道首映，影片通过讲述清末民初到新中国成立这段时期发生在亳州药商身上的往事，反映亳州药商的生活和命运，着力展现名医世家之子从行医到经商，再由药商到支持革命的人格嬗变，生动塑造了一代爱国名医药商的形象。

文艺理论

【古代文学研究】《出土简帛宗教神话文献研究》，刘信芳著，安徽大学出版社出版。该书主要从宗教学、历史文献学的角度，结合古文字、考古学研究方法，对简帛宗教神话文献做全面的整理与研究。包山楚简神明与《九歌》诸神的对应关系，对《日书》四方四维与五行原理的分析，以及在文本释读方面对帛书“五妖”“四残”“三时是行”的解说，对曾侯乙墓衣箱“斗土”二字的解说等，颇能显现本书的创新之处和学术价值。

《唐音浅尝集》，刘学锴著，安徽师范大学出版社出版。该书作者刘学锴先生为全国知名的李商隐研究专家，《唐音浅尝集》按李商隐诗歌艺术研究（如《李商隐的七律诗》）、李商隐诗歌主题研究（如《李商隐与宋玉——兼论中国文学史上的感伤主义传统》）、李商隐文献研究（如《李商隐诗集版本系统考略》）、李商隐研究的学术思考（如《古典文学研究中的李商隐现象》）四类，汇集了刘先生的有关学术论文。《唐音浅尝集》力求全方位展示刘学锴先生的李商隐研究格局，反映刘学锴先生对于李商隐研究的全面把握，为作家个案研究提供范式。《唐音浅尝集》主要面向从事中国古代文学教学与研究的高等学校教师与科研工作者，以及学习中国古代文学的青年学生和广大文学爱好者。

《楚辞与汉代文学论集》，潘啸龙著，安徽师范大学出版社出版。该书所收乃作者近30年来在《诗经》、“楚辞”和汉代文学研究方面的重要成果。其中包括对古代岁星纪年及屈原生年的研究，对屈原“沉江真相”的考察，提出了屈原之死非“殉国难”的充分证据，对“《离骚》结构研究”的评述，对“屈辞审美特色”及其成因的阐释，对《九歌》“人神恋爱”说的评论及宋玉所作《招魂》背景与礼俗的辨正，对《史记》人物描写的成就，两汉神怪小说的发展及“借历史为小说”的创作经验的总结。

《词学范畴研究论集》，杨柏岭著，安徽师范大学出版社出版。该书以词学范畴为主题，共收录论文20篇，从唐宋至清末，讨论了传统词学史上词体婉丽、词之善感、词之雅化、词的正变、词之比兴、词心、词品、词境、词史、俗与雅、清空雅正、词学门径、有厚入无间、厚而清、折中柔厚、沉郁、重拙大、境界20多个著名词学范畴的内涵、历史演变及词学建构价值。各个范畴研究相对独立，贯穿起来又构筑成一部相对完整的词学理论发展史。

《先唐文史考论》，刘运好著，安徽师范大学出版社出版。该书精选作者历年发表有关先唐文史考论性的学术论文22篇，分为《文化》《文学》《文献》三编，另唐代以后论文4篇，作为《附录》。《先唐文史考论》收录的论文，大部分发表在国内或海外具有重要影响的期刊，少数论文虽发表于普通期刊，但也是作者精心结撰并确有学术创新的研究论文。

【近现代文学研究】《文学的鉴赏与评论——方铭文集》(上下)，安徽大学出版社出版。本书是作者发表过的论文和其他文章的合编，重点有鲁迅研究、现在作家作品评论、现代散文和明清文学、语文教育等研究文章，其中古代诗文和现代诗文赏析、艺文鉴赏等文章，对广大读者学文写作和提高审美能力，均有裨益；而杂文，对读者也有启迪神智、增广见闻的作用。教育部门曾选用多篇文章作为大学和中学语文教学的教辅参考资料。

《抗拒不了的传统：以延安文学为中心的历史性阅读》，张器友著，群众出版社出版。本书是一部关于延安文学的研究文集。在20世纪世界文学话语系统中，延安文学以自觉的人民本位、中国作风和中国气派，创新五四文学成果，秉承中国文学精神。全书从20世纪中国文学和世界文学的背景上切入研究对象，注意到文本细读，更凝聚了对20世纪中外文学的总体性思考。

《为接收史辩护》，陈文忠著，安徽师范大学出版社出版。本书按论题分三编：第一编文艺学基本问题，对文学的生命本质、“文学的自觉时代”、文学理论的学科性质和人生意义等论题作了深入探讨；第二编接受史研究，着重探讨了经典作家接受史和唐诗经典接受史研究的理论方法，并对唐诗经典的接受史展开了多角度的个案研究；第三编20世纪中国美学，对20世纪中国美学“始于美育、终于美育”的学术传统以及美学家的美学动机和美学体系之间的关系等问题提出了独到见解。“为接受史辩护”是文集命意所在。为此，作者在“后记”中特别强调，作为学术方法的接受史包含相互关联、层层深入的三重含义：一是搜集材料的接受史方法；二是对待材料的接受史态度；三是研究问题的接受史意识。只有全面把握接受史的精神实质，才可能走出接受史的困境，取得接受史的实绩。

《新文化运动与安徽》，汪杨著，安徽大学出版社出版。在五四新文化运动中，安徽是“全国最活跃的地区之一”。《新文化运动与安徽》集中、系统探讨了这场全国性运动与安徽的关联。从分析近代安徽的社会文化结构人手，论述新文化运动思潮在安徽的传播、新文化运动在安徽的发展及其对安徽现代化转型的贡献；同时，《新文化运动与安徽》关注皖籍知识分子在新文化运动中所起作用，既包括在安徽本土的动员和参与，也包括在全国性运动中的指导和实践作用。

《老舍与中外文化综论》，谢昭新著，安徽师范大学出版社出版。本书从老舍与中国传统文化关系的考察中，探讨老舍文化心理及其文学创作中的传统文化尤其是儒家文化因素，通过老舍与中外文化关系的全面论述，显示老舍文化心理以及文学创作中的多种文化因素，从而验证老舍是现代中国追求民族化、现代化的文化型作家，彰显了老舍文化思想和文学创作的当代价值及其对中国社会主义文化建设的贡献。

《中国现代叙事文学的情感与叙述》，方维保著，安徽师范大学出版社出版。本书是作者多年从事中国现当代文学和文艺理论研究的一部分研究成果，文章写作的年代跨度比较大，不同时代所要求的学术规范也有差异，由新文化知识分子的情感姿态、现代左翼“革命文学”的情感伦理、新文学的叙述策略与文化立场、苏雪林的文学创作与学术研究四辑构成。

《俗雅文津》，徐德明著，安徽师范大学出版社出版。本书内容共三大部分：①作家作品论论文。作家徐德明论中关于老舍的研究，论述《骆驼祥子》《离婚》《断魂枪》等的论文，特色在总结老舍的叙述学价值，在学术界独创一格。论王安忆、李洱等作家作品的论文均发表于国家核心研究刊物《文学评论》。②当代文学思潮研究，以“乡下人进城”为标志性成就，为《新华文摘》所全文转载，是学界现当代文学研究近年来的重要成果，获得“王瑶学术奖”。③“扬州评话”研究的论文。除这三大板块以外，还有一些发表于重要学术报刊的文学研究文章。

【美学与文学理论】《港台现代新儒家美学思想研究》，宛小平、伏爱华著，安徽大学出版社出版。该书从美学角度，在哲学观、社会历史观、审美价值观大背景下，对港台现代新儒家主要代表人物牟宗三、徐复观、钱穆、唐君毅、方东美的美学思想进行了梳理和分析，回观特定时代中国传统审美精神与西方文化的碰撞和交融之境，展示该派独特的文化价值及大美学观，引发人们深层的美学思考和价值追问。

11月11—13日，省作协主席许辉带队赴皖东基层采风创作，并向当地农家书屋赠书，与当地文学爱好者进行文学交流

文学活动

【安徽省第二届小说对抗大奖赛颁奖大会在六安市举行】2014年5月6日，"古井贡酒·年份原浆"杯安徽省作家协会第二届小说对抗大奖赛颁奖大会在六安市隆重召开，来自全省各地的作家、评论家、教授、编辑、媒体记者和金、银、铜奖获奖者及各市宣传部、文联、作协负责人等近百人参加了颁奖大会。"古井贡酒·年份原浆"杯安徽省作家协会第二届小说对抗大奖赛从2013年5月启动，2014年3月揭晓金银铜大奖。大奖赛采用个人申报，各市评审推荐，层层评奖的方式进行，这种评奖方式参与面广，悬念不断，能够在很大程度上调动全省小说作家参赛的积极性。全省参与此次小说大奖赛的作家高达近600人。各市文联作协进行市级评奖后，加上部分文学社团的申报，报送省作协的参评作品共272部。此后，省作协分别邀请12位专家进行区域大奖和金银铜大奖的评审。经过严格评审，陆续评选出区域大奖获奖作品147部，继而评选出80部提名作品、50部提名作品、20部提名作品，并最终评选出本届小说大奖赛金奖作品1部、银奖作品2部、铜奖作品8部。安庆作家洪放以中篇小说《清明》摘得金奖，杨小凡、陈斌先摘得银奖，张子雨等8位作家摘得铜奖；安庆、亳州、六安、阜阳、蚌埠、宿州、池州、淮北等8市文联(作协)捧得本次小说大奖赛组织奖白金证书。这次大赛是继安徽省第一届小说对抗大奖赛之后又一次全省重大文学赛事，在安徽和国内文坛产生很大的反响。据了解，参加此次大奖赛的许多作品已被《解放军文艺》《十月》《长江文艺》等国内优秀文学期刊发表，可以说是安徽小说家的一次大集结、大练兵、大检阅。通过此次大赛不仅发现一批新人，而且推出一批原创力作，大赛组织者将对获奖作品结集出版。

【安徽省作家协会首届散文大奖赛颁奖大会在马鞍山举行】2014年4月9日，"风起中文杯"安徽省作家协会首届散文大奖赛颁奖大会在马鞍山市隆重召开，来自全省各地的作家、评论家和金、银、铜奖获奖者及各市宣传部、文联、作协负责人等近百人参加了颁奖大会。据安徽省作家协会主席、秘书长许辉介绍，"风起中文杯"安徽省作协首届散文大奖赛从2013年5月启动，2014年2月揭晓。大奖赛采用个人申报，各市评审推荐，层层评奖的方式进行。这种评奖方式参与面广泛，悬念不断，能够在很大程度上调动全省散文作家参赛的积极性。据不完全统计，全省参与此次散文大奖赛的作家高达800多人。各市文联作协进行市级评奖后，加上部分文学社团的申报，报送省作协的参评作品达302篇。此后，省作协分别邀请了12位专家进行区域大奖和金银铜大奖的评审。经过严格评审，陆续评选出区域大奖获奖作品151篇，继而评选出80篇提名作品、50篇提名作品、20篇提名作品，并最终评选出本届散文大奖赛金奖作品1篇、银奖作品3篇、铜奖作品7篇。安庆作家李俊平以长篇散文《武昌湖笔记》摘得金奖，侯四明、邢思洁、项丽敏摘得银奖，高健、穆志强等7位作家摘得铜奖；安庆、宿州、阜阳、黄山等10市文联(作协)捧得本次散文大奖赛组织奖白金证书。

安徽省作家协会首届散文大奖赛颁奖大会在马鞍山举行

安徽是散文创作大省，近年来涌现出一批优秀的散文作家，经常有作品刊发于《散文》《十月》《随笔》等重点期刊。这次大赛就是以赛事形式，激发全省散文作家的创造力。通过此次大赛不仅发现一批新人，而且推出了一批原创力作，安徽省作协将对获奖作品结集出版。

【方铭文集《文学的鉴赏与评论》研讨会在肥举行】2014年5月8日，由安徽省作家协会、安徽大学文学院联合主办的方铭文集《文学的鉴赏与评论》研讨会在安徽大学召开，来自省内的文艺评论家、作家、教授40余人参加了研讨会。方铭先生上世纪50年代毕业于复旦大学新闻系，之后即来安徽大学任教，为安徽大学教授、安徽新华学院人文艺术学院院长及中文系主任、合肥联合大学中文系主任、中国作家协会会员、中国现代文学研究会理事、安徽省现代文学研究会会长、安徽省散文学会副会长。方铭先生自1952年开始发表作品，长期以来，他孜孜不倦于文学鉴赏与评论工作，著有专著《鲁迅论文学艺术》《文学成才之路》《现代文学作品教学必读》《现代散文选析》《明清散文选析》《中国现代文学精品》丛书等，编辑《茅盾散文选集》《苏青小说集》等，发表论文《论桐城派》《论鲁迅小说的思想深度》《现代散文理论建设》等。专著《蒋光慈研究资料》获安徽省社科优秀成果奖、《金瓶梅资料汇录》获安徽省教委优秀成果奖。与会的专家、评论家认为，方铭先生在中国文学研究方面有很深的造诣，取得重要成果。上下册《文学的鉴赏与评论》共71万字，是方铭先生数十年辛勤耕耘成果的荟萃和体现。这次研讨会的召开，既是对此书文本的解读、研讨，也是对方铭先生数十年对中国文学研究的贡献和成就进行的一次集中评述和梳理。

【周本立新作《绿叶红椿》在肥研讨】2014年4月12日，周本立新作《绿叶红椿》诗歌朗诵研讨会在合肥皖能大厦举行。研讨会由安徽省作家协会、安徽文艺出版社、安徽省文学学会、安徽省炳烛诗书画联谊会联合举办，来自省内的50余名教授、诗人、作家、编辑出席了研讨会。《绿叶红椿》是周本立先生继出版《山水行吟》《丈量大地》之后的第三本诗集。周本立曾任安徽省发展计划委员会主任、党组书记，安徽省人大常委会副主任；现任安徽国际徽商交流协会会长、省诗词协会会长。与会专家对周本立诗歌新作给予了较高评价，认为该诗集彰显了诗人的忧患意识和理想诉求，诗风深沉激越，音韵之美贯穿始终。

【高正文文学创作35周年研讨会在合肥召开】2014年4月1日，安徽省作家协会主办的高正文文学创作35周年研讨会在肥召开，来自全省近80位作家、评论家、教授参加了研讨会。高正文现任宿州美伦文学馆馆长，系中国作家协会会员、安徽省作家协会四届主席团副主席、五届主席团顾问、安徽省散文家协会常务副主席、安徽省报告文学协会副会长。高正文以报告文学名世，已发表、出版报告文学作品500多万字，同时，诗歌、散文、长篇小说和影视创作也颇多收获。数十年来，高正文身残志坚，笔耕不辍。20世纪70年代末，就曾在《诗刊》《解放军文艺》《安徽文学》等文学杂志发表组诗《我回来了》《淮海的歌》《饮酒歌》《喝下吧，团长》等百余首。1980年在《钟山》发表电影文学剧本《琵琶行》。他有着强烈的社会责任感和使命感，克服常人难以想象的困难和艰辛，南奔北走，深入调查，挖掘素材，发现问题，认真思考，写出了一系列颇有影响的报告文学作品。其《部长家的枪声》1982年7月在《安徽文学》发表后，被《新华文摘》全文转载，之后有100多家报刊予以连载，法律出版社还出版了连环画，一时万人争说，在全国产生了强烈反响。与会者高度评价高正文35年来的创作成就。高正文的作品展现出饱满的政治激情、强烈的社会责任感、使命感，以及对人性、对社会的深刻理解。

【安徽作家台湾采风团赴台交流】2014年4月21—27日，由中华全国台湾同胞联谊会和台湾财团法人夏潮基金会共同举办的安徽作家采风团抵达台湾，开展为期7天的采风之旅。此次采风团由安徽省作家协会主席许辉为团长，团员11人。4月21日，安徽作家台湾采风团一行参访中台禅寺，感受这座融合艺术、文化、科学及弘法功能的禅寺建筑。安徽作家们对中台禅寺四天王殿、大雄宝殿将佛教与艺术巧妙融合而形成自然采光、通风的建筑设计频频称道。寺方得知此次参访团是大陆安徽省作家首次组团赴台采风，还特意邀请作家们前往不对公众开放的大庄严殿、大光明殿、禅堂、万佛殿、藏经阁、金顶参观。伴随寺方法师的导览，安徽

安徽作家台湾采风团赴台交流

作家们也对中台禅寺这一在两岸高度知名的佛教圣地有了更为直观、详细的了解。此次由台湾财团法人夏潮基金会和中华全国台湾同胞联谊会共同举办的“大陆作家台湾采风团” 自4月21—27日活动为期7天，行经南投、嘉义、台南、台北等地，并与台湾作家就安徽与台湾两地的文学发展状况、文学媒体现状、两地文学界的交流与合作进行探讨。

【严歌平文艺评论集《究竟是谁侵犯了谁?》研讨会在马鞍山市举行】由安徽省作家协会、安徽省评论家协会、马鞍山市文联、风起中文网共同主办的严歌平文艺评论集《究竟是谁侵犯了谁?》研讨会，于2014年4月10日在马鞍山市文联报告厅举行，80余人出席会议。严歌平现为安徽省作家协会副主席，是安徽省有实力的小说作家。上世纪八九十年代，他的中短篇小说集《裹灰头巾的女人》等，在全国文学界产生了较大的影响，引起过广泛的注意。进入新世纪以来，严歌平将主要创作精力放在文学评论及文艺随笔方面，写作了一大批评论研究文章，发表在各地报刊上，取得了不俗的成绩。《究竟是谁侵犯了谁?》收入严歌平多年来发表在国内各报刊上的文艺评论及文艺随笔26篇。与会专家指出，严歌平这部文艺评论随笔集文字质朴真诚、剖析恳切、言之有理、张弛自如，既充满感性的热忱，又满怀理性的激情，因而具备了颇值一读的文学价值。

【千名文艺家下基层采风活动】为深入贯彻落实习近平总书记在全国文艺工作座谈会上的重要讲话精神，按照省委的指示，省文联在全国率先组织开展“我们的沃土我们的梦——安徽省千名文艺家下基层采风”活动。1300多名文艺工作者深入基层采风体验，从群众的火热实践和丰富多彩的生活中汲取营养、激发灵感，做到吃住在基层、生活在基层、创作在基层，以实际行动纪念省文联成立60周年。活动自2014年11月初启动，历时1个多月。新华社、人民日报、光明日报、中央电视台、中央人民广播电台等中央媒体集中推出相关报道，生动反映采风活动的进展成效。省委宣传部部长曹征海在中宣部会议作了经验介绍。

11月11—17日，省作协响应省文联“我们的沃土我们的梦——安徽省千名文艺家下基层采风”的号召，组织由省作协主席许辉带队、有20多位知名作家学者参与的采风活动。 在为期3天的活动期间，采风团首先来到的是明光市自来桥镇。他们先后参观了嘉山县抗日民主政府旧址纪念馆、元代古桥——自来桥和山芋城堡。在张山村支部活动室召开的座谈会上，作家们向10余位现场的青年写作爱好者传授创作经验，还进行现场互动。此外，采风团走进田间地头，体验农民生活，与农民促膝谈心，了解农村现状和农民所思所想，为创作人民喜闻乐见的文学作品掌握第一手资料与素材。采风的第二站是宿州市泗县大庄镇，采风团成员分成3组，来到了佃庄村走访群众。通过和群众面对面的交流，作家们表示深切地感受到了新农村生活的明显变化，这为今后创作乡村文学作品积累了真实丰富的素材。 同时，省作家协会还向张山村和佃庄村农家书屋赠送了书籍和书画作品。

87岁高龄的老作家苏中(右一)等与农民在田间话家常

【安徽省第六次文代会召开】2014年12月26—27日，安徽省文学艺术界联合会第六次代表大会在合肥召开。大会听取和审议安徽省文联第五届主席团工作报告，修改《安徽省文联章程》，通过安徽省文联第六次代表大会决议，选举产生安徽省文联新一届委员会和主席团。吴雪当选主席，王艳、王长安、徐辉、李慧桥、张居淮、陈田、陈坚、林勇、唐跃、盘龙、韩再芬当选副主席。聘请季宇为名誉主席。中国文联党组书记、副主席赵实，安徽省委书记张宝顺出席会议并讲话。安徽省领导王学军、王明方、李锦斌、唐承沛、曹征海、臧世凯、谢广祥出席会议。来自安徽省各地、各艺术门类的380余名文艺工作者代表参加大会。

舞臺藝術

楊興玲書

□综　　述

□文化展演展示

□戏　　剧

□音　　乐

□舞　　蹈

□杂　　技

□曲　　艺

□艺术研究与教育

综　述

【舞台艺术概况】2014年，相继创作推出黄梅戏《小乔初嫁》《徽州往事》《寂寞汉卿》、话剧《徽商传奇》、庐剧《孔雀东南飞之焦仲卿妻》、泗州戏《一罐黄金》等一批大戏作品和近百个小戏折子戏作品。话剧《徽商传奇》、黄梅戏《小乔初嫁》双获中宣部第十三届精神文明建设“五个一工程”奖。完成以“中国梦”为主题的歌曲——《妈妈和我》《中国故事》的创作，两首歌曲在中央人民广播电台《中国民歌榜》和央视三套《天天把歌唱》栏目播出。

【国家艺术基金申报】抢抓国家首次设立艺术基金转变投入方式的机遇，第一时间面向社会培训动员，迅速组织项目申报，共17个项目获得国家艺术基金扶持，位列全国第五。

文化展演展示

【首届安徽文化惠民消费季·好戏大家看系列展演展示活动】共计4个板块、212场演出。其中，专业艺术“大戏小戏看过瘾”板块，采取政府购买、差额补助等方式，荟萃展示了国内、本省、市县近年来有重要影响和最新原创的艺术作品，省内外国有文艺院团演出大、小戏85场，剧目内容丰富，院团高低搭配，艺术类型多样，送戏进农村、进社区、进学校，且一律实行10至30元的低票价，把群众满意度作为检验标准。并将部分剧目延伸安排到滁州、宿州、宣城、阜阳、安庆等市，让更多基层群众有机会欣赏高质量文艺演出，真正惠及普通民众。

【2014安徽省小戏折子戏调演】演出剧目涵盖徽剧、黄梅戏、庐剧、泗州戏、皖南花鼓戏、淮北花鼓戏、坠子戏等16个剧种，呈现出5个显著特点：①覆盖区域广，全省16个市无一例外全部参加。②参与剧目多，各地申报推荐了100多个小戏折子戏，经初选实际演出72个。③原创作品占77%以上，且多是与建设发展和民生关联的现代戏。④国有院团演出46个剧目，民营院团演出26个剧目，实现了真正意义上的同台竞技。⑤演出实行10元低票价，改变了大活动主要是送票的模式，逐渐培育观众市场意识。

经典剧目《女驸马》在安徽省首届文化惠民消费季演出深受观众喜爱

【校园大舞台——徽风皖韵进高校活动】该项活动由省委宣传部、省教育厅、省文化厅主办，主旨是把一流的剧(节)目送进高校，为大学生提供具有安徽特色的艺术服务。全年在省内高校共完成50场演出，参与演出的既有省直、地方优秀的国有文艺院团，也有高校师生组建的院团，收到了很好效果。

【优秀作品集中进京展示】①3台大戏进京演出12场。其中，省黄梅戏剧院原创黄梅戏《小乔初嫁》两进北京在天桥剧院演出4场，安庆再芬黄梅艺术剧院原创黄梅戏《徽州往事》在国家大剧院演出6场，桐城市黄梅戏剧团原创黄梅戏《惊天一兰》在国家大剧院演出2场，集中展示安徽省艺术创作成果。②在国家图书馆跨年举办《大将手笔·家国情怀——赖少其书画作品及文献史料展》。与此同时，合肥市赖少其艺术馆《参古悟今·融西求新——赖少其花鸟画艺术精品展》项目，入选了“2014年全国美术馆馆藏精品展出季活动”；合肥久留米美术馆《丹青问道 墨语人生——颜语、韦远柏、周觉钧、马彬、裴家同艺术文献展》《中国优秀传统文化进高校与万名大学生走进美术馆活动》2个项目在文化部主办的2013—2014全国美术馆优秀项目评选中获奖。

戏　剧

【戏剧演出】亳州市演艺公司演出。2014年春节、中秋节、元宵节在亳州市魏武广场（城市文化广场）展演大型传统舞台戏40场，累计观众20余万人次。

宿州市泗州戏剧团演出。2014年完成演出共计300场，其中院线50场、公益20场、社会经营30场、文化下乡200场，接待观众10万余人次。组织“专业艺术院团演出季”“青年优秀演员专场”“周末剧场”“苏鲁豫皖青年演员艺术交流会”等形成品牌，深受戏迷观众喜爱。

铜陵市艺术剧院演出。参加铜陵市党的理论政策百姓说唱团“党心民心心连心”巡演；参加铜陵市“送戏进万村”文化惠民演出；承办铜陵市文广新局主办的庆祝元旦、春节、元宵节、劳动节、国庆节广场文化惠民演出活动。

安徽省黄梅戏剧院演出。黄梅戏《小乔初嫁》分别在北京、上海、深圳、顺德、佛山、盐城等地演出。2014年12月，举办“黄梅绽蕊迎新春”2014“明日之星”演唱会、音乐会及小戏折子戏专场，共计完成演出5场。2014年6月，新创剧目《小乔初嫁》和青春版《女驸马》于上海松江地区共计完成演出22场。2014年8月初，应北京长安大戏院之邀，三大经典传统剧目《天仙配》《女驸马》《牛郎织女》晋京演出。2014年9月，精品剧目《雷雨》在曹禺先生的家乡湖北潜江上演。2014年5月，新创黄梅戏《小乔初嫁》参加第十届深圳文博会艺术节在深圳大剧院上演。2014年9月中旬至10月上旬，在“黄梅飘香迎国庆——2014演艺文化惠民”庆祝建国65周年黄梅戏精品剧目展演中，推出精品剧目《红楼梦》《雷雨》《小乔初嫁》和文化科技融合剧目《天仙配》《女驸马》《牛郎织女》6台剧目共12场演出。

安庆市黄梅戏艺术剧院演出。1月13—14日，赴深圳演出折子戏两场。1月29日，在团拜会上演出折子戏1场。5月2日，赴岳西演出折子戏1场。5月7—8日，参加“高雅艺术进校园”赴马鞍山演出折子戏2场。5月23—24日，赴池州新文采演出《女驸马》2场。6月27日赴石化俱乐部演出《六尺巷》2场。7月13—15日，赴安庆市艺术中心演出《六尺巷》3场。8月28—29日，赴石化俱乐部演出《为奴隶的母亲》2场。9月20日至10月7日，参加黄梅戏展演周赴石化俱乐部演出《天仙配》《六尺巷》《为奴隶的母亲》《女驸马》折子戏等。熊辰龙、王琴获优秀工作者称号。10月12日，参加省十三运开幕式，在市体育运动中心演出 辅助节目1场。10月21日，参加省十三运闭幕式，在市体育运动中心演出 辅助节目1场。10月25日，赴深圳演出折子戏1场。10月26日，参加省第六届残运会开幕式，在市体育馆演出 辅助节目1场。11月12—18日，在深圳大剧院演出《六尺巷》两场、《天仙配》1场、折子戏2场、《为奴隶的母亲》1场、《女驸马》1场。12月28日，赴高河演出折子戏1场。

安徽省话剧院演出。新剧目《好人安徽大舞台》进行第三轮全省各地市县巡演。

再芬黄梅艺术剧院演出。2014年1月8—12日，《徽州往事》全国巡演合肥站在安徽大剧院连演5场。2014年2月11—14日，经典黄梅戏《女驸马》在安庆黄梅戏艺术中心连演4场。2014年4月25—26日，经典黄梅戏舞台剧《徽州女人》赴常州演出。2014年5月1—10日，大型黄梅戏喜剧《靠善升官》在安庆黄梅戏艺术中心连演10场。2014年5月13—27日，参与教育部、文化部、财政部联合举办的“高雅艺术进校园”系列活动，经典黄梅戏《女驸马》及经典折子戏走进重庆、成都8所大学。2014年5月28日，再芬黄梅·高雅艺术进校园举办安庆职业技术学院专场。2014年6月11日、6月14日，经

黄梅戏《小乔初嫁》剧照

典黄梅戏《徽州女人》先后赶赴山东德州、济南演出。2014年6月25日至7月9日，在安庆黄梅戏艺术中心举办“再芬黄梅·盛夏演出季”，经典黄梅戏《春江月》《女驸马》《五女拜寿》3部大戏连演14场。2014年7月13—15日，由安庆市黄梅戏艺术剧院创作的大型原创黄梅戏《六尺巷》在黄梅戏艺术中心连续演出3场。2014年8月7日，再芬黄梅艺术剧院受邀赴迎驾集团演出经典黄梅戏《徽州女人》2014年8月18—20日，大型原创黄梅戏《徽州往事》在安庆黄梅戏艺术中心上演3场。2014年8月26—31日，大型原创黄梅戏舞台剧《徽州往事》在国家大剧院戏剧厅上演，此次演出是《徽州往事》首次亮相北京，连演6场。2014年9月1—3日，大型原创黄梅戏《寂寞汉卿》在安庆黄梅戏艺术中心首演。2014年10月14日，再芬黄梅艺术剧院走进安庆医药高等专科学校，表演折子戏专场。2014年10月20—23日，再芬黄梅艺术剧院走进湖南长沙高校，表演经典黄梅戏《女驸马》及折子戏专场。2014年11月8—11日，《徽州往事》作为中国上海国际艺术节参演剧目，在上海东方艺术中心连演4场。

安徽省徽京剧院演出。2014年安徽省徽京剧院共演出260场，演出收入285万元。2014年剧院开办京剧戏迷大观园演出活动，吸引来自全省各地的京剧戏迷票友参与演出，获得了良好的社会效益和经济效益。

合肥市庐剧院演出。庐剧院新增滨湖湿地公园实景演出、“送戏进万村”2个演出项目。针对滨湖湿地公园拟打造实景演出项目，合肥演艺公司积极主动与滨湖湿地公园对接，经过多轮洽谈，使“牛家村八三版射雕英雄传”实景演出项目签约。庐剧院作为演出主力，从台本、场景创作、导演构思、音乐节选，到服装、道具、造型，演员挑选、排练、演出，展现了改制后全体演职员的工作风貌，拓展了剧院艺术呈现形式。“送戏进万村”是安徽省文化厅、财政厅2014年民生工程之一，是首次以招投标形式组织实施的公益活动。剧院积极组织专门人员进行项目招投标资料、材料的准备，中标演出102场，涵盖蜀山区、经开区、高新区、巢湖市、庐江县。合肥市庐剧院全年完成演出328场。3月28—30日《孔雀东南飞之焦仲卿妻》在合肥大剧院首演。12月17—18日，在浙江绍兴大剧院演出《孔雀东南飞之焦仲卿妻》《李清照》。

黄梅戏小戏《阿斗》剧照

【戏剧创作】 宿州市泗州戏剧团 整理加工传统名剧《墙头记》《贫女泪》《李十娘》《三审奇石》《秋月煌煌》。新创作古装小戏《陈寔遣盗》、现代小戏《守护光明》和话剧《警魂永铸》。为纪念泗州戏大师、泗州戏四大名旦之一周凤云先生，创作大型现代戏《情系拉魂腔——周凤云》。打造新编历史戏《垓下绝唱》，并于9月22日亮相宿州大戏院。

铜陵市艺术剧院 新编黄梅小戏《昭君泪》

剧情梗概：铜陵市艺术剧院2014年度精心打造的原创剧目，新编黄梅小戏《昭君泪》经过前期剧本论证、剧情策划、人物解析等，于2014年8月正式投入排练。该剧围绕王昭君出塞前夜，宫廷画师毛延寿三年前给王昭君画点落泪痣的阴谋罪状层层展开戏剧矛盾与冲突，最终王昭君总揽大局，以挽救毛族160多人性命的故事而告终。

主创人员：编剧，王晓马，导演：王青；作曲，徐志远；王昭君，王丽娟饰演；毛延寿，唐建峰饰演。

新编黄梅戏廉政小戏《廉田凤丹开》

剧情梗概：铜陵市艺术剧院2014年度精心打造的原创剧目，新编黄梅廉政小戏《廉田凤丹开》于2014年9月正式投入排练。该剧围绕马六贪污腐化、欺压百姓为主线，铜陵县令刘曰义带案查访，巧遇马六调戏民女丹凤，县令机智诓出实情并当机立断严惩马六的故事。

主创人员：编剧，朱斌峰；导演，潘昱竹；作曲，徐代泉；丹凤，王祝华饰演；马六，张名松饰演；刘曰义，唐建峰饰演；钟郎，吴国文饰演；随从，范奕兵饰演。

安徽省黄梅戏剧院 黄梅戏《小乔初嫁》

主创人员：编剧，盛和煜；导演，张曼君；作曲，徐志远；主演，何云、梅院军。

黄梅戏小戏《阿斗》和《选择》

编剧何小剑荣获“编剧一等奖”，演员王娟、何凤娇分获“表演一等奖”，演员赵章伟、张小威分获“表演二等奖”，姚恩田荣获“表演三等奖”。

安徽省话剧院　话剧《徽商传奇》。该剧荣获2014年中宣部颁发的第十三届“五个一工程”奖，并入选国家艺术基金2014年度舞台艺术创作资助项目和安徽省重点演艺品牌项目。男主角——程梦溪的扮演者：青年演员刘建福，2014年荣获第九届中国话剧最高奖——“金狮奖·表演奖”。荣获2014年第25届“上海白玉兰戏剧表演艺术奖.新人主角奖”。

安徽省徽京剧院　2014年剧院徽剧小戏《美周郎·顾曲》《磨房会》等四出小戏参加安徽省文化厅主办的全省小戏折子戏比赛，施晓冬、张凯获得演员一等奖。

2014年剧院创作排练演出了戏曲动漫剧《孙悟空大战红孩儿》连续演出60场。

2014年初开始筹备大型原创徽剧《徽班进京》，历时十个月完成剧本创作，主创队伍仍由《惊魂记》原班人马担任，预计2015年3月和观众见面。

合肥市庐剧院　创作、排演新古典庐剧《孔雀东南飞之焦仲卿妻》。该剧以长篇叙事诗《孔雀东南飞》为背景，述说焦仲卿、刘兰芝的婚姻悲剧，既是凄美爱情的颂歌，也是婆媳之间由隔阂、争斗到酿成悲剧的一首挽歌，婆媳恩怨，人性使然。婆媳争斗由来已久，没有赢家，更多的是对人性的思考和拷问。舞台呈现唯美、人性、典雅、青春靓丽；音乐创作优美、整体、气势恢宏，得到观众和专家的喜爱和肯定。这是文化体制改革后，剧院着力打造的精品剧目。也是剧院青年演员自1997年以来首次担纲排演的原创大型剧目。省电视台“花戏楼”拍摄、制作专辑，通过卫视宣传和推介该剧，收到良好的效果。

创作小戏1个，庐剧《李大脚传奇》；移植小戏6个《陈三两爬堂》《问海》《杀狗劝妻》《武松杀嫂》《井台会》《双下山》；申报国家艺术基金项目两个（《孔雀东南飞之焦仲卿妻》和《得失之间》）；批准项目一个（庐剧《得失之间》），获得扶持资金20万元。

【戏剧活动】宿州市泗州戏剧团　(1)举办第一届宿州市文化艺术节“戏曲演出周”。(2)举办宿州市第二届戏迷票友大赛。

铜陵市艺术剧院　(1)2014年6月10日，组织剧院业务骨干参加2014首届铜陵市文联文艺志愿者服务队进社区帮扶和演出活动。(2)2014年7月21日，邀请黄梅戏表演艺术家黄新德主讲《黄梅戏表演艺术概论》讲座。(3)2014年7月25日，邀请武警政治学院（上海）艺术教官万林媚主讲《科学演唱发声与技巧》专题讲座。(4)2014年8月5日，邀请安徽省戏剧家协会主席王长安作《中国戏剧理论与发展暨铜陵戏剧的发展方向》为主题的座谈会。

安徽省徽京剧院　2014年剧院开办了京剧戏迷大观园的演出活动，吸引了来自全省各地的京剧戏迷票友参与演出，获得了良好的社会效益和经济效益。

安徽省黄梅戏剧院　(1)组织开展“拜师带徒”活动。(2)2014年10月底至11月初，举行了一年一度的“安徽省黄梅戏剧院青年演员、演奏员业务考核大练兵”活动。(3)2014年2月，经典剧目《女驸马》参加安徽演艺集团推出的“演艺惠民 爱心暖春”大型演出季活动。(4)2014年2月，精品剧目《雷雨》和经典剧目《天仙配》参加安徽演艺集团举办的“2014精品经典剧目上海演出月”活动。(5)2014年2月，参加安徽省委宣传部、省文化厅和演艺集团共同组织的“我们的中国梦——2014年安徽省农民文化乐园慰问演出”活动，先后赴歙县、绩溪、宁国等县、乡演出黄梅戏小戏、折子戏共7场。(6)2014年3—10月，参加国家教育部、文化部和财政部倡导，安徽省教育厅、安徽省委宣传部、安徽省文化厅联合主办的“校园大舞台——徽风皖韵进高校”活动，携黄梅戏《小乔初

话剧《徽商传奇》剧照

嫁》，新视觉黄梅经典《天仙配》《女驸马》，《黄梅戏经典唱段演唱会》及《黄梅戏小戏折子戏专场》等相继走进了合肥工业大学、安徽大学、滁州职业技术学院、黄山学院、安徽国际商学院、安徽行政学院、安徽师范大学、皖南医学院等多所高校。(7)2014年4月，精品剧目《雷雨》赴河南洛阳参加由文化部、河南省人民政府主办，文化部文化产业司、洛阳市人民政府、河南省文化厅承办的“第三十二届中国洛阳牡丹文化节暨第三届国家文化部推荐优秀剧目(洛阳)展演月”活动。(8)参与“鼓乡情韵”送戏下乡专场文艺演出等活动。(9)5—7月，我院与安徽戏曲广播及“1912金大地街区”共同主办了“南腔北调群英汇——金大地1912街区首届戏迷票友大赛”活动。(10)5月上旬，余顺、袁媛参加由省委书记张宝顺带领的安徽经贸文化访问团前往台湾开展为期6天的经贸文化访问活动。(11)6—11月，与安徽卫视《相约花戏楼》栏目组合作，陆续完成了《小乔初嫁》《风雨丽人行》《逆火》《雷雨》《女驸马》《牛郎织女》《红楼梦》《天仙配》等多部经典、精品剧目精彩片段的录制工作。(12)5月初，组织全体青年团员集体参观了“渡江战役纪念馆”，并在广大青年演职人员中开展了“爱岗敬业争先锋、德艺双馨创一流”的主题演讲活动。(13)邀请中国文艺评论家协会主席、中国文史馆馆员、中国文联原副主席、博士生导师、著名文艺理论评论家仲呈祥先生来我院做辅导讲座，学习习近平总书记在文艺工作座谈会上的讲话精神。

安徽省话剧院　(1)与安徽省希望工程办公室联合举办“童年之梦——安徽希望工程儿童剧乡村巡演”，赴金寨和岳西等贫困地区为希望小学的乡村孩子送去优秀的中国传统教育和爱国主义教育的儿童剧。(2)与共青团安徽省委联合举办“精品话剧进高校”活动。(3)2014年10月份举办文化惠民活动，推出世界著名童话季演出，《灰姑娘与水晶鞋》《木偶奇遇记》《白雪公主》《丑小鸭》《孙悟空三打白骨精》5台经典儿童剧以低票价惠民演出。

再芬黄梅艺术剧院　(1)2014年2月28日至3月3日，携《徽州往事》舞美团队在广州参加中国舞台美术展。(2)2014年3月19日至22日，受邀赴池州录制中央电视台《快乐戏园·走进杏花村》节目。(3)2014年3月24日，受邀赴安庆市政府千人礼堂，参加安庆同发集团主办的大型演出活动。(4)2014年3月28日，前外交部部长李肇星莅临再芬黄梅公馆并观看演出。(5)2014年3月31日晚，安徽省委组织部干部教育处处长王佩刚来再芬黄梅公馆考察调研。(6)2014年4月2日晚，台湾佛光大学杨朝祥校长率领台湾高校代表莅临再芬黄梅公馆，参观访问并观看演出。(7)2014年4月12日，当代著名书法家孙然莅临再芬黄梅公馆并观看演出。(8)2014年4月14日、15日上午，由安徽韩再芬黄梅艺术基金会主办的“再芬黄梅大讲堂”在再芬黄梅公馆开启第一讲，著名黄梅戏作曲家、音乐创作泰斗时白林先生以“独树一帜的中国戏曲”为题进行演讲。(9)2014年5月20日，为迎接国际禁毒日，韩再芬院长被安庆市禁毒办聘为“安庆市禁毒形象大使”，并拍摄禁毒宣传片。(10)2014年6月17、18日，再芬黄梅青年团演员赴长沙录制湖南卫视《天天向上》节目。(11)2014年7月5日，“再芬黄梅大讲堂·第二讲”在再芬黄梅小排练场举行，安徽省戏剧家协会主席、《寂寞汉卿》编剧王长安为再芬黄梅演员作了精彩演讲。(12)2014年7月6日上午，黄梅戏邮票首发仪式在安庆黄梅戏艺术中心举行。(13)2014年9月7日至30日，2014“十一”黄梅戏展演周在安庆黄梅戏艺术中心举办。(14)2014年10月6日，大型原创黄梅戏喜剧《靠善升官》在安庆黄梅戏艺术中心参加新剧目展演。(15)2014年10月12日，韩再芬院长在安庆市体育中心参加安徽省第十三届运动会开幕式，并演唱黄梅戏经典唱段《对花》。(16)2014年11月26日至12月10日，携《寂寞汉卿》《春江月》《靠善升官》《五女

精品剧目黄梅戏《榴花不开盼哥回》

《蚌埠板车女孩》剧照

拜寿》4台大戏参加"首届安徽文化惠民消费季"。(17)2014年12月30日晚,参加安庆市2015年"同唱黄梅"元旦戏曲晚会暨全国首届黄梅戏民间班社群英汇颁奖仪式。(18)2014年12月31日,由安徽韩再芬黄梅艺术基金会主办的"再芬黄梅大讲堂"在再芬黄梅公馆开启第二讲,著名黄梅戏作曲家徐代泉先生以"黄梅戏音乐风格韵味"为题进行演讲。

合肥市庐剧院 (1)"庐州放歌——百场文艺下基层巡演活动"由中共合肥市委宣传部主办,以宣传、推广庐剧艺术为主要内容的文化惠民工程。自2008年起已举办了7届。每年100场庐剧送到全市七区、四县、一市的社区、村镇、乡村、部队、院校、敬(养)老院,极大地丰富了全市各地基层文化生活,受到广大基层观众的欢迎和好评,"庐剧大戏台"从2012年起,已举办3年。2014年剧院在两个项目上,一方面抓演出,突出艺术质量、展示团队实力,体现品牌魅力,赢得受众面关爱;另一方面,抓剧(节)目更新,采取创作、移植和传统剧目复排并举,不拘一格推出新人,使项目演出内容丰富、表现形式多样。得到演出的合作方和基层观众的称赞。(2)"徽园庐剧大戏台"是由合肥徽园管理有限公司和合肥演艺公司联合打造的面向普通百姓和游客的园内地方特色文化娱乐项目,"庐剧大戏台"的推出,受到游客和观众的喜爱,很多庐剧观众经常到现场观看演出,已成为观看庐剧的固定场所和园区不可或缺的风景线。几年来不仅在园区,还将"庐剧大戏台"搬到社区、校园,拓宽了受众面和覆盖面。"庐剧大戏台"也是庐剧院面对市场和观众的窗口,观看演出的观众和游客人数在逐年增加,并吸引了很多的年轻观众,有益庐剧的市场运作和传承保护。"庐剧大戏台"在丰富园内游客内容的基础上将文化生活送到基层社区,为庐剧艺术传承、发展以及观众的年龄段逐渐平衡做出努力。历经3年多的发展,"庐剧大戏台"已成为庐剧艺术的展示、传播和和体现合肥地方特色文化的窗口;成为艺术与旅游景点联手合作的品牌文化项目;成为徽园景区特色文化名片;成为受观众和游客喜爱及游园主要内容之一。(3)安徽省"三下乡"、省文联"三下乡"活动。安徽青年"三下乡"志愿者服务活动。"徽风皖韵进高校"、合肥市宣传贯彻党的十八届四中全会精神文艺下基层巡演等活动。

音 乐

【音乐活动】组织选拔钢琴小选手参加中国音乐"小金钟"奖第二届全国钢琴比赛,安徽小选手张雨欣获铜奖,这是安徽多年来钢琴选手在全国取得的最好成绩。吴宁宁教授获优秀教师奖,省音协获优秀组织奖。中国音乐"金钟"奖全国合唱比赛在苏州举行,安徽黄山合唱团获优秀奖。

省音协先后举办"安徽省高校声乐比赛暨第六届'神州唱响'全国高校声乐选拔赛",全省共200多名选手参赛,最终推出美声组、民族组、流行组金、银、铜奖选手。金奖选手将于2015年1月代表安徽前往东莞参加全国高校声乐比赛。举办"安徽省第十一届小提琴比赛",全省1400多名小选手参加角逐,这也是历届参加人数最多的一届小提琴比赛。各年龄组分别评出一等奖、二等奖、三等奖若干名。举办"'唱响中国梦'全省职工歌曲创作征集和演唱活动",评选出获奖歌曲,推出优秀青年歌手,繁荣企业文化。

先后举办"音乐的净土、执着的守望——胡华清(双簧管)师生音乐会",安徽艺术职业学院青年教师鲁超钢琴独奏音乐会,黄凤霞、李晓舒、赵艳艳、方霞、张研、辛思洁、张丽丽个人独唱音乐会,"天柱山放歌——储向前音乐作品演

著名作曲家时白林《黄梅戏名段精选乐队总谱》出版发行专家座谈会

唱会”,展示了老艺术家们的风采,推动了青年艺术人才的培养。为纪念抗日战争胜利69周年暨纪念皖籍著名音乐家张曙诞辰106周年,省音协组织专家赴张曙家乡歙县参加纪念活动。

省音协为贯彻习近平总书记在全国文艺座谈会上的讲话精神,在省文联的领导下,积极组织队伍,具体落实计划,深入岳西、太湖、潜山体验生活、实地采风。这是省音协近几年来组织的规模最大的一次深入基层接地气的采风活动,也是安徽音乐界一次重要的音乐实践实战活动,音乐家们体验真实,收获颇丰。在此期间,省音协还组织专家赴革命老区六安,为皖西学院师生和当地的文艺工作者作了题为《皖西民歌》的精彩讲学活动,受到当地群众的欢迎。

【音乐创作及出版】在中国音协主办的2014“中国梦”全国原创歌曲征集活动中,《温暖岁月》(孙中民作词、盘龙作曲)获最佳创作奖。由中国音协《歌曲》主办的2014词曲新作“晨钟奖”评选中,安徽青年作曲家时一林创作的《美丽中国》、陈兴玲作词的《洛神赋》获得殊荣。由省音协会员、音乐工作者创作的《幸福家园、美好安徽》《美好乡村》《激情皖江》《温暖岁月》《刺猬理发》《马路天使》《天下黄山》《梦中的书包》《神韵天柱山》《我爱马头墙》《担当之歌》《好人》《又是二月杏花红》等歌曲,获安徽省第十三届精神文明建设“五个一工程”奖(2012—2014年)。

由吴玉叶作词的《吴玉叶作词歌曲集》第一、二、三集共20余首歌曲,分别由中国唱片总公司和江苏音像出版社出版。其中由谢林义作曲的《中国百姓梦》《人生路上》《故乡》《公仆之歌》《人生路上一起走》,分别由阎维文、吕继宏、王丽达、王莉等歌唱家演唱。部分歌曲在中央电视台及《歌曲》上发表。王凯东作曲的《王凯东获奖歌曲选集》,由中国当代文艺出版社出版。陈兴玲创作的歌词《小小新娘花》《老地方的雨》《在远方》三集,由中国文联出版社出版。由孔令培撰写的音乐文集《艺苑撷英》,由合肥工业大学出版社出版。

【音乐考级工作】2014年,全国音乐考级安徽考区的乐器项目有钢琴、小提琴、电子琴、二胡、琵琶、古筝、笛子、萨克斯、小号、长笛、单簧管及少儿歌唱等10多项,经全省各市音协及相关委员会的积极配合和共同努力,使音乐考级工作圆满完成。此项工作对音乐普及、提高全民音乐素质起到促进作用,得到社会的广泛认同。

【组织建设】安徽省音协声乐专业委员会第二次代表大会于2014年5月6日在合肥召开,选举邝实为会长。10月1—3日,省竹笛专家陈惠龙、邵先国当选中国音协竹笛学会第一届理事。省音协推选出代表、理事共9人,届时参加中国音协第六次会员代表大会。

第九届中国音乐金钟奖声乐比赛(安徽赛区)选拔赛

舞　蹈

【概况】2014年，省舞蹈家协会坚持党的文艺方针政策，围绕大局，服务人民，发挥好协会“联络、协调、服务”的职责，努力为广大舞蹈工作者搭建展示平台，营造团结和谐的氛围。协会因势利导开展多种专业舞蹈、企业舞蹈、中青年舞蹈、少儿舞蹈赛事，促进和活跃省内舞蹈艺术创作，发掘培养舞蹈人才。组织舞蹈艺术门类的研究和学术活动，开展舞蹈考级和社会少儿舞蹈教师培训。舞蹈作品获中国舞蹈“荷花奖”银奖和“小荷风采”金奖。

【舞协工作】2014年1月19日，安徽省舞协第五届主席团二次会议在省文联会议室召开，会议对2013年度在创作获奖方面取得成绩的队伍和作品作了详细介绍。会议强调2014年的工作要按照省文联“出精品、获大奖、推人才、强服务”的总体思路谋划工作，要把创作创研、举办和参加赛事活动作为协会的中心工作，以推作品、获大奖作为协会工作的主要目标，同时做好舞蹈惠民及培训提高工作。

2014年3月14日，安徽省舞蹈家协会2014年度工作会议在安徽省演艺集团会议室召开，全省各地市舞协领导及主席团成员24人到会。会议听取省舞协2013年工作总结，部署2014年度重点工作，交流协会工作经验，表彰先进。会议强调：“舞蹈工作者切记作品创作要以人民为中心，做好出精品、获大奖、推人才、强服务工作。省舞协作为文联第一梯队，要在2016年进入全国十强。”

2014年10月28日，花鼓灯艺术研讨会暨中国舞蹈家协会民族民间舞蹈专业委员会成立大会在蚌埠举行，省舞协主席张居淮、副主席兼秘书长邓晓焰参会。

2014年11月15日，省舞协第五届主席团三次会议在休宁县召开。会议结合省文联“千名文艺家下基层”采风活动要求，共同学习了习近平主席在文艺座谈会上的讲话精神。会议一致认为，要以贯彻落实习近平主席在文艺座谈会上的讲话精神为引领，以本次下基层采风活动为契机，团结和激励广大舞蹈编导，多创作出为民族而舞、为人民而舞、为时代而舞的优秀作品。

2014年12月23日，安徽省舞协主席张居淮、秘书长邓晓焰代表省舞协赴京参加中国舞协第九届理事会二次会议。

【舞蹈采风与创研】2014年3月18—20日，由安徽省舞蹈家协会与黄山市文化委主办、黄山市舞蹈家协会承办的“2014安徽省舞蹈创作研习班”在黄山市开班。研习班特邀中国舞蹈家协会副主席、国家一级编剧左青主讲《当代舞与舞剧的创作》，中山市舞蹈家协会主席、电子科技大学中山学院艺术中心主任朱东黎主讲《少儿舞蹈及校园舞蹈创作》，安徽省非遗保护中心研究部主任胡迟主讲《非遗类民族民间舞蹈的挖掘整理与传承探索》。来自全省各专业艺术团体、专业院校舞蹈编导及各舞蹈教学单位260人参加。

2014年11月15—17日和28—29日，为贯彻落实习近平总书记文艺座谈会讲话精神和省文联“我的沃土我的梦”文艺家下基层采风工作要求，省舞协分两次组织近50名舞蹈编导、舞蹈工作者到皖南休宁、屯溪和皖北怀远县采风，与民间民俗艺术家们共同生活，相互交流。通过到基层采风，深入了解徽州地区民间、民俗文化底蕴及花鼓灯艺术精华，掌握更多的接地气的艺术素材，挖掘与提炼创作选题，促进优秀舞蹈作品创作。

2014年12月2—7日，应中华文化促进会舞蹈艺术委员会邀请，安徽省舞协组团前往柬埔寨进行佛教舞蹈采风交流。此次活动由中华文化促进会批准，由中华文化促进会舞蹈艺术委员会、中华文化促进会佛教文化中心、柬埔寨暹粒省华商会共同举办，来自全国各地的舞蹈专家及舞蹈工作者29人参加

安徽省舞蹈家协会第五次代表大会

“中国舞蹈家协会第286届少儿舞蹈展演”在合肥安徽大剧院举行

采风活动。

【舞蹈赛事】2014年7月6日，由中国舞蹈家协会社会舞蹈教育委员会主办，安徽省舞协承办的“中国舞蹈家协会第286届少儿舞蹈展演”在合肥安徽大剧院举行。来自全省各地60多家单位的125个节目、近2400名小舞者参加了展演。展演共评出一等奖19名、二等奖32名、三等奖39名、表演奖35名。

2014年9月27日，由安徽省文联、安徽省舞协举办的“第六届‘杜鹃花奖’安徽省中老年社区舞蹈展演”在合肥安徽艺术剧场举办。经初选，共有27个节目、近500名中老年舞蹈爱好者入围决赛。展演共评出特等奖3名、一等奖7名、二等奖11名、三等奖6名。最佳风采奖及最佳组织奖若干名。

2014年5—8月，由安徽省妇联、省文联、省教育厅、省文明办联合主办、省舞协协办的“我阳光·我快乐”全省乡村少年儿童才艺展示活动圆满收官，此次活动共接收艺术表演类节目和艺术作品435件。

【舞蹈作品获奖情况】2014年5月，在第六届华东专业舞蹈比赛中，安徽选送的合肥演艺公司歌舞团双人舞《有了》获得创作二等奖、表演二等奖，黄山市演艺有限公司双人舞《挑山》获得创作二等奖、表演三等奖，安徽省舞协获得优秀组织奖。

2014年7月，选送望江县文凯学校舞蹈《挑花舞》参赛由中国文联、中国舞协主办的第二届“荷花·少年”全国（中学）校园舞蹈展演，获得“星光·少年”演出奖（银奖），安徽省舞协获得优秀组织奖。

2014年9月，选送安徽艺术职业学院舞蹈作品《蒙古骑兵》参加由中国文联、中国舞蹈家协会举办的第九届中国舞蹈“荷花奖”校园舞蹈大赛，获得表演银奖。安徽省舞协获得优秀组织奖。

2014年10月，选送淮南警嫂舞蹈团舞蹈《舞动兰花》赴上海参加由上海市文学艺术界联合会等单位联合举办的第三届国际民间民俗健身舞蹈大会，获最佳风尚奖。

【舞蹈惠民活动】2014年4月21—25日，受太和团县委和县舞协的邀请，安徽省舞协委派志愿者舞蹈教师为太和县各中心小学和县直幼儿园及群文单位的80多名教师进行为期一周的舞蹈培训，活动受到参培教师的欢迎。配合教学活动，省舞协还向太和县舞协赠送《中国民族民间舞蹈·安徽花鼓灯》《首届安徽省新农村少儿舞蹈汇演》等教材及演出光碟。

2014年11月29日，省舞协正式与怀远县常坟镇综合文化站“新农村舞蹈教室”建立舞蹈结对帮扶。省舞协选派志愿者舞蹈教师徐祭红为他们编创舞蹈，并向“新农村舞蹈教室”的孩子们赠送了舞蹈服和练功鞋。

【舞蹈人才培养】2014年全年发展省级会员154人，推荐加入中国舞蹈家协会会员30人。全年举办《初级拉丁舞教学培训班》《中国舞蹈考级》教师培训班、编导研习班31期，参培学员近1200人。组织开展中国舞蹈家协会中国舞蹈考级工作，完成省内参加《中国舞蹈考级》考生2万余人。

舞蹈《花鼓敲天下》

杂 技

【概况】2014年1月9日，省杂技团杂技剧《美丽的梦》完成德国6个城市、为期4个月的巡回演出，共演出167场，观众3万多人次。精彩的节目受到当地观众的喜爱，新华社、中国文化报等媒体进行专版宣传介绍。

2月23日，省杂技团随同文化部《五洲同春》艺术团赴加拿大进行慰问海外华侨演出，受到当地华侨的热烈欢迎。

2014年，安徽省杂技家协会就安徽临泉县杂技之乡向中杂协进行申报，7月16—17日，中国杂技家协会对申报工作进行现场考核。中杂协对安徽临泉民间杂技的规模、水平、从业人员和未来规划都进行了详细的考察了解，对安徽临泉杂技和临泉模式给予了充分肯定，并于当年8月命名安徽省临泉县为中国杂技之乡，命名临泉县韦小庄为“杂技专业村”。10月23日，临泉县委县政府借安徽省惠民文化月活动之机，在安徽大剧院组织了杂技专场晚会演出，并举行授牌仪式，中杂协领导肖世革、刘挥亲临授牌。

8月20日至9月15日，举办“安徽省第二届魔术大赛”。经过评委严格评选，杨智明获近景组一等奖，朱广源、吴阳获二等奖，何垚、范道、莫彦夫获三等奖；舞台组第一名张俊喆，第二名俞月祥、任莹莹，第三名张森森、李利利、冯哲彬；金千钧小朋友荣获少儿组新苗奖。

9月9日，安徽省杂技团赴美国进行为期7个月的巡回演出，受到美国当地观众的欢迎与喜爱。9月14日，省杂技团《顶板凳》节目获莫斯科“偶像2014”杂技大赛优秀创新节目奖。

10月1—3日，2014中国·上海欢乐谷国际魔术节暨第五届长三角地区“金手杖奖”魔术大会在上海欢乐谷主题公园举行。安徽省参赛选手近景（新秀）组杨智明、舞台（新秀）组张俊喆、青少年组冯哲彬、少儿组金千钧获各组别银奖，创历届参赛最好成绩。

11月，省杂协组织文艺家赴临泉采风，受到当地的杂技团体和群众的热烈欢迎。活动引起中央多家媒体关注，有超过10家央视媒体和栏目进行采访报道，临泉成为省文联这次“扎根沃土、服务人民”艺术家采风活动媒体关注的焦点地区之一。

12月4日，在青海、安徽两省省委宣传部的领导下，安徽省杂技团与青海玉树州歌舞团、青海黑鹰文化公司确定联合创排大型杂技剧《雪豹》，并拟定合作计划。

1—12月，省杂技团《时空之旅·都江堰版》项目继续在四川省都江堰市进行驻点演出，取得良好的社会效益和经济效益。

安徽杂技团新编杂技剧《美丽的梦》在柏林奥林匹克公园举行柏林首演

曲 艺

【概况】安徽省曲艺家协会现有省级会员606人，其中全国会员178人。省曲协是中国曲艺家协会的团体会员，其主要活动内容是推动传统曲艺的搜集、整理工作，在继承的基础上积极提倡艺术创新；积极开展各种曲艺活动；加强曲艺理论研究和评论工作；注意发现、扶植、培养各类曲艺人才；重视省内外曲艺艺术交流活动，促进安徽曲艺事业的发展。

【曲艺活动】2014年3月下旬，在中纪委和中国曲协联合举办第三届“包公杯”全国反腐倡廉曲艺作品征集大赛，省曲协会员栗亮创作

曲艺下乡

的小品《送礼》获得大赛金奖及创作奖金5万元。

5月22日，省曲协组织由陈旭、张翼飞表演的相声《欢歌笑语》参加省文联主办的“舞动徽园、圆梦江淮”文艺志愿者大型文化惠民活动开幕式文艺演出。

7月11日，由中国曲艺家协会主办的第八届中国曲艺牡丹奖“相声、小品、三书”大赛在合肥举办，省曲协选送小品《送礼》、相声《快乐微信群》、快板《杨志卖刀》参赛。其中小品《送礼》获牡丹节目奖，高乾、孙铭泽获新人提名奖。

8月12—14日，由中国曲协主办的第六届全国少儿曲艺大赛在四川成都市开赛，省曲协推荐参赛的相声《小女神灭黑客》获三等奖。

10月27—29日，在由中国曲协主办的全国曲艺之乡建设20周年系列活动中，凤阳县刘汉寿和姚广德分别被授予先进曲艺工作者和先进工作者，受到中国曲协表彰。

12月，在中国文联、中国文学艺术基金会、中国曲协共同主办的“中国梦”全国优秀曲艺节目推选活动中，省曲协推荐的相声《都是为你好》和安徽大鼓《美梦成真》分别获二等奖和三等奖。

艺术研究与教育

【安徽省艺术研究院】安徽省艺术研究院成立于1978，是省属公益性事业单位，主要从事艺术学科理论研究、戏剧创作与管理，是全省重要的艺术科研及戏剧创作中心之一。

2014年，历时5年的省级项目《中国花鼓灯》出版，230万字，对花鼓灯艺术的舞蹈、音乐、作品、人物进行了系统的总结，是花鼓灯艺术研究最全面的专著。适应地域文化保护与传承的需求，启动《安徽传统剧种音乐档案数字化建设与研究》课题，从实践和理论双向推动传统剧种音乐档案的数字化建设。完成《安徽省黄梅戏人才现状调研》及“民营百佳院团”有关人才、经营管理方面的问卷调查，形成报告、提出对策建议。编辑出版系列图书《新戏剧》春夏卷和秋冬卷。出版安徽省艺术研究院文库项目《笔墨年华》。举办了全省剧目创研室现状及发展座谈会，探讨戏剧创研单位转型定位谋发展的问题。组织2014年度安徽省小戏、折子戏调演的评论工作。设在该院的安徽省艺术科学规划领导小组办公室组织召开了全省艺术科研座谈会，完成了2014年度国家社科基金艺术学重大项目、国家社科基金艺术学（含重大招标项目）和文化部文化艺术科学研究项目的申报工作；完成国家文化创新工程、国家文化科技提升计划、文化部创新项目的申报工作。

该院专家徐志远参与主创的黄梅戏《风雨丽人行》、秦腔《花儿声声》入选2011—2012年度国家舞台艺术精品工程15个重点项目。该院专家徐志远作曲的《小乔初嫁》《徽班传奇》获中宣部“五个一工程奖”。《新戏剧》刊载作品《重视整理——写在〈岳西高腔剧目集成〉出版之际》获田汉戏剧奖论文一等奖，作者棠樾；《淮北梆子戏传统剧目的历史认识作用和价值意义》获田汉戏剧奖论文三等奖，作者程建设；《惊天一兰》获田汉戏剧奖剧本二等奖，作者侯露；《青山鉴》获田汉戏剧奖剧本二等奖，作者徐启仁。该院院长李春荣的《创新：黄梅戏传统剧本改编的必由之路——从黄梅戏遗产抢救工程改编剧目想到的》、冯冬的《精粹 丰满 出新——评廖奔新编昆曲〈红梅记〉》获首届安徽戏剧理论评论双年奖二等奖，张莹的《安徽早期话剧之发生》获理论评论三等奖。该院编撰出版的《安徽戏剧通史》《中国黄梅戏》双获安徽省图书奖二等奖。

□美　术

□书　法

□摄　影

美術書法攝影

楊興玲書

美术

【概况】2014年，全省申报国家级美术家协会会员47人，批准33人，截至年底，中国美术家协会会员共有441人；申报省美术家协会会员381人，批准319人，截至年底共有省美术家协会会员总数为4464人。

2014年，安徽省美协在学术引领、服务人民、人才培养、写生创作、展览组织、国际交流、理论研讨、协会建设等方面进行了新的探索，取得显著成效。

【安徽省油画作品晋京邀请展】2014年3月9日，由安徽省文联、正东玉器商城、安徽省美术家协会联合主办的“安徽省油画作品晋京邀请展”在北京中国徽文化展示中心开幕。中国文联党组书记、副主席赵实专程观看展览；中国文联党组成员、副主席左中一，中国美协分党组书记、秘书长徐里，安徽省文联党组书记、书记处第一书记陈田等出席开幕式。

此次展出的近200件作品，集主题性、艺术性、探索性、创新性于一体，题材广泛、形式多样、意韵丰沛，展示了安徽油画的艺术风格和总体风貌，富有鲜明的徽文化元素。通过这个展览，不仅可以看出安徽油画家在油画本土化和油画当代性上所作出的大胆实践，也能够强烈地感受到在经济全球化和艺术市场化的今天，安徽油画家对社会的担当和责任，对艺术和学术的执着坚守。因此，安徽省油画作品晋京邀请展，既是向京城各界的汇报展，也是对新世纪以来安徽整体油画发展状态的一次学术审视。

【安徽省美协工作会议暨十二届全国美展安徽省第二次草图观摩会】2014年3月22日，安徽省美协工作会议暨十二届全国美展安徽省第二次草图观摩会在全椒县召开。来自全省各市美协、画院、省直有关单位、大专院校美术学院(系)主持日常工作的负责人、省美协主席团成员和各艺委会负责人以及部分美术创作骨干100余人出席会议并参加第十二届全国美展安徽省第二次草图观摩会。

2014年安徽省美术工作会议

【首届安徽粉画作品展优秀作品苏州特展】2014年3月28日，由安徽省美术家协会、苏州市公共文化中心、苏州市美术家协会共同主办的“首届安徽粉画作品展优秀作品苏州特展”在苏州杭鸣时粉画艺术馆开幕。安徽省著名水彩画家柳新生，老美术家顾美琴，原苏州市副市长陈浩，原苏州市文广局副局长魏嘉瓒，原沧浪区委常委、宣传部部长徐土根，苏州市公共文化中心副主任杨文涛等参加了开幕式。此次共展出58幅安徽优秀粉画作品，展览时间为期两个月，获得较大的反响。

【安徽省油画精品高校巡回展】安徽省油画精品高校巡回展在合肥工业大学正式落下帷幕。为期两年的巡展获得了高校师生的一致好评，开创安徽省油画走近基层、贴近大众的先例。

【第五届安徽美术大展】2014年6月，为迎接“第十二届全国美术作品展览”，由安徽省文联、安徽省文化厅、安徽省美术家协会联合主办的两年半一届的“第五届安徽省美术大展”如期举行。国、油、版、水彩水粉、设计各个画种作品展览分别在合肥、芜湖、铜陵开幕。

此次各画种共选送参加第十二届全国美展作品130件，入选54件。其中获铜奖1件：袁伟《碎片》(综合材料)，获优秀奖4件：高鸣《野旷天低树》(油画)、王海彪《赎罪日里的学究们》(漆画)、郑天伦《父亲的一九四二》(连环画)、许怀喜《融合》(陶艺)。

安徽省第一次上报的理论作品刘继潮先生的著作《游观——中国古典绘画空间本体诠释》获第十二届美展理论二等奖。在高规格的中国美术奖·理论评论奖的评选中，安徽省有专著入选并获奖尚属首次。

安徽省首届粉画展优秀作品苏州特展

【艺术中国——中国画走进联合国】2014 年 7 月，由中国画学会、安徽省文联主办，省美协承办的《艺术中国——中国画走进联合国》在维也纳联合国总部举办。此次展览共邀请全国国画名家参展作品 130 件，其中安徽省 30 余位画家作品入选并应邀赴维也纳参加开幕式和考察交流。

【徽园平价艺术月活动】2014 年 10 月 1—7 日举办，通过展览销售、摇号销售等形式，向游客、观众、市民平价销售美术作品。全省美术界老、中、青美术家都拿出了自己的优秀作品参加展销。在各地市美协、高校美术院(系)的鼎力支持下，平价月活动取得成功。

10 月 3 日，著名美术家、美术评论家、省美术理论研究会会长刘继潮先生在徽园展览现场作《游观——中国古典绘画空间本体诠释》学术报告，著名画家石兰女士作《中国花鸟画赏析》学术讲座，均获得广大市民及爱好者一致好评。

【艺术家下基层活动】2014 年 12 月 11 日，省美协一行 15 人赴宿州灵璧采风。采风团到灵璧的 3 天时间里，分别赴古灵璧石采坑、乡村采石人家、虞姬文化园及周边新农村、植物园、钟馗文化园等地进行采风写生，深入到农民家中交流、座谈。采风期间，采风团成员还和当地美术界进行交流，并对他们的作品作了具体点评。

【"艺林千秋"——纪念安徽省文学艺术界联合会成立 60 周年美术作品展】2014 年 12 月 15 日，为纪念安徽省文学艺术界联合会成立 60 周年，由省文联、省美协主办的"艺林千秋"——纪念安徽省文学艺术界联合会成立 60 周年美术作品展在徽园美术馆展出。本次参展的画家均为安徽省美协第五届理事会成员，共展出美术作品 81 幅。展览期间，恰逢安徽省文联第六次代表大会在合肥召开，中国文联党组书记赵实和省委书记张宝顺亲临观看指导。

【"我们的中国梦"中堂展】为弘扬社会主义核心价值观，省文联、省作协、省书协、省美协联合开展"我们的中国梦"春联、盈联和中堂征集活动。省美协主要负责中堂征集、创作，征集的作品充满浓郁时代气息，为群众喜闻乐见，描绘了大美安徽，具有鲜明的时代特点和地方特色。中堂展评出入选作品 79 件、获奖作品 10 件，展览安排在 2015 年元月举行。

【2014 年省美协主办的个人展览】2014 年 11 月，由广东省美协、安徽省美协、广东画院联合主办《巫俊油画展》。另外，当年举办个画展的还有《焦亚新画展》《故乡情——马自强、马朝阳父子艺术回顾展》《自强不息路，左笔写丹青——夏长秀国画作品展》《竹乡情——杨德祥画展》《徐国友书画展》《王立民油画作品展》《山乡风韵——胡常尧水彩画展》《画为媒——张耕、江虹画展》，等等。

【国画创作】第十二届全国美展安徽国画入选 9 件作品：李雪晴《风月》、王仁华《压伤的芦苇他不折断》、周建祥《彼岸》、乔森《霜染芙蓉醉》、范春晓《祈福》、陈桂英《家园》、高飞《实习生》、袁俊华《二十折》、洪波《徽韵故园如梦》。

谢宗君作品分别参加"山水本色——中国青绿山水画名家十人展""盛世青绿——山水画作品展""问道水墨——名家十人作品"展。12 月 14 日，谢宗君、王衍平带队赴成都参加 2014 第三届四川省工笔学会作品暨中国工笔名家邀请展，安徽省选送 15 件作品参展。

【油画创作】在第十二届全国美展中安徽省高鸣的油画《野旷天低树》获优秀奖。安徽省油画入选 9 件作品：曹培芹《花样年华》，耿牧《敦煌魂》，郭凯《闲岭初雪》，刘玉龙、王璐《沸腾的船厂》，鲁世萍《乘风破浪》，钮毅《青春碎片》，孙献华、王允琪《社区之歌》，巫俊《繁忙的大江码头》，周群《痴绝徽州·家》。

2014 年 1 月安徽省美协油画艺委会换届，杨国新当选新一届油画艺委会主任。3 月，在省文联、省美协的主持下，艺委会经过一年的筹备，组织安徽一线画家及皖籍画家39人220多件作品赴北京举办“安徽省油画作品晋京邀请展”。6月，由省文化厅、省文联、省美协主办的“第五届安徽美术大展油画作品展”，共展出油画作品200余幅，遴选出获奖作品32幅。8月，会同省油画学会举办“安徽油画精品高校巡回展”。

【版画创作】在第十二届全国美展——版画展中，安徽14件作品入展：倪建明《历史的一页》，师晶《花径香雨》，郭宗保《梨园追梦》，纪念、熊炜《塬上》，程新德《布网——特警手语》，童兆源、鲁世萍《征程之光——奇瑞汽车组画》，李成城、陆可《古傩新韵》，白启忠《水墨家园之故园往事》，凌云飞、程新德《新·自然》，秦文、司杰《阳光灿烂的日子》，张光辉《皖风醉秋》，周路《盼盼》，谢宇《古城遗韵系列》，刘文华《直通北京》。

在春天的故事——全国版画艺术精品展中，安徽张其煜、宫义、张琰合作的《郁郁葱葱》获优秀奖，徐寒杰《决胜千里》、李培华《太行岁月》、班苓《甘南日记》入选。童兆源《腾飞“中国之子”》入选丹青贺岁——选自第十届中国艺术节全国优秀美术作品展。师晶《花径雨香》入选第二届中国灵石国际版画双年展。班苓《甘南日记》入选首届中国民族美术双年展暨第二届昆明美术双年展。童兆源《启程“东方之子”》入选中国梦——塑造中国美术新形象美术作品展。崔晓鸣、童兆源《奇瑞系列组画自主创“心”—1—2》《雏》，宋刚《热流》入选奋进的勇士——首届中国工业版画新秀作品展。刘文华《直通北京》、童兆源《征程之光》入选全国工业版画研究院第二回年展。张国琳《唐宋画语之一、之二》《古香》《黄山揽翠》，戴斌《紫气东来》《故里春花别样红》《徽风明韵之白露》《徽乡秋影》《秋日记忆》入选自信与坚守——2014第二届中国当代画院版画邀请展。宋刚《藏书票系列》入选第三届广州国际藏书票暨小版画双年展。

【雕塑创作】5月，省文联城市雕塑院徐晓虹院长为合肥市城市合作经济广场创作大型浮雕壁画——桐城派历史人物和新安画派历史人物竣工，受到社会一致好评。

【水彩粉画创作】在第十二届全国美展中，安徽入选水彩粉画作品11件：张宁《霾·老塔》，徐公才、黄坤《皖南印象》，庞宗超《沙尘天系列之二》，王驰《皇城根儿》，韦清泉《秋之散记》，任辉《花语之六》，陈忠强、张杰《高山祈福》，高清泉《老街雨后写生系列》，周群《净魂》，丁寺钟《徽州系列·桃源雪月》，郭凯《悠村溪静》。

另外，任辉作品获“2013—2014年深圳水彩双年展”优秀奖，并入选“十二届全国美展”，获“2014泰山至尊——全国山水画、水彩画”优秀奖；庞宗超作品入选“2013—2014年深圳水彩双年展”，入选“第八届中国·东盟艺术大展”并被收藏；韦清泉作品入选“第二届中国青年水彩作品展”“首届全国水粉展”并被收藏，张强作品入选“全国首届水粉画大展”，入选“第八届中国·东盟艺术大展”并被收藏。李松雷作品入选“2013—1014年深圳水彩双年展”，陈纫宁作品入选“第二届全国青年水彩画展”，李超峰作品入选“第二届全国青年水彩画展”，韦清泉作品入选“第二届全国青年水彩画展”，王承、魏亮、林兵作品入选“泰山之尊——全国中国山水画、水彩画作品展”。

徽园平价艺术月活动

【其他画种入选第十二届全国美展及获奖情况】综合材料作品4件：袁伟《碎片》（铜奖）；范本勤《2014作品NO.2》（入选）；涂曦《圆桌》（入选）；张春华《书架》（入选）。

漆画作品4件：王海彪《赎罪日里的学究们》（优秀奖）；胡本七《月是故乡明》（入选）；胡金林《尘嚣》（入选）；王苏婉《憩》（入选）。

连环画作品1件：郑天伦《父亲的一九四二》（优秀奖）。

动画作品1件：孙亮、宁瑶瑶、张聪《逃离地球的鱼》（入选）。

陶艺作品1件：许怀喜《融合》（入选）。

书 法

第三届安徽省书法大展开幕式

【举办“中国梦·安徽行”16 市书法晋省展活动】2014 年，举办“中国梦·安徽行”16 个市及省直书法协会晋省汇报展，展出作品 3000 多幅，检阅各市的书法水平，有力推动了由书法大省向书法强省的转变。“16 个市晋省展”活动期间，书法家们精心创作、展出的风格迥异、精彩纷呈的作品，既是对时代、对和谐之美理解的体现，也是长期浸淫书法、深厚功力的展示。展览过程中参观群众达万人，人民群众与书法爱好者共同分享了这道文化大餐。展览为推广普及书法艺术，促进和谐社会建设做出了贡献。

【开展送文化下基层活动】2014 年 1 月，省书协组织书法家深入乡村、厂矿、社区，现场为群众书写春联、送春联达数万幅，丰富了群众春节期间文化生活，受到群众欢迎。

【举办“敬亭书风”书法作品展】2014 年 9 月，为申创“中国书法城”，省书协联合宣城市书协举办“敬亭书风”书法作品展。此次书展提倡书写历代名人在敬亭山或宣城境内的题咏，面向全省征稿。参赛作品各具风神、异彩纷呈，以书法艺术形式再现宣城自然人文风貌，进一步提升了敬亭诗山和文房四宝之乡的文化含量，有力推动宣城市创建“中国书法城”工作。

【举办安徽省第三届书法大赛】2014 年 10 月，举办安徽省第三届书法大展。这是安徽省文化战线的一件大事，是安徽省书法创作新成果的集中展示。

第三届全省书法大展作品门类齐全，紧跟形势，艺术精湛，彰显了安徽省书法家的学养、涵养和修养，是安徽省书家思想积累、文化修养、艺术砥砺的集中体现，也是学习贯彻习近平总书记在文艺座谈会上讲话，用书法作品引领风尚、服务社会、熏陶人民、促进发展的最好实践。

【联合举办长江流域四省书法作品展】2014 年 12 月，省书协与江西、湖北、湖南联合举办了长江流域 4 省书法作品展。中部 4 省地缘相邻，人缘相亲，文缘相融。近年来，4 省经济、政治、文化、社会联系越来越密切，交流互动越来越频繁。联手举办此次活动，对服务发展、助推崛起、加强合作、促进交流，都具有十分重要的意义。此次书法交流展，旨在展示中部 4 省文化底蕴，弘扬书法人文精神；塑造中部文化形象，打造书法品牌；促进中部书法艺术交流，扩大合作空间；倡导书法精品创作，提升中部书法发展

安徽省直书法篆刻精品展

水平。

此次展出的书法作品，书体兼备，风格多样，基本反映了中部地区的艺术风貌，展现了中部地区书法创作的最新成果。参展作品的作者中既有书坛老将，更有近年来涌现出的在全国书法展赛中摘金夺银的后起之秀。他们的书法或遒劲恣肆、或飘逸风流、或雄浑阔达、或优美俊秀、或追寻古风、或弘扬个性，既表现了深厚的传统功力，又体现了鲜明的时代气息，彰显出创新的时代精神，凸显了浓郁的人文情怀和审美追求，充分展示了中部书法艺术不断创新发展的新形象、新姿态。

摄　影

安徽省第十九届摄影艺术展开幕

【概况】2014 年，安徽摄影界认真学习、贯彻习近平总书记在文艺工作座谈会上的重要讲话精神，在安徽省文联党组的正确领导下，在全省各地市摄影家协会、各团体会员单位大力支持和全体摄影人共同努力下，围绕“出精品、获大奖、推人才、强服务”的总体思路，推进安徽摄影事业不断创新，全面发展，取得了丰硕的成果。安徽摄影家协会坚持二为方向、双百方针，倡导三贴近原则，深入生活、扎根人民，在社会主义核心价值观视野下积极发展安徽主流摄影，举办了一系列摄影活动，不断提升安徽摄影的整体水平，创作系列摄影作品，取得了较好的社会影响，摄影皖军得以发展壮大，极大丰富了人民群众的精神文化生活，为构建安徽视觉形象和文化强省建设作出了积极贡献。

【摄影采风】省摄影家协会 2014 年共组织 4 次百人以上大规模摄影采风创作活动：3 月 14—16 日“皖北风情”摄影采风创作；4 月 11 日至 13 日“春到绩溪”摄影采风创作；5 月 23—25 日“聚焦新安源”摄影采风创作；11 月 1—3 日走进“养生福地、净土岳西”摄影采风创作。

【摄影展览】9 月 19 日，“安徽省第十九届摄影艺术展览”在新中国成立 65 周年之际开展，并以此作为安徽文艺界和广大摄影家、摄影爱好者献给伟大祖国 65 华诞的厚礼。影展投稿参展人数再次创下安徽省影展新纪录，影展作品在表现形式、艺术风格方面追求多变，彰显了两年来全省摄影水平的有效提升。10 月 16 日，省摄协、中国中铁四局集团主办了“中国中铁四局员工优秀摄影作品展”。11 月 5 日至 15 日，安徽省摄协自成立以来首次组织省内优秀摄影家出国进行摄影艺术交流，并在英国剑桥大学隆重举行“魅力安徽·走向世界”安徽摄影艺术图片展，展出的 88 幅作品真实反映了安徽自然风光、

摄影家赴南陵县基层采风并向当地村民赠送摄影作品

历史人文、民俗风情，加大魅力安徽外宣力度，活动受到中国驻英国大使馆、英国新闻媒体的高度重视和热切关注，英国华文报纸《华商报》报道了此次活动。

【摄影作品及理论成果】2014 年，安徽摄影家在《中国摄影》《大众摄影》《摄影世界》《摄影之友》《照相机》《人民摄影》等国内知名摄影刊物上发表多幅摄影佳作，出版了《天柱山风光》《凡眼看世界——鲍克境外摄影选集》等摄影集。在上海第十二届国际影展、“中国梦·劳动美·幸福路” 首届全国职工摄影大赛奖、“一叶一世界”邳州市首届银杏美景全国摄影大展、“大地情怀·寻梦中国”——全国第七届群艺杯摄影艺术展、2014 “腾达礼品杯”五彩生活首届手机全国网络摄影大赛、《美丽中国·文化风采》全国摄影大赛、第十一届五台山国际摄影展、中国宝丰马街书会全国摄影作品大展、2014 年中国创意摄影大赛伯奇杯、2014 年第七届佳能感动典藏摄影大赛、2014 （第八届）“郎静山摄影艺术奖” 慈善摄影大赛、第二届“千年古镇·魅力瑶乡”桂林恭城全国摄影大展、安徽省优秀网络文化作品评比活动、第二届全国人才新闻摄影大赛、中国·杨柳青第一届国际民俗摄影大展、首届“丝绸之路”全国摄影艺术大展、“银星杯”中华情“节”摄影大赛暨第六届国际摄影网络大赛、“携手腾飞”全国省界地名文化图片征集活动、首届深圳国际摄影艺术展览、第三十五届英国北部地区国际摄影沙龙、2014 年第一届 DPA 国际摄影 3 国巡回赛、2014 第三十二届意大利米兰国际摄影展、澳大利亚联邦政府摄影大奖、塞尔维亚“光影” 国际摄影展等多项国内外比赛、展览中获得诸多奖项，赢得业界的一致好评。

同时，安徽摄影人在摄影技术

2014 年 11 月 8 日，英国皇家摄影协会理事长迈克尔·普里查德博士在英国剑桥大学参观“魅力安徽”摄影图片展

与艺术理论研究方面也收获颇丰，发表了《视觉文化时代广告摄影的艺术表现与市场定位》等具有较高摄影理论水平和研究价值的书籍、文章。其中《王小亭抗战时期专题摄影研究——以〈良友〉画报为考察中心》被评为第十一届全国摄影理论研讨会优秀论文，并入选《第十一届全国摄影理论研讨会论文集》；《摄影视界——影像的文化诉求》获第五届安徽省文联文艺评论奖三等奖。

【摄影活动】2014 年，省摄影家协会同省内外多家摄影团体和相关单位合作，举办多项摄影活动。1 月 1 日，新华通讯社安徽分社、省摄协主办的“情系大别山”摄影大赛开始征稿。1 月 25 日，省摄协举办了“安徽摄影界 2014 迎新春工作座谈会”暨皖山皖水皖酒情首届“皖酒杯”安徽山水风光摄影大赛颁奖典礼，全省摄影家和摄影爱好者共 700 余人出席了大会，大会总结了省摄协 2013 年工作，进行了表彰与颁奖，还进行了丰富多彩的活动。3—12 月，佳能（中国）有限公司、省摄协主办的 2014 佳能摄影大篷车安徽巡展暨 “东尼数码·感动瞬间”摄影大赛活动，先后在芜湖、安庆、阜阳、合肥、宿州、蚌埠、淮北、黄山、铜陵、合肥等市举办。3 月 15 日，黄山市人民政府、安徽省摄协、上海市摄协、浙江省摄协、江苏省摄协主办的 “徽商银行杯”第四届黄山脚下最美油菜花摄影大赛正式启动。3 月 16 日，省摄协协办的“雪花纯生·匠心营造”中国古建筑摄影大赛暨 “2014 光影园林”安徽分赛区摄影比赛开始征稿。3 月 17 日，中国摄影家协会、《大众摄影》杂志社、省摄协、绩溪县委县政府主办的“徽商之源·恒茂无垠”中国绩溪·梅干岭全国摄影大展启动。3 月 18 日—4 月 28 日，省摄协、芜湖县红杨镇人民政府、芜湖县文化馆主办了“魅力红杨”旅游摄影大赛。3 月 20 日—5 月 10 日，省摄协协办了 2014 上海桃花节“浦东小上海风情杯” 华东 6 省 1 市摄影邀请展。3 月 31 日—10 月 1 日，省摄协协办了 2014 第三届燕子河大峡谷景区“寻找中国最美七仙女”暨古装泳装模特摄影大赛。4 月 29 日，省文联、省互联网宣传管理办公室、中铁四局集团有限公司、中共合肥市委宣传部主办，省摄协、中铁四局党委宣传部承办的

"农民工拍农民工"摄影活动在合肥启动

第二届"农民工·我的兄弟姐妹"摄影大赛的子项活动"农民工拍农民工"摄影活动正式启动。4月底—6月20日，安徽省直机关第七届运动会组委会、省摄协主办了安徽省直机关第七届运动会摄影作品大赛。5月9日，省摄协"农民工拍农民工"摄影活动第二站"环卫工拍环卫工"主题摄影活动启动。5月10日，《中国摄影报》、省摄协、宣城市政府主办的"山水诗乡·多彩宣城"全国摄影大展启动。5—12月，省摄协、宁国市文联、宁国市文化旅游广播电视新闻出版局主办了"山水情韵·美丽宁国"摄影大赛。5月20日，省摄协同潜山县住房和城乡建设局举办的"卫康杯"潜山县美好乡村摄影大赛开始征稿。6月3日——9月15日省摄协、安徽东尼数码科技有限公司主办了"东尼数码"杯2014夏季主题摄影比赛。6月8日，中国摄影报社、省摄协主办了"美丽中国"——中国摄影报"走进黄山狮林"影友联谊会。6月18日—8月20日，省体育局、省文联、省体育总会、省摄协、省美协、省书协主办了安徽省首届体育摄影、美术和书法作品展。6月19日，黄山市徽州区人民政府、省摄协主办的第五届"休闲养生在徽州"全国摄影大赛开始征稿。7月—9月30日，卡西欧(上海)贸易有限公司、照相机杂志社、浙江省摄协、江苏省摄协、江西省摄协、上海市摄协、安徽省摄协、山东省摄协、内蒙古摄协、福建省摄协、湖北省摄协、广东省摄协、黑龙江省摄协主办2014卡西欧杯"魅力中国"全国摄影大奖赛。7月5日，《大众摄影》杂志社、省摄协、繁昌县委宣传部、县文联主办了"美丽繁昌"——《大众摄影》安徽繁昌影友联谊会。7月26日，中国摄影报社、省摄协主办"美丽中国——走进徽州呈坎"影友联谊活动。8月15日—11月20日，省摄协参与承办2014安徽省首届照明艺术摄影大赛。9月5日—12月31日，《中国摄影报》社、省摄协、亳州市委宣传部主办了2014"中华药都·魅力亳州"芍花堂杯全国摄影联谊赛。9月21日，安徽首部大型延时摄影作品《大美安徽》发布。9月8日，《大众摄影》杂志社、省摄协、绩溪县委县政府主办"辰星"杯"徽风古韵·文化上庄"全国摄影大展正式启动。9月30日—10月4日，中国安徽国际汽车展组委会、省摄协、奇瑞汽车股份有限公司主办了2014中国安徽第十一届国际汽车展"奇瑞汽车杯"摄影大赛。10月，省摄协组织安徽摄影界认真学习、深入领会习近平总书记在文艺工作座谈会上的重要讲话精神，从摄影创作的本质层面、境界高度、题材广度方面贯彻讲话精神。10月1—7日、11—12日、18—19日、25—26日，省摄协举办文艺惠民活动，展出了省第19届摄影艺术展获奖作品、省历届摄影艺术展获奖精选作品、安徽山水风光摄影大赛获奖作品、安徽美好乡村摄影大赛获奖作品、安徽省历届摄影比赛获奖精选作品、"魅力安徽"摄影大赛获奖作品、省各类摄影比赛获奖作品、综合摄影比赛获奖作品1200多幅，并进行平价销售。10月16日，省摄协、中国中铁四局集团主办中国中铁四局员工优秀摄影作品展。10月18日，中国摄影报社、省摄协、宣城市文联举办"美丽中国安徽之旅"全国摄影大展推介暨中国摄影报影友联谊会。10月19日，中国摄影报社、省摄协、宣城市文联举办"美丽中国·安徽之旅""探秘吴越古道幽情"中国摄影报影友联谊会。10月30日，省摄协、安徽富贵陵阳文化旅游投资有限公司联合举办"富贵陵阳"摄影大赛开始征稿。响应省文联号召，11月13、14日，组成文艺小分队赴皖北煤矿采风。11月25日，省摄协组成的文艺小分队赴南陵采风，《安徽日报》以《安徽省摄影家协会采风作品送乡亲》为题进行报道。12月6日，《中国摄影报》、省摄协、马钢文联摄协主办"走进魅力马钢"影友联谊活动。12月13日，佳能(中国)有限公司、省摄协、安徽东尼数码科技有限公司举办2014安徽东尼EOS俱乐部影像嘉年华。

【摄影家协会工作】在开展丰富多彩摄影活动的同时，省摄协注重加强自身建设和创新会员服务形式。6月6日，省摄协“会员之家”——马钢黄山太白山庄开始给予省摄协会员优惠政策。在10月举行的中国摄影家协会全国摄影之乡、摄影基地工作会议上，安徽省黄山市被中国摄影家协会命名为“中国摄影之乡”，霍山县被命名为“中国摄影创作基地”，将摄影艺术的社会效益和发展地方旅游有机结合起来，为摄协广大会员的摄影创作提供便利条件。10月12日，“安徽摄影家网”升级圆满完成，上线试运行；改版后的网站保留并扩展了原有论坛互动交流版块，构建“安徽摄影家网”官方门户，并开通“安徽摄影家协会”公众微信号，整合协会旗下各类平台信息资源。12月26—27日，省摄协42名会员代表全省摄影家参加了省文联第六次代表大会。全年省摄协聘请的法律顾问无偿为全体会员提供法律援助，并成功进行了两例维权赔偿。2014年上半年，全省有115人加入中国摄影家协会（通过率100%），在全国各省市中排名第二，入会人数首创安徽摄协成立以来的新纪录。截至2014年底，安徽省摄协会员数已突破7000名。

纪录类 《夜间架梁》组照 王轩（中铁四局）

纪录类《砺练精兵》马志强（蚌埠）

艺术类《天地间》安保田（中铁四局）

艺术类 《超现实之梦》 爱良安（合肥）

商业类《挣脱》丁爱国（安庆）

艺术类《水墨黄山》曹春平（宣城）

□图书馆

□博物馆·纪念馆

□文化馆

圖書館博物館文化館

童樹根題

图书馆

【公共图书馆概况】截至2014年年底，全省共有公共图书馆107个，其中省级馆1个、市级馆15个(六安市无市级图书馆)、县级馆87个、少儿馆4个。

【安徽省图书馆概况】安徽省图书馆创建于1913年2月，前身是安徽省立图书馆，1953年4月在原皖北区合肥图书馆基础上正式建立安徽省图书馆。2014年，省图书馆共接待读者131.88万人次，书刊外借192.79万册次；网站访问总量176.87万页人次；办理读者借阅证35815张，有效持证读者已达18万人。省图书馆服务品牌主要有“新安百姓讲堂”“助困爱心一日捐”“优秀书刊漂流行”“读者英语沙龙”“残障人士读书文化日”和“少儿假期主题阅读”等。

【图书馆资源开发利用】2014年，省图书馆入藏纸质文献资源52910种、131571册；数字资源建设方面，购置了《中国博、硕士论文全文数据库》《维普全文期刊数据》《新东方多媒体学习库》《博看期刊数据库》等一批读者需求量大的数字资源，当年新增数字资源7.28TB。截至2014年底，省图书馆藏资源总量已达384.1万册(件)，数字资源总量达73.86TB。编制《文化剪报》《文化聚焦》《信息参考》各类专题文献等共34期。

【读者活动】全年举办有特色的读者活动、公益性讲座、展览等316场次，27.63万人次参加活动。省图书馆“英文童书悦读会”参加中国图书馆学会举办的图书馆“书友会”优秀案例征集评选活动，获三等奖；“新安百姓讲堂”借助中三角湘鄂赣皖4省公共图书馆联盟，加强与湖南、湖北、江西3省图书馆公益讲座的合作和交流，进一步扩大“新安百姓讲堂”讲座的影响力和辐射面；“优秀书刊漂流行”活动来到岳西县和临泉县，被省委宣传部列为“书香安徽阅读季”的系列活动之一；“残障人士读书文化日”开展葫芦丝传习班等活动，不断拓展为残障读者服务渠道；“助困爱心一日捐”将捐赠对象延伸至省外，提升了品牌影响力；“少儿假期主题阅读”与新华书店合作开展经典古文亲子诵读活动，不仅增进了亲情，更弘扬和传承了中国的传统文化。同时，省图书馆注重提升“经典读书会”“经典导读”“老年读报沙龙”和“公益展览”等活动的内涵，努力打造并孵化新的服务品牌项目。

新安百姓讲堂

【文化信息资源共享工程】2013年，省图书馆加大在地方特色文化专题资源、红色历史文化多媒体资源等方面的建设力度。拍摄制作《安徽非遗》《安徽古建筑》等5部、53集多媒体资源库，拍摄《安徽大讲堂》系列文化讲座23讲；完成安徽省公共文化数字支撑平台一期项目建设及验收，开展面向社会开展老照片征集、评奖活动。

【数字图书馆推广工程】2014年，开通了国家图书馆与省图书馆间的数字资源专网；完成微视频大赛作品“向着太阳奔跑”的拍摄，并获得国家图书馆数字图书馆推广工程“图书馆故事随手拍”创意微视频大赛唯一的一等奖。

【中华古籍保护】2014年，省图书馆开展了第五批《国家珍贵古籍名录》和“全国重点古籍保护单位”的申报评选工作；协助省文化厅积极推动省古籍分级保护机制，完成《安徽省珍贵古籍名录》和省重点古籍保护单位的申报和评审工作；加大古籍编目和出版工作力度，通过影印出版和数字化等方式实现古籍资源的服务功能；承办“中华古籍保护计划”成果宣传推广活动和“民国时期文献保护计划”宣传推广活动，进一步丰富了社会大众的古籍知识，在全社会提升古籍保护理念，省图书馆获由中国图书馆学会、国家古籍保护中心颁发的2014年“中华古籍保护计划”成果宣传推广活动组织优秀单位称号。

博物馆 纪念馆

安徽博物院

【博物馆概况】全省有各级各类博物馆、纪念馆167座。其中，国家一级博物馆1座(安徽博物院)、二级馆7座（安徽中国徽州文化博物馆、安庆市博物馆、寿县博物馆、新四军军部旧址纪念馆、淮北市博物馆、淮南市博物馆、皖西博物馆)、三级馆22座；有红色革命纪念馆13家、烈士陵园5家。

【安徽博物院概况】安徽省博物馆成立于1956年11月14日，2010年12月28日更名为安徽博物院，2011年9月29日新馆建成开放。安徽博物院是全国古籍重点保护单位，有馆藏文物22万余件套，建筑面积6.4万平方米，分新、老两馆。新馆常设展览《皖风徽韵——安徽历史文化陈列》，包括《安徽文明史陈列》《徽州古建筑》《新安画派》《安徽文房四宝》和《江淮撷珍》；老馆常设展览《安徽古生物陈列》和《潘玉良美术作品陈列》。全年举办临时展览23个，接待参观人数120.62万人次。

【非国有博物馆】截至2014年年底，全省有非国有博物馆62家，占全省博物馆、纪念馆的32.12%。非国有博物馆有4个特点：一是以徽文化为主题，重点突出本地区文化特色，如徽墨文房博物馆、徽派雕刻博物馆、万安罗经文化博物馆、临泉毛笔博物馆等；二是以企业产品为依托，宣传企业品牌，如祁门红茶博物馆、谢裕大茶业博物馆、乌金园猪文化博物馆、黄山蕲蛇博物馆等；三是重点突出某一门类的专题性博物馆，如安徽图书博物馆、黄山奇石博物馆、马鞍山德化堂古床博物馆等；四是突出本地区民俗风情，展现劳动光荣传统，如三河民俗博物馆、南陵丫山民俗文化馆、国盛民俗博物馆等。

【陈列展览】全省博物馆全年共举办基本陈列285个、临时展览545个，共接待观众总量1823万人次，其中青少年观众825万人次。

全省各博物馆在提升基本陈列的基础上，积极举办内容丰富、形式多样的临时性、专题性展览，满足了不同观众群体的精神文化需求。引进“熠熠生辉——故宫博物院珍藏清代宫廷金银器特展”“艺游心曲——孙多慈艺术展”“晋国遗珍——山西出土周代文物展”“墨韵无疆——齐白石艺术作品展”“彩韵流芳——界首窑彩陶精华展”和“中部非洲传统兵器艺术

三河民俗博物馆

展”等6个高品质展览；输出“画魂——潘玉良艺术展”“笔墨纸砚——安徽文房四宝展”“新安画派精品特展”等10个原创展到省内外展出。

【学术研究与对外交流】安徽博物馆和荆州文物保护中心联合共建“出土漆木器保护国家文物局重点科研基地安徽工作站”。安徽博物馆完成省级专业刊物《文物鉴定与鉴赏》杂志“稽古”栏目全年组稿工作，申报2014年度国家社会科学基金项目课题1项，申报并获批8项2014年度省社科联课题，完成2012—2014年度17个院级课题评审结项工作，在国家以及省级报刊公开发表论文70篇，配合展览出版图录7册。安徽省文物考古研究所开展了六安双墩一号汉墓现场“黄肠题凑”维护、宣城大夫第保护、南陵宋墓保护、淮南毛集墓葬漆盾提取和繁昌窑地震法勘测等5项现场文物保护和科技考古工作，实施国家文化科技提升计划项目“徽州牌坊的保护修复与数字化展示研究”。2013《考古年报》《文物研究》第21辑和《新时期革命纪念馆地位和作用研讨论文集》的编辑出版工作完成。淮北柳孜运河遗址、肥西乱墩孜墓群、冯阳乔涧子钟离国贵族墓、运河安徽段调查勘探等10余个项目的资料整理工作基本完成，部分发掘简报、报告完成初稿。

与中国科学技术大学联合举办第八届国际东方天文学史会议，向来自15个国家和地区的专家学者展示了安徽博物院的天文遗产和汉代星空展览。与法国自然科学博物馆、英中体育文化交流协会签署赴英法展览合作交流意向书，与法国赛努西美术馆、吉美博物馆协商潘玉良展览事项。

【公共服务】当年有89家博物馆、纪念馆纳入省民生工程。实施博物馆免费开放绩效考评，博物馆公共服务设施、环境、展陈内容、讲解水平、服务能力等有新的提升。蚌埠市、芜湖市、铜陵市、蒙城县、南陵县、来安县等博物馆新馆完成布展或对外开放。继续推进全省博物馆、纪念馆展陈提升工程，7个项目获国家支持，9个项目获省级重点支持。合肥市渡江战役纪念馆《百万雄师过大江——渡江战役纪念馆基本陈列》获第十一届(2013年度)全国博物馆十大陈列展览优胜奖。

文化馆

【文化馆概况】全省共有120个文化馆，其中一级馆14个、二级馆21个、三级馆31个。

【文化馆活动】安徽画廊每月展出书画、摄影作品2次。全年共举办26期展览，共接待书画、摄影爱好者11.78万人次。

安徽省群星奖评审。全省16个市共上报音乐、舞蹈、戏剧小品、曲艺4个门类作品282个。9月19日至30日，安徽省群星奖决赛在合肥举行。8场决赛、119个节目，6000多名演员参加，经专家评审组评选出80件作品获安徽省群星奖一二三等奖，获奖作品在全省12个贫困县进行巡演。

首届安徽省广场舞大赛。广场舞大赛持续4个月，共有261支队伍4000多人参加初赛，现场观众达10万多人，电视观众近1200万人次。本届比赛在宣传、推广力度、辐射面和影响力等方面，为全省群众文化系统前所未有。

全省“六一”少儿文艺调演。以“我的中国梦”为主题，全省共有1000多个节目参加选拔、69个节目参加全省少儿文艺调演。

全省群众文化辅导员培训。举办全省群众文化辅导广场舞、美术、音乐和全省初级拉丁舞教师资格培训班。

首届安徽省广场舞大赛

文物考古

□不可移动文物

□考古发掘

□可移动文物

□非物质文化遗产保护

不可移动文物

泾县查济村

【概况】2014年,积极推进国保、省保单位肥西县刘铭传旧居、旌德县江村古建筑群、泾县查济古建筑群二甲祠、黄山区程氏宗祠、宣城市广教寺双塔、祁门县古戏台、徽州区金紫祠、亳州市薛阁塔及南京巷钱庄、颍上管鲍祠等20多处重点维修工程。泾县桃花潭镇、绩溪县龙川村等10个镇村入选第六批中国历史文化名镇名村名单。

【大遗址保护】含山县凌家滩和凤阳县明中都皇故城两个国家考古遗址公园建设继续推进,凌家滩遗址考古发掘工作和明中都皇故城遗址全面考古勘探工作完成。组织编制凌家滩遗址东西居住址区域文物保护工程和内环壕保护展示工程立项方案,编制上报了明中都皇故城东华门及角楼修缮、护城河修缮等8个工程立项。实施明中都皇故城西城墙抢险加固工程,完成凌家滩遗址防洪工程招投标工作。

【全国重点文物保护工程】①文物保护样板工程和古村落综合利用试点工程加快实施。2013年,国家文物局确定将安徽省黄山市徽州区呈坎村古建筑群和泾县黄田村古建筑群列为国家文物保护样板工程,呈坎村同时列入全国古村落保护利用综合试点。2013年以来,先后组织编制了一期工程17处古建筑维修方案,二期工程22处古建筑维修方案和三期工程立项、展示利用立项及彩画保护等设计方案或立项报告,已获国家文物局批准同意。截至2014年年底,黄田村一期工程7处文物点维修基本完工,呈坎村一期工程7处古建筑正在维修,其中呈坎环秀桥、黄田东新桥、敬义堂等维修工程已完工。②国保、省保集中成片传统村落整体保护利用工程启动。安徽省有中国传统村落111个,其中有24个列入国家文物局270个国保、省保集中成片传统村落整体保护利用工程项目实施名单。徽州区呈坎村、歙县许村、泾县查济村3个古村落列为2014年首批国家文物局51个国保、省保集中成片传统村落整体保护利用项目。安徽省文化厅、省文物局先后召开传统村落文化遗产保护利用工作会议和全省文物保护项目推进工作会议,组织编制传统村落整体保护利用工作实施方案和文物保护工程总体方案,总体方案已获国家文物局批复,各项整治、保护工作正在积极推进。8月11日,安徽省住建厅、省文物局等部门公布安徽省首批传统村落228个。安徽省文物局、黟县西递镇分别在国家文物局传统村落整体保护利用工作现场会、加强文物合理利用工作交流会上作典型发言。

【世界文化遗产保护】①大运河被列入世界文化遗产名录。6月22日,联合国教科文组织第38届世界遗产委员会会议审议通过了中国大运河项目列入《世界遗产名

繁昌县人字洞遗址

薛家岗遗址

录》。安徽省通济渠柳孜段、柳孜运河桥梁遗址、通济渠泗县段3处点段名列其中。按照国家文物局要求，督促两地继续加强遗产地保护管理工作，申报柳孜遗址和泗县段保护规划立项报告、相关保护区保护利用、环境整治方案。安徽省文物局继续督促做好寿县古城墙、凤阳县明中都皇故城申报世界文化遗产项目。②做好遗产地项目申报工作。按要求编制黄山摩崖石刻群和黄山登山古道及古建筑的文物保护规划立项报告和黄山4处古建筑修缮，组织黟县编制南屏村古建筑群文物保护规划立项报告和西递除金堂等6个修缮立项报告。

考古发掘

【概况】2014年，安徽省文物考古研究所完成18项建设工程40余个文物点的抢救性考古发掘工作，主要是配合六安经济开发区、宿扬高速天长段、济祁高速寿县段与淮南段的抢救性发掘项目。此外，完成了商合杭铁路沿线、淮水北调工程沿线、淮南引大别山优质水源水利工程沿线和黄山月潭水库等20余项工程的考古调查工作。共调查文物点60多处，发掘古遗址、古墓葬40余处，发掘面积近1万平方米，古墓葬700余座。还开展5项现场文物保护和科技考古工作，分别是六安双墩一号汉墓现场“黄肠题凑”的维护、宣城大夫第的文物保护、南陵宋墓的文物保护、淮南毛集墓葬漆盾提取工作和繁昌窑地震法勘测。

《宿州芦城孜遗址发掘报告》《濉溪石山子》《铜陵师姑墩遗址发掘报告》《六安双墩汉墓发掘报告》《六安双龙机床厂墓群发掘报告》等一批考古资料整理出版纳入政府采购。此外，还完成2013《考古年报》《文物研究》第21辑和《新时期革命纪念馆地位和作用研讨论文集》的编辑出版工作。

【重要考古项目】1. 繁昌窑遗址考古发掘。

2013年11月至2014年11月，安徽省文物考古研究所对繁昌窑遗址开始主动性考古发掘，主要发掘了柯家冲窑址和骆冲窑址两个地点。柯家冲窑址发掘了龙窑1座、作坊基址2处、排水沟1条，对瓷片废品堆积作了解剖性发掘。出土瓷器有青白瓷碗、盏、碟、盘、温碗、壶、香炉、水盂、粉盒等。作坊区位于窑炉东部平坦区域，发现了储泥池、排水沟等。

骆冲窑址发掘面积300平方米，发现龙窑1座、房址1处、路面1条，瓷片废品堆积亦进行了解剖发掘。出土瓷器有青白瓷碗、盏、碟、盘、壶、炉、枕和瓷塑动物等。房址为青砖房基，平面为长方形，出土有牡丹纹瓦当、雕花砖、青白瓷片等。

繁昌窑遗址考古发掘

六安双墩一号汉墓

柯家冲窑址和骆冲窑址的青白瓷产品既有不少共性，又有鲜明的个性，为研究繁昌窑青白瓷特点、烧造工艺、不同的市场定位等提供了重要资料。柯家冲窑址作坊内发现有淘洗池、沉淀池、储泥池、排水沟等多种遗迹，是研究龙窑作坊布局的重要资料；骆冲窑址发现了高等级的房址，可能是设官监烧的遗迹。

2.东至县华龙洞旧石器与古人类遗址发掘。

2014年10月9日至11月20日，由安徽省文物考古研究所和中国科学院古脊椎动物与古人类研究所合作，对华龙洞遗址进行了第二次主动性考古发掘。本次发掘在第一次发掘探方的一侧布设3米×5米的探沟，逐层下挖，发掘深度约为2米。遗址地层分为4层，第一层为近现代耕土层，厚约40~50厘米，无化石出土；第二层为棕红色粉土层，厚约50~60厘米，出土大量动物化石；第三层为黄色砂土夹角砾层，厚约20~25厘米，仅出土少量动物化石；第四层仍为棕红色粉土层，但夹杂较多胶结物，厚约70~100厘米，人牙化石、石制品和大量动物化石出土此层。采用干筛和水洗的方法，尽可能从堆积物中获得考古遗存，并对洞顶钙板采样进行铀系法测年。本次发掘取得重要收获，发现了2枚古人类牙齿和疑似古人类头骨碎片若干，石制品3件，疑似与古人活动有关的切割和砍砸痕迹骨片若干和大量残碎的哺乳动物化石。石制品经初步鉴定，为锤击石片、刮削器和断块。哺乳动物化石经现场初步判断，累计15种，种属有谷氏大额牛、东方剑齿象、巴氏大熊猫等，绝大多数属绝灭种。综合所有发现，认为华龙洞遗址为一处古老洞穴坍塌形成，时代为中更新世。

3.凌家滩遗址发掘。

2014年度围绕凌家滩国家考古遗址公园建设，以及“中华文明探源工程（四）”的子课题“含山凌家滩遗址及所在裕溪河流域聚落形态研究”，对凌家滩遗址的内壕沟进行了发掘，目的是了解内壕沟的年代和性质、结构。在壕沟西段、北段共布探沟3条，面积271.5平方米。

西段地处平地，壕沟宽24~30米，沟口距地表深约0.5米，沟底距地表最深2.5米，新石器时代沟壁较为平缓，沟底较水平，沟内侧红烧土块和碎陶片丰富，兽骨数量也较多，但近底部遗物数量则很少。北段壕沟宽度约24米左右，沟口距地表0.5米~1米，沟最深处距地表4.4米以上，沟底坡度明显，并呈现出继续向两侧延伸、加深的趋势。该处壕沟有断缺，中间有15米左右的空白地带，应为当时的一处出入口。

经过发掘，确认壕沟开挖年代与凌家滩墓地年代接近，至汉代被重新利用。

东至县华龙洞旧石器与古人类遗址发掘现场

可移动文物

春秋青铜龙耳尊

【概况】安徽文物资源较为丰富，具有数量多、价值高、类型丰富、品种齐全、特点突出等特性。截至2014年底，安徽省共有各类馆藏文物71.56万件(套)。其中一级文物2331件(套)、二级文物5192件(套)、三级文物47853件(套)。

【第一次全国可移动文物普查】按照国家文物局第一次全国可移动文物普查实施方案的时间节点，全面完成第一阶段全省国有单位文物收藏情况摸底排查工作，共调查国有单位3万多家，初步统计文物数量75万多件(套)。全面开展全省可移动文物认定工作，组建各级工作组和专家指导组，明确工作程序，指导、检查各市县进展情况。截至2月2日，共有183家收藏单位在文物信息登录子系统中录入数据；全省在登录平台上报送文物95674件(套)。

【可移动文物保护修复基地建设】安徽博物院文保中心按照文物保护科研室规范化的建设要求，完成了文物保护化学实验室、熏蒸室、漆木器脱水保护室等科研室的规划设计、设备调试安装及制度建设等工作。同时为适应未来文化遗产保护事业发展需要，对中心原有的修复室进行改造。经过2012年的基础建设与改造，中心使用面积从原来不到200平方米增加到约900平方米。中心设立古陶瓷器修复室、古籍修复室、书画装裱室、青铜修复室、油画修复室(筹备中)、分析检测室、化学实验室、文物熏蒸室、纸质文物保护室、文物摄影室等。这些基础设施的建设，为充分发挥中心在传统修复和科技保护的潜能，建立立足本省的开放性文物保护中心奠定坚实的基础。

【可移动文物保护技术、方法及其应用】实施馆藏天长汉墓出土漆木器脱水保护项目，推进“出土木漆器国家文物局重点科研基地安徽工作站”建设出成果；完善油画修复室建设，举办“全国油画修复保护技术高级培训班”，重建国家文物局油画修复科研基地。推进全省馆藏油画保存状况调查工作，编制相关文物保护修复方案；完成中国徽州文化博物馆、马鞍山市博物馆、皖西博物馆、安庆市博物馆、淮北市博物馆“可移动文物预防性保护工程”项目实施工作。

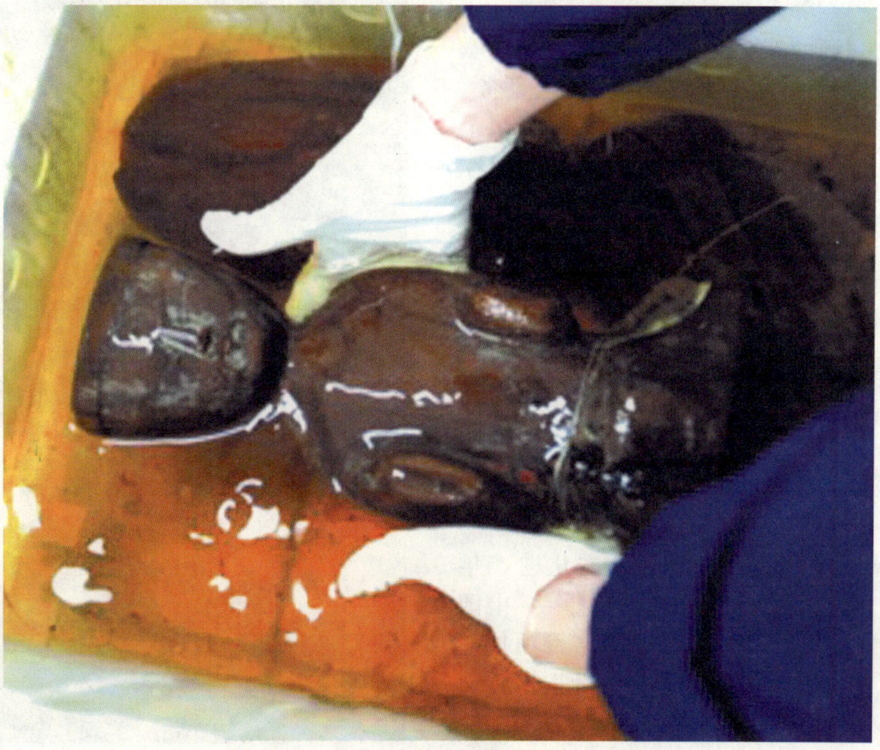

天长汉墓出土的漆木器

非物质文化遗产保护

2014年中国文化遗产日安徽省主场活动启动仪式

【概况】2014年8月21日,《安徽省非物质文化遗产条例》经安徽省十二届人大常委会第十三次会议表决，获全票通过，于2014年10月1日起施行。

濒危项目抢救工程完成口子窖酒酿造技艺等30项省级非物质文化遗产项目采录工作年度任务。《安徽省非物质文化遗产专题纪录片》之《文房四宝》(上、下)专辑在中央十套黄金时段连续播出。第二批省级非物质文化遗产传习基地评审工作结束。推荐确定54家单位入选，其中35个单位为第二批省级非物质文化遗产传习基地,19个单位为安徽省非物质文化遗产传习所。组织宣纸制作技艺、徽墨制作技艺、传统纸笺加工技艺等40多项国家级、省级非物质文化遗产项目参加中国非物质文化遗产年俗文化展示周、中华巧艺——中国(深圳)非物质文化遗产百项技艺联展、深圳文博会、中国非物质文化遗产博览会等10多项国家级、省级非物质文化遗产展演活动,社会反响强烈。举办首届皖北四市(阜阳、蚌埠、淮南、淮北)非物质文化遗产精品展,建立了非物质文化遗产保护区域联动机制。在安徽大学举办2014年中国文化遗产日安徽省主场活动启动仪式及“文化遗产进校园”系列活动，内容包括“黟县百工”展、全省文化遗产摄影展、非物质文化遗产系列讲座与会议、民谣音乐会等。

【古籍保护】2014年，省图书馆开展了第五批《国家珍贵古籍名录》和“全国重点古籍保护单位”的申报评选工作;协助省文化厅积极推动省古籍分级保护机制，完成《安徽省珍贵古籍名录》和省重点古籍保护单位的申报和评审工作。全省共有21家古籍存藏单位的395部名录和7家公藏单位申报。专家委员会通过审阅材料和实地评查，推荐270部名录、6家单位入选。加大古籍编目和出版工作力度，通过影印出版和数字化等方式实现古籍资源的服务功能;承办“中华古籍保护计划”成果宣传推广活动和“民国时期文献保护计划”宣传推广活动,省图书馆获得2014年“中华古籍保护计划”成果宣传推广活动组织优秀单位称号。

宣纸制作

教育體育

□教育综述
□艺术教育
□语言文字工作
□校园文化
□高校社科研究与对外交流
□体育综述
□群众体育
□竞技体育
□青少年体育
□体育产业
□体育文化
□体育科研

教育综述

【概况】1949年，皖北、皖南行署文教处先后成立。1952年合并成立安徽省教育厅。1985年，成立安徽省教育委员会。1990年，成立中共安徽省委高等学校工作委员会。1994年，在省委高校工委的基础上，成立中共安徽省委教育工作委员会，与省教育委员会合署办公，一个机构两块牌子。2000年，省教委更名为省教育厅，主管全省教育事业和语言文字工作。

2014年，安徽共有义务教育阶段学校13452所，高中教育阶段学校1125所，普通高等学校107所（另有11所独立学院）。义务教育阶段、高中教育阶段、普通本专科在校生分别为607.6万人、211.6万人、108.1万人。幼儿园6564所，在园幼儿172.9万人。此外，研究生培养单位21个，在学研究生4.7万人；成人高等学校6所，成人高等教育在校生22.6万人；特殊教育学校66所，在校生1.4万人。各级各类学校专任教师61.8万人。学前教育毛入园率、小学学龄儿童入学率、初中适龄人口入学率、高中阶段毛入学率、高等教育毛入学率分别为78.1%、99.98%、99.8%、91.9%、37.9%。

【基础教育】2014年，全省深化基础教育体制机制改革，突出城区内教师定期流动、控制义务教育择校招生、农村学区建设、资源配置、减负增效等内容，继续推进县域义务教育均衡发展、规范办学行为减轻学生课业负担，大力促进教育公平，全面推进素质教育。

继续完善义务教育经费保障机制，农村义务教育生均公用经费补助标准：小学625元、初中825元，均比上年提高40元。进一步提高农村寄宿制学校公用经费，切实解决寄宿制学校运转困难。按年生均4000元标准单独核定农村义务教育阶段特殊教育学校和随班就读的残疾学生公用经费补助资金。落实不足100人的村小学和教学点按100人核定公用经费政策，对接收进城务工人员随迁子女的城市义务教育阶段学校追加安排公用经费。2014年，全省普通小学、普通初中、普通高中生均公共财政预算教育事业费支出分别为6651.94元、9199.43元、6530.31元，生均公共财政预算公用经费支出分别为2364.95元、3328.81元、2038.52元。截至2014年底，乡镇公办幼儿园建设民生工程总投资3.58亿元，新建、改扩建公办幼儿园406所；完成2291所学校标准化建设任务，标准化覆盖率提高到78%。安排中央财政1.32亿元，在国家集中连片困难地区12个县实施普通高中改造计划，共完成111个建设项目。

5月26—29日，国务院义务教育均衡发展督查组在安徽检查工作

制定第二期（2014—2016年）学前教育三年行动计划。省十二届人大常委会第十次会议审议通过《安徽省学前教育条例》，于2014年6月1日起正式施行，为学前教育持续健康发展提供有力的法律保障。省教育厅制定《安徽省幼儿园办园基本标准（试行）》，为全省各类幼儿园的规划、设置、评估和管理提供依据。继续提高保教质量，转变保教理念，纠正小学化现象。

全省进一步保障和促进教育公平，加大力度规范办班、补课、招生、收费、教辅材料等行为，严格实行招生公开制度，督促落实城市义务教育阶段划片、就近、免试入学制度，择校生比例控制在5%以下，部分市实现了零择校。省示范高中招生指标80%分配到初中。继续按照“三个一样”（一样就读、一样入学、一样免费）的要求，消除进城务工人员随迁子女就学障碍，完善就地参加中、高考和“钱随人走”政策。突出亲情关怀和心理疏导，完善关爱农村留守儿童的办法与措施。加强对农村留守儿童之家的日常管理和养护。出台《特殊教育提升计划（2014—2016年）》，免除孤儿从小学到大学的全部学费。

全面加强中小学德育工作，将立德树人、核心价值观渗透到中小

芜湖市教育局举办2014年新教师上岗培训班

学学科课程和教育教学的全过程。全省新增2个国家中小学示范性综合实践基地项目。在全省中小学校实施“建书香学校、树文化新人”阅读促进项目。积极谋划学生综合素质评价改革,研究制定义务教育学分管理办法,拟定学生素质综合评价方案。在安庆、淮南分别开展了教育质量综合评价、心理健康教育改革试点。

健全教育督导体制,率先在全国实现省、市、县三级政府教育督导委员会全覆盖,首次以省政府名义召开全省教育督导工作电视电话会议。推进县域义务教育均衡发展督导评估,合肥市肥东县等34个县(市、区)通过国家义务教育发展基本均衡县督导评估检查。截至2014年底,全省通过国家认定的县(市、区)达40个,数量居全国第7位、中部第2位。改革县级党政领导干部督导考核制度,突出重点,精简指标,强化结果反馈和使用。扎实开展开学工作、农村薄弱学校基本办学条件等9项专项督导。完善督学责任区建设和中小学校责任督学挂牌督导制度,全省中小学全部挂牌到位,设置督学责任区1337个,4100余名专兼职督学持证上岗。

深入推进教师管理体制改革,初步建立“省考、县管、校用”中小学教师新机制,首次实施中小学新任教师公开招聘全省统一笔试,招聘教师7415名。开展教师资格考试改革和定期注册制度试点,严格教师资格准入,打破教师资格终身制。积极推进中小学校长职级制和教师“无校籍管理”等改革试点,建立健全县域内教师校长轮岗交流机制,全省义务教育学校教师交流47428人、校长交流3144人。继续实施“特岗计划”,2014年招聘特岗教师3005人,全省累计招聘特岗教师达到20636人,分布在全省27个设岗县(区)的2000多所乡村初中和小学。加快“三区”教师队伍建设,组织选派1330名骨干教师赴31个国家连片特困地区县、国家扶贫开发工作重点县和省级扶贫开发工作重点县驻点支教1年。改善乡村教师生活待遇,为15.1万名乡村教师发放生活补贴3.6亿元,在48个县(区)建设农村教师周转宿舍12085套。266374名原民办教师完成身份和教龄认定工作。

【职业教育】2014年,共完成中职招生33.4万人,职普比为47.4:52.6,职普招生实现大体相当。

2014年12月29—30日,全省职业教育工作会议在合肥召开。省委书记张宝顺作出重要批示,省长王学军出席会议并讲话,省委副书记李锦斌传达张宝顺重要批示精神,副省长谢广祥作总结讲话,副省长杨振超主持会议。会议坚定了发展现代职业教育的决心信心、明确了发展现代职业教育的目标方向、形成了发展现代职业教育的普遍共识。会前,省政府印发《关于加快发展现代职业教育的实施意见》,明确了发展现代职业教育的指导思想、基本原则、目标任务等,明确了加快构建现代职业教育体系的内涵、6项创新机制、5项重点工程和4项保障措施。省教育厅等六部门印发《安徽现代职业教育体系建设规划(2014—2020年)》,确定到2020年,建立国内一流、适应发展需求、产教深度融合、体现终身教育理念、职普协调、中高职衔接的具有安徽特色的现代职业教育体系。

继续加强对市级统筹职业教育工作的指导,将普通中专招生计划下放到省辖市,并在专业设置管理、办学资质清查、赛事组织、学校创建、项目申报等方面落实了以市为主的管理体制,推动省属中职学校与市级教育主管部门的衔接。指导各市根据区域内产业发展,制定职业教育发展规划,对市域内职教资源包括学校布局和专业设置进行整合,引导职业学校错位发展、特色发展。2014年,全省共整合各类中职学校32所,中职学校总数降至431所。对皖北6市的职教园区建设实施项目倾斜,中央财政职业教育“以奖代补”专项资金安排6135万元用于支持皖北职业院校改善办学条件、加强师资培训和实训基地建设。皖北6市投入园区建设的资金累计达49.38亿元,落实教育用地指标7048.8亩,建成面积127.2万平方米,在建面积53.79万平方米,22所院校入驻,在校生75244人。

深化职业教育办学模式改革。编制完成数控技术应用等10个中职骨干专业教学指导方案，为中等职业学校相关专业建设和专业教学提供指导。联合安庆市政府举办了以“校企合作、互惠共赢”为主题的第五届皖江城市带职业教育办学模式改革校企对接会。依托省加工制造、交通运输、财经商贸、文化艺术、旅游、农业等6个行业职业教育教学指导委员会，分装备制造、原材料、现代服务业和现代农业等四个专题，开展校企对话交流活动。2014年，全省各中等职业学校积极开展校企合作，涉及合作学校443所，合作企业1670家，涉及合作专业点724个，校企紧密联系、深度合作、共赢发展的新局面有效形成。开展中等职业学历教育办学资质清查和专业设置清理工作，并向社会集中公布当年具备办学资质学校和专业名单。2014年全省共有409所中职学校的3400个专业点具备中职学历招生资质，涉及18个专业类的207个专业，对应一、二、三次产业的专业点分布比例为11∶28∶61。引导职业院校主动对接区域主导产业和战略性新兴产业发展需求，建设一批重点专业、示范专业和特色专业，逐步淘汰不适应区域产业发展需要的专业。2014年，全省中等职业学校新增专业点377个、停办专业点52个，新增专业主要分布在交通运输和文化等产业，专业设置随产业发展动态调整机制逐步建立。

继续开展省级示范学校创建工作，并建立各类示范校的动态管理机制。9所中职学校通过省级示范学校评估。截至2014年底，全省共有175所省级示范及以上中职学校。安排资金4110万元，推进51个省级重点专业和50个省级重点实训基地建设，以点带面提升全省中职专业建设质量。省级财政拨付专项建设补助资金500多万元，建设省级精品课程199门，并通过网络平台，实现全省中职学校共享。争取中央财政支持建设资金1.55亿元，获批中等职业教育基础能力建设项目16个。印发《中等职业学校数字校园建设规范》和《数字校园建设评价标准（试行）》，积极推进“三通两平台”建设。

探索实施技能大赛与技能等级资格认证挂钩制度，在2014年省职业技能大赛中，共有57名选手获相应工种国家职业技能等级高级工证书。组织开展中等职业教育教学成果奖评选工作，共有7项成果获得国家级教学成果奖。全省在全国职业院校信息化教学大赛中，共获得二等奖2个、三等奖3个。

省教育厅引导各地各校按照“培训为就业服务、培训与就业相结合”的原则，面向市场多渠道、多层次、多形式地组织职业院校开展职业技术培训工作。2014年，全省中等职业学校开展各类职业技能培训87.9万人次。印发中等职业学校新型职业农民培养方案，深化新型职业农民教育教学改革。积极推进农村职业与成人教育示范县建设，长丰县、宣州区、定远县入围第一批国家级农村职业教育与成人教育示范县。组织开展2014年省级社区教育实验区、示范街道和示范乡镇成人文化技术学校创建工作，认定4个省级社区教育实验区、40个示范街道和49所示范成人技校。芜湖市成功入选“全国学习型城市建设联盟”成员城市。合肥、芜湖两市成立市社区大学，开通“终身教育（学习）网”学习平台。

【高等教育】2014年，安徽各级各类高等教育招生计划增幅继续高于全国平均水平，高考录取率达84.4%，实际录取考生44.47万人，连续7年保持增长。拓宽农村学生就读重点高校升学渠道，专项计划录取农村和贫困地区考生4956人。严格规范和调整部分高考加分项目，2014年符合加分政策的考生共4394人，其中少数民族4093人、其他各类仅301人，较往年大幅度减少。在总体形势更加严峻的背景下，加强就业创业教育、指导和服务，全省高校毕业生初次就业率达89.58%，比上年提高0.87个百分点，继续高于全国平均水平。

安徽黄梅戏艺术职业学院四学子获第十八届中国少儿戏曲小梅花金奖

建立职业院校升学考试制度，实施分类考试招生制度改革，对高职院校自主招生、对口升学考试、普通专升本考试和初中起点五年制招生等4种考试模式进行统筹，录取考生5.5万余人。深入推进高等教育综合改革，出台《关于地方高水平大学立项建设分类发展的意见》，分类建设地方特色高水平大学、地方应用型高水平大学、地方技能型高水平大学。推进应用型人才培养模式改革，实施卓越工程和法律、新闻、农林人才培养计划，着力提高协同育人水平。试点开展本专科“四年一贯制”人才培养模式改革、“工学一体”就业就学改革。深化成人高等教育教学模式改革，在全国率先开通网络成教园区——安徽成人高等教育在线平台。探索高校教育科研资源向社会有序开放，引起《人民日报》等中央媒体的广泛关注。下放省内普通高校学生转学审核确认权限，落实和扩大学校办学自主权，安徽大学等6所高校首批完成章程制定和核准。在全国率先开展高校编制备案管理试点，4所试点高校新增备案编制1385名。

2014年，皖北卫生职业学院经省政府批准组建并通过教育部备案。积极推进安徽艺术学院筹建工作，以安徽广播影视职业技术学院、安徽艺术职业学院为基础，整合全省高校艺术类教育资源，成立安徽大学艺术与传媒学院，首批招收普通本、专科生977人，同时开展专升本教育。试点安徽中医药大学和亳州职业技术学院联合培养中药学专业专升本学生，本科教育首次覆盖到所有设区的市。安徽医科大学、安徽理工大学、安徽财经大学、安徽建筑大学等省属高校省部共建工作取得重要进展。安徽工程大学机电学院和安徽建筑大学城市建设学院引入民间资本与母体高校合作办学，独立学院规范办学工作取得新的进展。

12月3日，安徽医科大学举办第一个“国家宪法日”文化广场活动

继续实施专业改造与新专业建设项目，引导高校加大专业结构优化改造力度，健全高校依法自主设置和全省宏观调控相结合的学科专业结构优化机制和动态调整机制。主动适应战略性新兴产业和主导产业发展需求，建设省级重点学科、重大项目14个；新增103个本科专业点、144个高职高专专业点；停招停办186个本科专业点、92个高职高专专业点；新增成人高等教育专业点60个，调整71所高校成人高等教育专业点1147个。

深入推进高等教育质量提升工程，继续实施支持本科高校发展能力提升计划和高等教育振兴计划。全省高校共获得国家级教学成果奖20项，省属高校首次摘得一等奖。全省高校国家级大学生创新创业项目立项数连续3年居全国第1位，高职代表队在2014年全国职业院校技能大赛上奖牌数居全国第3位，金牌数居全国第5位、中部地区第1位。加强高校评估工作，发布高等教育质量年度报告，完善高校质量监控体系。继续实施研究生教育创新计划，开展学术学位研究生课程建设试点，召开深化研究生教育改革暨成立研究生教育联盟大会。

全省高校获国家级科学技术奖4项、省级科学技术奖85项，约占省级科学技术奖总数的一半；获国家科学基金项目925项，资助经费5.37亿元。建设省级协同创新中心12个，省属高校首次获建省部共建国家重点实验室。全面启动安徽高校智库建设。积极搭建高校与企业网上实时对接平台，充分发挥安徽高校科研管理研究会的第三方作用，推动校企深度合作。深入实施高校服务文化强省建设行动计划，推动高校参与徽文化、桐城文化等安徽优秀传统文化传承创新，加强与长三角高水平高校人文社科领域交流。

继续实施高校领军人才及团队引进资助重大项目，引进领军人才30人、领军人才团队7个。高校有4人入选教育部“长江学者奖励计划”，9人入选省“百人计划”。实施“教育名师工程”，投入6000万元资助100名省学术技术带头人、省高职高专专业带头人和200名高校优秀青年人才开展科研活动。实施各类培训项目，提高高校教师能力素质。利用现代信息技术，组织600名高校教师参加精品课程培训。

艺术教育

安徽省第四届大学生艺术展演活动

【概况】省教育厅会同省发展和改革委员会、省财政厅、省卫生厅、省体育局和省食品药品监督管理局在全省启动实施“中小学体育卫生艺术教育促进工程(2014—2016年)”，推进学校体育提升计划、健康校园促进计划和艺术教育特色计划。开展农村学校艺术教育实验县工作。合肥市包河区、蚌埠市五河县、马鞍山市和县、芜湖市繁昌县和淮南市潘集区被列入全国农村学校艺术教育实验县(区)。

会同省委宣传部、省文化厅共同举办“校园大舞台——徽风皖韵进高校活动”，共安排演出50场，学生观众4.2万人次，演出内容涵盖黄梅戏、地方戏曲、舞蹈、民歌、音乐以及话剧等节(剧)目，整个活动主题突出、特色鲜明，受到广大学生的热烈欢迎。

举办“青春·理想”安徽省第三届大学生自创话剧展演活动。在部分高校开展话剧创作和演出的基础上，省教育厅对各高校报送的54部自创话剧作品进行评选。安徽大学、安徽师范大学和安徽艺术职业学院的优秀自创话剧节目在安徽大学参加了现场展演。

继续组织开展以“走近大师，感受经典，陶冶情操，提高修养”为主题的高雅艺术进校园活动，受益学生近3万人次。中国交响乐团合唱团、国家话剧院、山西省话剧院分别在我省12所高校演出，全国艺术教育专家讲学团3位专家在安徽省9所高校讲学，安徽师范大学青年交响乐团、滁州学院花鼓艺术团和安庆师范学院黄梅戏艺术团共演出了10场。

开展以“我的中国梦”为主题的安徽省第四届大学生艺术展演活动，活动历时一年。全省各高校发动学生广泛参与，开展了内容丰富、形式多样的艺术活动。各高校共上报了艺术表演节目274个、艺术作品432件、艺术教育论文161篇、校长书画摄影作品21件、“我与大艺展”征文52篇，集中展示当代大学生的人文素养和艺术潜质，营造了健康高雅的校园文化环境。同时，还启动了全省第五届中小学生艺术展演活动，印发《全省第五届中小学生艺术展演活动方案》。

语言文字工作

【概况】深入开展城市语言文字工作，全面完成16个二类城市语言文字评估，加快推进三类城市评估。创建市级语言文字规范化示范校100余所，对合肥、马鞍山、蚌埠、淮南、阜阳、黄山、宿州等市申报的46所省级语言文字规范化示范校进行检查评估。全年累计完成19万考生的普通话测试组织、评分、复审、发证工作；创新开展农村骨干教师普通话培训工作，共有301位教师参加培训。

围绕“说好普通话，圆梦你我他”主题，开展第17届全国推广普通话宣传周活动，组织全省大中小学师生广泛开展诵读展演、普通话大赛、街头宣传、发放推普宣传材料等活动。选拔组队参加全国第二届汉字听写大会，六安市寿县第三中学代表安徽省参加2014央视中国汉字听写大会，张经纬同学表现优秀，进入全国20强。与省广播电视台联合举办第三届“魅力校园·童心飞扬”少儿春节联欢晚会，与省博物院联合开展小讲解员志愿者实践活动，培养和展示青少年学生的语言应用能力和艺术才华。推荐课题“师范类大学生语言文字应用能力现状及对策研究”，获国家语委2014年度科研立项。

校园文化

【校园社区建设】组织大中小学生围绕友善、敬业、诚信、爱国，开展好主题教育活动，充分发挥主题季教育活动的带动作用。各地中小学校开展了丰富多彩的主题班会、主题党团日、升国旗仪式、文艺演出、读书读报、征文演讲等活动，充分利用校园网、校讯通、电子显示屏、文化墙等媒介让社会主义核心价值观随处能见。联合团委、文明办等部门开展“争做美德少年”“做一个有道德的人”“小公民道德实践”“红领巾相约中国梦”“学雷锋志愿服务”“关爱生命，健康成长”等主题实践活动。其中省教育厅与省环保厅联合开展了“争当百佳校园环保小卫士”暨环保主题知识竞赛活动，共收到环保征文3200余篇、环保主题知识竞赛答题卡近50万张、“争当百佳校园环保小卫士”推荐表2200余份。省教育厅会同省科协等6部门联合开展的以“创新·体验·成长”为主题的2014年安徽省青少年科技创新大赛，共有17支代表队、400多名代表参加终评活动。

省教育厅与团省委、省少工委、省妇联、省文明办、省禁毒办等部门合作，广泛开展爱国主义教育、社会主义核心价值观教育、传统文化教育、小公民思想道德建设、法治教育、毒品预防教育等。命名肥西师范学校为“全省毒品预防教育示范学校”；命名淮北市西园中学、亳州师范高等专科学校附属小学、利辛县马店初级中学、无为县第三中学等四所学校为“全省中小学毒品预防教育示范学校”并授予牌匾。

组织参加以“中国梦·我的梦”为主题的第十一届中等职业学校“文明风采”竞赛活动，共有320件作品参加全国决赛，10件作品获一等奖、9件作品获二等奖、18件作品获三等奖，安徽省组委会获贡献奖。

【思政品德教育】推动中国特色社会主义理论体系进教材、进课堂、进头脑。出台《关于做好培育和践行社会主义核心价值观工作的意见》，采取多种方式，把核心价值观融入国民教育全过程。继续实施思政课建设工程，立项建设39个“弘扬核心价值观名师工作室”，举办全省高职高专院校思政课微课比赛。推进教育系统精神文明创建，合肥工业大学、安徽大学等荣膺第四届全国文明单位。强化社会实践，推动师生志愿服务制度化。加强骨干教师和辅导员队伍建设，安徽工业大学杨建老师被评为“第六届全国辅导员年度人物”。加强大学生心理健康教育，组织开展高校自查自评和省级评估。开展《大学生思想政治教育工作测评体系》自测自评，加强思想动态调查分析。实施中小学体育卫生艺术教育促进工程，加快普及校园足球活动，广泛开展阳光体育活动，启动学生体质健康监测，促进学生身心健康发展。

【高校校园文化活动】深化中国特色社会主义和“中国梦”宣传教育，组织开展“中国梦”主题理想信念校园系列主题活动。组织高校师生参加安徽省邓小平诞辰110周年纪念征文活动。继续开展“精神文明建设十佳事迹”“感动江淮志愿服务优秀典型”“安徽好人”等申报评选工作。制度化开展学雷锋系列志愿服务活动，广泛发掘和宣传高校先进人物和先进典型。加强实践育人工作，统筹做好寒暑假“三下乡”、学雷锋、志愿服务等社会实践活动。投入1000万立项建设40个核心价值观名师工作室。以校训为载体集中开展社会主义核心价值观宣传，进一步培育大学精神，开展大学文化建设重点课题研究，培育一批校园文化特色项目，评选表彰一批优秀校园文化成果。继续组织开展廉政文化进校园工作。加大

安徽新华学院药学院开展师生文艺联欢活动

教育系统“扫黄打非”工作力度，净化校园内外环境。

学生社会实践活动。坚持把培育和践行核心价值观贯穿于学校各类社会实践的全过程，统筹做好中小学生参观学习、科普调查、职业体验、研学旅行、素质拓展、社区服务等各项社会实践活动和大学生暑期文化科技卫生“三下乡”、主题社会实践和专业实习实训工作。加强实践育人基地建设，打造了一批大学生校外实践教育基地、职业院校实训基地、中小学校外活动中心、青少年综合实践教育基地和乡村少年宫，着手建设一批青少年社会主义核心价值观实践基地和思政理论课教师、辅导员、哲学社会科学教师社会实践研修基地。安徽科技学院全年组织 1000 名新生赴全国农村改革发源地小岗村实践教学，让广大同学深入一线，了解改革开放所取得的巨大成果，从而进一步增强改革开放意识，坚定理想信念。组织学生参观爱国主义教育基地、博物馆、纪念馆、科技馆、国家重大工程、各行各业建设成就，组织青少年参加力所能及的生产劳动、爱心公益活动，开展益德益智的科研发明、创新创造活动和形式多样的志愿服务、勤工俭学活动。积极推进大学生志愿服务制度化，建立健全志愿者招募注册等 6 项制度，把志愿服务和社会实践纳入学生综合素质评价指标体系，广泛开展形式多样的志愿服务活动，取得了积极成效。安徽师范大学连续 20 年被评为“全国大学生社会实践先进单位”。

高校社科研究与对外交流

【社科研究】2014 年，安徽 23 所高校获得国家社科项目 102 项，资助经费 2338 万元；其中省属高校 93 项，经费 2128 万元。24 所高校获得教育部人文社会科学各类项目 79 项，获资助经费 785 万元；其中省属高校立项 64 项，经费 643 万元。推动安徽高校人文社会科学与长三角地区高校协同合作，召开徽学研究座谈会和加强长三角高水平地方高校传统人文学科协作专题会议，加快安徽传统文化“走出去”步伐。举办长三角中华优秀传统文化与当代文明建设研究生学术论坛。积极推进安徽高校智库建设工作，制定《安徽省教育厅关于加强安徽高校智库建设的意见》，印发人文社科重点研究基地评估指标体系。省教育厅和安徽财经大学联合发布安徽经济社会发展系列研究报告（2014），铜陵学院发布《皖江经济发展研究报告》，引起广泛社会关注。实施安徽优秀传统文化传承创新成果转化重大项目，委托相关高校牵头撰写《徽州文化十讲》《桐城文化九讲》《皖北文化九讲》。建立“安徽省人文社会科学和软科学研究项目管理系统”，实行省社科规划项目、省软科学研究项目和高校人文社科研究项目统一申报、分类评审，实现平台共建、资源共享。

“长三角地区应用型本科高校联盟”启动仪式

【对外交流】举办长三角地区应用型本科高校联盟成立大会暨中德第七届高等教育论坛，全面加强与友好省、州高等教育合作交流，研究生层次中外合作办学项目实现零突破。安徽农业大学与美国科罗拉多州立大学共建农业推广与经济发展联合研究院。8 所高校成为中国政府来华奖学金项目高校，14 所高校招收外国留学生 1718 人，425 名外国留学生获得“留学安徽”项目奖学金。截至 2014 年底，全省各级各类学校共聘请长期外国文教专家（外籍教师）465 人。进一步发挥教育传播文化作用，2 所省属高校在 4 个国家设立 4 所孔子学院，2 所中学在国外设立 2 个孔子课堂，共有学员 2780 人，举办各类文化活动 220 余场，参加人数 10000 余人次。组织 200 余名优秀教师参加国家汉办对外汉语教师选拔，近 100 余名志愿者在多个国家和地区担任汉语言文化交流使者和汉语教学工作。

体育综述

10 月 12 日，安徽省第十三届运动会在安庆市体育中心体育场隆重开幕

【概况】1953 年 9 月 18 日，安徽省体育运动委员会成立，2000 年 6 月改组为安徽省体育局。

2014 年，组织开展《安徽省全民健身实施计划(2011—2015 年)》评估工作。竞技体育启动新周期备战奥运会、亚运会、全运会改革工作，安徽省参加了第十七届仁川亚运会，创造安徽省境外参加亚运会的历史最好成绩。建设青少年体育公共体育服务体系，广泛开展青少年阳光体育活动，举办安徽省第十三届运动会。体育产业取得新突破，举办中国体育文化·体育旅游博览会、第六届世界传统武术锦标赛。2014 年，全省共有 226 个单位获“2010—2013 年度安徽省群众体育先进单位”称号，198 人获“2010—2013 年度安徽省群众体育先进个人”称号。芜湖市、滁州市体育局被国家体育总局授予全国体育事业突出贡献奖先进单位，8 人被授予全国体育事业突出贡献奖先进个人。

群众体育

【全民健身品牌活动】8 月 8 日，安徽省暨六安市庆祝第六个全民健身日活动在金寨县举行。“8·8”节点前后，全省各地都举办丰富多彩的群众健身活动，展示了全民健身成果。2014 年评出安徽省全民健身十大品牌：合肥市 2014 年第三届环巢湖全国自行车赛，淮北市第三届环华家湖自行车公开赛暨首届职工自行车健身赛，亳州市蒙城县第七届益智运动会，蚌埠市第二届“温馨蚌埠、健康珠城”全民健身活动，滁州市第三届“畅游琅琊品味山水”健身活动，马鞍山市第四十一届迎新年环湖长跑活动，宣城市郎溪县第二届全民健身运动会，第四届全国绿色运动健身大会(池州市)，第五届中国齐云山国际养生万人徒步大会暨齐云山山地越野挑战赛(黄山市)，广德县第三届笄山竹海登山节。

【第四届全国绿色运动健身大会】第四届全国绿色运动健身大会 11 月 3—9 日在池州市举办。共设有越野行走与健步走、社会体育指导员素质大赛等 6 个比赛项目，来自全国的 81 支代表队的 1618 名运动员、教练员、裁判员、社会体育指导员，以及池州市的 1500 名运动员参加了 6 个比赛项目。2011—2014 年，池州市已成功举办四届全国绿色运动大会。“绿运会”已成为池州市一张鲜活的城市名片。

【省第七届少数民族传统体育项目运动会】省第七届少数民族传统体育项目运动会于 11 月 3—6 日在安庆举行。共有 16 个代表团，来自回、满、藏、维吾尔、朝鲜等 16 个少数民族 493 名运动员，参加武术、毽球、蹴球、民族式摔跤、高脚竞速、押加、陀螺等 7 个大项 43 个小项比赛(其中陀螺首次列入省少数民族体育运动会比赛项目)，共产生 81 个一等奖、153 个二等奖、219 个三等奖。

【首届中国国际健身气功交流比赛大会】首届中国国际健身气功交流比赛大会 8 月 12—13 日在池州举行。大会由中国健身气功协会、安徽省体育局、池州市人民政府和九华山风景区管理委员会主办，来自世界各地的 32 个社团组织 42 支代表队 223 名健身气功爱好者，通过参加健身气功易筋经、五禽戏、六字诀、八段锦普及功法集体赛和个人赛，展示了精彩的健身气功功法，传播了深厚的健身气功文化。

【省第六届残疾人运动会】省第六届残疾人运动会 10 月 26—29 日

第四届全国绿色运动健身大会

11 月 3 日，安徽省第七届少数民族传统体育运动会在安庆市体育馆开幕

在安庆举行。本届残运会由省体育局、省残疾人联合会共同举办，比赛共设田径、游泳、举重、象棋、飞镖、射击、乒乓球、羽毛球、聋人篮球和盲人门球等 10 个大项，203 个小项，共有 19 个代表团、约 1600 人参赛，其中运动员 686 人，是历届省残运会参赛人数最多、比赛项目最多的盛会，并首次与省运会在同一座城市举办，运动员享受同等待遇，彰显了残健平等的奥林匹克理念。经过四天的比赛，安庆、合肥、黄山、淮北、马鞍山、蚌埠、滁州、铜陵代表队分获奖牌总数前八名，合肥、黄山、安庆、淮北、蚌埠、马鞍山、滁州、铜陵代表队获得金牌总数前八名。闭幕式对获奖运动员代表、获得道德风尚奖代表团和优秀志愿者代表给予表彰。

【省直机关第七届运动会】由省直工委、省体育局共同举办的省直机关第七届运动会于 5 月 14 日至 6 月 19 在合肥举行。省直七运会围绕“运动、快乐、健康、圆梦”主题，集中展示省直机关全民健身活动成果，得到各级领导的高度重视。省委书记张宝顺、省长王学军等 19 位省领导出席开幕式，9 名省级领导、1000 多名厅局级领导以运动员身份报名参赛。省直和中央驻皖单位 165 个厅局、12000 多名运动员参赛。60 个单位分别获省直七运会“优秀组织奖”“组织奖”，45 个单位获“体育道德风尚奖”。

【合肥国际马拉松赛】2014 合肥国际马拉松赛 11 月 16 日上午 8 点在渡江战役纪念馆北广场鸣枪。此届赛事是由中国田径协会、安徽省体育局、合肥市人民政府主办，合肥市体育局、合肥市旅游局、安徽省田径协会承办，设全程马拉松(42.195 公里)、半程马拉松(21.0975 公里)、迷你马拉松(5 公里)、亲子跑(1.7 公里)4 个大项，来自 21 个国家和地区、31 个省市自

2014 合肥国际马拉松赛

第六届省“美好乡村”农民篮球赛

治区的10000余名选手参赛，其中全程马拉松2500人，半程马拉松3500人，特邀外籍选手43人，是合肥市首次举办规模最大、规格最高的单项体育竞赛活动。中央电视台体育频道对比赛做现场直播，赛事期间播出合肥城市形象、历史人文的宣传片，全方位、多角度展示合肥。

【全国库钓大奖赛】 由安徽省体育总会主办，舒城县人民政府、六安市体育局协办的首届全国库钓大奖赛10月13—15日在舒城万佛湖海螺堰国际休闲垂钓中心举办。共有来自全国各地的88支队伍、264名选手参赛。大赛分为两种：混合鱼种总重成绩和单尾最重成绩。

【省首届示范县篮球赛】 省首届全民健身示范县(市、区)男子篮球赛9月6日在凤台县体育馆举行。17个全民健身示范县和1个全国全民健身示范市的18支代表队、200多名运动员参加了比赛。本次赛事旨在以活动为平台，展示各示范县(市、区)全民健身工作成果，加强各示范县(市、区)之间工作联系和经验交流，促进形成各示范县(市、区）之间联系互动的长效机制，充分发挥各示范县(市、区)试点单位在各市全民健身工作中的“领头雁”作用。

【第六届省“美好乡村”农民篮球赛】 第六届省“美好乡村”农民篮球大赛总决赛9月28—30日在芜湖县湾沚镇鲁村举办。来自全省16个市、2个省直管县和湾沚镇的19支农民篮球队，近200余名运动员、教练员共同为广大农民群众献上了一顿丰盛的农民“篮球竞技大餐”。安徽省农民篮球大赛已连续举办六届，成为深受基层广大农民朋友欢迎的省级“农”字号的全民健身品牌赛事。

【全民健身场地设施建设】 2014年，全省建成1750个村级农民体育健身工程、100个乡镇级全民健身广场、423个全民健身苑(其中省级100个)、100个街道(社区)体育俱乐部、1000个晨晚练点。根据省美好乡村建设工作部署，建成710个美好乡村的农民体育健身工程。争取中央转移支付农民体育健身工程建设和维护经费，2014年国家体育总局支持安徽省建设1000个农民体育健身工程(每个2万元)，农民健身器材更新经费777万元。做好雪炭工程和其他健身设施建设。2014年，全省新建6个“雪炭工程”项目，(怀远县、八公山区、黄山区、金安区、界首市、郎溪县，每个200万元）其中国家体育总局援建3个，省体育局配套建设3个。

安徽省直机关全民健身活动成果展示暨第七届运动会开幕式

竞技体育

第十七届仁川亚运会开幕式

【竞技体育成绩】2014年，在全国以上的比赛中，全省共获得31枚金牌（其中，国际大赛13枚）、44枚银牌(其中,国际大赛9枚)、34枚铜牌(其中国际大赛13枚)。

【参加第十七届仁川亚运会】在第十七届仁川亚运会上，安徽省有22名运动员参赛，共获得7枚金牌、3枚银牌、2枚铜牌和2个第四名、5个第五名、1个第六名和1个第八名的成绩,创造安徽省境外参加亚运会的历史最好成绩。

【竞技体育管理体制改革】制定实施《省体育局关于深化优秀运动队管理体制改革实施方案》，将省重竞技运动管理中心、省体操击剑运动管理中心、省武术拳击运动管理中心、省球类运动管理中心(手球、橄榄球项目)纳入安徽体育运动职业技术学院管理，优化资源配置，构建“教科训一体化”运动训练管理模式。

【调整运动项目结构】研究制定田径、游泳、水上、射击和举重等安徽省基础大项和传统优势项目的振兴计划,努力实现全省竞技体育项目的转型发展。采取俱乐部制、企业办队、高校办队等形式,逐步形成形式多样的竞技体育发展新格局。在淮北市省队市办羽毛球队的基础上,与安徽工业大学共建男子橄榄球队,与上海东华大学合作共建田径队,分别与芜湖市政府和安徽师范大学达成合办高水平运动队和体育学校的框架协议。

青少年体育

【安徽省第十三届运动会】由省人民政府主办,省体育局、省教育厅和安庆市人民政府联合承办的安徽省第十三届运动会于2014年10月12—21日在安庆市举行。省委书记张宝顺、省长王学军等省领导出席开幕式。本届省运会以“共享省运、圆梦宜城”为主题,以“富有特色,精彩圆满,节俭务实”为目标,创新办赛理念、突出惠民为民、净化竞赛环境、营造良好氛围。

此届省运会设青少年部和高校部，共有16个市、69所高校参赛,参赛运动员10041人、工作人员2290人、裁判员1353人,累计参赛规模达13000余人,是迄今为止安徽省举办的项目设置最多、参赛规模最大、赛区分布最广、赛期跨度最长、赛风赛纪最好、反兴奋剂工作最严的一届省运会，实现“场馆设施一流、竞赛组织一流、运动成绩一流、赛风赛纪和反兴奋剂一流、服务保障一流、安全稳定一流”的目标。

省运会期间召开“全省群众体育先进单位和先进个人、体育系统先进集体和先进工作者表彰会”、第三届全省体育科学大会、安徽省首届体育美术书法摄影作品展等活动，发挥省运会的综合效益和多元社会功能，取得丰硕的成果。

【少年体育组织建设】不断扩大青少年体育组织,初步形成“国家、省、市”三级青少年体育组织网络。全省有405个体育传统项目学校,其中国家级12个、省级164个、市级229个；有138个体育专项特色学校,其中省级41个、市级97个;有359青少年体育俱乐部，其中国家级164个、省级155个、市级40个;有7个青少年户外体育活动营地,其中国家级5个、省级2个。

【青少年阳光体育活动】广泛开展青少年阳光体育活动。举办了2014年全省青少年“未来之星”阳光体育大会,承办了第七届中韩青少年体育交流活动,组队参加了第十二届全国中学生运动会、全国阳光体育大会、全国体育传统项目学校比赛等13项青少年体育赛事活动。积极推广青少年校园足球活动,在125所小学、94所中学中推广校园足球活动,并举办了安徽省首届校园足球夏令营。合肥市为国家级校园足球布点城市，淮北、亳州、蚌埠、淮南、芜湖、池州6市为省级校园足球布点城市。

体育产业

2014 年全国体育文化·体育旅游博览会在芜湖市举办

【2014 全国体育文化·体育旅游博览会】2014 年全国体育文化·体育旅游博览会于 11 月 22—24 日在芜湖市举办。“两博会”期间主要活动有:奥运冠军、体育明星下基层;体育文化、体育旅游发展论坛暨 2014 全民健身优秀论文报告会;安徽省加入长三角地区体育产业协作组织和中部 6 省体育产业战略合作签约仪式;体育产业精品项目推介;体育旅游精品项目优惠体验卡发放仪式;红杨山汽车越野赛、射箭比赛;书画展、邮展等。邓琳琳、罗雪娟、李娜等 12 位奥运冠军和体育明星分别走进学校、企业和社区,宣传全民健身、介绍成长经历、赠送体育器材,并与现场的学生和群众互动交流,受到社会各界的广泛好评。安徽省加入长三角体育产业协作组织和中部 6 省体育产业协作组织也在本届“两博会”上正式签约。

【第六届世界传统武术锦标赛】第六届世界传统武术锦标赛 10 月 26—28 日池州市九华山举行。来自中国、美国、加拿大、德国、俄罗斯、日本等 45 个国家和地区 2000 多名选手参赛。本次武术赛事活动以“相约池州·论剑九华”为主题,分为国内组和境外组,由个人项目、对练项目、集体项目三大类组成。其中个人项目分为传统拳术(太极拳类、南拳类、其他拳类)和传统器械(单器械、双器械、软器械)两大类。参赛者最大年龄 75 岁,最小年龄 7 岁。经过三天的角逐共产生一等奖 357 个、二等奖 572 个、三等奖 909 个。本届传统武术锦标赛首次搬到户外举行,充分体现出人与自然的浑然一体;首次由企业独家出资、具体承办,初步实现了体育赛事的市场化运作。赛事期间,还举办“祈福九华山·寻诗杏花村”文化考察、“武林风·池州情”百米长卷签名留念、“观武术奥运·游福地池州”文化旅游宣传促销、段位考试等 7 项活动。此届锦标赛直接消费 4000 多万元,带动相关收入达到 1.7 亿元。

【培育特色赛事品牌和体育用品】以承办国际、国家级重大比赛为突破口,全力打造具有本区域特色的自行车、汽车、登山、武术、铁人三项、户外徒步等赛事品牌,主要有黟县国际山地车节、泾县乡村公路自行车赛、泾县桃花潭龙舟赛、绩溪徽杭古道跑山赛、黄山市全国户外运动休闲大会等。在培育体育用品方面,筛选部分拥有自主品牌且与大众健身密切相关、有较好发展前景的企业及产品,从资金扶持、服务引导、宣传推广等方面,帮助企业做好商标注册、技术研发、质量认证、标准化研制等工作。

第六届世界传统武术锦标赛于 10 月 26 日至 28 日在池州市九华山举行

体育文化

安徽省首届体育美术书法摄影作品展开幕式

【体育文化建设】举办安徽省首届体育美术书法摄影作品展。作为省第十三届运动会系列活动的重要组成部分,省首届体育美术书法摄影作品展于2014年10月11—20日在安庆举行。副省长谢广祥等领导出席活动启动仪式并观看作品展。展览由省体育局、省文学艺术界联合会、省体育总会主办,以“共享省运·圆梦宜城”为主题,以艺术的形式呈现了江淮体育健儿拼搏奋进、安徽体育事业阔步发展的壮丽画卷。征集选出98件美术作品、108件书法作品和110件摄影作品,并特邀36件作品参展。省运会期间,安庆市民以及各市代表团运动员、教练员、工作人员等数万人免费参观了展览。不断加强体育非物质文化遗产挖掘保护工作。2014年,安徽省人民政府发文公布了全省第四批省级非物质文化遗产项目,其中“陈抟老祖心意六合八法拳、五音八卦拳、吴翼翚华岳心意六合八法拳、徽州武术”等4项列入“传统体育、游艺与杂技”类别。

【体育宣传】抓好省第十三届运动会宣传工作,开幕式首次实现安徽卫视现场直播。调整成立“安徽省体育局宣传信息文化中心”。组织开展安徽体育好新闻、安徽十大体育新闻评选活动,参加全国全民健身好新闻评选荣获“优秀组织奖”。开展了“寻找安徽省最美退役运动员”公益宣传活动。加强安徽体育网、省体育局内部办公网等平台建设管理,创新与人民网安徽频道、《市场星报》等媒体合作。加强全民健身、竞技体育、青少年体育、体育产业、政策法规、体育文化等方面宣传,全年共组织新闻媒体集中采访活动30余次,召开新闻发布会6次,开展“全民健身、体彩公益宣传”江淮行专题宣传活动8次,中央和省级主流新闻媒体报道安徽体育工作情况达8000余篇(条),比上年增长33%。省体育局再次被国家体育总局评为“全国体育宣传工作先进单位”,综合考评得分位居全国第二。

体育科研

【国民体质监测】 完成国家和省第四次国民体质监测工作。2014年,安徽省体育局等10厅局印发《关于开展2014年国民体质监测工作的通知》(皖体群〔2014〕5号),启动国家和省第四次国民体质监测工作,其中,合肥、阜阳、黄山3市为国家级抽样城市。继续开展为省直机关“送健康”活动。2014年到省公安厅、省司法厅、省统计局、省残联、省调查总队、省文联、省通信管理局、省戒毒所、省政务中心等9厅局开展体质测试,出具695份运动处方,发放800余份科学健身宣传册。2014年,全省建设第三批16个县级国民体质监测站。截至2014年底,全省共有国民体育监测中心(站)66个,其中,省级1个、市级16个、县级49个。

【体育课题研究】 以课题为纽带,提升科研水平。2014年,省体育科学技术研究所申报国家体育总局课题6个,批复2个;申报省科技厅课题3个,批复3个。分别与复旦大学生命学院和安徽师范大学签订合作协议,就体育科研合作、人才培养等建立平台,提升科研人员研究水平。

□档　　案

□党史研究

□地方志

档案党史地方志

档　　案

【概况】1959年，国务院批准成立安徽省档案管理局。1980年，成立省档案局，与省档案馆一套机构、两块牌子。2003年，被确定为省委、省政府直属单位。主要职能是：制定全省档案工作的规章制度、业务标准和技术规范；依法开展档案行政执法监督；制定全省档案事业发展的中长期规划和专项计划；接收、收集和保管省直各单位和其他组织按规定移交进馆的档案资料；征集散存在社会上的珍贵档案资料；审定综合档案馆、专门档案馆、部门档案馆档案资料接收和收集范围；指导、协调省直和市、县及专项档案业务工作。2014年，全省共有档案行政管理机构125个，各级各类档案馆138个。全省各级各类档案馆、室共藏有纸质档案8727.8万卷(件)，共接待利用者103.3万人次，提供利用档案220.9万卷(件)。

【服务全面深化改革】省档案局列入农村土地承包经营权确权登记颁证领导小组成员单位，与省农委联合印发《安徽省农村土地承包经营权确权登记颁证档案管理办法》，加强对肥西、庐江、临泉、埇桥区、和县、金寨、潜山等首批试点县区农村土地确权登记颁证档案工作调研、督查、指导，得到国家档案局肯定，在全国农村土地确权颁证档案工作会议上作经验交流。参加省委党内法规和规范性文件清理工作，完成目录梳理2.5万条、提供档案665卷，清理一批档案工作规范性文件。推行省级行政权力清单制度，审核确认12项行政权力。

【服务经济社会建设】省档案局与省发改委联合印发《关于进一步加强重点建设项目档案工作的意见》，13个安徽省重大建设项目通过档案工作验收。与省财政厅、省农机局联合印发《安徽省农业机械购置补贴档案管理办法》。与省人社厅联合印发《关于公布第一批医疗、工伤、生育保险业务档案管理达标单位的通知》《关于开展城乡居民基本养老保险业务档案管理达标验收工作的通知》，会同省医保中心对合肥、亳州、宿州、阜阳、淮南等市医保中心档案进行考评验收。对省住建厅行政审批、房产、公积金档案规范化管理进行检查指导。与省体育局联合印发《安徽省体育系统档案管理暂行办法》，加强对体育系统档案规范化管理。阜阳组织开展全市民生档案的种类、分布、保管状态调研。马鞍山对涉及民生的10种门类专业档案管理情况实施登记报告制度。安庆对40多个单位民生及专业档案进行监督检查。黄山出台进一步做好民生档案工作的意见并对30多个单位民生档案资源进行整合。亳州开展村级档案室标准化建设规划。六安全面推进第二批87个美好乡村建设示范点档案工作。宣城制定美好乡村档案收集、归档范围和保管期限表。安庆出台社区档案管理办法。淮南全程跟进"8.19"东方煤矿爆炸事故救援处置工作，确保事故救援和处置档案齐全完整和全部接收进馆。

省委常委、省委秘书长唐承沛参观《让档案告诉我们——安徽1937—1945》档案展

【服务文化建设】省档案局挖掘安徽抗战档案史料，举办"让档案告诉我们——安徽1937—1945"档案展览，接待参观1.1万人次。与《合肥晚报》联合开办《安徽档案揭秘》栏目，共发稿42期、10万多字。合肥推出《湖畔拾贝——合肥档案发现》报纸专版。蚌埠推出52期《档案解密》报纸专栏。芜湖推出7期《档案揭秘》报纸专栏。淮南举办"淮南记忆"和"历史不能忘记"档案展。滁州推进城市记忆工程。池州编辑《党和国家领导人在池州》大事记。

【档案资源体系建设】各市完成《档案馆档案收集范围实施细则》和《档案馆接收单位应移交档案分类一览表》编制工作。六安开展"档案资源建设年"活动。马鞍山开展"民生档案建设年"活动。淮北对

“中国好人”档案库实施动态管理。宣城加强重要会议、重点工作、重大活动档案接收工作。池州出台重大活动档案管理办法，将创建国家森林城市等重大活动档案接收进馆。省档案馆建立奥运冠军邓琳琳名人全宗档案，重点征集一批抗战时期的图片、影像、实物等档案资料。黄山加强徽州历史档案资料征集。合肥、芜湖、滁州、铜陵等地开展特色档案征集工作。

全省数字档案馆(室)建设推进会在蚌埠召开

【档案馆舍建设】 省档案馆新馆建设即将开工。亳州、淮南、滁州、芜湖、黄山等一批市级档案馆投入使用。中西部地区县级综合档案馆建设项目进展顺利，2014年下达中央投资项目12个、资金5265万元，累计下达项目33个、累计争取中央投资资金近1.4亿元，19个项目建成投入使用。7个市县区档案馆通过测评，芜湖市、黄山市、宁国市档案馆晋升为国家一级档案馆，泾县、定远县、天长市档案馆晋升为国家二级档案馆，埇桥区档案馆晋升为国家三级档案馆。滁州市档案馆正式批准为全国中小学档案教育社会实践基地，霍山县档案馆确定为安徽省中小学档案教育社会实践基地。

【档案信息化建设】 全省数字档案馆(室)建设推进会在蚌埠召开，对全省数字档案馆(室)建设进行研究部署。省档案馆数字化工作有序推进。合肥完成馆藏档案全文数字化2857万页、目录数字化794万条。蚌埠完成馆藏档案数字化工作。淮南完成馆藏档案数字化扫描170万页。滁州完成民生档案全文数字化80万页。六安完成馆藏档案数字化扫描240万页。宣城完成民生档案全文数字化加工57万余页。马鞍山完成馆藏档案数字化315万页。芜湖完成档案全文数字化855万余页、目录数字化55万多条。池州完成档案目录数字化13万多条。黄山完成馆藏档案数字化扫描230万画幅。省电子文件中心建设取得新进展，省电子文件管理联席会议印发《安徽省归档电子文件移交与接收暂行办法》，全省水普档案电子数据以及省教育厅、省国土厅等多个省直单位电子文件接收进馆。开展档案鉴定划控工作，全省2万多件开放档案上传国家档案信息资源共享平台。

【档案法制建设】 省档案局与省政府法制办联合开展档案行政执法人员资格认证工作，全省209人取得档案行政执法资格。省档案局组成检查组，对芜湖、宣城所属县区12个档案局馆及59个单位进行执法督查。配合国家档案局检查组开展贯彻执行档案法情况执法检查，省委办公厅、省政府办公厅就反馈情况制发整改措施。宿州、宣城、芜湖、安庆、蚌埠等市档案局联合市人大常委会有关委(室)、市政府法制办、司法局等单位开展执法检查。铜陵、黄山等市档案局会同市监察局、发改委等单位开展重点工程、民生工程领域联合检查。合肥、亳州、淮北、淮南、马鞍山、池州等市以及广德、宿松县档案局开展行政执法检查。

【档案监督指导】 全省通过机关档案工作目标管理考核302个。省档案局会同省委教育实践活动领导小组办公室转发《关于做好党的群众路线教育实践活动文件材料收集归档工作的通知》，指导第二批教育实践活动单位文件材料收集归档工作。与省高级人民法院联合制发《安徽省法院系统诉讼档案案卷格式》，对全省法院系统诉讼档案进行指导。截至年底，全省共有500多个律师事务所档案工作目标管理达标升级。与省司法厅联合印发《关于全省司法鉴定机构档案管理达标升级工作情况的通报》《关于进一步加强公证档案管理工作的通知》，与省审计厅联合印发《关于审计机关贯彻执行审计档案管理规定情况的通报》。会同省纪委对各市纪检监察机关档案工作进行检查指导，推进贯彻落实《安徽省党员领导干部电子廉政档案管理规定(试行)》。贯彻落实国家档案局9号令、10号令，完成15个市《档案馆档案收集范围实施细则》的审核批复，完成对9个企业档案归档范围和保管期限表的审核批复。加大对民营企业档案工作的监督指导力度，开展民营企业档案工作人员业务培训。与省教育厅联合对高校贯彻实施《高等学校档案管理办法》《安徽省高等学校档案管理实施办法》情况进行督查，加强高校档案工作管理。

党史研究

【概况】 省委党史研究室既是省委党史研究部门，又是主管党史业务的工作部门，1981年成立。主要职能是：总结党的历史经验，宣传党的光辉历史和优良传统，为党的建设提供历史借鉴；征集、整理、编纂和研究安徽地方党史资料，为省委相关决策和处理历史遗留问题提供咨询和史实依据；组织党史学术研讨活动；负责全省党史系统干部培训工作等。2014年，以深化开创和发展中国特色社会主义时间段党史研究为重点，统筹推进各项工作，有效发挥党史工作资政育人作用。

【党史编研】 《中国共产党安徽历史》(第二卷)正式出版发行。省委书记张宝顺担任编审主任，省委副书记李锦斌，省委常委、秘书长唐承沛担任编审副主任。推动《二卷》宣传教育，向全省市厅级以上领导、县区委主要领导和省属大型企业、省属高校、市县党史部门赠阅5500余册。

开展改革开放实录课题研究。围绕安徽改革开放重要决策、重大事件、重点工程和主要成就，组织各市、省直管县党史部门和省直有关单位共同开展“安徽改革开放实录”课题研究。编纂出版《安徽改革开放实录》(第一辑)，启动第二辑编纂工作。

编纂出版“红皖”系列书刊。编发专刊《红皖撷英》，从安徽丰富的党史资源中撷取在全国有重大影响的事件、人物、精神等内容，分专题推出，每月一期，一期一例，向全省地厅级以上领导和党史部门赠阅，全年推出“安徽精神”“安徽红色场馆”2个专题。编纂出版《红皖史荟》，在完成“一室一专题”论文论著撰写的基础上，编纂出版《红皖史荟——“一室一专题”合集》。编纂出版《红皖印记》，从全省17个“一市一馆(址)”工程、“全省领导干部党史教育基地”和全省重要革命遗址、国家级红色旅游经典景区中精选30个遗址遗迹和纪念场馆，编纂出版《红皖印记——安徽重要革命遗址与纪念场馆寻踪》。编纂出版《红皖史珍》，从近年来举办的大型党史图片展中精选600余幅珍贵图片，编纂出版《红皖史珍——安徽省中共党史图片展合集》。编纂出版《红皖英烈》(第一卷)，收录从辛亥革命、新民主主义革命至今36名皖籍著名烈士传略。

【专题研究和资料征编】 完成“关于1978年习近平同志陪同黄静波、齐心同志来皖考察情况”资料征集和专题调研。完成“安徽省抗战时期重大惨案”资料征集，修订出版《安徽省抗日战争时期人口伤亡和财产损失》(A卷)。编写出版《中共中央南方局与新四军》。在全省部署开展安徽知青口述史料征集，编纂出版《安徽知青口述实录》。启动口述史《孟富林同志回忆录》编纂工作。

【党史宣传教育】 开展邓小平诞辰110周年纪念活动。在《安徽日报》用两个整版发表纪念文章《小平与安徽》，在《党史纵览》开设纪念专栏。参加学术研讨活动，3篇论文分别入选“全国纪念邓小平诞辰110周年学术研讨会”和“全国党史界纪念邓小平诞辰110周年学术研讨会”。

举办大型党史图片展。6月30日至7月15日，与省委组织部联合举办“光辉的历程、伟大的成就——纪念建党93周年安徽党史图片展”，省委书记张宝顺、省长王学军等省领导集体参观首展，34个党政机关、企事业单位及广大党员群众前往参观，累计受众近5万人。

做好一个课题。完成省党建工作领导小组确定的“以习近平总书记系列重要讲话为统领，充分发挥党史‘教科书’‘必修课’‘营养剂’作用”党建研究课题，形成课题研究报告。

办好一刊一网。《党史纵览》围绕重大题材、重要人物、重大事件加强策划组稿，全年刊发稿件200多篇，90%以上被人民网、新华网等门户网站转载。做好“安徽党史网”改版工作，加强网站安全维护，及时更新和充实内容，申请安徽党史官方认证微博。与省网信办联合开展“清理网上歪曲党史国史有害内容”专项行动。

七一前夕，省委书记张宝顺、省长王学军等省领导集体参观党史图片展

地方志

【概况】 安徽省地方志编纂委员会成立于1981年，下设办公室，属省政府直属事业单位（参照公务员制度管理）。主要职能是：制定全省地方志编纂长期规划及年度实施计划，组织编纂安徽省志和综合性年鉴，负责省辖市地方志稿的审定工作，指导市、县（市、区）地方志书和年鉴编纂工作，组织整理旧志，收集、整理和开发利用地情资料等。

【省志编纂】 2014年，二轮《安徽省志》90部分志6000万字已经成稿，其中已出版10部。6月25日召开《安徽省志》第一批出版印刷分志承编单位会议，26日召开未评议分志承编单位会议，推动省志编纂工作。7—9月，集中时间、人力打磨《安徽省志·交通志》，作为各分志的标准。改进审稿方式，推行“三审”并举。省政府委托省地方志办公室负责《安徽省志》审查验收，省地方志办公室创造会审制，邀请分志承编单位负责人参加志稿会审。

【市县志编纂】 全省二轮132部1.35亿字市、县（市、区）志、山湖志编纂出版任务基本完成，最后10多部正在印刷中。开展全省第二次地方志成果评奖活动。提出编修镇志、村志、企业志、特色志，举办全省名镇名村名企志编纂培训班。肥东县18个乡镇全部启动修志工作。淮北市《黄里村志》、亳州市《阚疃志》《高炉志》《义门志》《城父志》已经开始编纂。淮南市先后出版《田家庵镇志》《姚家湾志》《廖家湾村志》《王郢村志》。安庆市首部村志大观区《五里村志》出版。池州市贵池区渚湖姜村、石门高村，东至县金溪村，青阳县陵阳所村，九华山风景区老白吴村申请修志。天长市启动《天长镇志》《龙岗村志》编纂工作。全省有34个申报中国名镇志出版规划项目。《安徽鲁班集团志》《合肥汽车客运公司志》《天康集团志》《口子酒志》《徽墨志》等在编纂中。

【年鉴编纂】 2014年累计已出版市、县（市、区）年鉴105部。庐阳、包河、谯城、颍泉、颍东、太和、萧县、泗县、大通、怀远、淮上、凤台、明光、青阳、休宁、屯溪、徽州区等17部地方综合年鉴成功创编。在中国出版协会举办的第五届全国年鉴编纂出版质量评比中，《安徽年鉴》《安徽文化年鉴》双双获得综合特等奖。在全国34个省、市、区中，安徽是唯一一个。5月5—6日，《安徽年鉴》编纂业务培训班在岳西县举办，来自全省各级各部门参与《安徽年鉴》编写工作的负责人和撰稿人80多人参加培训。8月28—29日，全省年鉴主编和业务骨干培训研讨会在广德县召开，来自全省各年鉴编纂单位的主编和业务骨干等150多人参加培训学习。

【旧志整理】 全省规划整理的95部旧志，已出版73部，进入审定阶段9部，其余13部正在点校。淮北市点校的《光绪·宿州志》、亳州市点校的《光绪·亳州志》当年出版发行。滁州市启动《万历·滁阳志》点校工作。

【地方志馆建设和信息化建设】 2014年，省地方志办公室新增图书3841册。新购《南京大学图书馆藏稀见方志丛刊》68册影印本。淮北市组织收集“即将消失的乡村”资料，启动千年古镇、古村落地名与文化遗产认定工作。蚌埠市完成2万字知青口述史料征集工作。天长市开展抢救正在消失的历史资料征集工作，完成2名新四军老战士口述史文字稿。

省地方志网站版面升级换代。淮北市加快地方志成果数字化速度，完善数字方志库，编制《方志馆馆藏书目》。蚌埠、宣城等市网站建设有创新，阜阳市完善地方志网站平台。

【刊物编印】 2014年，《志苑》完成6期编辑、发行任务。《安徽地方志》编辑4期，外省来稿数量增加。《安徽大事记》版式、内容改善。内部送阅资料《合肥地情活页》对引领和促进合肥市学者研究地情起到重要作用。《淮北文化》《淮南方志》《滁州月志》《发展论坛》《宣城历史文化研究》《新安》等刊物品味提高。阜阳市将原《志鉴》杂志改为《阜阳风物》，展示阜阳特有的颍淮文化。

【读志用志】 省地方志办公室与省体育局、省农垦局合作，在省第十三届运动会上举行《安徽省志·体育志》首发仪式，在省属寿西湖农场举行《安徽省志·农垦志》首发仪式。以“知我淮南，爱我淮南”为主题，淮南市开展淮南文化精神内涵解读活动，向社会公德教育、道法讲堂、群众路线教育实践、公务员任职培训、职业教育等领域延伸，成为一大亮点。淮北市举办《淮北史话》大型赠书活动与知识竞赛活动，开展“六走进”活动，向全市机关、学校、军营、企业、社区、农村赠送地方志成果7000余册。蚌埠市在首个烈士纪念日撰写《我市有这些革命烈士纪念场所》；开展《亲历国庆八周年观礼庆典记》组稿活动；协助《蚌埠日报》、蚌埠电视台等主流媒体开展重大事件、重要人物纪念活动。芜湖市参与市爱国主义教育展馆的创办与开馆工作。安庆市向安徽省第十三届运动会赠送《安庆之最》。马鞍山市挖掘“一江两岸”人文资源，在《马鞍山日报》《皖江晚报》等媒体上刊发10余篇地情研究文章；向全市“农家书屋”、乡镇文化站赠送《人文马鞍山(丛书)》600余套，多次向外地考察团赠送《人文马鞍山(丛书)》200余套。黄山市参与市政协组织的徽州古建筑保护利用情况调研，帮助策划徽州文化长廊重点建设项目中国徽菜博物馆；与《黄山日报》共同举办“读志用志”知识竞赛。

【学术研讨】 11月21—22日，由省地方志办公室、马鞍山市人民政府主办，马鞍山市地方志办公室承办的古代方志名家研讨会在马鞍山市召开。来自全国各地的60多名专家、学者参会，就古代方志名家罗愿、章学诚、戴震、洪亮吉、李兆洛的方志学术思想和修志成果进行研讨。会议收到论文30余篇。12月11—12日，由省地方志办公室主办、滁州市地方志办公室承办的明文化研讨会在滁州市召开。来自江苏、湖北、浙江、云南、河北、新疆、广东、安徽等8个省的明史专家、高校学者和方志界人士等70余人参加研讨会，收到论文34篇。

【地情研究】 省地方志办公室和省社会科学院合作编写的《安徽地区城镇历史变迁研究》出版。《安徽历史文化概要》完成60万字撰写编辑工作。大型画册《江淮儿女七彩人生》出版，把江淮儿女精彩瞬间展现出来。合肥市编纂《合肥历史文化资源大观》《合肥城镇》。亳州市编纂《亳州史话》《亳州文物古迹概览》。黄山市参编《徽州文化大辞典》《徽州文化通俗读本》《古徽州官吏勤廉史迹》。淮北市开展桓谭、嵇康、戴逵、刘开渠研究，对本地传统学术思想和文化现象进行提炼和总结；编辑出版《淮北史话》《淮北历史三字经》《淮北先贤遗集》《淮北典故》。宿州市“蹇叔、朱元璋出生地考，马登山前话子马、鱼台寺边论太公”4个研究课题结题；编纂《宿州史话》《萧县史话》。《淮北史话》《宿州史话》《萧县史话》都是中国社会科学院社科文献出版社“十二五”国家重点图书《中国史话》系列丛书。蚌埠市撰写的论文《邓小平经营华东的历史功绩》在《军事历史研究》2014年第一期刊发；对抗战时期蚌埠伤亡800人以上的惨案进行调研，完成“蚌埠惨案”“怀远惨案”两个专题2万余字撰稿任务，将收入《抗战时期全国重大惨案》一书；形成《关于对侵华日军“黄柏郢大屠杀”惨案旧址实施全面保护和综合开发的报告》；编纂出版《蚌埠创业名人录》，把120名蚌埠创业者载入史册；完成首个专题《农村税费改革在蚌埠》撰写任务。淮南市撰写《淮南历史漫步》。滁州市整合全市文史力量编纂《滁州记忆》丛书10卷，完成《当代滁州名人》《历代名人与滁州》两部书稿。芜湖市编撰《芜湖对外开放史》《中国教授第一村——胡湾村》《芜湖通史（江北版）》；在《大江晚报》开办《鸠兹勾沉》专栏，专题介绍芜湖历史文化，刊登500期；完成芜湖历史文化课题“莫干将与神山”研究任务。宣城市编纂的《宣城古代诗词全集》第五卷出版，该书五卷出齐，约400万字；编纂《宣城美好乡村建设实录》。马鞍山市承编《人文马鞍山(丛书)(第二辑)》4卷。铜陵、安庆两市分别编纂《铜陵之最》《安庆之最》。铜陵市编纂《江南解放第一城》《铜陵见义勇为群英谱》《严凤英和她的师傅在大通的日子》《和悦往事》《版画家江大才》。安庆市所撰论文《安庆文化与中国近代化》被录入中国知识资源总库中国重要会议论文数据库(CPCD)。

古代方志名家研讨会在马鞍山市召开

【《安徽年鉴》《安徽文化年鉴》双双获大奖】 2014年底，在中国版协举办的五年一度的全国第五届年鉴编纂出版质量评比中，《安徽年鉴》(2014卷)《安徽文化年鉴》(2012卷)双双获得综合特等奖，省地方志办公室是全国各省市中唯一参评两部年鉴都获最高奖的单位。《安徽年鉴》由省政府主办，《安徽文化年鉴》由省委宣传部主办，两部年鉴均由省地方志办公室主管。

民族宗教

□民　　族

□民族文化弘扬与保护

□少数民族重大活动

□少数民族教育

□宗　　教

□宗教文化开发利用

□宗教重大活动

民　族

【少数民族概况】安徽省属少数民族散居省份。据第六次全国人口普查统计，全省55个少数民族成份俱全，现有少数民族常住人口39.56万人，占全省总人口的0.66%。少数民族在全省呈“大分散、小聚居”状分布，沿淮淮北多且相对集中，沿江江南少而分散。回族、满族、畲族为本省世居少数民族，其中回族人口最多，为32.81万人，占全省少数民族总人口82.92%。现有11个民族乡(场、街道)，分别是定远县二龙回族乡、凤台县李冲回族乡、寿县陶店回族乡、淮南市孤堆回族乡、淮南市古沟回族乡、肥东县牌坊回族满族乡、五河县临北回族乡、颍上县赛涧回族乡、宁国市云梯畲族乡、皖河农场三益回民分场、亳州市花戏楼街道。另有135个少数民族聚居村、122所民族中小学。全省有民族团结进步教育基地7个、民族团结进步示范社区26个；安庆市回族文化陈列馆、宁国市云梯畲族乡千秋文化园为全国民族团结进步教育基地。

民族文化弘扬与保护

【宁国市畲族村、望江县回民村入选首批中国少数民族特色村寨】2014年9月23日，国家民委发布《关于命名首批中国少数民族特色村寨的通知》，宁国市云梯畲族乡千秋畲族村、望江县漳湖镇回民村2个民族村榜上有名。此次全国共有340个村寨被作为首批“中国少数民族特色村寨”予以命名挂牌。2009年，国家民委、财政部联合开展了少数民族特色村寨保护与发展试点工作以来，省民委共投入专项发展资金1400万元，并协调、推动有关市、县(市、区)加强对少数民族特色村寨保护与发展工作的重视和投入。在各方面的共同努力下，全省有13个少数民族聚居村被列入“十二五”时期全国少数民族特色村寨保护与发展名录项目，涌现了一批民居特色突出、产业支撑有力、民族文化浓郁、人居环境优美、民族关系和谐的少数民族特色村寨，在保护少数民族传统民居、弘扬少数民族优秀文化、培育当地特色优势产业、开展民族风情旅游、促进经济社会发展、增进民族团结等方面取得显著成效。

宁国市云梯畲族乡舞蹈表演

【全省民族团结进步教育基地宣传画册刊印】2014年9月，省民委组织编印第一批全省民族团结进步教育基地宣传画册，旨在及时宣传推广各个教育基地建设成果和典型经验，进一步增强社会影响力和阵地教育作用。画册真实记录全省少数民族聚居地区的悠久历史和优秀文化，充分展现了全省各族人民团结和睦与共同奋斗的光辉历程，集中反映了全省少数民族在当地党委政府领导下所取得的社会主义现代化建设丰硕成果，将在广泛开展党的民族政策宣传、弘扬民族团结进步精神方面发挥极其重要的作用。

【《孔雀·孔雀》获首届全国少数民族优秀舞蹈作品展演优秀奖】安徽艺术职业学院双人舞《孔雀·孔雀》，获首届全国少数民族优秀舞蹈作品展演优秀奖。首届全国少数民族优秀舞蹈作品展演暨第四届中国·呼和浩特少数民族文化旅游艺术活动是由国家民委、文化部、内蒙古自治区人民政府主办，内蒙古自治区民族事务委员会、内蒙古自治区文化厅、内蒙古自治区旅游局、呼和浩特市人民政府共同承办的。经过评委会认真评议，评选出金奖作品5件、银奖作品12件、铜奖作品20件、优秀奖作品26件。

“汤都论剑”2014 年亳州传统武术大会

【安庆市举办民族团结书画展】 2014 年 11 月 3—6 日，安庆市委宣传部、安庆市文化广电新闻出版局、安庆市民委共同举办民族团结书画展。此次书画展从筹备到展出，历时两个月，先后收到安庆市各行各业书画家、书画爱好者的各类艺术作品 220 件，经由安庆市书画界知名人士进行评选，共选出参赛作品 145 件。入选作品的作者年龄最大的 77 岁，最小的 6 岁，名家新秀欢聚一堂，老树新花竞放异彩。入选作品都紧扣民族团结主题，从不同角度充分反映了少数民族的生产生活、民族文化和民族风情，热情讴歌了党的民族政策，突出展现了各民族和睦相处、和衷共济、和谐发展的新时期民族团结进步事业成就。

【宁国市云梯畲族乡获评“安徽省民间文化艺术之乡”】 2014 年 9 月，安徽省文化厅确定 44 个 2014—2016 年度“安徽省民间文化艺术之乡”，宁国市云梯畲族乡榜上有名，获评“民俗展演之乡”。“安徽民间文化艺术之乡”命名工作是在各市、省直管县推荐基础上，经评审和公示，再由省文化厅批准、确定并公布的，命名周期为 3 年，目的是为了进一步推动本省民间文化艺术的发展和繁荣，充分发挥民间文化艺术之乡建设在提升基层公共文化服务水平、丰富群众精神文化生活、助推经济社会发展等方面的重要作用。

【宣城市档案局收集云梯畲族乡民族特色档案】 2014 年 5 月 14 日，宣城市档案局赴宁国市云梯畲族乡，将记录畲族的历史、人文、民俗、文艺等方面的档案资料及近年来畲族乡经济社会建设的有关档案收集进馆。此次收集进馆的档案资料包括记录畲族历史钩沉、传说故事、人文民俗的《锦绣畲乡，多彩云梯》《安徽畲族文化集锦》，以及反映畲族特色民居、民族服饰、传统民族文化活动、经济社会发展面貌的视频档案。宣城市档案局将对该乡档案进行规范化整理、归档，并跟踪做好有关畲族乡的发展建设档案资料的收集工作，及时将有留存价值的档案资料收集进馆。

【少数民族武术项目亮相亳州传统武术大会】 2014 年 8 月，在“汤都论剑”2014 年亳州传统武术大会上，亳州市晰扬掌协会、晰扬掌协会俱乐部、城里清真拳武馆、马氏查拳研究会等多家少数民族武术团体组队参赛，并取得优异成绩。此届亳州传统武术大会表演项目包括集体表演、对练和个人表演，市民平时难得一见的民间传统武术也在此届武术大会上亮相，有近 300 名武术爱好者参加。

【宿州市回族作曲家许飞获市“文艺奖”突出贡献奖】 2014 年 8 月，宿州市回族作曲家许飞获该市“文艺奖”突出贡献奖(音乐舞蹈类)。宿州市“文艺奖”是宿州市文化艺术界的最高奖项，每两年评选一次。

【安庆市“柏兆记”品牌获“安徽老字号”称号】 2014 年 12 月 16 日，安庆市柏兆记工贸实业发展有限公司“柏兆记”品牌入选“安徽老字号”认定名单。中华老字号清真“柏兆记”产品以其香浓味甜、营养丰富，深受海内外人士的喜爱，其公司先后被商务部、国家民委、财政部、中国人民建设银行认定为“中华老字号”企业、“全国少数民族特需商品定点生产企业”。

安庆市“柏兆记”品牌获“安徽老字号”称号

少数民族重大活动

安徽省第七届少数民族传统体育运动会会徽

【安徽省第七届少数民族传统体育运动会】由省人民政府主办，省民族事务委员会、省体育局和安庆市人民政府承办的安徽省第七届少数民族传统体育运动会，于2014年11月3—6日在安庆市举行。

此届运动会主题口号为“欢聚美丽安庆,共庆民族盛会”。会徽则以运动跳跃的人物形象和大写字母“A”,以及第七届“7”为创意来源,寓意安徽省第七届少数民族传统体育运动会在安庆举办。会徽造型还配上三抹明亮的少数民族喜爱的色彩,代表着安庆人民的友善和热情,象征着民族文化的弘扬传承和全省民族体育运动的蓬勃发展。

11月3日,运动会开幕式在安庆市体育馆举行,省人大常委会副主任王翠凤，省政府副省长方春明,省政协副主席夏涛,国家民委文化宣传司巡视员李建辉,安庆市委书记虞爱华等出席开幕式。开幕式由省政府副秘书长刘卫东主持,王翠凤宣布运动会开幕,方春明致开幕词,虞爱华致欢迎词,李建辉宣读国家民委贺信。在简短而庄重的仪式后,进行了“同在蓝天下,共筑中国梦”为主题的民族文体展演,群众演员以歌舞、演唱、武术表演等丰富多彩的表演形式,演出了《黄梅花儿开》《回族姑娘》《跳足娘》等具有浓郁民族及地方特色的精彩节目。

本届民族运动会期间,16个代表团共493名运动员参加了武术、民族式摔跤、毽球、蹴球、押加、高脚竞速和陀螺7个大项、43个小项的比赛,共产生一等奖81个、二等奖153个、三等奖219个。运动会坚持节俭办会、务实高效原则,赢得了社会各界的普遍好评。

少数民族教育

【省民委、省教育厅加大民族教育经费投入】经省政府同意,重新恢复设立了全省民族教育专项经费,经费额度为200万元,2014年度主要用于改善当涂二中等14所民族学校和内地民族班办学条件。省民委在下拨各市、县(市、区)的全省少数民族地区补助费中,用于民族教育的项目经费达42万元，占经费总额比例达28%，创历年新高。省教育厅拨付20万元资金，用于支持古沟回族乡民族中学和安庆市民族幼儿园基础设施建设。

【安徽省选派第五批40名援疆教师赴疆工作】2014年7月,为完成好教育援疆工作任务,安徽省教育厅按照统筹安排、任务分担、择优选派的原则，拟定由全省16个市和厅直属有关学校共同承担第五批选派任务。选派的援疆教师,在职称评审和特级教师评选中,其支教经历视为到农村学校工作经历;在评优、评先、晋级等方面,同等条件下优先考虑。对积极参加、表现突出的援疆教师,安徽省教育厅将给予表彰奖励。

【各界支持民族学校加强计算机教育】2014年4月28日，深圳盛世伟业电子商务有限公司在其主办的“中国梦·盛世情”爱心捐赠仪式上向30名少数民族贫困生捐助了助学金,并向合肥市第三十五中学西藏班、肥东县牌坊回族满族乡中心学校、淮南市孤堆回族乡民族中学等5所民族学校赠送了30台电脑。12月18日,省政协宗教界委员释慧庆、释圆藏捐资的民族乡村小学计算机教室,经过一个月的紧张施工、安装和调试,正式交付寿县陶店民族中心小学和颍上县南照镇民族小学使用。这两座计算机教室严格按照本省中小学建设标准和要求进行配置建设,共拥有计算机94台,总价值约40万元。

【在皖高校重视民族文化交流】2014年5月25日，合肥工业大学少数民族学生朋辈教育基地标兵学长受聘仪式暨民族之夜晚会在翡翠湖校区综合楼301多功能厅举行。党委学生工作部、校团委、计算机与信息学院、土木与水利工程学院相关负责人,以及各民族学生500余人参加了受聘仪式并观看了晚会。10位受聘为标兵学长的十佳少数民族大学生分组依次上台发表了获奖感言。少数民族学生奉献了精彩的文艺节目,展现了浓郁的民族风情。11月29日,安徽师范大学举办首届“民族风情展”,此次民族风情展由4个学院的7个专业精心筹备，旨在弘扬少数民族文化,让更多学生加深对民族文化的了解,体会到民族文化的魅力。

**【副省长谢广祥赴定远县调研民族

教育工作】2014年10月29日，副省长谢广祥率省政府副秘书长吴行及省教育厅、省民委负责人深入定远县二龙回族乡调研指导民族教育工作。谢广祥在调研时强调，民族教育工作意义重大，各级政府要高度重视，采取多种形式，让少数民族的孩子接受到最好的教育。

宗　　教

【宗教概况】安徽省佛教、道教、伊斯兰教、天主教、基督教俱全，信教群众约300万人，是全国宗教工作重点省份之一。省宗教团体有省佛教协会、省道教协会、省伊斯兰教协会、省天主教爱国委员会、省天主教教务委员会、天主教安徽教区、省基督教三自爱国运动委员会、省基督教协会。有国务院颁布的全国重点寺庙14座，分别是合肥市明教寺、安庆市迎江寺、潜山县乾元禅寺、滁州市琅琊寺、芜湖市广济寺、九华山化城寺、肉身殿、百岁宫、甘露寺、祇园寺、天台寺、旃檀林、慧居寺、上禅堂。九华山为中国佛教四大名山之一，齐云山为全国道教四大名山之一，佛教禅宗二祖寺、三祖寺都在本省境内。

宗教文化开发与利用

【齐云山承办首届中国风景名胜区道教名山联盟大会】2014年11月27日，由中国风景名胜区协会主办、齐云山风景名胜区管委会承办的首届风景名胜区道教名山联盟大会在休宁县召开。中国风景名胜区协会荣誉会长、原建设部部长汪光焘，中国风景名胜区协会副会长、秘书长王凤武，黄山市市长任泽锋等120人出席会议。汪光焘、任泽锋共同为道教名山联盟徽志揭幕。会议探讨建立道教名山风景名胜区交流平台和互动机制，交流道教名山文化的先进经验，提出要发掘道教名山的文化底蕴，促进道教名山风景名胜区在共享互赢合作中实现转型升级跨越发展，并通过了《风景名胜区道教名山联盟工作规范》和《2015年道教名山联盟工作计划》。

首届中国风景名胜区道教名山联盟大会

【《安徽佛教》正式创办】2014年6月，经安徽省新闻出版局批准，《安徽佛教》正式创办。《安徽佛教》为季刊，由安徽省佛教协会主办，在佛教内部免费赠阅。办刊宗旨是继承和发扬佛教爱国爱教精神，弘扬人间佛教思想，促进安徽佛教事业发展，学习交流正见正行，以鲜明的政策导向、创新的学术观点、独特的人生感悟为办刊方针。《安徽佛教》的正式创办对宣传安徽佛教工作、弘扬佛教优良传统，发挥正能量，引导正信正行将起到积极推进作用。

【安徽佛教首届迎新春书画展】2014年1月1—9日，安徽佛教首届迎新春书画展在合肥开福寺举行。本次展览由省民委(宗教局)、合肥市委统战部、市民委(宗教局)指导，省佛教协会主办，合肥市佛教协会承办，旨在密切艺术界、佛教界与社会大众的联系，发挥宗教文化优势，促进文化繁荣发展。展览共展出书画作品160余幅。展出结束后，对作品进行拍卖，所得款项用于公益事业。省委统战部副部长、省民委(宗教局)主任(局长)孙丽芳以及多名合肥市、省直相关部门负责人应邀出席开幕式。

【安庆市举办马东升书法篆刻遗作展及捐赠仪式】2014年11月18日，马东升先生书法篆刻遗作展及捐赠仪在安庆市黄梅戏博物馆举行。安庆市及安徽省书画界领导出席捐赠仪式，马东升生前好友以及书法篆刻艺术爱好者共200余人参加。马东升亲属向市博物馆捐赠马东升16件书法篆刻作品及其亲属创作的20件绘画、书法作品，并向安庆师范学院、市直有关单位及市级宗教团体分别捐赠了马东升书法篆刻作品选。

马东升生前任安庆市伊斯兰教协会会长，是在省内外颇有影响的回族书法家、篆刻家，所创作的作品曾多次入选全国书法篆刻展览、全国中青年书法篆刻作品展览、全国职工书法展览、全国民族大团结书画展览等，并在澳大利亚举办的“亚洲书法比赛”和全国首届篆刻作品比赛中获奖，在《民族画报》《书法》《中国书法》等刊物发表。

【涡阳县天静宫老子文化研究学会成立】2014年5月16日，涡阳县召开天静宫老子文化研究学会成立大会。来自省内外老子研究专家、学者共50余人参加成立大会，涡阳县有关领导出席会议。大会选举出44名理事，选举涡阳天静宫住持李福为会长。

涡阳天静宫老子文化研究学会是省内外的老子文化研究者及应用者自愿结成的学术性非营利社会组织。本着“弘扬国粹，造福人类”的基本宗旨，通过对老子文化有组织的研究、交流及应用推广，让老子文化进一步发扬光大，为人民群众提供更好的老子文化研究服务。

宗教重大活动

安徽省佛教“宗教慈善周·双千行动”捐款集中发放仪式在黄山市举行

【“宗教慈善周”活动】安徽省2014年度“宗教慈善周”以“宗教慈善江淮行、民族团结一家亲”为主题。活动期间，全省宗教界结合各教自身特点，认真开展多种形式的公益慈善活动，取得良好的社会成效。2014年9月19日，在合肥举行“宗教慈善·人间大爱”演讲比赛，15名参赛选手从不同角度阐释宗教与慈善、慈善大爱与宗教责任、宗教责任与共同担当，讲述宗教界或自己亲身参与公益慈善的感人事迹。

各教发挥优势，广泛开展助残、助老、助学、助困、助医等“五助”慈善项目，省佛协、省道协、省伊协、省天主教“两会”和省基督教“两会”分别在池州、黄山、六安、蚌埠和安庆等地举行善款集中发放仪式，现场共发放善款38万元，资助少数民族困难群众280余人。据不完全统计，全省宗教界在“宗教慈善周”活动中共募集善款近400万元。各地宗教界也开展多种形式的活动，合肥市基督教堂路加爱心医疗队组织20多位医务专家6次分赴牌坊乡敬老院等地义诊800余人次；淮北市基督教界组织以“亲吻祖国”为主题的慰问演出，丰富敬老院老人的精神生活；淮南市部分宗教活动场所组织信教群众清扫路面、清理垃圾，积极参与当地的美好乡村建设；池州市宗教界举办宗教慈善活动26场次，并建立佛教界人士公益慈善档案和受助对象数据库。

【安徽省天主教第五次代表会议召开】2014年12月2—4日，安徽省天主教第五次代表会议在合肥召开。会议审议通过了《安徽省天主教爱国会章程（修正案草案）》《安徽省天主教教务委员会章程(修正案草案)》等。会议选举产生以刘新红主教为省天主教爱国会主任、胡小树为省天主教教务委员会主任的新一届领导班子。选举沈宗贺、陈树平(女)、刘学伟为省天主教爱国会副主任，刘学伟兼秘书长；张德信、詹敬维、聂璐(女)为省天主教教务委员会副主任，张德信兼秘书长。会议还选举产生省天主教爱国会第五届委员会委员、教务委员会第四届委员会委员。

【天主教安徽教区主教座堂举行落成典礼】2014年4月29日，天主教安徽教区主教座堂落成典礼在合肥隆重举行。中国天主教爱国会副主席、中国天主教主教团主席马英林主教，省领导王翠凤、方春明、夏涛，省直有关部门、部分市县区宗教工作部门负责人以及江苏、浙

安徽省道教第四次代表会议

江、江西、上海、徐州等地天主教界人士共计600多人参加典礼活动。天主教安徽教区主教座堂工程是由中央和省财政分别拨款支持建设的项目，主教座堂位于合肥市新站区扶蔬路中段，占地面积约5亩，建筑面积5636平方米，集办公和宗教活动场所于一体，被评为合肥市“双示范”(安全文明、结构优良)建设工地和合肥市“琥珀杯”建筑奖。

【安徽省道教第四次代表会议召开】2014年10月24—26日，省道教第四次代表会议在合肥召开。会议总结省道教第三次代表会议以来的工作，提出今后5年的工作任务和目标，审议通过《安徽省道教协会第三届理事会工作报告》《安徽省道教协会章程（修正案）》《安徽省道教第四次代表会议决议》等。会议选举产生了以詹达礼为会长的省道协新一届领导机构，李福、张静武、李奕木、段宗豹当选为副会长，李福兼秘书长，会议还选举产生了新一届理事会和常务理事会。全省道教界代表共48人参加会议。

【安徽省佛协举办汉传佛教讲经交流会】2014年11月3—6日，由安徽省佛教协会主办、庐江县佛教协会协办、庐江甘露寺承办的“2014年安徽省佛教讲经交流会”在庐江隆重举行，来自全省各大寺院的法师和信众200余人参加此次活动。这是安徽省第六次举办全省性的佛教讲经交流活动，旨在发扬佛教讲经说法优良传统，发现培养中青年讲经人才。此次讲经交流会共历时4天，共34位法师围绕“清净·和谐”的主题上台演讲，评委现场进行点评互动，整个讲经交流会气氛热烈。经认真评选，潜山三祖寺宏慧法师获得妙解奖，合肥明教寺华严和泾县宝胜禅寺庆贤法师获得妙辞奖，界悟、圣学、界空3位法师获得妙机奖，传贤、如严、常和、宽慧、印智5位法师获得随喜奖。

【合肥开福寺等寺庙举办方丈升座法会】2014年6月6日，安徽合肥开福寺举行圆藏法师荣膺方丈升座庆典法会，近百位全国各地诸山长老莅临法会。安徽省人大常委会原副主任朱维芳、省政协副主席夏涛及合肥市、省直有关部门负责人应邀出席。

8月30日，九华山百岁宫全堂佛像开光暨慧庆法师荣升方丈庆典法会隆重举行，来自海内外百余位诸山长老、高僧大德及佛教居士出席庆典。

10月26日，合肥庐江甘露寺隆重举行玉佛殿佛像开光暨慧光法师荣膺方丈升座庆典法会，中国佛教协会副会长圣辉、明生以及安徽省佛协会长妙安长老等全国各地法师参加慧光法师升座及玉佛

天主教安徽教区主教座堂落成典礼

合肥开福寺举行圆藏法师荣膺方丈升座庆典法会

殿佛像开光法会。省人大常委会副主任胡连松、省政协副主席夏涛及合肥市、庐江县有关方面负责人应邀出席庆典活动。

11月1日，九华山旃檀林隆重举行华严宝殿佛像开光暨慧深法师荣膺方丈升座庆典法会，中国佛教协会副会长无相法师、印顺法师，安徽省佛协会长妙安长老参加。安徽省政协副主席夏涛，国家宗教局及池州市、九华山有关方面负责人应邀出席庆典活动。

【基督教界加强神学思想建设】 2014年初，安徽省基督教“两会”制发《安徽省基督教两会神学思想建设工作实施方案》，明确以“和谐·奉献”为主题，围绕“责任与美德”的分题，谋划具体措施及实施步骤。3月25日，省基督教两会在合肥举办神学思想建设宣讲团培训班。6月，省基督教两会以纪念中国基督教三自爱国运动60周年为契机，在合肥召开神学思想建设宣讲示范交流暨巡回宣讲动员部署会。省基督教“两会”宣讲团成员分四组，赴全省16个市68个基督教堂点巡回宣讲100多场，宣讲成果结集成《江淮牧声》。

【安徽省伊协开展教职人员“讲经读书”活动】 为更好地开展“解经”工作，不断提高伊斯兰教教职人员的综合素质，2014年以来，省伊协确定每月的第一个星期二为阿訇“讲经读书”学习日，集中学习政策法规、教务知识等，规定每位阿訇要集中学习一篇文章、精读一本书、撰写一篇读后感、做一次读书交流发言。活动不仅提升教职人员的宗教和文化素养，也促进“解经”工作和经验交流。

【赵朴初人间佛教思想暨太湖禅宗文化学术研讨会在合肥召开】 2014年10月11日，由安徽省赵朴初研究会和安徽大学赵朴初研究中心联合主办的“赵朴初人间佛教思想暨太湖禅宗文化学术研讨会”在合肥市召开。安徽省政协副主席夏涛，安徽省政协原副主席、安徽省赵朴初研究会会长郑牧民，中国社科院世界宗教研究所所长、中国宗教学会会长卓新平出席开幕式，来自全国各地专家学者、高僧大德、各界嘉宾以及赵朴初先生亲属100多人参加了会议。宗性、净因、徐玉成、宋立道、黄复彩、史向前等法师、专家就赵朴初人间佛教思想和太湖禅宗文化进行了主旨发言，与会人员还分别就赵朴初人间佛教思想、太湖禅宗文化、深入开展赵朴初研究工作进行了深入的研讨。本次研讨会共收到论文80余篇，取得了丰硕的学术成果。

赵朴初(1907—2000)，安徽太湖人，曾任全国政协副主席、中国佛教协会会长、民进中央名誉主席，是卓越的佛教领袖、杰出的书法家、著名的社会活动家、伟大的爱国主义者、中国共产党的亲密朋友。2000年在北京病逝。

赵朴初人间佛教思想暨太湖禅宗文化学术研讨会在合肥召开

旅游

□综　　述

□旅游文化建设

□旅游景点景区

□旅游活动

综 述

【旅游行业规模】2014年，古徽州文化旅游区晋升为5A级景区，新增4A级景区26家，4A以上景区总数达到160家，其中5A级8家；新评五星级饭店4家、四星级饭店8家，星级饭店总数达到466家，其中五星级25家；新增出境游组团社4家，旅行社总数达到1200家，其中出境游组团社50家（包括赴台游组团社6家）；新评四星以上农家乐145家，全省星级农家乐总数达1206家，其中四星级264家、五星级192家。省旅游集团、黄山旅游集团连续5年跻身"中国旅游集团20强"。

【旅游重大决策】2014年12月9日，安徽省政府出台《关于促进旅游业改革发展的实施意见》。《实施意见》共分5个部分25条，提出促进旅游业改革发展的指导思想、具体目标和重点任务，主要内容集中体现在突出旅游强省建设、突出转变发展理念、突出旅游产品体系建设、突出深化旅游业改革、突出公共服务产品建设、突出若干管用政策、突出任务具体可操作等7个方面，具有衔接紧密、重点突出、任务具体、操作性强等特点。

【国内旅游】2014年，全省接待国内游客3.79亿人次，比上年增长13%；国内旅游收入3309亿元，增长14%。国内旅游超1500万人次的有9个市，比上年增加2个市；国内旅游收入超百亿的有10个市，增加1个市；旅游总收入超百亿的有10个市，其中合肥、黄山、池州、安庆、芜湖市超300亿元。

【入境旅游】在境外建立10家"安徽旅游门店"。入境游客增幅高于全国平均水平6个百分点，来皖游客超10万人次的客源地达到7个，比上年增加1个。全省接待入境游客405万人次，比上年增长5%；其中:入境过夜游客280.18万人次，增长3.03%；旅游外汇收入19.60亿美元(含旅游商品创汇数)，增长13.22%。其中：台湾游客88.44万人次，增长18.08%，占入境旅游者比重21.83%；香港游客59.26万人次，增长-0.93%，占入境旅游者比重14.63%；澳门游客24.45万人次，增长5.02%，占入境旅游者比重6 %；外国游客204.11万人次，增长1.79%。

安徽省政府举行《关于促进旅游业改革发展的实施意见》新闻发布会

【出境旅游】2014年，全省出境游客166.04万人次，比上年增长32.9%。其中，全省旅行社组织出境游45.40万人次，增长81.6%；入境游外联13.56万人次，接待26.06万人次，分别增长93.71%、30.3 %。

【旅行社业】截至2014年年底，全省共有旅行社1200家。其中出境游组团社50家，包括赴台游组团社6家((安徽海外旅游有限公司、安徽中国青年旅行社有限责任公司、安徽省中国旅行社有限责任公司、黄山市中国旅行社、安徽万达环球国际旅行社有限责任公司、黄山中青旅中山国际旅行社)。全年注销旅行社22家，新增出境游组团社4家。2013年度全国百强社2家，其中安徽中青旅居第46位，黄山中旅居第90位。2014年全省旅行社组织出境游45.40万人次，比上年增长81.6%；国内游组织328.8万人次，接待477.85万人次，分别增长-3.86%、8.11%；入境游外联13.56万人次，接待26.06万人次，分别增长93.71%、30.3%。截至2014年年底，全省旅行社全年旅游收入总额55.95亿元，增长4.97%；主营业务利润-0.44亿元，下降115.17%；实缴税金5371.87万元，增长29.6%。

【旅游饭店业】2014年，共对393家星级饭店进行复核，385家饭店通过复核。取消1家四星级、5家三星级、13家二星级旅游饭店资质，对5家四星级、3家三星级旅游饭店作出限期整改处理。复核后，全省星级饭店总数466家，其中五星级25家、四星级126家、三星级216家、二星级92家、一星级1家。在组织宣传贯彻《特色文化主题饭店划分与评定标准》的基础上，对全省具有特色的主题星级饭店进行调查摸底，举办参与评定工作星评员培训会，对全省首批试点特色文化主题饭店进行初步评定。组织开展全省星级饭店技能大赛，进一步树立全省旅游星级饭店品牌形象，提升旅游饭店整体水平。

安徽省红色旅游管理培训班

【旅游商品】组织全省120家企业、近万件旅游商品参加第六届中国国际旅游商品博览会，宣城红星牌宣纸、芜湖铁画系列、宿州金声玉振磬石琴、安庆望江挑花抱枕系列被国家旅游局评为“中国旅游必购商品”，获最佳组织奖、最佳展台奖和最佳交易成果奖。精选15件（项）旅游商品参加2014年中国旅游商品大赛，芜湖铁画书法笔筒、宣城多彩砖雕获铜奖。继续推进旅游商品“五进”活动，在全省4A级以上旅游景区、四星以上旅游饭店建设35个旅游商品“五进”活动示范点。

【红色旅游】组织第五届全国红色导游员、讲解员大赛安徽赛区比赛暨红色旅游管理培训班，争取全国红办在六安市举办中东部地区红色旅游经典景区导游员（讲解员）培训班，组织全省90余人参加培训。在全国第五届红色导游员、讲解员大赛中，合肥滨湖渡江战役纪念馆讲解员马韵获三等奖、黄山市屯溪区杨业功纪念馆讲解员王璐获优秀奖，省旅游局获优秀组织奖。印发实施安徽省第一批10个红色旅游小镇规划，完成全省红色旅游发展十年回顾，组织编撰出版《安徽省红色旅游导游解说词》，在《中国旅游报》开展安徽省红色旅游资源和产品宣传。全年红色旅游接待游客3570万人次，比上年增长19%；红色旅游综合收入117亿元，增长17%。

【乡村旅游】对全省乡村旅游发展情况进行摸底调查，以黄山、马鞍山、合肥、利辛为试点，实施乡村旅游提升工程，立足碎片化、无序化、自发化现状，促进聚集化、差异化、组织化发展，完成以乡村旅游发展为主题的2万多字的3个专项旅游改革调研报告。与江浙沪3省进行交流，开展2014长三角休闲农业与乡村旅游博览会组织、拓展及宣传工作。深入开展休闲农业与乡村旅游示范点、示范县创建，与省妇联联合开展“徽姑娘”农家乐创建项目。截至2014年年底，已经评定国家级休闲农业与乡村旅游示范县7个、示范点15家，省级徽姑娘农家乐150家，省级森林人家387家，省级特色景观名镇31家、名村38家。完成145家全省四星、五星级农家乐的验收工作，全省星级农家乐总数达1206家，其中四星级264家、五星级192家。

【假日旅游】2014年元旦，全省接待游客348.66万人次，比上年同期增长2.99%（按可比数计算）；全省

2014年黄山风景区十一黄金周盛况

重点监测的68个景区接待游客56.27万人次，实现门票收入1232.02万元，分别增长26%和33.88%。清明节，全省接待游客1660.8万人次，增长17.55%，旅游收入达到43.37亿元，增长40.14%；全省重点监测的68个景区接待游客252.86万人次，增长19.12%；实现门票收入8760.37万元，增长22%。“五一”假期，全省累计接待游客2060.79万人次，增长18.98%，旅游收入达到63.88亿元，增长32.56%，接待人数和旅游收入均创小长假新高；全省重点监测的68个景区接待游客262.16万人次，增长13.64%；实现门票收入1.15亿元，增长23.48%。端午节，全省共接待游客1041.46万人次，增长8.31%；旅游收入达到39.64亿元，增长25.76%。全省重点监测的68个重点景区接待游客161.84万人次，增长1.98%，实现门票收入4374.03万元，下降2.1%。中秋节，全省共接待游客1229.16万人次，增长11.41%，旅游收入47.11亿元，增长11.78%；全省重点监测的68个景区接待游客126.88万人次，下降9.34%，实现门票收入4352.63万元，下降6.21%，全省5A级旅游景区中天柱山以接待旅客增幅47.49%位居第一。国庆黄金周，全省累计接待游客4631.06万人次，增长7.83%，实现旅游总收入160.67亿元，增长15.49%；纳入监测的68个重点旅游景区接待679.3万人次，下降2.54%，门票收入2.54亿元，增长2.11%。春节黄金周，全省接待游客1761.62万人次，增长8.14 %，实现旅游总收入92.10亿元，增长22.39%；纳入监测的68个重点景区接待游客313.61万人次，门票收入1.14亿元，分别增长10.62 %和31.59%。黄山风景区、九华山风景区、西递、宏村等景区黄金周前段接待增长幅度均高达100%以上，九华山风景区黄金周首日接待游客增长20倍以上；大部分景区接待游客增幅均达到20%以上。

旅游文化建设

【皖南国际文化旅游示范区建设】 2014年2月，经国务院同意，国家发展改革委正式批复《皖南国际文化旅游示范区建设规划纲要》。《规划纲要》批复以来，省委省政府高度重视，各市、省直各部门积极行动，狠抓落实，示范区建设取得积极进展。一是旅游产业蓬勃发展。2014年示范区实现旅游总收入1862.1亿元，接待入境游客326.78万人次，国内游客1.96亿人次，比上年分别增长13.3%、14.2%和12.2%，分别占全省总量的54.29%、80.68%、51.77%。示范区4A级以上景区占全省总量的55%。二是文化产业方兴未艾。示范区列入省“861”项目投资计划的文化旅游项目85个，总投资900.74亿元；黄山徽文化艺术长廊、宣城文房四宝产业园、池州杏花村文化旅游区等一批重大项目加快建设。三是生态建设得到加强。2014年按照空气质量新六项评价，示范区内的各市空气质量优良率均超过68.0%；太平湖湖体水质由Ⅱ类好转为Ⅰ类；2011—2014年新安江流域总体水质为优，跨省界街口断面水质达到地表水环境质量标准Ⅱ类。四是基础设施不断改善。合福高铁已开通，宁安城际铁路加快建设，将于2015年开通；新增高速公路通车里程77千米，示范区总里程达1480多千米；皖南沿江五港港口吞吐量已达2.5亿吨，占全省比重的57.7%。五是金融支撑作用明显。2014年底，示范区7市贷款余额7108.53亿元，较年初增长802.94亿元，增速12.73%，贷款增量和增速均高于存款；示范区多层次资本市场均衡发展，共有A股上市公司33家，九华山旅游上市获批，新三板挂牌公司18家。皖南7市银行业金融机构数量达2935个，占全省的37.38%。六是名镇名村建设加快。示范区有6个镇、18个村成为中国历史文化名镇、名村，95个村落列入中国传统村落目录。

【长三角旅游合作】 2014年7月24日，长三角地区旅游合作第四次工作会议在沪召开。会议总结回顾2011年以来长三角地区旅游合作情况，并共同启动长三角地区率先实现旅游一体化发展工作。在苏浙皖沪3省1市政府领导的共同见证下，苏浙皖沪旅游管理部门签署《长三角地区率先实现旅游一体化行动纲领》。近年来，苏浙皖沪按照统一规划和部署，以“合作共赢、创新发展”为方向，以建设具有世界竞争力和影响力的旅游目的地、旅游客源地为目标，以“加强联合、资源共享、优势互补、互利互惠”为原则，在旅游产品创新、旅游推广联动、旅游客源互送、公共信息共享等方面开展积极务实的合作，为长三角地区率先实现旅游一体化奠定扎实基础。此前，长三角地区旅游合作联席会议分别在2011年5月、2011年11月、2012年8月召开过3次，沪苏浙皖4省(市)政府分管旅游工作副省(市)长、副秘书长及旅游局主要领导参加会议。

【文明旅游】 联合省文明办集中开展形式多样的以“文明旅游·为美好安徽加分”为主题的“六进”(进

电影《邓小平在黄山》新闻发布会

广场、进社区、进景区、进旅行社、进酒店、进大厅）文明旅游宣传引导系列活动。在安徽卫视持续播放《文明旅游·为美好安徽加分》公益宣传片。10月6日，《人民日报》头版对安徽在国庆节假日组织开展文明旅游宣传引导活动工作作题为《文明旅游：服务别拖后腿》的报道。全国各大媒体和网站也对安徽文明旅游宣传引导活动进行宣传报道。联合省文明办、省总工会、省团委、省妇联等部门组织开展"寻找安徽最美导游"活动。继续开展青年文明号等创建工作，其中安徽中青旅心之翼导游服务公司领队部、安徽九华山旅游发展股份有限公司缆车分公司、黄山国际大酒店餐饮部宴会班组等3个青年集体被评为"2013—2014年度全国青年文明号"。

【旅游纪检监察及行风建设】 下发《安徽省旅游局建立健全惩治和预防腐败体系建设实施办法》《安徽省旅游局2014党风廉政暨惩防体系建设主要工作任务分解意见》和《关于进一步深化廉政风险防控工作的通知》，首次结合各处室业务廉政风险点，局主要负责人和局机关、局属单位主要负责人分别签订党风廉政建设责任书，研究制定领导班子、各处室及局属单位廉政风险排查表，及时调整完善廉政风险点、等级和防控措施，将防控主体落实到具体岗位、人员，实现"三个覆盖"（全员覆盖、业务工作全过程覆盖、防控重点覆盖）。制定《安徽省旅游局关于进一步规范旅游重大事项决策行为的实施意见》，针对项目安排、资金使用、资产处置、政策调整、人事任免等重大事项，明确集体决策原则，规范决策程序，强化责任追究。开展吃喝风、红包风专项整治。严格执行厅行节约相关规定，制定《安徽省旅游局进一步加强车辆使用管理的规定》，出台《关于进一步加强公文管理实施办法》和《出差审批管理暂行规定》，严格会议管理，严格公务接待，严格文件下发，完善固定资产入库、财务报销等制度，机关"三公"经费下降23%、文电减少22%。

【旅游体制改革】 深入推进全省旅游综合改革试点，稳妥实施省级旅游发展资金竞争性分配和一般性转移支付改革；黄山市政府创新建立旅游市场联合执法机制，组建旅游联合执法办公室；池州市推进行政处罚权相对集中力度大，将9个重点部门行政处罚权委托给九华山管委会；凤阳、石台、歙县、泾县等地在推进县域旅游资源管理权相对集中、旅游景区所有权与经营权有效分离方面开展积极探索。景区管理体制改革有序推进，以旅指委名义印发《关于学习黄山风景区改革发展经验的通知》，要求各地认真学习借鉴；跨区域景区资源整合利用改革在八公山破题，编制印发八公山旅游发展规划；宣城市统一整合开发辖区内旅游资源，成立敬亭山旅游投资公司作为投资主体，对该景区进行一体化规划开发，九华山景区"三权分离"机制基本形成；天柱山风景区体制改革已纳入市政府工作计划。旅游项目融资渠道不断拓宽，安庆市与工商银

全省旅游局长研讨班暨工作会议

行合作，采取景区收费权质押方式支持贷款，解决旅游小微企业融资难问题。旅游企业改革正在破题，安徽环球国旅通过资产重组，牵手万达旅业控股集团，实现强强联合。旅游宣传推广模式改革加快推进，尝试在港、澳、台等地设立旅游门店。省旅游局机关改革成果显著，深化行政审批改革，省旅游局现有的所有行政审批事项共3类11项全部进入省政务窗口办理，被省行政权力事项清理规范工作领导小组确定为行政权力责任清单编制示范单位。政、会脱钩步伐加快，机关在协会兼职的干部全部退出。

【旅游监管和旅游市场专项整治】按照国家旅游局关于开展全国旅游市场专项整治活动的工作部署和安徽省旅游市场秩序专项整治工作实施方案的要求，扎实推进全省旅游市场秩序专项整治工作。出台《关于进一步规范全省旅游市场秩序、建立旅游监管长效机制的工作意见》，在安徽旅游政务网开设旅游市场整治专栏，举办全省旅游市场监管及应急安全培训班，分别组织开展“旅游进社区”“3·15消费者权益保护日”和“5·19中国旅游日”等宣传活动。据统计，在全省旅游市场秩序专项整治工作中，全省各级旅游部门共组织检查行动800余次，出动检查3465人次，检查企业3695家，检查报纸版面旅游广告、网络旅游广告600多条，对违规旅行社发出函询4份，及时对违规行为进行制止和查处。安徽省旅游市场专项整治工作在4月份全国旅游服务与监管工作会议和10月中东部旅游市场秩序片区会议上作典型经验介绍。全年共受理有效旅游投诉156件，其中旅行社95件、饭店10件、景区（点）40件、交通6件、餐饮1件、其他类投诉4件，结案率100%。

【旅游安全与应急管理】一是进一步明确旅游安全工作责任，印发全省旅游行业2014年旅游安全工作要点和《安徽省旅游安全目标管理责任制年度考核办法及评分标准》（试行），确定各市旅游局（委）2014年度安全生产目标管理责任并签订责任书。二是进一步加大重要时期旅游安全督查工作，针对春季旅游、安全生产月、节假日、黄金周、暑期、汛期等重要时期加大旅游安全联合督查，集中开展为期5个月的“六打六治”打非治违专项行动，省局组织安全检查284场次；举办全省旅游安全业务知识培训班，召开全省旅游安全专项督查会议。三是进一步加强旅游安全工作宣传教育，制作并推广《安全文明伴我行》动漫宣传片，大部分市开展旅游应急预案演练；妥善处理西藏尼木县特大旅游交通事故中涉皖游客伤亡善后事宜。

【旅游公共信息服务】2014年，最新版安徽旅游门户网成功上线，网站引导页设立旅游政务、了解安徽、行游安徽、行程策划、咨询投诉、互动广场等板块，建立旅游投诉、网络问政、官方微博、官方微信等网上互动平台。安徽旅游门户网日均访问量8247人，根据美国艾利克斯全球网站访问量2014年12月31日排名，在全国省级旅游局网站排名第二（河南省旅游局网排名第一）。其中安徽旅游政务网全年共发布信息9234条，被国家旅游局采用1267篇，上报数量及采用率在全国省级旅游局名列第二，网站被省政府评为2014年度优秀政府网站。积极推进政务公开和政务服务工作，2014年主动公开政府信息461件、依申请公开政务信息15件、答复网上咨询181件。围绕政府信息公开，将安徽旅游政务网打造成公众获取旅游公共服务的“一站式”入口，开发在线行政审批服务平台，建立安徽旅游政务网网上办事大厅及场景式导航，逐步实现行政审批、便民服务等事项网上办理，并提供结果公示、在线咨询、在线查询等功能，保障社会公众和游客的知情权。持续推进《外商投资旅行社设立》许可、《旅游规划设计资质等级评定（丙级）》进入政务窗口办理，对接工作。2014年省旅游局政务窗口共计完成审批办件事项36798件，满意度100%，收受锦旗2面，省旅游局被省政府办公厅通报表彰为“2014年度优秀窗口单位”，窗口3人分别被省政务服务中心评为“党员先锋岗”各1次。完成400多家A级旅游景区2014年度基本信息审核上报工作。进一步拓展统计调查单位，首次启动全省旅游统计网上直报系统软件开发工作。开展2013年度诚信旅游企业评定、复核工作，全省有392家旅行社和140家旅游饭店共计532家旅游企业参加评定、复核。

旅游景点景区

【旅游景区建设】古徽州文化旅游区成为5A级景区，池州九华山天池景区被评为国家生态旅游示范区，芜湖方特、肥西三河古镇成功通过5A级景区景观质量评审，岳西妙道山旅游景区等26家景区被评为国家4A级景区。截至2014年年底，全省A级景区总数达到471家，4A以上景区总数达到160家，其中5A级8家。全省68家重点监测的旅游景区（点）共接待游客1.07亿人次，比上年增长6.01%；累

安徽大八公山旅游区总体规划评审会

计门票收入31.32亿元，比上年增长13.16%。接待人数超过百万人次的有九华山、黄山、天柱山、方特欢乐世界等31个景区，其中，九华山、天柱山、方特主题公园、八里河、黄山、黟县宏村、天堂寨、龙川景区、黟县西递9个景区全年接待游客分别为900.07万人次、469.01万人次、446.22万人次、380.42万人次、297.11万人次、163.83万人次、158.23万人次、98.40万人次、79.91万人次，比上年分别增长12.28%、20.82%、12%、3.01%、8.18%、17.5%、25.05%、5%、16.08%。9个旅游景区累计接待游客2993.2万人次，占68个重点监测景区接待游客数量的27.9%。门票收入超过两千万的有黄山、九华山、天柱山、方特欢乐世界等29个景区，其中方特主题公园、黄山、九华山、天柱山、黟县宏村、八里河、天堂寨、龙川景区、黟县西递等9个景区全年门票收入分别为5.75亿元、5.72亿元、4.43亿元、1.77亿元、1.01亿元、0.90亿元、0.54亿元、0.49亿元和0.4亿元，比上年分别增长12.5%、15.26%、11.02%、35.39%、21.53%、5.18%、14.28%、5%和23.83%。9个景区累计门票收入21.01亿元，占68个重点监测景区门票收入的67.09%。

【旅游项目建设】明确8个项目为2014年省旅指委联系的重大旅游项目，召开全省重点旅游项目建设现场推进会。全年旅游项目投资占全省固定资产投资的8.36%。其中，5亿元以上项目529个，完成投资1178.5亿元，比上年增长10.9%；1亿元以上旅游项目1261个，完成投资1438.2亿元，占完成投资额的81%。淮北隋唐运河文化古镇、霍山华强旅游度假村等84个重大项目开工建设；太平湖皇冠假日酒店、龙山奇瑞汽车露营地等项目竣工投产；新引进项目532个，到位资金304.1亿元。省旅游发展专项资金使用由扶优扶强逐渐向引导旅游公共服务基础设施建设方面转变，新建、改建停车场87个、停车位2.39万个。

【旅游标准化建设】配合省质监局完成2012年服务标准化项目期终评估，其中4家评为示范单位，8家评为合格单位。合肥市和黄山黟县西递宏村被列为第三批全国旅游标准化试点城市和试点企业，其他6家单位被列为省级服务标准化试点单位。制定4项安徽地方标准(旅行社服务标准化规范、旅游景区服务标准化规范、旅行社服务质量诚信等级划分与评定(修订)、旅游度假村标准)。启动《旅行社研学旅行产品标准》制定。在安徽旅游政务网设立旅游标准窗口，收录上传82项旅游业及相关标准。积极组织全省旅游企业开展服务业安徽名牌、卓越绩效奖申报工作，天柱山旅游发展有限公司等8家旅游企业的产品或服务申报“服务业安徽名牌”称号，已全部通过公示、初审及专家评分；开展2013年度全国及安徽省旅游服务质量标杆企业推荐及遴选活动。

【智慧旅游建设】全省智慧旅游总体规划已通过评审。18个单位启动

2014全省旅游重点项目建设推进会

智慧旅游建设试点(智慧旅游试点市6个、试点县6个、试点景区6个),全省旅游综合信息数据库完成2153个单位的信息录入,其中旅游管理部门信息员125名,旅游企业信息员2029名,安徽省旅游综合信息数据库项目获得安徽省信息化优秀项目。安徽旅游手机APP、官方微信开通运行,官方微博被评为2014年度有影响力政务微博。加快推进"中国旅游卡·安徽"项目建设,至2014年底,全省制发安徽旅游卡银行6家(工行、农行、中行、建行、邮储银行、徽行),发卡量突破41万张,旅游卡优惠商户联盟旅游企业308家,首批8台自助售票机在黄山风景区布放完成。积极探索银联闪付通道和银联卡绿色通道建设取得实质性进展,10月31日黟县宏村景区正式上线。开展"爱旅游爱生活"等安徽旅游卡系列宣传活动,与省气象局协商开发的"山岳型景区旅游气象服务系统"被中国气象局在全国范围内推广。

旅游活动

【安徽省旅游星级饭店主题服务技能大赛】2014年3月13—14日在合肥举办。本次大赛由省旅游局、省总工会联合主办,旨在通过行业内部相互学习、交流与竞技,不断提升旅游星级饭店服务技能水平,促进安徽旅游饭店业由粗放型发展向质量提升转变,由"千店一面"向个性化、特色化、差异化转变,进一步树立安徽旅游星级饭店品牌文化形象,引导旅游企业实现转型发展和可持续发展。经过10个多月紧张有序的策划准备、制订方案、完善规则、全省动员、各市选拔等,全省共选出78名选手参加比赛,其中中餐服务技能与主题展示、主题客房布置2个项目各有39名选手参赛。经过最终角逐,黄山玉屏楼宾馆的方佩和合肥泓瑞金陵大酒店的柏大燕分别获得中餐服务技能与主题展示、主题客房布置比赛的一等奖,团体一等奖由黄山市代表队获得,最佳组织奖由合肥、淮北、蚌埠、亳州、安庆和黄山市旅游部门获得。

【2014"中国旅游日"安徽主场活动】2014年5月17日,2014"中国旅游日"安徽主场活动在合肥逍遥津公园举行。省委宣传部、省旅游局、省发改委、省文化厅、省农委、省财政厅、省林业厅等相关部门负责人出席活动,共计推出110多条惠民政策。全省70多家4A级以上景区和涉旅企业积极参展,近2万名居民参加活动并争相购买预定旅游产品。整个启动仪式务实高效,简洁顺畅。

【全省首届"徽姑娘"农家乐服务技能(展示)大赛复赛】2014年5月28日,由省妇联和省旅游局共同举办的全省首届"徽姑娘"农家乐服务技能(展示)大赛复赛在合肥开赛,由全省16个市经过初赛选拔出的16支代表队在比赛现场进行激烈的角逐。比赛分为乡村的味道、美丽的农家、热情的"徽姑娘"3个部分,其中乡村的味道分为现场专业技能比赛、特色菜肴展示、职业形象展示;美丽的农家分为美丽农家电视短片、图片展示和农事活动比拼;热情的"徽姑娘"分为知识问答和才艺展示两部分。本次大赛以聚焦"农家乐"、唱响"徽姑娘"为主题,旨在通过以赛代训、以赛代宣的方式,展示和宣传"徽姑娘"农家乐旅游服务品牌,规范和提升"徽姑娘"农家乐服务水平,丰富和发展"徽姑娘"农家乐旅游文化内涵,鼓励和引导农家乐个性化、特色化、差异化发展,将"徽姑娘"农家乐培育成为我省乡村旅游发展的新品牌、美好乡村建设的新亮点。

【"智慧旅游·悦读安徽——安徽大学生文化旅游行第二季"活动】2014年6月28日,"智慧旅游·悦读安徽——安徽大学生文化旅游行

2014"中国旅游日"安徽分会场活动

行第二季”活动创新网络启动仪式，面向国内外大学生开设网络启动仪式专题页面，大学生可登录活动专题页面，自己剪彩，启动自己的大学生文化旅游行第二季。这是继2013年“美丽中国·悦读安徽——首届大学生旅游节”成功举办后，安徽省旅游局再次针对大学生群体推出的文化旅游盛事。活动主要内容包括“安徽大学生文化旅游行第二季网络启动仪式”“大学生安徽智慧旅游指南手册”发布、微游安徽——大学生微旅游图文大赛、摄游安徽——大学生摄影大赛、长三角大学生校媒学子采风行、公益安徽——大学生“绿丝带”圆梦之旅等，再掀大学生旅游热潮。

【“文明旅游·为美好安徽加分”系列宣传活动】2014年9月23日，省旅游局启动为期一个月的以“文明旅游·为美好安徽加分”为主题的系列宣传活动。活动由省旅游局联合省文明办等相关单位共同发起，全省各市县旅游部门、各旅游企业、各级旅游协会、旅行社协会、导游协会、旅游界知名人士、主流媒体与领队、导游、游客代表以及社会各界共同参与，一起为“文明旅游·为美好安徽加分”活动点赞。9月25日，省旅游局召开安徽省旅游行业文明旅游宣传媒体通气会。9月26日，省旅游局、省文明办在合肥市长江路银泰广场举行“文明旅游·为美好安徽加分”“文明旅游与我同行”大型广场宣传活动。安徽旅游政务网、中安旅游网开辟《文明旅游·为美好安徽加分》专栏，播出《文明旅游出行》《安全出行》公益宣传片。国庆节前后，各地旅游部门结合各地实际，在全省范围内组织开展内容丰富、形式多样的文明旅游“进广场、进社区、进景区、进旅行社、进酒店、进大厅”的“六进”系列宣传引导活动。

【第26届马鞍山中国李白诗歌节】2014年10月16日，第26届中国李白诗歌节开幕式暨中国诗歌之城授牌、全国诗歌大赛颁奖仪式在马鞍山大剧院举行，标志着第26届马鞍山中国李白诗歌节正式拉开帷幕。本次开幕式文艺演出围绕“同吟诗仙千古情、共书诗城中国梦”主题，以马鞍山市艺术剧院为创作主体，同时选调马鞍山诗歌朗诵学会、中小学校的部分优秀节目，依托李白诗歌资源，用诗、舞、音、画等丰富的表现形式，上演一台原创性极强的专场晚会。16日当晚，举行“中国诗歌之城”授牌仪式和全国诗歌大赛颁奖仪式，中国诗歌学会授予马鞍山“中国诗歌之城”称号。本届诗歌节除开幕式外，还安排专题文化活动、群众文化活动、经贸招商活动、宣传活动等各类活动总计30余项近60场，整个活动历时3个月。

【“高铁时代·皖美旅行”系列旅游营销推介活动】2014年10月24日至11月中旬，安徽高铁旅游促销团分两批分别赴鄂、湘、苏、沪4省市开展高铁旅游推介活动.期间，共举办4场大型旅游推介会、两场大型广场路演巡展活动。据统计，4场室内大型推介会共计邀请湖北、湖南、江苏和上海当地450多家重点旅行社和120多家媒体参加。安徽省旅游局面向4省市介绍安徽旅游资源、旅游产品的总体情况，并重点推介世界经典遗产之旅、安徽人文历史之旅、美食养生保健之旅、皖北文化民俗之旅、追寻文人行踪之旅等5类重点旅游产品。此外，各市根据不同客源市场的需求，围绕高铁线路，也有针对性地上台推介。促销期间，安徽各旅游景区、旅行社主动出击，与当地旅游业界深入交流，互通信息，洽谈合作，推广活动的成效很快得以显现。

【2014安徽自驾游大会】10月31日，2014安徽自驾游大会在宣城举行。此次自驾游大会由安徽省旅游局主办，中国汽车流通协会汽车俱乐部分会支持，安徽旅游在线承办。来自全国16个省和直辖市的近150位专家学者、自驾游组织和车友会的代表出席大会。大会以展示安徽自驾游产品、探讨自驾游发展现状和未来为主题，内容包括“驾游安徽”口袋书、线路地图发布；全面百家自驾俱乐部安徽对接采买；智慧自驾研讨峰会暨安徽自驾游推介；自驾游俱乐部安徽精品线路采风体验等4大项。大会还发布“徽韵皖南·世界遗产之旅”“佛国朝圣·原生态探秘之旅”“安徽源头·千年寻踪之旅”“巍巍大别山·山水风光之旅”等36条安徽自驾游精品线路。

【“岁月余味体验之旅”主题产品研发推广活动】2014年11月18日，安徽省旅游局“岁月余味体验之旅”主题产品研发推广启动仪式在安庆市黄梅戏会馆举办，标志着“岁月余味”体验之旅产品研发和推广项目暨“岁月余味”摄影作品征稿活动在安徽正式拉开帷幕。长三角城市群“岁月余味体验之旅”是沪、苏、浙、皖3省1市旅游局携区域各城市正式启动的第四个区域专项旅游产品，并在“1区3市”（上海虹口区、江苏扬州市、浙江嘉兴市、安徽安庆市）进行创建长三角城市群“岁月余味体验之旅”示范点和老建筑新用途的“先行先试”。安徽作为长三角地区旅游资源大省，境内历史文化旅游资源门类多、数量大、分布广。此次体验之旅围绕“岁月余味”主题，在经过各地旅游部门推荐、达人探访、网友推荐、邀请行业专家研究甄选后，展开网络票选，选出10处最能代表安徽文化旅游特色的“老字号”资源作为“岁月余味”产品项目示范点;同时,围绕"岁月余味"命题,在全省范围内征集5个"老建筑、新用途"的典型实例(如旅店、酒吧、餐馆等等),用故事、传说、风俗等形式加以包装,进而在全省和长三角区域范围内进行推广。作为安徽省先行先试城市,安庆市在此次活动中推荐出迎江寺、振风塔、探花第、黄梅戏博物馆、安徽省政府旧址、安徽大学前身老建筑等作为先行先试体验点,进而深度挖掘安徽地区老城区、老庭院、老洋房、老厂房、老运河、老码头、老仓库、老街巷、老味道等历经岁月沉淀的文化旅游资源,让中外游客发现和体验安徽文化的独特魅力。

【2014中国黄山国际旅游节暨第三届安徽国际旅行商大会】2014年11月19—22日,由安徽省旅游局和黄山市政府联合举办的2014中国黄山国际旅游节暨第三届安徽国际旅行商大会在黄山市举办。该届黄山国际旅游节主题为"美好安徽,迎客天下""天地之美,美在黄山;人生有梦,梦圆徽州"。主要活动有第十八届中国黄山国际旅游节暨徽文化节开幕式、第三届安徽国际旅行商大会、2014年全国群众登山健身大会暨第十届中国黄山国际登山节、2014中国黟县摄影大展、首届中国道教名山联盟大会、第七届中国黄山国际温泉文化旅游节等。黄山国际旅游节是安徽省规格最高、规模最大、商机最好的旅游文化节庆活动。通过以节为媒,以旅促商,旅游搭台,经贸唱戏,精心推出一大批招商引资旅游产品项目,为各方投资者共享安徽旅游业发展开辟新的空间。

【2014中国体育文化·体育旅游博览会】2014年1月22日,为期3天的2014中国体育文化·体育旅游博览会暨奥运冠军、体育明星全民健身基层行活动在芜湖国际会展中心启动。此次"两博会"由国家体育总局、中国奥委会和安徽省政府共同主办,是当年商务部重点支持的展会之一,也是"两博会"第二次落户芜湖。该届"两博会"旨在推动经济、拉动消费、服务民生,促进体育文化与旅游的交流融合。"两博会"共设体育文化、体育旅游等4大展区,展览面积3.8万平方米,上海、西藏等24个省市自治区和安徽16个市参展。作为服务民生的重头戏,吴静钰、罗雪娟、冯坤等13位奥运冠军和世界冠军深入社区、学校、企业参加系列全民健身公益活动。展会首次发放体育旅游项目优惠体验卡,签署中部6省体育产业联盟、长三角地区体育旅游一体化协议,探索体育产业区域合作一体化新模式。

2014年12月11—12日,安徽省导游大赛在合肥市举办

【安徽及皖南国际文化旅游示范区旅游宣传口号征集活动】征集活动于2014年9月底启动,至12月5日截止,通过定向和不定向两种方式共征集到投稿安徽口号31210条、投稿皖南旅游口号约26120条。投稿者来自全国31个省市自治区,其中年龄最大的80多岁,最小的10岁。投稿截止后,经过筛选小组、推选小组和评奖专家小组有序评选,产生各个奖项获奖作品,最终评选出"美好安徽,迎客天下"为安徽省旅游形象宣传口号,"山水皖南,文化徽州"为皖南国际文化旅游示范区旅游宣传口号。

【2014年安徽省导游大赛】2014年12月11—12日,由省旅游局、省文明办、省总工会、团省委、省妇联联合主办的2014年安徽省导游大赛在合肥举办。本次大赛的主题为"文明旅游、为美好安徽加分",旨在通过比赛倡导文明旅游行为,使文明旅游的理念更加深入人心,让每个旅游工作者都牢记职业使命,当好文明使者,不断提升旅游服务水平,为建设美好安徽营造更加文明的旅游环境。比赛分为中文组和英文组两类,分别包括导游风采、景点讲解、知识问答、才艺展示4个环节。来自全省16个市的60名导游进行激烈角逐,最终评选出一等奖2人(中英文各1名)、二等奖8人、三等奖12人,并分别授予"安徽省金牌导游员"称号。合肥市、马鞍山市、芜湖市、宣城市、安庆市、黄山市旅游局(委)被授予最佳组织奖。获奖选手中,一等奖女选手被授予"安徽省巾帼建功标兵"称号,二等奖女选手被授予"安徽省旅游行业巾帼建功标兵"称号;一、二等奖且年龄在35岁以下的选手均被授予"安徽省青年岗位能手"称号,凡进入决赛选手均被授予"安徽省文明旅游使者"称号。

專題文化概覽

□机关文化

□廉政文化

□军旅文化

机关文化

机关文化建设是社会主义文化建设重要组成部分，具有引领和示范作用。近年来，安徽坚持把机关文化建设作为党建工作创新的着力点，通过培养优秀的机关工作人员、健全科学的机关管理制度、营造和谐的机关工作氛围、塑造良好的机关整体形象，为机关党建工作开辟了一片新天地。

一、凝聚价值共识，强化理论武装

一是抓舆论宣传。各单位利用报刊、板报、党员之家等阵地，以及微博、微信、QQ群等新媒体，大力宣传核心价值观。团省委在安徽共青团官方微博、微信、手机报上开辟“我的价值观”专栏，出版《我们的价值观》漫画读本，向广大青少年深入浅出地讲解社会主义核心价值观，得到团中央充分肯定。

二是抓教育活动。各单位采取举办报告会、听辅导讲座、上党课、看录像等形式，组织干部职工认真学习核心价值观。省工商联把核心价值观作为中心组学习专题，开展了集中学习研讨。省委党校把培育核心价值观融入到干部职工日常教育中，并设置核心价值观课程，做到核心价值观进教材、进课堂、进头脑。阜阳市直工委、阜南和太和县直工委利用“颍淮大讲堂”党建分讲堂、微党课、微宣讲等载体，着力抓好核心价值观教育。

三是抓典型引路。各单位精心选树身边典型，通过身边的人讲身边的事，收到较好的教育效果。省妇联加大先进典型宣传力度，引导广大妇女学先进、当先进。省总工会举办机关干部与劳动模范对话会，开展劳模“寄语中国梦”活动，有效凝聚了广大职工谱写中国梦安徽篇章的强大正能量。

四是抓建章立制。各单位把培育和践行核心价值观好的做法和经验以制度的形式固定下来，初步建立一些制度和机制。省总工会建立考评制度，在干部选拔任用上，加强德的考核。省妇联建立专项经费保障制度，利用新增妇女专项经费安排“美丽家园行动”项目，调动广大农村妇女和家庭践行核心价值观的积极性。省委党校建立激励制度，每年评选表彰品德高尚的教研先进典型和管理先进典型，倡导和培育一流的教风、学风和校风。省工商联建立成果转化制度，在培育和践行核心价值观活动中形成了本单位“机关精神”——求实创新、服务民企，引导干部职工树立正确的价值取向。

安徽省直机关迎接十八大“颂歌献给党”文艺演出

二、聚力“三大抓手”，拓宽工作领域

一是强力推进机关效能建设。安徽开展效能建设9年多来，行政审批由1220多项减少到320项，取消、调整900多项，减少行政审批事项达73.8%。不断完善效能建设考核方法，严格兑现奖惩措施。自2007年以来，每年都进行效能建设年度考核，对评上先进的厅局通报表彰并给予奖励，对定为警示的单位由省委分管书记对单位主要负责人进行警示谈话。在保持考核办法连续性、稳定性的基础上，每年都对考核内容和方式作适当调整，使之更加完善，更具公正度、公平度。对省委、省政府的重大决策部署、重要工作安排，对一些制约目标任务推进和落实的关键环节，进行重点督促、专项考核，以考核工作的成效，推进重点工作的有效落实和核心职能的有效履行。经过多年努力，省直机关效能建设已经成为展示安徽对外良好形象的一张特色名片。

二是深入开展争创“一先两优”活动。每两年开展一次评选先进基层党组织、优秀机关党务干部和优秀党员活动。扎实开展创先争优活动，组织安徽省直机关130多个单位、8万多名党员结合工作职责、岗位标准、为民服务等内容，开展了承诺践诺活动，承诺事项达30万件，其中兑现承诺27万件，10多万名党员群众参加了评议，900多名厅以上领导干部以普通党员身份接受评议并参加点评。各窗口单位和服务行业还面向基层、面向群众，广泛开展为民服务创先争优活动，形成了“微笑服务、温馨交通”“企业娘家”“三争创三提升一满意”等一批在全省乃至全国都有一定影响力的服务品牌，使广大群众享受到更多服务，得到更多实惠，推动了创先争优活动向基层拓展，向各领域延伸。

三是广泛开展群众性的精神文明创建活动。出台《关于进一步加强省直机关社会主义精神文明建设的意见》等文件，大力弘扬以爱国主义为核心的民族精神和以改革创新为核心的时代精神，深入开展社会主义荣辱观和“四德”教育，认真组织五一劳动奖状（奖章）、“巾帼文明岗”“青年文明号”、道德模范评选等活动，在机关形成了积极向上的精神追求和健康文明的生活方式。注重推动文明创建从省直厅局向直属单位和处室延伸，从治标向治本延伸，从单向考核向综合考核延伸，以评比激励创建，以考核完善创建，统筹省文明单位、省直文明单位、文明处室“三位一体”的创建工作，不断提高机关文明创建的实效。

“书香安徽阅读季”启动仪式暨第五届“省直机关读书月”游园活动在合肥和平广场隆重举行

三、带好“三大队伍”，夯实工作基础

一是加强党员队伍建设。开展领导讲形势、专家讲理论、书记讲党课、先进讲事迹、党员讲体会的“五讲”活动。大力推动建立党员先锋岗、示范岗，倡导党员把党旗竖起来，把党徽戴起来，把党员权利义务扛起来，把党员形象立起来。定期慰问帮扶困难党员，积极为党员创造发展机遇和平台。从留存党费中拿出100多万元为厅局党员活动室配发图书和器材，前年十八大召开后，又拿出70万元，为省直机关每名党员赠送了学习资料。抓好专题轮训，从2014年1月至5月底，省直工委分别在省委党校、安徽行政学院、省直工委党校累计举办26期轮训班，每期一周时间，对省直机关6670名处级干部进行学习习近平总书记系列讲话、贯彻十八届三中全会精神集中轮训，基本实现全面覆盖、全员培训。

安徽省直机关大讲堂第二十七讲“学习习近平同志关于弘扬中华传统美德的重要论述，培育和践行社会主义核心价值观”专题辅导报告

二是加强党支部书记队伍建设。坚持党支部书记由处室主要负责人担任，明确党支部书记的任职条件、工作职责和基本要求，明确党支部书记参加厅局中心组学习。制定党支部书记培训规划，先后举办46期党支部书记培训班，培训党支部书记4000余人。组织力量编写了《机关党务干部读本》，制定了《安徽省直机关党支部工作规程》，联合省委组织部出台了《省直机关党建工作考核暂行办法》等制

度文件，努力把党支部书记培养成既精通业务又懂党建工作的复合型人才，提高履行“一岗双责”的能力。

*三是加强党务干部队伍建设。*明确规定机关党委书记必须由厅局党员行政负责人兼任，机关党委专职副书记必须从强配备，并通过开展公推直选试点工作，逐步实现择优上岗。会同省委组织部定期对省直单位党组(党委)书记、机关党委书记、市直工委书记进行培训，充分发挥党建责任主体在机关党建创新中的引领和示范作用。先后在合肥、浦东干部学院、延安干部学院、中直机关党校、电子工程学院组织了5次规模较大的党务干部培训，并结合培训，组织党务干部深入基层调研，前往外地考察，不断开阔眼界，增长见识，拓展思路。

四、开展“三大活动”，增强工作活力

*一是开展主题实践活动。*每年确定一个主题，作为机关党建的工作重点，先后开展“机关党建创新年”“基层组织建设年”“机关党建提升年”“核心价值践行年”“群众路线实践年”活动。前年的“核心价值践行年”活动被列入当年省委常委会工作要点。2014年开展的“机关党建服务基层年”活动，围绕“服务改革、服务发展、服务民生、服务群众、服务党员”的主题，加强机关与基层的联系，搭建党组织联系服务群众的平台，切实帮助基层解决实际问题，在密切党群干群关系上树立新的形象。根据省委“五级书记带头大走访”的要求，组织了“百名厅局长下基层”活动，300余名厅级领导进村入户，为群众排忧解难；组织了“万名党员便民行”活动，15000名机关党员走上街头、走进企业农村、走进敬老院为民服务；组织了“送文化、送健康、送温暖”“金秋助学”“太阳花爱心助老”等活动，密切党同人民群众的血肉联系；128个省直机关党组织与770个城乡基层党组织结对共建，组织共建活动2200多次，指导100多个中心村制定了发展和建设规划，培训基层党务干部621名，慰问结对共建单位困难党员、困难群众、困难学生12418名，帮扶结对共建单位资金(物资)达1.2亿元。“三结对”活动的做法分别在中直机关工委和国家机关工委召开的相关会议上作了经验介绍，并荣获国家机关工委“全国群众工作十大典型案例奖”。

*二是开展主题教育活动。*相继开展了“为祖国奉献、当崛起先锋”“畅谈辉煌九十年、爱岗建功十二五”“迎接党的十八大、保持党的纯洁性”等主题教育活动，进一步统一思想、凝聚力量、完善自身、作出贡献。为唱响时代主旋律，在新中国成立60周年之际，举办了有60个方队、6000余名干部职工参加的机关“迎国庆、健身跑”活动；在建党90周年之际，举办了有6000名党员参加的“永远跟党走”红歌演唱大会。开展以“爱党爱国爱民爱岗爱家”为主题的“五爱”红色短信征集传递活动，征集短信15000多条，展示传播优秀短信3000多条，受众面达400多万人次。隆重举办了迎接十八大“颂歌献给党”文艺演出，安徽省委书记张宝顺等四大班子领导与5000多名省直机关干部职工齐聚一堂，共同抒发永远跟党走、建设美好安徽的炽热情怀。

*三是开展全民健身活动。*2014年举办省直机关第七届运动会，全面展示机关群众性全民健身活动的成果，七运会设21个大项、173个小项，共有165个厅局单位、12200多名运动员报名参赛。5月14日，在省体育馆隆重开幕，时任省委书记张宝顺、省长王学军等19位省领导出席；6月19日，在解放军陆军军官学院文体中心闭幕。组织科技大篷车宣传低碳、健康等知识，安排体能检测车为干部职工检测体能。在全国率先成立省直机关体育联合会，下设11个单项协会，做到4年一大赛、月月有小赛，机关全民健身活动已迈入常态化轨道。

廉政文化

2014年，省纪委在原宣教室基础上组建了宣传部，伴随着转职能、转方式、转作风，聚焦中心任务，突出主业主责，廉政文化建设工作也由原先形式内容的扁平化向培育廉政文化品牌、打造廉政文化精品的更高要求迈进，不断夯实基础，延展领域，有序推进。

一、以示范点创建为抓手，着力培树廉政文化建设的精品阵地

廉政文化建设示范点创建活动是廉政文化建设的重要内容。2014年，全省命名第五批省级“廉政文化建设示范点”129个，通过连续5年的命名授牌，省级廉政文化建设示范点已达到732个。这些示范点在推动廉政文化建设、加强廉政教育、发挥示范作用等方面，成效明显。但是，党的十八大以来，随着党风廉政建设和反腐败斗争不断深入，有的廉政文化建设示范点不能主动适应形势和任务的要求，廉政文化建设的形式陈旧、内容单一；有的在加强对党员干部廉政教育、发挥示范作用方面功能弱化，工作停滞不前。为了进一步提高省级廉政文化建设示范点的质量和水平，切实发挥示范和引领作用，

勤廉礼赞文艺演出

省纪委在广泛征求意见的基础上，印发《安徽省廉政文化示范点建设标准》和《安徽省廉政文化示范点申报评审管理办法》，开展以提升廉政文化建设品质为目的的廉政文化建设标兵评选工作，启动对已不具备示范引导资格的省级廉政文化建设示范点实行摘牌的动态管理机制。2014年，省纪委在各地各单位申报验收的基础上，命名肥东县国税局、怀宁县独秀小学、省质量技术监督局等10个廉政文化建设标兵单位。这些标兵单位的树立，为推动示范点创建单位的廉政文化建设科学发展并向更高层次迈进提供学习借鉴的范例。同时，省纪委建成省级党风廉政教育馆，为传播廉政文化、开展党风廉政教育提供新的阵地和场所。

各地各单位也在争创示范点精品阵地过程中认真谋划，积极作为。全国廉政教育基地合肥包公园品质提升第一期工程——清风阁“包公传统廉政文化教育馆”于年底开工建设。亳州市召开全市廉政文化建设工作推进会，现场观摩学习、交流经验。蚌埠市张公岛廉洁文化主题园进入二期工程建设阶段，即将为市民呈现升级改造版的廉政教育基地。阜阳市建成党风廉政教育基地，成为反腐倡廉建设宣传教育工作“一个中心、两个基地”格局的重要载体。淮南定期督查、定期指导、定期调度，定期召开各县区以及市教育局、市民政局、市财政局等相关单位廉政文化“六进”工作联席会议，听意见、解困难。滁州市实行示范点动态管理，对不符合管理办法的3家单位予以摘牌。芜湖市筹备开设“立党为公王稼祥”为主题的廉政教育专题展厅，推动“王稼祥纪念园”争创全国廉政教育基地。铜陵市组织“示范点连连看”活动，全市59家廉政文化示范点通过“互连、互谈、互看、互评、互荐”等活动，树立一批样板式的示范点，淘汰一批不合格的示范点。安庆市实地深入到桐城、宿松、怀宁等6个廉政文化示范点进行指导，并围绕廉政文化“六进”工作进行座谈，收集相关意见建议33条。黄山市会同市城管局打造黄山市首个廉政文化走廊，以古色古香的浮雕形式，展示古徽州清官廉吏流传在民间的事迹和故事，成为黄山市廉政文化建设的一道靓丽风景线。

安徽第一面党旗纪念园的清廉长廊

二、以满足党员干部和人民群众精神文化需求为目标，创作生产廉政文化精品

本着重质量、推精品的原则，省纪委在组织开展全省廉政文化优秀作品征集推选活动基础上，经认真审选，向全国廉政文化精品库推荐报送反腐倡廉主题的戏剧、电视剧（含动漫、微视频）、图书、公益广告、歌曲作品34件。在全省开展“勤廉颂”反腐倡廉文艺调演活动，经专家评审，共评出节目类一、二、三等奖35个，优秀组织奖6个。经过认真审选和锤炼加工，在省纪委全会期间举办“勤廉礼赞”勤政廉政文艺演出，受到广泛好评。编写具有安徽特色的廉政文化读物——《安徽廉史今读》，印制5万册，发放给全省县处级以上党员干部,组织开展读书学习活动。

各地各单位也以满足党员干部和人民群众精神文化需求为目标,增强品牌意识,创作生产廉政文化精品。合肥市教育局组织编写中小学生《廉洁文化教育读本》丛书免费发向全市各中小学校,推进廉洁文化进校园活动。淮北市与市委宣传部、市文广新局、市文联联合组织“清风运河·精致淮北”廉洁书画作品征集活动;结合党的群众路线教育实践活动,编印《为民务实清廉》《脱离群众消极腐败的危险》2 个教育读本。宿州市指导砀山县开展面向全社会征集“梨花品质”表述语活动,已制作出梨花廉政屏保、梨花廉政手机彩铃,制订廉政文化主题公园、廉政文化文艺小品等系列活动方案,为下一步打造“梨花品牌”奠定基础。阜阳市会同市文广新局联合下发《关于开展征集评选廉政文化作品和产品活动的通知》,征集到书法绘画漫画类作品 600 余件、文学作品 100 余件、音乐歌曲类 70 余件、剪纸和工艺品类文化产品 50 余件、廉政动漫和微电影 37 部,产生出微电影《四知堂》《毕卓盗酒》等大量优秀作品。淮南市组织编写《农村基层干部警示教育读本》,针对农村基层干部进行违纪违法典型案例剖析和教育活动。滁州市先后组织以反腐倡廉为主题的《让旗帜更鲜艳》文艺巡演 9 场,征集全市纪检监察干部优秀征文,汇编《清风漫语》,还利用近年来查办的典型案例编撰《警示教育读本》。六安市与皖西学院合力创作廉政微动漫《时苗留犊》,开展“中国梦·我的梦·我的纪检监察”为主题的征文活动。马鞍山市组织参与中纪委网站开展的首届“清廉中国”新闻摄影、公益广告、漫画征集活动,公益广告作品《言有度、行有规》成为全省唯一入选展播的作品。铜陵市创作的歌曲《廉镜 》参与全省群星奖竞演获得了全省声乐类一等奖第一名,并被选中参加国家文化部群星奖角逐;黄梅小戏《廉田凤丹开》参加全省小戏折子戏文艺调演荣获优秀剧目奖,剧中人物饰演者分获表演二、三等奖。黄山市编印出版发行《古徽州官吏勤廉史迹》,组织开展了黄山市首届廉政小小说征文活动,收到来自全国各地作品 480 余篇。

天长市检察院的警示教育展

三、提高品牌文化质量,加速释放优秀廉政文化的正能量

近年来,安徽省在廉政文化精品工程打造上不断有所进步,并取得一定成绩。合肥市的“包公杯”全国反腐倡廉曲艺作品征集活动和亳州市的“药都清风杯”全国廉政楹联创作大赛已分别举办 3 次和 2 次,在国内外拥有一定的知名度,是全省乃至全国廉政文化建设著名品牌。各地在挖掘当地传统文化资源、深入开展廉政文化建设过程中,注重丰富廉政文化的表现形式,注重品牌的塑造培育,注重延伸品牌文化价值,不断释放出优秀廉政文化的正能量。

宣城烟草公司廉政文化知识竞赛

省纪委指导合肥市纪委成功举办了第三届“包公杯”全国反腐倡廉曲艺作品征集成果展演等系列活动,推出了京韵大鼓《龚全珍训女》、常德渔鼓《特别轿夫》、小品《送礼》等一批思想性、艺术性和观赏性俱佳的曲艺作品,并成功举办第三届"包公杯"成果展演,"包公杯"座谈会,曲艺名家和省、市书画家"书画倡廉政",廉政曲艺优秀节目"惠民、为民、乐民"文艺志愿服务下基层等系列活动。包公杯反腐相声《座右铭》、小品《送礼》被送中央春晚和辽宁春晚,中国曲协分党组书记董耀鹏评价"包公杯"活动"奏响了廉政曲艺的'清风协奏曲'""为当下廉政文化建设探索出一条有效途径,提供可资借鉴的宝贵经验"。亳州市主办的"药都清风杯"全国廉政楹联创作大赛是继合肥"包公杯"后安徽又一个全国廉政文化品牌,今年楹联大赛共收到参赛作品13780副,首届获奖作品已印刷出版。同时,亳州市还挖掘研究老庄思想中勤政、廉政元素,组织学习研讨。宣城市"十佳廉政(洁)文化理念"征集活动继续深入开展,宣城日报社报送的"倡廉戒奢担道义,文明传播献丹心"和市广播电视台报送的"传播廉理清音,顺应社情民意"等20条作品分别获评"十佳廉政文化理念"和"十佳廉洁文化理念",这一活动有效丰富廉政文化"六进"内容,进一步提高广大党员干部和群众反腐倡廉意识,达到净化心灵、提升境界、自我教育、自我警醒目的。铜陵市深度打造"廉田""廉镜"品牌,衍生品牌效应。在品牌保护上,两面古廉镜参加全国可移动文物登记,9个申请注册的"廉田"商标获得国家工商总局正式颁发的商标证书;在品牌挖掘上,本着求精、求善的原则,对所征集到的69个"廉田"标识进行初步筛选,并组织社会大众进行公开评审、邀请有关专家进行专业审定;在品牌教育上,组织大型廉镜展出观摩活动并同步举行《铜陵廉政文化的历史与今天》展览;在品牌宣传上,积极指导和配合市文广新局、市艺术剧院、市文联等单位进行文学艺术作品创作活动,如"廉田杯"反腐倡廉文学艺术原创作品征集活动、"廉田杯"反腐倡廉诗歌创作大赛,等等,用以发布"廉镜""廉田"广告的合铜黄高速出口大型廉政公益广告牌也通过工程验收。

军旅文化

2014年,安徽省军区根据中央军委《关于大力发展先进军事文化意见》指示精神,紧贴时代要求和官兵需求,着力繁荣官兵业余文化生活,创新发展具有部队特点的先进军事文化,全面推进武装文化、网络文化、营区文化和仪式文化建设,积极建好用好军史馆、荣誉室,充分借助军地资源组织一批优秀文化产品挂载政工网。扎实开展群众性读书演讲、歌咏演唱、体育比赛、书画摄影等活动,为持续推进省军区部队和后备力量建设科学发展提供强大精神动力。

*一是领导重视形式多样。*为把省军区军营文化工作搞得丰富多彩,分管领导多次组织有关人员召开诸葛会,研究文化特别是文艺演出工作,精心编创的《前进在强军大道上》主题晚会、《一马当先迎新春》春节团拜晚会,得到省军区首长的充分肯定。省军区政治部业务机关精心创演的"强军梦·江淮情"主题晚会,赴军区驻沪、驻赣部队巡演20场,受到所到单位的广泛好评。会同解放军总政治部、南京军区机关承办全军军民文化融合暨先进军事文化座谈会、第十四届全军民兵刊物评选会和江苏省灌云县民兵夫妻哨先进事迹报告会。会同省民政厅举办安徽省第37届军民书画联谊会、第4届"双拥杯"乒乓球邀请赛等活动,其中,"军魂永铸——纪念古田会议召开85周年安徽省军区老战士书画摄影展"省军区共展出200余幅书画摄影作品,军地普遍反响较好。省军区各级充分利用驻地红色资源,共建文化协作区,安徽全省123家爱国主义教育基地遍及各地。组织新干部轮训、民兵入队、主题教育等重大活动,促使一批批官兵职工走进红色圣地,呼吸英雄气息。

*二是基层文化丰富活跃。*省军区广泛开展"军歌嘹亮"歌咏演唱、"军魂永驻"读书演讲、"醉美营院"摄影展览等活动,举办安徽省第37届军民书画联谊会和第4届"双拥杯"乒乓球邀请赛,参加安徽省首届文化惠民季和上海警备区、江西省军区文艺小分队来皖巡演活动。编创9个富有安徽地域特色的文艺节目参加军区第九届文艺会演,其中5个节目分获一、二、三等奖,2名个人被军区表彰为优秀演员,获奖数量、质量均居军区前列。会同解放军报社、淮北市委成功举办军民融合发展暨全军先进军事文化座谈会,得到总政、军区政治部领导的充分肯定。

*三是文艺创演好戏连台。*省军区各级注重搞好文化力和战斗力融合实践、辐射渗透。淮北军分区研制政治工作方舱、便携式政工器材箱,让平战结合的战地政工"一拉即走、一开即用"。蚌埠预备役舟桥团联手驻地文化部门打造"数字图书馆",开设"流动文化点",部队驻训到哪,"精神弹药"供应到哪。六安军分区官兵扶贫参建20多年,形成扶贫文化、慈善文化。省军区官兵利用现代传媒,自导自拍《我的哨位》《爱吃零食的女兵》等微电影,成为官兵互助互教的生动

2014 年 12 月 29 日，安徽省军区举办纪念古田会议召开 85 周年老战士书画摄影展

教材。自主创作的《前进在强军大道上》《一马当先迎新春》晚会，得到省军区首长和官兵、家属一致赞誉。战士业余演出队创作的舞蹈《丰碑颂》代表军区参加全军野战文化会演获得好评，被评为优秀节目。

四是文化服务深入开展。根据南京军区统一部署要求，扎实推进“3358 工程”基层文化项目建设，为省军区直属连队配发 4 类 196 件文化装备。组织演出队赴军区驻沪、驻赣部队开展“强军梦·江淮情”巡回演出 28 场，演员上海岛、进哨所，上训练场、进干休所，唱响强军战歌，凝聚强军能量，充分展示了省军区部队践行强军目标的精神风貌。此外，组织演出队积极开展学习成才活动，激发士兵争先向上的热情，战士翁纪璇考上解放军艺术学院文化管理本科班，战士王杰被表彰为全军野战文化先进个人，战士夏青参加全军主持人大赛获得三等奖并被表彰为全军优秀主持人，战士邱东晖参加军区摄像骨干培训班创作报送的节目被评为一等奖。

五是利用军营文化筑牢长城。在八面来风开放环境中，有人担忧“社会酸雨会潮湿官兵的心”。如何让官兵永葆军人本色，永固精神长城？安徽省委常委、省军区政治委员宋海航少将一语破的，“坚持用文化阳光来照亮美丽心空”。8 年前，王现伟的妻子重病瘫痪，5 次濒临死亡。王现伟坚信“有我就有你，生死两不离”，六年如一日真情守护妻子，创造出生命的奇迹。道德中最大秘密是爱。省军区官兵坚持将大爱、奉献、意志融入到工作实践上，尤其在抢险救灾、扶贫参建等服务人民实践中努力做到言必行、行必果。蚌埠预备役舟桥团 10 多次参加长江、淮河流域抗洪抢险行动，解救被困群众 3670 余人，被百姓誉为生命之舟。在典型精神感召下，省军区道德文化建设持续攀高，先后涌现“抗雪英雄”曾光、“扶贫政委”赵克信、“中国好人”李鸿阳等身边典型。他们的先进事迹还登上营区文化灯箱，官兵们徜徉“星光大道”，时时感悟榜样力量。

省军区各级坚持把外部资源用活，内部资源用好，在下发军史馆(荣誉室)建设方案意见，淮南、芜湖先后召开国防动员教育、先进军事文化座谈会，总结推广试点做法。预备役高炮团曾是抗战时期著名“秦向支队”，历经百团大战和淮海、渡江和上甘岭等著名战役，涌现出爱兵模范王克勤、战斗英雄王银虎等英模人物。时任团政治委员夏捍东说，“英雄基因代代相传，官兵走哪都是好汉”。该团荣获全军先进预备役团，近百名官兵受省以上表彰。凤台县八一林牧场 18 名退伍兵用军人意志创造沧海桑田的传奇，改造荒滩绿化家园，让生态文明永驻淮河两岸。职工王玉成路见不平一声吼，徒手制服行凶歹徒。民兵向长城无惧生命危险，两次冲进火海救人，英雄美名传遍江淮大地。

2014 年 4 月 26 日，安徽省军区战士业余演出队排练参加军区第九届文艺会演节目

市縣區文化概覽

石涵松題

□合肥市

□宿州市

□淮北市

□阜阳市

□亳州市

□蚌埠市

□淮南市

□滁州市

□马鞍山市

□芜湖市

□铜陵市

□安庆市

□黄山市

□六安市

□池州市

□宣城市

合　肥　市

【文化概览】合肥市地处长江、淮河之间，环抱巢湖。辖巢湖市，肥西、肥东、长丰、庐江4个县，瑶海、庐阳、蜀山、包河4个区，有3个国家级开发区和14个省级开发区。面积1.14万平方千米，常住人口769.6万。是全国重要的科教基地、国家创新型试点市、国家科技创新型试点市和世界科技城市联盟会员城市。全市有文化馆11个、公共图书馆9个、博物馆26个(其中私人博物馆7个)、各级国家综合档案馆10个、乡镇街道综合文化站131个。有全国重点文物保护单位6处、省级重点文物保护单位36处、市级重点文物保护单位46处。有国家级非物质文化遗产项目4项、省级非物质文化遗产项目15项、市级非物质文化遗产项目87项。2014年，合肥荣获全国文明城市称号，连续第4次获评"中国最幸福城市"。包河区、蜀山区获"全国文化先进区"称号，巢湖市被评为"中国民间文化艺术之乡"，庐阳区崔岗村"文化创意村"入选"全国宣传思想工作创新案例"。

社会主义核心价值观建设。截至2014年年底，有105人(团体)登"中国好人榜"。开展"走向文明""寻找最美合肥人"等主题宣传，创新"讲文明、树新风""图说价值观"公益广告与网友微点评活动，推出"合肥好人、德润江淮"系列公益微电影，《合肥日报》的《好人365》栏目产生全国性影响。建成一批核心价值观主题公园、广场、社区，大街小巷广布公益广告，各类电子屏持续播放"24个字"。开展"我们的节日""拜师礼"、中华经典诵读等传统文化传承普及活动，大力弘扬优良家风校训、企业精神和乡贤文化，培植核心价值观的根与魂。发挥千家道德讲堂联盟作用，开展道德讲堂"大篷车"巡讲活动。面向全国征集合肥"开明开放、求是创新"城市精神歌曲，建立各级好人评选推荐体系。

制定实施《志愿服务条例》，开展星级志愿服务广场和社区创建。结合党的群众路线教育实践活动，广泛开展"志愿服务进社区""圆梦微心愿"等志愿服务活动，全市有47.9万人注册成为志愿者，占市区常住人口总数的12%以上，涌现出各类志愿服务队2500多支。深入实施灵魂铸造、文化引领、环境净化、阵地建设和社会关爱"五大工程"，建成爱国主义教育基地42个、乡村学校少年宫132所、未成年人校外心理健康辅导中心7个，扎实推进未成年人思想道德建设，2人入选全国"百名美德少年"。加强"信用合肥"建设，建立信用惩戒"黑名单"，发布产品质量"红黑榜"，持续开展"百城万店无假货"创建活动。瑶海区"诚信瑶海"建设经验得到省委宣传部肯定并在全省推广。

公共文化服务体系建设。推进省美术馆、科技馆、百戏城及安徽名人馆、市群众文化活动中心等重大文化设施建设。新建省级农民文化乐园5个、市级30个、文化信息资源共享工程村级服务点1342个，免费开放文化场馆、乡镇文化站113个。补充更新农家书屋出版物16.7万册。为3702户低保户家庭免费提供有线电视。完成1342个行政村农村公益电影放映18273场，其中放映新片10337场，观众近340万人次。

群众文化活动。举办第二届"全民文化活动周"，安排文艺演出、展览展示千余项，近10万人次

天鹅湖夜景

参与。开展为期近一个月的第二十届“新春文化庙会”，文艺演出30余场、各类展演20场，近千人参演。广泛开展大学生文化艺术季、农民工文化艺术节、基层文艺调演、“三下乡”等系列文化活动。支持合肥市民交响乐团、市民合唱团开展活动。成功举办第二届中韩歌会。与韩国大田、美国哥伦布、澳大利亚戴瑞滨、日本久留米、英国贝尔法斯特等国际友城开展文化交流系列活动。

文艺精品创作。《走读合肥》文化丛书成功出版。《荠菜花》等5部作品获省“五个一工程”优秀作品奖,《巢湖神韵》等6部作品入选省“四个一”项目。庐剧小戏《这钱怎么花》获第五届全国小戏小品曲艺大赛9项大奖,小品《送礼》、相声《快乐微信群》、快板《杨志卖刀》分获中国曲艺牡丹奖节目奖,童声合唱《山野的风》、花鼓灯舞蹈《练射击》等8个节目分获省群星奖各奖项。“大湖名城、创新高地—音舞诗画、美丽合肥”、舞台剧《印象巢湖》、新古典庐剧《孔雀东南飞之焦仲卿妻》、电影《村支书金岚岚》等一批文艺精品公开展演展映。《太空熊猫总动员》亮相戛纳国际电影节,合肥动画电影第一次走出了国门。《牧人吟》获第六届冰心散文集奖,《肥东文脉》《三十年后的重逢》分获第一届“中国·包公散文奖”一、三等奖,书法论文《近现代江淮书风的文化品格》获中国文联第九届文艺评论二等奖。美术作品《大岳千秋》入选“中国梦强军梦”全国美展,《父亲的1942》获第十二届全国美展获奖提名。牛耕地、杨文浏书法作品入选中国书法兰亭奖。巢湖民歌《一支秧歌一趟秧》获中国(百色·田东)民间广场舞大赛金奖。组织合肥书画代表团赴韩国举办艺术联展,举办“大湖之约——艺术名家大讲堂”“合肥文化大讲堂”及“墨润江淮”、赖少其花鸟画等精品展览,赖少其艺术馆再次入选“文化部2014年全国美术馆馆藏精品展出季”活动。

文化产业发展。全年文化产业增加值达350亿元，占GDP比重6.7%;完成固定资产投资339.6亿元,比上年增长9.5%,产业投资项目560个;专项资金兑现奖补资金1433.92万元,启动990万元的“借转补”预拨资金。30个文化产业项目入选省“861”计划,投资总额达440.49亿元。科大讯飞等20家企业进入“安徽民营文化企业100强”,万达文旅城、国家广播影视科技创新实验基地入选省示范园区(基地),报业全媒体产业园及乐堂动漫入选省“四个一”项目。成功举办第八届文博会。

文化体制改革。出台实施方案,确定9大类、47项改革任务。多次召开专题会议研究讨论、细化安排、督促落实,基本完成年度改革任务,非本年度改革任务提前完成6项。成立图书馆理事会,启动公共图书馆服务外包试点;组建民营文艺院团协会;出台社会服务“1+4”政策体系,制定《2014年合肥市促进文化产业发展政策》《合肥市文化产业示范基地认定管理暂行办法》,起草《2014年合肥市促进文化产业发展政策实施意见》,提出《文化创意和设计服务与相关产业融合发展实施意见》建议稿。

合肥报业传媒集团重组领导团队,清算关停长期亏损的报业教育开发公司和商贸分公司,完善下属单位目标考核制度,推出《滨湖新闻》《双岗新闻》《肥东晨刊》等10份社区报，发展非报产业，推进数字出版发行中心、数字化便民服务亭项目。市文广集团健全完善法人治理结构，推进事企分开，实施制播分离，推行节目生产、广告经营、活动项目包干责任制，实行新剧目和精品创作的市场化运作；合肥电视台欢乐频道、故事广播等按制播分离模式引进战略合作者;完成合肥市广播电视服务部改制，撤销事业机构;尝试利用资本市场推动股份制改造,积极推进合肥演艺公司、和视传媒公司新三板上市。

文化市场监管。完善县区文化市场考评,落实市场技术管理信息化建设,调整市场准入政策,开展全市“十佳星级网吧”评选授牌。深入开展“扫黄打非”“秋风”“清源”“净网”等专项行动;开展为期3个月整治网吧行业“绿网行动”。全年出动执法人员2万多人次,检查经营单位5000多家次,与公安、消防等部门开展共同执法行动30次,核查、处理各类举报210件,查获非法电台4个,收缴非法出版物15万余张(册),“净网先锋”监管平台拦截、屏蔽非法网站、网上有害信息近13万次(条)。

文化保护与传承。开展博物馆日和文化遗产日活动。完成“包公故事”国家级非遗项目申报。“庐州木雕”等4个项目入选第四批省级非物质文化遗产名录。全面完成第一次全国可移动文物普查调查、认定阶段工作。完成卫立煌故居修复工程。筹建安徽省李鸿章研究中心,对地区民俗陈列进行全面升级改造。进一步加大巢湖地方民歌传承发展力度,着力打造周瑜故里等地方文化品牌。渡江战役纪念馆全年接待观众近145.3万人，比上年增长21.3%,基本陈列入围第十一届全国博物馆十大精品陈列展览并获优胜奖。

【创建全国文明城市】2014年,合肥被评为第四届全国文明城市。铭传乡启明村、汤池镇果树村、长临河镇、烔炀镇、桃花镇被评为全国文明村镇，中国移动合肥分公司、滨湖世纪社区、合肥邮区中心局、市第二人民医院、肥东县国家税务局、屯溪路小学等入选全国文明单位。肥西县、巢湖市被确定为全国县级文明城市提名城市，肥东县、肥西县、长丰县、庐江县、巢湖市及庐阳区、包河区分获文明创建工作省级表彰。

合肥市紧扣“八大环境”建设，扎实推进各项创建工作。成立高规格的创建组织推行创建工作“一把手”工程，不断完善省市两级联手、市区街三级联动的工作机制，形成条块结合、互联互通的工作网络。坚持制度化推进，层层分解任务，明确主体责任，推行工作责任制和责任追究制。坚持问题导向，实施城市文明程度指数双月测评，强化“行走合肥”一线巡查，加强调度指导、督查考评和监督激励。扎实推进诚信制度化和志愿服务制度化建设，深入开展群众性精神文明创建活动。大力推动广场公园、城中村等重点区域环境整治，开展“文明交通”“文明旅游”“文明餐桌”“四做四不”等主题实践活动，大力推进“三线三边”环境治理，破解创建痼疾难题。围绕环巢湖生态文明示范区建设，开展城乡环境综合整治和乡风文明建设，推动城乡文明一体化发展。

【“大湖名城·悦读合肥”全民阅读活动】4月23日全市13个部门联合开展首届“大湖名城·悦读合肥”全民阅读活动，持续至12月结束。启动仪式现场，向市民赠送图书，发放阅读倡议书，现场办理图书馆借阅证及手机图书馆读书卡，营造全民读书、终身学习的良好社会氛围。2014年，合肥获中国最爱阅读城市排行榜第二名，2个家庭获评全国“书香之家”。

活动期间推出系列活动，开展“书香六进”“十大书香家庭”“十大读书之星”评选，全民阅读优秀书目推荐，“中国梦·幸福城”读书征文，合肥文化大讲堂，中华美文诵读，“我的书屋，我的家”农民读书，好书共分享——图书随漂流，希望在明天——残疾人读书会，夕阳红老年人网络阅读培训，社科知识下基层，图书超市进社区，“育才图书角”建设，最强大脑读书赛等16项阅读活动。注重贴近生活、创新载体，通过成立残疾人读书会、举办读书沙龙和读书会友、组织残疾人参加图书馆和文化馆等举办的讲座、报告、培训等活动，方便残疾人平等共享公共文化服务；免费对老年市民进行网络阅读培训，使其在家就能利用图书馆及网络资源轻松阅读；在图书馆、书店及街道社区等设立图书漂流站，市民捐出一本书，便可取走一本书，实现无限量免费阅读。

【文艺家下基层活动】合肥市的文艺工作者学习贯彻习近平总书记在文艺工作座谈会上的重要讲话精神，围绕“深入生活，扎根人民”主题，扎实开展“挖生活的深井、汲艺术的甘泉”文艺家下基层活动。在联系点的安排上，避开旅游景点、新农村建设示范点等热门地方，重点选择艰苦偏远的乡村。

组织摄影家走村串户为群众拍全家福、做饭、洗衣等生活场景，举办“我们的家园”摄影展，让人们看得见炊烟、记得住乡愁；把电影《周恩来在合肥》《凤还巢》、文旅演出《巢湖神韵》等作品的编创会议开在群众家中，聚集群众智慧。组织书法家现场取材、即时创作，走村居、进工地为群众写春联。组织词曲作家到巢湖市柘皋镇与农民歌手郑绍应夫妇共同探讨巢湖民歌创作，深度挖掘乡土特色文化。邀请省内外著名画家为79名“中国好人”画像，编排歌舞情景剧《合肥好人颂》。

瑶海区

【文化概览】瑶海区总面积64.4平方千米，常住人口约100万，辖12个街道、1个镇，设1个开发区。现有省级风景名胜区1处、省级重点文物保护单位1处。洪氏装裱、葫芦烙画被列为省级非物质文化遗

2014年瑶海区第三届“梨园风采展”社区戏曲展演月广场演出

产，洪富庚、郑小良为省级非物质文化遗产传承人。

文化事业和文化产业发展。2014年，全区文化事业和文化产业发展迅速。先后组织参加安徽省“六一”少儿文艺调演、合肥市第二十届新春文化庙会民间文艺专场演出、合肥市第十二届《幸福家园》社区广场文化周瑶海区专场、合肥市庆“六一”少儿文艺展演、第六届“快乐周末”广场文化活动、“大地飞歌”合肥市乡村歌手大赛等活动，区文化馆选送的2名优秀歌手在“大地飞歌”大赛中获第一、二等奖；选送的独唱、重唱、大合唱在“城市精神主题歌曲”演唱大赛总决赛中，均获得二等奖；选送的音乐作品4人小合唱《梦想长城》在“实践群众路线、共建大湖名城”全市基层文艺调演活动中，获声乐类第三名，选送的民族舞《风酥雨忆》获舞蹈类第三名；在第二届“合肥市全民文化活动周”——“舞蹈合肥”市民舞蹈专场活动中，由区文化局、区文化馆选送的集体舞《舞动活力》获一等奖。

举办瑶海区民俗民间文艺汇演、第三届“邻居节”、公益电影免费进社区、第三届“梨园风采展”社区戏曲展演月、庆祝建国65周年暨纪念人民政协成立65周年优秀书画作品展等活动，举办瑶海区文化馆（站）干部及群众文艺骨干培训班；开展“扫黄打非·清源（秋风、净网）2014”专项行动，收缴非法音像制品、书报刊2200余盘（册）。辖区现有互联网上网服务、歌舞娱乐、出版物经营等文化经营单位400余家。拥有两家安徽省文化产业示范基地（合肥裕丰花市、元一时代广场），瑶海区文化艺术中心、合钢文化创意产业园等一批文化产业项目正在创建中。

大力推进文化民生工程建设。全区90个农家书屋、区文化馆、区文化资源共享工程、大兴镇综合文化站公共电子阅览室、大通路街道电子阅览室免费开放，举办区文化馆文化艺术免费培训班、举办“书香瑶海”农家书屋（社区书屋）演讲比赛。

【民俗民间文艺汇演】2014年2月13日，瑶海区文广新局在宝业东城广场举办“欢天喜地闹元宵、多彩民俗惠民生”民俗民间文艺汇演，全区10余支民俗文艺表演队用丰富多彩的舞狮、腰鼓、划旱船等节目，让辖区群众在喜庆的节日氛围中感受传统文化的魅力，共庆元宵佳节。

庐阳区

【文化概览】庐阳区辖9个街道、1乡1镇，设1个省级开发区（庐阳工业区）。庐阳老城区是历史上的古庐州城，现存有“张辽威震逍遥津”古战场、曹操点将“教弩台”、李鸿章故居等古建筑。有省级重点文物保护单位6处、市级10处，市级非物质文化遗产10项。

文化民生工程。2014年，区委区政府将原逍遥津街道办事处办公楼一、二层用于建设图书馆，三至五层用于扩大区文化馆规模。建成林店街道（工业区）连水社区电子阅览室，更好地服务城乡居民及外来务工人员。区文化馆及1乡1镇综合文化站均免费开放。全年共举办各类文化活动100场，各类公益培训40期，累计接待群众6万人次。

群众文化活动。2014年累计开展各类文化活动260场，直接参与活动3万人次，惠及群众20万人次。举办戏曲票友大赛、“庆国庆”经典红歌群众演唱会、“幸福庐阳舞起来”群众舞蹈展演、第二季“市民眼中的庐阳民生”摄影作品展等形式多样的节庆文化、广场文化和社区文化活动。连续3年以民生工程为主题，创作文艺作品在全区巡演。

文化产业。安徽万盛文化艺术传播有限公司、安徽华教投资股份有限公司、安徽阿里巴巴文化有限公司等3家文化企业再次被评为安徽民营文化企业100强。城隍庙改造拉开帷幕；七桂塘街区

崔岗文化创意村

改造全面完成，与女人街以及周边7条街巷一起，打造成安徽第一条艺术时尚街区——香街。崔岗文化创意村成功举办首届崔岗艺术节。

精神文明建设。通过建立重点路段区领导包保、乡镇街道包联社区(村)、职能部门专项督查与专项整治、视频曝光等5大工作机制，实施“三线三边”综合整治、老旧小区改造、“志愿庐阳”建设、公益广告设置、学校少年宫建设等五大工程，落实创建为民惠民，被评为安徽省第一届文明城区。三十岗乡东瞿村再获全国文明村镇称号；三十岗乡被评为第三届安徽省文明村镇；大杨镇被评为第三届安徽省创建文明村镇工作先进村镇；三孝口街道西平门社区、海棠街道都市清华社区、逍遥津街道红旗社区、亳州路街道畅园社区被评为第四届安徽省文明社区。

【庐阳区三十岗乡打造安徽省首个“文化创意村”】庐阳区三十岗乡紧紧依托国家4A级景区和合肥“最美后花园”等资源优势，抢抓发展机遇，全力打造安徽首个“文化创意村”。三十岗乡崔岗艺术家村2013年11月正式开村，已有53位艺术家签订合同、24位艺术家正式入驻，16户房屋基本改造完成可对外开放。崔岗村逐渐成为合肥的文化新地标，成为集文化创意、乡村度假、餐饮娱乐等于一体的旅游文化休闲胜地。

蜀山区

【文化概览】蜀山区位面积457.8平方千米，人口96.12万。辖3个镇、8个街道，设1个省级开发区。蜀山区先后获“全国文化工作先进区”“全国科技进步先进城区”等20余项国家级桂冠，是“全国双百强区”。有省级非遗项目3项：民间民俗“抛头狮”，传承人陈德荣；手工技艺“吴氏船模”，传承人吴培；手工技艺“火笔画”，传承人吴善民。

文化产业。2014年，全区文化企业上线统计名录813家，其中现代文化服务业600家；文化产业增加值25.5亿元，比2013年增长10%，占全区GDP比重7%。2014年，全区有8个文化产业项目列入省“861”项目。投资125亿元的中国(合肥)国际动漫城落户蜀山区，填补了合肥没有大型文化创意主题园区的空白。乐堂动漫公司获2013年安徽民营文化企业100强。

中国(合肥)国际动漫城落户蜀山区

公共文化服务建设。2014年，区财政投入1793万元用于公共文化服务建设，新建和改扩建21处镇街园文化活动中心、乡镇综合文化站、社区(行政村)文化活动室和24处文化活动广场，形成区、镇(街)、村(居)三级覆盖的文化公共服务体系。其中室内文化活动室面积3630平方米，室外文化活动广场总面积14380平方米。文化场馆(1个区文化馆、2个乡镇文化站)免费开放，37个行政村实施农村文化建设专项补助，对农家书屋进行维护管养，确保每周开放时间不少于5天。每个行政村每年放映12场公益电影，开展6场体育活动。

精神文明建设。全年累计开展各类志愿服务活动2000余次，受助群众达10万余人次。形成燃气集团“徐辉假日小分队”、丁香社区“五彩连心”志愿服务队等20个志愿者服务特色品牌。认真开展“中国好人”“安徽好人”推荐评选活动，全区有20人获“中国好人”称号。4家单位被评为“第十届省级文明单位”。

【蜀山区加强特色文艺团队建设】蜀山区精心打造19支群众文艺特色团队。婷立芭蕾舞团在中央电视台举办的《舞蹈世界——舞蹈全民星》活动中，获当场次比赛冠军。徽州女艺术团获“舞动三峡”全国中老年舞蹈大赛安徽赛区一等奖。黄山合唱团、“小云雀”少儿合唱团在安徽省第五届合唱节中分获金奖、银奖。黄山合唱团获第十二届中国国际合唱节比赛银奖和优秀指挥奖，代表安徽省参加第九届中国音乐金钟奖合唱比赛，获优秀奖。

包河区

国家广播影视科技创新实验基地（效果图）

【文化概览】包河区面积340平方千米，人口83万。辖7个街道、2个镇、2个街道级大社区，设1个省级工业园区。区内科教资源丰富，有街镇文化站10个，社区、村级文化活动室96个，各种规模文化广场68个，农家书屋94个，各种文化宣传栏（牌）1000余处。以文化馆（图书馆）、镇综合文化站、农民工文化驿站、农民文化乐园、文化信息资源共享工程等为主体，成功构建“区—街镇—村居”三级文化服务网络。

区域内科大、合工大、社科院等30余所高校院所星罗棋布，安徽大剧院、滨湖会展中心、渡江战役纪念馆、安徽名人馆等公共文化设施绽放新颜，省歌舞剧院、省黄梅戏团、省杂技团、省徽京剧院、安徽省艺术职业学院等文艺单位人才荟萃。拥有省级文物保护单位10处、国家级非物质文化遗产1项，省级非物质文化遗产4项。

2014年，全区文化事业和文化产业发展迅速。公共文化建设投入1768万元，按照公益性、基本性、均等性、便利性要求，完善公共文化服务体系建设，提高文化产品和服务供给能力。重点加快国家一级文化馆、网上文化超市、社区“读书社”、社区文化广场建设，进一步提升农民工文化驿站、农民文化乐园的服务能力和服务水平，不断加强精品意识和竞争意识，创作出一批文艺精品。

2014年，安徽省广场舞大赛启动仪式及首场比赛在包河区举行并取得成功，积极参加新春文化庙会、群星奖比赛演出等省市文艺活动并获得好成绩，举办区第二届农民工文化艺术节暨企业文化展演、第五届“书香包河”读书节等多个包河区群众文化品牌活动1000余场。

包河区围绕“国家广播影视科技创新实验基地”建设，设立700万元文化产业引导资金，积极搭建文化产业发展新平台。全区现有各类文化产业经营单位3700多家，其中规模以上文化产业法人单位400多家；2014年全区累计完成文化产业投资88.58亿元，实现税收2.08亿元。

【儿童剧《江淮好少年》获省“五个一”工程奖】根据包河区5个真实的少年故事原型，采取购买社会服务的方式，经过艺术创作加工，创作出《永远的红星》《天使梦》《两张机票》《爸妈去哪儿了》《生命之花在绽放》5个小故事组成的儿童剧《江淮好少年》。《江淮好少年》以舞台语言类小品剧的形式，注重表演的贯穿，通过主题歌、背景音乐、舞蹈、声光效果等多种舞台艺术手段相结合，把5个小故事进行衔接串联为完整的一部剧，突出整部剧的艺术可看性，具有良好的视听觉感染力。2014年，在全区所有中小学巡演50余场，传递社会正能量，在广大学生中引起广泛影响，获2012—2014年度省“五个一工程”奖，其中小品《爸妈去哪了》还获省“群星奖”二等奖。

渡江战役纪念馆

肥东县

肥东县首届“全民文化月”启动仪式暨社区专场文艺演出

【文化概览】肥东居皖中腹地，有“吴楚要冲、包公故里”的盛名，是“中国散文之乡”“安徽省庐剧之乡”，安徽省首批“文学创作先进县”“安徽省诗歌之乡”“安徽省民间文化艺术之乡”。面积2206平方千米，人口105万。辖18个乡镇，设3个园区。有国家4A级景区2处、3A级景区3处，国家级重点文物保护单位1处，省级重点文物保护单位7处。有国家级非物质文化遗产项目1项（大邵洋蛇灯）、国家级非物质文化遗产传承人1名（邵传富），省级非物质文化遗产项目2项（门歌、庐州大鼓），省级非物质文化遗产传承人2名（殷光兰、梁月银）。

公共文化建设。县图书馆获批为国家一级馆，设立肥东县博物馆。20个乡镇综合文化站、公共电子阅览室、350个农家书屋、1个县级文化信息资源共享工程支中心和331个村（社区）文化信息资源共享工程基层服务点，全部实现免费对外开放。新建成5个村（社区）公共电子阅览室，完成撮镇瑶岗、八斗大张2个省级农民文化乐园试点村和包公岘山等9个市级试点村的建设任务。

文化民生工程。参与“大湖名城·悦读合肥”等文化活动。举办庐剧培训班，4月份起每周在长临河镇开展一场“周末大舞台”演出活动，全年全县送文化下乡400多场，送电影下乡3972场，反映包公廉政和法治文化的系列新编庐剧折子戏在全县巡演。

文艺创作。编印《新旧“二十四孝”图解》等书籍，作家许泽夫散文诗集《牧人吟》获第六届冰心散文奖。拍摄完成纪录片《天南地北肥东人》。创立“曹植诗歌奖”，举办全国散文学会年会，开展肥东民歌、门歌征集编演活动，新编庐剧《包公折子戏》。

精神文明建设。全县注册志愿者达2万人。民警陈彬当选“中国好人”，并被公安部追授全国“二级英模”称号。连续21年举办爱国主义读书教育活动，累计有100多人获国家级表彰、200多人获省市级表彰。

文明城镇建设。加强城乡文明创建，涌现出2个全国文明村镇、1个全国文明单位、6个省级文明单位、61个市级文明单位。获第一届“安徽省文明县（市）”称号。

【肥东县“全民文化月”】全民文化月活动是由肥东县委、县政府组织实施的一项文化惠民工程。它以宣传社会主义核心价值观、凝聚社会正能量为主基调，致力于满足人民群众个性化的文化需求。采取“送”“挖”“凑”“借”“买”“创”的方式，覆盖全县所有331个村（社区），发动县、乡、村三级文化志愿者、文艺院团近1000人，演出文艺节目5000多个，超60万群众在家门口就能享受丰盛的文化大餐。

肥西县

【文化概览】肥西县辖4个乡、8个镇，有4个园区，总面积1695平方千米，人口80.6万。有国家级重点文物保护单位1处、省级重点文物保护单位3处、县级文物保护单位71处；有省、市、县非遗项目25项，省级传承人1人、市级4人。先后获全国县级文明城市提名城市、全国全省文化先进县、全省文化体制改革先进地区等称号，连续5年跻身全国百强县。

公共文化投入。2014年，投入资金约1529万元，开展基层文体设施建设和文化活动。设立“文化强县活动专项资金”，每年200万元，为全县开展宣传文化活动提供保障。

文化民生工程。加强农家书屋

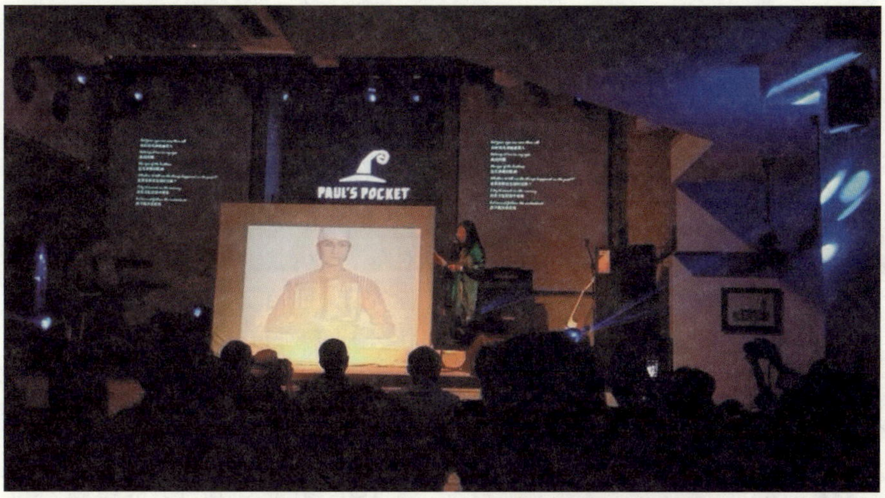

2014 紫蓬·雅歌中秋国际诗会

建设和管理，公开选聘50名专职农家书屋管理员；建立健全农村广播网管护使用工作考评细则；全年县、乡、村(社区)组织文艺演出1976场次,公益电影放映3168场；全县建成农民文化乐园20个、乡村学校少年宫17所，新建农民体育健身工程57个、全民健身苑8个、笼式多功能健身广场1个。

文化品牌打造。承办2014第六届中华世纪坛中秋国际诗会(安徽分会场)2014紫蓬·雅歌中秋国际诗会,来自埃及、印度、西班牙、美国和国内30多位诗人到肥西县开展采风活动。县获第二届安徽电视电影剧本大奖赛“创作组织奖”,县委宣传部副部长、《肥西报》总编张建春创作的剧本《土街》获“创意剧本奖”，非物质文化遗产莲湘舞在全国莲湘舞邀请赛中获银奖。

文化产业发展。制发《肥西县支持文化产业发展若干政策》,建立文化产业招商项目库,承办第八届中国(合肥)国际文化博览会紫蓬山笑翻天乐园分会场活动。全县文化产业产值达19.33亿元，比上年增加4.3亿元，文化产业增加值增幅达28.6%。开展“清源”“秋风”“净网”等“扫黄打非”专项行动,进一步净化文化市场。

【肥西县精神文明建设成效突出】 肥西县坚持“两个文明”协调发展，着力加强社会主义核心价值体系建设，精神文明建设取得显著成绩。2014年,肥西县被中央文明委授予全国县级文明城市提名城市称号、省文明委同时授予第一届安徽省文明示范县和第二届未成年人思想道德建设工作先进县荣誉称号。年度共评出9名身边好人，其中杜先汝被评为见义勇为中国好人，供电公司职工杨忠家庭获“全国五好文明家庭”称号并作为全省唯一家庭代表赴人民大会堂领取荣誉证书,受到党和国家领导人的接见。评选出10名“美德少年标兵”和20名“美德少年”,其中花岗镇四合学校学生程宝留入选全国百名美德少年。

长丰县

【文化概览】 长丰县辖14个乡镇，设1个省级开发区，面积1841平方千米,人口76万,是中国草莓栽培第一大县。现有元一双凤湖旅游度假区、中国合肥非物质文化遗产园、2个国家4A级旅游景区。有省级重点文物保护单位1处（孝子墩)。“下塘火狮”“吴山铁字”、水湖镇犟驴、吴山庙会、吴山贡鹅、下塘烧饼、水湖驯马舞、葛家唢呐、水湖花鼓灯、闫氏锣鼓等项目列入合肥市非物质文化遗产名录。县境拥有一代枭雄杨行密吴王墓与吴王庙,清代名臣李天馥留下的孝子墩,爱国将领聂士成故居，名人有范鸿仙、吴旸谷与倪映典等辛亥革命时期3名上将，中共安徽工委旧址,合肥地区最早的中共党组织——中共合肥北乡支部暨安徽省农民运动发源地纪念馆。

文化产业发展。全县有规模以上文化企业27家，其他各类文化企业和工商户270多个。2014年,恒大集团投资建成恒大帝景运动中心和影视城项目,县电影公司合作建成长丰影城项目。2014年实现文化产业增加值约6.9亿元,比上年增长14%，占地区生产总值2.1%。

公共文化建设。总建筑面积22384平方米、总投资8100万元的新图书馆、档案馆、规划展示馆,完成主体工程和室内外装饰;投资6000余万元的县城新城公园及护城河景观长廊基本完工。县政府出台《长丰县首届文学艺术奖励办法》，组织文艺家下基层活动8场次,完成文艺精品创作92件。

文化民生工程。2014年,完成548个自然村11243户广播电视“村村通”建设任务,完成3个公共电子阅览室建设。所有文化场馆全部实行免费对外开放。为271个农家书屋更新图书约4万册。完成1个省级、5个市级和10个县级农民文化乐园试点村建设。全年放映电影3252场,“送戏入敬老院”演出180场次,“送戏进万村”演出391场。

精神文明建设。以培育和践行

庐剧现代戏《这钱怎么花》开排

社会主义核心价值观为引领,开展寻找、推荐、宣传、评议身边好人活动。全年评选长丰好人22人、道德模范8人、道德模范提名奖8人、推荐"中国好人"候选人2人、其他各类先进典型近100人次。

文明城镇建设。2014年,长丰县获省创建文明县城工作先进县称号。水湖镇费岗村、锦湖社居委分别获"第三届安徽省文明村镇"和"第四届安徽省文明社区"称号。岗集镇、造甲乡、双墩镇被评为"第三届安徽省创建文明村镇工作先进村镇"。

【新欣艺术团坚持创新谋发展】新欣艺术团坚持走"精品立团"之路,抱团发展,合作共进,吸纳县内民间庐剧团、花鼓灯艺术团等文艺团体,实行总分团制,并申报第一批合肥市文化产业示范基地。2014年创作编排弘扬时代主旋律的各类作品20多个(部)。其中,原创的庐剧小戏《这钱怎么花》参加安徽省小戏折子戏调演和"中华颂"全国第五届小戏小品曲艺大展中获12个奖项。

庐江县

【文化概览】庐江县位于合肥市"南大门",国土面积2348平方千米,人口120万,辖17个镇,设3个园区。自汉武帝元狩二年(公元前121年)建县以来,已有2100多年历史,孕育了文翁、周瑜、丁汝昌、刘秉璋、吴长庆和孙立人等众多历史名人。庐江是"温泉之乡""鱼米之乡""地下聚宝盆"。现有重点文物保护单位省级5处、市级7处、县级41处;古遗址12处、古建筑25处、古墓葬8处、近现代重要史迹及代表性建筑1处、石刻2处、其他5处。有省级非物质文化遗产1项、市级非物质文化遗产5项。

公共文化建设。2014年,投资1.3亿元的庐江大剧院全面建成并对外营业;县文化艺术中心主体工程完工,正在进行内部装修;吴武壮公祠陈列布展完成并对外开放。投资100余万元,对县文化馆、图书馆进行达标建设并通过省文化厅的三级馆评定工作。全年累计投资1505万元建成17个镇综合文化站、236个村级农家书屋。建成1个县级文化信息资源共享支中心及229个镇、村级文化信息资源共享基层点。

文化民生工程。继续加强对镇综合文化站配套资金管理,改善镇综合文化站硬软件配套设施,提高镇综合文化站的服务能力。对全县农家书屋图书进行更新与充实,并指导农家书屋图书管理,做好后续保障工作。全年农村公益电影放映2537场。在群众路线教育实践活动中,为县直单位机关干部放映《焦裕禄》《第一书记》《村支书金岚岚》《孔繁森》等主题教育影片。

文化创作。自徽剧折子戏《美周郎》到《乡镇文化旅游系列丛书》,自《今昔庐江八景》出版到《乡村》系列美术创作音乐作品《中国梦》创作,均呈现出庐江县乡村美

庐江县第四届风筝文化节

好画面和新时期庐江人民建设家乡的精神面貌。陶月恩创作的《扬帆》在"大湖名城、创新高地"文艺调演中获县一等奖、市三等奖。

群众文化活动。2014年农历正月十五,在塔山文化广场举办元宵节广场文艺晚会和猜灯谜活动。5月,举办第四届风筝文化节,邀请省内外风筝代表队到庐江参赛,展示和宣传风筝文化和庐江民俗。举办五一书画展,展示庐江书法美术界的书画作品。选拔3名选手参加市"大地飞歌"农村歌手大赛,获一等奖和三等奖。承办市第二届少儿曲艺大赛。邀请贺万里教授到庐江开展中国画讲座。9月底,在塔山文化广场举行文博会启动仪式文艺巡演。国庆期间,组织市民合唱团参加国庆展演,组织广场舞大赛,激发群众积极参与群众文化的热情。

巢湖市

【文化概览】巢湖市是全国唯一以湖命名的城市,面积2046平方千米,人口80.01万,辖17个乡镇、街道,是民间文化艺术之乡。现有国家级重点文物保护单位2处、省级8处、各级非物质文化遗产项目75项,其中巢湖民歌和纸笺加工技艺被列为国家级非物质文化遗产。

精品文艺创作。2014年,创作各类文艺作品300多件,获得市级以上奖项40多项,其中原创歌曲《清风明月》在2014年"中国梦"全国原创歌曲征集活动中获优秀作品奖;新创巢湖民歌《山枣子红了》获"家国之春"中国民族歌曲演创大奖赛金奖。

群众文化活动。先后举办黄麓葡萄文化旅游节、中庙旅游文化周、槐林渔网文化展示活动等民俗文化活动,着力打造城乡大舞台、民歌广场舞、"快乐周末""书香巢湖·快乐阅读"等文化活动品牌。春节、国庆等节庆期间开展龙狮舞广场演出、新年广场游艺、国庆群众综艺展演等活动。

文化惠民工程。2014年,全市公共文化建设投入1515万元,新建12个社区(村)公共电子阅览室,完成75个广播电视"村村通"工程建设任务和9个省、市级农民文化乐园试点建设工作;市文化馆、图书馆、博物馆、三将军纪念馆以及12个乡镇综合文化站实行免费开放;对全市154个村实施农村文化建设专项补助,全年组织开展"送戏进万村"活动154场,农村电影放映1848场,更新农家书屋图书近2万册。

精神文明建设。坚持创建为民,深入推进城市建设"十大工程",城乡环境持续优化,巢湖市被评为全国十佳宜居城市。社会主义核心价值观宣传深入人心,新建"我们的价值观"主题公园、主题社区和主题长廊8个,制作"讲文明树新风""核心价值观"宣传画等宣传品10万件,评选出20位"巢湖好人",其中5人当选"合肥好人",1人获评"安徽好人"。全市建成37个社区志愿服务广场,举行各类志愿服务活动100余次,服务市民1.2万人次。投资42万元建成全市首家校外未成年人心理健康辅导站。主题实践活动蓬勃开展,表彰命名市一中等128家单位为巢湖市第四届文明单位、文明社区和文明村。巢湖市先后获"安徽省文明示范县(市)""全国文明城市提名城市(县级)"称号。

【巢湖市获2014—2016年度"中国民间文化艺术之乡"称号】巢湖市有20万年前的银山智人遗址,有中华第一人文圣祖有巢氏,有巢文化、亚父文化、淮军文化等底蕴深厚。著名文学家郭沫若曾为巢湖写下"遥看巢湖金浪里,爱她姑姥发如油"等佳句。巢湖民歌获2014年"中国(百色·田东)民间广场歌舞大赛"金奖,由于巢湖民歌的研究创作、宣传推介成果丰硕,传承保护工作成绩突出,巢湖市获2014—2016年度"中国民间文化艺术之乡"称号,自2008年以来第三次获此殊荣。

巢父生态园内的巢父、有巢氏石雕像

宿　州　市

【文化概览】宿州市位于安徽省最北部，总面积9787平方千米，人口656万。2014年，宿州市文化工作在全省重点文化工作综合测评中列第八名，被省文化厅授予综合优秀单位，演艺精品数量位居全省第二，文化市场管理全省领先。市文化艺术中心(文化馆、图书馆、大剧院)建成投入使用。4项文化民生工程和7个农民文化乐园建设试点全部完成。

公共文化服务体系建设。全市4家博物馆、6个公共图书馆、6个文化馆、99个乡镇综合文化站全部免费对外开放，埇桥、萧县、砀山3个县级图书馆被文化部评定为三级馆。推动文化资源向农村倾斜，获得农村文化建设专项补助1444.8万元，7个省级农民文化乐园试点建设完成，实现特色文化活动“一村一品”目标。

文艺精品创作。全年创排大戏5部：坠子戏《郝大嫂上轿》、泗州戏音乐剧《垓下绝唱》、梆子剧《城里媳妇乡下汉》、廉政体裁剧《平安是福》、话剧《警魂永驻》；编排小戏10部：泗州戏《陈寔遗盗》、坠子戏《风雪夜》、梆子戏《把关》《风雨守候》、四平调《婆媳之间》等。《警魂永铸》晋京首演成功，并在全省16个市巡演。获省第十三届精神文明“五个一”工程奖3个；参加安徽省“群星奖”大赛，分别获声乐类一等奖、小戏类二等奖、器乐类二等奖和舞蹈类三等奖；参加2014年小折子戏调演并成果丰硕，获优秀组织奖1个、优秀剧目奖2个、剧目奖3个，编剧一等奖1个、导演一等奖二等奖各1个、作曲二等奖1个、表演一等奖1个、二等奖5个、三等奖2个。编辑出版《白居易诗话宿州》，出版期刊《文化宿州》6期。

文化遗产保护。隋唐大运河成功入选《世界文化遗产名录》，加强申遗成功后的保护和管理工作。砀山清真寺、泗县霸王城、埇桥区基督教堂获批安徽省文物保护单位，组织维修省保单位林探花府、闵祠、涉故台、九女坟，对文物九孔桥除险加固。第一次全国可移动文物普查取得阶段性成果，全市普查登记文物18426件(套)。组织召开芦城孜遗址考古发掘成果学术会议，对曹村汉墓群进行抢救性发掘。协助公安机关打击文物犯罪，破获文物盗掘案件一起。积极做好地下文物保护工作，配合城区、市经济开发区、风力发电厂等大中型建设项目在相关区域开展考古勘探，配合宿州机场选址工作组织考古调查。

新增“砀山四平调”“灵璧菠林喇叭”两项国家级非物质文化遗产名录，萧县、泗县、埇桥区被文化部评为“2014—2016年度中国民间文化艺术之乡”。“砀山唢呐”载誉“美国第十届亚裔节”，被授予“最佳音乐奖”。组织“宿州市坠子剧团”“宿州市梆子剧团”“符离集烧鸡传习基地”申报安徽省第二批非物质文化遗产传习基地，并组织实施第二批市级非物质文化遗产传承人申报评选。

群众文化活动。组织开展纪念彭雪枫将军殉国70周年系列文化活动、“雪枫如血映拂晓——纪念彭雪枫将军殉国70周年书法邀请展”和“永恒的丰碑”文艺演出等专题文化纪念活动。“美好安徽”中国

宿州市第二届戏曲大舞台

山水画长卷巡展成功。落实安徽省"首届文化惠民消费季",组织"惠民文化进社区""优秀剧目展演"等活动,培育地方文化市场。举办宿州市第二届戏曲大舞台暨首届戏曲票友大赛、全市广场舞大赛等大型文化活动。全年开展各类文化活动超过1000场次,农村放映电影14448场、送戏下乡600余场。

文化市场管理。全省文化执法工作培训会在宿州市召开。组织开展各类专项检查活动,对全市娱乐场所、少儿出版物市场、印刷复印业开展专项整治,依法取缔"假媒体、假记者站、假记者",对非法设立的电视台进行依法打击。对非法出版物《影响力》立案查处。全市ZOOM视频会议系统开通。

文化产业。全市印刷、图书销售、广告装潢、网吧等基础性文化产业产值约7亿元。文化旅游接待游客逾150万人次,营业收入约1.5亿元,娱乐休闲企业约60家,年营业收入约2亿元。灵璧石、乐石等年销售额突破5亿元,书画美术产品交易量超10万件,销售额近3亿元。200多家马戏团体活跃在全国各大旅游景区,总收入在10亿元以上。文化产业示范基地建设初见成效,灵璧磬乡有限公司、埇桥明星马戏团被省文化厅授予文化产业示范基地,泗县星光影视基地完成全省第一批广播影视产业基地申报工作。新增1个文化产业项目入选省"861"项目库。南翔文化产业有限公司申报全省重点文化产业项目。南翔云集文化商业街和孝文化产业园正式开工建设。38集动画片《孝圣闵子》开机制作。

【全省文化市场综合执法标准规范化培训班在宿州举办】 5月19—22日,全省文化市场综合执法标准规范化培训班在宿州市举办,全省8个地市省辖广德县文化市场综合执法机构分管执法办案的负责人及业务骨干参加培训。

【隋唐大运河申遗成功】 2014年6月23日,联合国教科文组织同意将大运河列入《世界文化遗产名录》,始建于隋大业元年(公元605年)的宿州通济渠(泗县段)成为省内第四处世界文化遗产点,它是目前大运河通济渠现存唯一的一段"活运河",具有较高的历史和科研价值。

【第二届戏曲大舞台举办】 由宿州市委宣传部、市文广新局主办,市演艺集团承办的第二届戏曲大舞台于2014年5月26日至6月10日举办,活动期间精选梆子戏、坠子戏、泗州戏3个国家级非遗项目的代表性剧目集中展演,观众达10余万人次,推动了地方优秀非遗项目的普及,丰富了广大市民的文化生活。

【砀山唢呐载誉美国第十届"亚裔艺术节"】 2014年5月18日,美国第十届亚裔艺术节开幕,宿州市国家级非遗项目"砀山唢呐"作为中国大陆地区唯一演艺团体参加这次活动,被艺术节组委会授予"最佳音乐奖",《世界日报》等多家媒体予以专题报道。

埇桥区

【文化概览】 埇桥区位于安徽省北部,是中国马戏之乡、书法之乡、烧鸡之乡、孝贤文化故里。总面积2868平方千米,人口188万。辖25个乡镇、11个街道办事处。有省级名胜区1处,省级自然保护区1处,省级重点文物保护单位7处,市级文物保护单位1处。埇桥马戏、淮北花鼓戏为国家级非物质文化遗产,符离集烧鸡、乐石砚、埇桥唢呐制作技艺等5项为省级非物质文化遗产,埇桥锣鼓、栏杆牛肉制作技艺、埇桥琴书、埇桥大鼓等18项为市级非物质文化遗产。

公共文化建设。截至2014年年底,全区建有图书馆(三级馆)、文化馆以及28家综合文化站、371家农家书屋。桃园镇光明村被列为

市级非物质文化遗产——埇桥琴书

2014年省级农民文化乐园示范点，符离镇成功申报为省级乡镇文化试点中心。建设36个乡镇、街道公共电子阅览室，实现埇桥区电子阅览室乡镇全覆盖。

文化民生工程。区文化馆、图书馆，28个乡镇、街道综合文化站全部免费开放。图书馆持证读者达6400多人，年借还图书10万余册。建立15个馆外借阅点。投资50多万元建成了"电子书工坊"，于3月30日举办"书写童年的记忆——电子书创作活动"；6月1日，在青少年宫举行"我的快乐童年——宿州市埇桥区图书馆亲子电子书馆藏"创作比赛。有5支群众文艺队伍常年在文化馆开展活动，接受免费服务和培训指导，确立社区文化活动示范点6处，认定文化辅导员70名。打造农民文化艺术节、西二铺乡西瓜节等一县一品的特色文化品牌活动。通过政府购买服务的方式，与专业团体签订送戏下乡合同，覆盖全区298个行政村，实现一村一场大戏。

文化产业发展。5月，乐石工艺品代表埇桥区参加第十届中国（深圳）国际文化产业博览交易会。结合符离古镇开发，建设集白居易文化、马戏文化、书法艺术、烧鸡美食文化、旅游文化于一体的统合性文化产业园项目——中国·宿州白居易文化园，已完成规划设计方案。结合旅游项目建设，打造符离—夏刘寨—夹沟五柳—闵祠—曹村树驮桥精品一日游线路。埇桥区明星大马戏团成功挂牌设立"安徽省文化产业示范基地"。开展系列孝文化活动，组织召开宿州市专家、学者参加动漫制作剧本《孝圣闵子》研讨座谈会，动漫剧《孝圣闵子》开始制作。

非物质文化遗产保护。2014年，埇桥区非物质文化遗产保护中心配合埇桥区马戏协会，建立马戏网站，埇桥马戏协会主席杨志远入选中国杂技家协会编写的《中国百名杂技老艺术家》。选择几个有影响力的马戏团体，作为马戏创新试点单位，先后推出狗熊招亲、老虎平衡术、狗熊拳击、猴子取经等10多项马戏创新节目。注重埇桥锣鼓文化的开发，完成《十番锣鼓》排练，启动《鲤鱼跳龙门》《七鼓还退》等项目开发。

文明城镇建设。埇桥区现有国家级文明村镇1个、省级2个、省级文明单位5个、省级文明社区9个。广泛开展"三关爱"志愿服务活动，开展"学雷锋"志愿服务月主题活动、开展"国学经典诵读""红色经典大家唱"活动，开展消防、禁毒、献血、防艾、环保、科普、流动人员管理、食品安全宣传、市容环境卫生等领域的志愿服务专项行动。11个街道43个社区和近郊3个乡镇试点村，均已完成志愿服务队和志愿服务广场建设。全区有志愿者队伍180余支、2000多人，其中自发成立、50余支。2014年埇桥区获"第一届安徽省文明城区"称号。

萧　县

【文化概览】萧县位于安徽最北部，总面积1885平方千米，总人口140万，辖23个镇。萧县是安徽省久负盛名的文化大县、全国著名的书画艺术之乡。现有国家级重点文物保护单位1处、省保单位3处；有国家级非物质文化遗产1项、省级非遗项目13项。

文化民生工程。投资308万元，全面加强257个村级基层文化信息共享服务点建设，购买一体式音响等文化设施器材，开展视频节目播放、科技培训、文化娱乐等活动，组织开展各类演出活动530场，送公益性电影下乡3084场；加强对农家书屋的维护管养，更新图书25000册；开展各类体育活动700多场，为各村购置2套棋牌桌椅、一体式音响及U盘。2014年，萧县文化馆、图书馆、博物馆、美术馆及全县23个乡镇综合文化站全部免费开放，共接待60多万人次。其中，县四馆开展书画、音乐、舞蹈等艺术培训107场次，培训各类人员近5000人；乡镇综合文化站开展各类培训120场。总投资123万元，建成白土镇费村、圣泉乡袁新庄村2个省级农民文化乐园，一

白土镇费村广场秧歌队欢快舞蹈

场、两堂、三室、四墙设施功能齐全。

群众文化活动。2014年,先后举办群众喜闻乐见的“戏曲广场文化周”,及送春联、送书画、送戏、送电影下乡等活动。举办3期非物质文化遗产保护成果图片展进社区、进学校、进乡村活动,观众达15000多人。举办浙商书画大市场开馆仪式及大型书画展、儿童书画展大赛、著名书画版画大师吴燃先生师生书画展、庆国庆摄影艺术邀请展等活动。组织各乡镇综合文化站举办丰富多彩的迎中秋文化体育活动。2014年6月,组织人员参加安徽省青少年器乐大赛,获个人二等奖;5月初至6月底,组织人员分别参加宿州市举办的全市戏曲大赛和广场舞大赛,获1个一等奖、3个二等奖、4个三等奖;10月23—25日,县梆剧团参加在安庆举办的全省小戏调演,梆子戏《风雨守候》获满堂喝彩。

文化遗产和文物保护。2014年,全县第一次进行地面可移动文物普查并进入文物鉴定阶段;淮海战役总前委会议旧址整体规划设计通过省文物局评审;挖掘整理的泥人、针灸2项民间艺术,申报宿州市非物质文化遗产。

文化市场监管。加强网吧日常监管,严厉打击接纳未成年人、超时经营等违规经营行为,维护青少年的身心健康。开展“清源”“净网”“秋风”等“扫黄打非”工作,全年共开展17次专项行动,出动执法人员328人次,收缴盗版音像制品光碟2000余张、非法出版图书1500余本,取缔集镇销售盗版DVD压缩碟游商3起、盗版图书游商3起,查处山东梁山1家经营盗版教辅材料的非法经销商,并对参与制售文化垃圾的单位和个人进行严肃处理,营造有利于青少年健康成长的社会环境。全年做到广播电视安全播出无事故。开展专项治理行动9次,收缴网络电视棒32个、电子出版物3张、卫星锅45套。

文化产业。浙商书画大市场于2014年5月1日举办开馆仪式,形成以书画、奇石、古玩、玉器、根雕、花卉盆景为经营产品的市场格局。

砀山县

【文化概览】砀山县位于安徽省最北端,总面积1193平方千米,总人口101万。是国家级生态示范区、全国科技进步先进县、全国绿化工作先进县、全国民族团结进步模范县,是安徽省委、省政府命名的“首批平安县”。砀山县享有省辖市经济管理权限和部分社会事业管理权限。砀山以盛产酥梨闻名于世,是全国水果生产10强县之一,是全国水果加工第一大县。

非物质文化遗产的发掘、整理。为了让独具特色的优秀民间艺术形式——唢呐演奏能够走向世界,砀山县从民间唢呐队伍中选拔出一批吹奏精英进行重点扶持和培养,主动参加国家和省级组织的文化交流活动,并多次获奖。到2014年年底,全县共有省级非物质文化遗产项目5个,其中,唢呐和“四平调”已列入国家级非物质文化遗产名录。砀山县被文化部命名为2014—2016年度“中国民间文化艺术之乡”。

文化惠民工程。县文化馆、图书馆和乡镇综合文化站全部免费开放。采取公开招标的方式,全部完成10个公共电子阅览室建设任务并全部投入使用。在全县建成6个标准乡镇文化站,每个文化站都建有标准活动室、宣传栏、排练厅、图书阅览室、电子阅览室等,设施齐全。在全县建起300个农家书屋,发放科技和文化书籍47万册。2014年,葛集镇白蜡园村被确定为省级农民文化乐园试点村。

2014年5月,砀山唢呐应邀赴美国参加“第十届亚裔节”并获“最佳音乐奖”

【砀山果园被列入世界吉尼斯纪录】 2010年,砀山县申报的连片果园被列入世界最大的连片果园吉尼斯纪录,上海吉尼斯总部于当年4月在砀山举行授牌仪式。

【举办梨花旅游暨民俗文化节】 梨花旅游暨民俗文化节是全面展示砀山经济发展的重要平台,是扩大开放的重要载体,也是加快培育旅游产业的重要抓手。自2007年以来,砀山县已举办七届梨花旅游暨民俗文化节。2014年,梨花旅游节采取“政府支持、企业举办”的办法,实现农村乐、农民乐、农家乐。共有10项系列活动:梨花旅游暨民俗文化节开幕式、梨花仙子选拔赛及授冠加冕仪式,“梨都情韵”美术书法摄影作品展暨《砀山民俗文化》发行赠书仪式,砀山县投资环境说明暨项目签约仪式,砀山县民间曲艺汇演周活动,“美丽砀山、精彩无限”随手拍手机摄影大赛暨《美丽砀山、精彩无限》图书首发仪式,“走进生态湿地、体验天然氧吧”骑行游活动,“砀山人游砀山”市民畅游砀山活动,“梨树王杯”皖北民俗表演暨斗羊大赛,砀山乡村土菜美食周暨十大精品菜肴评比大赛,“相约梨都、悠闲生活”钓鱼大赛等。

灵璧县

【文化概览】 灵璧县总面积2054平方千米,总人口125万。辖19个乡镇和1个省级开发区。是“中国观赏石之乡”“中国民间艺术之乡”,先后获评“中国十大特色文化旅游名县”“大中华区最具魅力特色旅游目的地”“全国生态文明先进县”“中国最美观光旅游名县”等称号。

灵璧县有国家级文物保护单位2处、省级文物保护单位3处。拥有省级非物质文化遗产6项,即钟馗画、皮影戏、琴书、磬石雕、菠林喇叭、垓下传说。

公共文化建设。全县有图书馆1个,农家书屋332个,文化馆1个,广播电台、电视台各1个,体育场馆67856平方米。县图书馆、文化馆、乡镇综合文化站、行政村农家书屋和公共文化信息化服务中心已全部实现“零门槛”免费开放。17个文化信息资源共享工程示范点已建成并投入使用。

文化民生工程建设。与农村党员远程教育服务点共建,2014年为每个行政村更换机顶盒并配备1套多功能音响,为全县各个“农家书屋”配送价值1000元的图书;电影下乡免费放映300余场;虞姬乡虞姬中心村、渔沟镇卓庄中心村2个省级农民文化乐园建成开园。

精神文明建设。围绕社会主义核心价值观,开展践行党的群众路线学党史、党章知识竞赛,中国梦·可爱的家乡职工征文、读书演讲比赛及中国梦·美好灵璧主题教育活动等。以“灵璧大讲堂”为载体,开展理想信念和形势政策教育600余场。开展美德少年、志愿者、医德模范、环卫工人等系列“十佳”推介评选活动,着力打造“灵璧好人”品牌。彭伟平、陆荣飞、赵荣凯、王宏、李成恩、柯增华、王艳秋、李军等人先后入选全国道德模范候选、省人民满意公务员和中国好人荣誉榜。彭伟平为第十二届全国见义勇为英雄模范评选表彰活动候选人。县青少年宫和乡村学校青少年宫免费开放,初步建立“三位一体”(学校、社会、家庭)的未成年人思想道德教育网络。围绕“三线三边”整治,开展文明县城、文明村镇、文明单位创建活动。全面推进7个省级美好乡村示范村建设,组织开展环境卫生、户外广告、非法搭建、夜市摊点、交通秩序、农贸市场、“扫黄打非”“三线三边”城乡环境等专项整治活动,努力打造徽风皖韵的“灵璧特色”,不断提升城镇的宜居指数和人民群众的幸福指数。2014年,灵璧县获“省级文明县城”称号,实现历史性突破。

文化产业。全县现有书店、音

灵璧菠林喇叭——周家班唢呐第四代传人周本祥(左)与周海燕(右)

像店、报刊零售、印刷复印业、歌舞厅、网吧、数字化电影放映队以及演艺演出业的专业表演艺术团体、民间职业演出团体等文化企业316家。其中,有文化法人单位20家、省“861”文化产业项目3个、省重点扶持文化产业园区1个、文化产业示范园区2个。灵璧秋艳磬石文化发展有限公司获批“2014省百强民营文化企业”。2014年文化制造业增加值4428万元,比上年增长47.1%。

【灵璧菠林喇叭入选国家级非物质文化遗产】2014年11月11日,国务院公布第四批国家级非物质文化遗产代表性项目名录和国家级非物质文化遗产代表性项目名录扩展项目名录,灵璧菠林喇叭入选。灵璧菠林喇叭发源于明末清初,以曲牌丰富、音乐独特、彰显礼仪、盛传不衰而著名,具有较高的艺术欣赏价值和民俗研究价值,于2010年列入安徽省非物质文化遗产保护名录。

泗县

【文化概览】泗县古称泗洲、虹县,位于安徽省东北部,总面积1787平方千米,总人口92万。辖15个乡镇,设1个省级经济开发区,是“泗州戏之乡”“中国民间文化艺术之乡”。现有国家级文物保护单位1处(大运河泗县段)、省级文物保护单位2处(霸王城遗址和文庙大成殿)、国家级非物质文化遗产1项(泗州戏)、省级非物质文化遗产1项(药物布鞋)。

2014年,全县文化产业总产值7.5亿元,比上年增长30%,占地区生产总值的1%。

文化民生工程。全县共建成20个公共电子阅览室,实现公共文化服务信息化县域全覆盖;县图书馆、文化馆、中国鞋子博物馆、运河艺术展示中心和15个乡镇文广站全部免费开放,全年接待群众50万人次,举办各类活动与培训300余次;实施农村文化建设专项补助项目,全年送电影下乡2088场、送戏下乡174场,农村文化体育活动1044场(次),为全县174个农家书屋更新了图书,并为176名农家书屋管理员发放了补助。同时,整合资源为2个社区、7个美好乡村配送文化器材,为全县174个行政村各配置了广场舞音箱1套。

公共文化建设。正在建设与体育馆复合使用的泗州戏大剧院,星光5D影院工程主体已经完工并投入使用。按照“一场两堂三室四墙和民俗博物馆”的基本规划,建成1个省级农民文化乐园。2014年,泗县获得首批省级公共文化服务体系示范区创建资格,大庄镇综合文化站被省厅确定为首批乡镇综合文化服务中心试点单位。

群众文化活动。举办春节文艺晚会、元宵节民间古会展演大赛、4·23世界读书日演讲比赛、第二炮兵政治部文工团慰问革命老区(泗县)文艺演出、泗县2014年民生工程政策宣传暨农村文艺演出活动启动仪式、泗县首届农民乒乓球大赛暨百馆(站)千村文化结对活动启动仪式文艺演出、泗县第二届“汴河国际杯”广场舞大赛等大型文化活动20余场。全年举办“百姓大舞台”活动12期、器乐培训班72期、大合唱培训班80余期、书画培训10期、舞蹈培训20期、图片及专栏展14期。

文艺创作。围绕省“群星奖”创作编排了曲艺、舞蹈、戏曲、音乐等近10个文艺作品,其中县文化馆编排的广场舞“淮河岸畔是家乡”获省“群星奖”三等奖。泗州戏剧团精心编排了泗州戏《鞠躬尽瘁》、拂晓剧团创作大型泗州戏《清水湾》在全县巡回上演。泗州戏剧团在合肥徽京剧院梨园剧场举办2场泗州戏专场演出,拂晓剧团在省黄梅剧院上演大型泗州戏《清水湾》。

“美好泗州舞起来”泗县第二届“汴河国际杯”全民广场舞比赛

淮北市

【文化概览】淮北是安徽省的北大门，处于淮海经济区、中原经济区、陇海经济带、徐州都市圈的交叉辐射区。现辖相山区、杜集区、烈山区和濉溪县，拥有7个省级开发区。总面积2741平方千米，人口214.5万。曾先后获全国卫生先进城市、国家园林城市、全国科技进步先进城市、全国创业先进城市、全国无障碍建设先进城市和全国未成年人思想道德建设工作先进城市等称号；三次蝉联创建全国文明城市工作先进城市，两次获全国文明城市提名奖，“中国好人”上榜人数累计达112人，居全省第一。现有全国重点文物保护单位6处、省级重点文物保护单位11处、市级文物保护单位78处；有省级历史文化名镇1处(临涣镇)，文物管理机构2个，博物馆、纪念馆7个。截至2014年底，全市有报刊社8家、出版物发行单位129家；有广播电视台2家、广播电台1家、中波发射台1家、电视转播台1家；有各类印刷企业252家(其中工业总产值超过1000万元的企业9家)；有数字影城4家、影幕27块，实现了数字影院的全城覆盖；有文艺表演团体38家（其中国有艺术院团2家)、公共图书馆和文化馆各5家；有音像制品经营单位40家、歌舞娱乐场所75家、网吧156家、电子游戏142家。

舆论引导工作。坚持把“两个巩固”作为根本任务，把学习贯彻党的十八届三中、四中全会和习近平总书记系列重要讲话精神、培育和践行社会主义核心价值观、党的群众路线教育实践活动，与精致淮北建设有机结合起来，组织各级各类主题宣讲报告570余场，在市属新闻媒体开设“学习贯彻十八届三中全会精神” “打造文明之城、建设精致淮北”“聚焦‘九个一工程’”等8个专题专栏，全面启动“精致淮北十大事件评选”活动，不间断地用党的重大方针政策武装党员、教育人民，以建设精致淮北的宏伟目标、丰富内涵和生动实践统一思想、引领群众。

核心价值观培育。坚持知行合一，积极培育和践行社会主义核心价值观。依托道德讲堂、开放式党校等平台，举办“中国梦”、中国好人和道德模范等主题宣讲6230余场次，编印《小城大爱·中国好人在淮北》核心价值观普及读本、宣传手册等，在公共场所广泛植入“图说我们的价值观”公益广告，积极推动优秀传统文化进家庭、进学校、进机关、进企业、进社区。策划组织“勤善之美、德耀中华”“做文明有礼的淮北人”“公交让座日”等主题实践活动，广泛开展“最美系列”评选，完善“身边好人”评选推荐办法，全市上榜“中国好人”达112位，稳居全省首位。把志愿服务作为践行核心价值观的最佳载体，全市志愿服务组织达3100多个，14.6万名志愿者常态化参与志愿服务，5个志愿服务组织入选“江淮志愿服务先进集体”。

媒体融合发展。落实党管宣传、党管媒体原则，加快传统媒体转型升级。淮北日报社成立淮北报业文化传媒(集团)公司，推出企业网、淮北网两大商业和生活服务网站；上线数字报、高清阅报屏、手机客户端三位一体的淮北云报；官方微博、微信公众号等新兴媒介影响力持续增大。市广播电视台新广电中心正式启用；成立淮北市广播电视文化产业有限责任公司，实现由新闻传媒向文化产业延伸；重新打造电视网站技术平台，实现广播、电视、网络三者融合，内容互动。积极参与智慧型试点城市建设工作，开通淮北发布政务微博，严格执行网上舆情监测制度，规范新闻网站审核和发布工作，全市网络空间日益清朗。

文化体制改革。承接省新闻出版局、省广电局下放行政审批事项，按照首问负责制、限时办结制、服务承诺制要求，规范行政审批服务行为，提高行政审批服务水平。淮北艺校并入市职业教育集团。开展公益性文化单位内部制度改革调研，以完善法人治理结构为抓手，扎实推进公益性文化事业单位内部三项制度改革。继续加大对改制企业的扶持力度，妥善解决相关遗留问题。推动转制企业建立和完善现代企业制度，健全完善法人治理结构，优化企业资产组织形式和经营管理模式。落实广播电视安全播出制度，进一步构建完善安全播出保障体系。坚持正确导向，严格宣传管理，组织开展广播电视节目阅评和报刊审读工作。

文化市场体系建设。坚持政府引导、市场运作，积极拓展大众文化消费市场，组织开展以“精致淮北、乐享生活”为主题的首届文化惠民消费季活动，内容涵盖书报阅读、电影电视、演艺娱乐、文化旅游、书画创作、工艺美术等诸多门类，包括全民阅读、名家书画作品展销、非遗戏曲展演、优秀影视剧展映、免费一日游等多项活动。加强文化市场规范化建设，建立“扫黄打非”立体式检查和责任追究等制度，深入开展“清源”“秋风”“净网”等专项行动，组织“侵权盗版及非法出版物集中销毁和‘绿书签’签名活动”。严格落实广播电视安全播出制度、书报刊审读制度等。积极推进文化市场特别是网吧市场管理创新，探索建立文化市场群防群治管理体系。强化文化市场日常监管，部署开展系列专项行动，全年共出动执法人员59647人次，检查经营单位29549家次，收缴各类非法出版物及赌博机等物品1万余册(个)，办理一般案件12起，罚款5万元。持续开展文化市场文明创建工作，实行网格化管理，日常执法检查定人、定岗、定责，以网吧为重点监管对象，严厉打击违规经营行为。市文化市场综合执法大队荣获全国查处侵权盗版案件有功单位三等奖。

文化队伍建设。宣传文化干部队伍结构持续优化，干部教育培训和实践锻炼制度继续完善，与复旦大学联合举办文化发展与新媒体建设高级研修班，新闻采编人员、政务微博管理员、信息员和文化产业专题培训等分期开展。以党的群众路线教育实践活动为抓手，积极组织开展“两走三提升”活动(宣传队伍“走下去”、宣传文化“走出去”、提升市民文明素质、提升舆论引导能力、提升宣传干部工作水平)，大力推行“突出抓重点、创新出亮点、同比有特点、会干找支点、及时查缺点”的“五点工作法”，宣传文化队伍呈现出蓬勃朝气，新闻宣传更接地气，文化活动更具人气。

巩固提升文化事业。落实好《市委加快文化强市建设的意见》，用活用好文化强市建设专项资金。大力实施文化惠民工程，完成濉溪县濉溪镇蒙村公共电子阅览室建设任务；投入资金641万元，实现5个博物馆、5个图书馆、5个文化馆、21个乡镇综合文化站免费开放；390.20万元农村文化建设专项补助资金全部到位，共计补助287个行政村；超额完成农村公益电影放映任务，市图书馆盲人有声读物系统和少儿动漫馆、市科技馆建成并免费开放。高标准完成2个省级和5个市级试点农民文化乐园建设，“送文化”与“种文化”并举，累计举办各类文化惠民活动350余场次。

“大淮海杯”安徽省第四届葫芦丝·巴乌器乐大赛颁奖晚会

加快发展文化产业。加大文化产业招商力度，引进“亚洲蝶”“铭豪”“宝乐迪”等3家文化娱乐企业，投资总额1.3亿元。开展全市文化产业调查摸底，做好文化产业数据收集和统计工作。推进重点文化产业项目建设，隋唐运河古镇文化旅游项目开工建设，口子酒文化博览园项目建设提速。全市出版业销售总额1.6亿元，利润1179万元；印刷行业实现工业总产值5.14亿元，利润总额3000万元；数字影院票房收入近2000万元。全年市文化产业增加值22.98亿元，占GDP的3.07%。

推动文化“走出去”。做好柳孜运河遗址申遗工作，中国大运河成功申遗。与深圳、临汾、黑河等多地市联合开展文化交流活动，举办“徽韵淮风”淮北书画作品台湾展，承办第四届安徽省葫芦丝·巴乌大赛。利用深圳文博会等宣传推介优质文化资源和良好投资环境，文化产品分获“中国工艺美术文化创意奖”金、银、铜奖。成功举办全市第二届微电影大赛，数字电影《血战小朱庄》拍摄完成，音舞诗画《相风汉韵》成功试演，《走进淮北》通俗读本编辑出版，现代戏曲《石榴花儿红》获省“五个一工程”奖，市合唱团夺得第十六届中国老年合唱节银奖。

文化保护与传承。争取国家专项资金4000万元用于柳孜遗址保护，投入3200余万元对双堆集烈士陵园和市博物馆进行改造。淮北花鼓戏、口子窖酒酿造工艺和淮北大鼓等非遗项目保护升级有序推进，淮北泥塑、殷派面塑入选省非遗名录，46位传承人列入第一批市级非遗项目代表性传承人。全市共有国家级非遗项目1项、省级5

项、市级33项，申报文物3504件（套）。相山古庙会、石榴文化旅游节等文化节会延续举办，影响力、辐射力持续增大。

精神文明创建。把文明创建纳入全市“九个一工程”，制定《创城工作要点》和《指标任务分解方案》，出台《“七个突出”重点工作责任分工》等，将创建任务层层分解，落到实处。主攻创城短板，针对薄弱环节，开展专项督查、专项整治，确立并办好公共自行车、城市污水沟治理、微景观建设等为民创建“十件实事”。建立专业考核机制，启动“文明创建动态管理系统”，全面推广“五子登科”奖惩办法，引入第三方机构开展模拟测评，日督查、周通报、月测评、季调度，推动常态创建。实施城区环卫市场化和城乡环卫一体化改革，标本兼治、长短结合，大力开展“三线三边”等15个专项治理活动，累计出动210多万人次，治理环境脏乱差1.3万余处。实施森林增长和生态水网修复工程，打造“生态东湖”“四季榴园”“醉美南湖”“长寿南山”等一批靓丽城市景观带，呈现出“山清、水净、村绿、城美”的城市新貌。淮北市被评为首届“安徽省文明示范城市”，再次荣获全国文明城市提名奖。

传播淮北好声音。大力实施“精致淮北形象提升行动”，围绕精致淮北建设和文明创建等特色亮点，精心策划新闻宣传。《人民日报》刊发市委肖超英书记署名文章，安徽日报整版报道我市培育和践行核心价值观的典型经验，中央电视台和江苏、台湾等媒体多次来淮拍摄专题片，相继在《光明日报》《经济日报》《中国青年报》、安徽广播电视台等推出一批重头稿件。市内媒体分层分类推出“中国好人”“最美人物”、志愿服务先进集体等系列报道，《文明追梦十八年》系列报道获省新闻奖年度特别奖，《老街的味道》《临涣茶馆》两部纪录片获评省“十佳纪录片”。

【柳孜运河遗址成功入选《世界遗产名录》】 2014年6月22日，第38届世界文化遗产大会表决通过，将中国大运河列入《世界遗产名录》。申报的大运河系列遗产，包括2个直辖市、6个省、25个地级市的河道遗产27段和其他相关遗产共计58处，淮北市濉溪县柳孜运河遗址为点段之一。这是中国列入该名录的第46个项目，也是安徽省第3个项目，淮北市自此成为世界遗产地。

柳孜运河遗址是在中国隋唐大运河遗址考古发掘中首次发现。清理出石构建筑、木质沉船、瓷器、铜钱等一批重要的遗迹遗物，为了解、研究运河的形成、使用、淤塞、废弃过程提供了重要的实证资料，有力地证明了隋、唐、宋三个朝代（公元6至13世纪）大运河通济渠段的流经路线、航运方式、运输货物等重要历史事实。柳孜运河遗址考古成果为研究大运河历史增添了新的重要实物资料，为开展中国大运河隋唐运河段的考古找到了极为重要的切入点，提出了中国大运河考古的新课题。

淮北市首届市民文化节现场

【淮北市举办首届市民文化节】 2014年4月，淮北市委宣传部、市文明办、市文广新局、市城乡建委联合举办“精致淮北·文化惠民”淮北市首届市民文化节。整个市民文化节历时3个月，共举办“美丽淮北我的家”市民游园活动、“激情淮北我来秀”市民广场舞比赛、“精致淮北我的梦”少儿百米长卷绘画活动、“文化淮北我来诵”端午吟诗和“文明淮北我的情”合唱比赛等5项活动。参加演出的达3000人次，参与活动的近20万人次。安徽卫视影视频道在6月14、15日连续两天在《美好安徽舞起来》专栏报道淮北市首届市民文化节广场舞大赛情况，并实况全场转播大赛。

【淮北市推出“学雷锋志愿服务地图”】 为推进志愿服务制度化建设，淮北设计制作了“学雷锋志愿服务地图”，在公交站点发布20幅，在路名牌发布47幅。省委常委、宣传部部长曹征海对淮北市推出志愿服务地图举措进行表扬，并号召全省各地市学习。志愿服务地图标明71支志愿服务队伍的服务区域和基本规范，方便广大机关干部规范开展学雷锋志愿服务活动;并标明5个督查组的督查范围,有利于本市在全国率先开展的“周五志愿服务日”活动长效常态开展。志愿服务地图还标明全市志愿服务广场、市区56个社区志愿服务站以及石质荒山绿化志愿服务项目大致区域和相山公园、隋唐大运河博物馆等城市特色地标确切位置。

相山区

【文化概览】相山区成立于1984年,是淮北市的主城区,辖1个副县级镇、10个街道办事处,设1个省级食品经济开发区,面积142平方千米,人口48.6万。相山区是全国社区建设示范区、全国家庭教育示范区、全省文明城区、全省教育强区、全省群众体育先进单位。2014年相山区紧紧围绕“加快科学发展、建设幸福相山”目标,大力实施“442”转型升级计划,实现地区生产总值99.9亿元,比上年增长12.6%;财政收入11.7亿元,增长16.75%。

文化强区建设。东街道民生社区被省委宣传部命名表彰为2014年“全省示范基层党校”。新设立相山区文化建设专项资金50万元,制定管理办法,大力支持社区、农村和民间文艺团队的建设发展。成立“扫黄打非”领导小组,成立网宣办,开通“相山风采”政务微博,召开培育精深文化座谈会。

核心价值观培育。评选表彰第二届道德模范10名,在《淮北日报·相山周刊》专栏报道《寻找最美相山人》28篇,在淮北电视台专题播发《最美相山人》35期。开展核心价值观文艺演出、汇演、巡演“三部曲”活动,指导基层开展演出13场,从中选调优秀节目成功举办相山区核心价值观文艺汇演,并在市区主要广场开展巡演7场,引导人们理解并自觉践行社会主义核心价值观。

公共文化服务。深入推进文化惠民工程,全年投入文化民生工程资金132万元,提高综合文化站、农家书屋、电子阅览室的使用效率和综合效益。建设标准化区文化馆、图书馆并完善公共服务能力,提升小区市民健身广场、公益广告文化墙建设水平。充分发挥郭王村农民文化乐园的文化功能,成功举办相山区首届农民运动会,实现了“建起来、管起来、转起来”目标。

群众文化活动。举办相山区首届秧歌舞及广场舞大赛,“送戏进万村”文艺演出、“爱我中华”知识竞赛等系列活动,丰富群众文化。常态开展“三下乡”活动,送戏下乡16场、放映电影154场,为基层群众送去精神食粮。举办“三严三实”演讲比赛、学习习近平讲话征文比赛等活动,开展第一届文化惠民消费季活动,推进政通梦幻王国、隋唐运河古镇等文化产业项目建设。

“书香相山”全民读书活动。引用政府采购,全年发放《四书五经》《傅雷家书》等书籍近4000本。举办4期青年读书沙龙活动、9期“青年读书微感想”原创微博征集评选活动,着力打造“书香青年”。开展青少年读书征文赠书仪式、读书心得体会征文等活动。指导各镇街、各部门普遍开展了每周集中学习活动,确保每次学习都有“领学、谈读后感、点评”三个环节。

文明创建工作。2014年,相山区被授予首届“安徽省文明城区”,桂苑社区被评为“全国文明单位”,渠沟镇被评为第三届“安徽省文明村镇”,东街道供电等8个社区被评为全省文明单位。实行文明创建第三方测评模式,全年兑现奖惩12次,进一步推动常态创建工作。制发《相山区道德讲堂资料汇编及歌曲集》400余套,举办道德讲堂活动1200余场并走向室外,共4万余人次参与其中互学互动。

淮北市隋唐运河古镇主入口五凤三阁效果图

烈山区

【文化概览】烈山区位于淮北市东南部，辖3个镇、4个街道办事处，总面积388平方千米，人口38万。烈山区文运兴盛、历史悠久。《春秋·烈国志》载："大禹治水，烈山焚泽……"，是淮北市唯一被列入《中国古代地名大辞典》的地方，更因炎帝的名字"烈山氏"而闻名。拥有"全国全民健身工程先进区""全国'五五'法制宣传教育先进集体""全国农业旅游示范区"和"南湖国家城市湿地公园""安徽省可持续发展实验区"等多张名片。辖区内有石山孜新时期早期文化遗址、华家湖新石器中期文化遗址、龙脊山大方寺、老毛洞等古迹，更有张果老升仙地、"二十四孝"之一蔡顺等美丽传说。

公共文化建设。对辖区内的民间艺人进行摸排走访，建立《烈山区文化信息档案》，注册成立6个民间艺术演出团体、1家KTV音乐工厂，深入基层文艺演出百余场次。全区正式在册演艺团体7个，常年活跃于农村乡镇集市。成功创办季刊《烈山文化》，反映烈山文化底蕴和人文环境，受到广大干群的好评。省级文物赵集二级扬水站修缮工作完成。加强对石山孜遗址等辖区内102处不可移动文物的保护抢救和管理，建立烈山区文物保护档案和非物质文化遗产名录。

精神文明创建。狠抓未成年人思想道德建设。投资30万元完善洪庄、榴园、淮选厂、二实小乡村少年宫设施。争取到省专项资金20万元，建设宋疃小学乡村少年宫。完善全区未成年人心理健康辅导体系，"中华经典诵读""清明祭英烈"等活动受到市文明办的表彰。推动志愿服务活动常态化制度化建设，全区各地各单位均成立志愿者服务队(站)，注册志愿者2.7万人，全年开展志愿服务8000多人次，大型集中宣传活动96次，发放宣传资料3万多份，结对帮扶困难群众97户。创新载体，弘扬社会主义核心价值观。组织策划"中国梦·南湖杯"征文比赛、烈山区"中国梦"歌手大赛等群众文化活动。举办6场"中国梦·百姓身边的典型故事巡回报告"，受众达2900多人次。"中国梦"主题演讲比赛暨征文大赛活动收到作品70多篇，报名参加演讲比赛达58人。

文艺精品创作。邀请文艺名家创作诗词、赋、楹联、散文、游记、摄影和美术书法作品200篇(幅)，鲜明地体现了烈山地域特色和深厚文化底蕴，结集出版10万字的《美丽烈山》。编印《走进美丽的小山村——榴园》，获安徽省第七届对外传播奖(外宣读物)。拍摄的弘扬社会主义核心价值观的微电影《爱有缘》在全市评比中获二等奖。

文化惠民工程。深入推进文化惠民工程，区文化馆、图书馆、三镇综合文化站、镇办电子阅览室和各村农家书屋全部免费对外全天开放。大力开展群众文化活动，成功举办机关趣味运动会和"幸福烈山、快乐舞动"第二届广场舞展示活动。开展农村文艺演出37场次、文体活动186次、送电影下乡392场次，为农家书屋更新出版物(册)3069册。扎实推进农民文化乐园建设，洪庄村农民文化乐园、蒋疃村农民文化乐园建成并投入使用。

文化产业发展。成功举办第五届石榴文化旅游节，通过开展"游在榴园、乐在榴园、行在榴园、赏在榴园、食在榴园、论在榴园"等系列特色文化旅游体验和经贸活动，宣传淮北、推介烈山，做精做实石榴文化旅游产业。洪庄文化艺术有限公司成功申报为"安徽省文化产业示范基地"。在2014年第十届深圳文博会上，该公司编织作品《中国龙》喜获金奖，泥塑作品《大丰收》获得银奖，剪纸作品《福如东海 寿比南山》获得铜奖。石榴博物馆建设争取到省市文化发展专项资金扶持。

【全国首家石榴博物馆开馆】2014

淮北市中国石榴博物馆

年9月28日，全国首家以石榴文化为主题的石榴博物馆在淮北市烈山区榴园村开馆迎宾。淮北市石榴博物馆坐落于烈山区榴园4A级风景区内，馆场为汉唐建筑风格，馆内以地域文化性、科普专业性和亲民互动性为展示设计理念，全面展示石榴起源与传播、石榴文化、品种科学分类、资源利用价值和科学研究最新成果及发展趋势等，多角度、多层次、全方位地展示石榴文化的内涵和外延。

石榴博物馆馆藏丰富，征集到的字画（其中明清时期的有3幅）、根雕、瓷器（多为明清时期）、剪纸、中国结等与石榴相关的实物，在5D电影、触摸屏等高科技（声、光、电）的辅助下，古今结合、相得益彰。

淮北市石榴博物馆的品牌效应带来良好的经济效益，仅“十一”长假期间，接待游客量就达到10万人次。该博物馆已成为对外展示淮北形象、提升烈山知名度的重要窗口和精致名片。

【**淮北榴园村获省首批“宜居村庄”称号**】2014年，省住房和城乡建设厅公布了第一批“安徽省宜居村庄”名单。烈山区烈山镇榴园村在全省第一批26个“宜居村庄”中位列第一。

近年来，榴园村紧紧围绕“生态宜居村庄美、兴业富民生活美、文明和谐乡村美”的建设目标，按照“统一规划、分步实施、因地制宜”的原则，突出石榴产业优势，尊重群众意愿、尊重地域特点、尊重村庄现有建筑风格，不搞大拆大建，大力开展宜居型、产业型、社区型、生态型“四型”美好乡村创建活动。通过综合治理，加大旧村改造，完善基础设施，发展石榴产业，村容村貌发生了根本性的改变，走出了一条旧村整治型的建设路子，初步建成了宜居宜业宜游、生态文明富裕、功能配套完善的美好乡村。现在的榴园村青山环抱，生态优美，白墙红瓦的民居错落有致，呈现了人与自然的和谐画卷，一座传统落后的旧村庄完成了向美好乡村的嬗变，正朝着“四季景观鲜明、石榴文化突出、最美乡村家园”的发展方向大步迈进。

杜集区

【**文化概览**】杜集区位于淮北市东北部，地处徐（州）、淮（北）两市结合部，是淮海经济区的中心，为城郊型新区。辖高岳、矿山集2个街道办事处和朔里、石台、段园3个镇，面积240平方千米，人口35万。杜集区是孔子弟子颛孙子张生活的地方，也是著名雕塑大师刘开渠的故乡。2014年，杜集区被评为以腰鼓为主的“安徽民间文化艺术之乡”。矿山集街道综合文化站被省文化厅确定为乡镇综合文化服务中心试点。杜集区朔里镇农家书屋管理员王新德、郑孝华2个家庭获全国首届“书香之家”称号。

公共文化建设。区文化馆、图书馆和乡镇综合文化站全年免费开放。以文化馆为主要阵地，以各镇（办）综合文化站为基地，带好“一团两队”（业余文艺团体、群众文化辅导员和文化志愿者队伍），开展了文艺骨干培训、业余文艺团体培养、文化志愿者下乡等活动。全区组建了以区文化馆综合艺术团为主的业余文艺团体和其他文艺团体56个，全年开展送文化下乡活动200多场。杜集区文化馆舞蹈队参加首届安徽省广场舞大赛淮北市专场暨淮北首届市民文化节广场舞决赛，原创舞蹈《相土情》获一等奖，并代表淮北市参加“美好安徽舞起来”首届安徽省广场舞大赛决赛，获安徽省“群星奖”三等奖。首届市民文化节上，杜集区文化馆参加四种类型的三大活动，广场舞、原创小戏小品、合唱比赛皆获全市一等奖，成为淮北市首届市民文化节上的“大赢家”，区文化馆获得了首届市民文化节“优秀组织奖”。区图书馆投入10多万元，招标采购新书3000多册，添置了图书馆数字管理系统，开展“关爱留守儿童·阅读”“流动图书进机关”等阅读服务活动，各项管理和服务工作逐步走向规范化。农村文化建设专项补助文艺演出民生工程，在全市率先实行“送戏进万村”由政府购买演出服务，并为其他区县所借鉴。40个村（居）共举办文艺演出48场次、体育活动180场次、放电影382场次，为全区30个村更新图书、报刊3090册，更换基层文化信息共享工程点机顶盒30个，配备电脑14台，此项工作代表淮北市接受了省文化厅的检查。结合美好乡村建设，段园大庄农民文化乐园提档升级，添置了LED宣传大屏和室外体育健身器材，完善了群众活动广场。投资180多万元的南山农民文化礼堂建成，南山文化室、文化礼堂开放式书吧、电子阅览室成为基层公共文化建设的典范。

文化遗产保护。位于杜集区矿山集街道的南山汉文化馆主体竣工，区委、区政府多次召开布展论证会，把杜集区出土的汉画像石、汉陶等文物作为汉文化馆布展的主要藏品，着力打造具有杜集文化特色的博物馆，为长寿南山再添文化景致。以打造朔里名人文化重镇为目标，启动了朔里镇刘开渠故居修复和颛孙子张墓地勘探等工作。成立了淮北市子张思想文化研究

杜集区第三届群众文化艺术节暨首届段园葡萄采摘节

会，组织专家学者挖掘整理子张思想文化遗产，开展儒家思想文化学术交流，弘扬优秀传统文化。2014年5月份，杜集区非遗项目虎头鞋帽系列、面灯系列、抱元洞端午茶、指墨书画等，参加了淮北、淮南、蚌埠、阜阳4市非遗联展，其中3项获得省非遗保护中心“优秀奖”。

群众文化活动。举办杜集区第三届群众文化艺术节暨首届段园葡萄采摘节，将群众文化与乡村旅游发展有机结合起来，涵盖“五一、端午、七一、八一、国庆”等传统和法定节日。群众文化艺术节期间，先后举办了“美好杜集·幸福节拍”广场舞大赛、“美好杜集·幸福节日”群众大舞台优秀文艺作品调演、“精致淮北·美好杜集”原创小戏小品大赛，以及“喜迎国庆·爱我杜集”文艺汇演等系列群众文化活动，凸显“精致淮北·美好杜集”的主题和文化惠民的主旨。活动期间全区上下共同行动，参演群众演员1000多人次，参与群众20多万人次，规模大、范围广，突出了活动的群众性和广泛性。

文化志愿者活动。文化志愿者活动以区文化馆为主阵地，各镇(办)办综合文化站为基地，为每个镇(办)培养至少100名文艺骨干。通过文化志愿服务和“百馆千村结对活动”，开展群众文化辅导活动，举办文化志愿者腰鼓培训5期，培训文艺骨干1000多人，组建杜集区女子腰鼓队。

【杜集区举办首届段园葡萄采摘节】2014年首届段园葡萄采摘节开幕式在段园镇大庄举行。作为美好乡村示范点，大庄不但有万亩葡萄园，还有万米葡萄长廊、两姜河美景，站在观景台上，葡萄园美景尽收眼底。采摘节上有群众文艺展演、葡萄书画摄影展、万亩葡萄美景欣赏、葡萄采摘体验等系列活动，让“段园葡萄”这个国家地理标志保护产品走向更广阔的市场，让群众得到更多的收益。杜集区第三届群众文化艺术节与首届段园葡萄采摘节有机结合搭建群众文化交流平台，促进文化旅游发展。

濉溪县

【文化概览】濉溪县位于安徽省北部，素有“酒乡煤城、中原粮仓、能源之都、运河故里”的美誉。全县辖11个镇和省级濉溪经济开发区、濉溪芜湖现代产业园，面积1987平方千米，人口107万。濉溪县历史悠久，文物古迹星罗棋布，拥有国家级重点文物保护单位5处，其中大运河柳孜遗址成功入选《世界遗产名录》。淮北大鼓、临涣酱培包瓜制作工艺和泥塑手工艺分别列入第一、第二和第三批省级非物质文化遗产名录，淮北花鼓戏入选第二批国家级非物质文化遗产名录。2014年濉溪县再次荣膺“全国文化先进县”称号。

文化民生工程。截至2014年年底，全县11个镇公共文化服务信息实现全覆盖；1个公共图书馆、1个文化馆、11个综合文化站、3个博物馆等公共文化场馆全部免费对外开放；25个广播电视村村通建设工程完工。更新并发放农家书屋图书29928册。组织农村文化活动252场、农村体育活动1175场、农村电影放映2899场。全县综合文化站举办文化活动260余场次，公共电子阅览室、图书室接待群众2万多人次。

群众文化活动。开展文化下乡、文化惠民进社区等活动，共组织送文化下乡300余场次，观看群众达12万人次。先后举办全县第八届声乐、第四届戏曲、首届曲艺大赛、民营剧团广场文艺调演、庆“六一”文体展演、“五一”精品书画展等系列文化活动。组织开展“送戏进万村活动”，深入村镇送戏演出230场，观众近10万人次。濉溪县城北梨园情艺术团新增补为全省民营艺术“百佳院团”，至此，全县“百佳院团”已增至5家。开展计划生育、普法用法、民生工程等系列演出活动，在全县巡回演出30

临涣古城遗址

多场，观众达2万余人次。

全民体育健身。大力实施《濉溪县全民健身实施计划(2011—2015年)》，为46个行政村配备体育健身器材，全县"农民体育健身工程"点达到134个，占全县行政村总数的63%。县文化体育中心建设项目获得县发改委立项审批，该项目总建筑面积28095平方米，计划总投资约2亿元。加强体育协会组织建设，截至2014年年底，全县有单项体育运动协会15个，体育俱乐部3个，在册会员5000余人，各级社会体育指导员802人，累计举办各类体育展演、健身、比赛、培训等体育活动1000余项(次)。

文物保护管理。邀请省文物鉴定中心对馆藏文物进行鉴定，登记造册，开展可移动文物普查工作。先后对柳孜运河遗址、临涣城址等84处各级重点文保单位开展安全隐患大排查，对发现的问题及时进行整改。对文物监控系统升级改造，不断改进安全技防，确保馆藏文物安全。临涣古城遗址成功列入国家文物局"十二五"重点保护工程项目库。争取国家、省文物保护专项经费，实施运河遗址保护、环境整治、安防工程升级改造等工程，逐步改善柳孜运河遗址内外环境。配合中央电视台拍摄以柳孜运河遗址为背景的三集纪录片《消失的大运河》，并在《探索·发现》栏目播出。

【濉溪县获安徽省第三届文明县城称号】2014年，濉溪县各项创建工作在加强领导中高位推进、在健全机制中持续深化、在齐抓共管中凝聚合力、在优化载体中务求实效，城市面貌明显改观，市民素质明显提高，城市品位明显提升。通过新建公园、添置水冲公厕、改造背街小巷、绿化美化环境、增加群众文化活动等实实在在的民生工程，提升居民生活质量。建成公共自行车服务系统，成为全省首个投放公共自行车的县城，提高县城居民幸福指数。2014年12月，省文明委对全省文明城市、文明县城（城区）、文明单位进行命名表彰，濉溪县获第三届"安徽省文明县城"称号，首次进入全省文明创建第一方阵。

阜　阳　市

【文化概览】阜阳市位于安徽省西北部，辖1个市、4个县、3个区。面积9775平方千米，人口1053万，是安徽省人口最多的市。阜阳是皖西北中心城市、国家智慧城市，也是淮海经济区、中原经济区、豫皖城市群成员城市。阜阳是安徽三大交通枢纽之一，市内铁路、公路、航空、水运发达。曾先后被誉为"最具投资潜力的中国城市""中国特色魅力城市200强""中部最佳投资城市""安徽省园林城市""全省双拥模范城"，是"全国文化体制改革工作先进地区""全国地名公共服务示范市""全国粮食生产先进市""全国林业生态建设先进市""中国书法城"。2014年被授予"第三届安徽省文明城市"。

阜阳历史悠久，文化底蕴深厚，有文峰塔、魁星楼、刘公祠、欧阳修故居等古迹，是姜尚、管仲、鲍叔牙、孙叔敖、甘茂、吕蒙、嵇康、刘福通故里。现有国家5A级风景区1处、国家4A级风景区2处；重点文物保护单位148处，其中省级31处。有颍上花鼓灯、界首彩陶、临泉肘阁抬阁、界首苗湖书会、太和清音、阜阳剪纸等9项国家级非物质遗产项目，临泉毛笔等20项省级非物质文化遗产项目。

文化体制改革和文化事业发展。2014年，市及8个县(市、区)先后出台了一系列文化强市(县、区)政策，初步形成较为完备的文化强市优惠政策体系。市、县“三局合一”任务完成，实现“局台分离”。实行“三台合一”和文化市场综合执法、市县7家国有演艺院团转企改制、6家电影公司及8家影剧院转企改制，并完成工商注册和法人任命。新华书店便民店、农家书屋、绿色网吧“三合一”试点工作进展顺利。在基本完成全面改革任务的基础上，完成市级国有文艺院团全部人员的身份转换，人员组建方案出台，招聘新的演艺人才充实到阜阳演艺有限公司。市县文化综合执法大队按编制通过社会公开招聘配备齐全，完善管理制度，提高管理水平。推进非时政类报刊改革，《阜阳广播电视报》整体并入《阜阳日报》。市、县广播电视台对节目、栏目进行改革，积极探索制播分离。“三台合一”的阜阳广播电视台新组建的阜阳广电传媒有限公司、新视界传媒有限公司和欧苏影视制作公司均健康有序运作。已建成乡镇综合文化站158个、农家书屋1907个、电子阅览室219个、数字电影院线10家、农村公益电影放映22605场次，有178处公共文化服务场馆实行免费开放。

文化产业。2014年文化产业增加值67.46亿元，比上年增长18.5%，占GDP比重5.89%；规模以上文化及相关产业法人单位数量166家，增长36.1%；民营文化及相关产业企业法人单位数1858家，增长10.9%；全市文化产品出口总额达5.1亿美元，同比实现翻番。金辉印务、新富泰发饰等10家公司入选“安徽民营文化企业100强”；21个项目入选“安徽省文化产业重点招商项目库”；18个项目总投资近130亿元，进入省“861”行动计划文化产业项目库；阜阳印刷包装产业园、金辉印务、临泉县宏扬杂技有限公司列入省“四个十”品牌，进入“2014年省重点扶持文化产业园区(基地)”名单；金源柳木和华宇工艺品两家公司获得“2013—2014年度国家文化出口重点企业”称号，金木工艺、文德堂笔庄等3家文化企业产品商标获评“安徽省著名商标”。认定阜南黄岗柳编、颍东印刷包装产业园等3个市级文化产业示范园区和安徽新富泰发饰有限公司、阜阳开源剪纸公司等6个市级文化产业示范基地；组织参加第十届深圳文化博览交易会，参观人次约5万人以上，发放各类宣传资料3000余份，阜南柳编现场销售各类工艺品530件(套)，销售额近10万元，同时签约意向订单近3000万元；柳编企业新设立的淘宝网天猫旗舰店“千年竹”网上意向订单达200万元。9月，组织开展首届阜阳文化惠民消费季系列活动，其中安徽省非遗民间工艺精品邀请展暨首届阜阳文化产品交易周活动先后接纳4万余人观看采购，总成交额400多万元，日均成交额100多万元，意向订单125万多元。

阜阳市青联举办颍淮大讲堂青年分讲堂

文艺精品创作。召开全市重点文艺作品作者创作座谈会。在省第十三届“五个一工程”优秀作品评选中，阜阳市有梆剧《颍春妹》、歌曲《梦中的书包》、纪录片《暖春》3部作品获优秀作品奖，市委宣传部获组织工作奖。歌曲《梦中的书包》在中宣部文艺局等主办的“我们的中国梦——讲述中国故事”全国文艺作品征集中，获全国重点推荐作品二等奖。在阜阳市第二届“五个一工程”优秀作品评选中，纪录片《在路上》等11件作品获优秀作品奖。举办首届阜阳微电影创作比赛，征集微电影作品70余件，评出一、二、三等奖各2部，优秀奖4部。组织创作电影《艺魂》《暗剑》《第二次交锋》及大型廉政剧目《悔恨的泪》《江河惊涛》等重点题材文艺系列作品。

文化市场管理。组织开展“清源”“秋风”“净网”等9个集中专项行动，全年开展执法专项检查、专项治理20余次，查处案件72起，查缴各类非法出版物2万余册(盘)，取缔“黑网吧”39家，清理网络淫秽色情信息6930余条，打击违法犯罪分子，净化出版物市场，优化青少年成长环境，顺民意、得民心，赢得社会各界广泛赞誉。“扫黄打非”工作获评全省先进，1人被评为全国“扫黄打非”先进个人。

舆论引导。正面宣传声势强劲，策划“美好乡村建设”“全民创业在行动”“心目中的家乡·我可爱的阜阳”等重大主题宣传22项；开办“接您回家·回家兴阜”等专栏40多个，媒体发稿4000多篇(条)；强化经济宣传和社会热点问题引导，主流思想舆论不断壮大，营造了干群同心谋发展、凝聚合力促崛起的良好舆论氛围。全年邀请各级媒体记者25批次1000多人到阜阳考察采访，建立省级以上外宣平台12个，策划大型专题采访19次。全年在《人民日报》、中央电视台、新华社等中央主流媒体推出报道107篇(条)，在《安徽日报》等省级主流媒体推出报道300余篇(条)。建成“微博微信发布厅”，全市有156家单位入驻，总订阅量超过300万份。人民网舆情监测室统计数据显示，阜阳市尽管全年热点频发、险情不断，但由于应对妥当，由舆情事件引发媒体持续聚焦炒作的事件发生率全省最少，整体舆情态势可管可控，媒体对阜阳态度更加友善客观，阜阳的对外形象明显转好。

精神文明建设。探索“三三三”宣传教育模式，(即组建三支队伍、搭建三个平台、创新三种形式)，运用群众喜闻乐见的民间艺术和道德模范故事汇等“接地气”的方式进行巡讲、巡演，社会主义核心价值观建设在落细、落小、落实、贯穿结合融入上取得显著成效，也产生较大影响，新华社、《光明日报》等主流媒体纷纷报道。在全市广泛开展身边好人评树活动，开展10类“阜阳最美人物”系列评选表彰活动，评选出100名“最美人物”和170名提名奖获得者，规模之大、范围之广、影响之深，前所未有。截至2014年年底，全市累计有70人当选“中国好人”，107个组织和个人获“我最感动江淮志愿者优秀典型”。组织90多万名中小学生参加青少年爱国主义读书教育活动，获全国一等奖1人、省一等奖3人，市组委会获得全省组织工作一等奖。精神文明创建的深入推进，充分发挥凝神聚力、固本强基的作用，提升了城市的道德高度和精神张力，为经济社会发展注入了强大精神动力。

【分众化宣讲重实效】近年来，阜阳针对不同群体整合资源、平台、队伍进行分众化宣讲，宣传日益接地气、聚民心。截至2014年年底，全市“颍淮大讲堂”由200家增设至310家，其中主讲堂1家，分讲堂42家，基层讲堂267家。3年来，主讲堂、分讲堂先后邀请吴敬琏、李肇星、杨景宇、施芝鸿、王洪祥、孟伟、樊纲、齐彪等300多名国内著名学者做客“颍淮大讲堂”。党的十八大以来，先后成立市县两级党委十八大、十八届三中、四中全会精神、“三严三实三种精神”宣讲团，市县两级社会主义核心价值观“微宣讲”团、十八届四中全会精神“微宣讲”团、“四个全面”暨“三严三实”“微宣讲”团，市县两级中国梦“艺术化宣讲”团、社会主义核心价值观“艺术化宣讲”团、十八届四中全会精神“艺术化宣讲”团，以“颍淮大讲堂”、微博、微信、阜阳公众网等为平台，创新宣讲、联动宣传，各类宣讲受众达200多万人次，受到各级领导、广大党员干部和普通群众的高度称赞，中央电视台《新闻联播》、新华社《内部参考》《光明日报》《人民日报》等主流媒体纷纷报道宣传。

【“微宣讲”直接受众超百万】通过招募志愿者，成立阜阳市“微宣讲”团，成员包括机关干部、学校教师、大学生村官、农民宣讲员等，每人用短暂的时间、精辟的语言、新颖的观点向普通党员干部、中小学生、社区群众、企业工人等宣讲中央、省委、市委的重大决策部署。“微宣讲”团成员实行聘任制，实行属地管理、属地宣讲，重大主题宣讲活动时抽调成员成立小分队进行巡回宣讲。2014年，社会主义核心价值观和十八届四中全会精神“微宣讲”达3800多场，受众达180多万人次。组织“开学第一课”宣讲3000多场，覆盖全市各类学校，受众达170万人次。“微宣讲”具

阜阳市“微宣讲”团成立大会

有时间短、内容精、观点新的特点，既受基层受众欢迎，也备受中央、省级媒体关注。《光明日报》头版头条以《安徽阜阳创新宣传教育模式》为题给予报道，人民网、新华网、安徽日报、安徽电视台等纷纷报道，经验做法在新华社《内部参考》、省委办公厅《安徽信息》《安徽宣传》推介刊发。

【阜阳市打造“千人网军队伍”】在全市范围内征集选拔一大批来自各行各业的政治素质高、热爱网络、有奉献精神的人员充实完善到网宣队伍，经过认真登记审核统计，在册人员1024人，形成颇具规模的“千人网军”队伍。根据网宣员的自身条件特点分级分类分组，牢牢把握核心网宣员，发现培养有潜力的网宣员。围绕中心工作和网络热点，市网宣办负责总体发动，各县市区、各网站、各系统分级布置，网宣员自觉响应，开展量化考核，阶段通报，年终评比。激发和凝聚网宣队伍的力量，提升能力，强化管理，有效引导网上舆论，牢牢把握网上舆论的主动权、主导权。

【阜阳市蝉联第三届安徽省文明城市】2014年，阜阳市获第三届安徽省文明城市称号，颍上、颍州分别获得文明县城和文明城区称号，界首、阜南获创建先进县称号。市邮政局等72家单位获省文明单位称号。阜阳市首次获“安徽省未成年人思想道德建设工作先进城市”。

城市精神：阜阳城市精神即王家坝精神：舍小家、为大家的顾全大局精神；不畏艰险、不怕困难的自强不息精神；军民团结、干群同心的同舟共济精神；尊重规律、综合防治的科学治水精神。

城市名片：百亿江淮粮仓、滨水园林城市、综合交通枢纽、商贸物流名城、煤电能源新城、人力资源大市。

颍州区

【文化概览】颍州区是阜阳市委、市政府所在地，是阜阳市的政治、经济、文化、交通、金融、信息中心。颍州因临颍水而得名，秦汉以来为历代郡、县、州府所在地。全区国土面积616.3平方千米，人口83万，辖1乡、8镇、5个街道办事处，设安徽颍州经济开发区、安徽颍州工贸园。颍州地势平坦开阔、河流纵横、城依碧波，东清河、中清河、西清河等内城河贯穿城区流入颍河，史有“三清贯颍”的美称。

颍州区三合镇胡庙居委会政策理论末梢宣讲

群众文化活动。2014年，举办“大美江淮圆梦颍州”剪纸精品展；全区20多家文化企业参加首届阜阳文化惠民消费季活动。全区各文化馆（站）共组织书法、剪纸、民舞等辅导培训24次，受益群众774人次。举行大型展览和文艺演出活动29场次。

文化民生工程。2014年，完成6个公共电子阅览室、4个社区文化活动中心建设任务，开展农家书屋图书更新工作，为全区111家农家书屋分别补助资金2000元，更新图书不少于100册。积极开展“送戏进百村活动”，累计送戏下乡107场次，受益群众38880余人次，丰富了广大农村群众的文化生活。开展农村公益电影放映工作，全区全年共放映电影1334场次，受益观众21.65万人次。

精神文明建设。组织开展好人评选、结对共建、市民学礼仪、思想道德建设等系列活动。推进志愿者服务活动，全区注册登记志愿者4万多人。组织开展学雷锋日等多种志愿服务活动，开展“为爱行动·圆梦江淮”关爱残疾人、留守儿童、空巢老人等活动。

文化艺术创作。区文化馆编创选送的舞蹈《彩巾飞舞》获省群星奖三等奖，在第二十七届安徽省儿童音乐舞蹈器乐大赛上，颍州区有30个节目获奖，小品《妻子的烦恼》《一票难求》《闲人杨三姐》分获十佳十优。张华东在首届北京电视书法大奖赛中获得二等奖，苗太林在安徽省第三届书法大展中获一等奖。美协张瀚东山水画入选全国中国画展；邵桂林花鸟画入选省美展。庄颖作品《节奏》获安徽省第十九届摄影艺术展铜奖。作协主席徐全庆出版《绝对机密》小说集，会员王振荣出版长篇小说《王家坝的孩子们》。

【颍州区获安徽省第一届文明城区称号】2014年，颍州区获安徽省第一届文明城区称号，西湖镇五里村获第三届安徽省文明村镇称号，程集镇获第三届安徽省创建文明村镇工作先进村镇称号，鼓楼街道前进社区、光华社区，文峰街道奎星社区，清河街道奎星苑社区，颍西街道八里社区获第四届安徽省文明社区称号，区财政局、阜阳市第十五中学获第十届安徽省文明单位称号。

颍泉区

【文化概览】颍泉区辖4个镇、2个街道办事处，设2个园区和1个城乡统筹试验区，面积648平方千米，人口73.84万。颍泉历史悠久，人文荟萃，自古享有"梁宋吴楚之冲、齐鲁汴洛之道"之美誉。全区现有48处不可移动文物遗址（点），列为区级文物保护单位12处，省、市级文物保护单位2处，"四九起义"纪念馆被命名为全省爱国主义教育基地。有区级非物质文化遗产8项，猫头鞋制作工艺被列入市级非物质文化遗产保护项目。

公共文化建设。2014年，建成颍泉区文化资源信息共享支中心和8个公共电子阅览室、4个镇综合文化站、112个农家书屋，实现村村全覆盖；完成第一批50个村级广播室和3个社区文化活动室建设。

群众文化活动。2014年，全区组织广场文艺演出15场次、送戏下乡演出100场次、送电影下乡1200场次。文化馆(站)免费开放接待群众6024人次，借阅图书2320人次。春节期间组织写春联、送图书进社区活动。举办"中国梦·颍淮情——美丽颍泉"全国书法名家作品邀请展、颍泉区美术作品展、纪念"四九起义"86周年书画展、"颍泉·霍邱——兴学风、树新风"书画交流展等文化交流活动。

文化产业。依托古颍州西湖旧址和欧苏历史文化、"四九"起义旧址、"全国双百人物"英雄王克勤故里等厚重历史文化遗产，积极探索人口稠密的平原地区旅游业发展新路径。2014年8月，颍泉区成立祥源颍淮生态文化旅游区项目建设指挥部，加快推进祥源颍淮生态文化旅游区建设。以安徽本色印刷、远大印刷等企业为代表的印刷包装产业年产值2.15亿元，新建皖北地区首条年产5000吨系列彩印、书刊印刷生产线，成为颍泉文化产业发展的又一特色品牌。

文艺创作。全区有专业文艺协会7个，国家级会员11人，省级会员56人。2014年发表中篇小说1部，短篇小说7篇，散文46篇，诗歌15首，歌词39首。李泉、陆志成获安徽省老作家文学贡献奖；杨林作曲《爱与梦同行》获安徽省文联、总工会主办"中国梦"歌曲评选一等奖；许冬子所作歌词《我爱绿色》，获全国首届少年儿童环保歌曲征集大赛最佳创作奖；歌词《花月满人间》在中国音乐家协会《歌曲》编辑部举办的2014年"词曲新作"评选中获"晨钟奖"。

精神文明创建。2014年，获评省市级文明社区6家、文明村14家、文明镇2家。伍明镇梁营村推报为全国文明村。截至2014年年底，获评"中国好人"5人、"安徽好人"5人；2014年累计获评阜阳好人17名、阜阳首届"最美人物"6名。18家省市级文明单位开办道德讲堂，举办经典诵读"春节篇"大型

文艺宣传小分队在行流镇大鹿敬老院慰问演出

展演，开展社会主义核心价值观主题季活动，建设公益文化墙13400平方米，举办道德模范故事汇基层巡演活动6场次。

【颍泉区成立“泉心泉益”志愿者协会】2014年7月3日，颍泉区成立“泉心泉益”志愿者协会。协会以“自愿参加、量力而行、讲求实效、持之以恒”为原则，奉行“奉献、友爱、互助、进步”的志愿服务准则。协会成立以来，组织近2000人参加各项志愿服务，在册的志愿者人数100余人，形成以协会为中心，多层次、全方位、辐射全区的志愿者活动服务网络，取得良好的社会效益，为颍泉区精神文明建设作出了突出贡献。

颍东区

【文化概览】颍东区总面积685平方千米，总人口64万，辖12个乡镇街道。颍东区区位优越，交通发达。京九铁路穿境而过，商阜、漯阜、青阜、阜淮、阜六铁路在颍东交汇。

文化事业。公共文化服务信息化建设实现全覆盖:1个乡镇文化站、4个美好乡村中心村、3个社区共8个公共电子阅览室全部建成并对外开放。皖北民俗博物馆、区图书馆、区文化馆及9个乡镇综合文化站全部免费开放。全区12个公共文化场馆(站)累计组织开展36场知识竞赛、32期知识培训、260场文艺演出，创建特色品牌活动6个。对全区123个远程教育基层站点的设备进行更新和维护，为全区45个远程教育工程村级服务点分别配送45寸液晶电视机1台，为农家书屋更新的出版物全部配送到村；完成农村电影放映1236场，“送戏进万村”文艺演出103场。

文化产业。2014年，金辉印务公司获“国家印刷示范企业”“安徽省劳动保障诚信示范单位”“安徽省两化融合示范单位”“优秀民营企业”“阜阳市专精特新中小企业”“阜阳百强企业”“安徽省文化百强企业”“安徽省明星企业”“安徽省民营企业200强”“重合同守信用”“优秀数字企业”等称号，同时获中国印协举办的印刷工艺金奖，并于2014年10月首批通过国家级绿色环保印刷体系认证。

弘扬社会主义核心价值观文艺演出

文艺精品创作。2014年，全区文艺创作硕果累累。戏剧、微电影、小品、舞蹈、剪纸、刻铜、摄影、书法、曲艺、杂技等各个艺术门类百花竞放、异彩纷呈。17人获29项荣誉，其中获国家级奖励14项、省级15项，是颍东区文艺创作史上丰收年。

群众文化活动。以开展“节庆”和群众业余文化活动为抓手，积极开展社区文化、广场文化等社会文化活动。插花、正午、袁寨民舞队等表演节目受到群众的普遍欢迎。颍东区东三角公园的戏友表演团队和歌友表演团队常年坚持每周举办两场晚间演出。明珠合唱团的红歌大家唱活动、戏友演唱会活动，河东街道和袁寨镇的中老年健身舞活动等已成为颍东区特色群众文化活动品牌。

【文物和“非遗”传承保护加强】经省文物局批准同意，对省文保单位程文炳宅院跑马楼西侧房屋及地面附属物进行了修复，共修复、恢复古建筑246平方米，总投资248万元。委托省考古单位对省文保单位口孜清真寺进行了测绘并制订了维修方案。按照《颍东区第一次全国可移动文物普查工作实施方案》要求，完成了全区国有单位可移动文物普查摸底登记工作，共登记可移动文物294件。重点抓好“阜阳桑木弓制作工艺”“北照古陶”申报第四批市级非物质文化遗产项目工作。完善“程氏剪纸”“杜氏刻铜”“北照古陶”等非物质文化遗产项目的保护传承和展示工作，组织开展非遗宣传展示活动3场、非遗传承培训26期。

界首市

【文化概览】 界首市总面积667.3平方千米，人口78.9万，辖18个乡、镇、街道，是皖西北重要商埠和门户。

界首历史悠久、人文荟萃。东汉时“王莽赶刘秀”逐鹿于此，留下以皇帝年号命名的千古名镇——光武镇；南宋名将刘琦大败金兀术，在此划沟为界，始称“界沟驿”，后演变成界首市；抗战时期，界首由于特殊的地理位置而未燃战火，使之商贾云集，有“小上海”之称。

群众文化活动。2014年，先后举办春节期间系列文化活动、“十八届三中全会”艺术化宣讲文艺演出、第三届农民杂技艺术节、第三届颍南书会、第十四届风筝艺术节、第十七届梨花诗会、“庆五一”文艺汇演、第二届方棋大赛、广场舞大赛、第三十届苗湖书会、建国65周年文艺调演、禁毒公益宣传、社会主义核心价值观文艺演出、百馆千村文化结对文艺演出、第三届翰墨文化节及乡镇综合文化站群众性文化活动220多场次；举办红色电影大家看活动，在全市放映80场次；开展送公益电影下乡1656场次。

文化精品创作。创作大型豫剧《刀马人》，大力宣传国家非物质文化遗产——界首彩陶。创作大型豫剧《鲍振平》和反映青少年沉迷网络现象的作品《迷茫》，完成《融融的月光》《夜话》等一批原创精品小戏的编创排演，创作22部廉政系列作品及宣传社会主义核心价值观的小品与戏曲作品。

公共文化服务。举办“岸芷汀兰——台北故宫博物院经典书画复本展”“中原梦·墨之缘”豫皖5县市书画联展、“妙手灵心——安徽民间剪纸艺术展”；向省博物馆推出“彩韵流芳——界首窑彩陶精华展”，展出100多件界首彩陶精品，包含宋明时期的珍贵文物及当代工艺美术大师韩美林的彩陶作品。界首文化活动中心全年接待观众达29万人次，高质量完成“元旦”“寒假”“春节”“清明”“国庆”等节假日期间以及平时的免费开放工作。

文化惠民工程。加强王集镇李彬庄农民文化乐园试点建设，按照“一场二堂三室四墙”的标准打造特色彰显、充满地方文化灵性的农民乐园。全市共建成26个公共电子阅览室，举办公共电子阅览室培训班，就维护、管理、服务以及系统操作等进行培训。开展民生工程宣传月、图书馆服务宣传周、第19个“世界图书日”、送图书下基层等活动，累计送去各类读物计4200余册。

文化遗产保护。组织臧家公馆的抢救性修复工程，构建砖集书画、王集魔术杂技、顾集镇剪纸及瓷板画、任寨曲艺、芦村民俗、田营彩陶等各具特色的乡镇文化，做好特色文化的挖掘与传承、保护与发扬。卢莉华彩陶艺术有限公司、王京胜彩陶艺术有限公司被命名为“界首彩陶烧制技艺传承基地”，界首渔鼓曲艺传习所被命名为“界首渔鼓传承基地”，成为阜阳市首批非物质文化遗产传承基地。

【自助移动智能图书馆建设】 总投资30余万元，建成现代化的自助式“移动智能图书馆”，馆内图书涵盖文学、历史、科技、艺术等10多类3000多册。全天候24小时自助全智能完成开关门、借书、还书、查询、续借等服务功能，充分展现了科技与文化的完美结合。

小读者在自助移动智能图书馆里读书

临泉县

胡思园央视演出剧照

【文化概览】临泉县总面积1839平方千米，总人口230万，辖31个乡镇，设1个省级经济开发区，是全国第一人口大县，也是全国民间文化艺术之乡（杂技、马戏）、中国杂技之乡、全国文化先进县、全国体育先进县。

文化产业。2014年，中国临泉（民间）杂技城一期工程开工，建设用地60亩，总投资6000万元，建设内容包括杂技文化广场、杂技培训学校、杂技民俗展览馆等项目，建成后将有力推动旅游经济和文化产业的发展，促进文化名县建设。“刘邓大军淮西指挥部”二期工程即将竣工，届时将成为阜阳市的红色文化教育基地；姜尚民俗博物馆收藏各类文物600余件，将在2015年挂牌开馆；临泉县毛笔博物馆收藏毛笔制作器具、工序、材料、样品600余件，已经正式对外开放。2014年，临泉谭笔制作技艺被申报为安徽省非物质文化遗产，临潭笔庄被评定为第二批省级非物质文化遗产传习基地。

文化事业。2014年，临泉县加快推进31个乡镇综合文化站公共文化建设，开展送文化下乡1400多场，送电影到基层4740场，举办书法、绘画、舞蹈、种植、养殖等各类培训372场次。举办第十届桃花艺术节、第五届姜子牙文化节、第六届山羊美食文化节，举办临泉县农民运动会，举办以“最美劳动者”为主题的摄影展览活动、“中国梦——我们的梦想”少儿舞蹈展演活动、庆祝建党93周年音乐会、“庆祝建党93周年”书画展、“欢度国庆节 赞美新临泉”摄影展；开展“百馆（站）千村文化结对”活动，开展全国不可移动文物普查工作。

精神文明建设。2014年，开展村、乡、县三级月度“最美人物”评选活动，“撬棍哥”王运涛当选“安徽好人”，90后女孩郭谨瑜当选“2014年度十大心动安徽最美人物”，杨永贵等13人当选“阜阳好人”。推进节点主题志愿服务活动，培育和践行社会主义核心价值观，开展文明交通、文明餐桌创建评选活动和送戏下乡活动；举办以“走复兴路、圆中国梦”为主题的爱国主义读书教育活动和各类青少年文艺比赛，大力推进未成年人思想道德建设。深化县城文明创建，推进“五治理一提升”行动。乡镇开展建筑立面净化靓化工程，对沿线集镇街面墙体进行了统一粉刷，拆除沿街各类广告、店招2286个；在骑路逢集治理方面，沿线各乡镇加快专业市场建设，引导商户进驻市场、划行规市、规范经营。

【临泉县获“中国杂技之乡”称号】临泉县拥有杂技团队近900家，年创收近5亿元，杂技演员2万人左右，其中的杰出代表胡思圆被评为安徽省“六个一批”拔尖人才、安徽省民营艺术“十大名角”，三登央视舞台（《出彩中国人》《回声嘹亮》《我要上春晚》），把临泉杂技的精湛技艺展示现在全国观众面前。2014年10月23日，临泉县被中国杂技家协会评定为“中国杂技之乡”，被文化部命名为2014—2016年度“中国民间文化艺术（杂技）之乡”。

阜南县

【文化概览】阜南县总面积1801平方千米，人口173万，辖28个乡镇，设1个省级经济开发区。阜南是三国名将吕蒙故里、中国柳编之都、中国民间文化艺术之乡、王家坝精神发源地、全国承接产业转移投资十佳县、中国最佳投资环境城市200强、中国招商引资最具竞争力城市、全国农业（林业）循环经济示范试点县。拥有柳编技艺和嗨子

阜南县国家非遗传承班学员在表演嗨子戏

戏两个国家级非物质文化遗产。

公共文化建设。2014年，阜南县被中国工艺美术协会授予“柳编之都”称号，被文化部授予2014—2016年度“中国民间文化艺术之乡”（柳编）称号，被安徽省文化厅授予2014—2016年度“安徽民间文化艺术之乡”称号。全县328个行政村实现文化信息共享工程互联网宽带全接入。完成农民体育工程34处、511工程8处、健身俱乐部1处、乡镇全民健身广场2处、美好乡村建设体育场地6处。县图书馆、县文化馆、28个乡镇综合文化站和体育公园免费开放。自建乡村学校少年宫10所，建成1个社区电子阅览室。县文化馆利用暑期时间免费开办书法、美术、少儿舞蹈等8个艺术培训班。

群众文化活动。小品《邻里之间》获第七届安徽曲艺节表演一等奖，琴书《轧狗风波》获安徽省群星奖大赛一等奖。开展“我们的中国梦、文化进万村”暨法制宣传文艺演出活动，农村观众达20多万人次。举办广场文化活动13次。举办第三届农民篮球赛、大众文体展演、广场舞及职工拔河比赛活动30多场。举办“阜南县第一届文化印象摄影展”“阜南县第一届农民书画展”“农民读书演讲比赛”等文化艺术活动。成立一支以退休干部为主的“红色历史文化”宣讲队伍，用“淮河琴书”、嗨子戏、合唱、快板、朗诵等形式为中小学生和党员干部义务宣讲党史文化、地方历史文化、廉政文化。

文化市场管理。全面加强文化市场监管，着力净化文化市场环境。全年出动执法人员2600余人次，检查经营场所2100多家次，责令停业整顿违规经营单位2家，办结案件13件，净化了文化市场环境。

文化产业。柳编产业总产值近23亿元，出口总额2.15亿美元，是阜南县重要的支柱产业。文教用品总产值近10亿元，2家企业成为国家级重点文化出口企业，1个项目入选省“861”项目，文化强省、强市项目9个，新评为市级文化产业园区（基地）2家，4家企业入选省民营文化企业100强。柳编文化产业正借力电子商务拓展国内外市场，特色中国阜阳馆阜南分馆、千年竹旗舰店等店铺已入驻淘宝，直接面向海内外消费者开展业务。

文明创建。2014年，有3人被评为“中国好人”，1人被评为“安徽好人”，19人被评为“阜阳好人”，每季度评选“阜南好人”10人以上，刘振邦获第三届安徽省道德模范特别奖。全县建成各类文化长廊21.6万平方米，利用“好人一条街”“好人文化墙”、公益广告、故事汇、报告会、电视专题报道等形式宣传“中华孝道”“乡贤好人”等内容，引导群众崇德向善。

【王家坝抗洪纪念馆】王家坝位于淮河中上游节点，这里有“千里淮河第一闸”的王家坝闸，还有库容7.5亿立方米的淮河濛洼蓄洪区，在淮河防汛中具有举足轻重的地位。自1953年建闸以来的12个洪水年份里，王家坝共开闸蓄洪15次。正是王家坝人的牺牲和奉献，换来整个淮河流域的安澜。为展示盛世治水新成就、诠释王家坝精神，阜南县建设王家坝抗洪纪念馆，建设内容包括淮河抗洪厅、濛洼蓄洪厅、抗洪陈列厅、抗洪文化厅、抗洪影像厅、水利博览厅等。项目建成后，将成为淮河流域第一座抗洪纪念馆，并成为爱国主义教育基地和红色旅游景点。王家坝抗洪纪念馆主体工程总投资1700万元，2014年已基本完工。

王家坝

太和县

太和县体育馆

【文化概览】太和县总面积1822平方千米，人口173万，辖31个乡镇，设1个经济开发区，是国家书画艺术之乡和民间文化艺术之乡。现有国家级湿地公园1处、省级重点文物保护单位7处；太和清音被列为国家级非物质文化遗产，太和狮子灯、细阳刺绣、太和唢呐被列为省级非物质文化遗产，张洪奎、赵继虎、苑玉玲为非物质文化遗产传承人。

精神文明建设。发起并创办“苗为民爱心社”，太和县人民检察院公益使者苗勇当选安徽好人，并与蒲立春、汝亚峰一起入围“中国好人”候选人；“红门爱心哥”太和县消防大队战士杨开开等17人被评为“阜阳好人”。扎实开展“道德模范”“十大孝星”“美德少年”等主题活动，不断丰富公民道德建设内容，全面提升市民素养。

体育文化事业。截至2014年年底，投资4.6亿的体育中心工程——体育场馆主体建设已完成，体育中学将于2015年9月正式招生。全年举行20余场赛事、活动，参与群众超过8万人次。新建24处农民体育健身工程，全县农体工程覆盖率达81.5%以上。在韩国仁川亚运会上，太和籍运动员赵福祥获56公斤级散打冠军；十三届省运会上，太和籍运动员共摘取85枚奖牌。太和二中啦啦操作为全省唯一一所普通高中代表队参加第二届青奥会闭幕式展演。太和五小体操队获全国啦啦操锦标赛小学丙组第一名。太和县选送作品《世界杯》获全国未来之星阳光体育大会特等奖。

文化活动。2014年，完成农村公益电影放映3768场次，观众人数超过40万人次,先后举办元旦文艺调演、网络春晚、太和县第十二届群众文艺调演活动、太和县春节联欢会、元宵节民间舞蹈展演、广场文化大联欢、太和文物图片展等一系列群众广场文化活动；举办书法提名展、首届硬笔书法展、迎春画展、“继承·探索”6人中国画小品展、巾帼书画展、丁子同山东交流展、华源书画精品展、“泉舟琴”书法联展、白鹤书画篆刻回乡展，重阳节老年书画展、宪法日法制书法展等20多场次书画展览。成功举办第三届中国太和书画艺术节。

文化产业。2014年，文化产业增加值达13.3亿元，比上年增长11%；文化产业增加值占GDP比重达8%。现有省级文化产业基地1个、市级文化产业基地1个、省“861”行动计划文化产业项目1个。

【举办第六个全民健身日活动展演】2014年8月8日，太和县举办第六个全民健身日活动展演。奥运会冠军邓琳琳携手省技巧队、省武术队为太和人民送上一场异彩纷呈的视觉盛宴。共有16支晨晚练点队伍500余人参与演出，4000余名群众观看。节目囊括柔力球、太极扇、太极拳、心意六合拳、拉丁舞、武术等项目，涵盖各个年龄层次，演绎着民生主题，激荡着幸福乐章。

颍上县

【文化概览】颍上县总面积1859平方千米，总人口172万，辖30个乡镇。有“东方芭蕾”之称的颍上花鼓灯及颍上推剧、淮河锣鼓、管仲的传说分别被列为国家级、省级非物质文化遗产。鲁口镇被授予安徽省民间文化艺术之乡。现有省级重点文物保护单位管鲍祠、尤家花园2处，有国家5A级风景区八里河1处及4A级风景区迪沟、五里湖湿地公园2处，小张庄、八里河获生态环保全球“500佳”称号，迪沟煤矿塌陷区被评为国家湿地公园。

文化精品工程。推进重点文艺作品创作，实施精品战略。书籍《管子传说》《郭铁与颍上花鼓灯》，电

颍上城北水系景观

视剧《县令屠隆》正在创作中;动漫剧《麻辣夏令营》在安徽卫视科教频道播出、《少年甘罗》已制作完成20集;李学亮创作的《梦中的书包》获中宣部“我们的中国梦——讲述中国故事”文艺作品征集活动二等奖、安徽第十三届精神文明建设“五个一工程奖”、阜阳市第二届精神文明建设“五个一工程奖”;陈兴玲创作的歌曲《花香彼岸》获阜阳市第二届精神文明建设“五个一工程奖”;花鼓灯舞蹈《管子故里花鼓闹》获安徽省群星奖三等奖。

文化事业和民生工程建设。2014年,文化民生工程建设投入经费475万元。建立11个乡镇电子阅览室、5个乡镇文化墙。30个乡镇文化站全面投入使用,314个村级农家书屋普遍增添新的图书,县文化馆、图书馆和文物管理所免费开放。县图书馆被授予县级国家一级馆,获安徽省“十佳图书馆”称号;河洲书院、管鲍祠通过验收向群众开放。

群众文化活动。举办2014年春节联欢晚会、元宵灯会、颍上县第九届管子文化旅游节。开展卡拉OK大奖赛、鼓王争霸赛、推剧调研艺术周、广场舞大赛、戏曲争霸赛等群众性活动,为全县30个乡镇的民间艺人提供展示的平台。全年各类演出700余场次,组织“我的中国梦·文化进万家”送戏下乡演出349场,丰富了群众文化生活。

精神文明建设。创建省级文明县城,获“首批安徽省森林城市”称号。全面改造老城区,主干道路提标改造60万平方米;新增城市道路13.2千米、污水管网20千米、雨水管网30千米;滨河大道、城北新区“五纵六横”路网有序推进。以“三线三边”治理为抓手,以中心集镇为突破口,办好文化墙,评选清洁户,清淤沟河塘,整治脏乱差,全民总动员,狠抓环境整治,建设生态颍上,城乡面貌焕然一新。

【颍上县管子文化旅游节】为进一步挖掘管子文化资源,打响管子文化品牌,提升文化软实力,树立颍上新形象,颍上县特举办管子文化旅游节。管子文化旅游节内容精彩纷呈,有开幕式文艺演出、民间艺术大舞台、全国管子学术研讨会、管子诗会、美食节、名优土特产品展销会、民间收藏品交流大会、招商引资洽谈会、旅游宣传推介会、科技宣传、广场电影周、戏剧演出周、书画等艺术作品展、体育比赛等20多项活动。

亳 州 市

【文化概览】亳州市位于安徽省西北部,地处华北平原南端。辖谯城区、涡阳县、蒙城县和利辛县。2014年末,全市户籍人口634.4万,国土面积8521.23平方千米。

亳州英才辈出,人文荟萃。名扬四海的道家学派创始人老子、一代圣哲庄子,著名的政治家、军事家、文学家魏武帝曹操以及与他共同创建建安文学的曹丕、曹植,神医华佗,奇人陈抟等,皆生于亳。杂剧作家孟汉卿、悯农诗人李绅、捻军首领张乐行等,都是这块蕴才积盛之地的骄子。宋代欧阳修、曾巩、晏殊等文坛巨子相继在亳为官,为当地留下宝贵历史文化财富。亳州境内有各级文物保护单位200余处,其中全国重点文物保护单位7

处、安徽省重点文物保护单位37处。这些古迹融自然风光与人文景观于一体，文化底蕴深厚，彰显着亳州文物古迹的特色和风采。

理论武装工作。2014年，认真组织党的十八大、十八届三中、四中全会精神及《习近平总书记系列重要讲话读本》学习宣传工作。以市委宣讲团为龙头、市理论政策宣讲团为骨干，组织开展上下联动、对象化、分众化、互动化的集中宣讲4000余场，直接受众达到51万人次，推动了学习宣传向纵深发展。不断扩大“药都讲坛”的影响力，邀请国内知名专家分别就传统文化、依法行政、城市园林绿化等问题开展深入讲解，全年共举办5期，直接受众4000余人次。把亳州经济社会发展的重大理论和现实问题作为主攻方向，深入开展社科咨政活动，持续推进哲学社会科学创新，推出一批重要研究成果。举办全市社科界学习贯彻习近平系列讲话精神座谈会、中国亳州老庄思想与弘扬社会主义核心价值观研讨会、亳州文化论坛等，推出一批研究成果。积极开展社科知识普及活动，承办全省社科知识普及月启动仪式，开展了科普咨询、非遗展示、名家巡讲等一系列活动。集中全市社科领域人才，开展亳州历史文化课题研究，成立老庄文化研究等7个课题组。出版《老庄文化研究》《亳州史话》《走进老庄故里，弘扬核心价值》等研究成果。

宣传文化阵地建设。市广播电视台《亳州新闻》改版扩容为《亳州新闻联播》，三县广播电视台实现在主频道同步完整转播亳州广播电视台《亳州新闻联播》节目。启动广播电视全覆盖惠民工程，开展农村广播电视信号全覆盖试点工作。《亳州晚报》发行量增加5000份。推进传统媒体与新兴媒体融合发展，成立亳州市新媒体公司，升级改造《亳州视听网》，加大市广播电视台《掌上亳州》和《亳州晚报》手机客户端维护推广力度。把网络舆论工作作为重中之重，加大投入，扩充力量，积极构建重点新闻网站、政务微博等阵地平台。在人民网开通官方微博“亳州发布”，截至2014年年底，网民近15万人(其中新浪微博网民近1.5万人，腾讯微博网民3.3万人)。在新浪和腾讯开通“亳州政务微博发布厅”，县区和市直与民生密切相关的部门等22家单位作为第一批上线单位入驻。

培育和践行社会主义核心价值观。深入开展社会主义核心价值观“主题季”活动，将公民个人层面爱国、敬业、诚信、友善四条价值准则与一年的四个季度结合起来，一季一个主题，有针对性、有重点地组织开展不同类型道德教育实践活动。组织市直新闻媒体开辟《我为社会主义核心价值观代言》《践行社会主义核心价值观》等专栏。开展“讲文明，树新风”公益广告征集评选、“公益广告微点评”等活动，打造一批精品街巷、精品广场、精品村庄，有力汇聚了社会正能量。2014年，有3人入选“中国好人”、11人入选“安徽好人”、51人入选“亳州好人”。推出美德少年袁

《天下第一针》电影海报

德旗等重大先进典型，编辑出版《中国好人·情暖亳州》画册，巡回举办党的群众路线教育实践活动先进事迹报告会，崇德尚善渐成风气。大力传承中华优秀传统文化，实施“开展国学经典教育、弘扬优秀传统文化”主题实践活动，编印《亳州市中小学国学经典教育丛书》6卷，组织开展“爱我中华诵读经典”全市初中生演讲比赛，推动传统文化进课堂、进机关、进社区。

社会主义精神文明建设。开展首届“美德少年”评选活动，选树一批身边的未成年人道德典型。全市乡镇乡村学校少年宫建成率达100%。组织全市中小学生参加青少年爱国主义读书教育活动，层层开展青少年读书演讲、讲故事、征文比赛和网上知识竞赛，夺得全省讲故事特等奖和演讲比赛二等奖。深入推进关爱他人、关爱社会、关爱自然志愿服务活动，全市学雷锋志愿者注册人数达83685人，志愿服务队826支。突出巩固提升创建目标，加大模拟测评、暗访检查力度，推进道德领域突出问题和不文明行为专项教育治理，开展文明餐桌、文明交通行动。以“三线三边”为突破口，全面开展城乡环境治理行动，持续推进乡风文明建设，城乡人居环境进一步改善。

公共文化服务体系建设。坚持面向基层、惠及大众，加快构建全覆盖、可持续的四级公共文化服务体系，公共文化服务供给力和亳州文化影响力不断增强。主攻农村和市本级两个薄弱环节，一手抓农民文化乐园建设试点，积极探索农村公共文化服务“建管用”新机制，4个农民文化乐园试点建设进展顺利，基层文化资源得到更好利用；一手抓重大公共文化设施建设，市图书馆建成并投入使用，市博物馆新馆、市文化馆、亳州剧场建设稳步推进，启动亳州美术馆、市广播电视中心项目建设。大力实施文化惠民工程，全市全年文艺演出2667场，放映电影13761场，组织体育活动6076场，农家书屋图书更新71090册。

第十三届全国考古与文物保护化学学术研讨会在亳州召开

文化精品创作。健全文化精品生产促进机制，集中力量推进文艺精品工程。完成《大药商》《天下第一针》2部电影拍摄，《大药商》于12月8日黄金时段在央视电影频道成功播出，反响强烈。《天下第一针》在央视电影频道排队待播。《少年曹操》动画片完成制作并已获得发行许可，40集大型电视剧《半为苍生半美人》摄制完成并将于2015年推出。重点戏剧项目《红芍花》情景剧在全市公演巡演成功，获得全省优秀剧目奖；动画片《少年华佗》在首轮播出后，将在地方卫视和网站进行二轮播出。

群众文化活动。精心组织系列宣传文化活动，组织开展“送戏进千村”“文化进万家”“美意延年、送戏敬老”等文艺活动，共演出2048场(次)。文化科技卫生“三下乡”“我们的中国梦”文化活动和文学艺术创作展览等深受群众欢迎。倾力打造“古韵亳州”群众文化活动品牌，“沸腾亳州——全市唢呐大赛”“舞韵飞旋——全市舞蹈大赛”“美好安徽舞起来——全省广场舞大赛亳州专场”等系列群众文化活动影响广泛。大力开展“美意延年、送戏敬老”慰问演出等活动，市集中送戏20场，县区对全市148家敬老院送戏进行慰问演出，在全社会倡导“百善孝为先”的社会风尚，营造爱老、敬老、助老社会氛围，不断提高老人幸福指数。组织开展第八届读书月活动，开展捐书共建、好书传递、图书优惠展销等，读书月已成为提升亳州文化品位的品牌工程。

文化市场管理。组织开展“净网”“清源”“秋风”等“扫黄打非”三大专项行动。加大出版物市场管理力度，打击政治性非法出版物，集中整治少儿出版物市场。全市共计出动执法人员6900人次，检查经营单位3328家次，收缴非法出版物5157册，查获非法电台1个，取缔印刷复制企业41家，取缔黑网吧5家。

文化体制改革。加快构建现代文化产业体系。出台进一步深化文化体制改革的意见，按照现代企业制度要求，积极推动文化企业公司制、股份制改造。整合亳州剧场、谯城区梆剧团资源，组建成立亳州演艺公司。成立市文化企业协会。强力实施重大文化产业项目带动战略，19个项目进入省“861”行动计划文化产业项目库，22个项目入选《安徽省文化产业招商项目册》。万达集团全业态城市综合体项目、亳州华仑国际文化广场建设项目、亳州报业集团传媒广场项目、安徽博大彩印、亳州西锐3D打印等9个重点文化产业项目完成投资18.37亿元，《蒙城·印象》创意产业园完成第一期工程。精心组织参加深圳文博会等重大经贸文化交流活动，文化产业招商成效显著，接待客商11批48人次，外出招商35人次，在谈项目3个，落地开工项目1个。充分发挥金融对文化产业支持力度，引进战略投资者，筹资7500万元成立文化产业创业投资基金，扶持小微文化企业发展。精心组织文化惠民消费季活动，“文化惠民季、畅游亳州城”活动纳入全省重点统筹活动，活动参与12.1万人次，拉动消费2200万元。

宣传文化干部队伍建设。加强干部教育培训和实践锻炼，认真做好干部调学培训工作，选调1人参加中组部培训班，2人参加全省宣传干部培训班，7人次参加市委组织部在复旦大学举办的培训班，28人次参加省委宣传部举办的理论、网络宣传管理、文化改革和发展工作等业务培训班。组织举办全市领导干部提高媒体素养 有效应对舆情培训班、全市第九期宣传干部培训班、全市新闻拔尖人才培训班、全市新闻发言人培训班、全市理论宣讲团成员培训班、网评员培训班、全市“扫黄打非”业务培训班等各种培训11期，510人次参加了培训。制定人才发展规划，积极实施宣传思想文化旅游人才千人培养工程。评选10名新闻拔尖人才。启动全省宣传文化领域拔尖人才、青年英才评选工作。

【老庄思想与弘扬社会主义核心价值观学术研讨会在亳州举行】 2014年11月2日，“中国·亳州老庄思想与弘扬社会主义核心价值观学术研讨会”在亳州举行。研讨会由光明日报社、安徽省社会科学院主办，亳州市社会科学界联合会承办。会议以老庄思想与弘扬社会主义核心价值观为主要内容，邀请中国人民大学、中央党校、中国社科院等国内多名专家学者开展多角度、全方位的研讨。中国人民大学哲学系教授何建明等9位专家学者作主题发言。与会人员共同探讨了老庄思想与弘扬社会主义核心价值观之间的渊源、影响和相互联系。光明日报社总编辑何东平，省委宣传部、省社科院、亳州市委有关负责人出席会议。

【第十三届全国考古与文物保护化学学术研讨会在亳州召开】 2014年5月17日，第十三届全国考古与文物保护化学学术研讨会在亳州市召开。来自中国科学技术大学、复旦大学、中国国家博物馆、首都博物馆、陕西考古研究院、安徽博物院等单位百余位全国知名专家，围绕考古与文物保护中前沿问题进行研讨。

谯城区

【文化概览】 谯城区位于安徽省西北部，与河南省商丘市、虞城县、永城市、鹿邑县接壤，辖22个乡镇和3个办事处，面积2226平方千米，人口163万。谯城区历史悠久，源远流长，以“三朝古都”名扬海内外。谯城从商成汤王建都开始，是一座具有3700多年历史的文化古城。1986年撤县建市（县级），2000年成立亳州市（地级），原县级亳州市整建制改为谯城区。谯城区是中国长寿之乡、中国武术之乡。现有国家和省级重点文物保护单位10处、市级文物保护单位36处、一般文物古迹150处。有国家级非物质文化遗产地方戏“二夹弦”、健身气功“华佗五禽戏”2项；有省级非物质文化遗产亳州剪纸、亳州清音、亳州大班会3项。

文化活动和戏剧演出。组织开展2014年民生工程宣传暨“送戏进万村”巡回宣传文艺演出活动，

现代舞台情景梆剧《红芍花》

在全区261个行政村巡演522场。谯城区演艺有限公司参加2014年安徽省小戏折子戏调演,创编二夹弦《风流才子》和梆剧《盗库银》分别获优秀剧目奖和演员个人表演一等奖,二夹弦《痴梦》获演员个人表演三等奖。大型现代舞台戏梆剧《红芍花》2014年12月获得安徽省第十三届精神文明建设"五个一工程"奖。

精神文明建设。大力开展以三个倡导为主要内容的社会主义核心价值观和"中国梦"主题教育,组织国学经典进学校。加强"道德讲堂"建设,做到常态化开展工作。开展"向国旗敬礼,做一个有道德的人""网上祭英烈"等活动。组织开展"美德少年"评选活动,着力提升未成年人思想道德水准和文明素质。

【现代舞台情景梆剧《红芍花》获安徽省第十三届精神文明建设"五个一工程"奖】 亳州市人民医院神经内科护士长孔莹及其护理团队,爱岗敬业,乐于奉献,视病人如亲人,拥有红芍花一样美丽、热情、友爱、奉献的品格,是患者及其家属乃至全市人民心中美丽的红芍花。孔莹推行"女儿式护理""感动式服务",带出了一流的护理团队,赢得广大患者及其家属的赞扬,赢得患者"比亲闺女还亲"的称赞。以此为素材创作的大型现代舞台情景剧《红芍花》,聘请河南省著名豫剧作曲家朱超伦先生担任音乐设计和作曲、河南著名戏剧导演刘涉运担当导演,经过梆剧团优秀演员刻苦排练,于2014年3月在亳州市药都剧场进行首场汇报演出。该剧时长90分钟,共5场。至2014年底,在亳州市三县一区累计演出26场。同年12月,该剧获安徽省第十三届精神文明建设"五个一工程"奖。

涡阳县

【文化概览】 涡阳县面积2107平方千米,人口163.7万,辖20个镇、4个街道办事处、1个林场。涡阳县设于清同治三年(1864)。先秦伟大的思想家、哲学家、道家学派创始人老子出生于今涡阳闸北郑店村。捻军起义领袖张乐行在此聚众起义。1996年涡阳县被批准为省级历史文化名城,2001年12月被授予"全省文化先进县"称号。现有省级文物重点保护单位11处、市县级文物保护单位10处。有民间文化、传统戏曲、传统手工艺等县级非物质文化遗产13项、市级非物质文化遗产11项、省级非物质文化遗产3项、国家级非物质文化遗产1项。

2014年,涡阳县文化事业和文化产业发展步伐加快,截至年底,全县有公共图书馆、广播电视台、文化馆各1个,有480个农家书屋,25个乡镇综合文化站全年共开展活动达到1650场次,丰富基层群众文化生活。原创作品广场舞《涡阳民歌对花》和歌曲《请您听我说》入选安徽省群星奖,实现了亳州市入选省级群星奖的新跨越。

以老子故里、道德之乡为依托,大力推进老子文化产业的发展。《老子传说故事》正式列入国家级非遗保护项目;天静宫被正式批准为国家4A级旅游景区,中国道教协会会长任法融为天静宫题写"道教祖庭"匾额;与《光明日报》、华东师范大学等高校联合举办国学系列"老子公开课"。同时,已经建成的老子文化生态园和天静宫恢弘相应,"天静宫老子文化研究学会""涡阳县老子研究会""涡阳县文物保护弘道联谊会"等社团组织成立,进一步丰富和健全了老子文化研究传承机构。"中国老子文化节""老子文化周末讲堂""老子文化六进"等一系列活动受到群众的热烈的欢迎。

【《老子传说》获批国家级非物质文化遗产保护项目】 2014年12月3日,老子传说故事被国务院正式公布列入国家级非物质文化保护项目。《老子传说》作为民间故事已流传千百年,用涡阳方言口口相传,语言通俗易懂,极具地方特色。故事用简单的语言揭示深刻的道理,具有较高的文学研究价值。《老子传说》主要包括老子的故事和神话传说两部分,老子的故事刻画老子从童年到暮年的17段人生经历,展现老子为人修身及博大精深的哲学思想;神话传说则是有关老子和天静宫的传说,内容极具神话色彩,用亲切的地方口语描绘老子传奇的一生。

天静宫

蒙城县

【文化概览】蒙城县位于安徽北部,辖19个乡镇,面积2092平方千米,人口137.7万。蒙城是先秦思想家庄周的故里,是全国楹联之乡、全国文化模范县、全国文物工作先进县、省级历史文化名城。蒙城县境夏泛称九夷之域,商称北冢,周曰漆园,秦置蒙县,唐天宝元年(742年)更名为蒙城县,沿用至今。现有国家3A级旅游景区2处、国家级重点文物保护单位2处、省级重点文物保护单位3处。2014年,蒙城县先后被命名为“安徽省硬笔书法之乡”“安徽省六洲棋之乡”等称号,被省委宣传部确定为全省两个“弘扬君子文化”试点县之一。

文化事业与文化产业。全面完成12个公共电子阅览室和乐土镇双龙社区农民文化乐园建设。全年共组织“送文艺进村”“送电影进村(社区)”“送戏下乡”“美意延年·送戏敬老”等文娱活动4000余场。承办全省“拒邪教,树新风”宣传教育文艺汇演、全市聋哑少年艺术展演、全市中华经典诵读展演等活动。成功申报并获批“庄子的传说”“蒙城歌谣”“淮北大鼓”“卢家笙制作技艺”等省级非遗项目4个。蒙城博物馆正式向社会开放。广播电视事业发展迅速,有线电视覆盖率达到80%以上,全县有线电视用户达到6万户,入户率达到30%。2014年蒙城庄子影视传媒公司被亳州市文化旅游局命名为“亳州市首批文化产业示范基地”。举办全县五禽戏、太极拳辅导员等系列培训班和首届五禽戏大赛、第五届篮球联赛、第七届机关运动会等,开展各类农村体育活动900余场。蒙城县被省体育局授予“安徽省群众体育工作先进单位”“安徽省全民健身示范县”称号。由安徽凯尊文化集团投资的文化创意产业园21层综合体项目建成。设立葛文科烙画室。竹海湾休闲度假区、润果现代农业产业园纳入现代农业旅游示范项目。陈仙桥休闲农庄、月亮湾休闲农庄成功获批4星级“农家乐”。

文艺创作与文化传承。出台《蒙城县文艺奖评奖办法》,以政府文艺奖的形式对做出贡献的文艺工作者进行奖励,鼓励文艺作品创作。成功争创“安徽省硬笔书法之乡”,成为全省唯一。作协会员郑德强的小说《拧紧的日子》,在“文华杯”全国短篇小说大赛中获二等奖,同时获安徽省作协第二届小说大奖赛“淮河小说大奖”。支持扶持民间文艺工作者走出蒙城,淮北大鼓传承人张桂银作品《圆梦》在华东六省一市曲艺比赛中获表演类一等奖和创作三等奖;双涧镇青年歌手李莉参加央视《我要上春晚》《星光大道》栏目和央视网络春晚、安徽省电视台春晚的演出。组织开展庄子研究、陈亢研究、乐土文化研究、君子文化研究等一系列研究活动,并形成丰硕的研究成果。举办中秋梦蝶诗会、甲午布衣祭庄大典等活动。《中国楹联报》被评为“全国优秀楹联报刊”。举办全国首届君子文化主题征联活动,编写《楹联知识读本(修订本)》,出版全国优秀对联作品集《2013对联中国》。中国楹联报主编卢晓获全国楹联界的最高奖项——“梁章钜奖”。

精神文明建设。以全省君子文化试点县为契机,大力开展社会主义核心价值观实践活动,强化公民道德教育,巩固“好人蒙城”品牌,全年共涌现“中国好人”4人、“安徽好人”6人、“亳州好人”13人,评选出感动蒙城道德模范10人和提名10人。利用板报、墙体、事迹报告会等形式进行“好人精神”宣传,在城区设置好人大道1条、好人长廊2处、好人墙3面、身边好人榜150余处,营造了浓厚的宣传氛围。利用“中国梦”公益广告卡通画宣传“中国梦·我们的梦”,设置社会主义核心价值观公益广告3200余幅。开展国学经典“六进”活动,抓好未成年人思想道德建设,在全省第一个实现农村乡镇乡村学校少年宫全覆盖,承办全省皖北片乡村学校少年宫现场会。举办“孝敬

中央电视台《美丽中华行》栏目——走进蒙城大型专题片开拍仪式

父母,爱满漆园”公益广场孝亲活动等大型活动12场。蒙城县获首届“安徽省文明县”、第二届“安徽省未成年人思想道德建设先进县”等称号,小辛集乡李大塘村获“全国第四届文明村镇”称号。

【央视《美丽中华行》栏目拍摄启动仪式在蒙城举行】2014年4月23日,中央电视台《美丽中华行》栏目组专程前来庄子故里蒙城,举行蒙城专题片拍摄暨栏目开拍启动仪式,全景拍摄蒙城旅游资源和旅游产业,全面展现蒙城经济社会发展取得的新成就、新面貌。专题片时长30分钟,在央视一套、二套、十套播出,进一步提升美好蒙城的知名度和美誉度。

利辛县

【文化概览】利辛县面积2005平方千米,人口165.9万,辖23个乡镇,是皖北农业大县。利辛于1965年建县。现有省级重点文物保护单位5处、市级文物保护单位9处、县级文物保护单位32处,馆藏珍贵文物400件套(其中一级品5件,二级品6件,三级品71件);有省级非物质文化遗产项目4个、市级非物质文化遗产项目15个。有全国和全省休闲农业与旅游乡村示范点各1个、全省特色景观旅游乡村1个、3A级旅游景区3个、五星级生态农家乐3个、四星级农家乐4个、三星级农家乐4个。

2014年,利辛县紧紧围绕文化强县战略目标要求,积极引导全县各地加强文化建设,力争做到文化“无时不在、无处不有、无孔不入、无人不知”,强力推进各项文化服务平台建设,积极构建县乡村三级公共文化服务体系。

公共文化设施建设。投资4000万元,建设占地35亩、建筑面积1.3万平方米,集文化馆、图书馆、博物馆和广电影视中心为一体的文化广电艺术中心。其中图书馆3200平方米,内设藏书区、借阅区、公共活动室及阅览室和电子阅览室等服务功能,馆藏图书10万册;文化馆2680平方米,内设书画培训室、音乐培训室、舞蹈培训室、钢琴培训室、演艺厅和非物质文化遗产展示厅等;博物馆1340平方米,内设精品文物展厅和李奇茂艺术馆。按照省市关于文化站建设的要求,先后建成乡镇综合文化站23个,其中一级站18个、二级站2个、三级站3个。为提高公共文化服务功能和工作水平,为每个文化站配备了手提电脑、打印复印一体机、点歌器、照相机、摄录机和柜机空调、挂壁空调等设施设备。为挖掘和展示地方文化资源,投资100余万元利用乡镇文化站打造了展沟镇柳下惠纪念馆、马店孜镇农耕文化展馆、汝集镇状元文化展馆、王人镇农民诗画展馆、阚疃镇孙逸久书法艺术馆、胡集镇猴戏文化展馆和孙庙乡李同德书法艺术馆等一批特色文化品牌,逐步形成“一镇一品、一站一特色”,有力提升了地方文化的形象和魅力。加大村级文化阵地建设,完善乡村文化服务设施。建设农家书屋346个、乡村文化广场66个,实现文化惠民工程全覆盖,让农民在家门口就能经常性地参与文体活动。绘制文化墙10万余面,传递道德正能量,弘扬文明新风尚,一面面墙体成为传播文明的载体、教育群众的阵地、美化家园的景观。

文化惠民工程。实行文化场馆免费开放,共享文化发展成果。文化场馆免费开放实行零门槛服务,服务内容提前公示。乡镇综合文化站、村级文化活动室、农家书屋工作日正常开放,节假日期间保证群众基本文化需求。县文化馆在指导帮助文化站开展工作的同时,组织群众性文艺活动41场。创办了文化馆民乐团,每周开展活动1次。县图书馆年度添置图书价值40万元,接待读者近7万人次,借书量7.5万余册,深入乡村开展送图书下乡6次,受益群众16807人次。

安徽省中华经典诵读展演·利辛站暨德耀利辛——利辛县道德模范和利辛好人授奖仪式

文化骨干培训。开展各类培训活动,壮大文化辅导员队伍。实施基层文化骨干培训计划,对全县文艺社团、文化志愿者、文化能人、文艺骨干分别建档立卡,实行分级负责培训制度,变"送文化"为"种文化",分阶段、滚动式、系统性地培养县、乡、村三级文化机构干部职工、业余文艺骨干及社会文化能人,构建覆盖全县的公共文化人才体系。县文化中心采取以会代训的方式进行每年不少于4次的集中培训,县文化艺术培训中心采取"请上来、走下去"的办法,集中开展业务培训10次,赴乡镇开展文化知识普及培训138次,培训人员7018人次;县图书馆举办各类读书讲座、辅导23次,培训916人次;县文化馆开办书法、美术、舞蹈、戏曲、声乐、器乐、农家书屋管理等各类培训43期,培训人员6703人次,并建立了文艺人才资料库。全县现有文化辅导员406人,文化志愿者3007人。

群众文化活动。充分利用农闲、节庆日和农村集市,发挥资源优势,因地制宜开展形式多样的群众文化活动。举办了"广场文化周""戏曲展演周""非物质文化遗产展演"等广场社区文艺活动;先后承办了安徽省中华经典诵读展演(利辛站)、中国好人道德模范授奖仪式、亳州市"我们的中国梦·文化进万家"舞蹈大赛等大型文化活动;举办了"庆祝新中国和人民政协成立65周年书画精品展""利辛县2014年度文艺汇演"和"送文化进基层"等系列活动;先后组织知名书画家开展送文化进军营、进社区、进机关、进乡村活动11场,现场创作书画作品500余件;由乡镇综合文化站自行组织文化宣传小分队,结合每月宣传主题,开展节庆文化活动506场(每站22场),进村演出692场(每村2场),既解决民间艺人的生存发展问题,又满足群众自娱自乐和精神文化生活需求。

蚌埠市

【文化概览】蚌埠市地处淮河中游,位于秦岭—淮河这条中国南北分界线上。两种迥异的地域风格在这里交汇融合,赋予这座城市既粗犷雄浑、又秀丽温婉的气质。总面积5952平方千米,人口366.6万。

2014年,蚌埠市宣传思想战线认真贯彻落实中央和省委、市委决策部署,围绕大局、服务人民、改革创新,积极适应经济新常态、社会新特征、政治新风气和文化新认同,在科学理论武装、践行核心价值观、舆论引导、精神文明建设、文化改革与发展等方面取得明显成效,为推动全市经济社会发展提供了正确舆论支持和强大精神动力。

理论学习。坚持把学习宣传贯彻党的十八大、十八届三中、四中全会和习近平总书记系列讲话精神作为首要政治任务,坚持用党的理论创新成果武装党员教育群众。重点抓党员干部的理论学习,发挥党委中心组示范带动作用,组织16次市委中心组集体学习,蚌埠市中心组学习经验在全省交流推广。举办5期领导干部学习贯彻习近平总书记系列讲话和党的十八届三中全会精神轮训班,1000多人参训。组建学习贯彻党的十八届三中、四中全会精神宣讲团,开展宣讲活动300多场次,举办20场"社科名家大巡讲"。首次启动社科规划项目,全市共申报课题117项,确立66项,为破解蚌埠发展难题、推动工作深入开展提供了重要参

2014中国·蚌埠花鼓灯艺术交流展演周

考,市社科联获评“全国先进社科组织”。

践行核心价值观。制定出台并认真落实《关于培育和践行社会主义核心价值观的实施方案》以及《关于在全市开展“弘扬先进思想文化、践行核心价值观”主题宣传实践活动的意见》,策划开展14项重点活动,使核心价值观建设体现出“蚌埠化表述、主题化设计和形象化诠释”的显著特色,“创新进取、责任担当、务实诚信、合作共赢”的先进思想文化释放出强大正能量。深入推进公民道德建设,90人入选“中国好人”,36人入选“安徽好人”,位居全省前列,“厚德蚌埠、好人之城”已成为蚌埠市形象标识。大力开展“三线三边”环境综合整治,建立文明创建和城市管理动态考核和第三方测评体系,城市文明程度指数显著提升。蚌埠市蝉联全省文明城市,获得“全国文明城市提名城市”。

改革发展。围绕党的群众路线教育、全面深化改革和经济社会发展“三件大事”,策划新闻报道、开辟专题专栏、推出系列评论,形成了有利于加速重返全省第一方阵的舆论强势。策划举办“全国知名媒体蚌埠行”“粤港媒体走进蚌埠”等大型主题外宣活动,全方位、多角度、立体化地传播推介蚌埠。强化突发公共事件舆论引导,召开15场(次)新闻发布会,保障全市经济社会发展大局。着力加强和改善网络宣传管理,发表帖文、微博近4000篇(条),编报《网上舆情专报》50多期,开展5次网络集中整治,蚌埠政务微博发布厅正式上线,构建起舆论场集群“共振”发声效应。在中央网信办指导的全国互联网政务峰会上,蚌埠市成为全省唯一荣获互联网政务创新奖的城市。

文化产业。蚌埠大禹文化产业园区成功晋升国家级文化产业示范园区,实现全省零的突破;古民居博览园入选全省第二批文化产业示范园区,7家企业入选“安徽民营文化企业100强”。在文化部和中国人民大学举办的全国文化产业指数发布会上,蚌埠市作了经验介绍,文化产业发展的“蚌埠探索”走向全国。坚持以改革释放文化发展的活力动力,研究出台《蚌埠市深化文化体制改革实施方案》,传统媒体和新兴媒体融合发展步伐加快,报网融合、台网融合发展取得明显成效,珠城首个媒体APP移动客户端“掌握蚌埠”上线并迅速突破3.5万用户。围绕解决“文化为民服务最后一公里”问题,加快实施文化惠民工程,首批4个省级、15个市级农民文化乐园建设试点任务基本完成。市文广新局被评为“全国文化系统先进集体”。成功举办“中国蚌埠花鼓灯艺术交流展演周”。大力实施文艺精品创作工程,电影《生死与共》、花鼓灯歌舞剧《珠城的传说》、泗州戏《摸花轿》、广播剧《天堂鸟》4部作品获全省“五个一工程”大奖,位居全省第二,市委宣传部被授予安徽省第十三届精神文明建设“五个一工程”组织工作先进单位。

宣传报道。在党的群众路线教育实践活动中,一方面深入开展部机关的教育实践活动,取得一批重要的实践成果、制度成果;另一方面,认真履行“双重职责”,扎实推进全市教育实践活动的宣传引导工作,蚌埠日报、市广播电视台等市属媒体刊播稿件1600多篇(条),中央主要新闻媒体刊播蚌埠市稿件40余篇(条),省主要新闻媒体播报蚌埠市稿件70余篇(条),挖掘和推出朱儒玲等先进典型20多位,为全市教育实践活动的深入开展提供了强有力的舆论支持。不断加强宣传思想文化战线领导干部的日常管理和监督,建立宣传干部立体化培养模式,全市宣传干部培训基地在党校挂牌成立,全年举办基层宣传文化队伍、网络舆论引导、文化产业经营管理人才等培训班5期。开展了宣传思想文化领域第二批拔尖人才和青年英才推荐选拔工作,实现人才数量和质量的双提升。着力构建大宣传工作格局,策划开展“重返全省第一方阵”等全市性重大主题宣传教育活动,建立大宣传工作联席会议制度、重大宣传活动报备制度、重大突发公共事件舆论引导机制、重大舆情研判机制以及相应的工作反馈、督导和考核奖惩机制,大宣传工作格局初步形成。

【蚌埠大禹文化产业园区获批国家级示范园区】蚌埠大禹文化产业园区被国家文化部命名为第五批

蚌埠大禹文化产业园区

国家级文化产业示范(试验)园区。自2007年以来，文化部共命名国家级文化产业示范园区10个，蚌埠大禹文化产业示范园区成为全省首个国家级文化产业示范园区。

蚌埠大禹文化产业园区规划面积55平方千米。该园区在建和拟建文化产业项目33个，总投资481.22亿元，已形成3个文化产业集聚区：一是以文化旅游、山水观光、特色演艺、包装印刷、影视服务等大禹元素为主导的荆涂文化产业集聚区；二是以创意设计、互联网信息、休闲娱乐、节庆会展等为主导的龙子湖文化产业集聚区；三是以艺术品研发生产、历史文化旅游、湿地观光、文化用品博览等为主导的双墩文化产业集聚区。除了开发特色资源外，蚌埠大禹文化产业园还试图寻求文化产业与其他领域的宽度融合，基本形成了“五大融合”，即文化产业与科技、旅游、金融、传统文化、核心价值观融合，这五方面相互影响、相互驱动，有力推动了蚌埠文化产业转型升级。

【“掌握蚌埠”APP移动客户端上线运行】由蚌埠市委宣传部主办、蚌埠报业传媒集团倾力打造的珠城首个自媒体APP客户端“掌握蚌埠”2014年10月17日正式上线运营，手机用户、ipad用户等均可下载使用，是继蚌埠新闻网、蚌埠手机报之后的新移动媒体。发布包括新闻资讯、服务信息、娱乐互动等5大功能模块和10多个栏目，并与蚌埠新闻网现有的新闻、财经、健康、教育、生活、美食、娱乐等频道融会贯通，在为市民提供政府公告、新闻资讯、信息查询、网上服务的同时，与受众互动交流，成为重要新闻发布、政府公告与城市新型公共服务移动平台。“掌握蚌埠”为蚌埠人提供本地化的互联网信息服务，为外地人提供了解蚌埠的移动互联网窗口，是宣传和展示蚌埠城市形象的“掌上电子名片”。通过线上线下的活动，影响力不断提升，年底用户迅速突破3万户。

龙子湖区

【文化概览】龙子湖区位于蚌埠市东部，面积147.65平方千米，人口22.76万，辖6个街道办事处和1个乡镇。

1947年1月，蚌埠设东安、国庆、中山、西市、小蚌埠5个区。1949年7月，合并东安、国庆两个区成立国安区。1951年8月，国安区改为东市区。2004年3月，东市区更名为龙子湖区。龙子湖区铁路、公路和水路交通发达，火车站、长途汽车站、京沪高铁蚌埠站均坐落在辖区内，有京沪线上华东地区最大的货运编组站，淮河水运四季通航，是蚌埠市重要的交通枢纽。

境内有曹山、锥子山、东西芦山、老山和龙子湖，山水相依、风景秀丽。东西芦山遍山桃园，龙子湖水域面积8平方千米。辖区历史人文资源丰厚，有始建于东汉的栖岩寺、三国的鲁肃井、明东瓯王汤和墓等一批省级重点文物保护单位。李夕茹为安徽省非物质文化遗产传承人。

坐落在辖区内的蚌埠大学城内汇集了安徽财经大学、蚌埠医学院、蚌埠学院、安徽电子信息学院、蚌埠工艺美术学校等大专院校近10所，各级各类职业培训机构20余所，集聚了大批的专业科技人才、管理人才和技工人才。

公共文化建设。2014年，龙子湖区文化事业和文化产业发展迅速。截至年底，全区共建成了区文化馆1个、乡文化站1个、农家书屋28个，新建社区书屋15个，建成使用李楼乡、建新社区两个电子阅览室，安装7套全民健身路径(56件器材)，完成8个全民健身苑、11个示范晨晚练点、2个社区体育俱乐部的创建。近年来在区委、区政府的高度重视和上级部门的大力支持下，全区公共文化建设取得积极进展，文化站和书屋均实现全面覆盖，公共文化服务体系初步形成。李楼乡综合文化站面积300平方米以上，并按“四室一厅”(书报刊阅览室、文化科技培训室、文化信息共享服务室、办公室、多

龙子湖夜景

功能活动厅）的要求，安排配置电脑、摄像机、音响、数字电影放映设备、文化体育器材，开设宣传栏，开辟了室内外活动场所，配备专兼职工作人员。村级农家和社区书屋面积20平方米以上，均配置书柜、阅览桌、椅子等设备，图书1600余册、科技光盘100余张、报纸杂志30余份、投影机1台，配有1名兼职图书管理员。建成龙子湖区文化信息资源共享支中心，面积180平方米，实现与省、市信息资源共享中心的联网。

群众文化活动。组建区、街道、乡镇、社区群众文艺队伍20余支，每年完成公益性演出近百场，收到良好的社会效果。先后多次在省市庆六一文艺汇演、花鼓灯会、民歌节等活动上获奖。先后成功举办龙子湖区邻居节、乡村文化旅游节、桃花节、采摘节等活动，受到的广大市民的欢迎，同时也提升了当地果农经济，吸引一批投资规模大、带动性强、发展前景好的文化旅游项目在区内落户。如：由安徽兴光集团和福建新恒基集团合作总投资25.15亿元的大明文化产业园项目，已在李楼乡红塔新村开工建设。

文化遗产保护。辖区现存古遗址8处，已列入区级文物保护单位。先后收集、整理《朱元璋的传说》33篇、《长淮卫庙会》《长淮民间谜语》1000余条、《长淮民间风俗》8篇，申报列入市级非物质文化遗产名录。

热情，有力助推首善之区建设。承办“金鑽博物馆、淮河艺术馆”展览活动，开展文化“三下乡”活动，举办蚌埠市第五届书画展和“骏马迎春·珠城腾飞——金为马画艺术作品展”，组织元旦、春节、正月十五广场舞文艺汇演，举办“美好家园·美丽女性”广场舞大赛活动。

文化产业发展。至2014年年底，全区有文化及相关产业法人单位数量252家，居全市第一。规模以上文化法人单位新增加7家，增速为100%；入选全省民营文化企业100强的文化企业2家。省“861”行动计划文化产业项目投资总额165亿元，当年实际完成投资总额32.63亿元。市重大文化产业项目投资总额61.1亿元，当年实际完成投资总额12.63亿元。

蚌山区

【文化概览】 蚌山区是蚌埠市中心城区，辖5个街道办事处和2个乡，面积83平方千米，人口28万。

公共文化基础设施建设。完成文化体育旅游等基础设施建设目标任务。开工建设蚌山区文化馆，达到国家3级馆的标准。文化体育旅游等公共基础设施建设日趋完善，让更多群众享受免费服务。花鼓灯嘉年华获得4A级景区，蚌埠光彩玉文化城、海上明珠生态园建成3A级景区，渡江战役总前委旧址、蓝莓庄园、芦山文化陵园、蚌埠海洋馆等建成2A级旅游景区，实现辖区所有建成景区A级全覆盖。

文化惠民消费季活动。2014年，全区文化惠民消费季活动吸引296万人次参与，总成交额超过27亿元，形成惠民是主旋律、文化是主阵地、消费是主动力的文化消费新生态，为城乡居民提供了质优、价低、丰富、便捷的文化产品和服务，实现了既惠民又惠企的双赢效果。

群众文化生活。开展“党旗飘扬·首善起航”纪念建党93周年歌咏活动。由区委组织部、宣传部牵头，结合正在开展的群众路线教育实践活动举办歌咏比赛大会，9支代表队引吭高歌，激发起了干部群众开拓进取、干事创业

【举办纪念建党93周年“六个一”活动】 蚌山区结合纪念建党93周年，开展“六个一”活动：一是举办一次身边党员事迹展；二是举行一次歌咏活动；三是党组织书记讲一次党课；四是开展一次谈心交心活动；五是对老党员、困难党员组织一次走访慰问；六是开展一次创建基层示范党校活动。

蚌埠市第五届书画展 和“骏马迎春· 珠城腾飞——金为马画艺术作品展”

禹 会 区

“禹会村遗址与淮河流域文明研讨会”与会专家考察禹会村遗址

【文化概览】禹会区位于蚌埠市西部，西邻大禹会诸侯的涂山，是大禹之子、华夏第一王启的故乡。禹会区位置优越，交通便利，北有千里淮河第一港，合徐、界阜埠高速公路，朝阳路淮河公路，大庆路淮河公路桥穿境而过，京沪高铁、京台高铁纵横交错，毗邻蚌埠客运西站、新港码头、蚌埠机场桥。总面积220平方千米，人口 27.6万。2009年区划调整，取消街道编制，城区直接划分为朝阳、秀水、迎淮、张公山、金域、大庆、锦绣、钓鱼台、喜迎门9个社区。另辖长青乡、马城镇2个乡镇和涂山风景区。

文化旅游资源。禹会区环境优美，文化底蕴深厚。古为涂山氏国，作为大禹会诸侯的地望所在，是华夏文明、大禹文化重要发源地之一。中国社科院组织实施的中华文明探源工程，在禹墟发现了大量距今5000年左右龙山文化时期的鬼脸鼎足、石镞等人类文化遗迹，以实物佐证了大禹治水、“禹会诸侯、执玉帛者万国”的伟大业绩。2004年10月，冯嘴子村被国家命名为中国花鼓灯原生态保护村和中国花鼓灯第一村；2005年4月，被列入国家级非物质文化遗产名录。

精神文明建设。2014年，淮河蚌埠闸、禹墟博物馆、冯嘴子村花鼓灯第一村3个爱国主义教育基地共组织活动35次，接待参观人员1万余人次。2014年，全区共向市文明委推报来自各行各业的助人为乐、见义勇为、诚实守信、敬业奉献、孝老爱亲等“中国好人”候选人52名，其中1人获“中国好人”称号、1人获“安徽好人”称号、4人获“最感动江淮志愿者”称号、25人获“蚌埠好人”称号、4人获“中国好人”候选人提名奖、1荣获“最感动江淮志愿者”提名奖。

文明城镇建设。建立网格化划片包干管理机制，全力推进城镇文明创建工作。在全区广泛开展争创清洁示范社区、文明生态乡镇、绿色美好乡村主题活动；推行文明志愿服务和文明单位结对帮扶活动；组织绘制“村史文化”“中国梦”系列文化长廊活动；实施老旧生活小区、国(省)道沿线各村和马城区域的绿化补植、路灯照明综合整治活动。

【《蚌埠·禹会诸侯之地》出版发行】2014年8月，由蚌埠市委宣传部、市文广新局、市委外宣办编辑出版的禹会村遗址与淮河流域文明研讨会新闻作品集——《蚌埠·禹会诸侯之地》出版发行，得到了史学界、考古学界大家以及大禹文化研究者的热议。2013年底召开的“禹会村遗址与淮河流域文明研讨会”，60多位全国各地权威专家学者参加，他们通过实地考察、对出土文物的观摩以及热烈的分析论证，最终达成蚌埠就是“禹会诸侯”之地的结论。此事件引起全国数十家媒体关注，以《人民日报》、新华社、中央人民广播电台、中央电视台、人民网、新华网为代表的36家媒体组成的“报道团”，利用报纸、电视、广播、网络等渠道，密集报道了这一文化事件。在此基础上，《蚌埠·禹会诸侯之地》这本集纳了81篇新闻报道、7幅专家题词、1篇考古发掘报告目录，以及200余幅彩色新闻图片的新闻作品集问世。

淮 上 区

【文化概览】淮上区面积411平方千米，人口25.61万，辖5个镇、2个社区。淮上区具有悠久的历史文化，区境内双墩新石器遗址距今7300年，是目前淮河中游地区已发现的年代最早的新石器时代文化遗址，也是中国文字起源的重要源头之一。双墩春秋一号墓为钟离古国国君之墓，被评为2008年度中国十大考古新发现。

双墩遗址二次发掘正式启动仪式

文化民生工程。全区建成并免费开放乡镇公共电子阅览室2个、区级文化信息中心1个、区文化馆1个、镇综合文化站5个、农家书屋78个。对全区75个行政村实施农村文化建设专项补助,重点支持文化信息共享工程基层服务点、农家书屋、农村文化活动、农村电影放映活动、农村体育活动,2014年完成免费电影放映900余场次、文艺下乡75场次。因地制宜开展一系列丰富多彩的文化体育旅游活动:开展"温馨蚌埠·欢乐珠城"全民健身展演活动、"珠城欢乐颂"演出活动、文艺下乡千村行活动、花鼓灯歌舞大赛活动、文化科技卫生"三下乡"系列活动、"魅力淮上"书法摄影大赛及淮上区晨晚练点健身展示活动等。

旅游品牌创建。建成全区二星级农家乐2家、三星级农家乐1家、2A级旅游景区2家、3A级旅游景区1家、旅游商品生产企业3家。积极推进利事国际大酒店、鼎丰紫都城市综合体、玉文化创意产业园等一批文化旅游项目落地。完成双墩一号墓、双墩遗址申报国家重点文物文物保护单位工作。开展2014"走进淮上"大型旅游文化推介活动。

文化旅游项目招商引资。把文化建设纳入了区十二五总体规划,同时还制定了十二五文化旅游工作专项规划,明确了未来文化发展的目标任务、实施步骤和工作措施,提出了以双墩遗址、春秋一号墓、三汊河湿地公园和淮河闸湿地风景区为依托,努力打造国家级文化名区的目标。推出的文化旅游产业招商项目有双墩文化遗址公园项目、三汊河国家级湿地公园项目、鼎丰紫都徽派园林仿古商业街项目、玉文化创意产业园项目、淮河北岸滨河绿地景观带项目、珍珠广场项目、巨火网络项目等。

群众文体活动。现有锣鼓班子18家、业余演出团体3个、体育健身队伍14个,社会体育指导员达到280人,活动人员达到2000余人,群众文体活动蓬勃开展。唱红歌、办赛事常年进行。先后组织成立了区书法协会、区武术协会、老年人体育协会、双墩文化艺术团、区老干部合唱团等。"珠城欢乐颂""淮上之旅"等已成为文化旅游品牌,常年参与活动文艺骨干近1000人。

【"走进淮上"系列活动】为庆祝淮上区建区10周年,2014年淮上区举行"走进淮上"系列文体活动。活动内容有名医、名师、劳模、市民等免费游淮上以及书画摄影展览、乒乓球比赛等系列竞技性活动。组织群众开展淮上免费观光旅游活动,共计发送游览大巴14趟,输送游客上1000人。在明珠广场举办"龙晨杯"蚌埠市2014花鼓灯大赛及书画摄影展,展示淮上区10年来经济文化成果。举办自行车友环淮上区绿色骑行活动,来自市自行车协会的近百位车友统一着装,参加此次"骑乐无穷淮上行"活动。

怀远县

【文化概览】怀远地处皖北、淮河中游,素有"淮上明珠"美誉。县域总面积2212平方千米,人口127万。全县辖18个乡镇,设1个国家级农业产业化示范基地(白莲坡食品科技产业园)、2个省级经济开发区(怀远经济开发区、龙亢经济开发区)、2个省级现代农业示范区(龙亢农场、古城乡)以及蚌埠市国家级农业科技园区核心区(龙亢农场)。怀远是全国文化先进县、全国粮食生产先进县、全国科技进步先进县、全省科学发展先进县。

至2014年,全县拥有国家级重点文物保护单位1处、省级重点文物保护单位2处、县级文物保护单位9处;有馆藏文物7425件,其中国家一级文物5件、二级文物8件、三级文物156件(套);拥有县级非物质文化遗产保护项目279项,涉及14个门类,花鼓灯被列为国家级非物质文化遗产,端公腔、

禹王庙会

大禹传说、禹王庙会为省级非物质文化遗产。杨再先、郑九如、石春彩等3人为国家级非物质文化遗产保护项目（花鼓灯）传承人，葛士静、石春全、常谦德、梅其柱、梅连社、葛松、常丽华、常春山、陈永兰、吕胜侠、石春兰等11人为省级传承人，另有23名市级非遗传承人。

公共文化建设。有公共图书馆(国家三级馆)1个、文化馆(国家三级馆)1个、文物所(博物馆)1个、广播电台1个、电视台1个、标准体育场1个、全民健身活动中心1个。新建乡镇综合文化站18个、农家书屋400个、乡镇电子阅览室18个，社区电子阅览室2个，乡镇综合文化站和农家书屋实现全覆盖。每个文化站除满足“四室一厅(图书阅览室、电子阅览室、棋牌室、文化科技培训室、多功能活动厅)”功能外，还通过政府采购，为每个乡镇配备了文化信息资源共享工程设备、音响设备、数码相机、打印机、办公桌椅、阅览桌、期刊柜、书橱、报架等一批办公设备，配置了二胡、锣鼓、乒乓球桌、羽毛球、图书等一批文体设施。加大对城乡体育基础设施投入，占地面积23168平方米、总建筑面积5857平方米的全民健身活动中心开工建设；建成万福镇国家级农民体育健身广场、淝河乡省级农民体育健身广场和60个农民体育健身工程。

【怀远县被命名为全国文化先进县】2014年，怀远县被文化部命名为全国文化先进县。近年来怀远县立足于深厚的历史文化资源和璀璨的民间艺术，按照经济、文化双轮驱动的战略思路，全面构建大文化发展格局。县委、县政府先后出台《怀远县国民经济和社会发展第十二个五年规划纲要(2011—2015)》《关于繁荣和发展花鼓灯艺术事业的决定》《关于加强文化建设的若干决定》等一系列文件，将文化工作纳入全县经济社会发展十二五发展规划，纳入财政预算；文化设施建设纳入城乡建设整体规划，纳入党委、政府目标管理责任制，并作为考核领导干部工作实绩的重要指标，走出了一条繁荣与管理齐抓、继承与创新并举的新路子。文化阵地建设亮点纷呈，群众文化活动打响品牌，文艺精品创作成果斐然，文化产业发展初具规模，花鼓灯民间艺术保护及非遗保护取得成效，不仅唱响了时代主旋律，占领了社会主义文化制高点，而且为全县的经济发展和社会繁荣提供了强有力的文化支撑。

固镇县

【文化概览】固镇县位于淮河北岸，面积363平方千米，人口63万，辖11个乡镇。2014年，固镇县继续扎实开展“弘扬先进文化、建设大美固镇”活动，文化建设得到较快发展。

文化基础建设。投资2.1亿元建设的博物馆、图书馆、好人馆、规划馆四馆合一的综合体已基本建成；投资6000万元的许慎文化公园和投资1400万元的楚汉公园已投入使用；完成了任桥镇和谐新村、仲兴乡耿武村、王庄镇陈渡村等3个市级“文化乐园”建设并已投入使用。

主题活动。围绕践行社会主义核心价值观，举办了固镇县青少年爱国主义读书教育活动、“节俭养德全民节约行动”、“图说我们的价值观”宣传活动、“书香谷阳”全民阅读活动等，陈锐家庭荣获首届全国“书香之家”称号。深入开展文化科技卫生“三下乡”、首届文化惠民消费季、“大美固镇·点燃激情”群众文化展演等60多场大型活动，丰富了广大人民群众的精神文化生活。

扫黄打非。面向社会招聘“扫黄打非”义务监督员295名，尝试解决基层文化市场监管力量不足的问题；开展“净网”“清源”“秋风”和印刷品承印管理等专项治理行动。查办的合肥安海电子科技公司销售盗版软件案被列为“全国2014年度打击侵权盗版十大案件”和“安徽省2014年度十大版权典型案件”，固镇县文化市场综合执法队荣获国家版权局2014年度查处侵权盗版案件工作有功单位一等奖。

典型宣传。以固镇县守墓老兵欧兴田事迹为原型的电影《生死与共》顺利拍摄、上映，并荣获安徽省第十三届精神文明建设“五个一工程”奖。及时跟踪宣传报道固镇籍现役军人徐园临终捐献眼角膜的事迹，省委主要领导作出批示，新华网、央视等将徐园作为践行社会主义核心价值观的典范进行跟踪深入报道。由于发现及时，宣传有力，2014年徐园、秦翠英被评为“安徽好人”，徐园和陈会敏入围“中国好人”候选人。

文明创建。以开展“三线三边”环境整治为突破口，大力开展城乡环境整治活动，通过抓投入、抓示范、抓机制、抓奖惩等多项举措，城乡环境面貌得到明显改观。群众性精神文明创建工作蓬勃开展，城关镇、刘集镇、新马桥镇水利村被评为“全国文明村镇“，任桥镇、石湖乡钟黄村、城关谷阳社区、张洪社区分别被评为省文明村镇、文明社区，连城镇被评为省创建文明村镇工作先进村镇，县公路局等4家单位获得省文明单位称号。

文化遗产。深入推进书法教育与普及，2014年2月固镇县书协被中书协授予“中国书法进万家”活动先进集体称号；9月份，中书协组织专家对县“中国书法之乡”创建工作进行了考核验收。7月，县独杆轿以“传统舞蹈”入选省级“非物质文化遗产”项目。5月，委托南京大学精心制作的《谷阳城考古遗址公园规划》通过省级评审，为谷阳城遗址公园建设进行了前期准备。

文艺创作。2014年，固镇县文艺创作成果丰硕，其中2篇作品获全省第二届小说大奖赛“古井杯”淮河小说大奖；2篇作品获全省首届散文大奖赛“国口杯”淮河散文

固镇县文艺创作和艺术表演表彰奖励大会

大奖，5篇文学作品分别在《安徽文学》《天津文学》《山东文学》发表。此外，在2014年蚌埠、马鞍山两市共同举办的“风起中文杯”小说、散文交流赛中，陈锐的散文《来自故乡的云》获一等奖。单峰获全国“屯溪农商行杯”书法大赛和“敬亭书风”书法大赛三等奖，另有7幅作品入展安徽省第三届书法大赛。王潇婧的《纽带》获“锦绣怀柔·华彩会都”全国摄影大赛优秀奖，李斌的《90后乡村教师：把最美的青春留给三尺讲台》获光明日报社举办的“寻找最美乡村教师”摄影大赛三等奖，郑向阳的《旅途》、宋方奎的《说书人》在《中国摄影报》发布，秦长征的水粉画《金秋》入展安徽省第五届美术大展。

【固镇县举办文艺创作和艺术表演表彰奖励大会】 为激发文学艺术爱好者的积极性与创造性，鼓励多出精品，2014年7月25日固镇县举办全县文艺创作及艺术表演表彰奖励大会，对工作成绩突出的文艺家协会和文艺工作者进行了表彰，并为102名作者的365件优秀文艺作品（其中国家级作品20件，省级作品78件）兑现了7.26万元奖金。

五河县

【文化概览】 五河县地处淮河中下游，面积1428.6平方千米，人口66.7万，辖14个乡镇。五河县是全国文化先进县、全国全民健身先进集体、安徽省文化体制改革先进地区、安徽省全民健身示范县、全省农村公共图书服务一体化建设试点县、全省乡镇综合文化站建设先进集体蚌埠市文明单位、县图书馆为国家一级馆、省“十佳图书馆”，县电影发行放映公司获全国农村电影工作先进集体称号。

文化民生工程。2014年，送书下乡15000余册，送戏下乡412场；县电影发行放映公司认真做好一村一月放映一场电影工作，积极组织片源，送电影下乡2388场。积极建设农民文化乐园，建成头铺八岔、朱顶梁巷2个省级农民文化乐园。县图书馆为全省公共图书馆服

第七届“五河民歌会”

务一体化建设试点单位，被评定为国家一级馆、省“十佳图书馆”。积极推进《五河县全民健身实施计划(2011—2015年)》，完成省、市下达的农民健身广场和省级健身广场建设任务。全县发展各类体育社团组织、单项体育协会21个，成立体育运动俱乐部9个，县辖14个乡镇全部成立了体育总会；共完成9个省级乡镇全民健身广场、134个村级农民体育健身工程，获“安徽省全民健身示范县”称号。

文化活动。各种节庆期间举办五河民歌、戏剧、舞蹈、武术等20多项群众文化活动，举办民歌会、第十五届青年歌手大奖赛、广场舞比赛、送戏下乡等文艺演出。举办了全县广场舞大赛、城市建设成就摄影展、“美好五河”摄影展、五河县群众戏曲票友赛、五河县少儿文艺会演、“走复兴路·圆中国梦”小学生讲故事比赛、中学生演讲比赛、第七届“五河民歌会”等。创作完成了大型五幕泗洲戏《金凤还巢》，并于2014年9月6日的中秋纳凉晚会举行了首场演出，吸引了众多城乡观众。创作出电影剧本《化明塘》《甘棠》、电视剧本《警誓》、戏剧剧本《金凤还巢》《石榴帕》《五河民歌联唱》。

文化市场监管。加大对无证经营网吧的查处和违规接纳未成年人进入网吧行为的查处。加大对非法电视台查处力度，对全县有线电视“小片网”传送内容进行了检查及全面排查。查处擅自开办、播放未审批电视节目的有线电视站和擅自使用地面卫星接收设施的违法行为。坚持把文化市场管理与整顿规范文化市场秩序相结合、集中检查与日常管理相结合，寓管理于服务之中。采取以会代训的形式及时宣传相关政策法规，教育经营业主牢固树立依法经营、规范经营、文明经营的意识，促进了文化市场健康有序发展。

文化遗产保护。组织开展文物保护单位申报工作，深入宣传普查成果，使文物保护成果惠及民众。将五河民歌作为文化品牌精心打造，挑选优秀民歌手、省非物质文化遗产传承人分别参加在上海、合肥、马鞍山、当涂举行的非物质文化遗产展示活动，提高五河民歌的知名度。

【打造五河民歌文化品牌】五河民歌在明洪武三年(1370)就已形成，经过明清、民国时期的发展，至上世纪七八十年代，以五河、蚌埠为核心，播布皖苏两省十多个县市的广大地区，出现《摘石榴》《打菜苔》《四季颂淮北》等一批优秀民歌节目，产生马留柱、曹新云、张红曼、薛胜友、王芹等一批著名民歌手。中央电视台多次到五河采风，并且两次邀请五河民歌手到中央电视台做客，制作5个专题片在央视《音乐频道·民歌中国》栏目播放；蚌埠籍歌唱家祖海还把五河民歌带入维也纳金色大厅，让五河民歌插上金色翅膀，花开枝头俏。五河民歌作为五河的文化使者和靓丽名片，在全国享有很高的美誉度。中国首届农民歌会、中国首届原生态民歌大赛、全国首届农民文化节、第四届中部地区博览会文艺晚会、安徽省新年音乐会、安徽省第六届少数民族传统体育运动会都能欣赏到五河民歌优美的旋律。五河县已连续举办了八届“五河民歌会”。

五河沱湖风光

淮 南 市

【文化概览】淮南市位于淮河中游，辖5区、1县、1个国家级综合实验区，面积2584平方千米，人口243万。淮南市是国家新型能源基地和安徽省重要工业城市，是全国13个亿吨煤基地之一和6大火电基地之一，被誉为“华东工业粮仓”“皖电东送”主力军。淮南市拥有国家级淮南经济技术开发区、省级煤机装备制造业基地、省级现代煤化工基地和省级高新技术产业基地。

淮南楚汉文化源远流长。“淮南虫”古化石、淝水之战古战场、古寿州窑遗址、古茅仙道观、古墓群、推剧为代表的“五古一稀”文化遗产星罗棋布。首次记述“二十四节气”和“嫦娥奔月”“女娲补天”等神话传说的绝代奇书《淮南子》博大精深，现代汉语成语源于《淮南子》的约300个。“东方芭蕾”花鼓灯世代传承，少儿艺术享誉国际，八公山豆腐驰名中外。拥有4处国家4A级、2处3A级旅游景区，2处国家级、13处省级重点文物保护单位。花鼓灯、火老虎被列为国家级非物质文化遗产，紫金砚制作技艺、采莲灯民间舞蹈等12个项目被列入省级非物质文化遗产名录。著名花鼓灯艺术家陈敬芝、邓红、张士根，著名马戏灯艺术家孙永超被列为国家级非物质文化遗产传承人。

文化事业。2014年，成立市文化馆、博物馆、图书馆、大通万人坑教育馆、少儿图书馆等5馆理事会。加快中国(淮南)少儿艺术文化园、安成文化产业特色集群、市文化艺术中心、市职教园区建设，推进县区“两馆”建设，加快2个省级农民文化乐园示范村试点建设。举办“大地欢歌”社会文化展示系列活动，主办淮南市少儿艺术成功创建国家首批公共文化服务体系示范项目颁奖演出、话剧《永远的军魂》专场演出、全市党的群众路线教育实践活动专场文艺演出，受到观众欢迎。参办首届安徽文化惠民消费季活动，全市“五看”活动交易数据位居全省第6位。大通万人坑教育馆入选首批国家级抗战纪念设施、遗址名录。淮南豆腐传统制作技艺入选第四批国家级非物质文化遗产代表性项目名录。凤台县、潘集区夹沟镇、潘集区贺疃乡获“2014—2016年度安徽省民间文化艺术之乡”称号。出台《淮南市文艺精品创作生产奖励扶持办法》，每年安排100万元专项资金用于奖励优秀文艺作品。3部作品获省第十三届精神文明建设“五个一工程”优秀作品奖，市委宣传部获组织工作奖。其中，《淮南子传奇》(第二季）获第27届中国电视金鹰奖优秀电视动画片奖，《担当之歌》入选中宣部等单位举办的“我们的中国梦——讲述中国故事”文艺作品征集评选音频类三等奖。动漫片《豆宝云游记》参加东京国际电影节展播。广场舞《美好淮南舞起来》、花鼓灯舞蹈《淮河汉子》获省首届“群星奖”舞蹈比赛二等奖，少儿舞蹈《逛超市》获三等奖。

精神文明建设。全面实施《关于培育和践行社会主义核心价值观的实施方案》，启动四级联动的“淮南好人”评选活动，评出“淮南好人”70名，其中2人入选“中国好人榜”，8人入选“安徽好人榜”。淮南青年张宝为韩国患者捐献骨髓受到习近平总书记称赞，并当选

焦岗湖风光

2014年度“心动安徽·最美人物”榜首人物。深入开展学雷锋讲文明树新风等主题活动，成立以“张宝”“陈学英”等好人名字命名的志愿服务队，评选市星级社区志愿服务广场36个。2014年，获“全省未成年人思想道德建设工作先进城市”称号。3镇、1村获评第四届全国文明村镇，5家单位获评第四届全国文明单位。开展以“友善”“敬业”“诚信”“爱国”为主题的道德讲堂、“我们的节日——春节、清明、端午、中秋”经典诵读、表彰美德少年、“一片蓝天幸福成长”全市乡村儿童才艺展示活和“最美家庭”评选等系列活动。大力开展“三线三边”环境治理，重点开展文明创建夏季攻势“八大行动”、淮北大堤潘集段码头货场整治等专项行动，有力提升了城市发展水平和人居环境。

文化产业发展。深入实施重大项目带动战略，28个项目入选省“861”项目，24个项目入选“省文化产业招商项目”。淮南文化设备用品和创意园区获评省级文化产业示范园区。全市省级文化产业示范基地增至5家。8家企业进入“安徽民营文化企业100强”，其中安徽华印机电股份有限公司成为淮南首家在“新三板”挂牌上市的民营文化企业，安徽九州传迈动漫文化有限公司获国家动漫企业认证，安徽新视窗广告传媒有限公司获国家一级广告企业资质认定，乐森黑马乐器有限公司获国家级文化产业出口重点企业认定。全市文化产业增加值17.23亿元，占GDP的2.18%。文化创意、数字动漫、影视制作、节庆会展等新兴文化产业快速成长。淮南广播电视台、淮南报业集团、淮南演艺有限责任公司等市级骨干文化产业单位，整体竞争力不断增强。新增安徽星视窗广告、焦岗湖影视城、东锦旅游文化用品等3家省级文化产业示范基地。“淮南市206文化产业创意园区”正式开园，是全市唯一以广告创意为主、产学研深度融合的文化创意园区。上海大世界基尼斯（淮南）影视旅游文化园区合作协议签署，助推焦岗湖影视城转型升级。

公共文化服务体系建设。2014，全市建成6个公共文化服务信息化电子阅览室，淮南市文化艺术中心及各县区图书馆、文化馆建设全面推进。组织开展“文化志愿服务行”“文化惠民消费季——好戏大家看”系列慰问演出、“送戏进万村”等形式多样的文化惠民活动。农村文艺演出1753场，放映电影6756场。全市各级公共文化场馆扎实开展免费开放，并结合各自特点优势，开展公益性讲座、群众文化辅导培训、文艺演出、摄影及书画展等活动，进一步提升公共文化服务水平。农家书屋更新出版物62832册，选取一批图书放漂到全市16个农家书屋。农民文化乐园试点建设扎实推进，凤台县凤凰镇芮集村、潘集区平圩镇谢圩村被确定为2014年省级农民文化乐园建设试点村。

文化活动。主办“中国梦·我的梦”淮南市少儿艺术成功创建国家首批公共文化服务体系示范项目颁奖仪式暨庆“六一”少儿文艺演出，从中选拔优秀节目参加2014全省“六一”少儿文艺调演。举办“寿州窑杯”首届淮南市少儿书画大赛、“中国梦·劳动美”慰问建设者大型文艺演出、“人民在我心中”党的群众路线教育实践活动专题文艺演出、庆祝“八一”建军节大型话剧《永远的军魂》专场演出。举办著名书画家程翀先生书画作品捐赠仪式暨程翀先生捐赠书画作品展览。举办“大地欢歌”2014年淮南市社会文化展示活动——贺新年·闹新春市民大联欢主题活动，相继开展第三届淮南市群众戏曲演唱大赛、淮南民营剧团优秀节目展演、2014年新年戏曲演唱会暨第三届淮南市群众戏曲演唱大赛颁奖仪式、“美好乡村”建设主题摄影展暨“我的美好瞬间”第四届群众摄影大赛获奖作品展、“群星荟萃”淮南市群众绘画书法作品展、“万班花灯闹新春”2014春节联欢演出等系列大型文化活动。

文艺精品创作。2014年，全市有40余件作品参加国家级、省级展览，多幅作品入选“安徽省重大历史题材美术创作工程作品展”“第二届合肥经济圈美术作品联展”，淮南画院画家的国画作品《君子雅集》《寒玉清冰》分别获“第八届中国—东盟青年艺术品创作大赛”三等奖和优秀奖。由市文广新局与市文联、市旅游局联合主办的“淮南画家画淮南”书画创作工程全面启动。舞蹈《美好淮南舞起来》《淮河汉子》《逛超市》分别获2014年安徽省“群星奖”，《淮河汉子》还被确定为代表安徽省冲击全国“群星奖”的重点节目。淮南有4个剧目参加了全省“小戏折子戏调演”。开展“淮南小戏小品”文学剧本征集大赛和以“中国梦”为主题的文艺创作活动。组织参加第十三届精神文明建设“五个一工程”作品遴选、第五届全国青少年民族乐器演奏比赛、第十一届全国声乐比赛。

文化遗产保护。大通万人坑教育馆入选首批国家级抗战纪念设施、遗址名录。淮南市文物保护局正式揭牌。编制完成《安徽省淮南市侵华日军淮南罪证遗址保护规划立项报告》《寿州窑遗址环境整治与展示工程立项报告》，并上报省文物局。启动“淮南市大通万人坑教育馆修复与保护”项目建设。完成市博物馆三期陈列《淮南馆藏铜镜》的展览文字大纲。编辑出版专著《寿州窑》。扎实推进第一次全国可移动文物普查，完成国有收藏单位的文物认定、文物摄影及数据整理等相关工作。豆腐传统制作技艺成功入选第四批国家级非物质文化遗产名录。召开了全市文物非遗保护传承工作会议,提出构建非遗展示、传承、研究"三位一体"大格局的工作目标。结合传统民俗活动"上窑山庙会",举办淮南市非物质文化遗产集中展示活动。组织市非遗项目参加"非遗民间工艺品"皖北四市联展。开展安徽省第二批非遗传习基地、第五批非遗项目代表性传承人的推荐评审工作。制订出台《淮南市非物质文化遗产传习基地管理办法》。凤台县、潘集区夹沟镇、潘集区贺疃乡获"2014—2016安徽省民间文化艺术之乡"称号。

文化市场管理。2014年,组织开展"净网先锋""飓风"行动、歌舞娱乐场所大检查、校园周边文化市场检查等11项文化市场专项整治行动,在春节、"两会"、中高考等重要节点组织专项执法保障行动,切实保障文化市场安全有序。出动执法人员2800余人次,出动执法检查车辆900余辆次,检查文化、新闻出版、广播电视三大项16个市场门类2400余家次,办理行政执法案件120件,取缔无证经营场所(摊点)36个,收缴非法违禁书刊7700余册(本)、音像制品1.8万张,取缔擅自安装和使用卫星地面接收设施的场所6个,收缴非法卫星地面接收设施50余套。制定互联网上网服务行业发展规划。举办淮南民营剧团优秀节目展演,召开全市民营艺术院团座谈会,部署全省"十大名团""十大名剧"和"百佳院团"申报工作。集中开展全市文化市场基础信息采集工作,完成文化市场和非文化市场存量数据的采集和录入,稳步推进文化市场技术监管与服务平台建设。

【206文化创意产业园开园】 2014年4月,由淮南市委宣传部与安徽工贸职业技术学院合作共建的206文化创意产业园正式开园。园区以文化创意设计、广播电影电视为主要产业门类,规划打造广告产品交易中心、广告产业公共服务中心、广告产业创新发展中心、广告产业人才培育中心、优势广告企业集聚中心等5个中心,搭建公共技术服务平台、公共信息发布平台、公共行业中介服务平台、广告展示平台、政府"一站式"服务平台等5个平台。总投资1.2亿元,建筑总面积2.75万平方米,分三期建设。其中一期投资3200万元,建设主楼1650平方米、附楼2920平方米、广场2100平方米。已引入福州等地19家企业入驻。至2014年年底,园区采用功能带动、产业聚群的发展模式,整合市主流媒体和业内龙头企业资源,引导文化产业龙头企业依托高校形成园区集聚,通过专业化分工和协作,提高文化竞争力,促进文化产业集约化、专业化、规模化发展。

【淮南获省"五个一工程"大奖】 在安徽省第十三届精神文明建设"五个一工程"(2012—2014)评选中,淮南市获动漫、花鼓灯和歌曲类3个优秀作品奖,市委宣传部获组织工作奖。近年来,淮南市比照全"五个一工程",在全市组织开展"十个一工程"建设,每三年评选一次,并将之作为淮南市弘扬先进文化的龙头工程和精品工程,以市委、市政府名义对获奖作品进行表彰。同时实施宣传文化系统"四个一批"拔尖人才工程,利用文化事业专项基金,培养文化艺术带头人,打造创作劲旅,激励创作生产,动漫影视、戏剧创作、少儿艺术、歌舞声乐等领域精品力作不断涌现,文艺创作呈现出百花齐放、竞相争艳的喜人局面。在第13届安徽省"五个一工程"评选中,淮南市获奖作品分别为电视动画片《淮南子传奇》(第二季)、大型花鼓灯风情歌舞剧《俺爷爷的花鼓灯》和歌曲《担当之歌》。

【动画系列片《淮南子传奇》第二季获第27届中国电视金鹰奖】 2014年10月10日,由淮南广播电视传媒产业发展中心、中国传媒大学数字与动画艺术学院和北京电视台联合制作的动画系列片《淮南子传奇》第二季荣获第27届中国电视金鹰奖"优秀电视动画片奖"。以"绝代奇书"《淮南子》的思想和故事为蓝本,将《淮南子》所蕴含的独特而悠久的历史与文化资源转化

淮南市206文化创意产业园开园仪式

为人们喜闻乐见的动画故事，打造具有“中国精神、中国形象、中国故事”的动画精品。《淮南子传奇》第二季继承了第一季的故事主线，通过原创性的故事架构，将中国古代历史、神话和传说活化，讲述一个个中国人的生存故事，展现他们的精神世界。52集动画系列片《淮南子传奇》先后在中央电视台少儿频道、北京卡酷卫视、安徽卫视及一批地方台播出。

【杨公镇汤王村被评为“全国优秀人文社科普及基地”】杨公镇汤王村继被评为“省级社科普及基地”后，2014年7月，又获得“全国优秀人文社科普及基地”殊荣。汤王村是红色革命村，中共寿县第一位县委书记王影怀，中共六大代表、中共鄂豫皖军委政治部主任王培吾均出生在该村。汤王庙小学诞生淮南地区第一个中共支部。村内有王影怀烈士纪念碑，碑身正面镌刻了徐向前元帅题写的“英名垂青史、光辉照后人”十个大字。2012年以来，市、区、镇先后投入500余万元，修缮王培吾故居、王影怀烈士陵园，新建红色文化长廊、汤王村基地管理办公室；结合美好乡村建设，对王影怀烈士旧居染房村民组实施村庄改造，成功申报全市爱国主义教育基地，王培吾、王影怀烈士旧居和王影怀烈士陵园列入《淮南市红色旅游规划》；投入20万元实施汤王村农村环境综合整治。引进田丰瓜果蔬菜种植公司，建设集采摘、观光、餐饮、休闲于一体的现代农业产业园建设项目。社科基地以义务咨询、知识竞赛、烈士瞻仰及宣讲烈士事迹等为主体活动，制作内容丰富、贴近群众、图文并茂的社科知识宣传画、宣传标语等，确保社科普及活动的落实。同时，基地将社科普及活动与文明创建、生态创建和美好乡村建设等工作有机结合，用先进的社科知识指导发展经济、服务群众、建设新农村。汤王村先后被评为省级森林村庄、省级文明村和市级生态村。2014年11月，市社科联在汤王村举办全省社科基地工作现场交流会。

大通区

【文化概览】大通区位于淮南市东部，辖4个乡镇和1个街道，代管淮南市经济技术开发区，人口18.3万，面积350平方千米。现有国家4A级森林公园1处、省级优秀旅游乡镇2个、国家级重点文物保护单位2处（寿州窑遗址、日军侵华罪证遗址）、省级文物保护单位1处（九龙岗民国建筑群）。大通“万人坑”教育馆、窑神庙、秘密水牢、站后碉堡、碉堡水牢等侵华日军淮南罪证遗址入选第七批全国文物保护单位。大通“万人坑”教育馆被列为国家3A级旅游景区和省级爱国主义教育基地。2014年，大通“万人坑”教育馆入选第一批国家级抗战纪念设施、遗址名录。大通湿地公园被列为国家2A级旅游景区，上窑新四军纪念林被列为省级爱国主义教育基地，寿州窑陶瓷制作技艺被评为“省级非物质文化遗产保护项目”，民间艺人崔怀伦、鲍峰为非物质文化遗产传承人。

文化产业和文化事业。2014年，2家民营文化企业入选省民营文化企业100强。安徽华印机电股份有限公司、淮南市乐森黑马乐器有限公司被评为淮南市重点支持文化改革发展示范企业，“寿州窑—紫金石”唐风雅苑文化园被评为淮南市重点扶持文化产业示范园区。区财政累计投入900余万元，建成文化信息资源共享工程县支中心、1个国家级全民健身广场、2个省级乡镇全民健身广场、1个省级社区体育俱乐部、5个社会体育俱乐部、6个全民健身苑、31个农民体育健身工程、4个乡镇综合文化站、51个农家书屋、10个社区书屋、34个村级文化信息工程项目基层点。4个乡镇文化站均被评为省一级站，洛河镇文化站被评为“淮南市示范乡镇文化站”，2个乡镇文化站站长被评为“十佳文化站站长”。2014年，大通区文广体局被评为“全省群众体育先进单

“美好大通舞起来——大通区首届广场舞大赛”和“美好乡村舞起来”文艺节目巡演

位”，上窑春节篮球比赛被评为淮南市特色全民健身活动。全区体育单位98家，体育场地161个，体育场地面积40万平方米，人均体育面积占有量达2.22平方米。

文化旅游。2014年，以纪念抗日战争暨世界反法西斯战争胜利69周年和国庆65周年以及首个南京大屠杀死难者国家公祭日等重大节庆纪念日为契机，广泛开展各类群众性爱国主义教育活动。12月12日，在首个国家公祭日前夕，“历史不能忘记”侵华日军安徽罪证、江淮儿女抗战档案展在大通“万人坑”教育馆举办开展仪式。

文艺活动。2014年，大通区举办“美好大通舞起来——大通区首届广场舞大赛”和“美好乡村舞起来”文艺节目巡演。全年举办各级各类文艺演出35场次、文化培训辅导12场次。全区有花鼓灯锣鼓队25支、队员510人；有群众文化表演队35支、表演编排指导人员42人、演出人员420人；业余舞蹈编排指导人员40余名开展“送戏进万家”活动，将“庐剧”“推剧”“黄梅戏”等群众喜闻乐见的戏曲送到家门口，全年送戏80多场次。以“梦想的星空”为主题，举办大通区庆“六一”少儿文艺汇演和书画展，少儿舞蹈《娃娃的春天》在2014全国校园综艺大赛中获金奖。

文明创建。坚持把培育和践行社会主义核心价值观与“三线三边”环境治理、文明城市创建和美好乡村建设工作相结合，修建“十里文化长廊”，向群众宣传社会主义核心价值观，引导广大干部职工和师生遵自觉成为核心价值观的传播者和践行者。2014年市级“美好乡村”建设示范村——洛河镇王庄村，获评“第四届全国文明村”。“大通区志愿者服务支队”“大通区文明创建骑行队”“大通区城管志愿者协会”“今晚800志愿者服务团大通区服务站”等群众性志愿者服务队伍建设进一步规范。

【大通“万人坑”教育馆入列第一批国家级抗战纪念设施遗址名录】 2014年9月，国务院公布第一批80处国家级抗战纪念设施遗址名录，安徽淮南市大通“万人坑”教育馆名列其中。大通“万人坑”教育馆始建于1968年，肩负着爱国主义宣传教育、史料征集、保管、研究及9处侵华日军淮南罪证遗址的管理保护职能。1986年，被确定为安徽省重点文物保护单位；1995年被省委、省政府命名为省级爱国主义教育基地；2013年3月，大通“万人坑”连同周边的秘密水牢、碉堡水牢等9处侵华日军淮南罪证遗址被国务院确立为第七批全国重点文物保护单位。全馆占地面积约31000平方米，建筑面积6900平方米，展室面积约2400平方米。大通“万人坑”教育馆自建馆以来，常年对外开放，已接待国内外参观人员1200多万人次。

田家庵区

【文化概览】 田家庵区是淮南市的政治、经济、文化和商贸中心。辖2个镇、9个街道，综合经济实力位居全省前列。田家庵区淮河水运四季通航，淮南火车站位于区境，206国道、合徐高速公路、合淮阜高速公路、沪阜铁路、合淮蚌高铁穿境而过，区位优势明显。

文化事业和文化产业。2014年，田家庵区图书馆新购置图书近2万册，各种报刊、杂志近200种。新建2个农民体育健身场地、10个文化活动体育健身广场。

精神文明建设。2014年12月29日，安徽省文明委授予田家庵区“第一届安徽省文明城区”和全省未成年人思想道德建设工作先进城区称号。洞山街道黎明社区、龙泉街道金岭社区等6个社区获第四届安徽省文明社区称号。命名陈学英所在朝阳街道城管志愿服务队为“学英城管志愿者服务队”，命名陈惠娟所在金豪社区志愿服务队为“陈惠娟志愿服务队”，以典型引领带动志愿服务工作蓬勃发展。

“幸福田家庵·梦想红五月”群众文化成果展示活动

民生工程及文化惠民活动。在2个镇8个行政村举办35场送戏下乡和文艺演出活动，开展56场体育健身活动，农村公益性电影放映98场。图书馆硬件设施逐渐完善，乡镇综合文化站、农家书屋等公共文化设施免费对外开放。开展“百馆（站）千村文化结对”活动，提升了村级公共文化服务水平，满足广大农民的精神文化需求。

【“幸福田家庵·梦想红五月”群众文化成果展示活动蓬勃开展】 2014年5月，区委区政府组织以“幸福田家庵·梦想红五月”为主题开展少儿艺术和群众歌舞等大型广场文化活动。5月22日，“幸福田家庵·梦想红五月”2014’大地欢歌群众文化月活动在淮南市体育文化中心广场正式启动。少儿舞蹈《快乐童心》、情景喜剧《新刘三姐》、互动合唱《祖国你好》等群众自编、自导、自演的社区性节目营造出快乐的节日气氛。5月26日，在商贸文化广场举办少儿声乐、器乐专场演出。5月28日，田家庵区组队参加了淮南市2014年“六一”少儿艺术演出，田家庵区获淮南市“少儿艺术工作先进地区”称号。5月30日，在海沃世贸商城广场再次举办田家庵区庆“六一”少儿舞蹈展演，广大市民争相观看，把幸福田家庵、梦想红五月群众文化成果展示活动推向高潮。田家庵区已连续5年举办以幸福田家庵，唱响红五月、激情红五月、梦想红五月为主题的群众文化活动，切实加强思想文化建设，进一步活跃广大人民群众的文化生活，提高了群众的道德素质、文化品位，营造出和谐的生活氛围。

谢家集区

【文化概览】 谢家集区是淮南市西部中心城区。面积275.7平方千米，人口42.6万，辖6个镇、3个乡、5个街道，设2个工业园区。区内有战国楚相春申君黄歇墓、赖山集清真寺等历史文化古迹，有省级风景区卧龙山森林公园等自然景观。2014年，全区文化事业和文化产业发展迅速。截至年底，建有区文化馆1个、乡镇综合文化站9个、农家书屋110个、农民体育健身工程17个、街道体育俱乐部2个、全民健身苑3个。

群众文化活动。2014年，“三下乡”活动、“社区大家乐”等惠民文化品牌持续开展。举办民生工程“送戏进万村”活动327场，“千场电影进乡村”活动累计放映各类公益电影1068场，培训业务骨干及未成人教育共27期，文化信息资源共享工程服务1082场次，农家书屋借阅16832册，下村指导活动49次、文艺演出58场，单项性文化活动（培训、讲座、展览、比赛）186次，体育活动54次，累计受益群众10万余人次；注册成立舞蹈、广场舞、武术等文体协会6家；《美好淮南舞起来》获首届安徽省广场舞大赛淮南市专场一等奖，获省“群星奖”舞蹈比赛二等奖；在市少儿艺术颁奖仪式暨庆“六一”少儿文艺汇演上，区文化馆获“少儿艺术示范基地”“少儿艺术特色活动”“少儿艺术优秀教师”等三项奖励；音乐快板《中国梦》代表淮南市参加安徽省“六一”少儿文艺调演。

精神文明建设。深入实施公民思想道德建设和未成年人思想道德建设工程。成功承办全市2014年第二期“道德讲堂”总堂和“我们的节日·端午”经典诵读活动。举办“百位共产党人百篇小传”朗诵会。积极做好“淮南好人”推报评选工作，湖滨社区俞长芝、环卫工人彭典云、世纪阳光商厦赵萍等6人被评为“淮南好人”。涌现省级文明单位2个、省级文明乡镇1个、省级文明社区2个；市级文明单位（标兵）20个，市级文明乡镇2个。积极开展志愿服务活动，打造江淮志愿服务“五个一”精品工程，商业社区被评为省三星级志愿服务广

《美好淮南舞起来》获首届安徽省广场舞大赛淮南市专场一等奖

场,高速公路淮南管理处、新华医院急诊科获“淮南市学雷锋活动示范点”称号。深入推进“三线三边”环境整治,积极开展文明创建夏季“八大行动”,有效改善了城乡人居环境。

【“天使之声”少儿合唱团成为百里煤城靓丽文化名片】谢家集区青少年宫“天使之声”合唱团是谢家集区及全市少儿文化活动的一个亮点。合唱团成立于2002年6月,培养少儿高雅的艺术审美情趣和艺术修养,以文“化”人,是建设文化西城的基础性工程。合唱团代表淮南市参加各级各类演出、比赛400余场次,先后获全国、省、市各类奖项180余次,获得各界好评,已成为区域交流的“形象大使”,百里煤城一张亮丽的文化名片。

八公山区

【文化概览】八公山相传因汉淮南王刘安门客苏非、李尚、毛被等“八公”在山中修炼成仙而得名,1955年2月,建立县级八公山区。全区面积148.13平方千米,人口22.02万,辖3个乡镇、3个街道、2个国有林场,设1个省级经济开发区。现有国家级非物质文化遗产1项——豆腐传统制作技艺,省级非物质文化遗产2项——紫金砚制作技艺、寿州窑传统制作技艺。

公共文化建设。2014年,公共文化完善建、管、养、用一体的模式,着力构建区、乡镇(街道)、村(社区)三级公共文化服务网络。先后建成地质博物馆、豆腐文化主题馆等场馆和文化信息资源共享工程县级支中心,区文体活动中心、乡镇综合文化站建设、公共电子阅览室、农家书屋、社区书屋、社区文化活动中心、美好乡村文化广场、文化信息共享工程村级服务点等建成并投入使用。依托公共文化基础设施和地区特色文化资源,大力开展“大八公山”旅游嘉年华活动民间文艺演出、“百姓文化大讲堂”培训讲座、“夕阳红”文艺汇演等群众性公共文化活动。

文化民生工程建设。2014年,区投入70万元用于公共文化场馆免费开放服务和农村文化建设等项目。文化馆、文化站全年接待服务7万余人次。组织开展大型专场文艺演出64场,公益电影放映344场,农村文体活动177场。27个农家书屋全年更新图书3000余册,农家书屋借阅量达5万余人次。完成“送戏进万村”的政府采购工作,开展“送戏进万村”33场次。

精神文明建设。在村(社区)设置学习“好人”公开栏,在八公山国税分局、区检察院、淮南十三中等省市文明单位开展“道德讲堂”活动。完善志愿服务体系,推进志愿服务站(点、广场)建设,集中培育志愿服务“五个一”精品工程。持续深入推进社会主义核心价值观战略建设,深化“主题季”活动,探索在传统节日、民俗活动、企业精神、乡贤文化、家风校训中开展核心价值观教育。老娘舅人民调解组织获评“江淮志愿服务优秀典型”和“中国好人”,郑春童、孙方启等获评“安徽好人”。7家单位获评第十六届市级文明单位标兵,8家单位获评第十六届市文明单位。

文明城镇建设。“三线三边”城乡环境治理、非煤矿山治理、步行街综合整治、治超治抛专项行动、拆违控违工作等取得显著成效。全年投入1183万元,对闪冲村等4个中心村进行美好乡村建设,深入开展农村清洁工程,建设“站车合一”式乡镇垃圾中转站1处,实施农村危房和农房改造275户。积极创建省级森林县区,完成造林246公顷,城区绿化43公顷,山王镇通过省级森林城镇验收。抓好采煤塌陷区综合治理农业示范园项目。加快妙山村矿山地质环境和孙家大山地质灾害生态环境修复治理,南塘等2个矿山地质环境综合治理前期工作加快推进。新庄孜街道新培社区、经开区山赵社区获评省级文明社区。

【八公山文旅融合转型发展】八公山方圆百余平方千米,主峰海拔

中国淮南八公山旅游节

241.2 米，是著名的汉文化重镇。早在新石器时代即有人类在此生息繁衍，2000 多年前，汉淮南王刘安会八公在此论道炼丹，编著绝代奇书《淮南子》，第一次完整地记述“二十四节气”；刘安还在求仙炼丹的过程中制作出了传统美食豆腐。东晋与前秦的“淝水之战”为军事史上著名的以少胜多的战例，留下“风声鹤唳，草木皆兵”的传奇故事。八公山区按照“文旅融合发展”的思路，将自然资源与地质文化、豆腐文化、淮南子文化、道教文化深度融合，全力打造生命山、生态山、文化山、文明山。依托地质文化，兴建地质博物馆；发展豆腐文化，兴建豆腐文化产业园、豆腐文化主题馆；弘扬淮南子文化，兴建淮南子文化园；挖掘历史文化，谋划淝水之战主题公园、佛教文化产业园等；保护和传承寿州窑、紫金石制作技艺等非遗项目，加快天宝非遗文化园建设。八公山风景区先后获评八公山国家地质公园、八公山国家森林公园、八公山国家 4A 级旅游区，至今已成功举办 12 届中国淮南八公山旅游节、3 届大八公山旅游嘉年华。2014 年，接待游客 41 万人次，实现旅游总收入近 7 亿元。

潘集区

【文化概览】潘集区总面积 600 平方千米，人口 44.8 万，辖 1 个街道、9 个乡镇、1 个回族自治乡，是淮南市国土面积最大的区。潘集区拥有 7 大煤矿、3 大电厂，是国家重要的煤电化基地，安徽省第一煤电大区。

公共文化体系建设。截至 2014 年年底，潘集区拥有国家级农民健身广场 1 处，省级农民文化乐园 1 处，区级图书馆、文化馆、广播电台、电视台、文体中心各 1 家，农村体育健身工程 137 处，全民健身苑 16 处。图书馆藏书 2 万余册、电子图书 35 万余册、电子期刊 3000 余种，馆设少儿借阅专区、视听资料室和本土作家书屋及地方文献室，全年接待读者 1.6 万人次。实现乡镇综合文化站、农家书屋全覆盖，连续两年对区 141 个行政村开展农村文化发展专项补助。

群众文化活动。创办“淮河文化讲堂”，邀请区内外专家学者举办讲座 25 次；开展评选“潘集好人”活动 6 期，产生好人 25 名，7 人入选“淮南好人”；组织各级文明单位开展道德讲堂，全年开展 4 期以“爱国”“敬业”“诚信”“友善”为主题的潘集区道德讲堂总堂；结合元旦、春节等节庆开展“贺新年、闹新春”文化进社区活动、“梦圆中秋淮上情”经典诵读活动、建国 65 周年书画展等群众文化活动 7 场；开展少儿文艺调演、儿童书法绘画等少儿文化活动 5 场；开展节目主持人、少儿文艺创作等群众文化辅导活动 16 期；送电影下乡 1692 场，“送文化下乡”活动 13 次，“送戏进万村”活动 141 场。

民间文化遗产。在中小学生中开设花鼓灯、采莲灯等民间艺术培训班；组织本土作家编撰《潘集概览》并作为地方教材走进中小学生课堂；淮南市推剧研究会、淮南师范学院推剧研究所教育传承基地在古沟民族中学正式揭牌；架河“采莲灯”列入省级非物质文化遗产名录，李成云是省级非遗项目花鼓灯传承人；芦集绿豆圆制作工艺、芦集清风岭庙会、平圩将兵摔跤等 6 项列入市级非遗名录，花鼓灯艺人王考千是市级非遗传承人。

淮南市“全民健身活动乡村行”暨夹沟镇第二十届“4·20”农民文体节

【第二十届“4·20”农民文体节】4 月 20 日，第二十届“4·20”农民文体节在夹沟镇如期举行。“4·20”取义“四喜两全”的日子，由最初农闲群众自发组织的牛拉谷物、电工爬杆、托土基等民俗比赛项目发展到现在全民参与的田径、划船、六洲棋、健美操、知识问答等文体活动，内容不断丰富、形式更加多样，自 1984 年举办以来，已经成为辐射全区乃至全市农民文体生活的核心能量。夹沟镇体育文化历史悠久,公共文化服务活动先后获得中国民间文化艺术之乡、全国亿万农民健身活动先进单位、全国群众体育先进单位、全省千万农民健身活动先进单位、全省全民健身品牌活动等称号。2014年度,夹沟镇再获省文化厅“2014—2016年度安徽民间文化艺术之乡”称号。

凤台县

【文化概览】凤台县位于淮河中游,淮北平原南缘,总面积1100平方千米,辖15个乡镇,人口73万。先后被授予中国民间艺术花鼓灯之乡、中国民族民间歌舞之乡、全国文明县城、全省文明县城、安徽省卫生县城等称号,被誉为“淮上明珠”“皖北江南”。

文化事业和文化产业。全年共创排各类文艺作品15件,花鼓灯舞蹈《千里长淮一条线》获文化部“群星奖”,并参加全国巡演。推剧《帮忙》获“中华颂”第五届全国小戏小品曲艺大赛银奖。花鼓灯男群舞《淮河汉子》获省首届“群星奖”二等奖,获“2014—2016年度安徽民间文化艺术之乡”称号。花鼓灯、火老虎被列为国家级非物质文化遗产,参加淮南市非物质文化遗产展示活动。帮助文化企业申报省市文化产业扶助资金,引导企业向规模化、品牌化方向发展。2014年,申报凤台县昊日传媒有限公司为淮南市文化产业示范基地候选单位。

群众文化活动。举办迎新春“民生杯”羽毛球友谊赛、全民健身广场舞大赛、“祥泰杯”乒乓球比赛、“桃花源”杯乒乓球比赛、“美利达杯”自行车比赛、安徽省首届“柔和种子杯”全民健身示范县(市、区)男子篮球赛等。成功举办2014年第十届CCTV青春中国展评活动暨首届安徽省国际标准舞青少年锦标赛。2014年共开展各类体育活动1086场次,文艺活动586场次。

文化民生工程。2014年建成电子阅览室2个,完成凤台县国民体质监测站的建设,申报农民体育健身工程省级24个、市级40个;在全县新建158处“1+2”农民体育健身工程,新建3个乡镇级、1个县级全民健身广场,创建社区俱乐部5个、全民健身苑16个、示范晨晚练点28个。完成省级农民文化乐园凤凰镇芮集新村试点建设工作。文化馆、图书馆、博物馆“三馆”正在进行前期布展。2014年送书下乡2.7万册,送书进军营500册,为留守儿童送图书450册。完成“2131”工程电影放映2484场,送戏进万村207场。县文化馆到乡镇为民写春联2000余幅。

精神文明建设。全年开展“凤台县道德讲堂总堂”10期,各社区、单位、村镇道德讲堂共开讲数十期。2014年,获“中国好人”称号1人、入围2人。2人当选“安徽好人”、获提名2人。9人当选“淮南好人”。6月20日,在县影剧院召开凤台县第二届道德模范颁奖典礼。申报桂集镇中心学校为安徽省第四批乡村学校少年宫建设项目。积极开展社区志愿服务活动和志愿服务活动广场创建工作。“凤台县城关镇东城社区桂花园志愿服务广场”“凤台县城关镇龙潭社区凤华商城志愿服务广场”获安徽省三星级社区志愿服务广场称号。“明天”志愿服务队当选安徽省1月份月评十佳志愿服务典型。“凤台县城关镇龙潭社区”“凤台县永辛河灌区管理处”“凤台县小鱼网”分别当选2014年度淮南市志愿服务活动精品社区、精品单位,精品队伍称号。

文明县城建设。2014年,凤台大力开展文明县城、文明单位、文明村镇、文明站所创建及“讲文明树新风”公益广告、“我们的节日”主题活动、学雷锋志愿服务活动、网络文明传播等一系列创建活动。凤台县获得第四届全国文明县城、首届安徽省文明县称号。新集镇当

板张集革命烈士陵园

选第四届全国文明村(镇)、第三届安徽省文明村(镇),桂集镇、顾桥镇获第三届安徽省创建文明村(镇)工作先进村(镇)称号。城关镇人民社区、古城社区、菜市社区、东城社区4家社区当选第四届安徽省文明社区。

【省级爱国主义教育基地板张集革命烈士陵园】板张集革命烈士陵园坐落在距凤台县城以西约20千米的丁集乡板张集自然村。陵园安葬1948年10月解放凤台县城壮烈牺牲的豫皖苏六分区十二团营长李振海等14位烈士、竖立着5位在土地革命时期、解放战争时期牺牲于凤台地区的县团级烈士纪念碑和移坟安葬的遗骨。陵园始建于2004年10月,几经扩续建已形成占地25000平方米,拥有墓、路、桥、林、门、碑、雕、馆于一体爱国主义教育基地。园内主碑32块,亭台5座、石牌楼3个、桥3座、浮雕4幢。2012年9月被命名为省级爱国主义教育基地。

【首届安徽省国际标准舞青少年锦标赛在凤台举办】由凤台县委宣传部主办、安徽省青少年艺术培训协会承办的安徽省首届国标舞青少年锦标赛于10月18日至19日在凤台体育馆举行。来自全省各地的32支代表队1018名选手参加比赛。是一次高规格、高标准、高水平的比赛。

毛集社会发展综合实验区

【文化概览】以下简称为（毛集实验区)位于淮南市的西南部,是沿淮著名的鱼米之乡,被称之为“淮上明珠”。总面积201平方千米,人口13.5万,辖3个镇,设1个旅游景区管理处。全区拥有2个4A级旅游景区,1个省级工业园区。其中焦岗湖景区被命名为国家级水利风景区、国家湿地公园。毛集实验区还是淮河流域“花鼓灯”艺术的发源地之一,被誉为“千班锣鼓万班灯”的“灯窝子”。

文化事业。2014年,建成3个社区电子阅览室、2个社区及43个村级农家书屋并投入使用，全面实现免费开放。全国体育场地“六普”工作，建设省级健身苑1个、市级全民健身场地3处，新增晨晚练点34个。完成文体投资45.8万元。2014年，组织参加淮南市举办的“大地欢歌——万班锣鼓闹新春”“六一”少儿文艺调演、“安利杯”淮南市迎春登山、淮南市老年乒乓球比赛、淮南市“环舜耕山健康跑”等活动并获“淮南市特别文艺队伍”称号；推荐参演舞蹈《跳起咱们的花鼓灯》获二等奖；组织毛集实验区“双拥杯”篮球邀请赛和物资文化交流节；组织毛集推剧研究会等3个演出团体深入街道、乡村、敬老院、焦岗湖景区演出78场，为偏远农村放映影片456场，丰富了群众文化生活。

文化产业发展。毛集实验区依托焦岗湖景区、焦岗湖影视城、焦岗湖生态温泉度假村、绿馨园特色农业文化旅游生态园、文商奥特莱斯小镇为载体,以淮河风情文化节为媒介,大力发展优势互补、相对集中、服务完善、增资增效的文化旅游产业,全区文化旅游产业总投入18.9亿元。一批集休闲旅游服务业、文化会展业、娱乐演艺业于一体的文化旅游企业群正在初步形成。

精神文明建设。2014年,毛集实验区大力推动社会主义核心价值体系大众化、具体化。打造“礼仪毛集、诚信毛集”教育实践活动。扎实开展公民基本道德规范和文明礼仪知识普及教育,在全区兴起文明礼仪之风、读书学习之风、勤俭节约之风、崇尚模范之风。积极实施“文明交通”“文明旅游”“文明餐桌”等系列践行活动,引导人们修身律己,做文明人。制作公益广告,组织文明短信传递,举办文明礼仪知识竞赛、“文明生活”主题演讲、礼仪文化讲座等活动。开展道德模范和“淮南好人”推选活动。积极参与淮南市第四届道德模范评选活动。评选出区级道德模范12人。助人为乐孙以侨、见义勇为张玉龙、敬业奉献陈祥国、诚实守信余明清、孝老爱亲牛家荣分别荣获6

焦岗湖影视城

月、7月、8月、10月“淮南好人”称号。

志愿服务活动。全区志愿者服务队109支，注册志愿者近3000人。借助“三线三边”环境整治，“清洁家园，美好乡村”建设系列行动，改善村民居住环境。开展“关爱青少年月”及“关爱留守儿童”活动。深入开展学雷锋活动。推荐17家参评第十六届市级文明单位（标兵），围绕“创文明行业，建和谐毛集”主题，着力推动全区20个行业深入开展文明优质服务活动。加强行风建设，提升人员素质、细化工作规范、完善服务设施，优化、美化、亮化、净化服务窗口。切实为打造毛集“袖珍小城市、文明新生活”服务。

【开拍抗战题材电影《永远的黄玫瑰》】2014年12月7日，电影《永远的黄玫瑰》启动仪式在焦岗湖影视城举行。安徽作家王殿明为纪念世界反法西斯战争暨中国人民抗日战争胜利70周年而精心编写的一部战争爱情大戏，以1937年12月开始的南京大屠杀为背景，根据历史人物“丹麦的辛德勒”贝恩哈尔·辛德贝格的真实故事为蓝本，再现世界人民反法西斯的坚强意志和行动，讴歌腥风血雨、战火纷飞中感天动地的国际人道主义和跨国爱情。《永远的黄玫瑰》由淮南市委宣传部、安徽博雅科贸有限公司、安徽海顿心韵影视文化有限公司联合摄制。

滁 州 市

【文化概览】滁州市地处安徽最东端，又称为“皖东”，属“南京都市圈”“合肥经济圈”核心层，是安徽省东向发展的桥头堡。市域面积13516.2平方千米，人口449.5万，辖2个区、2个县级市、4个县。

滁州依滁河而名，襟江带淮，区位优越。长江文化、淮河文化、淮扬文化在这片古老的土地上相互交融，共生共荣。20世纪70年代，凤阳小岗村首创农业“大包干”，是农村改革的发源地。2008年，为纪念改革开放30周年，中国农民歌会应运而生，此后在滁州连续举办四届。歌会获第十五届“群星奖”、第四届文化部创新奖特等奖。

新闻宣传。2014年，深入开展了党的群众路线教育实践活动，“创新发展、绿色发展、健康发展”，城区建设“治脏、治乱、治违，增强功能、增加绿量、增进文明”为内容的“三治三增”等重点宣传。市直主要新闻媒体围绕贯彻“三严三实”、聚焦聚力“三个发展”、开展“三治三增”、贯彻党的十八届四中全会精神、经济形势等8个主题宣传和“三线三边”整治、“三小车”整治、秸秆禁烧等6个专题宣传活动，开设“全面深化改革、建设美好滁州——贯彻落实十八届三中全会精神”“新春新谋划 新年新跨越——扎实苦干实现开门红”“贯彻学习十八届四中全会精神”“全面深化改革进行时”“平安共建、和谐共享”“‘三治三增’大家谈”等一批专栏，推出《制度让合肥如此美好——学合肥制度建设和机制创新》等系列报道，为滁州的发展提供借鉴，把干部群众的思想和行动聚焦到美好滁州建设上来。

深入发掘沈浩、朱长海、金兴安、刘恩连、水巨洋等模范人物的先进事迹，推出先进事迹稿件60余篇，发挥引领作用。做好“千名文艺工作者下基层采风”活动的报道，加强选题策划，在滁州日报推出“大美滁州”文化系列专题14期，推出特刊5期，开通滁州日报官方微博，上马“掌上滁州”客户端。开展“践行群众路线、共话滁州发展”在线访谈，开办“滁州群众路线网”。开展《让党旗更鲜艳》专场文艺演出，组织党员干部集中观看《焦裕禄》《沈浩》等影片，组建朱长海先进事迹报告团赴各县(市、区)进行巡回报告，借助多种宣传载体，营造良好氛围。2014年，在中央、省级新闻媒体刊发正面报道3276多篇，

2014年，将滁州手机报整合为《安徽手机报滁州版》，充分发挥好商业网站建设性作用，唱响网上主旋律。办好政务微博发布厅和“美好滁州”官方微博，开通“美好滁州”官方微信，“美好滁州”官方微博喜获新浪安徽“2013安徽年度优秀政务微博奖”，官方微信荣获“‘城市发布微信影响力周榜百强’”称号和“2014年政务创新服务奖”，全年官方微博、微信共发布宣传信息2900多条。继续办好《政风行风热线》等新闻监督栏目，积极开展网络问政，搭建政府与百姓沟通新平台。网络发言人平台开通以来，注册用户已达5.2万人，有109

个部门正式上线。收到网民问政帖高达11529条，回复处理率超97%。在《皖东晨刊》开通《你问政、我跑腿》专栏，帮助群众跑腿近百件，问题化解率超过90%，群众满意度达98%。

精神文明创建。2014年争取中央彩票基金支持的乡村少年宫建设项目达14个，组织开展第二十届青少年爱国主义教育活动和“做一个有道德的人”主题教育等活动，积极推进未成年人思想道德教育。在全市范围内组织开展十大文明行业窗口单位、百名标兵、千名好公民评选表彰，每月开展“我推荐、我评议身边好人”活动。2014年度，全市4人荣登“中国好人榜”，7人获评“安徽好人”，9人获“感动江淮志愿服务优秀典型”先进个人称号，获评“感动江淮典型集体”5个，“感动江淮典型项目”2个，涌现出朱长海、金兴安、刘恩连、水巨洋等一批先进典型。制定下发《滁州市2014年组织推动培育和践行社会主义核心价值观重点工作实施方案》和《滁州市思想道德加强行动方案》，开展“三个倡导”宣传普及、培育践行核心价值观“主题季”、打造“好人滁州”等10大行动，全年举办“市道德讲堂总堂”活动48场。集中开展“弘扬雷锋精神、建设美好滁州”学雷锋主题教育实践月等活动，推动学雷锋志愿服务常态化。以“三线三边”环境治理为突破口，开展“五乱整治和土地平整”工作、集镇骑路经营脏乱差整治活动，不断提升城乡人居环境质量。

文化事业。2014年12月28日，市文化馆新馆举行开馆仪式，向公众免费开放。市博物馆已完成展览文本和初步设计，市图书馆分馆建成并对外开放。按照“一场两堂三室四墙”的标准，在全市58个中心村开展农民文化乐园试点省市县三级联创。在南谯区、琅琊区和开发区创建3个市民文化乐园。天长市获批创建省公共文化服务体系示范区。南谯区获“全国文化先进县、市、区”称号，天长市、明光市继续保留“全国文化先进县、市、区”称号；滁州市琅琊区文化馆馆长杨文敏获“全国文化系统先进工作者”称号。全年共完成13个公共电子阅览室建设任务，并全部向公众免费开放；全市8个公共图书馆、9个文化馆、107个文化站、7个博物馆（纪念馆）坚持零门槛、无障碍对公众免费开放。为全市各行政村文化信息共享室更新了机顶盒。全年通过政府采购完成农村文化演出1108场，在农村免费放映电影13328场。为全市1081个行政村农家书屋更新出版物9.19万册、报刊8种，对241个社区书屋比照农村标准给予专项资金补助，以便其开展出版物更新及日常运行管理维护。举办第二届中国·滁州民俗文化旅游活动周，组织开展“我的中国梦——文化进万家”“文化惠民季”百场文艺下基层、“送欢乐下基层”、文化科技卫生“三下乡”等活动，策划开展24场“中国梦·出彩滁州人”人民广场周周演活动，丰富群众文化生活。继续打造书法美术摄影双年展、文艺大讲堂等文化品牌，双年展展出240幅滁州艺术精品；大讲堂先后举办文学、音乐、书法、美术、舞蹈、戏剧等门类的讲座8场，参与人次逾千人。举办滁州市第十届少年儿童书画展、市第四届青少年器乐大赛等。开展“十团百场千人万户”书法家下基层写春联活动，到明光市三界镇和琅琊区西门社区为群众免费书写春联；先后组织150余人次文艺工作者到特色村镇，开展文艺志愿者采风活动；开展送书画进军营活动，为武警支队官兵创作了20余幅书画作品。

文化遗产保护。完成薄阳城遗址抢救性发掘工作，发现清理墓葬24座、灰坑11座、房址5座、灶1个和灰沟13条。琅琊山摩崖石刻及碑刻抢救性保护工程立项报告获国家文物局批准。实施醉翁亭核心景区文物修缮工程。全国首次可移动文物普查已完成380件（套）文物的信息采集，拍摄数据2858条，登录藏品835件（套）。开展文博系统外的文物认定工作，全市有收藏文物的单位27家，其中文博系统外的有18家。组织文物认定

原创黄梅戏《孝行天下》获安徽省“五个一”工程奖

省委常委、宣传部部长曹征海在滁州长城文化创意产业园调研

专家组赴各地开展现场文物认定审核工作，认定文物176件（套）。组织凤画参加首届中国非遗精品展，开展非遗进校园活动。确定市级第二批非遗项目代表性传承人32人。凤阳县、全椒县、南谯区被评为“2014—2016年度安徽民间文化艺术之乡”。

文化产业。制定出台《加快民营文化企业发展行动计划》。龙利得包装、长兴玩具、图强文具等7家企业入选安徽民营文化企业100强。2014年，21个项目入选全省文化产业“861”项目。推进长城文化创意产业园、中华姓氏牌匾园等重大项目建设。提高文化产业项目扶持资金规模，琅琊山旅游区建设、图强文具和成路纸业争取文化强省资金200万元。

文艺创作。推出《清风廉韵》《布谷声声唱插秧》《凤阳花鼓》等多个优秀群众文艺精品参加省“群星奖”评选，其中有3个节目获三等奖。组织泗州戏《巧相逢》、庐剧《护林卫士》、扬剧《羞姑》和《园会》4个剧目参加2014年全省小戏展演活动，其中扬剧《园会》《羞姑》分获表演一、二等奖；泗州戏《巧相逢》获优秀剧目奖、表演一等奖、编剧二等奖、导演三等奖；庐剧《护林卫士》获剧目奖、表演三等奖。动画片《清流关传奇》入选2014年全省“四个一”影视项目，大型古装黄梅戏《孝行天下》全市公演，电影《欧阳修知滁》获国家广电总局审批公映并在滁首映，大型古装电视剧《儒林外史》即将播出。《滁州诗歌选》《全椒小说选》、张野马小说《控制欲望》、朱仕华小说《金银花》、李华阳小说《驼疤罗曼史》、陈冬霞文集《趟过没有水的河》、魏来安散文集《十月的秋》、路云飞散文集《梦里缤纷花雨香》、崔通宝散文集《远方星空》、项东升诗集《半味斋集》、朱力作品集《中国当代名家书画集·朱力》、金明摄影作品选《美丽全椒》等一批精品图书相继出版。2014年编印4期约60万字《醉翁亭文学》。一批文艺作品和作者在各类比赛、展览中获奖，其中8人获安徽省作协首届散文大奖赛大奖、9人获安徽省作协第二届小说大奖赛大奖；曹培芹作品入展五年一度的第十二届全国美术作品展（美术类最高奖），7人在两年一度的省五届美术大展中获奖，23件作品入展；5人在中摄协展览中获奖，2人4幅（组）作品入选上海十二届国际影展，4人在两年一度的省十九届摄影展中获奖。《京剧小合唱》荣获省小梅花大赛铜奖。支持长城文化创意产业园发展，打造影视精品，电视剧《我有一个梦》《大玉儿传奇》杀青，《婚姻攻防战之为爱付出》在滁开机拍摄。

【原创黄梅戏《孝行天下》获安徽省“五个一”工程奖】原创黄梅戏《孝行天下》主要表现中国二十四孝之一的天长孝子朱寿昌辞官寻母的故事，浓墨重彩地诠释了好人、做官、行孝的人生道理。《孝行天下》先后获第六届中国黄梅戏艺术节优秀剧目展演剧目奖、组织工作奖、表演奖、音乐奖等多个奖项。在安徽省“新剧目汇演”中获优秀剧目一类奖、作曲二等奖、编剧三等奖、导演三等奖，演员宋学东等分获表演一、二、三等奖。2014年，该剧还获得安徽省精神文明工程“五个一工程奖”。

【朱长海获评“中国好人”】朱长海系天长市金集中学一级教师，从事初中思想政治课教学工作。曾先后获得天长市德育工作先进工作者、天长市师德先进个人、天长市优秀班主任、天长市十佳“师德标兵”和滁州市“模范教师”等称号。2014年5月27日晚，朱长海因抢救学生英勇牺牲。省委书记张宝顺批示，要求开展向朱长海同志学习活动，动员全省人民大力弘扬社会主义核心价值观。相关新闻报道在新华社、安徽日报、安徽电视台、安徽广播电台、新安晚报等中央、省级媒体主要版面和栏目中刊登和播出。朱长海先后被追授“全省优秀共产党员”“安徽好人”“最美教师”“安徽省优秀教师”“滁州市见义勇为模范”“滁州市优秀共产党员”“滁州市优秀共青团干部”等荣誉称号，并追授“中国青年五四奖章”“安徽青年五四奖章”和“安徽省五一劳动奖章”等，被安徽省民政厅追授为“革命烈士”，当选2014年7

月份“中国好人”。

【一批影视剧在长城文化创意产业园开拍】滁州长城文化创意产业园是安徽与苏、浙、沪长三角地区进行文化创意产业对接与互动交流的主要平台。园区规划总面积200公顷,总投资50亿元,主要打造以文化创意、影视拍摄、网游动漫、佛教文化、休闲旅游等服务功能为一体的文创产业集群基地。项目主要建设内容为“三城、三园、两基地”,即影视城、动漫城、网游城,中华文化遗产博览园、世界文化遗产博览园、琅琊山(龙蟠寺)东方佛文化遗产园,文化创意产业基地、旅游休闲产业基地。2014年6月,园区建设一周年之际,刘晓庆主演的青春励志戏《我有一个梦》电视剧开机,随后影视剧《大玉儿传奇》《婚姻攻防战》《母爱如山》《天下第一刀》等先后在文创园拍摄。

琅琊区

【文化概览】琅琊区是滁州市中心城区,面积227.76平方千米,人口31万,辖2个街道办事处、6个公共服务中心,设1个省级经济开发区。境内琅琊山为国家级森林公园、国家重点风景名胜区、国家4A级旅游区。辖区有省级重点文物保护单位3处。截至2014年底,有区级公共图书馆1个、文化馆1个、街道和公共服务中心文化站(文体活动中心)12个。全年文化产业增加值3.08亿元,比上年增长32.3%。

文化场馆建设。投资60万元,建成10个社区文体活动中心,并分别配备了电脑、投影仪、室内外音响、照相机、摄像机、室内健身器材、乒乓球桌、棋牌桌椅和空调等基础文体设施,对社区居民免费开放。区文化艺术中心建筑面积7346平方米,集文化馆、图书馆、文化信息资源共享工程等于一体,常年免费对外开放。

文化活动。除送戏下乡、街道文化站文艺调演、纳凉晚会等常规活动外,还组织正月十五花灯展演活动、庆三八广场舞大赛、“星光珠宝”杯广场舞大赛;举办迎春书画笔会、中院书画展等系列文化活动。5月30日,由区文化馆少儿艺术团编排的舞蹈《梦中的花精灵》被推荐参加安徽省“六一”文艺汇演。5月17—31日,组织中国蒲公英青少年优秀模特大赛安徽赛区选拔活动,设幼儿、少儿、少年和青年4个组别,共吸引近300名选手参加比赛。9月16日,由区文化馆编排报送的男声小合唱《凤阳花鼓》参加了在合肥举办的安徽省首届群星奖比赛。

精神文明建设。深入开展身边好人推荐报送工作,有1人被评为“安徽好人”、9人被评为“滁州好人”、156人被评为“滁州好公民”。持续开展学雷锋志愿服务活动,新增3处志愿服务广场,凤凰社区获全省“十佳江淮志愿服务社区”称号;建立36个志愿者服务站,新登记注册17706名志愿者,张军、谈善会获“江淮志愿服务优秀典型”称号。全区150余家道德讲堂开展了500余场不同形式的道德讲堂活动,近万人受到教育;组织全区道德讲堂宣讲员开展“讲述身边好人、道德模范故事”比赛。稳步推进乡村学校少年宫建设,城郊中学、西涧小学由中央专项彩票公益金支持建成乡村学校少年宫。

滁州市琅琊区1912时尚街区

【1912时尚街区建成】滁州1912是南京1912集团在全国范围内打造的第8条主题文化商业街区,于2012年11月动工建设,总建筑面积约9万平方米,是一个集主题街区、精品购物、国际院线、儿童乐园、酒店超市为一体的“24小时时尚生活中心”。已成功引进160多家国际、国内知名品牌,并于2014年年底开街。滁州1912也被命名为滁州市文化产业基地。

南谯区

双洪生态文化公园

【文化概览】南谯区是滁州市委、市政府驻地，环琅琊区四周。面积1177.7平方千米，人口25.67万。南朝陈太建七年（575年）始称南谯州，隋为新昌县，后改为清流县。1993年1月18日，南谯成为滁州市辖区。现有省级重点文物保护单位2处、省级非物质文化遗产1项。区内拥有著名文化旅游景点皇甫山国家森林公园、清流关、乌衣老街、花山彩云洞等。2014年文化产业增加值占GDP比重4.5%，获“全国文化先进区”和“安徽民间文化艺术之乡”称号；选送的舞蹈节目《清风廉韵》获安徽省群星奖。

公共文化建设。加快构建公共文化服务体系，积极开展农民、市民文化乐园试点工作，完善和提升区、镇、村三级公共文化服务网络。投入1.5亿元建成双洪生态文化公园、山水美术馆、文化展览中心、水上演绎大舞台，投入1300万元建设区文化馆，投入680万元建设区图书馆。区图书馆、文化馆全部达到国家一级馆标准；乌衣风情街山水美术馆于2014年底开馆。

文化民生工程。三项民生工程建设纳入“一把手”工程，进一步探索创新民生工程新模式新方法。投入大量资金保证公共文化场馆免费开放、公共文化服务信息化建设和农村文化建设。区图书馆、区文化馆、综合文化站、农家书屋全部实行免费开放；全年开展农村送戏进村活动，完成76场“送戏下乡”演出任务；农村公益电影放映采取GPS定位仪手段，完成电影放映912场。

天长市

【文化概览】天长市位于安徽最东部，面积1770平方千米，人口63万，辖14个镇、1个街道办事处，设2个省级经济开发区。2014年，天长市被评为全省公共文化服务示范区建设示范县市，并顺利通过“全国文化先进县市”的复核工作。天长市现有省级重点文物保护单位3处，三角圩汉墓群被列为“全国十大考古新发现”之一，“孝文化”和“天官画”均为省级非物质文化遗产。天长还是世界名曲《好一朵茉莉花》的故乡。

文化活动。陆续开展“社区大舞台”“电影惠民工程”“文化惠企业”“送文艺下基层”“美好乡村、城市建设摄影大赛”“安徽省第二届茉莉花全民健身展示大赛暨天长市第四届体育文化节”等活动。全年开展各类公益性和服务性演出16场次，观众5万人次。

文艺创作。为传承弘扬“天长孝文化”和朱寿昌孝亲思想，以朱寿昌弃官寻母事迹为题材，改编创作扬剧《千里寻母》，赴各镇、街道、社区、大型企业、军营巡演20场。以最美教师朱长海事迹为主题，组织创作了诗歌《生命的光线》、歌曲《长海长在》以及微电影《护佑生命》。天长俞金花扬剧团《相思泪》获安徽省十大名剧。申报《走进醉翁亭》《忠孝魂》《罗炳辉将军在天长》等8个重点戏剧、影视项目。

文化产业。重点推介打造长兴工艺玩具公司、双丰公司、墨缘玻璃公司和郑集文化用品产业园等文化企业、园区。郑集文化用品产业园规划面积2平方千米，累计投入资金4亿元。天长有玩具企业400余家，是全国三大毛绒玩具主产区之一，长兴玩具连续3年获“安徽民营文化企业100强”称号。天长有15名“天官画”传人，其中省级1人。为“天官画”传承人颁发参展证书和收藏证书，致力于探索非物质文化遗产“天官画”的保护传承和开发利用。

孝文化传承。位于秦栏镇的“寿昌广场”总投资1600万元，用地面积2.5万平方米。2014年，广场被中国老龄基金会孝文化传播工作委员会确定为全国“弘扬中华孝道示范基地”并授牌。建设于红草湖湿地公园南园的“孝园”，投资300多万元，建有朱寿昌生平浮雕以及孝亭、孝经墙、孝园石及其他

天长“天官画”

23孝雕像等。举行首组《中华孝道特种邮票》首发仪式。

精神文明创建。天长市先后获安徽省文明县城和安徽省文明示范城市称号，2014年10月，被中央文明办确定为全国县级文明城市提名城市。制发《天长市争创全国县级文明城市工作实施方案》，组织包括机关工作人员在内的文明交通志愿者万余人次上街义务执勤，以社会主义核心价值观为要求，设置大型公益宣传标牌，开展好人推荐报送评选宣传活动，全年有13人入选“滁州好人”，金集中学教师朱长海当选“中国好人”。全年有100多家单位开展200多场道德讲堂活动。组织志愿者以关爱空巢老人、留守儿童、农民工、残疾人为重点，开展慰问送温暖等志愿服务。加强未成年人思想道德建设工作，开展“大手牵小手、共筑家园梦”天长市“爱婴家园杯”首届青少年书画大赛。“天长新闻网”“天长市文明网”相继正式开通上线运行。

【天官画入选安徽省非物质文化遗产名录】天长的天官画，与凤阳凤画、灵璧钟馗画并称“安徽三大民间画”。“天官画”距今已有350多年历史，主要宣扬人间真、善、美，反映百姓祈盼平安、吉祥、富裕、幸福的心灵诉求，广泛流传于天长及江苏高邮、金湖、仪征、六合一带。

【天长孝文化入选安徽省非物质文化遗产名录】天长孝文化始于宋代，源自朱寿昌弃官寻母故事。朱寿昌，天长秦栏人，其弃官寻母事迹发生于宋熙宁初年(1067)，距今已有940多年历史。元代郭居敬根据朱寿昌等孝行故事，编著了《二十四孝》一书，朱寿昌弃官寻母被列为二十四孝之首。在朱寿昌孝亲思想的影响下，天长历朝历代孝星辈出。现代有“中华孝亲敬老之星”朱元良（朱寿昌后代）、“中华孝亲敬老楷模提名奖”获得者胡兰、“安徽省十大孝星”刁朝岗、董登岭，“安徽省十大孝星提名奖”获得者李宏祥(全国公安系统爱民模范)、刘恒群及市级孝星近200人。

明光市

【文化概览】明光地处安徽省东部，面积2335平方千米，人口65万，辖17个乡镇街道。明光享有“明皇故里、生态酒乡”的美称，是全国科技先进市、全国文化先进市、全国体育先进市、全国双拥模范城、全国水产百强市、全国人口计生优质服务先进市、国家卫生应急综合示范县。

文化产业。2014年年底，有各类文化经营单位127家，涵盖包装印刷、文化用品生产、广告及装潢、玩具饰品生产加工、文化旅游开发、文化服务、网络文化服务、文化休闲娱乐、广播电视服务等。规模及以上文化企业9家，比上年增长12.5%。

文化事业。2014年，明光市投入20万元，承担4个站点的公共电子阅览室建设任务，统一为各站点配置了标识牌、制度牌、温馨提示牌，购置了耳机，开展了业务培训，并为每个乡镇(街道)配置10~12台电脑及其他电器设备。市文化馆、市图书馆及17个乡镇（街道)综合文化站都开展了与其职能相适应的免费开放活动。

文化市场管理。2014年，“扫黄打非”工作突出“四个重点”，维护文化市场环境清朗清正。一是突出重点检查时期。把元旦、春节、五一、六一、国庆以及党和国家召开重要会议期间定为重点检查时期；二是突出重点检查事项。把书报刊、音像和计算机软件制品集中经营场所及批发、零售、出租、放映单位、繁华街区、列为重点清查对象；三是突出重点检查区域。把广场、车站、学校周边等定为重点检查区域；四是突出重点检查时段。充分利用晚上、节假日等时段,采取错时执法、交叉执法、城乡联动等方式进行清查。共出动"扫黄打非"执法人员130余人(次)、车辆60余辆次,检查图书音像经营单位、网吧、歌舞娱乐场所、印刷、包装生产企业(商户)120余家(次),收缴各类盗版图书400余册、盗版教辅材料90余册、色情淫秽光盘30余盘、盗版光盘300余盘,收缴小学生非法摸奖彩票近500余张;对2家违规经营网吧责令限期整改。全年未发生文化安全责任事故。

宣传工作。整合全市广播、电视、报纸和网站,扎实创新开展好宣传工作。电视台《明光新闻》栏目获全省县级电视节目技术质量奖(金帆奖)三等奖;创新开办经济类节目《明城生活》,贴近生活,服务大众,市民反映较好。《明光报》开辟《群众路线教育实践活动》《社会主义核心价值观》《实施民生工程、建设美好家园》《提升群众满意度》等17个专栏,开辟《民生资讯》专版,专题推出与群众利益直接相关的信息和资讯,突出服务性、资讯性,提升明光报新闻传播影响力。政府网站在改版以后,与微信、微博形成合力,实现内容和功能的联动,扩大推广宣传力度,做好、做响新兴网络平台。

文明创建。市成立指挥部"六长联动"督查督办环境整治工作,线长包线边,片长包路段,点长包帮扶点,督查长跟踪督查,调度长协调调度,六长分工明确、责任到人。完成104国道及309、307省道绿化、明女路及城区4条主干道和6条支路综合治理,城乡环境明显改善。制订"四城联创1+4"工作方案,启动文明、卫生、园林和生态县(市)创建工作。利用周末讲坛创新开展核心价值观宣讲150场次;参与滁州市"十佳文明窗口服务单位、百名标兵和千名好公民评选表彰活动",9人当选百名标兵、118人当选"千名好公民",1人被评为"江淮志愿服务"先进典型。

2014中国·明光首届维真啤酒节开幕式暨文艺晚会

文艺创作。举办了"中国明光首届维真啤酒节摄影大赛",编辑出版《中国明光首届维真啤酒节摄影展作品集》《明光文学》。市美术家协会选送的申维品油画作品《春风》、王传杰国画作品《看山最是秋山好》、吴开山国画作品《鹤之舞》分获滁州市第二届美术双年展一、二、三等奖。2014年10月,集体舞《布谷声声插秧忙》获滁州市文化调演一等奖和安徽省"群星奖"三等奖。

全椒县

【文化概览】全椒县面积1568平方千米,人口46.05万,辖10个镇,设1个省级经济开发区,是全国生态农业建设先进县、绿化先进县、中国民间文化艺术之乡、安徽省文明县城、安徽省园林县城和安徽省生态县。境内有神山国家森林公园、南屏山省级森林公园、周岗烈士陵园、岱山湖、碧云湖、三塔寺、龙山寺、梅花垄等景点。国光楼为省级重点文物保护单位,正月十六"走太平"为省级非物质文化遗产,《八朵云》代表性传承人李宗强等6人为滁州市首批市级非物质文化遗产项目代表性传承人。2014年,有省"861"文化产业项目8个,总投资99.2亿元,当年计划投资5.9亿元。

公共文化建设。截至2014年年底,全县有图书馆、文化馆各1个,吴敬梓纪念馆1个,吴敬梓故居1个(故居并入纪念馆),广播电视台1个,体育场1.9万平方米。积极推进省、市、县级12个中心村农民文化乐园"一场二堂三室四墙"建设工作,为省、市级试点村配备电脑、书橱和桌椅等设施。

文化民生工程。2014年度县域经济文化民生工程考核全市第一。县文化馆、图书馆、各镇文化站全部对外免费开放,全年完成送戏进村演出100场,放映农村电影1176场。组织"走太平·儒林风"系列文化活动,包括观花灯、猜灯谜、花灯踩街、花灯表演大赛、春节文化摄影优秀作品评

全椒县城新貌

选等。组织广场舞编舞、中国舞(成人舞)、声乐教学研讨会、镇综合文化站文艺调演、民歌大赛、广场舞大赛、“爱国敬业诚信友善”主题纳凉晚会等活动。成功举办吴敬梓逝世260周年纪念大会暨国际学术研讨会。

文明创建。2014年，建成9所乡村学校少年宫，承办安徽省第四批乡村学校少年宫项目建设现场培训会，城东小学少年宫被评为安徽省优秀乡村学校少年宫。加强道德模范、身边好人评选推荐申报，汪金海等7人当选“中国好人”、徐正传等7人当选“安徽好人”、张子林等4人当选“滁州市第三届道德模范”或获提名奖。“中国好人”评选工作受到滁州市文明委通报表彰。“中国好人”刘恩连先进事迹在中央电视台《新闻联播》播出。成立4个综合志愿服务队、6个专业志愿服务队，2014年8月成立道德模范“星火燎原志愿服务队”，全县注册志愿者达18000余人，志愿服务活动形式多样。

【全椒县委宣传部获全国“扫黄打非”先进集体称号】 2014年，全县“扫黄打非”工作取得优异成绩，县委宣传部被全国“扫黄打非”工作领导小组授予先进集体，省“扫黄打非”领导小组先后发文对全椒“5·2”非法印刷违禁出版物案专案组和“999宝藏网”侵犯著作权案专案组给予通报表彰。其中“999宝藏网”案被国家版权局、国家互联网信息办公室、工业和信息化部、公安部联合评为“剑网2014”全国十大精品案件之一。

【刘恩连荣登“中国好人”榜】 全椒县六镇镇白酒村村民刘恩连在丈夫病故后，独自承担家庭重担，坚守信义，为亡夫还清看病留下的20万元债务，同时照顾两个年幼的女儿和年迈的婆婆。2014年2月22日，中央电视台在“践行核心价值观”栏目中，以《“信义妻子”5年替亡夫还债20万》为题，报道刘恩连的先进事迹。刘恩连先后当选“全椒好人”“滁州好人”“安徽好人”，2014年3月荣登中国好人榜，并当选2014年度“心动安徽·最美人物”。

来安县

【文化概览】 来安县地处安徽省东部，是安徽的东大门。面积1481平方千米，人口49.58万。来安县是革命老区，刘少奇、张云逸、谭震林、邓子恢、罗炳辉等老一辈无产阶级革命家在此居住、战斗过。来安文化旅游资源丰富，以“山、水、泉、洞、寺、岛、花”为特色，逐步形成景色各异的白鹭岛、孔雀寺、林桥生态园、张山桃花园、龙源风电场、皖东烈士陵园等“四色”旅游景点。尊胜禅院至今保存有《红楼梦》作者曹雪芹祖父曹寅撰写的碑刻。县内白鹭岛生态旅游度假区为国家4A级风景区。另有3A级风景区2处、全国红色旅游经典景区1处、省级森林公园2处；有全国重点文物保护单位（半塔保卫战旧址）1处、省级文物保护单位1处（尊胜禅院旧址）；有省级非物质文化遗产项目（“洪山戏”“秧歌灯”“手狮灯”“白曲”）4个、省级非遗传承人6名（洪山戏传承人吴德才、顾红霞，秧歌灯传承人章思林，白曲传承人徐秀山、李奋勤，手狮灯传承人付国先）。

文化事业。截至2014年年底，全县有图书馆、文化馆各1个。有农家书屋138个。全年举办各类文化活动380多场，免费开放接待群众10.5万人次。采取政府购买服务的方式，组织4支演出队伍送戏进万村演出142场；全年放映公益电影1616场。县广播电视台《来安新闻》获全省县级台电视节目技术质量奖(金帆奖)、录制技术新闻类二等奖。

文化产业。以中国文具产业示范区为依托的文化产业得到快速发展，目前已被安徽省政府批准为省级服务业集聚区、安徽省重点扶持十大文化产业园区之一;被安徽省财政厅评为安徽省特色产业园区,被省经信委评为小微企业创业园区。图强文具、新贝发、成路文化3家企业成功入选安徽民营文化企业100强。全年签约并开工企业13家,投资额122.38亿元。

文明创建。制定《来安县市民文明素质教育工程实施方案》,全面实施公民素质道德教育工程。全力开展“三线三边”环境整治工作,实现农村生活垃圾定点投放,分类收集,密闭运输,无害处理全覆盖,住建部把这一模式在全国推广。高标准建设绿色长廊,建设万亩两用林基地,建成12千米1万余亩森林长廊。先后开展了圆梦残疾人、圆梦留守儿童、关心孤寡老人等学雷锋志愿服务活动。水口镇村民朱照华志愿到灾区帮助重建,被评为2014年2月份“安徽好人”;县粮食局职工高云,被省文明办评为2014年度4月份“感动江淮”志愿服务优秀典型。加强未成年人思想道德建设,加强学校周边文化市场管理,组织公安、文广新、市场监督等部门坚持开展“扫黄”“打非”工作,全面清查出版物市场,突出加强对网吧的监管力度。

文艺创作。组织举行《控制欲望》《淌过没有水的河》两本书首发式。作家崔通宝《远望星空》、采长林《把话吹成风》、魏来安散文集《十月的秋》出版发行;在“中国梦·劳动美·幸福路”首届全国职工摄影大赛中吴宗宝摄影作品《大桥夜色》获优秀奖,韩琦富摄影作品《安全无小事》获入围奖,王立武摄影作品《晨曲》、王道琼摄影作品《喜悦》在安徽省摄影家协会“聚焦新安徽”摄影采风创作活动中获优秀奖;书法家张德林在北京举办个人书法展,画家周宾在省书画院举办个人书画展。

【举办2014中国·滁州第三届桃文化旅游节】3月29日,2014中国·滁州第三届桃文化旅游节开幕式在张山乡仰山村桃文化广场举行。桃花节由民间承办,内容有民俗文化展示,农副产品、旅游商品展销,民间文艺演出,千人观赏团一日游,驴友自助自驾游,影友“美好张山”摄影采风等系列活动。桃文化旅游节自2012年开办以来,已经成为来安县一张亮丽的名片。

【来安人物馆揭牌暨木兰纪念厅揭幕】2014年11月11日,来安人物馆揭牌暨木兰纪念厅揭幕仪式在县档案馆举行。人物馆占地面积550平方米,展板面积620平方米。全馆分为“序厅”“古代人物厅”“当代人物厅”“抗日根据地人物厅”“木兰厅”和“综合厅”6个部分。美国前劳工部部长赵小兰及其父亲美国航运公司福茂集团董事长赵锡成、其妹妹美国航运公司福茂集团副董事长赵安吉一行应邀专程到来安省亲并参加仪式。

2014中国·滁州第三届桃文化旅游节在来安县张山乡仰山村举行

凤阳县

【文化概览】凤阳县是明太祖朱元璋的家乡、中国农村改革暨“大包干”的发源地。凤阳文化底蕴深厚,有“帝王之乡、改革之乡、花鼓之乡、石英之乡、曲艺之乡和中国民间文化艺术之乡”之美誉。现辖15个乡镇,设2个省级工业园区,面积1949.5平方千米,人口76.6万。

宣传工作。2014年,在电视、网站、官微开办“聚焦两会、扫黄打非、三线三边环境治理等10多个重点主题宣传专栏,营造科学发展的浓厚氛围。在《人民日报》头版、新华每日电讯刊发《安徽:再种改革“试验田”,全面深化改革进行时》《深化改革,只争朝夕》等头新闻,提升凤阳的美誉度。

文化旅游。凤阳文物古迹景点众多,南有凤阳山国家地质公园和国家4A级旅游景区狼巷迷谷、3A级旅游景区韭山洞,北有国家和省级重点文物保护单位明中都皇城及皇陵石刻、龙兴寺、明中都鼓楼等,东有国家4A级旅游景区、中国农村改革发源地小岗村。年接待游客152.6万人,门票收入1920万元,旅游总收入16.1亿元。

文化建设。2014年度文化建设累计投入1.2亿元，已建成国家一级县图书馆和博物馆。县图书馆与乡镇文化站图书分馆建立图书共享"通借通还"系统,已接纳读者8万人次。有县文化馆1个以及16个乡镇综合文化站、9个公共文化信息服务点和244家农家书屋,有农村电影放映队18支。高标准完成小岗村、东陵村2个省级农民文化乐园和4个市级农民文化乐园建设。

文化产业。2014年,凤阳文化产业及相关经营单位增至195家,规模以上文化企业增至7家。有省"861"文化产业项目13个,完成投资额12.52亿元。小岗红色旅游区、意能达彩印包装、凤阳山国家地质公园、晶皇玻璃等项目已建成。凤阳中盛灯饰产业园建成10万平方米厂区。明文化街区、文化商业街、大剧院、钟楼文化中心等项目正在快速推进。

文物保护。推进实施明中都皇故城国家级考古遗址公园项目,编制完成并申报的"明中都皇城西城墙外环境整治及展示工程""皇城东华门及角楼修缮工程""皇城中轴线保护修缮工程""皇故城及皇陵石刻安防工程",已被国家文物局批准立项。完成皇故城护城河周边约130万平方米面积的遗址考古勘探作业。明中都城城墙作为"中国明清城墙"项目的一部分,正在向联合国教科文组织申报世界文化遗产。

文化遗产开发利用。挖掘根植于凤阳民间的"凤阳花鼓、凤阳凤画、凤阳民歌、钱杆子舞"等传统文化艺术，在学校开设传统文化课,组建花鼓队,开办凤画班;非遗传承人深入高校、企业、社区传授凤阳花鼓;精心编排凤阳花鼓、钱杆舞等赴省内外参加各类交流展演活动;凤画作品获省首届工艺美术精品展金奖;舞蹈"要打花鼓到凤阳" 获全省少儿文艺调演三等奖,"凤阳花鼓健身舞" 获安徽省群星奖广场舞大赛三等奖。全县有凤阳花鼓、凤阳民歌两项国家级非物质文化遗产项目,有4个省级非遗项目、11个市级非遗项目和29项县级非遗项目,有国家级非遗传承人1人、省级7人、市级23人,建立非遗传习基地30个和县、乡、村三级非遗文化保护网络。

文化活动。"我们的中国梦"文化进万家活动如火如荼开展。举办迎新春民俗"踩街"、元宵灯会、非遗成果展、迎春书画展等系列文化活动。成功举办大众歌会、青少年电视书法大赛、社区健身舞大赛、凤阳花鼓健身操大赛以及"文化下基层"广场纳凉晚会等系列群众性文化活动。为城乡人民举办文化演出240余场,在农村放映电影2600余场。承办全国CBO男子篮球俱乐部联赛和全国少年自由式摔跤锦标赛2项全国性体育赛事。

文艺创作。由凤阳籍作家梅桑俞创作的《中国战俘劳工录》被中宣部和国家广电新闻出版局选为"纪念中国人民抗日战争暨世界反法西斯战争胜利70周年重点选题"(全国共100部)图书作品。《齐天大圣上访》《凤阳美苑》《吴恒元凤画集》等凤阳乡土特色文学作品相继出版发行。500万字《凤阳花鼓全书》和收录110首地方歌谣的《凤阳民歌》编辑完成,即将出版。

精神文明建设。组织开展道德模范评选表彰、好人推荐评选活动,有7人入选年度"滁州好人"。开展"践行群众路线、建设美好家园"文明劝导志愿服务活动,形成志愿服务活动制度化和学雷锋活动常态化。开展经典诵读和"我们的节日"等主题活动,指导各级文明单位和乡镇(园区)、村(社区)开展"道德讲堂"展示活动。在全县中小学生中开展"向国旗敬礼""美德少年" 评选、"做一个有道德的人"等系列活动。深入开展"走复兴路·圆中国梦""奋发向上·崇德向善"爱国主义读书教育活动。

城乡文明创建。扎实开展"三治、三增、三提升"专项整治和城乡形象提升 "百日行动", 投入资金3.6亿元， 动用机械9500多台(次),拆除旱厕、违章建筑、违规广告标牌以及废旧石灰窑、违法违规石碴厂等,三线三边环境治理取得显著成效，城乡人居环境明显改

美丽乡村中国行走进凤阳新春特别节目现场

善,获“安徽省创建文明县城工作先进县”称号。

【凤阳县再次获“中国民间文化艺术之乡”称号】2014年,凤阳县入选2014—2016年度“中国民间文化艺术之乡”名单,这是凤阳县第三次获此称号。为挖掘整理传承凤阳花鼓等民间文化艺术,凤阳县组织凤阳花鼓表演队参加深圳文博会、徽商大会等各类招商推介会;在明皇陵、小岗村、鼓楼等景区展演凤阳花鼓,年演出百场以上、观众数万人;编创具有展演、观赏和健身性的“凤阳花鼓健身舞”,在全县培训推广,并获国家体育总局全国原创广场健身舞征集活动二等奖、全国健身秧歌、健身腰鼓大赛最佳展示奖。

861项目,协助县内多家文化企业申报民营文化企业100强和市民营文化企业10强。

精神文明建设。继2012年成功创建“安徽省园林县城”和“市级卫生县城”之后,2014年全面启动创建安徽省文明县城先进县工作。按照“面上提升、重点突破、对标谋效、逐步达标”的工作思路和目标定位,以提升素质、优化环境、营造氛围为重点,全面对照创建申报考核各项指标,持续掀起创建热潮。2014年底远县获安徽省文明创建先进县称号。

定远县

【文化概览】定远县是皖东第一大县,面积2998平方千米,人口96.8万,辖22个乡镇,设2个省级工业园区。在新石器时代遗址侯家寨,出土了素有“绣像汉代史”美誉的汉代画像石。抗日战争时期,老一辈无产阶级革命家刘少奇、罗炳辉、张云逸、谭震林、徐海东等,曾在这里战斗和生活过。现有省级重点文物保护单位3处(侯家寨遗址、东城都遗址、太平桥)、省级非物质文化遗产2项(凉亭锣鼓、二龙戏蛛)。

公共文化建设。基层文化事业日益丰富。举办“2014春节联欢晚会”“2014元宵节广场舞汇演”“我们的中国梦—文化进万家”等100余场基层文化活动。积极组织专业人员开展“送戏、送文化、送科技”活动,创作编排歌舞节目10多个,举办9类培训班,培训学员300余名。农村公益电影放映1514场次,观众达37万人。以建设“一场两堂三室四墙”为标准,给农民文化乐园配齐、配全乐器、音响、电视机等多种文化体育设施。

文化民生工程建设。县公共图书馆、文化馆、博物馆及22个乡镇综合文化站全部实行免费开放,丰富广大城乡群众的业余文化生活。农家书屋改革已在5个乡镇24个行政村全面铺开。

文化产业。2014年,将文化产业纳入全县招商引资总盘子统筹安排。加强对重点文化产业在洽谈项目、签约项目、在建项目中的跟踪指导,及时提供力所能及的帮扶工作,促进项目早落地、早开工建设、早投产发挥效益。为影视剧《至爱无言》《戚继光》、定远民俗文化博物馆等项目申请“安徽省文化强省建设专项资金”。为定远县佛教文化旅游度假景区二期工程、包青天廉政文化公园、定远体育中心、定远韭山生态旅游度假区申报省

【金兴安捐建安徽省第一家作家书屋】2014年7月10日,安徽省第一家作家书屋授牌仪式在定远县蒋集镇举行。作家书屋由定远籍作家、省民进会员、安徽出版集团编审金兴安捐资修建,是安徽省首个“作家书屋”。中央电视台、《人民日报》《安徽日报》等多家主流新闻媒体相继报道,赢得社会各界的广泛赞誉。2004年,金兴安为感恩乡亲,报恩社会,将自己多年的积蓄和藏书全部捐出来,在家乡定远县蒋集镇创办了安徽省乃至全国第一家作家书屋。

定远县蒋集镇农家书屋——安徽省第一家作家书屋

马鞍山市

【文化概览】马鞍山市位于安徽省最东部，横跨长江、接壤南京、对接长三角，是安徽省的东大门、南京的后花园。马鞍山建市于1956年10月，现辖3县（含山、和县、当涂）3区（花山、雨山、博望），总面积4049平方千米，人口230万。马鞍山市依山环湖拥江而建，自然风光秀丽，生态环境优美，文化开放包容，社会安定和谐，是中部6省唯一蝉联3届“全国文明城市”的省辖市。同时，马鞍山市还拥有国家卫生城市、国家园林城市、中国优秀旅游城市、国家环保模范城市、全国绿化模范城市、中国人居环境范例城市、联合国迪拜国际改善居住环境良好范例城市、国家科技进步先进城市、全国双拥模范城市、全国未成年人思想道德建设工作先进城市、中国投资环境百佳城市、中国综合实力百强城市等称号。继2013年马鞍山市成功创建首批“国家公共文化服务体系示范区”后，2014年又获“国家公共文化服务标准化建设试点城市”。马鞍山城市精神为“聚山纳川，一马当先”。

培育、践行社会主义核心价值观。制定下发《关于培育和践行社会主义核心价值观实施意见》《2014年全市培育和践行社会主义核心价值观工作实施方案》，全面落实“主题季”各项活动安排，强力推进“图说我们的价值观”公益广告宣传，获得全国136个重点城市网上报送“图说我们的价值观”工作优秀称号。开展“文明之歌”系列主题宣传教育实践活动，组织主题演讲比赛27场，引导群众崇德向善、见贤思齐。组织编写出版《文明之歌——马鞍山好人的故事》，全面展示各类好人和道德模范的感人事迹；评选、表彰、命名“无偿献血”“走亲戚”等全市培育和践行社会主义核心价值观十大品牌活动，凝结共同理想，集聚发展正能量。

第26届李白诗歌节开幕式

精神文明建设。始终坚持把文明创建工作抓紧抓实抓到位，通过对标达标，齐抓共管，突出诚信建设制度化、志愿服务制度化、“三线三边”环境综合治理三个重点，形成高层推动、各方参与、全面覆盖、上下联动的创建工作格局，推动文明创建工作常态化、长效化。出台《2014年志愿服务活动实施意见》，进一步完善志愿者信息库，为志愿服务长期性开展、动态化管理夯实基础。启动开展命名马鞍山市学雷锋活动示范点和岗位学雷锋标兵工作及马鞍山市第三届志愿服务先进典型评选表彰工作。加强对文明单位、文明社区动态管理，淘汰市第十五届文明单位119个、第四届文明社区16个，命名产生第十六届马鞍山市文明单位267个，第五届文明社区33个，申报推荐安徽省文明社区17个。持续开展“好人”评选推报工作，全年当选“马鞍山好人”61人，入选“中国好人”3人、“安徽好人”7人。全面加强思想道德建设，广泛开展童心向党歌咏、美德少年评选、优秀童谣征集传唱、“学习雷锋、做美德少年”网上签名寄语、中华经典诵读、“小手拉大手、文明一起走”等活动，引领广大青少年、儿童健康快乐地成长。强力推进“三线三边”环境综合治理，建立并不断完善各项机制，确保环境治理常态、长效。2014年，马鞍山市获得全省示范文明城市第一名，当涂县被评为全省文明示范县，含山县被评为全省文明县城，和县被评为创建文明县城工作先进县，雨山区、花山区被评为全省文明城区。

公共文化服务。巩固提升国家公共文化服务体系示范区建设成果，大力实施文化惠民乐民工程；推进市体育中心项目，建设城乡阅报栏，提升公共文化场馆管理水平；扩大免费开放范围，加快建设农村综合文化服务中心，将公共文化服务向农村延伸；巩固农民文化乐园试点成果，逐步向全市各县区推开，公共文化服务得到进一步提升。努力办好李白诗歌节、“江南之花”群众文化节、“周末大舞台”等品牌活动，满足群众精神文化需求；支持社会文化团体自办文化活动，提升《千羽锦》《千字缘》《江姐》等原创优秀舞台剧水准；开展文化、科技、法律、卫生“四下乡”活动，组织市艺术剧院、四季剧院专业演员到基层巡演，累计开展送戏下乡30多场次。2014年11月27日，全省公共文化服务体系建设现场经验交流会在马鞍山市召开，省委常委、宣传部部长曹征海，副省长谢广祥出席会议并讲话。与会人员还实地参观、考察了含山县博物馆、含山县褒禅山经济园区小冯村农民文化乐园、和县乌江镇综合文化站以及市图书馆、博物馆、大剧院等，感受公共文化服务体系建设成果。

文化产业发展。制定《马鞍山市深化文化体制改革实施方案》《马鞍山市文化旅游发展行动计划(2014—2017)》，修订《马鞍山市支持文化产业发展若干政策》，拓宽文化产业发展渠道。深入开展服务企业活动，帮助企业协调解决用地、贷款、税收减免等一系列问题。积极做好文化企业入选推报工作，为企业争取专项资金支持。2014年，推报入选全省文化改革发展示范企业1个、全省民营文化企业100强企业6个，为5家文化单位争取文化强省建设资金190万元，为农民文化乐园、文化惠民消费季、基层文化服务等项目争取专项资金115万元。主导并做好印象东湖文化创意产业园区、李白文化旅游产业园区的资源整合工作，为加速马鞍山文化产业发展奠定基础。2014年，全市有规模文化及相关产业法人单位75家，比上年增加7.14%；有民营文化及相关产业企业法人单位1136家，增加12%。组织开展首届马鞍山市文化惠民消费季活动，安排主题活动20余项，吸引11个市直部门、200多家文化企业参加，直接参与消费和体验群众超过20万人次，直接交易金额235.89万元，享受省级补贴14.85万元。

文艺精品创作。继续扶持文艺精品创作，支持市艺术剧院有限公司、马鞍山四季剧院有限公司40万元，用于扶持重点文艺精品。对10部重点文艺项目进行跟踪服务，确保重点文艺精品创作生产顺利完成。创作《非常快递》《媳妇竞选村长》等10出小戏参加“2014马鞍山(首届)小戏折子戏调演”。以马鞍山“中国好人”“马鞍山好人”为原型，组织创作纪实情景歌舞《诗城好人颂》受到观众一致好评。市艺术剧院创作并巡演儿童剧《开心宝贝》《青蛙王子》以寓教于乐的形式丰富少年儿童课外文化活动。诗歌、散文、歌曲、书画等文艺佳作不断涌现。栗亮编剧的小品《送礼》获第三届“包公杯”全国反腐倡廉曲艺作品征集活动一等奖，获中国曲艺牡丹奖“节目奖”，成为马鞍山市曲艺工作者有史以获得的曲艺类最高荣誉。创作的微电影剧本《单选题》被拍成微电影之后，获得第三届国际大学生电影节一等奖。文艺精品走向市场步伐加快。儿童剧《开心宝贝》加入“苏演院线”，开展为期一年的全国巡演。儿童剧《男子汉行动》赴江苏沭阳、南京、南通、苏州等地，演出30余场。经典黄梅戏《女驸马》《天仙配》再次加入保利院线进行全国巡演，并成功竞标省文化厅“送戏进万村”政府采购项目。

文化市场管理。全年组织开展扫黄打非“净网”“清源”“秋风”行动、少儿出版物市场专项整治、打击非法电台、查处非法销售卫星地面接收设施等检查行动20余次，出动执法人员2.3万人次，检查文化等各类经营点1.1万家次，查缴非法出版物(音像制品)5147件，删除淫秽色情有害信息218条，收缴

中国诗歌之城授牌

赌博机1242台，查处“6·18”网络赌博等案件135起。

文化事业发展。市爱国主义教育基地城乡规划馆讲解员范静在安徽省首届爱国主义教育基地讲解大赛中获一等奖。在省第十三届精神文明建设“五个一工程”评选中，市委宣传部获组织工作奖。黄梅戏《千字缘》、广播剧《女儿》、电影《许海峰的枪》获优秀作品奖。微电影《寻梦之旅》荣获国家广电总局主办的中国北京第四届国际微电影节最佳导演奖、终身成就奖和组委会特别奖。

文化遗产保护。完成国家文物保护单位太白墓内太白祠的维修工程和省级文物保护单位林散之墓的保护规划。配合省文物考古研究所对含山凌家滩遗址内壕沟遗迹进行发掘。完成了当涂县船里山遗址的发掘工作。启动省级文物保护单位叶家桥第一期桥面维修工程。第一次全国可移动文物普查工作有序开展。叶家桥维修一期工程通过省文物局专家组的验收。做好凌家滩文化高级研修班组织举办工作和国家文物局《文物法》修订安徽省座谈会接待工作。编辑出版《人文马鞍山·文物卷》《中国李白研究》2014年度文集。“和县民歌”“花山剪纸”“运酒传统酿造技艺”“戴氏正骨法”入选第四批省级非物质文化遗产项目名录。

【马鞍山市实现“全国文明城市”三连冠】2014年，马鞍山市第三次获得“全国文明城市”殊荣。马鞍山市国家税务局、中国建设银行马鞍山市分行、马鞍山市花山区金家庄街道新风社区、马鞍山老年医疗保健研究所获全国文明单位称号，马鞍山市博望区博望镇获得全国文明村镇称号。

【马鞍山市入列国家公共文化服务标准化试点建设城市】2014年9月26日，文化部公布国家公共文化服务标准化试点地区，全国共有10个地区入围，马鞍山市总分排名第三，是安徽省唯一入选的地区，也是马鞍山市继成功创建国家公共文化示范区后，又一次被文化部列为国家级试点地区。

【马鞍山市获“中国诗歌之城”称号】自1989年起，马鞍山市已连续举办26届中国李白诗歌节。2014年10月16日，在第26届中国李白诗歌节开幕式上，中国诗歌学会授予马鞍山“中国诗歌之城”称号并授牌。

【首届安徽省姑孰画派研究会画家作品展在马鞍山市开展】12月30日，由市委宣传部、市文化委、市文联、安徽省姑孰画派研究会共同主办的“首届安徽省姑孰画派研究会画家作品展”在市美术馆开展。

花山区

【文化概览】花山区面积179平方千米，人口超50万，其中流动人口超过10万，是马鞍山市核心城区、商贸集中区、文教集中区、人居集中区，曾先后获“全国家庭教育工作示范区”“全国社区教育实验区”“全国阳光体育先进区”“全国慢性病综合防控示范区”“全国科普示范区”“安徽省平安区”“安徽省服务业集聚区”等称号。

公共文化设施建设。打造西湖社区、瑞南社区2个特色文化社区和凤山村、濮塘村2个特色农民文化乐园，南池农民文化乐园被选为2014年全省农民文化乐园示范点。免费开放“两馆”，新增梨苑、湖二小、公安分局3处图书分馆；图书馆新增图书3000余册，完成对农家书屋部分图书的更换。落实2014年“万千百全民健身工程”场地建设，新建4个农民体育健身工程，新增八亩塘和湖景家园2处全民健身苑健身器材安装，修复小区内损坏的公共健身器材146件。

公益性文化活动。2014年，区文化馆开设第四期公益免费辅导班，有成年声乐、少儿声乐、电子琴、每周一歌、剪纸等5个班，接收学员300余人。区图书馆举办暑期系列活动之“共圆中国梦、共享读书情”青少年绘画比赛，联合市图书馆走进南湖社区开展家庭急救知识讲座。开展“蒲公英在行动”文体志愿

矿内社区红袖标志愿者服务队

服务“五进”活动，送文化进南池村、东城社区，区文体局学雷锋志愿者小分队慰问演出走进黄庄村，选派人员参加“情暖农民工”等公益性演出活动。全年开展文艺展演、指导等各类群众性文化活动60余场（次），送非遗文化进校园、福利中心多次，受惠居民达20余万人次。全年农村开展文艺演出活动14场，体育活动86场、农村电影放映188场；为农家书屋配送图书4000余册，总价值4万多元。

文艺创作。2014年，区文化馆创作情景歌舞《三线三边换新颜》、小品《图书管理员的一天》、舞蹈《花山行，草莓情》。歌曲《好梦圆》（华锦玉曲、晓露词）获2014年“我的中国梦”芜湖市第二届原创歌曲全国征集评选活动三等奖。女声小合唱《我们的和州美》（翟亚东词，仝音、华锦玉曲）被邀参加2014年江苏省民歌会获演唱二等奖。创作的花山区歌《美丽花山我的家》（又名《马鞍山的风》，华锦玉曲、黄锦昌词、苏峰演唱）获马鞍山市歌征集活动三等奖。歌曲《拜年歌》（华锦玉曲、蔡宗周词）被广州铁路集团收集出版在《南国琴弦》原创歌曲集中。

文化市场管理。组织实施文化经营许可证证照审核工作，对全区142家文化经营单位进行年度审核，对存在不合法经营行为的经营户给予延缓通过，责令整改。继续完善文化市场行政审批程序，优化审批流程，更好为文化企业服务。定期对文化市场经营活动以及消防安全进行检查、通报并要求整改。协助区委宣传部、区工商分局、区消防大队、区禁毒办、市文化市场综合执法大队等相关部门开展“扫黄打非”、禁毒宣传日、消防安全检查等专项整治工作，确保文化市场健康有序发展。

【花山区实施“红袖标”工程】自2012年起，花山区在全区范围内创新开展了“红袖标工程”，把守护群众安宁、开展守望相助、促进社会平安和谐作为志愿服务活动的重要内容。“红袖标”队员人数已达5000余人，涌现出矿院社区“周老师志愿者服务队”、湖东路街道老年大学“雷锋志愿者服务队”、沙塘路街道人民社区“平安志愿者服务队”等一批先进典型，其中有6人先后当选为“中国好人”“安徽好人”，起到典型引领和示范带动作用。“红袖标工程”于2014年被评为马鞍山市“践行和培育社会主义核心价值观十大品牌”活动之一。新华社、《人民日报》、中央电视台《新闻联播》《新闻直播间》和《安徽日报》等各级主流新闻媒体分别专题报道了“红袖标”的先进事迹。省委书记张宝顺作出批示，高度赞扬以“周老师平安志愿者”为代表的“红袖标”志愿服务活动。

雨山区

【文化概览】雨山区是马鞍山市主城区之一，东与江苏省南京市江宁区接壤。位于翠螺山的采石矶，遥对天门山，绝壁临江，岩石峥嵘，被赞誉为“翠螺八景”之首和“长江三矶”之魁，是诗仙李白的“流连之地，羽化之乡”。区内有安徽省重点文物保护单位太白楼、“当代草圣”林散之纪念馆及三台阁等自然和人文景观。境内有被列为20世纪80年代中国考古十大发现的朱然墓，现已辟成朱然博物馆和朱然文化公园。还有国内最大民营古床专题博物馆——德化堂古床博物馆、明清经典建筑园、滨江九华圣境长江文化湿地公园。

公共文化建设。成功申报4个省级农民体育健身工程，建成5个市级农民体育健身工程及9个示范晨晚练点。完成2个省级民生工程街道、社区公共文化服务信息化建设。新建3个社区3套健身路径，更换、维修3个街道健身路径器材68件。区图书馆、文化馆、数字化学习中心继续免费对外开放，建设2个公共电子阅览室（省级民生工程）服务点。完成区图书馆6000册新书采编加工分类上架以

邻里节喷香交流会

及4000册老旧图书采编加工工作，完成辖区村级农家书屋图书更新工作。

群众文化活动。继续实施农村文化建设专项补助，建立政府购买公共文化服务、公益性演出配送服务制度，全年配送各类专场演出76场。开展“科学生活、创新圆梦”主题电影进社区活动，农村电影放映216场。举办各类读书活动21次、各类免费培训辅导班152期，受益人群14300余人。举办第二届数字化作品展，举办雨山区第四届乒乓球赛、第五届社区文化艺术节、“江南之花”和吟诗节文艺活动。举办各种农村体育活动145次。全年各街道、社区组织的各类简便实用的群众活动100余场次，参与群众1万多人次。

精神文明建设。全年共有1人当选“安徽好人”，10人当选“马鞍山好人”。举办“道德讲堂”“道德实践在雨山”先进事迹报告会、“雨山梦·美丽雨山人”道德模范巡讲、“好人颂”雨山专场文艺演出等活动。着力打造明渠社区“错峰出行”、永泰社区“幸福来敲门”、鹊桥社区“邻里节”等志愿服务品牌。打造1个“我们的价值观”主题广场、1个主题社区、2条文化长廊，开展“主题季”“社会主义核心价值观”学习交流会、“文明之歌”演讲比赛和“图说我们的价值观”等系列活动。

文艺创作。区文化馆创作歌曲《淮河汉子》、小品《乡长去哪儿》参加安徽省群星奖评比，其中歌曲《淮河汉子》获安徽省群星奖。三维动画剧《蔬菜来啦》获省动漫大赛“金喜鹊”奖。

文化产业发展。万达文化广场、亿丰环球商业中心、居然之家家居建材广场竣工开业；老报馆、洪滨丝画园一期即将完工；古床博物馆、明清建筑园、艺谷文化创意产业园、东湖文化公园以及即将开工建设的烟墩山创意产业园和规划建设中的影视基地，共同构筑起雨山区文旅融合新亮点。

【雨山区鹊桥社区“邻里节”】雨山区安民街道鹊桥社区自2006年在全市率先创办邻里节以来，每两年一届，已连续举办五届。邻里节活动内容丰富、形式多样，一改往日居民老死不相往来的状况，不仅为居民搭建了消除隔阂、增进了解的平台，也为构建和谐社区、和谐社会进行了积极探索。如今邻里节已成为社区居民之间互助、群防群治、共建共享的道德高地和响当当的社区文化品牌。

博望区

【文化概览】博望区位于马鞍山市最东端，地处长三角经济圈和南京一小时都市圈内，与江苏江宁、溧水、高淳接壤，与南京空港新城、柘塘新城相互呼应，是安徽省通向苏浙沪等长三角发达地区的重要门户。博望区现辖博望、新市、丹阳3个镇，面积351平方千米，人口近20万。

博望区北倚横山，南濒石臼湖，文化底蕴浓厚，所辖的博望镇、丹阳镇、新市镇均为千年古镇，2200多年前丹阳镇已是郡县治所，1400年前博望镇的铁业已经发端，公元1531年新市镇就形成“十里长街”。千百年来沉淀的“青阶砚”古驿道、横山石门石刻、澄心古刹、船墩山遗址、董永与七仙女的传说等历史文化瑰宝比比皆是。区内的横山群峰环立、林深竹茂；石臼湖烟波浩渺、澄碧如镜；在一山一湖的环抱之中，西林院、釜山遗址、福源寺、叶家桥等名胜古迹共同绘就如诗如画长卷。李白一生曾来到马鞍山7次，登横山5次，留下《下途归师门旧居》《丹阳湖姑孰八景》等诗篇4首。南梁时期的思想家、医药家、文学家陶弘景，人称“山中宰相”，在横山上还留存其炼丹洞所在。博望拥有省级文物保护单位1处、省级非物质文化遗产项目1个、省级非物质文化遗产传承人1人。

群众文化活动。举办“2014年两节群众文体活动、元宵节大型广场灯谜竞猜、首届读书节活动、广场舞大赛、“周末大舞台”博望区专场、“江南之花”博望区专场”等6

长三角城市·博望自行车越野邀请赛

大类45项区级群众文化活动;同时,以各类节庆为主题,组织各社区、村、业余文艺团体开展各类文化活动70多场。全年开展各类演出、培训、讲座、辅导等文化活动106场,送电影进村(社区)444场,送图书到基层4000册,组织基层文化培训服务指导3000余人次。

文艺作品创作。区各类文艺团体创作《长大我要唱大戏》《活宝》《苦果》等文艺作品,其中少儿戏曲联唱《长大我要唱大戏》被市委宣传部列为重点文艺精品扶持项目,并和滑稽表演《活宝》一起代表博望区参加全市"周末大舞台"决赛。

公共文化建设。制定《博望区综合文化站免费开放补助资金管理办法》《博望区文化体育工作考核评分细则》,继续推进三镇综合文化站免费开放。全年各文化站开展广场舞、戏曲教唱、书法、讲座、乒乓球等多类特色免费文化服务,受益群众达1万人。加快实施电子阅览室建设,全面完成博望镇、博望社区公共电子阅览室建设,并已对外开放。

文化产业发展。全面梳理区域文化企业情况,实现统计范围全区域、统计口径全行业、统计类型全覆盖,确保应统尽统。建立全区文化企业名录库,加强重点文化企业联系对接,通过数据库对项目运作情况进行及时追踪管理,帮助区内2家企业申报2015年度安徽省文化强省专项资金项目。

文物保护工程。全面启动省级文物保护单位叶家桥维修保护工作,已完成损毁桥面维修、古桥图案修复工作。

非遗保护传承。大力开展非物质文化遗产申报,推荐新市镇综合文化站为第二批省级非物质文化遗产传习基地,并积极申报博望马尹酒、薛津馄饨为第五批市级非物质文化遗产;推荐横望山米酒酿造技艺传承人陶身友为第三批市级非物质文化遗产传承人、博望铁艺传承人张贻敏为第五批省级非物质文化遗产传承人。

精神文明建设。李小青、许正华、钱志英3人登2014年"马鞍山好人"榜,李小青还被提名为"中国好人"候选人。开展"美德少年"评选活动,共评出80名区级"美德少年",其中15人获市级"美德少年"称号。

【长三角城市自行车越野邀请赛在博望区举行】8月24日,2014中国·马鞍山长三角城市·博望自行车越野邀请赛在博望横山风景区甘坝水库举行。此次比赛设置男子精英组、男子大众A组、男子大众B组、女子大众组及本地体验组5个组别,各组别根据各自特点进行不同圈数比赛。来自安徽、江苏、河南、河北、江西、浙江、山东等7省36市72支俱乐部389名运动员报名参赛。本次赛事充分利用风景秀丽的横山原有起伏山体和森林设计赛道,选定的赛道由爬山路段、林间道路、下山路段、砂石路段等组成,整个赛道地形多变、起伏大,全场4.5千米。

当涂县

【文化概览】当涂县位于安徽省东部,介于南京与芜湖之间,地处长三角城市群顶端,是安徽省重要的沿江、沿边县。面积1002平方千米,人口47.34万,辖8个镇、2个乡。曾先后二次获"安徽省文明县城"称号,二度获"中国民间文化艺术之乡"称号。

当涂有2200多年置县史,秦代设为丹阳县,隋开皇九年(589)定名当涂,曾为宋代太平州、元代太平路、明代太平府治所,清代曾为长江水师提署和安徽学政驻地。现有国家级风景名胜区1处、国家级重点文物保护单位4处。"当涂民歌"被列为首批国家级非物质文化遗产,"太平府铜壶"制作技艺、"湖阳打水浒"为省级非物质文化遗产,陶小妹、张善葆等为"当涂民歌"传承人,张恒兴为"太平府铜壶"制作技艺传承人。

公共文化服务体系建设。2014年,依托县公共图书馆、社区文化活动室,完成4个社区公共电子阅览室的民生工程建设。县图书馆、县文化馆、乡镇综合文化站(文化信息资源共享工程服务点)和农家书屋免费开放,其中县图书馆每周开放时间不少于56小时,其余免费开放点每周在42小时以上。全面推进美好乡村、农村公共图书服务一体化建设和农民文化乐园建设试点工作,将公共文化服务真正向农村延伸。完成了1个省级乡镇健身广场、1个社区体育俱乐部、3个全民健身苑和1个村农民体育健身工程建设任务。加快建设农村综合文化服务中心,推动文化惠民项目与群众需求有效对接。

群众文化活动。组织开展2014年"四下乡"活动。"元旦""春节"广场文艺演出、群众文化大舞台、广场电影等活动,内容丰富,形式多样,生动活泼,群众积极参与其中。马鞍山首届乡村旅游节暨2014当涂(大青山)桃花节,共接待游客约30万人次。5月30日,南京都市圈第四届城市龙舟邀请赛在千年护城河隆重举行,再现了姑溪河畔端午节赛龙舟的宏大场面。相继举办姑孰文化艺术节、国庆文化周等节庆文化活动,庆祝新

当涂县千年护城河龙舟竞赛

中国成立65周年。深入开展“百场文艺进乡村”等特色文化活动,全年送文化下乡、进社区演出活动达40多场。

文艺精品创作。扎实做好2014年重点扶持文艺精品项目申报工作,县黄梅戏演艺公司编演的黄梅戏《李之仪》、县广电台制作的电视剧《我家笑声一箩筐》被评为文艺品牌项目。

文化产业发展。编制推介文化建设重点项目,太平府文化园、大青山李白文化旅游区、太白(江心洲)国际生态旅游岛、当涂诗城盆景花园等项目进入省文化产业招商项目库。马鞍山市影星银幕有限公司继续入选全省民营文化企业100强,迅速成长为国内规模最大的银幕生产厂家,年产30万平方米涂层银幕,成为全县具有鲜明特色的地方文化品牌。太平府文化园等7个文化产业项目申报2014年省级文化强省建设资金。整合成立李白文化旅游产业园区,为争创省级文化产业示范园区打好基础。

精神文明建设。开展社会主义核心价值观宣传教育,在公园广场、建筑围挡、主次干道等广泛布置“中国梦”“图说我们的价值观”等公益广告,同时采取进社区、进企业、进学校,做到公益广告全覆盖。规范和推进全县道德讲堂建设,宣讲道德典型的感人事迹和崇高品质,营造“讲道德、做好人、树新风”良好风尚。组织开展“马鞍山好人”“当涂好人”推荐评选活动,太白镇陈正保、东门汽车站徐多林等4人被评为“马鞍山好人”。

【当涂县获评“全国文明城市提名城市(县级)”称号】 2014年2月28日,全国精神文明建设工作表彰暨学雷锋志愿服务大会在北京举行,中央文明委授予当涂县“全国文明城市提名城市(县级)”称号。

近年来,当涂县开展道德模范评选学习活动,全县涌现出“中国好人”8人、“马鞍山好人”11人。不断深化群众性精神文明创建活动,突出抓好重难点问题专项整治、“三线三边”城乡环境综合治理和五星级“生态文明家庭”创建活动,推动政务环境、法治环境、市场环境、人文环境、生活环境和生态环境建设,城乡文明程度显著提升。

和　县

【文化概览】 和县地处长江西岸,东北与江苏省浦口区相邻,隔江面对南京、马鞍山、芜湖三大城市,是皖江开发的最前沿。和县面积1318.6平方千米,人口53.94万,辖9个镇。和县有西楚霸王项羽拔剑自刎的乌江、李白驻足吟唱的天门山、刘禹锡贬谪和州的居所“陋室”、南朝梁昭明太子沐浴疗疾的香泉、明太祖登临点兵的镇淮楼等20余处自然和人文景观。和县名人有唐朝诗人张籍、宋朝杜默、爱国诗人张孝祥、清朝文学家陈廷桂、当代草圣林散之、中国奥运史上第一枚金牌获得者许海峰、中国科学研究院学部委员著名生态学家侯学煜等。2014年末,全县拥有国家级非遗项目1个、省级非遗项目4个、市级非遗项目6个、县级非遗项目11个;拥有国家级文物保护单位1处、省级文保单位4处、市级文保单位3处、县级文保单位21处。

和县曾先后获“安徽省历史文化名城”“中国最佳休闲旅游县”“安徽省旅游工作优秀县”“安徽省县域旅游工作优秀单位”“安徽省县域经济发展一类县”“安徽省首届投资环境十佳县”“长三角最具投资价值县”等称号。

公共文化建设。2014年和县通过第三次全国文化先进县复查省级验收。完成了石杨镇电子阅览室和功桥镇35个广播电视村村通工程点的建设任务,为全县68个农家书屋更新图书报刊7684册。发放全县第一批35个老放映员工龄补助。持续开展公共文化场馆免费开放工作,将乌江镇石山村建设成为省级“农民文化乐园”。

群众文化活动。2014年举办“迎春书画笔会”“周末大舞台”“第二届广场舞大赛""第二届网络歌手大赛""和县首届农业嘉年华""和之韵"大型文艺演出等文化活动以及和县第二届乡村旅游月和温泉文化旅游周相关活动;开展"文艺送乡亲"活动100余场,放映农村公益电影1000多场,观众参与近20万人次;召开"范培开书法艺术研讨会",申报省民间艺术之乡;依托陋室文庙的传统文化氛围,全年共举办六期"陋室道德讲堂"讲座和报告会。

文艺创作。以弘扬社会主义核心价值观和"中国梦"为主题,组织开展文艺创作,庐剧新戏《大学生村官》、民歌表演唱《美好乡村·我的家》《古城风韵》,水彩画《山雨》、水粉画《春绿》、小说作品集《美丽的大脸》、诗歌《我的中国梦》等一批优秀文艺作品相继涌现。

文化市场监管。2014年,和县共出动文化市场检查人员5500余人次,检查各类经营场所2700余家(次),查缴盗版图书176册、盗版音像制品220余件,警告违法违规经营单位3家次,立案查处各类文化执法案件27件。

文化遗产保护。已向省、国家文物局申报《和县猿人遗址保护规划》;抢救性发掘滁马高速西埠段发现的汉墓,出土玉璧、玉蝉、铜镜、漆器等珍贵文物;加强馆藏文物整理利用,对职思堂法帖、半枝梅碑刻等文物进行保护性拓印;启动全国第一次可移动文物普查工作,对全县282家国有单位文物进行全面普查登记;开展文保单位安全和消防检查,对镇淮楼、文昌塔、万寿塔进行抗危测绘,确保文物安全;打击文物犯罪,配合公安机关调查乌江卜陈杨巷村古墓被盗案件,抓获嫌疑人。

文化产业发展。2014年,和县继续深化文化体制改革,引导庐剧团、影剧场逐步适应市场竞争,走向自主发展的道路。开展文化招商,邀请客商来和考察建设文化产业园区;推荐上报西楚霸王文化产业基地、香泉风景名胜区等4项文化产业重点项目。

【首届"乡村旅游月"活动】以"品味乡村、畅游和县、最美王店"为主题的和县首届"乡村旅游月"活动于2014年4月12日在王店启动。来自南京、合肥、马鞍山等地5000余名游客前来游玩赏景。活动历时一个月,举办了农事体验、湖畔野营、现代农业观光采摘、地方文艺演出、和县旅游产品展销以及泡温泉、逛老街、拜谒霸王祠等活动。

【"范培开书法研讨会"在和县召开】为研究安徽书法艺术历史,发掘安徽地方书法名人,安徽省书法家协会与中共和县县委、和县人民政府联合主办"范培开书法研讨会"。研讨会于2014年11月30日至12月1日在和县陋室宾馆举办,安徽省书协名誉主席田维谦以及来自全国各地的论文作者,江苏、安徽等地的书法家、书法理论家,专业媒体和省市主流媒体记者,共50余人参加研讨会。本次研讨会共征集到论文18篇,会后编辑出版《范培开研究》一书。

和县首届乡村旅游月启动仪式

含山县

【文化概览】含山县位于安徽省东部,因境内"群山列峙、势若吞含"而得名。含山属古之吴楚相交之地,素有"吴头楚尾"之称。面积1028平方千米,人口45万。

距今5300多年的含山凌家滩古文化遗址,奏响中华民族的文明序曲,是迄今为止最早的中华玉文化发祥地,将中国城市历史向前推进1000多年;春秋武将伍子胥演绎了"一人过关几国兴亡"的威武壮剧,流传下"一夜急白发、智过古昭关"的动人传说。省级非物质文化遗产"含弓戏"不断创新发展,创作出《留守女人》《好梦》《丹桂情深》等优秀作品。"运酒传统酿造技

含山县第二届武术太极拳展演大会

艺”和“戴氏正骨法”入选第四批省级非物质文化遗产。

含山森林覆盖率达35%。太湖山国家森林公园，融自然美景与名胜古迹于一体，为天然氧吧；形成于350万年前的大渔滩湿地，野生荷花绽放争艳，恰似一颗“生态明珠”。褒禅山景区因王安石传世名篇《游褒禅山记》而胜名远扬。

公共文化活动。2014年组织送文艺下乡及各类演出32场，“送戏进百村”活动94场。县广播电视工作被授予“全省县级台广播电视节目技术质量奖综合奖”(全省县级台仅2家)。组织“玉龙湖新城市广场杯”广场舞比赛，2支队伍进入全市首届广场舞大赛决赛。“秀美含山行——送文艺下基层活动”入选市培育和践行社会主义核心价值观十大品牌之一。举办全市第五届“周末大舞台”含山分赛区比赛，共演出120余个(组)节目，近2万人次观看演出。组织100多支队伍开展为期4个月的县首届“三人制”篮球赛，成功举办“2014中国·马鞍山第七届国际标准舞公开赛”和县第二届武术太极拳展演大会等活动。在全市首届小戏折子戏调演活动中，含山县获优秀组织奖、优秀演出奖、优秀演员奖、导演奖等12个奖项，居各县区之首。开展第29届“江南之花”专项活动，参加全市“我们的价值观·诗城好声音”和“我们的价值观·精品书画展”征集活动。

文化互动交流。组织县书法家参加“肥西—含山书法作品联展“，承办全国信鸽竞赛与规则工作会议、“建设美好家园、共享幸福生活”——六合·含山文化交流暨刘治贵原创歌曲演唱会、“安徽含山县—云南个旧市书法作品联展”等，共展出书法作品约200件。征集80余幅美术书法作品参加安徽画廊“春风骏马中国梦、含山书画晋省展”。举办浙江常山、安徽含山、重庆秀山“三山”书法作品联展，展出3县书法艺术家创作作品125幅。开展“弘扬传统文化，普及书法艺术”进校园活动，举办“践行群众路线，践行‘三严三实’”“中国梦”等主题书法作品征集。

文化精品创作。完成含弓戏《丹桂情深》创作和排练、配乐合成，并组织巡回演出。完成《乐园欢歌》创作和录音。含弓戏《好梦》已完成了剧本创作，排练、配乐、巡回演出的准备工作有序推进。认真组织小品《和为贵》排练和演出组织工作。电视专题片《最美村官王启志》在安徽电视台公共频道《共产党人》栏目播出，并作为全省“五个一工程奖”纪录片类参评作品。组织市文联、市音协艺术家来含山“文化乐园采风”，创作歌曲《乐园欢歌》和《我们的生活咋就这么牛》，其中《我们的生活咋就这么牛》已经被县文化馆编成了广场舞在全县巡回演出。

农民文化乐园建设。始终秉承将农民文化乐园建成农民活动的场所、精神的乐园、教育的学校的理念，紧贴群众需求，策划编制了27项农民文化乐园活动。承办了省演艺集团“我们的中国梦”慰问演出、市县书法家送春联下基层、2014新春民俗系列暨广场舞展示、2014中国文化遗产日民间扎彩表演等系列文化活动。组织县老年科技工作者、医务工作者、法律工作者走进农民文化乐园开展“科技文化卫生法律为民服务”义诊、免费体检、发放家庭常用药品等活动，受惠群众1000多人次。“乐园”建设模式获得肯定，7月19日，省委领导在含山考察乐园建设，称赞陶厂镇南周村、褒禅山经济园区小冯村为解决基层群众日益增长的精神文化需求进行的有益尝试。《人民网》《新华网》《安徽日报》《马鞍山日报》等多家媒体对含山县“文化乐园”建设和特色活动开展进行报道。

【旅游微电影《含山恋》获奖】马鞍山市首部旅游微电影《含山恋》荣获2014年中国微电影产业联盟“京华”杯三等奖。该片由含山县政府、含山县旅游局、马鞍山微电影协会等共同拍摄出品，描绘了含山秀美的地理风貌和厚重的文化积累。

芜 湖 市

【文化概览】芜湖市市域面积5988平方千米,总人口385万,辖无为、芜湖、繁昌、南陵4个县和镜湖、弋江、鸠江、三山4个区,拥有3个国家级开发区和11个省级开发区。芜湖是全国文明城市、中国优秀旅游城市、全国双拥模范城市、国家园林城市,荣获中国人居环境奖,先后3次被评为“全国文化体制改革工作先进地区”。

芜湖历史文化资源丰厚。世界瞩目的繁昌县“人字洞”,是古人类考古学上的重大发现,时间断代约在距今200万至250万年之间,把人类在亚洲活动的历史上溯四五十万年。芜湖市现有不可移动文物706处,各级文物保护单位180处(其中国家级9处、省级29处,市县级142处),各类馆藏文物5000余件。有芜湖铁画锻制工艺、灯舞(无为鱼灯)等国家级非物质文化遗产2项,梨簧戏等省级非物质文化遗产14项,市级非物质文化遗产32项,区县级非物质文化遗产80项。有全国民间文化艺术之乡2个。境内200余处古遗址,最早可追溯到旧石器时代。芜湖还保存有100余处传统建筑及近代西洋建筑,如有英驻芜领事署旧址、天主教堂、圣雅各中学旧址、老芜湖海关等20处(含33幢单体)。

文化产业。2014年以“欢乐芜湖”为引领,推进特色主题公园建设。方特三期“水上乐园”项目、雨耕山酒文化创意产业园建成开园,芜湖文化创意产业园(获批为国家级广告产业试点园区)投入使用。华强集团“美丽中国三部曲”主题公园集群建设全面启动;新华联文化旅游老街、大砻坊工业创意文化园等重大项目顺利推进。35个文化产业项目入选省“861”计划,26个在建项目投资额达272亿元。市文产办被安徽省“861”行动计划重点建设项目领导小组评为先进集体,10家企业入选全省百强民营文化企业。推动高科技文化企业发展,支持繁昌3D打印装备产业园、安徽新芜文化创意企业孵化器有限公司、影星巨幕公司、辉天盛世网络科技公司、着迷网、三只松鼠等企业加快发展。组织参与省文化消费季活动,共举办38项活动,50余家企事业单位参与,拉动文化消费4亿元。

新闻报道。制定《芜湖市对外宣传发稿奖励办法》,鼓励更多的稿件上大报、上头条、上联播。重视新闻稿件质量,坚持新闻会商和阅评机制,加强对新闻工作的监督和指导。围绕“搭建平台、找准定位、稳步推进、共促共建”思路,推进与安徽师范大学传媒学院部校共建工作。市属新闻单位与安徽师范大学互派人员挂职锻炼,加强交流沟通,提升新闻采编人员的素质。2014年,全市在省级以上主要媒体刊发稿件850余篇,其中在中央级新闻媒体刊发重点稿件19篇(条),创历史新高。在2014年安徽好新闻评选中,全市共有17篇(条)新闻作品获奖,其中一等奖6篇(条)。《芜湖日报》刊发的通讯《三访中干渠——南陵全国率先试点农田水利建管体制改革纪实》在第24届中国新闻奖评选中获二等奖。严格执行新闻发布和新闻发言人制度,规范新闻传播秩序,邀请

繁昌人字洞遗址

省委宣传部及相关媒体专家学者为新闻发言人和联络员进行业务培训。党报党刊发行工作，连续7年保持全省第一。

文化市场监管。积极推进全市文化市场技术监管与服务平台推广应用工作，全市共导入各类经营单位1684家。制定《芜湖市2014—2016年互联网上网服务营业场所总量和布局规划方案》。2014年，针对重点门类、重点领域、重点时节和突出问题，组织开展"剑网2014""秋风2014""清源2014""教辅材料""网吧市场""少儿出版物"等各类专项行动12起，出动执法人员1.7万余人次，检查经营单位5887家次，立案调查78件，收缴各类非法音像、出版物5868盘(册)、非法卫星地面接收设施892套，执行罚没款8万余元，有力地打击和震慑不法分子，净化社会文化环境，确保全市文化事业稳定发展，加强重大节日、"两会"期间社会和谐稳定。

文化体制改革。深化国有文化单位改革，推进市艺术剧院发展。市艺术剧院采取科学设岗、优化队伍等一系列深化改革措施，逐步建立起适应市场体制的工作机制，节约"养人"成本，2014年，完成政府采购性演出121场，实现经营性演出88场。市财政将原来的"养人"经费转变成政府购买服务的经费，同时对经营性演出给予补贴。

公共文化服务体系建设。2014年，全市建成5个省级农民文化乐园、6个市级农民文化乐园并对外开放。完成11个公共电子阅览室建设任务，大力开展书吧建设试点工作。芜湖县获首批创建省级公共文化服务体系建设示范区资格，繁昌获港镇文化中心、无为石涧镇文化中心被确定为全省乡镇综合文化中心建设试点单位。全市7个公共图书馆、8个文化馆、5个博物馆(纪念馆)和44个文化站免费对外开放，市博物馆于2014年12月25日免费开放试运行。每个行政村每月放映1场公益电影，为农家书屋补充更新出版物9682册。通过政府采购方式，购买专业院团、民营院团的专业化演出，向每个行政村送正规演出不少于1场。

群众文化活动。2014年，组织开展丰富多彩的群众文化活动。组织全市性大型文化活动13场；打造精品儿童剧7台，演出42场次；开展首届文化惠民消费季活动。先后举办2014"我们的中国梦"文化进万家暨《春风绿江南》活动、党的群众路线教育实践活动文艺小分队下基层送演出活动、第29届新春联大赛、第六届"书香伴我行"征文和第三届原创诗歌征稿活动。开展2014年芜湖市党的群众路线教育实践活动主题文艺汇演、情暖农民工、送戏下乡进社区和中国梦文艺作品征集等系列群众性文化活动。组织优秀民营文艺表演团体开展"文化惠民、月月有戏"专场演出活动12场次。以春节等节庆活动为抓手，以"慰问外来务工人员""关爱留守儿童和孤寡老人"等为主题，组织"向镇村、社区、基层送演出"活动110场次。以市书画院、美术馆为主体，举办书画名家系列讲坛暨书画名家现场创作观摩活动和丹青"圆梦"——芜湖市2014年迎新年书画展活动；组织参加长三角美术馆联盟年会、首届南京都市圈书画作品展等展览活动。

文艺精品创作。组织开展"中国梦"文艺创作活动，全年共创作诗歌、散文、摄影等作品300篇(件)，并选送24件作品参加安徽省"中国梦"作品评选活动。继续抓好重点文艺项目长篇历史小说《石圣米芾》创作；新增长篇小说《明年三月去看海》等3个重点文艺作品创作。创作出版"五个一工程"图书3部、歌曲3首。长篇小说《戴安澜》获安徽省第十三届精神文明建设"五个一工程奖"，另有12件作品获安徽省文联"我们的沃土我们的梦"采风创作成果等级奖，13件作品获优秀奖；谈正衡、罗光成的散文入围第六届鲁迅文学奖"散文杂文"类别的评选；作品《心中的圣象》获"中国散文年会"二等奖。创作、编排优秀节目参加安徽省群星奖评选，获1个一等奖、4个二等奖、2个三等奖。黄梅小戏《进货》获华东六省一市戏剧小品大赛银奖；少儿舞蹈《留守娃》和《新天新地新农村》获第六届全国校园舞蹈汇演特等奖和银奖；相声《都是为你好》参加"中国梦"全国优秀节目推选活动，获二等奖；少儿相声《小女神灭黑客》获第六届全国少儿曲艺大

"我们的中国梦"文化进万家暨《春风绿江南》活动

赛三等奖;12件美术作品入选第十二届全国美展;青年书法家王仕如作品获首届“长江杯”全国书法作品展优秀奖;摄影作品《亦墨亦彩画徽州》获安徽省第19届摄影艺术展艺术类银奖;论文《现代中国文学海外传播与接受的差异性问题》在第九届中国文联文艺评论奖颁奖典礼暨第七届当代中国文艺论坛会议上获文章类二等奖。全年在省市级以上报刊发表小说、诗歌、散文等11125篇。出版长篇小说、散文集、小说集10部,其中皖版图书6部。

文化遗产保护。2014年,开展第一次国有可移动文物普查,古城内文物建筑进行维修,《历史文化名城保护规划》编制开展招标。对市境15处古遗址进行保护。繁昌窑遗址、皖南土墩墓群保护规划获国家文物局批复,人字洞遗址保护规划正在编制。做好非物质文化遗产的保护和宣传工作,“无为板鸭制作技艺”“张孝祥与镜湖的故事”入选第四批省级非遗名录。镜湖区获2014—2016年度“中国民间文化艺术之乡”称号,无为县无城镇获2014—2016年度“安徽民间文化艺术之乡”称号。

精神文明建设。培育践行社会主义核心价值观,打造芜湖好人馆,推进诚信制度建设,深化道德讲堂建设,评选表彰20名芜湖市第三届道德模范,产生“芜湖好人”148名、“安徽好人”86名、“中国好人”91名。开展“我的梦·中国梦”主题教育活动,建好、管好、用好63所乡村(城市)学校少年宫。广泛开展“讲文明树新风”公益广告宣传、文明交通、文明旅游、寻找最美家庭等讲文明树新风活动。“图说我们的价值观”图片报送工作被中宣部评为优秀。市文化馆全家福照相馆被文化部通报表彰为“全国基层文化志愿服务示范项目”。弋江区程志华获全国首批优秀五星级志愿者称号。芜湖文明网在全国地市排名前10名,综合成绩排名全省第一。2014年度,芜湖市先后获首届安徽省文明示范城市、第二届安徽省未成年人思想道德建设工作先进城市等称号。芜湖县、繁昌县、南陵县被评为首届安徽省文明县、第二届安徽省未成年人思想道德建设工作先进县,无为县被评为第三届安徽省文明县城;镜湖区、弋江区被评为第一届安徽省文明城区,鸠江区被评为第二届安徽省未成年人思想道德建设工作先进区。

【芜湖多部作品获省“五个一工程”奖】安徽省第十三届精神文明建设“五个一工程”奖(2012—2014年)入选作品于2014年12月31日揭晓,芜湖市选送的动画片《熊出没之年货》、小说《戴安澜》、黄梅戏《铁画记》榜上有名,芜湖市委宣传部获组织工作奖。无为籍作家吴兰波创作的长篇小说《戴安澜》,描写了戴安澜少年立志,投身国民革命、抗战救国的历程,融历史性、艺术性为一炉;黄梅戏《铁画记》由芜湖县黄梅戏剧团精心打造,以铁画为主题切入点,在继承传统和传承文化方面发挥了很好的作用;《熊出没之年货》则是一部贺岁动画片,秉承“寓教于乐”的理念,以幽默、娱乐的动漫手法传递快乐。

【芜湖广告产业园跻身国家级试点园区】芜湖广告产业园集文化创意、艺术展示、交易等功能于一体,占地面积41亩,建筑面积12.58万平方米。截至2014年年底,园区已入驻48家文化创意类企业。2014年4月,国家工商总局、财政部认定芜湖市广告产业园为国家广告产业园试点园区。芜湖广告产业园还被评为国家级动漫发展基地、国家级数字出版基地(芜湖园区主基地)和省级服务业集聚区。

【传统媒体和新媒体融合发展】芜湖市委、市政府多次召开专题会议,推进芜湖日报报业集团和市广播电视台开展传统媒体和新媒体融合发展工作。报业集团2014年7月成立新媒体发展部,8月《大江晚报》开通大江晚报网。9月“无线芜湖”客户端上线运行,集新闻资讯、社交娱乐和生活服务为一体,打造智能便捷的城市生活资讯和应用平台。同时推出芜湖日报官方微博、“芜湖日报今日看点”微信、“每日头条”微信,芜湖手机报提档提质扩容。报业集团将各种新媒体形式以二维码的方式进行集中,形成了“新媒体超市”,构建“报网一体化”传播模式,实现由“多媒”向“全媒”的过渡,打造新型主流媒体。“芜湖日报报业集团无线芜湖移动客户端项目”被省委宣传部列为全省媒体融合发展示范项目,报业集团被评为2014年省“传统出版转型示范单位”。市广播电视台在原皖江明珠网的基础上成立新媒体发展中心,推动全台新媒体建设和媒体互动融合工作,构建新媒体平台,打造移动终端。2014年10月,手机APP(“身边芜湖”客户端)正式上线运行,开发14个应用功能,全台有“交通经济广播”等13个微信公众号,日均阅读量10万人次以上,拥有粉丝约20万人,成为新的宣传平台和活动、广告载体,也是广电的新亮点和赢利增长点。

【“三线三边”环境治理工作全省领先】2014年,芜湖市以“四治理一提升”为重点,大力推进“三线三边”环境治理工作。成立工作领导小组,出台《关于开展全市“三线三边”环境治理工作的意见》。市委、市政府主要负责人多次主持召开工作会议,亲自上路督查调研,落实“线长”“边长”“重点长”负责制,实施月度考核奖励机制,考核结果纳入市政府年度目标管理考核，确保“三线三边”环境治理工作常态化。全省“三线三边”环境治理座谈会和繁昌县矿山环境治理集中宣传活动暨现场观摩会先后在芜湖市召开。《人民日报》、央视《新闻联播》先后报道芜湖市“三线三边”环境治理情况。

镜湖区

【文化概览】镜湖区是芜湖市的经济、政治、文化中心，面积121平方千米，人口60万，现辖10个公共服务中心、1个街道办事处。

文化事业和文化产业。2014年，镜湖区被国家文化部命名为2014—2016年度中国民间文化艺术之乡。全年举行大型群众广场文化演出活动300余场。有晨晚练点96个。完成44条健身路径的安装与更换。有文化法人单位580余家，6个聚集区集聚文化企业152家，就业1300人。芜湖大剧院9月启动演出；中国雨耕山文化创意产业园10月开园；大砻坊工业设计文化产业园2014年年底完成建设；堂子巷民俗文化产业园以及滨江造船厂、范罗山等一批新兴产业园加速谋划和设计。多个文化产业项目入选安徽省“861”工程。

文化惠民工程。2014年，公共文化场馆免费开放工作名列全市民生工程第一名。常年为20余支团体免费提供活动场地，开展各种群众性文化活动近百场。免费举办各类培训班500多场次。首创公共图书馆服务外包管理模式，办借书证1.5万张、借阅证计6900张。为73个农家（社区）书屋后期管养各补助2000元，建筑面积1.6万平方米的体育馆6月对外开放，确定每月8日为镜湖区全民健身日。

文化市场监督。完成220余家文化、新闻出版经营单位年检工作，其中网吧64家、娱乐场所60家、印刷企业26家、出版物零售单位70家。26家经营单位获行政许可，免费发放娱乐场所营业日志200余本。

精神文明建设。2014年，镜湖区获全省首届文明城区称号，7个社区被评为全省文明社区，22个单位被评为第十届安徽省文明单位。22名“镜湖之星”中，5人入选“芜湖好人”，1人入选“安徽好人”，1人入选“中国好人”。举办各类道德讲堂1120场，受众约6万人次。全年投入6300多万元创建经费（含“三线三边”环境整治），下发26期专项督查通报、22个会议纪要，整治广告标牌570块，建筑物立面出新1.6万平方米，新增绿化面积16万平方米。设置“三线三边”整治大型宣传广告牌80余块，中小型宣传广告牌200余块。高标准设置3380余块“讲文明树新风”“图说我们的价值观”公益广告和“遵德守礼”提示牌近5600块，制作8万余件文明小礼品发放给群众。镜湖文明网更新稿件1424篇。

镜湖区雨耕山酒文化创意产业园

志愿服务活动。全区有志愿者队伍306支，总人数60187人，占全区常住人口10.74%，全年开展各种志愿服务活动1700余次。培育11个社区星级志愿服务广场典型，区妇联爱心手工俱乐部恒爱温暖项目7年编织1021件爱心毛衣温暖1004名留守儿童、老人和困难群众，3个项目获评“安徽省我最感动的江淮志愿服务项目典型”。“一米阳光”志愿服务品牌效益日益增强。

【首创全省公共图书馆服务外包管理模式】镜湖图书馆2013年底投入使用，面积3500平方米，有综合、少儿、期刊、电子、典藏、视障人士等6个标准阅览室和自修室、读者沙龙、休闲阅览等现代阅读场所。藏书7.6万余册、期刊210余种、报纸54种、典藏图书2000册。

2014年，镜湖区通过公开招标，确定由市场文化企业主体承接镜湖图书馆运营管理。全年到馆逾27万人次，图书借阅81145册次，举办各类读者活动156场次，参与读者8000余人次。外包服务企业建立的图书馆网站总访问量近15万次，并与镜湖区10个社区及10个农家书屋合作建设镜湖图书馆"1+11"总分馆运营服务新模式，效果显著。

弋江区

【文化概览】弋江区位于芜湖市南部，辖7个街道办事处和南瑞社区公共服务委员会，设省级鸠江经济开发区。面积820平方千米，人口57万。境内有芜湖国家高新区和安徽师范大学等9所高校，是芜湖市科教、文化中心。

群众文化活动。2014年，全区开展各类文化活动858场，举办大型文体活动52场。依托传统节日和重大节庆日，针对不同群体组织开展不同类型的文化活动，将中华传统文化和社会主义核心价值观教育有效结合，寓教于乐。结合群众路线教育实践活动，重点开展"百姓过年看大戏"、春节民俗大巡游——"走马灯""关爱空巢老人"文化志愿服务、"敬老·爱老"走进养老院慰问演出、"莺歌燕舞马欢腾"元宵广场篝火舞会、"三下乡"文化大集市活动、"欢乐弋江"文化志愿服务社区行等一系列群众喜闻乐见的文体活动。黄梅小戏《清官陶土麟》获"中华颂"第五届全国小戏小品曲艺大展金奖。

公共文化服务。2014年，弋江区通过"送文艺下乡进社区""农家书屋走出门""文化志愿服务村居社区行""农村数字电影大放送""弋江金秋文化月""大学生嘉年华""快乐年华广场篝火舞会"等流动文化服务平台，建立起灵活机动、方便群众的流动文化服务网络。公共文化服务覆盖面有效扩展，资源利用率显著提升，城乡文化服务水平差异明显缩小。新式流动文化服务与文化馆(站)免费开放等阵地服务、信息化服务一起，成为公共文化服务体系建设重要组成部分。全区42个"农家书屋"每季度都要进行一次"走出门"活动，将"书屋"搬到人口聚集的村头巷尾基层点，不仅现场办理书刊借还、图书预约等普通服务，还能为读者现场查询信息、下载资料等，服务效益显著。2014年全区"农家书屋"书刊借阅达4.5万人次、10万册次。

文化产业发展和文艺创作。2014年，完成各类文化企业注册8个，尚在办理注册手续的有4个。2014年区入选芜湖市重点文艺作品30集电视连续剧《诡局》，由华君社影视文化传播(芜湖)有限公司主创，投资3000万元完成。区内槟国动画有限公司申报创作的《森林小镇》文艺作品入选省"四个一"文艺类项目。经评审筛选，弋江区芜湖辉天盛世网络科技有限公司、芜湖市安曼特微显示科技有限公司和芜湖新视听演艺中心3家企业入围2013年度"安徽民营文化企业100强"。

精神文明建设。2014年，弋江区开展道德教育实践活动。定期组织开展各级好人评选、道德讲堂展演活动。全年共评选出29位"弋江好人"、20名"芜湖好人"、3位"安徽好人"、1位"中国好人"。黄本刚、王二玲被市文明委授予"芜湖市第三届道德模范"称号，孟秀兰等3人获"芜湖市第三届道德模范"提名奖。全年举办道德讲堂522场，受众2.3万人。志愿服务活动常态化开展，"七色彩虹""爱心教鞭""春风雨露"志愿服务队和安徽师范大学新雷锋青年志愿者协会分别当选安徽省"感动江淮志愿服务"优秀项目典型和优秀集体典型。2014年，弋江区获"第一届安徽省文明城区"称号。

【群众文化活动树品牌】通过近几年的整合、提升，形成多个流动文化服务优质品牌。影响较大的有："人文荟萃耀弋江"芜湖市大学生嘉年华活动、弋江区"快乐年华"广场篝火舞会、弋江金秋文化月活动。大学生嘉年华已成为芜湖市颇具影响力的品牌活动。2014年举办第五届活动，历时近6个月，十多项主题活动竞相登场，受到大学生群体的广泛欢迎。弋江金秋文化月活动分为社区篇、企业篇、校园篇、

大型1890民生工程进社区活动(弋江站)在洪桥社区拉开帷幕

新农村篇4个主体部分，内容丰富多彩，参与人数近10万人次，是全区群众文化生活的一道盛宴。“快乐年华”广场舞会已成功举办3年，每年6场集中展示、比赛活动，引领群众健康生活方式，参与群众达数万人之众。

鸠江区

【文化概览】 鸠江区位于芜湖市东北部，辖4个镇、5个街道办事处，设省级鸠江经济开发区。面积697平方千米，人口48万。文化旅游资源丰富，有三国历史遗迹“蛟矶庙”，有方特欢乐世界、方特梦幻王国、方特水世界、方特东方神画、新华联老街等一系列高科技主题公园。方特欢乐世界为省级爱国主义教育基地，粟裕将军纪念馆为芜湖市青少年爱国主义教育基地和革命传统教育基地。

文化事业。截至2014年年底，全区拥有区级文化馆1个、图书馆1个，镇文化站4个，街道文化站5个，农家书屋73个，公共电子阅览室7个，体育场馆5300平方米。全年公共文化建设投入1435万元，举办大型群众性文化活动10场次，送文化下乡演出82场次，送电影下乡进社区915场次。

文化产业。2014年，全区文化产业总税收9206万元。芜湖方特主题公园游客达446.6万人次。全区文化创意企业313家，涉及广告、建筑设计、会展、培训、影视动漫、工艺品设计生产等多种业态，从业人员近1万人，其中国家级工艺美术大师1人，国家广告师4人。储金霞铁画获得“安徽省著名商标”称号。芜湖广告产业园被评为国家级动漫发展基地、国家级数字出版基地(芜湖园区主基地)、国家级广告产业试点园区和省级服务业集聚区、省级重点扶持文化产业示范园区(基地)。园区有国家级动漫企业2家；芜湖华强文化科技产业有限公司、芜湖影星巨幕有限公司、安徽省清泉广告有限责任公司被评为2014年度安徽省民营文化企业100强；芜湖影星巨幕有限公司获批全省重点扶持文化企业，公司的可折叠金属银幕项目获国家电影科技进步二等奖(一等奖空缺)。芜湖华强动漫出品的《熊出没之年货》《笨笨与机灵》《小龙侠》等动漫片在省级以上卫视播出。

精神文明建设。2014年，鸠江区获省第二届未成年人思想道德建设工作先进区；鸠江区沈巷镇获第三届安徽省文明村镇、第四届全国文明镇称号；鸠江区官陡街道星辰社区、清水街道清苑社区、湾里街道华强社区获第四届安徽省文明社区称号，其中星辰社区获第四届全国文明单位；安徽皖江物流(集团)股份有限公司、中交二航局第四工程有限公司等8家单位获第十届安徽省文明单位称号。鸠江区文明办分别获2014年度芜湖市身边好人推荐评选工作先进单位、2014年度芜湖市精神文明网络宣传工作先进单位。

【芜湖方特走出“文化+旅游+科技”发展模式】 2014年，芜湖华强文化科技产业有限公司的“文化+旅游+科技”发展模式越走越顺，拥有的3座主题公园(方特欢乐世界、方特梦幻王国、方特水上乐园)交相辉映、各具魅力，主题活动、演艺互动不断升级，正打造集科技文化、娱乐休闲为一体的世界级旅游胜地。2014年芜湖方特全新打造的红色中国年以吉祥、喜气的红色开启红红火火一年，绿色踏青季以清新、活力的绿色装扮生生不息的春天，黄色狂欢节以奔放、热情的黄色展开异域巴西风情。6月28日至9月8日连开的方特暑期档夜场全面升级；七夕当天，方特3园共接待游客6.8万人次，创下了方特在芜湖开业以来游客接待量的单日最高纪录。金秋时节，方特创意活动画面在中央电视台新闻联播中播出。

芜湖方特

三山区

【文化概览】三山区面积276.1平方千米,人口15.4万,辖峨桥镇和3个街道办事处。三山区经济开发区是芜湖承接产业转移集中示范园区,三山物流园为省级现代服务业集聚区。

三山历史悠久,商周时期就有人类在此繁衍生活,留有三山大神墩、新淮磨盘墩等人类活动遗址。明代上中叶,三山老街、峨桥老街建成,呈现出水路交通畅达,陆路官道连通,舟行日盛,商贾如云的繁荣景象。

文化事业和文化活动。2014年,三山区开展以“我们的中国梦”为主题的送文化活动,采用歌舞、曲艺、戏曲等多种形式,将文艺演出送到村、社区以及建筑工地、职工宿舍区、外来务工人员集中居住区,全年送戏60多场,观众达7万余人;送电影580场到村居、学校、企业,观众达10万余人次。举办第三届社区文化节,围绕“筑梦三山·圆梦中国”的主题,组织开展广场舞大赛、“三华杯”中国象棋赛、大型公益相亲会、趣味运动会、“三山好声音”大赛、首届“中国梦”汉字情家庭汉字听写大赛、美食文化节、“唱响中国梦”企业文艺汇演等活动。

公共文化建设。建设中的三山区文化馆、图书馆总建筑面积12794平方米,2014年年底主体工程已经完工,内部装修进入设计招标阶段。建成文化信息资源共享工程区级支中心,所有村(居)委会均建成了文化信息资源共享工程基层服务点,并配备40多万元的数字投影仪等设备和公共电子阅览室。全区1镇和3个街道均建有标准化的文化站,4个综合文化站面积均达到500平方米以上,并配备8名专职工作人员,拥有文化信息资源共享活动室、书刊阅览室、会议室、老年少儿活动室、多功能厅及室外健身广场等多功能活动场所。全区44个村(社区)均建有文化活动室和农家书屋,部分村建有标准篮球场、室内外乒乓球台、健身路径等。

文化产业。2014年,建立三山区特色文化产业项目库,三山区围绕龙窝湖、响水涧、莲花湖,加大文化产业招商引资引智力度,开发建设三华山奇石博览园,项目建成后将形成一处国家4A级文化旅游观光景点。

精神文明建设。2014年,开展身边先进典型、道德模范推荐活动,陶芳秀当选芜湖市第三届“道德模范”,李本军、许雷入围提名,洪洋平等4人被评为“芜湖好人”,奇瑞重工公益收割队被评为安徽省江淮志愿服务先进集体。在社区、广场等地广泛设立“善行义举榜”,弘扬凡人善举,营造“向身边的好人学习”的良好氛围。开展年节慰问、帮扶困难好人活动,形成“好人有好报”的价值导向。弘扬传统文化,以春节等传统节日为契机,开展红红火火过大年、灯谜灯会、“包爱心粽、送爱心粽、过亲情节”、经典诵读、“网上祭英烈”等活动,深化“我们的节日”主题活动。突出宣传中国梦、核心价值观、爱党爱国,宣传传统美德,宣传生态文明,宣传中华礼仪。开展寻找“最美家庭”和孝老爱亲创评活动,深入宣传新24孝活动内容,倡导树立乡村文明新风,营造全民遵德守礼的社会风尚。全年发放5万份宣传品,制作文化口杯2万只,发放《致市民一封信》7万份,印发《中华道德文化经典荟萃》手册2万份,建设“中国梦”、核心价值观宣传大型户外广告牌40余块,真正将社会主义核心价值观融入到群众心中。

【三山区举办第三届社区文化节】三山区第三届社区文化节从2014年5月开始,至12月结束,历时8个月时间。文化节既有传统的广场舞大赛、中国象棋比赛、大型公益

2014首届安徽省广场舞大赛芜湖市专场比赛中的三山区广场舞队

相亲会、趣味运动会，又增设“三山好声音”大赛、首届“中国梦、汉字情”家庭汉字听写大赛、美食文化节、“唱响中国梦”企业文艺汇演，突出时代性、群众性和参与性，累计观众超过3万多人次，受到干部群众欢迎。《人民日报》《安徽日报》、安徽电视台和《芜湖日报》《大江晚报》、芜湖电视台等多家媒体给予了报道，不仅提升三山区的知名度和影响力，而且成为三山区文化活动的一个响亮品牌。

无为县

【文化概览】无为地处皖中，素称“鱼米之乡”，是全国闻名的“电缆之乡”“劳务之乡”。面积2083平方千米、人口121.4万，辖20个乡镇，设2个省级经济开发区。2014年该县再次获“安徽省文明县城”称号，“无为民歌”“灯舞(无为鱼灯)”分别入选国家第一批、第三批非物质文化遗产名录，“无为剔墨纱灯技艺”入选安徽省第一批非物质文化遗产名录。

群众文化活动。2014年，县直各文化单位组织文艺下乡演出30余场，送电影进社区20余次，送书1.4万余册到贫困山区，组织程鹏山水画展、无为籍中国书法家协会会员书法展以及各类书画、摄影作品展20余次。举办“万厦城市经典·无为金声”全民歌唱大赛、“书香芜湖阅读季”、无为县首届老年人健身运动展演、广场舞大赛等系列活动，参加人数达数千人。

文艺精品创作。创作现代庐剧《好支书王坤友》，在无为县及全市巡演；原创音舞快板《团结奋进再扬帆》获全市党的群众路线教育实践活动主题文艺汇演最高奖——优秀创作奖和优秀表演奖；幼儿舞蹈《赛龙舟》获“六一”少儿文艺调演省“三等奖”、市“二等奖”；新创舞蹈《芝城欢歌》《三妹赶集》获“美好安徽舞起来”首届安徽省广场舞大赛三等奖。新创作品庐剧《风雨丽人》、短篇小说《寻觅大同世界》、中篇小说《雌雄同体》、组诗《无为情·中国梦》等。

文化惠民工程。完成无城镇同心社区、五华社区和文景社区电子阅览室建设并投入使用。米公祠文化主题公园规划设计方案通过评审、论证。县文化活动中心前期建设准备工作完成。县文化馆、图书馆、米芾纪念馆及20个乡镇综合文化站免费开放。米芾纪念馆年接纳游客3万余人次，图书馆年接待读者32.5万人次，文化馆全年组织文艺演出40余场、展览10余场。

文化体制改革。县电影公司大江、襄安两家电影院改制工作全面结束。农村老放映员政策待遇落实到位，完成工龄补助的认定和发放。出台《无为县文化产业扶持政策意见》，设立500万元的文化产业扶持发展引导资金，对文化产业在税收、土地、人才等方面予以扶持。

文化遗产传承利用。举办《“濡水情”首届无为民俗文化艺术展演》大型特色文化系列活动，春节期间集中展演鱼灯、板龙灯、剔墨纱灯、庐剧等。完成市级文物保护单位六洲暴动旧址及胡竺冰故居的维修工程和室内布展工作，落实和推进省级文物保护单位周氏宗祠维修工程。完成全县8家国有文物收藏单位的文物认定登记工作，登录上报文物200余件，争取20件(套)馆藏文物漆木器脱水保护和修复项目。

【现代庐剧《好支书王坤友》在全市巡演】现代庐剧《好支书王坤友》生动地再现无为县蜀山镇建安村村支书王坤友扎根基层、情系群众，在平凡的岗位上为老百姓无私奉献的感人事迹，塑造了一位具有时代特色的共产党员的光辉形象。作为全市党的群众路线教育实践活动的一项重要内容，《好支书王坤友》在全市各县区巡演。演员们用精湛的表演将王坤友“永不松套的老黄牛”形象表现得淋漓尽致，感染了每一位观众，获得社会各界的广泛好评。

现代庐剧《好支书王坤友》巡演

芜湖县

【文化概览】芜湖县面积670平方千米,人口36.85万,辖5个镇,曾先后获全国科技进步先进县、群众体育先进县、计划生育优质服务先进县、农村社区建设实验县,安徽省双拥模范县、社会治安综合治理模范县、科学发展先进县一类县,县域经济竞争力百强县、全国文化先进县。

文化遗产和文化产业。芜湖县有战国末楚王城遗址等4处省级重点文物保护单位。六郎镇八社神灯为省级非物质文化遗产,胡德双为省级非遗传承人。对馆藏文物完成县级层次的可移动文物平台录入工作。编辑出版《乡村怀想》《水乡记忆》《风雨行》等著作。推进红杨汽车休闲运动文化产业、芜湖明达网络文化创意产业等文化产业项目。

公共文化建设。2014年,公共文化建设投入2026万元,主要用于省级公共文化服务体系示范区、公共电子阅览室、社区文化广场等建设以及文化馆、图书馆、综合文化站、农家书屋等养护补助。县图书馆文献总藏量54.28万册,读者15.8万人次,图书外借14.9万册次;年新增购书1.6万余册、电子图书40万册、视听文献837种,征订报刊615种。

文化民生工程建设。建成花桥镇横岗社区公共电子阅览室和13个美好乡村建设点文化休闲广场。县图书馆、文化馆、镇综合文化站、村(社区)农家书屋实行免费开放,接待群众23.56万人次。文化信息共享工程基层服务点每月播出4次以上,农家书屋书籍更新1.32万册,每村每月放映1场公益电影计1344场,农村文艺演出235场次。全年开办少儿、成人培训班218个,招收学员3145名。全年送文化下乡进社区30余次,送图书3500册、年画1000张、黄梅戏176场、春联3000余副,展出书画作品400余幅、新闻图片近1000件,累计服务群众30余万人次。举办30场次“颂祖国、促和谐、共筑中国梦”为主题的系列大型群众文化活动,参与群众达4000余人次。

精神文明建设。文明创建再获殊荣,被评为安徽省首届文明县、安徽省第二届未成年人思想道德工作先进县、全国文明县城。开展芜湖县第三届道德模范、“大美沚津——最美人物”“学雷锋标兵”和“学雷锋示范点”等系列评选表彰活动,产生道德模范和身边好人120多人、省市级30多人。全年开展道德讲堂及总堂活动510场,受众62000多人次。湾沚镇及六郎镇永和村再次获“全国文明村镇”;六郎镇、湾沚镇津元村、陶辛镇沙墩村获第三届安徽省创建文明村镇工作先进村镇;县国家税务局、县人民检察院、县地方税务局、县人力资源和社会保障局、县人民法院获第十届安徽省文明单位;湾沚镇东湖社区、民主社区获第四届安徽省文明社区。

【芜湖县多部戏剧、音乐作品获奖】 原创黄梅戏《铁画记》获省“五个一工程”奖。戏剧小品《送礼》、音乐《月上西河》和广场舞《芜湖情思》获省群星奖一、二等奖和优秀奖。黄梅戏《江姐》参加全省民营剧团优秀剧目展演。黄梅小戏《回访》参加全省小折子戏调演,获优秀剧目奖、3个表演二等奖(赵阿娜、朱赟、张丹)、导演三等奖(张文乔、曹帮萍)。舞蹈《醉鼓》,获安徽省一等奖,全国三等奖。

【芜湖县完成省级农民文化乐园试点建设】 2014年芜湖县作为省农民文化乐园建设试点县之一,确定湾沚镇三元村杨村中心村、陶辛镇白沙村东莞中心村等2个中心村为省级农民文化乐园建设点,分别投入230余万元、160余万元,按照“一场两堂三室四墙”的要求高标准完成建设。

芜湖县六郎镇

繁昌县

【文化概览】繁昌县位于安徽省南部，辖6镇、1个公共服务中心，面积590平方千米，常住人口30万。繁昌西汉建县，距今有2100多年历史，有人字洞遗址等3处全国重点文物保护单位，省级文物保护单位4处，省级非物质文化遗产4项。先后获得全国文明县城、全国文化先进县、全国科技进步先进县、全国社会治安综合治理先进县等称号。

文化产业、文化事业发展。推进繁昌窑遗址文化公园建设，遗址保护规划获国家文物局批准。马仁奇峰入选安徽省民营文化企业100强。举办2014首届中国“繁昌窑”陶瓷创意设计大赛。县图书馆和文化馆新馆投入使用，博物馆主体工程竣工，展陈设计完成。孙村镇中分村省级农民文化乐园建成并投入使用。

文化活动。先后组织“美丽繁昌·圆梦中国”纪念新中国成立65周年暨践行党的群众路线文艺汇演等系列文化活动、“我们的中国梦·元宵猜灯谜”“美丽繁昌·美好家园”摄影展、完成《繁昌窑文化的历史影响》课题研究。出版《萧云从太平山水诗画繁昌卷》《繁昌历史与文化》《美丽繁昌》画册以及文学作品《远去的岁月》《鲁迅的圈子》等。

外宣工作。加强与中央、省、市主流媒体合作，邀请其到繁昌进行考察、采访、调研。2014年，中央、省、市各类媒体刊播繁昌的报道1500余篇（条）。2014年7月18日，中央电视台《新闻联播》以《安徽：推进“三线三边”环境整治》为题报道繁昌县废弃矿山复绿工作。县委县政府先后制定《繁昌县突发事件新闻报道工作应急预案》《繁昌县新闻发布和新闻发言人制度》《新闻宣传工作会商制度》。与人民日报社《思想理论动态参阅》联合举办“县域经济发展与基层社会治理·繁昌实践”研讨会，邀请有关专家作主旨发言。

精神文明创建。县文明程度指数年度综合位居全市第一。获第一届安徽省文明县(市)和第二届未成年人思想道德建设工作先进县称号。广泛开展以“微笑、真情、文明、敬业、满意”为主题的亲切服务活动。深入开展道德实践主题季活动，印制、发放、张贴10000份宣传画，制作广告展板近1000平方米。推荐入围“中国好人”候选人5人，当选“安徽好人”2人，获“安徽好人”提名奖3人。开展道德讲堂956场次，受众39071人次。举办繁昌县首届乡村学校少年宫少儿绘画展览、第四届繁昌县“美德少年”评选活动和青少年爱国主义读书教育系列活动。开展“五好文明家庭”标兵、“平安家庭”“十大女杰之巾帼微笑天使”评选活动。全省矿山环境治理暨现场观摩会、全市公路沿线及铁路沿线环境治理现场会等在繁昌召开。

【繁昌县图书馆获评中国“最美基层图书馆”】繁昌县图书馆现有馆藏图书10.2万册，数字资源12TB，开设9个对外服务窗口，日均接待读者679人次，借阅书刊1024册次，接办咨询服务19次；年播放视频文献552场2.6万人次，网站年度点击率9.2万次，为基层交流图书1.5万册，数字资源约1TB，组织业务技术培训96期1530人次，编印赠阅《信息摘要》24期5万册次；组织开展阅读推广活动360期次，受众10万人次，逐步形成春谷讲堂、实用技能网培课堂、灯谜会、全民读书月、信息摘要等品牌读书文化活动。实现文化信息资源共享工程城乡全覆盖，建立繁昌县数字图书馆平台和公共电子阅览室，建立城乡图书馆业务、网络远程监控综合管理平台，完成11个总分馆106个基层服务点建设，实现读者证城乡“一卡通”。2014年10月10日，繁昌县图书馆被文化部授予首批“最美基层图书馆”。

【繁昌窑遗址入选2014年中国重要考古新发现】2013年10月，安徽省文物考古研究所与繁昌县文物局联合对繁昌窑遗址进行大规

繁昌窑遗址

模发掘，历时12个月，发掘面积1200平方米。通过发掘，发现工棚、道路、水沟、储泥池等功能设施较为完整的作坊遗迹；同时还发现了中国窑业史上最早的分室龙窑以及高等级房址和大量精美的瓷器标本。经国家文物局组织专家评选，“安徽繁昌窑遗址”入选2014年中国重要考古新发现。

南陵县

【文化概览】南陵县位于安徽省东南部，辖8个镇，面积1263.7平方千米，人口55.3万。南陵境内遗有大工山铜矿遗址等3处全国重点文物保护单位。诗仙李白曾三度寓居于此，留有《南陵别儿童入京》等诗作18篇。“目连戏”“十兽灯”“送春”和“大王佛香加工技艺”入选省级非物质文化遗产名录，列入县级非物质文化遗产保护名录有41项。

公共文化建设。截至2014年年底，有文化馆、公共图书馆、博物馆、青少年活动中心、文化公园、老年人文化活动中心各1个，镇级综合文化站8个，农家书屋162个，城区文化体育广场1个，标准化体育场1个。建成1个县级文化信息资源共享工程支中心和9个公共文化信息化建设服务点。

群众文化活动。2014年，先后举办第六届中国(南陵)江南牡丹文化旅游节，中华人民共和国成立65周年“共筑中国梦”群众广场文艺演出、南陵县黄梅戏调演活动、“欢乐春谷大舞台”美好乡村行、“走复兴路·圆中国梦”中学生演讲、小学生讲故事比赛等大型文化活动40余项，服务群众20余万人次。以县“三馆”为龙头，开展主题展览、读书演讲、龙舟赛、灯谜会、节庆文艺晚会等各类社会文化活动300多场次。组织开展“送戏下乡”演出活动200多场，放映电影1884场，组织开展第二届“鲁班杯”环浦西湖自行车骑行友谊赛、许镇龙潭湖钓鱼比赛、业余男子篮球联赛等一系列群众体育活动20余项。举办5期非遗文化进校园活动，完成了1名省级、5名市级非物质文化遗产代表性传承人的申报。启动徐家大屋、城区古桥等古建筑修复工程，可移动文物普查数据录入已经完成200余件。配合安徽省文物考古研究所对铜南宣高速公路出土的文物进行修复和资料整理，对弋江镇铁拐村古墓进行抢救性发掘，完成全国重点文物保护单位牯牛山古城保护规划立项申报工作。

文化民生工程。2014年，建成1个公共文化服务信息化建设服务点。完成40个20户以下通电自然村有线广播电视“村村通”工程，项目区覆盖人口2027人，涉及农户575户，入网用户355户，入户率61.3%；建成17个农民体育健身广场。

精神文明建设。推进公民道德建设，开展“友善季”“敬业季”“诚信季”“爱国季”等道德实践主题季活动和“我推荐、我评议身边好人”活动。评选出“南陵好人”62人，入选“芜湖好人”18人，王新发当选“中国好人”，胡太平、余翠华当选芜湖市第三届道德模范。开展道德模范巡讲活动，举办广场道德讲堂活动。健全完善道德模范和身边好人激励帮扶机制，帮扶各级模范、好人186人次；组织参观安徽好人馆和美好乡村建设点等。以“邻里守望”活动为主题，大力开展社区家政、心理疏导、医疗保健、法律援助等志愿服务活动。先后于6月、10月分别举行爱心驿站、践行核心价值观暨结对助学志愿服务活动启动仪式。县春雨文化志愿服务队、“牵手成长”爱心助学志愿服务项目分别入选安徽省“感动江淮”优秀志愿服务典型(项目)。推进未成年人思想道德建设，召开全县未成年人思想道德建设工作联席会议，表彰6所优秀乡村学校少年宫。2014年，南陵县首次获安徽省文明县、安徽省未成年人思想道德建设工作先进县。

【铁拐宋墓入选2014年度“中国十大考古新发现”候选名单】2014年6月14日，在南陵县弋江镇铁拐村

铁拐宋墓考古发掘

农田改造平整过程中，发现古墓。省文物局和省考古所派出专业人员对铁拐古墓进行抢救性考古发掘。两座墓葬均为竖穴土坑灌浆双棺墓，相距约2米。其中墓1保存较好，有三合土保护层。呈长方形，约长4.8米、宽2.5米、残高1.7米，厚度0.5米；墓2为异穴合葬墓，两墓之间以熟土墙相隔，墓穴正上方各有一处盗洞，结构与墓1基本相同。此次考古发掘共出土文物200余件（套），其中众多的纺织物、完整的木俑及房屋、家具组合等在全国是首次发现，填补了安徽省宋元考古工作中的空白。南陵铁拐宋墓入选2014年度“全国十大考古新发现”候选名单。

铜陵市

【文化概览】铜陵市位于安徽省中南部、长江中下游，辖1个县、3个区，有1个国家级开发区和3个省级开发区，面积1200平方千米，人口73.78万。是国家卫生城市、全国全民健身示范市、全国科技工作先进市、国家园林城市、全国双拥模范城。有重点文物保护单位国家级1处、省级5处，有中国历史文化名镇1个、国家级自然保护区1处、省级风景名胜区1处、省级森林公园1处、4A级景区(点)1处、3A级景区(点)2处。列入省级非物质文化遗产名录5项，省级非遗传承人4人。

精神文明建设。2014年，获首届安徽文明示范城市称号。评选产生10位全市道德模范和52位“铜陵好人”，其中王绪宏、胡锡福、唐光德和沈承学、段兴宝、杨河清等入选“中国好人榜”，百万人“中国好人”当选率位居全国前列。深入县区、企业、学校举办道德模范与身边好人现场交流活动6次。投资100多万元，建成“铜陵好人馆”，当年有4万多人次参观学习。评选出18名市第二届“美德少年”和10名市首届“小孝星”。铜陵市获全省爱教读书活动组织工作一等奖，并获第二届安徽省未成年人思想道德建设先进城市。推进志愿者服务制度化，制定实施意见和管理办法，全年当选江淮志愿服务典型5例，“千人千愿·微爱圆梦”获首届中国青年志愿服务项目大赛银奖。制定推进诚信建设制度化实施意见，建立诚信建设联席会议、诚信“红黑榜”发布制度。开展“讲文明树新风”和“图说我们的价值观”公益广告宣传，在城区66家建筑工地围挡设立公益广告4000余块，15条主干道沿线围墙设立5000余块。

铜陵风光

文化体制改革。成立深化文化体制改革专项小组，拟定《铜陵市深化文化体制改革实施方案》，提出39项重要改革举措，完成29项年度改革任务。开展文化体制改革“回头看”，启动市文化馆、博物馆、图书馆等公益性文化单位组建法人理事会试点工作，推动市广播电视台实施频率频道制改革。

文化产业。2014年，全市文化产业增加值12.65亿元，比上年增长11%。省政府文化产业考核排名全省第九，比上年前移5个位次。实施铜文化创意与研发设计推进计划，启动首批5个项目扶持工作，核拨扶持资金780万元。开展与台湾等两岸四地文化创意产业的交流合作，成立铜陵(海峡两岸)铜雕艺术研究院“铜艺产业发展与教育联盟”。参与全省文化惠民消费季活动，成功举办“中国书画名家走进铜都”邀请展，“五看”活动刷卡4万余次，吸引近10万人参与，直接拉动文化消费超1000万元。极地海洋世界、嘉华儿童城堡、万象文化创意园、西联乡古民居等一批新项目建成；铜陵市现代信息服务业基地、飞越文化中心主体完工；大通古镇修缮等重点工程开工。大通镇获批国家第六批“中国历史文化名镇”，红星铜艺有限公司“铜官府”铜工业文化产业园项目、青铜时代雕塑公司“基于多彩渗透热着色技术的彩铜工艺”分别入选国家文化部特色文化产业项目、科技创新项目，铜陵百舟网络科技公司蝉联国家文化出口重点企业，天井小镇文化旅游区获评省级重点扶持的文化产业园区。铜陵天井小镇实业有限公司、安徽逸伦正元科技有限责任公司、铜陵市金时代科技有限责任公司、铜陵百舟网络科技有限公司、铜陵红星铜艺有限公司、安徽新视野科教文化传播有限责任公司、铜陵新九鼎文化产业有限公司、铜陵金蜗牛艺术品有限公司8家单位入选2014年安徽民营文化企业100强。有17个续建、新建文化产业项目列入省“861”项目投资计划，全年完成投资24.6亿元。

文化民生工程。全面建成四级公共文化服务设施网络体系，乡村综合文化站、农家书屋、社区文化家园等文化设施实现全覆盖，7个公共电子阅览室、26个公共文化场馆全部实行免费对外开放。市博物馆新馆、市体育中心建成运行，2个省级和5个市级农民文化乐园试点建成。全年核拨57万元作为市公益性文化协会资金专项用于19家公益性文化协会开展活动。开展“清源”“净网”“秋风”3个专项行动，加强对文化市场的整治，净化社会文化环境。全年累计检查经营单位4080家次，查办各类违法违规案件39件，查处的“DJ疯吧音乐网”案件，获国家版权局查处侵权盗版案件有功单位三等奖。

群众文化活动。2014年，先后举办新年音乐会、春节文艺晚会、网络春晚、第八届社区文化活动月、第六届全市农村文艺调演、全市反邪教文艺汇演、党的理论政策百姓说唱团巡演等重大公益性文化演出60余场次。全年农村公益电影放映1767场，开展“送戏进万村”巡演137场。市图书馆完成图书流转、配送6000册以上，与市看守所共建流动图书服务点。举办各类公益性培训班432班次，免费培训2.2万人次。举办庆祝新中国成立65周年诗书画展、铜陵市书法精品晋省展、“热爱祖国·拥抱民俗·圆梦铜都”民间工艺品精品展、铜陵市首届篆隶书法展、铜陵本土美术家作品展、世界青少年(首尔杯)音乐乐器铜陵赛区选拔赛等文化交流活动30余场次。

文艺精品创作。歌曲《激情皖江》和电影《第一次牵手》获安徽省第十三届精神文明“五个一工程”奖(并获组织工作奖)。《廉镜》获省“群星奖”声乐类一等奖，《凤丹情》《敬老院里的妈妈们》分别获广场舞和舞蹈类二等奖，无伴奏合唱《悯农》获合唱类三等奖。黄梅戏《昭君泪》获安徽省小戏折子戏调演优秀剧目奖第一名，主演王丽娟获表演一等奖。创排节目铜陵民歌《牛歌》获皖江8市群艺(原生态民歌)大赛一等奖，《水乡妹妮》《顺着山坡种牡丹》获二等奖。书画作品《野水千年》《志在新奇无定则》入选《艺术中国——2014中国画名家走进联合国艺术大展》，29幅草书作品入编《翰墨丹青——中国当代书画篆刻家》丛书，2幅作品入展“第五届安徽美术大展中国画作品展”，3位画家作品入选“安徽老美术家作品邀请展”，5名书法爱好者作品入选“安徽书坛第十二届新人新作展”。首次结集出版铜陵本土作家文学精品《铜陵作家文库》。开展全市第二届宣传思想文化领域拔尖人才评选，方培虎、邵军、叶平、过仕宁、朱斌峰、王丽娟、薛焕刚、王咏莉、姚金龙9人获“拔尖人才”称号，胡进、孙长江、钱娟、刘志宏4人获“青年拔尖人才”称号，于洪水、朱进、汪春锋、徐楠4人获“拔尖人才”提名奖。

网络文化建设。注册并开通“精彩铜陵”微信公众账号，完成新华网安徽频道新闻客户端建设。组

铜陵市暨郊区第八届社区文化活动月

织召开网络知名人士和新媒体建设与发展座谈会，举办"幸福铜陵·放飞梦想"微博比赛和第二届网络春晚，官塘社区获"安徽省文明上网先进社区"称号。与人民网、中国经济网、腾讯网沟通，开展书记专访、社会治理微访谈和户籍制度改革专题报道。组织开展"绿化提升看铜都""重点工程e路行"等6场"网友看铜陵"主题系列活动。编报《互联网舆情》96期。开展网上淫秽色情及低俗信息清理等专项行动，清理有害信息20余条。"铜陵发布"政务微博获腾讯网"2014华中政务微博传播力奖"，铜陵市获新华网"全国城市网络形象排行榜政务网络形象奖"。

新闻宣传和媒体建设。组织党的十八届四中全会精神、群众路线教育实践活动、全面深化改革、创建全国文明城市、绿化提升和美好乡村建设、"城市转型 干部先行"专题讨论等重大主题、重要活动和中心工作的宣传报道。组织开展"行进中国·美丽铜陵·精彩故事"专栏专题报道。与《华夏周报》《欧洲时报》《侨报》等保持战略合作关系，推出宣传专版20多个。全年在中央、海外和省级新闻媒体发稿3000多篇。组织"深化改革、转型发展——皖江城市广电媒体联合采访"等大型采访活动。凤凰山景区入选央视"寻找最美花园"大型旅游节目，纪录片《牡丹》在央视1套、9套播出。12篇作品获2014年度安徽新闻奖和安徽广播电视新闻、播音主持等级奖。正式开通铜陵网络电视台。

【铜陵市获第一届安徽省文明示范城市称号】2014年，铜陵市围绕"让城市更靓丽、让市民更幸福"的目标，深入开展夏季百日攻坚、城乡共建、"三线三边三小"等系列专项行动，城乡环境和基础设施得到明显改观。2014年12月，获首届安徽省文明示范城市称号，并获第二届安徽省未成年人思想道德建设工作先进城市。

【《铜陵作家文库》结集出版】2014年，市文联会同市作家协会筛选12位铜陵市作家文学精品，第一次结集出版《铜陵作家文库》12卷本，由著名作家潘军作序，由合肥工业大学出版社出版发行。

铜官山区

【文化概览】铜官山区位于铜陵市西南部，是铜陵市的主城区，是全市政治、经济、文化和商业中心。面积36.4平方千米，人口30万，辖18个社区。

公共文化建设。新建、改建石城广场、鹞山文化广场等多个室外文化广场，新建学苑社区、横港社区2家电子阅览室，扩充社区舞蹈房、多功能室等活动场所。年底，全区室内活动场所已超过1.4万平方米，户外活动场所达49万平方米。有舞蹈、戏曲、书画、园艺等各类文化艺术团体44个，各类文艺人才近2000人，文化辅导员56人，文化志愿者近1000人。

群众文化活动。组织开展第13届社区文化活动月，集中展示全区大众文化成果，开展群众性文化活动百余场次，参与群众达20万人次。鼓励和引导各社区打造"一社一品"文化精品项目，定期开展书画展、广场文艺演出等普及型大众文化活动，社区"金婚庆典""阳光书画院""百家宴"等文化品牌特色彰显。组织专业骨干力量创作出《你我铜乐》《凤丹花开插秧忙》等原创舞曲。铜官乐大舞台获安徽省群众文化辅导优秀项目称号，季爱萍、陈晓梅获省优秀群众文化辅导员称号。

精神文明建设。2014年，评出"铜陵好人"8位，2人当选"中国好人"。举办"道德模范、铜陵好人迎春座谈会暨道德讲堂"教育活动，承办道德模范和身边好人"走进铜官山"活动。组织开展经典诵读展演、第四届优秀童谣评选和首届"小孝星"评选活动。推进"铜都讲坛·铜官山讲座"建设，举办各类讲

铜官乐大舞台

座1000余场次,受众达7万余人,以人民社区、学苑社区为试点,推进铜官山讲座菜单式服务。官塘社区获全省文明上网先进社区。

文化产业。金时代科技有限公司获全省民营企业100强称号,大铜官山公园项目入选2014年省“861”项目库。

【铜官乐大舞台被评为省群众文化辅导优秀项目】大舞台以“挖掘地域文化、展现城区魅力、共享文化盛宴”为主题,通过日常展示与集中汇演相结合,开展一系列以群众为主体的文化服务活动,达到“月月有活动,季季有高潮”的良好效果。组织红色电影进社区、我爱我家书画展、广场文艺演出、黄梅戏专场演出、经典诵读大赛、广场腰鼓联谊赛、手工制作比赛等社区文化活动,切实为群众打造一个自我展示的公共文化舞台。

狮子山区

【文化概览】狮子山区位于铜陵市主城区东部,面积59平方千米,辖1个镇、1个办事处、5个社区;设1个省级高新技术产业开发区,区内驻有11个省属大中型企业,人口10万。

公共文化建设。新建810平方米的区文化馆和860平方米的区图书馆正式投入使用,图书馆拥有藏书近2万册,达到三级馆标准。区文化信息资源共享工程支中心建成并投入运行。11个社区图书室及电子阅览室,配有120台电脑及投影仪、乐器等文化器材,拥有各类图书和光盘近3000册(碟)。13个农家书屋,拥有图书和光盘近18000册(盘)。西湖镇乡镇综合文化站使用面积近600平方米。筹资新建西湖镇农林村文化大舞台和东郊办联盟社区、铜霞社区舞蹈房。

群众文化活动。先后举办第六届机关职工迎新春联欢会、第八届社区文化活动月、“文化惠民、文化乐民”精品小戏进基层展演、喜迎国庆65周年文艺演出、西湖镇第二届农民广场舞大赛、狮子山区第六届农村文艺调演等文化惠民活动。西湖镇获全省广场舞大赛铜陵片区比赛一等奖。组织开展“广场舞培训班”“剪纸艺术培训班”“基层文化骨干培训”“图书漂流”“好书荐读荐购”“摄影知识讲座”等文化培训和文化交流活动50余次。全年文艺演出进农村13场,播放公益电影156场、民生宣传片38场。

文化产业发展。2014年,全区民营文化及相关产业企业法人单位数为98家,比上年增长7.69%;规模文化及相关产业法人单位数量为2家,增速100%;入选全省民营文化企业100强企业1家。文化产业增加值1.07亿元,增长21.59%;文化产业增加值占全区GDP比重达2.05%。铜陵市博物馆、华侨文化城、飞越文化城、澳中体育文化休闲中心、铜陵市群众艺术馆、中国铜陵博古根雕艺术城、皖南明清经典建筑博览园暨古玩艺术品市场、智育城文化产业综合开发、少年儿童文化园9个文化产业项目入选省“861”项目,投资总额为68亿元,2014年完成投资8.95亿元。

精神文明建设。2014年,狮子山区共评选产生楼栋好人165人,小区好人70名,社区好人64名,区好人24名,铜陵好人6名,胡锡福当选“中国好人”。全区共建各类“道德讲堂”48个。开展“学雷锋”志愿服务活动,组织关爱空巢老人、关爱留守儿童、关爱残疾人、关爱农民工和关爱社会志愿服务活动160余次,参加志愿服务人员达1590余人次。铜霞社区陈克雨当选省“江淮志愿服务之星”,区西湖春晓小学“快乐午留生”志愿服务项目获省“江淮志愿服务”优秀项目。

狮子山区社区居民广场舞

【狮子山区公共文化服务体系建设成效初显】2014年,狮子山区实施了区图书馆、区文化馆的面积提升与功能拓展工作,新建成东郊办天山社区、凤凰山社区凤凰山便民服务点两处电子阅览室,建成西湖镇农林村农民文化大舞台和文体广场,为11个社区电子阅览室更新阅读管理软件,为13个行政村农家书屋更新图书1456册。由区文化馆、区图书馆、区文化资源共享支中心、11个社区图书阅览室、11个公共电子阅览室、13个农家书屋和西湖镇综合文化站组成的狮子山区公共文化服务体系初步形成。

郊　区

【文化概览】郊区地跨长江两岸,贯穿皖江四市,区域面积260平方千米,辖1个乡、2个镇、2个办事处、1个直管社区,人口8万余人。

公共文化建设。2014年,启动大通澜溪老街修缮保护工程,完成82个自然村广播电视"村村通"工程,建成2个农民文化乐园、2个电子阅览室。放映农村公益电影216场,送戏进村18场。大通镇被评为"2014—2016年安徽民间文化艺术之乡"。桥南办事处马鞍社区被列为城市文化社区项目创建示范点。铜山镇留守儿童画室获安徽省群众文化辅导优秀项目。

文化产业。2014年,郊区影视文化企业共实现营业收入3600万元,实现税收200多万元。北广传媒投拍的电视连续剧《姥爷的抗战》以2890万元的发行价在北京卫视独家首播,电视连续剧《我的二哥二嫂》开机,电视连续剧《女汉子》获公映许可证。泰铭万星与华谊兄弟合拍的电视连续剧《还是夫妻》开拍。青铜时代雕塑公司"基于多彩渗透热着色技术的彩铜工艺"项目入选2014年度文化部全国征集遴选的科技创新项目。大通影视基地项目获省旅游局审批。

群众文化活动。举办著名作家黄复彩作品研讨会和"印象大通"摄影大赛。开展"中国梦'系列宣传和第六届农村文艺调演等文化惠民活动百余场。开办声乐基础、广场舞编舞技法、非遗传承和文物保护等各类宣传文化培训班30多期。举办铜陵市首届三区一县老体协联谊和羽毛球、乒乓球锦标赛及第五届学生运动会等群众性赛事10多场。原创作品《四时清风》获全省廉政文艺调演一等奖,原创散文集《品读人生》入选"铜陵作家文库"。

精神文明建设。全区共有各类志愿者5.2万人,完成网上注册登记2283人。评选产生"郊区好人"18名、"铜陵好人"6名。设置社会主义核心价值观公益广告4000余块,开展各类"道德讲堂"200余场,建成6所乡村学校少年宫,开展各类主题实践活动300余次。

【大通澜溪老街修缮保护工程启动】大通古镇始建于宋代,曾与安庆、芜湖、蚌埠并称安徽"四大商埠",号称"小上海"。先后获"联合国迪拜人居环境奖""中国人居环境范例奖""安徽省省级特色景观旅游名镇"等称号,2014年2月被住建部和国家文物局联合批准为国家第六批"中国历史文化名镇",2014年8月,澜溪街、和悦街又被省住建厅列为传统村落。澜溪老街修缮保护工程被纳入铜陵市"一山(铜官山)一湖(天井湖)一湿地(西湖湿地)一古镇(大通古镇)"旅游总体规划。澜溪老街修缮保护工程分为东岸澜溪老街修缮保护一期工程和西岸江心洲和悦老街二期工程,整个工程投资近1亿元,计划2015年底全部完工。

大通澜溪老街

铜陵县

【文化概览】铜陵县位于长江下游南岸,面积845平方千米,人口29万,辖4个镇、4个乡。是全国文明县城、全国美丽乡村标准化试点县、全国科技进步先进县、全国文化体育先进县、国家地理保护产品“凤丹”之乡、“铜陵白姜”产地。

公共文化建设。2014年,完成161个20户以下的自然村广播电视“村村通”、1个公共电子阅览室、13个农民文化广场等文化惠民工程。高标准建成2个省级农民文化乐园和5个市级农民文化乐园。公共文化机构“两馆一站”免费开放,建立图书馆城乡一体化总分馆模式,“图书漂流”3万余册。乡镇综合文化站、文化活动室、乡村少年宫、农村文化墙、乡村文化广场、村级文化信息资源共享工程及农家书屋全覆盖,基本构建了覆盖县、乡(镇)、村(社区)三级公共文化服务网络。完成《赵氏祠堂戏楼维修保护设计方案》并报省文物局评审通过。“铜陵凤丹制作技艺”被省“非遗”中心列入第四批省级非遗保护名录。蝉联全国文化先进县。

群众文化活动。推行公益性文化活动“常下乡”配送机制,全年送戏进村137场,放映公益电影2000余场。举办第六届社区文艺展演及第六届农村文艺调演,组织开展各类广场文艺演出68场、各类书画展16场。编辑出版庆祝人大成立60周年《铜陵文学》专刊,出版《铜陵文学》4期。“三下乡”、青少年爱国读书教育、“三心工程”、培育和践行社会主义核心价值观教育实践等活动贯穿全年。

文化产业。出台《关于加快文化旅游产业发展的实施意见》,设立文化旅游专项资金。全县有文化经营户376家,涵盖10多个门类。省“861”文化产业项目6项。天井小镇文化旅游区先后被授予“安徽省文化产业示范基地”“安徽省民俗文化示范基地”“安徽省十大旅游品牌”。计划投资2亿元的“梧桐花谷”生态观光旅游建设项目已部分开放。投资3.5亿元的“梦里水乡·生态石桥钟”古民居旅游项目已见雏形。2014年全县文化产业增加值占GDP的2.4%。

精神文明建设。县级新闻媒体、网站设立专刊专栏,全年刊播核心价值观内容500多期,县域户外广告、围墙累计设置核心价值观内容近万幅,面积近10万平方米。建成1个社会主义核心价值观主题社区和1个主题广场。举办核心价值观大型诗歌朗诵会、“社会主义核心价值观引领我成长”主题征文、“社会主义核心价值观演讲比赛”等主题教育实践活动。开展核心价值观“主题季”活动、“我们的节日”主题活动、“邻里守望 情暖铜都”学雷锋志愿服务活动,及“十星级”文明户、孝亲敬老之星、孝道“红黑榜”、铜陵好人、道德模范、劳动模范等评选活动。

【铜陵县获第一届安徽省文明县称号】在全省率先启动孝道“红黑榜”评选和“身边好人榜”设立试点工作,发布“孝道红黑榜”38块,有8人(1个集体)当选“铜陵好人”、1人当选“安徽好人”,试点设立好人榜332个。开展第二届道德模范评选活动,评选产生5个类型10名道德模范。新增“十星级文明户”65户。完成9600余人志愿者注册登记工作,建立4个社区志愿服务广场;组建“铜陵好人”志愿服务队,开展千名党员志愿者“每天奉献一小时”等各类志愿服务活动210次,1人当选江淮优秀志愿服务典型。“道德讲堂”开展活动1300余场次。全县拥有市级文明单位39个,省级文明单位6个。2014年12月,铜陵县获第一届安徽省文明县称号。

天井小镇文化旅游区

安　庆　市

【文化概览】安庆市位于安徽省西南部、长江下游北岸皖鄂赣三省交界处，辖1个市、7个县、3个区，国土面积1.53万平方千米，人口620万。现有国家级森林公园5处、国家级自然保护区1处、国家级风景名胜区2处。先后被纳入皖江城市带承接产业转移示范区、皖南国际文化旅游示范区、大别山扶贫开发片区等国家级发展战略区域，是带动皖西南、辐射皖鄂赣交界地区的区域中心城市。

安庆历史底蕴深厚，文化资源丰富。是春秋时期古皖国所在地，安徽简称“皖”即由此而来；东晋诗人郭璞曾称“此地宜城”，故安庆又别名“宜城”；自清乾隆二十五年(1760)到民国27年(1938)，安庆一直是安徽省府所在地。是古皖文化、戏剧文化、桐城派文化的发祥地，是新文化运动和辛亥革命的策源地之一，也是中国近代工业文明的重要发源地之一；是“国家历史文化名城”“国家园林城市”“国家森林城市”“中国优秀旅游城市”“中国黄梅戏发展基地”和“安徽省文明城市”。拥有16处国家级、160处省级重点文物保护单位；有16个国家级、23个省级非物质文化遗产保护项目，有7个国家级、23个省级非物质文化遗产保护项目代表性传承人。

2014年，安庆市深入贯彻落实党的十八大和十八届三中、四中全会精神以及习近平总书记在文艺工作座谈会上的重要讲话精神，加强文化服务，改善文化民生，推动安庆文化强市建设。

创建国家公共文化服务体系示范区。制定出台27项制度措施，建立实施相关工作机制，举办重要专题会议，指导推进示范区创建。加快推进市级“三馆一院”、县级“两馆一场”建设。通过房屋置换，市皖江公园AB楼内市文化馆新馆投入使用。市博物馆新馆建设启动。城区建成4个广场、23个社区“文化舞台”。全市各地新建改建扩建文化广场、文化活动中心等一批文化基础设施。按照“一场两堂三室四墙”等标准要求，推进3个乡镇综合文化服务中心、11个省级14个市级农民文化乐园和城区11个社区文化活动中心示范点建设。

安庆夜景

太湖县创建国家文化先进县和安徽省公共文化服务体系示范区。怀宁县月山镇文化站获“全国文化系统先进集体”称号。推进公共文化场馆开放、农村文化建设专项补助、公共文化服务信息化建设、广播电视“村村通”等文化民生工程，全市完成2640个广播电视“村村通”建设任务，新建33个公共电子阅览室。放映农村公益电影18396场次，实现每村每月放一场电影。全市公共文化场馆全部免费开放，接待进馆(站)群众超过400万人次。推行政府采购公共文化服务，开展“送戏进万村”、文化下基层“四进”等活动3000余场次，实现每个行政村每年演出一场正规大戏。完成全市1342个行政村农家书屋出版物补充更新，为每个书屋补充更新出版物126种(册)。开通“书香安庆”全民阅读网，可为读者用户免费提供10万余册优秀正版电子图书读物在线阅读。推行公共图书馆总分馆制，市图书馆建成3个分馆、52个图书借阅点。太湖县完成省级公共图书服务城乡一体化试点建设。推进数字公共文化服务平台和黄梅戏、桐城派文化、望江挑花数字资源库建设。组织开展百馆(站)千村文化结对、广场文艺天天演、全民阅读等一系列公共文化活动，直接惠及城乡群众200万人次左右。“安庆大讲坛”被省委宣传部、省新闻出版局列入“书香安徽阅读季”机关阅读活动之一，2户家庭获首届全国“书香之家”称号，51户家庭入选安徽省首届“书香之家”。市直文博单位举办15个临时展览,共接待观众约50万人次。组织参加2014"中国腔·中国梦"全国小戏精品邀请展演、"江淮群星奖"选拔赛、"放歌皖江"第七届皖江八市群艺(原生态民歌)大赛等活动,获众多奖项。大观区文化馆新创现代黄梅戏小戏《赔鸡》获第12届华东六省一市戏剧小品大赛金奖。潜山县木偶戏《程氏下书》获"首届全国木偶戏展演大赛"金奖,剪纸作品《指点江山》获全国邀请赛银奖。安庆市图书馆和太湖县图书馆被安徽省公共图书馆阅读推广联盟评为2014年度"十佳图书馆"。岳西县、怀宁县、桐城市、潜山痘姆乡、望江高士镇、宜秀区罗岭镇被评为"2014年度安徽省民间文化艺术之乡"。

艺术精品生产。组织开展以"中国梦"为主题的文艺创作活动,创作完成散文、小小说、小戏剧、音乐广播剧等一批作品。启动美好安庆"江山如画——诗、书、画、印话安庆"艺术创作工程。再芬公司大型黄梅戏《寂寞汉卿》展演获好评。创意杂技剧《爱生事家庭》《平衡世界》《不老传说》成功上演。扶持望江县长江黄梅戏剧团创排推出黄梅戏新剧目《胡久根卸任》。版画《沙尘暴来了》入选安徽省公共机构节能书画和摄影展,并获一等奖。组织举办2014年安徽省黄梅戏剧本研讨会、首届全市黄梅戏编剧读书班、大型剧目创作论证会等活动,培育黄梅戏编剧队伍,推动精品剧目创排。开展黄梅戏小戏剧本征集活动,共收到社会各界剧本49部,评审推荐25部进行排演。黄梅戏大戏《徽州往事》和小戏《红娘》《骄杨》成功申报国家艺术基金2014年度舞台艺术创作资助项目。

群众文化活动。全市共有16个原创小戏折子戏参加全省调演,获国有文艺院团组优秀剧目奖、编剧奖一等奖、组织工作贡献奖等众多奖项。再芬公司新创黄梅戏《徽州往事》走进北京、上海,在国家大剧院连演6场刷新纪录,并参加上海国际戏剧节。举办2014年"十一"黄梅戏展演周文化活动,13台14场大戏竞相出彩。举办全市小戏小品展演比赛,25折6场全部免费送给群众观看,并组织获奖小戏走进社区"文化舞台"巡演9场。承办2014安徽省小戏折子戏调演活动,来自全省16个地市的56个国有院团、民营文艺院团及非专业组5天共演出15场74个小戏折子戏,10元钱惠民票价赢得观众纷纷点赞。举办2014深圳·安庆黄梅戏艺术周活动,采取展演、展览、展销综合方式进行,全方位展示黄梅戏之美。开展省十三运文艺演出、"黄梅戏艺术进校园""暖冬行动"送戏进养老院、黄梅戏师徒传承、京剧演唱会等艺术活动,在黄梅村、广丰村等地开办黄梅戏辅导班。开设《再芬黄梅大讲坛》和《再芬黄梅》电视栏目,成立再芬黄梅戏友会,"再芬黄梅"品牌更加响亮。接待吉林省文化厅、湖北黄冈文化局来宜考察。引进钢琴音乐会、卡通人偶剧在黄梅戏艺术中心上演,带给安庆市民全新感受。引导黄梅戏、杂技等专业院团、民营剧团走进安徽工业大学、河海大学文天学院等高校和广东、江苏、浙江等地,开拓培育演出市场,宣传推广安庆文化。

安庆市首届文学艺术奖颁奖

文化产业发展。重点扶持培育文化产业园区基地和骨干文化企业,8个文化产业项目列入安庆市重大项目调度计划。五千年文博园二期、桐城玉雕文化产业园二期开园。岳西国际养生文化产业园有关项目相继建成。孔雀东南飞文化产业园、大别山文化产业园等重点文化产业园区建设加快推进。9家民营文化企业跻身全省100强。桐城省级印刷包装产业园区正式挂牌。五千年文博园投资有限公司获安徽省名牌称号。五千年文博园被命名为"全省重点扶持文化产业示范园区(基地)"。安徽再芬黄梅文化艺术股份有限公司被评为全省"文化改革发展示范企业"。孔雀东南飞文化公司被授予省级影视产业基地。安徽盛乐高网络科技有限公司被文化部、财政部、国家税务总局认定为动漫企业。积极组织申报国家、省级文化产业资金项目。深入调研修订完善文化服务业相关政策,组织文化企业申报市现代服务业发展资金,全市24个项目共获奖补扶持资金204.1万元。建立实施全市文化产业综合测评机制。建立并报送8家文化企业直接融资后备资源库,数量位居全省文化系统第7位。申报4个文艺院团参加首届安徽文化惠民消费季活动。申报千年宜城记忆广场、五千年文博园等两个项目为中央文化项目奖补资金项目。促进文化与金融、信息、科技等多行业融合。安庆市黄梅戏会馆和五千年文博园成为长三角城市群“心醉夜色”体验之旅示范点,并被命名为《情浓语淡“天仙配”》和《千年一梦赏古今》特色文化旅游品牌。再芬黄梅公馆设立运营。市区新设立数字影院3家。农村数字电影院线公司平稳运行。县级城市数字影院基本实现全覆盖。建立全市重点文化产业项目库,编印文化产业招商项目册,制作文化招商PPT,加大文化产业精准招商引资力度。举办全市文化旅游银企对接会,对接项目87个,6家文化旅游企业现场签约。

文化遗产保护。推进全市第一次全国可移动文物普查第二阶段调查认定等工作。完成市文保单位高冈鸣凤传统民居、严凤英旧居、大王庙街古民居等维修,协同推进振风塔、劝业场大楼、六中神甫楼等修缮工程。推荐安徽古今文物保护有限公司成功申报一级文物修复资质。配合做好皖河治理、曙光发电等重点工程项目文物保护工作。完成第六批和第七批国保单位档案编制。组织开展古城保护中文物违法与消防安全专项督查。举办安庆市2014年国际博物馆日系列活动,增强全社会共同保护文物意识。联合市建委、市财政局推荐太湖县汤泉乡金鹰村蔡畈古民居和龙潭寨古民居、岳西县响肠镇响肠村、请水寨村等传统村落申请中央补助资金项目7341万元。推荐国保单位世太史第和桐城文庙申报文物消防百项工程。编制国保单位天主堂和世太史第文物保护规划立项报告上报省文物局。国保单位振风塔和世太史第文物保护规划立项报告获批,并获规划编制经费71万元。全市共争取国家重点文物保护专项补助资金1209万元、中央补助地方文化体育与传媒事业发展专项资金220万元、中央补助非物质文化遗产保护专项资金1071万元、省级文物专项经费410万元。完成国家级非遗项目保护资金和省级非物质文化遗产保护项目申报工作。《孔雀东南飞》入选国家级非遗项目。推荐胡玉美蚕豆辣酱制作技艺、铸胎掐丝珐琅制作技艺、岳西鼓书、九井沟传说、宿松民歌、许岭灯会等6个项目入选安徽省第四批非物质文化遗产名录。推荐桐城《桐城歌》、潜山《痘姆陶器手工制作技艺》、桐城《铸胎掐丝珐琅》、潜山《桑皮纸制作技艺》、枞阳《东乡武术》申报省级第二批非物质文化遗产传习基地。确定熊辰龙等53人为第三批市级非遗传承人,推荐吴美莲等14人为第五批省级非遗传承人。潜山县国家级非遗项目桑皮纸制作技艺传承人刘同烟发明的“以传统工艺生产桑皮纸的专用抄纸装置”和“专用于桑皮纸传统生产工艺的焙笼”双获国家“实用新型专利”。

安庆市黄梅戏艺术中心(中国黄梅戏博物馆)

文化市场执法。实施执法普法法律服务“一体化”工作机制,推进依法行政、法治创建和“六五”普法等工作。开展“江淮普法行”百场法制电影进乡村、社区活动,放映《森林防火》《农村防范拐卖妇女儿童》《法官妈妈》等法制影片188场次,提高群众法律意识。完成第六轮行政审批流程再造和职权清理,削减文广新行政审批事项为12大项,制定文广新行政审批项目标准化文本,实行一次性告知、服务公开承诺和亲切服务等机制,被评为2014年度市政务服务“先进窗口”。组织实施“清源2014”“净网2014”“秋风2014”等专项行动,严厉查堵政治性非法出版物和有害信息,坚决扫除网络淫秽色情等文化垃圾,打击侵权盗版出版物和非法报刊。组织2014年安庆市侵权盗版及非法出版物集中销毁活动,在市区主会场销毁侵权盗版及非法出版物12054件。

新闻媒体管理及宣传工作。加强广播电视播出机构、网络传送机构和电信IPTV业务管理,开展非法电视台(点)查禁工作,规范广播电视事业健康有序发展。联合公安、工商、国家安全等部门开展卫星电视地面接收专项整治行动,对电子产品市场和电脑城进行检查,严肃查处非法安装、使用卫星地面接收设施等行为。叫停安庆有线电视网络开机、调台广告以及游动字幕广告和安庆电视台违规医药广告、挂角广告。加强对农村电影放映工作监管,按要求给80套农村电影放映设备安装GPS,并启动监管平台,实时掌握各地农村公益电影放映情况。保障“两节”“两会”等重要节点安全播出。对全市各地安全播出进行全面检查。开展“三电”设施保护“宣传日”活动。加强与610办、公安和无线电管理等部门的联系,做好安全播出突发事件各项应急准备工作。开展县级广播电视安全播出达标年活动。

2014年,安庆市广播电视台全面推进党的十八届三中、四中全会精神、社会主义核心价值观、党的群众路线教育实践活动等主题宣传,精心策划“2014年中盘点”“组阁局长(主任)访谈”等新闻专题。参与全市重大活动,完成重大活动、重要会议现场直播8场,将黄梅戏展演周、省十三运等重大活动开闭幕式盛况第一时间呈现于全市人民面前,将全市重要会议精神第一时间传达给全市广大干群。广播直播栏目《1584政风行风热线》开设特别节目《市长市民面对面》,征集到市民对政府工作提出的意见和建议共计482条,均由市纠风办转交到各相关职能部门办理;大型电视栏目《百姓问政》改为每月一期,所反映的74个热点难点问题均得到回应。实行电视频道制管理体制改革,黄梅戏·教育频道于9月1日全面改版:新增戏曲专题栏目《再芬黄梅》,新办联办公共文化服务类栏目《周日公开课》,新办安庆首个少儿电视栏目《小苹果》。在2013年度安徽广播电视奖评选中,中台共有29件作品获等级奖,其中5件作品获一等奖。全年组织开展第四届“黄梅之星”全国黄梅戏青年演员电视大赛、全国首届黄梅戏民间班社群英汇、安庆市首届旅游摄影电视大赛、第三届全市少儿才艺大赛等大型社会文化活动,推动地方文化和群众文化的繁荣。组织全市广播电视优秀作品评比,择优推荐参加全省评选,获广播类新闻、电视类新闻两个一等奖。推动广播电视外宣工作,市文广新局2013年度外宣工作获全省第一,宜

全国首届黄梅戏民间班社群英汇颁奖仪式

秀区、岳西县、望江县政府受到省广电局贺电表彰。

2014年,安庆日报开展重大题材的新闻策划,先后开设《2014晒亮点》《安庆起来了》《2014看民生》等专栏,展现安庆发展变化。多角度报道安庆“十一”黄梅戏展演周、安徽省第十三届运动会、省第六届残疾人运动会、省第七届民族运动会。注重舆论引导,增强时评的刊发密度和力度,《振风论语》和《皖江新语》两个时评专栏全年发稿达131篇,逐渐形成品牌。连续12年开展“新春记者行”活动,开展“党报记者在基层”等活动。加强精神文明建设报道力度,做好《安庆好故事》《安庆好人榜》《闪光的人生》等栏目的策划报道。有7篇作品获安徽新闻奖,11篇作品获全省经济好新闻奖,4篇作品获安徽省报纸副刊好作品奖,3件作品获全国晚报赵超构奖。完成安庆新闻网、《安庆手机报》的改版工作,共制作专题专栏26个,编发新闻稿件2.8万条,其中本地新闻稿件近1.2万条;微博粉丝数量由上年的9500个增至19547个;政务微信“安庆之声”于8月19日正式开通,综合排名进入全省前列,在腾讯2014首届互联网政务峰会上获得“互联网政务突破奖”。年底成立新媒体中心,运营安庆新闻网、《安徽手机报安庆版》、安庆新闻网微博、政务微信“安庆之声”“安庆快报”手机新闻客户端五大新媒体平台。成立安庆日报社广告中心,自主经营广告,报纸发行稳中有升,报社经营能力不断提高,总收入达到3725万元。

【安庆市举办“十一”黄梅戏展演周】 9月30日至10月7日,2014年安庆“十一”黄梅戏展演周举办。活动秉持“艺术的盛会、群众的节日”理念,将“好戏演给百姓看”。青春版传统戏《五女拜寿》《靠善升官》《梁祝》,经典古装戏《天仙配》《女驸马》《牛郎织女》,新创现代戏《半个月亮》《榴花不开盼哥回》《寸草心》等13台14场大戏竞相出彩;剧目展演在推出10元起惠民票价的同时,还特别安排省“十三运”参与者、公交司机、环卫工人、公共服务部门人员、残疾人及残疾人工作者、重点工程建设者等6个慰问专场;开展广场文艺演出8场,送电影走进敬老院、工地、学校等100余场,启动仪式和颁奖仪式邀请社区基层工作人员、优秀教师、劳动模范、公安干警现场观看演出。

【曹征海到安庆调研】 2014年3月2—4日,省委常委、宣传部部长

曹征海到安庆市调研指导公共文化服务体系建设工作。省文化厅厅长袁华，市领导魏晓明等出席座谈会并陪同调研。曹征海指出，开展国家公共文化服务体系示范区创建工作，是一项影响广泛、功在当下、利在长远的基础性、创新性工作。安庆市宣传思想文化系统要把这项工作作为教育实践活动研究整改的重点，紧扣“公共文化反弹琵琶建设模式”，一手抓公共文化基本平台、载体等硬件设施建设，一手抓管理运行等服务软件建设，高标准高质量完成试点建设任务，探索新路子、提供新经验，推进公共文化服务体系建设，满足群众基本公共文化服务需求。

【2014 深圳·安庆黄梅戏艺术周】 2014 年 11 月 12—18 日，由中共安庆市委宣传部、安庆市文广新局共同主办，安庆市黄梅戏艺术剧院、安徽中国黄梅戏博物馆、安徽省邮政公司安庆分公司联合承办的 2014 深圳·安庆黄梅戏艺术周在深圳大剧院举行。活动通过展演、展览、展销等多种方式，全方位展示黄梅戏艺术。安庆市黄梅戏艺术剧院携《天仙配》《女驸马》《六尺巷》《为奴隶的母亲》4 部经典黄梅戏剧目和 2 台黄梅戏小戏折子戏在深圳大剧院演出。同时举办“黄梅戏发展历程”展览、黄梅戏主题个性化邮票展销活动。超过 8000 名观众走进深圳大剧院，品味黄梅戏的发展历程，欣赏原汁原味的经典黄梅剧目。以《天仙配》《女驸马》《六尺巷》《为奴隶的母亲》《半个月亮》为主题的 5 套个性化邮票首发签售 2000 多套，黄梅戏音像等制品售出 600 多套。

【安庆市设立文学艺术奖】 安庆市文学艺术奖由中共安庆市宣传部主办、安庆市文联承办，是中共安庆市委、安庆市人民政府对市创作的优秀文艺作品的最高奖，每年一届。2014 年首届评奖，是对 2014 年以前 5 年文艺创作成果的总结和表彰。评奖分为文学类、艺术类、演艺类三个类别进行，共评出一等奖 5 名、二等奖 16 名、三等奖 32 名。本次评奖，注重艺术的原创性和本土性，注重作品的社会价值和经济价值；突出文艺创新，突出艺术表现，突出地方特色，展示全市近年来文艺创作成果。

迎江区

【文化概览】 迎江区位于安庆市东南部，辖 4 个乡镇、6 个街道办事处，面积 207 平方千米，常住人口 24.8 万，迎江区是安庆市中心城区、滨江城区、商贸城区。迎江区历史文化底蕴深厚，区内共有不可移动文物 89 处；有始建于北宋的迎江寺、被誉为“万里长江第一塔”的振风塔、省内历史最悠久的伊斯兰教清真寺；有赵朴初故居、太平天国英王府、倒趴狮、百花亭、紫云阁以及中国共产党创始人陈独秀故居等著名古迹与纪念地。标志着中国近代工业发源的第一台蒸汽机、第一艘轮船、第一个军械制造所诞生于此。区内有国家文化产业示范基地五千年工艺美术有限公司、皖江文化园和安徽省文化产业示范基地安徽再芬黄梅文化艺术股份有限公司。

文化事业发展和群众文化活动。2014 年，全区有文化馆(文化活动中心)1 个、乡综合文化站 3 个、农家书屋 33 个，全部免费对外开放。文化活动中心为社区群众提供公共文化服务，为民间文艺表演团队提供免费排练场地，每年累计接待参与活动群众 6000 人次。创作大型黄梅歌舞《风铃摇醒中国梦》等参加各级展演；开展“送戏进万村”活动 18 场，电影进社区、下乡放映 200 多场；各社区、村每年组织开展各种群众文化活动 100 多场，其中特色文化活动 10 多项，如长风龙舟节、孝肃邻里节、建设民族团结大舞台、火正广场文艺、先锋民欢大舞台、光荣社区读书日等。编排精品节目参加“黄梅戏展

迎江区文化下基层演出场景

演周广场黄梅戏汇演”。

公共文化服务体系示范区创建。区按照创建标准，成立创建工作领导小组，出台相关文件。开展公共文化服务基础设施建设，新建新洲乡红旗村农民文化乐园、10个社区文化小舞台；筹备建设迎江区公共图书馆；创建文化亮点社区，突出特色文化品牌，如光荣社区图书室、先锋社区文化休闲活动室、南水回族社区民族团结大舞台，以及地质社区文化科普长廊等。

【滨江健身长廊投入使用】2014，市体育健身工程重点项目“滨江健身长廊”工程完工并投入使用。项目坐落于迎江区江畔公园，总投资50万元，安装器材59件，环境优美、布局合理，成为深入市民欢迎的休闲健身观光处所。

“扫黄打非”行动。共出动检查人员110人次，检查各类出版物经营场所200余家次，收缴非法出版物1000余册，收缴非法音像制品64盘。

文化产业发展。2014年，区委区政府按照“品牌拉动、平台推动、规划带动、集群联动、创意驱动”的工作思路，推进全区文化产业发展工作。打造文化产业园区，上报重点文化产业园项目，加大产业扶持力度，茅岭民族文化产业园已投资2亿元，正对外招商引资。十里印刷包装园内9家印刷包装企业进行优化升级，产值稳步上升。推动传统文化企业主动升级，对集贤路文化一条街50多家文化产业（主要业态为歌舞娱乐场所、网吧、印刷包装、图书发售、电影院等）进行升级改造。安庆市图书城通过加强服务，与科技融合增加业务，2014年产值4.5亿元；菱湖书市进行转型升级，产值2亿多元；市网络公司通过数字改造，扩大业务，产值近2亿元。抓好文化综合体建设，打造华茂1958文化一条街项目，华茂1958文化综合体包括电影城、电玩城、休闲健身会所等文化设施，总占地12000平方米，投资6亿元，已正式营业。

大观区

【文化概览】大观区地处安庆市西部、长江之滨，辖3个乡镇、7个街道，面积236平方千米，人口27.02万。境内大观亭是“宜城八景”之一，大观区由此得名。现有国家级4A旅游风景区2处、省级风景名胜区1处、省级文物保护单位6处。

公共文化建设。2014年，大观区加快推进公共文化服务体系建设，实施文化惠民工程。全区7个街道建成文化设施122个，其中街道文化活动中心8个、图书室及社区文化活动室各23个。新建标准乡镇文化站3个、电子阅览室12个、大型村文化活动中心3个、农家书屋67个、村级体育广场18个、乡镇体育健身广场3个。完善3个乡镇和皖河农场4个广电站建设，广播电视“村村通”工程建设提前完成年度120个自然村建设任务。区文化馆和3个乡镇综合文化站全部实行免费开放。

群众文化活动。开展农村文艺演出活动46场，放映公益电影216场，开展体育健身活动111场。区全民健身活动中心申报落实专项资金400万元。联合区教育局组织开展“我的书屋、我的梦”农村少年儿童阅读活动。全年开展大型广场文艺演出、送戏下乡及文化进社区演出共计80余场，摄影、书画、图片及科普教育等各类展览30余次，参加省、市级文化活动20余次。完成2000人国民体质监测任务和第六次体育场地普查工作。组队参加市首届市民运动会、职工运动会、领导干部乒乓球赛等体育活动。组织1000人拉拉队参加省十三运开幕式，完成省十三运高校部裁判员、运动员的接待工作。举办大观区第二届全民健身运动会。

文化市场管理。组织开展校园周边文化环境专项治理、春秋季教材教辅市场专项检查、少儿出版物市场整治、治理非法报刊等一系列

大观区群众文化活动

宜秀区

【文化概览】宜秀区地处长江中下游北岸，辖7个乡镇、街道，面积410平方千米，人口21万。2014年，宜秀区加大创建国家公共文化服务体系示范区力度，完善文化设施建设，丰富人民文化生活，推动文化产业发展，着力打造“特色文化名区”。

文化设施建设。全年累计拨付文化民生工程资金102.08万元，全区乡镇(街道)综合文化站、村(居)文化活动室、农家书屋、农体健身工程覆盖率均达100%。罗岭镇黄梅、大龙山燎原和五横虎山3个省、市级农民文化乐园建成开园。区图书馆作为市图书馆的一级分馆建成，率先实现图书馆总分馆制，与市图书馆技术联网，实现数字图书资源共享，通借通还。提前一年完成“十二五”广播电视“村村通”民生工程建设任务，获省广播电视局表彰，在全市民生工程考核评比中再次获全市第一。有线电视网络数字化改造投资1200万元，建设地下管网16公里，开通光节点175个，完成30个住宅小区光缆、电缆网升级改造。数字电视终端用户达7000多户，数字化整转率达81%。

文体活动。“唱响宜秀·心中的歌献给党”庆祝中国共产党成立93周年文艺演出在罗岭镇黄梅村文化广场举行，13支代表队参加演出。黄梅小戏《龙凤争鸣》参加市黄梅小戏展演，获民营和社团组唯一优秀剧目奖。举办“弘扬中国文化、践行‘二为’宗旨书画摄影展”“群众路线教育实践活动书画摄影展”。舞蹈“中国范”、情景舞蹈“关爱留守儿童”在全市“六一”少儿文艺调演中获一等奖。全年组织文艺小分队、民营剧团、文艺爱好者和外地文艺团体演出190余场；全年开展送文化下乡500多场，送图书下乡6000多册。扶持凤英剧社等民营剧团走出去、创品牌，支持凤英剧社举办演出316场，观众达20多万人次。服务省“十三运”，组建一支500人的拉拉队方阵，创作《宜秀区拉拉队队歌》。7月31日，大桥街道举办“舞动梦想、情系大桥”为主题的首届广场舞比赛；8月5日，区卫生局和芭茅巷社居委联合举办以“黄梅小戏唱和谐、健康生活我行动”为主题的健康教育和健身促进活动；8月21日，区第二届广场舞比赛在北部新城举行。中秋节前夕，开展“实现中国梦、建设新宜秀”迎中秋灯谜展猜会。9月11日，中华经典诗词朗诵会在大龙山镇燎原社区举行。9月25日，由区文广新局主办的“送戏进万村、文化惠民生”大型文艺演出在大龙山镇中心社区举行。10月7日，市文广新局到杨桥敬老院开展送电影活动。11月7日，由安庆市美协、宜秀区区委宣传部主办，五横乡人民政府承办的五横乡农民书画家杨善耀个人书画展在安庆黄梅戏博物馆开展。

文化遗产保护与传承。完成辖区国有单位第一次文物普查第二阶段文物认定工作。张四墩遗址保护规划项目立项获国家文物局审批。严凤英故居、“两邓”故居免费开放，资金分别落实10万元；严凤英故居陈列馆布展改陈提升方案通过省、市级专家评审，列入省文物局展馆提升项目。黄梅戏大观园、“两邓”故居产业园建设完成策划方案。帮助叶氏宗祠争取省徽派建筑修缮补助资金70万元，项目年底已完工。

【宜秀区举办中华经典诗词诵读会】9月11日，宜秀区中华经典诗词诵读会在大龙山镇燎原社区举行，来自全区各条战线干部群众200多人参加。诗歌诵读会以《颂宜秀风貌》开场，参加的演员们以诗词吟诵、歌舞表演、音乐伴奏等形式向现场观众展示古典诗词魅力，让大家感受中国经典诗词的神韵。整场诗歌诵读会体现宜秀人民对未来的憧憬、对祖国的歌颂、对生活的追求，为现场观众带来一场文化盛宴。

宜秀区中华经典诗词诵读会现场

桐城市

【文化概览】桐城市位于安徽省中部，辖12个乡镇、3个街道，设2个省级经济开发区，面积1571平方千米,人口75万。桐城市历史悠久,文风昌盛,曾孕育了称雄文坛200年的“桐城派”文化和以严凤英为代表的一代黄梅戏艺术家,是安徽历史文化名城之一。

公共文化服务体系建设。2014年,桐城市推进公共文化服务体系建设,全面开展创建国家公共文化服务体系示范区工作,及时成立领导小组,编制出台创建规划和创建方案;召开全市动员大会,分解目标任务,落实工作责任,形成市、镇(街道)、村(社区)三级联动的创建机制。完成4个农民文化乐园试点建设任务，其中吕亭镇洪桥村、孔城镇红庙村为省级试点;范岗镇樟枫村、范岗村为安庆市级试点。吕亭镇洪桥村、范岗镇范岗村举行开园仪式。完成6个公共电子阅览室、180个自然村广电“村村通”、198个行政村农村文化建设专项补助等民生工程建设任务。市图书馆再次被评为一级馆。注重特色文化建设和制度设计研究工作,与桐城师专合作共建桐城派文化特色文献资源库并已完成网络平台设计工作。大关镇综合文化站积极探索综合文化服务中心建设工作,在全省文化局长座谈会上作经验交流。

群众文化活动。举办第二届中国传统文化讲座暨名人名家书画展和《大美龙眠·盛运桐城》全国书画名家艺术创作交流会,让桐城人民欣赏到国内外一流的艺术精品,同时有效地展示桐城地域文化和城市形象,扩大桐城影响力。黄梅戏展演周期间，活动内容丰富、群众参与广泛，成为群众的节日、文化的盛会。开展文化下基层“四进”活动230余场次，放映电影2376场,惠及群众超过26万人次。“文都讲坛”“严凤英戏迷俱乐部”和“百姓周末大舞台”等品牌活动常态化。建立10个图书流动服务点,年流通近20万人次，外借书刊11万册(次)。开展艺术培训和文艺辅导活动,举办8期黄梅戏表演艺术培训班和156班次戏迷教唱活动,开展群文辅导400余人次。

艺术创作展演。市组织创作的剧本《惊天一兰》和《青山鉴》双双获“田汉戏剧奖”二等奖。小戏《醉酒》参加安徽省2014年小戏小品大赛获优秀剧目奖等4个奖项。市剧目创作室创作的《清代名臣姚莹》《姚倚云与范伯子》在安徽电视台播出。青年演员邓全翠在全国青年黄梅戏演员“黄梅之星”大奖赛中获“黄梅之星”称号。市选派两名民歌手参加皖江八市原生态民歌大赛双双获银奖。

文化遗产保护利用。启动115处文保单位建档工作,编制完成张廷玉墓园和桐城文庙等2个国保单位保护工程立项报告,并获国家文物局审核通过。配合有关部门对3条老街进行保护管理，做好7处文保单位的维修和沿街立面整治、市政工程建设等。可移动文物普查稳步推进,对辖区范围内申报收藏有文物的国有单位开展初步认定并进行数据在线填报。加强非遗保护力度,出版《桐城歌画册》。市获批“安徽省民间文化艺术之乡”(2014—2016年)。

文化市场监管。打击网吧违规经营,对热点集中、问题频发的重点经营户进行反复检查,共检查电子游戏(艺)场所112家次,立案查处网吧违规经营案件10件,收缴(捣毁)赌博游戏机16台,关停无证照电子游戏经营场所2家。重新聘请32名以“五老”为主的网吧义务监督员,参与网吧市场监督。严格行政许可审批制度,完成包装印刷企业年度审核工作,召开全市印刷经营业主法律法规培训会议,对外地来桐的文艺表演团体实行“三证”制度和跟踪管理。强化新闻出版产业版权保护,在政府系统和大中型骨干企事业单位推行软件正版化。

黄梅戏《惊天一兰》剧照

收缴非法音像制品、盗版软件、盗版书籍2000余件。开展广播电视安全播出专项检查,重点打击辖区内非法电视台(点)、非法网站以及非法销售、安装使用地面接收设施等违法行为,加强广告播出和户外LED新闻播出管理。

文化产业发展。整合包装印刷资源,打造产业集聚高地,继合肥、阜阳之后,市获批"省级包装印刷示范园区"。国翠玉雕公司、金润包装公司两家企业成为"安徽省民营文化企业100强"。桐城玉雕文化产业园、佛光文化产业创意园成功进入文化部重点项目库。争取产业政策支持,促进文化企业发展,推荐2批次、14个项目申报政府奖励。

【黄梅戏《惊天一兰》赴北京演出】桐城市剧团自创黄梅大戏《惊天一兰》在北京国家大剧院演出,受到首都观众的热情欢迎,全国政协及文化部、全国文联等数十位领导、专家观看演出并给予较高评价。中央电视台、中国国际广播电台、人民日报、凤凰卫视等40多家媒体予以采访报道。2014年年底,该剧第二次晋京在长安大戏院演出,再展黄梅戏之乡风采。

怀宁县

【文化概览】怀宁县是著名的"文化之乡""教育之乡""戏曲之乡""英烈之乡",被誉为"独秀故里、黄梅家乡、爱情圣地"。从东晋年间建县以来,至今已有1600多年历史。全县国土面积为1276平方千米,辖20个乡镇,人口69.8万。2014年,全县文化产业单位350个,直接从事文化产业人员达4200余人。年内新增4个国家级文化名片:"孔雀东南飞"传说入选国家级非物质文化遗产名录,"孙家城遗址"保护规划编制已被国家立项,月山镇综合文化站被评为"全国文化系统先进集体",怀宁县第三度跻身"中国民间文化艺术之乡"。

重点文化设施建设。海子文化园建设详细规划方案经过多轮讨论正逐步完善,项目策划工作已经启动;推进高河谢山、石牌普济等省、市农民文化乐园建设,两个"农民文化乐园"已开园并投入使用。全年共申报3处市级爱国主义教育基地。

文化市场监管。全县全年共查处网吧违规经营案件21起,对歌舞娱乐场所曲库进行专项检查3次,关闭利用电子游戏机赌博场所20余家。全年共开展"扫黄打非"集中行动4次,收缴非法出版书刊109本、光盘66盒。推进有利于未成年人健康成长的文化环保工程,加大对文化、娱乐市场的治理整顿,强化校园周边整治、网络环境监管、荧屏声频监管,为全县青少年健康成长安上"防护墙"。县"扫黄打非办公室"获省2014年"扫黄打非"工作先进集体称号。

群众文化活动。精心组织第二十届全县青少年爱国主义读书教育活动。县黄梅戏剧团、洪铺金义黄梅戏剧社、小市镇孔雀东南飞黄梅戏剧团3个文化服务单位完成241场"送戏下乡"任务。全县农村自行开展文化活动426场次、体育赛事活动1224场次;开展农村电影放映活动2500余场,开展"送文化下乡""周末大舞台""送书画下乡"等活动80余场。县成立独秀文化志愿者服务队,深入全县农村、学校、企业、园区、敬老院等地义务演出。在2014年安庆"十一"黄梅戏展演周上,洪铺金义黄梅戏剧社、石牌黄梅戏剧团编排的黄梅小戏《只生一个女儿好》《连心》参加演出。小戏《卖膏药》获"安庆市黄梅戏展演周"剧目奖,黄梅戏《独秀山下的女人》获省社科文艺出版二等奖。年内,共举办"海子诗歌朗诵会""戏曲之乡·怀宁"全国名票名家群英会、"乾隆牡丹书画作家笔会""完白之星"少儿百米长卷现场创作活动、"最美怀宁诗文拉力赛"等重要文化活动120余场,全县10万余名群众参加。县摄影协会组织"摄影小沙龙"活动,县美术家协会与石台、庐江县联合举办"完白故里"美术作品联展,县书法家协会举办"'完白杯'少儿书画大赛",县舞蹈家协会举办"德琳杯"少儿舞蹈大赛等。其中9月举办的"戏曲之乡·怀宁"全国名票名家群英会吸引来自广东、海南、陕西、山西、湖北、江西、安徽7个省及香港

孔雀东南飞景区

特别行政区的 90 余名戏曲爱好者参加。2014 年，文化惠民总计人数约 120 余万人。

【“孔雀东南飞”传说入选国家级非物质文化遗产名录】 2014 年 7 月 16 日，文化部发布《关于公示第四批国家级非物质文化遗产代表性项目名录推荐项目名单》，其中怀宁县“孔雀东南飞传说”成功入选。“孔雀东南飞传说”故事发生在东汉建安年间，发生地为怀宁县小市镇。相传焦仲卿、刘兰芝相爱却遭焦母相逼，被迫散离，最后双双殉情。千百年来，焦刘坚贞不渝的爱情故事经过传颂家喻户晓，赢得文人墨客的吟咏赞叹，享有“千古爱情之绝唱”的美誉。县小市镇境内现有焦刘墓、孔雀台、望雀亭、兰芝桥、苦芝井、相公桥、永镇寺、月亮塘等与孔雀东南飞传说相关的大量遗址遗迹。小市镇内孔雀东南飞影视基地被评为国家 4A 级旅游景区和安徽省青年最喜爱的 A 级旅游景区。2007 年，“孔雀东南飞传说”入选省级非物质文化遗产名录。

【怀宁县被命名为中国民间文化艺术之乡】 12 月，怀宁县被文化部命名为 2014—2016 年度“中国民间文化艺术之乡”，为安徽省唯一以黄梅戏艺术形式命名地区。这是怀宁县连续三届获此荣誉。怀宁县是黄梅戏的发源地，素有“戏曲之乡”美誉，全县现有长年活跃在基层的民间黄梅戏班社几十家。怀宁县采取有效措施，加强对民间黄梅戏艺术挖掘保护，倾力扶持民间黄梅戏班社。搭建发展平台，提升具有怀宁地域特色的黄梅戏艺术知名度和影响力。形成了黄梅戏艺术又好又快发展的良好局面。

枞阳县

【文化概览】 枞阳县位于安徽省中南部，总面积 1808.1 平方千米，辖 22 个乡镇，人口 97.1 万。为全国淡水养殖重点县和省级水产示范县、全国商品粮基地县、全国经果林基地示范县、全省农业产业化试点县、全国科普示范县、全国生态示范县，连续 3 年被评为全国粮食生产先进县。

公共文化服务。2014 年，县图书馆免费接待读者 38 万人次，县文化馆免费提供公共文化服务受益群众 4 万人次，县博物馆免费接待参观者 2.8 万人次。22 个乡镇综合文化站每周免费向群众开放 42 小时以上。高标准建设麒麟镇泊塘村、会宫镇会宫居委会和晓春村 3 个公共电子阅览室。完成 298 个广播电视“村村通”工程建设任务，送戏下乡进社区演出 235 场，电影放映 2820 场，农家书屋更新出版物 28905 册。群众文化活动丰富多彩，县文化馆组织开展舞蹈、摄影、书画等各类文艺辅导培训 96 场次，支持社会艺术团体开展群众文化活动，组织选手及作品参加省、市各项艺术大赛及展览。县示范幼儿园编排的舞蹈《中国范儿》，参加 2014 年安庆市“六一”文艺调演获银奖；小选手陈晓参加省少儿音乐舞蹈器乐大赛，获钢琴类少儿甲组一等奖；广场舞《山野的风》，参加由安徽省文化馆、安徽省广播电视台影视频道举办的“美好安徽舞起来”广场舞大赛安庆赛区比赛，获得第 5 名。11 月 11 日，县文化馆组织 4 名歌手参加皖鄂赣 3 省青年歌手大奖赛，获民族组一等奖 1 个、通俗组三等奖 2 个、美声组三等奖 1 个。县图书馆拓展服务功能，开办 5 期“枞阳大讲堂之道德讲堂”；“六一”期间，举办“快乐童年·放飞梦想”小学生绘画作品展；“十一”期间，举办“情系家乡·缘牵梦想”枞阳籍著名画家殷光华个人画展。全年送书下乡、进军营 3500 余册，并对基层图书室进行业务辅导，定期为县看守所图书流通站提供流通书籍。

精神文明建设。县文明委加大县城各创建责任片区和责任单位

上海画家向枞阳县黄镇图书馆捐赠作品

的日常监管力度,县城创建工作进一步巩固提升。县获第三届安徽省创建文明县城工作先进县称号,浮山镇获全国文明乡镇、枞阳镇新华社区获省级文明社区称号。县地税局、县供电公司、县气象局、县法院、县检察院、县国税局等单位获第十届安徽省文明单位称号,新增6家安庆市文明单位。开展未成年人思想道德建设,会同县教育局、财政局对全县乡村少年宫建设进行检查验收。"七·一"前夕,在莲花湖公园举办以宣扬社会主义核心价值观为主题的文艺晚会,观众500多人。挖掘枞阳版"好人",在全县开展学好人、做好人、帮好人活动,全年县文明办共上报各类好人、道德模范和志愿服务典型20余人(集体),并协调配合各级文明单位开展评选行业好人活动。县公安局退休民警吴国珍入围2月份"中国好人榜"候选人,枞阳镇前进社区居民张文忠获6月份"安徽好人"称号,枞阳县委办公室退休职工朱进权夫妇获1月份全省"感动江淮"志愿服务优秀典型称号,枞阳镇胜利社区居民丁光旭获10月份全省"感动江淮"志愿服务优秀典型称号。

【设立"方苞文学奖""朱光潜艺术奖"】 2014年3月,枞阳县政府设立"方苞文学奖""朱光潜艺术奖",这是县政府对枞阳县创作或以枞阳为题材创作的优秀文学艺术作品的最高奖。"方苞文学奖""朱光潜艺术奖"评奖注重艺术原创性和本土性,注重成果社会价值和经济价值,注重当代和地方文艺规律探索,突出文艺创新,突出艺术表现,突出地方特色。"方苞文学奖"评奖范围包括小说、诗歌、散文、剧本、儿童文学等;"朱光潜艺术奖"评奖范围包括美学理论、书法、摄影、曲艺、舞蹈、影视、美术、民间艺术等。每个奖项各设一等奖1名,二等奖2名、三等奖若干名。每届奖金总额为20万元,"方苞文学奖"和"朱光潜艺术奖"各10万元。

【黄镇铜像安放仪式】 2014年1月8日,枞阳籍将军黄镇诞辰105周年之际,黄镇铜像安放揭幕仪式在枞阳县黄镇图书馆大厅举行,100多名机关干部参加揭幕仪式。黄镇集将军、外交家、艺术家为一身,深受人们敬仰和爱戴。在黄镇图书馆安放黄镇将军铜像,为家乡人民缅怀黄镇将军提供精神寄托,也提升黄镇图书馆文化品位。黄镇铜像由雕刻家遥远先生制作并收藏多年,于2013年10月无偿捐赠黄镇图书馆。

潜山县

【文化概览】 潜山县位于安徽省西南部,面积1686平方千米,人口58.3万。潜山县是皖文化发源地,薛家岗文化遗址位于境内王河镇,是长江中下游地区新石器时代的代表性文化遗址。潜山县是京剧鼻祖程长庚、现代通俗文学大师张恨水、杂技皇后夏菊花、黄梅戏表演艺术家韩再芬故里。潜山县是安徽省历史文化名城,文化遗存众多。薛家岗遗址、天柱山山谷流泉摩崖石刻、太平塔等3处为国家级重点文物保护单位;张恨水故居、野寨抗日阵亡将士墓、占庄老屋、杨氏宗祠、觉寂塔等9处为省级重点文物保护单位;市、县级重点文物保护单位有36处。三祖禅寺为全国重点对外开放寺院。潜山是三国二乔故里,县城内有二乔梳洗的胭脂井和乔公墓古迹。潜山安徽龟化石是中国迄今发现最早的龟鳖类地球生物史记录;东方晓鼠化石的发现,推翻西方学者的"啮齿类哺乳动物起源于北美"的论断。非物质文化遗产丰富,"桑皮纸制作技艺"被列为国家级非物质文化遗产,"孔雀东南飞传说""五庙弹腔"等7项被列为省级非物质文化遗产,另有23项被列为县级非物质文化遗产。至2014年,拥有非遗项目国家级传承人1人、省级传承人10人、县级以上传承人91人。木偶戏

张恨水纪念馆

《程氏下书》获“首届全国木偶戏展演大赛”金奖。剪纸作品《指点江山》获全国邀请赛银奖。非遗专题纪录片《走进潜山》在央视6套播放。国家级传承人刘同烟的“传统工艺生产桑皮纸的专用抄纸装置”“专用于桑皮纸传统生产工艺的焙笼”获得国家知识产权局实用新型专利。痘姆乡被命名为安徽省民间文化艺术之乡，潜山县天柱陶瓷有限公司被省文化厅命名为“安徽省非物质文化遗产传习基地”。

文物保护。2014年,完成《山谷流泉摩崖石刻保护规划》评审稿的编制,报国家文物局审批。山谷流泉山水防治工程设计方案获国家文物局批复。配合省文物考古所,对下浒山水库淹没区内的12座古建筑、3处遗址进行抢救性发掘、搬迁。5月在全市率先完成第一次全国可移动文物普查认定登记,共登记可移动文物800余件(套),对博物馆收藏的4200余件(套)无需认定文物进行数字影像采集。

文化事业和文化产业。至2014年年底，县内有公共图书馆1个、文化馆1个、博物馆1个、广播电视台1个、国营黄梅戏剧团1家、电影服务企业(县电影公司、县影剧院)2家、乡镇综合文化站16个。县影剧院与民间资本合作,打造以3D影院为主的综合性文化娱乐产业,效益达到数百万元。皖通艺术品有限公司连续两年被评为“安徽省民营文化企业100强”。

文化民生工程。全年全县164个村新置图书15498册,机顶盒全部更新。举办168场综合性文艺活动,“送戏进万村”164场,“送电影下乡”1970场，组织农民体育活动990场。投资12万元建成盲人阅览室，于10月底免费开放。建成16个乡镇文化站图书室、187个农家书屋及185个基层文化共享工程服务点,帮扶建立6个企业职工图书室。建成省级“农民文化乐园”示范点1个、市级“农民文化乐园”示范点1个。县博物馆首次推出“徽人、徽章、徽文化”专题文化展览，并与县书法家协会联合开展以“张恨水诗词”为主题的书法展下基层文化惠民活动。县影剧院全年放映爱国主义电影教育115场,观众达15000人次。完成农村老放映员工龄补助发放工作。

文化市场管理。在全市率先完成文化经营户信息的采集、录入与激活工作。全年共办理行政许可、年检事项182件,组织现场核查22家次，接受咨询60余人次。开展“扫黄打非”行动,全年共出动检查1424人次，检查经营单位1976家次，收缴非法音像制品400余张、非法书刊700余本,受理各类群众举报14件，实施各类行政处罚案件10余起。

文化人才培养。重视对青年文化工作者的培养,提高文化人才的地位,增强文化事业发展后劲。县剧团青年演员程晓玲被破格提拔为国家一级演员。在第四届全国黄梅戏青年演员电视大赛中,县黄梅戏剧团青年演员戢东获“黄梅之星”称号,牛佳丽、周园园获“黄梅新星”称号。

【张恨水纪念馆开馆】张恨水纪念馆于2014年7月18日开馆。纪念馆总占地面积18亩,工程投资520万元，分为墓园和陈列馆两大部分,其中陈列建筑面积约500平方米,展厅面积300平方米。张恨水纪念馆主体陈列分为“少年才俊”“新闻生涯”“创作成就”“人生情怀”“夕阳青山”“故土情结”“传播与研究”等7个专题,全面系统展示张恨水先生的人生历程和创作成就,展示研究张恨水文化的学术成果和先生照片、书稿、信笺等珍贵资料。9月,张恨水纪念馆被命名为“安徽省社科教育基地”。12月,向省社科联申报选题为“小说大家——张恨水读本”课题,获批准,被确定为2015年社会科学普及规范项目课题。

【潜山县非遗展示馆开馆】2014年12月，潜山县非遗展示馆开馆,并免费对外开放。潜山县是非遗资源大县，拥有国家级非遗2项、省级5项、县级以上43项。普查登记在册的非遗项目200余项,民俗文化资源十分丰富。潜山非遗展示馆收集各类生产生活用具1500余件,以文图、展板配合实物的方式进行展示。展品种类繁多,其中有木制独轮车、水车、纺车、雕花大床、橱柜桌椅、梳妆台、花轿、水桶、粪桶、澡盆、脚盆、风车、风箱、竹编的鱼罩、鱼篓、竹椅、竹凳、竹匾、挑箕、稻萝、竹扒、菜篮、草篮、马灯、油灯、加工粮食的碓臼、坛罐及私塾用的课桌椅等。

太湖县

【文化概览】太湖县位于安徽省西南部，面积2031平方千米，人口58万。2014年,太湖县跻身全省首批12个公共文化服务体系示范区创建县、全省农村公共图书服务一体化6个试点县之列。县级文化建设专项资金、乡镇文化事业发展专项资金和乡镇文化站工作人员“县聘乡用”的管理模式,使太湖成为全省公共文化服务体系建设的新亮点,推行城乡公共图书服务总分馆制,实现公共文化服务标准化和均等化,得到省、市主管部门的肯定和推广,在安庆市创建国家公共文化服务体系示范区目标责任制考核中获第一名。

公共文化服务体系示范区建设。县政府出台《太湖县创建国家和省级公共文化服务体系示范区规划》《太湖县创建国家和省级公共文化服务体系示范区实施方案》，将公共文化服务体系建设纳入乡镇年度目标考核内容。从2014年起，县财政每年预算安排文化建设专项资金由40万元增加到200万元，并按人均1.5元增设乡镇文化事业发展专项资金；公共文化场馆免费开放，对文化类民生工程足额予以资金配套。至年底，涉及全县群众文化活动和文化遗产保护利用等专项资金已全部拨付到项目实施单位。乡镇文化站免费开放资金实行封闭运行、报账制垂直管理。乡镇综合文化站免费开放资金运行管理模式，得到省、市文化主管部门肯定。至年底，全县建成15个乡镇综合文化站、53个公共电子阅览室、174个文化信息资源共享村级服务点、188个农家书屋和省、市级农民文化乐园各1个。县文化艺术中心被列入县重点工程项目和省"861"文化产业项目，规划建设用地30亩，建筑面积18000平方米，投资1.2亿元，初步选址在朴初大道以东、市民文化广场以南。2014年，将乡镇文化站人员招录、专业岗位设置、人事管理、业务培训、职称评聘作为强化文化队伍建设的重点；对全县村级文化管理员进行培训。在全市率先成立县群众文化辅导员队伍，举办春季培训班，使这支队伍成为县群众文化辅导工作的骨干力量。群众自发组织舞蹈队、艺术团、票友社等多种形式的民间文艺团队。

文化惠民乐民措施。实施文化民生工程，2014年县"三馆一站"免费开放工作有序进行，服务水平、服务质量有所提升。各乡镇综合文化站发挥站内场地、设备和专业技术人员业务优势，结合地域文化特色，开展各类培训、黄梅戏进校园、演讲比赛、文艺创作座谈会等服务活动。采取政府购买服务的方式，"送戏进万村"190场，在全省率先完成年度演出任务。打造图书服务新亮点，完成全省农村公共图书服务一体化建设试点任务，建成县总馆、15个乡镇图书分馆和174个村级图书服务基层点，县图书总馆和乡镇分馆的通借通还平台已全部建成并投入使用。县图书馆的残障读者服务活动形成品牌，得到全省行业好评，《中国文化报》和文化部网站予以报道。组织开展文化艺术活动，县黄梅戏演艺公司赴湖南邵东演出，取得较好的社会效益和经济效益。举办《文"化"太湖》摄影展、第二届全县广场舞大赛、全县首届农民书画展、全县非遗专场展演等。新创黄梅小戏《杜知县审案》参加全市小戏调演获多项奖励，新创反邪教剧目《三敬酒》受到省政法委好评，新创舞蹈《太湖花榔》获安徽省群星奖二等奖并被确定为安徽省参加国家级群星奖节目。

文化遗产保护。刘家畈高干会议旧址、西风禅寺祖师殿、赵昀墓等省保单位维修工程全部完工并通过省文物局组织的专家验收。首批"中国传统村落"蔡家畈、龙潭寨古民居文物保护利用修复方案已经省文物局审批，争取扶持资金1600万元。全国可移动文物普查工作稳步推进，26块县级以上文物保护标识安装工作全面完成，《太湖馆藏文物》编纂出版。

群众文化辅导员培训班授旗仪式

【《风韵太湖》文化丛书出版】 2014年5月，《风韵太湖》文化丛书由黄山书社正式出版。县文联从2012年4月开始发掘整理和组织编纂《风韵太湖》文化丛书。《风韵太湖》文化丛书分为《风云卷》《名人卷》《艺文卷》《风情卷》《佛禅卷》《戏曲卷》《印象卷(上下册)》，共7个卷本，100余万字，1000余张图片，为太湖文化的代表性典籍。第十一届全国政协副主席、中国文联主席、原文化部部长孙家正为该丛书题写书名；著名作家王蒙，石楠，中将，云南省高级人民法院院长、安徽省书法家协会原主席张学群为该丛书题词。

望江县

【文化概览】望江县位于皖西南长江北岸，面积1348平方千米，人口63万。望江县是“雷池”故地、“三孝”故里、“挑花”之乡，成语“不敢越雷池一步”的“雷池”就是指望江县。现有汪洋遗址、文庙大成殿、褒隐寺塔、陈氏宗祠、戴家墩遗址、黄家堰遗址、雷阳书院等省级重点文物保护单位7处；民间工艺“望江挑花”被列入国家非遗保护名录，传承人2人；莲湘舞被列入省级非遗保护名录。望江县是中国民间文化艺术之乡。

文化产业发展。2014年，全县文化产业发展迅速，文化企业单位有187家，个体文化经营户1629户，文化产业从业人数4380人，文化产业总产值为5.32亿元，占全县GDP比重5.1％。

文艺精品创作。召开全县文艺创作座谈会，以《雁过雷池》《武昌湖笔记》《玻璃心》为代表的一批文学作品，分别获全国全省文学大赛奖。完成《中国寺院名胜——望江卷》和《望江歌谣》编写工作，《望江文学精品》由安徽人民出版社出版发行。县黄梅戏艺术传播有限公司编排黄梅戏遗产抢救工程剧目《相知吟》参加市黄梅戏展演周剧目展演。县长江剧团新编现代黄梅戏《胡久根卸任》先后参加省、市展演，被省文化厅作为安徽省十大重点剧目上报文化部。

公共文化建设。文化基础设施建设加快，县体育中心一期工程完成并投入使用；乡镇综合文化站提标升级，现有省一级站3个、二级站1个、三级站1个；建设完成2个乡镇健身广场，一批新建住宅小区配套建设健身设施，部分乡镇已形成有特色的文化活动品牌。省级农民文化乐园凉泉乡太华村徐大中心村、市级农民文化乐园太慈镇桃岭村詹家大屋相继建成。广播电视“村村通”完成78个20户以下自然村建设任务，有线电视用户10.1万户。完成投资1760多万元升级改造望江数字影院，全年完成农村电影放映任务1416场。

文化民生工程。全年文化民生工程资金投入305.4万元，县文化馆、图书馆、博物馆及10个乡镇综合文化站全面实现免费开放。文化馆举办非物质文化遗产陈列展览、音乐、舞蹈、雷池飞歌等系列活动。图书馆文化信息资源共享服务6400人次，流动书籍21000册次，网上借阅书籍达9万人次。博物馆举办陆洪非艺术陈列、文物图片展、书画作品展等10余次，接待群众参观达42000人次。各乡镇综合文化站组织专业文艺队伍组织开展各类活动达60余次。全年开展送戏、送图书、送展览、送演出活动90多场次。

精神文明建设。组织开展公益广告展播、道德讲堂、文明餐桌等活动，启动最美望江人评选，首次评出“最美望江人”15名，评选“安徽好人”1名、“安庆好人”2名，入围“中国好人”榜1名。组织开展望江县首届“我的故事”百姓宣讲活动，成立志愿者协会，建立长效管理机制，经常性开展志愿服务活动，被评为省级优秀志愿者2人、市级优秀志愿者3人。建立困难农村留守儿童帮扶机制，定期开展帮扶。

【高士镇获“安徽民间文化艺术之乡”称号】2014年9月，高士镇凭借以黄梅戏表演艺术为主的地方文化活动内容，获“2014—2016年度安徽省民间文化艺术之乡”称号。高士镇黄梅戏表演受徽剧和岳西高腔影响，在吸取当地民间音乐养料的基础上，融入采茶调，形成独特的望江老腔。现高士镇有注册民间黄梅戏剧团10个，能长期开展演出活动的班社达30余个。一些剧团主动开拓县外和省外演出市场，长期在浙、闽、赣、鄂等地开展演出活动。其中长江黄梅戏剧团入选安徽省首批“十大名团”“百佳剧团”，并获得“第五届全国服务农民、服务基层文化建设先进集体”称号。其他民间艺术形式如莲湘舞、打鼓书、诗词分会也十分活跃，其表演内容大都倡导革除农村陈规陋习，有力促进了现代精神文明建设。

望江《挑花舞》获全国校园舞蹈银奖

岳西县

【文化概览】岳西县位于大别山腹地，总面积2398平方千米，辖24个乡镇，人口40万。岳西是大别山区唯一一个集革命老区、贫困地区、纯山区、生态示范区、生态功能区“五区”于一体的县份，是中华禅宗文化的发源地、中共安徽省委首任书记王步文烈士的故乡和中国民间文化艺术之乡。境内有文物国保单位1处、省保单位14处，有国家级非遗保护项目2项、省级非遗保护项目2项，有省级爱国主义教育基地3处。岳西禅宗文化源远流长，司空山为“中华禅宗第一山”，系禅宗二祖慧可的修禅卓锡、衣钵流传之地。岳西是原生态民间文化的“宝库”，民间曲艺、民间歌舞、山歌小调、民间器乐等文化艺术原汁原味、形式多样。岳西高腔和桑皮纸手工制作技艺被列为国家级非物质文化遗产。

文化事业和文化产业。2014年，全县共有公共图书馆、文化馆、广播电台、电视台、高腔传承中心各1个，有红色纪念馆3个、电影企业2家、乡镇综合文化站24个、已建成村级农民文化乐园6个。县“四馆一中心”（文化馆、图书馆、博物馆、档案馆和规划展示中心）建设已完成立项、环评、节能、可研等前期工作，正进行项目招标。全县有文化企业215家，其中规模以上文化企业6家，新成立民间艺术团体13个。安徽盛乐高网络科技有限公司被国家文化部、财政部、税务总局认定为国家动漫企业，成为安庆市首家通过国家认定的动漫企业。安徽盛世天源国际养生文化发展有限公司和岳西县泉源盛工艺品有限公司被评为第四批安徽省文化产业示范基地，岳西县泉源盛工艺品有限公司、岳西县翰林根艺文化有限公司、安徽省同春工贸有限公司先后多次入选“安徽省民营文化企业100强”。

精神文明建设。精心组织“最美岳西人”“最美家庭”“五好文明家庭”“好婆媳”等评选活动，将评选出来的“最美岳西人”推荐参加国家和省市道德模范（好人）评选，项至祥、江兴美2人获“安徽好人”称号，储琳获“安徽好人”提名奖，其中项至祥、储琳2人获“中国好人”提名；储琳、胡忠海、王华、杨智君等4人获“安庆好人”称号。组织省市县媒体对身边好人先进事迹进行宣传，开展“手拉手好人帮好人”志愿服务活动。招募、注册志愿者7000余人，开展大型志愿服务活动70余次。加大对志愿服务优秀典型的宣传与推荐，汪国保等2人获省“感动江淮”志愿服务优秀典型，义工联盟被评为“感动江淮”志愿服务优秀集体典型。推进关爱未成年人行动。组织开展“红红火火过大年”民俗文化教育、清明祭扫及“网上祭英烈”革命传统教育、留守儿童“圆梦”和中华经典诵读等活动。争取省文明办支持扶助，建设4所乡村学校少年宫。

岳西映山红文化月活动

城乡环境整治。县政府按乡镇人口数、整治区域面积和重难点核算补助资金1500余万元，其中城区环境整治455.3万元按月拨付，农村清洁环境专项整治500万元，专项奖补资金500万元。另外，吸引社会资金投入500万元。全县共聘请环卫保洁人员498名，新建垃圾池2533个，添置垃圾桶9654只；整治广告标牌1656处，拆除违章建筑2608处，拆除猪圈、厕所和破旧房屋等1302处；新安装路灯2054盏85公里，关停非法洗砂场12家，向省国土厅申报矿山环境恢复整治项目6个，投入350万元正在修复矿山1座；治理“骑路逢集”75处，治理国省道穿集镇段28公里，打造省际及城市出入口景观2个；完成绿化造林15413亩，其中线边9780亩，完成景边森林长廊8公里，建成森林城镇1个，森林村庄9个。违章建筑、广告标牌存量得到有效拆除，新增量得到有效控制。

【《中国岳西高腔剧目集成》正式出

版发行】由岳西高腔传承中心编辑人员历经数年挖掘、采集、整理编辑的《中国岳西高腔剧目集成》，由安徽文艺出版社正式公开出版发行。《中国岳西高腔剧目集成》是首批国家级"非遗"保护项目岳西高腔的剧目总集，共收入300余出剧目，均来自岳西县境内的民间抄本。岳西高腔是岳西县独存的古老稀有剧种，由明代青阳腔沿袭变化而来，有300多年的传承历史。高腔艺术遗产丰厚，其戏曲文学、戏曲音乐、表演艺术及基本活动形式都自成体系，风格独特，具有较高的文化品位和艺术价值。

【岳西县水畈村入选中国十大最美乡村】在浙江省衢州市举行的央视寻找中国最美乡村颁奖典礼上，岳西县菖蒲镇水畈村获"2014年度中国十大最美乡村"称号，成为安徽省唯一获此荣誉的村。"2014寻找中国最美乡村"活动由农业部、住建部、国家旅游局、国家新闻出版广电总局、中央电视台等单位共同发起，CCTV7农业节目主办，《美丽中国乡村行》栏目承办，以"传播乡村文明建设美丽中国"为主题，从"自然生态美、生活幸福美、文化和谐美、创新引领美"四个方面，推介美丽乡村的建设典型，倡导新型生态旅游模式，呼吁并带动更多人自觉地珍爱自然，保护生态，共同推动美丽中国的建设。水畈村多年来因地制宜，大力发展茶业及旅游业，从以前的贫困村转变为安庆市新农村建设试点先进村。围绕打造4A级旅游景区目标，全面推进美丽乡村建设，坚持尊重群众意愿、规划先行、生态优先战略，强化基础设施建设，壮大产业支撑，逐步发展成为美丽乡村建设典型。

黄山市

【文化概览】黄山市位于安徽省最南端，与浙赣交界，是中国十大风景名胜区之一黄山所在地。现辖3个区、4个县，总面积9807平方千米，人口147.3万。有联合国颁发的世界级"桂冠"3顶、国家级"桂冠"9大类142顶，2014年度被评为最佳国际旅游度假目的地，获"中国摄影之乡"称号。

思想理论建设。2014年，以集中开展"党的创新理论和政策进基层"活动为抓手，深入学习宣传贯彻习近平总书记系列重要讲话和党的十八届三中、四中全会精神，全年宣讲40余场，受众近万人次。深入开展"美在黄山·圆梦中国"主题教育活动。举办"黄山大讲堂"3期。继续抓好《徽州文化大辞典》的修编工作，启动《徽州文化通俗读本》编撰工作。开展邓小平视察黄山35周年主题宣传活动。加强互联网等新兴媒体管理，组织互联网新闻信息传播专项整治，有效处置应对一系列网络舆情事件，维护健康向上的网上舆论环境。

培育践行社会主义核心价值观。开展"三个倡导"宣传普及、核心价值观"主题季""红红火火过大年"核心价值观赠春联、身边好人评选、学雷锋志愿服务等系列活动，举办"黄山好故事"征集和演讲比赛、黄山市诚信示范企业评选等活动，广泛开展市民文明教育和道德讲堂活动，组织开展核心价值观进机关、进企业、进社区、进乡镇、进学校"五进"活动。全市1人当选"中国好人"、5人当选"安徽好人"、5人获"安徽好人"提名。在中心城区主要路段和公共场所建起"好人墙""好人大道"，利用媒体、电子屏幕等多种方式，深入宣传道德模范的先进事迹。挖掘传承优秀传统文化，以此推动核心价值观的践行。黄山市以优秀徽州文化涵养社会主义核心价值观的做法被中宣部作为典型经验向全国推广。

文化事业建设。推进文化民生工程建设。公共文化服务信息化建设工程(电子阅览室)、农村文化建设专项补助、广播电视"村村通"工程全部提前完成年度任务，其中广播电视"村村通"工程建设获省通报表彰。有线电视数字化整体转换和双向化改造稳步推进，广播、电视人口综合覆盖率分别达到96%和98%。全市图书馆、文化馆、美术馆、国有博物馆、乡镇综合文化站、农家书屋全部对公众免费开放。开展多种形式的文化下乡活动，政府采购送演出下乡869场，更新农家书屋出版物90334册，放映公益电影9055场。加快构建公共文化服务体系。歙县获省级公共文化服务体系示范区创建资格；新增7个省级农民文化乐园建设试点，完成3个省级首批农民文化乐园试点建设任务，典型经验在全省推介；黄山区仙源镇被评为"中国民间文化艺术之乡"，黟县、黄山区仙源镇、休宁县万安镇获2014—2016年度“安徽民间文化艺术之乡”称号。

文化产业发展。2014年，全市确定1000万元以上的重点文化产业项目113个，完成投资92.55亿元，占年计划的101.9%。徽州文化生态长廊等一批重大项目强力推进。电视纪录片《非物质文化遗产——徽州民间博物馆》、动画片《黄梅谷传奇》、黄山徽州竹艺轩雕刻有限公司、徽州文化产业园入选全省“四个一”项目，5家企业入选省级文化产业示范园区（基地）。《宏村·阿菊》入选第二批全省民营艺术院团“十大名剧”。18家文化企业进入全省文化直接融资后备企业资源库。与省属5大文化集团签订战略合作协议。以实施徽州古建筑保护工程为契机，加大空间形态类古建筑基础建设和环境整治工作，提升旅游接待能力。绘制全市徽州古道分布图，徽州古道纳入《黄山市户外运动基地发展建设规划》重点项目。搜集整理全市名人故居38处，重点对孙起孟、张振英、周贻春等10处名人故居进行保护利用。结合徽州文化非遗展演，对徽州古祠堂进行整体策划，发挥文旅综合效益。

群众文化活动。召开黄山市文艺家深入学习贯彻习近平总书记文艺座谈会精神座谈会。组织百名文艺家下基层，开展文艺采风送文艺下基层活动25场次。成功举办黄山市首届群星奖大赛、第十届黄山书市、“保护知识产权，推进全民阅读”“践行群众路线 促进文化惠民”百场文艺巡演、“美丽新安江”歌曲征集、“中联杯”黄山市第二届中小学生书法大赛、“我们的中国梦——文化进万家”、2014新春书画展、“大美黄山·锦绣梨园”4省9地京剧票友演唱会等一系列文化活动，组织参加第十一届皖浙赣闽4省4市民间艺术节、皖江8市第七届群众艺术节，取得较好成绩。

文艺精品创作。《宏村·阿菊》、黄梅戏电视剧《墨痕》获省第十三届“五个一工程”奖。在全省群星奖决赛中，舞蹈《挑山》、声乐《十绣鞋》获一等奖并将代表安徽省参加2016年举行的全国第十六届群星奖比赛，《挑山》还参加第六届华东专业舞蹈大赛，获创作二等奖和表演三等奖。精心打磨京剧小戏《挑起一片天》，入选国家艺术基金2014年度舞台艺术创作小型舞台剧资助项目，参加全省小戏调演获优秀剧目、编剧等6个奖项。《黄山》《挑山女人》被评为省“十佳”纪录片。歙县《定潭·人间天堂》参加第六届全国村歌大赛获“中国十佳村歌”，徽州民歌《牧牛山歌》获中国首届山歌展演银奖。开展黄山市首届文学艺术奖评选，《天下祁红》《拣拾徽州的碎片》等20部作品获政府文学艺术奖，其中《天下祁红》入选安徽省十部重点小说创作项目。美术创作再现辉煌，《南国红豆》（壁画）、《漕运千年梦我家》《风月》《徽韵故园如梦》《家园》《戈壁花》等6件作品入选第十二届全国美术大展，居全省地级市之首，创历史最好成绩。

电影《邓小平登黄山》安徽首映式

文化遗产保护。推进徽州文化生态保护区建设。黟县西递、南屏、歙县许村古建筑群纳入全国文物消防安全百项工程。歙县古城列入文物安全专项规划编制全国10个试点单位之一。徽州区呈坎村、歙县许村入选全国文物保护单位保护利用示范项目。徽州区唐模、歙县雄村等18个古村落列入全国传统村落第一批实施名单。108个古村落入选全省首批传统村落，占全省47.37%。组织非遗项目进景区，徽州府衙推出历史情景剧《三戒碑》。开展徽剧、徽州民歌、程大位珠算等非遗项目进校园活动。竹艺轩作为全省唯一入选第二批国家级非遗生产性保护示范基地，徽州漆器髹饰技艺人才培养项目获国家艺术基金2014年度人才培养资助，徽州三雕等4个项目入选第四批国家级非遗代表性项目名录（全省新增12项，占33%），美溪唢呐等15个项目入选第四批省级非遗名录（全省新增70项，占21%）。《徽州技艺》丛书正式出版。

对外文化交流。组团参加第22届“俄罗斯之源”全俄艺术节活动，举办为期6天的“徽文化”展示活动。黄山市工艺美术大师、非遗传承人甘而可、郑寒、蒋劲华参加文化部“走进乌兰巴托”中蒙文化交流活动，在乌兰巴托的“中国文化中心”传授漆器、歙砚、书法、撕纸等徽州非遗技艺。组织参加中国非物质文化遗产年俗文化展示周、第九届中国(义乌)文化产品交易会、第十届中国(深圳)国际文化产业博览交易会、第七届中国(西安)西部文化产业博览会、第三届中国(山东)非遗博览会、中国工艺美术百花奖等全国大展，获金奖5项、优秀展示奖6项。央视新闻频道大型现场直播“一年又一年”节目直播黟县西递写春联、贴春联、评春联活动和大型民俗舞蹈《群傩跳春》，举办第九个文化遗产日宣传活动在央视四套中国新闻专题播出。

文化人才队伍建设。举办全市新闻采编人员马克思主义新闻观、文明创建、新闻发言人专题培训班。会同省舞蹈家协会共同举办“2014安徽省舞蹈创作(采风)研习班”，全省300多名文艺工作者参加。全年新发展国家级会员23人、省级会员358人、市级会员234人。1人获中国木(竹)雕“金雕手”称号，1人获联合国教科文组织“国际民间艺术大师”称号。2人分获第二批全省宣传文化领域拔尖人才、青年英才称号。

精神文明创建。齐云山风景名胜区、屯溪现代实验学校等8家单位被授予第四届全国文明单位，黄山风景名胜区等4家单位经复核保留全国文明单位称号，全市拥有全国文明单位12家。74家单位被评为安徽省文明单位。汤口镇、西递镇、潜口镇坤沙村获第四届全国文明村镇称号，耿城镇、闪里镇等4家村镇经复核保留全国文明村镇称号。6个村镇被评为全省文明村镇，7个村镇被评为全省创建文明村镇工作先进村镇。歙县经复核保留全国文明县城称号。黄山市被中央文明委授予“全国文明城市提名城市”，获参加2017年第五届“全国文明城市”评选的“通行证”。

【电影《邓小平登黄山》在黄山拍摄】该片是全国纪念邓小平诞辰110周年重点影片，由安徽广播电视台、黄山风景区管委会、浙江天光地影影视制作有限公司联合出品，于2014年7月11日在黄山风景区开机，历时3个月完成拍摄，拍摄主场景基本在黄山市内。该片以纪实手法，重现1979年已75岁高龄的邓小平登黄山、发表“黄山谈话”、支持黄山发展旅游的全过程，当时引人关注的小岗村“包干到户”、知识分子待遇以及香港回归等热点问题，也在片中一一呈现。

【纪录片《大黄山》在全国播出并获6项大奖】由中央电视台、安徽电视台联合拍摄，黄山风景区管委会协助拍摄的纪录片《大黄山》，在中央电视综合频道、纪录频道，安徽卫视、安徽科教频道、黄山电视台先后多次播出，引发民众热捧和社会强烈反响，赢得广泛赞誉，先后获第十三届精神文明建设“五个一工程奖”、2014“金熊猫”奖国际纪录片自然及环境类亚洲制作奖、2014年中国(青海)世界山地纪录片评委会奖、第27届中国电视金鹰奖、2014年第一季度优秀国产纪录片奖、第20届中国电视纪录片系列片十佳作品奖等6项大奖。

【黄山市新增4项国家级非物质文化遗产项目】2014年11月，国务院批准公布第四批国家级非物质文化遗产代表性项目名录306项，黄山市申报的徽州竹雕、徽笔制作技艺、西园喉科医术、徽州祠祭等4个项目入选。黄山市是徽州文化发祥地，也是中国第二个文化生态保护实验区核心区域，其中非物质文化遗产种类和数量在全省各市中均位列第一，徽州传统木结构营造技艺、程大位珠算法被列入联合国教科文组织人类非遗代表作名录。截至2014年年底，该市拥有国家级非遗项目20项、省级71项，国家级代表性传承人20人、省级94人，国家级非遗生产性保护示范基地1处、省级传习基地9处。

【第十届黄山书市在黄山市举办】2014年9月11—14日，由黄山市人民政府、安徽省文化厅、安徽省新闻出版广电局和安徽新华发行集团联合主办的第十届黄山书市在黄山市举办。书市以“天地之美·阅读之乐”为主题，开展馆藏书市、市民书市、名人签售、农家书屋选书专场等专题活动。200多家全国

第十届黄山书市开幕式

重点出版社带来10万多种新品、精品图书，其中包括台湾版图书3000余种。书市同时邀请省内外近300家高校图书馆、公共图书馆客户参会。各大图书馆采购图书1100多万元。期间，邀请央视水均益、郎永淳等名人与读者面对面交流，进行现场签售。

屯溪区

【文化概览】屯溪区地处黄山南麓、新安江上游，辖5个镇、4个街道办事处，面积249平方千米，人口24.5万。屯溪山清水秀，人文荟萃，是古徽州的商业重镇，也是黄山市的政治、经济、文化中心。

公共文化建设。完成戴震纪念馆展陈升级改造，充实馆藏内涵，更好展现戴震精神。建成非遗馆、美术馆，正式免费对外开放。2014年，全区各馆、各文化站免费接待约54万人次。完成老街街道公共文化服务信息化建设(公共电子阅览室)；截至2014年年底，全区共完成公共文化信息化建设8家。组织农村文艺演出95场、送戏下乡55场、农村电影放映660场，农家书屋更新出版物近1万册。全面完成凤霞、云村2家省级农民文化乐园建设试点，完成"一场两堂三室四墙"标准化建设。建成珮琅河书法文化墙。

文化遗产保护。投入资金1.05亿元，推进徽州古建筑保护工程，对1处古村落、24幢古民居、2座古牌坊、3处古水口、13座古桥、12口古井等共71处古建筑进行全面保护利用。为纪念戴震诞辰290周年，先后开展戴震学术研讨会、大型广场文化演出、戴震文化进校园、祭扫戴震墓等系列活动，得到省内外学术界的高度关注。

群众文化活动。全年举办"出彩屯溪人"全民选秀活动、"幸福屯溪人·美好乡村迎新春"演出、"马年闹元宵民俗表演"、文化科技卫生"三下乡"等各类演出活动100余场次。"4·23"世界读书日前后，屯溪区图书馆联合新华书店举办"读者选书、图书馆买单"大型荐书公益活动。

"出彩屯溪人"全民选秀活动

文化产业。2014年，屯溪区文化产业精品打造工程9个项目进展顺利，全年完成投资3.43亿元。加快阳湖记忆项目建设，加强商业推介和新业态引入。高品位开发建设鬲山佛文化保护恢复项目，大雄宝殿已建成。支持数字动漫等新兴产业发展，河马文化产业园项目完成动漫公共服务平台建设，与黄山学院签订校企合作联合办学协议。

文艺创作。中短篇小说集《神钓》获黄山市首届文学艺术奖特别贡献奖。摄影作品《窑变无双》《徽州老街》分获19届安徽省摄影艺术大展商业类铜奖和记录类优秀奖。长篇叙事散文《阳光灿烂的日子》在安徽文学第四期发表，短篇小说《玲珑》在安徽文学第七期发表。新增4名中国摄影家协会会员。

精神文明建设。组织开展"最美屯溪人""好人推报"等活动，选树表彰了一批道德模范和先进典型，培育脑瘫儿勇夺市残运会奖牌的汪相义获"中国好人"提名奖，20位模范人物当选年度"最美屯溪人"。加强未成年人思想道德建设，东城实验小学少年宫争取到第四批中央公益性彩票基金的支持。2014年，屯溪区获全省首届文明城区称号，获评第四届全国文明单位1个、第三届省文明村镇2个、第四届省文明社区6个、省文明单位5个。

【《屯溪八景》邮票珍藏册发行】2013年2月，屯溪区委宣传部发起并组织"屯溪八景"评选活动，经网络征集、专家评审和领导审定，最终确定"屯溪八景"为："谜窟探奇""新安怀古""华山思贤""老街问市""三江烟霞""稽灵松涛""龙山禅月""鬲山荷韵"。2014年，《黄山仙境·屯溪八景》邮票珍藏册正式发行，并获全省第七届对外传播评比二等奖。

黄山区

全国公开水域游泳系列赛太平湖站比赛

【文化概览】黄山区地处皖南腹地,原名太平县,唐天宝四年(745)建县,建制沿袭1200余年。是安徽省“两山一湖”黄金旅游区的集散地和休闲度假中心,全区面积1775平方千米,人口16.3万,辖9镇5乡。现有国家级森林公园1处、国家4A级景区6处、高品位景区景点30余处;有国家级重点文物保护单位1处、省级6处。是首批国家级生态示范区、全国绿化模范区、国家园林城市、中国竹子之乡、中国名茶之乡、安徽省文学创作先进区。

理论武装工作。2014年,黄山区开展“党的创新理论和政策下基层”活动,深入农村、社区、企业、学校巡回宣讲28场次,受众5600余人。举办“太平讲堂”5期,各级领导干部撰写发表理论文章50余篇。

对外宣传工作。成功举办甲午年黄山公祭轩辕黄帝大典,省内外18家电视、平面、网络媒体现场报道。邀请央视、新华社等媒体对第八届太平猴魁茶文化旅游节等大型活动和黄山西大门进行了全方位宣传。全年在市级以上媒体发稿2284篇(条),其中省级以上1054篇(条)。

文化事业。共有公共图书馆1个,文化馆1个,广播电台、电视台各1个,体育场馆9个。投资7555万元完成82处徽州古建筑保护工程项目点建设任务。

文化产业。全区列入市级文化产业精品打造工程重点项目6个,实际完成投资3.05亿元。黄山白天鹅宣纸文化苑跻身安徽省民营文化企业100强。全年文化产业总产值12.49亿元,比上年增长50.1%。

群众文化活动。全年共举办各类群众性文化活动260余场次。成功举办全国公开水域游泳系列赛太平湖站比赛、太平湖首届库钓大赛等大型体育赛事。黄山区获评“安徽省首批全民健身示范区”。

公共文化体系建设。在全区建立19个文化志愿辅导点,新增70名群众文化辅导员。建成农民文化乐园省级点1个、市级点3个。完成13所乡村学校少年宫建设。投入366.8万元,实施了公共文化场馆免费开放和农村文化建设专项补助,建成了99个广播电视“村村通”工程实施点。区博物馆、文化馆为国家三级馆,图书馆为国家二级馆。仙源镇成功入选“中国民间文化艺术之乡”,郭村等4个村入选“第三批中国传统村落名录”。

文艺创作。编著文学专著3部,汪少飞的散文《我那遥远的杨梅溪》等20多件文艺作品获省级或国家级相关奖项;李平的长篇小说《天下祁红》等3件文艺作品获黄山市政府首届文学艺术奖,其中《天下祁红》获文学类一等奖。

非遗传承。建成全市首个综合性非遗展馆——黄山区民俗非遗博物馆。太平猴魁手工制作技艺被列为国家级非物质文化遗产,轩辕车会、五福神会、婆溪河灯、汤口火腿腌制技艺、竹制品手工编织技艺、黄山玉雕刻技艺、太平曹氏纸制作技艺、周王会被列为省级非物质文化遗产,方继凡被评为国家级非遗传承人,王锋林等5人评为省级非遗传承人。

精神文明建设。培育和践行社会主义核心价值观,开展“三个倡导”宣传普及核心价值观“主题季”活动、“黄山区好故事”演讲比赛、“走复兴路 圆中国梦”主题青少年爱国主义读书活动等。程润泽等7人及1个协会分别获评“黄山好人”“安徽好人”“安徽移动弘扬正气奖”“最美助残志愿者”及安徽省“感动江淮”志愿服务优秀典型。蝉联安徽省第三届文明城市,首次跻身全国文明城市提名城市行列。有59家单位、18个村镇分获黄山市文明单位、文明村镇表彰;8家(个)单位分别被评为安徽省文明单位、文明村镇、文明社区;黄山旅校、汤口镇分别被评为全国文明单位、文明村镇。

【仙源镇跻身中国民间文化艺术之乡】2014年12月,黄山区仙源镇被文化部确定为2014—2016年度“中国民间文化艺术之乡”,是全省唯一获此殊荣的乡镇。

仙源镇是一座千年古镇，是黄山区老县城所在地，名胜古迹颇多，文化底蕴丰厚。近年来，该镇将传统文化与现代文化有机结合起来，其积极打造的“轩辕车会”民间文化艺术品牌，已成为黄山地区民间文化艺术的代表性活动，是各类重大庆典和文化活动必不可少的精品项目。目前，“轩辕车会”已被列入安徽省非物质文化遗产，并正在申报国家级非物质文化遗产。该镇还先后成立滚车队、腰鼓队、舞蹈队、健身队、艺术创作队、非遗传承队等文化队伍，培养各类文艺骨干及人才500余人。

徽州区

【文化概览】徽州区位于黄山南麓，辖7个乡镇、1个社区办，面积443.7平方千米，人口10.23万。徽州区是古徽州地域名的唯一传承地，素有“黄山南大门”之称，是依据1987年11月国务院批复成立黄山市后而新设立的市辖县级区。辖区现有中国历史文化名镇1个、中国历史文化名村3个、安徽省历史文化名镇1个；拥有国家5A级景区——古徽州文化旅游区核心景区3处、国家4A级旅游景区2处、国家3A级旅游景区2处；有全国重点文物保护单位5处、省级5处。黄山毛峰绿茶制作技艺、徽州竹雕被列为国家级非物质文化遗产，徽州板凳龙、上九庙会、跳钟馗、徽州家具制作技艺为省级非物质文化遗产，谢四十、曹永盛（篁生）为国家级非物质文化遗产项目代表性传承人，洪建华等9人为省级非物质文化遗产项目代表性传承人，楼根友等37人为市级非物质文化遗产项目代表性传承人。

理论武装工作。先后开展区委中心组理论学习12次，各地各单位先后开展集中学习1042次，印发“三严三实”学习材料汇编500册，组织观看群众路线专题辅导片491场次，邀请党校理论专家作专题辅导报告93场次，到岩寺新四军军部旧址和廉政教育馆参观2391人次，举办专题讨论会352场次。

组织开展以“美在黄山、梦圆徽州”为主题的“中国梦”宣传教育活动，加强社会主义核心价值观的培育和宣传，启动“徽州好人”区、乡镇、村居三级联评活动，广泛动员人民群众支持和参与乡风文明建设，深入发掘身边好人好事，在全社会营造崇德向善、争做好人的浓厚氛围。启动开展志愿服务日活动，将每月的最后一个星期六定为机关党员干部进社区志愿服务日，大力推进志愿服务制度化建设；创新开展圆梦“徽心愿”“公益贴吧”等活动，以党员带干部、干部带群众，引导全社会参与到志愿服务活动中来。全年1036名在职党员干部主动参与社区志愿服务，认领服务岗位2710个；征集“微心愿”612个、认领597个，帮助600余位居民实现愿望，赢得群众的一致好评。

启动实施徽州古建筑保护工程。计划用两年时间，投入资金1.2亿元，完成全区13类共177处徽州古建筑的保护利用，重点实施呈坎文物保护样板工程、通灵古道和蜀源村保护利用、富溪老谢家茶古民居群、岩寺老街业态提升等5个重点项目。2014年启动实施127处徽州古建筑的保护利用工作，实际完成投资7856万元。蜀源牌坊群、孝徽祠保护利用和老谢家茶古民居群异地保护等2个项目在全市经济社会发展督查活动中分获二等奖、三等奖。

公共文化服务体系日益完善。2014年，实施“公共文化场馆免费开放”“公共文化服务信息化建设”“农村文化建设专项补助”等3项文化民生工程。全区11个公共文化场馆纳入免费开放范围。全区首个村级公共电子阅览室坤沙村公共电子阅览室全面建成并对外开放。运用政府购买公共文化服务方式，首次将“送戏下乡”纳入农村文化建设专项补助范围，全年演出51场次。农村公益电影累计放映641场次。全区首家数字多厅影院——大地数字多厅影院正式对外营业。

群众文化活动。开展“三下乡”“四进社区”等群众性文体活动，举办第四届“休闲养生在徽州”全国

徽州区岩寺古镇新貌

摄影大赛、浪漫红枫情节暨岩寺上九庙会、潜口"腊八"旅游文化节、黄山毛峰开采仪式、徽州茶花摄影节、呈坎油菜花摄影采风以及首届城区广场舞大赛等8场次大型群众文化活动;组织徽州区龙舟队参加黄山市第四届新安江龙舟赛并获"四连冠",人民群众的幸福感节节攀升。

文化产业。加强徽州"非遗"保护传承,推动文化资源向产业经济的转换。竹艺轩雕刻有限公司作为安徽省唯一一家企业成功入选第二批国家级非物质文化遗产生产性保护示范基地,徽州竹雕入选第四批国家级非物质文化遗产代表性项目名录。全区首册"非遗"专集《徽州技艺·徽州区卷》出版发行。2014年,省级文化产业园区(基地)黄山徽州竹艺轩雕刻有限公司、黄山市徽派雕刻研究所的主营收入共计1.4亿元,3家文化企业入选全省民营文化企业百强。

【徽州竹简菜单亮相APEC峰会】 徽州竹雕现为国家级非物质文化遗产代表性项目。2014年APEC峰会在北京怀柔雁栖湖举行,由黄山徽州竹艺轩雕刻有限公司独家开发、设计和制作的徽州竹简菜单精彩亮相APEC国宴。APEC峰会宴请所用徽州竹简菜单每本菜单由31片竹简用麻线穿连而成,长约36厘米,宽约15.8厘米。竹简菜单上雕刻中英文国宴菜谱,并冠以"中华人民共和国主席习近平为出席亚太经济合作组织二十二次领导人非正式会议的领导人举行工作午餐"等字样说明。每本简书均以不同的祝福词压章于书尾,如"吉祥如意""花开富贵"等,共分为21组。徽州竹简菜单还作为国礼,赠送给参加APEC峰会的各国领导人。徽州竹简菜单以中国文化元素展示中华文化的魅力,绽放了徽州竹雕的异彩。

歙　　县

【文化概览】 歙县地处皖南,东北与宣城市绩溪县和浙江省临安市交界,东南与浙江省淳安县、开化县毗连,西南与黄山市屯溪区、休宁县相邻,西北与黄山市徽州区、黄山区接壤,是徽文化主要发祥地。辖28个乡镇,人口近50万。于1986年被授予国家历史文化名城称号,与山西平遥、四川阆中、云南丽江一起被誉为中国四大古城,是著名的"中国徽墨之都""中国歙砚之乡"。

歙县秦代(公元前221)置县,历史悠久,人文荟萃,隋唐以来一直为郡州府路治所,是古徽州政治经济文化中心。有国家森林公园1处、国家自然保护区1处。现存地面不可移动文物3785处,跻身全国文物十强县行列;全县境内拥有县级以上文物保护单位231处,其中全国重点文物保护单位13处、省级文物保护单位42处、市级文物保护单位22处、县级文物保护单位154处。有国家级历史文化名城1处(歙县)、名镇1处(许村镇)、名村3处(棠樾、渔梁、雄村);有省级名村2处(瞻淇、昌溪)、名街1处(渔梁街)。"古建三绝"中的古牌坊有82座,古祠堂260余座、古民居3000余座,堪称"古建筑博物馆",有"中国牌坊之乡"称号。徽墨、歙砚、徽派盆景、徽州木构技艺被列为国家非物质文化遗产,现有国家级"非遗"传承人7人,省级传承人36人。先后被评为全国文明县城、全国文化先进县、全国科技进步先进县、全国文物十强县、国家园林县城等,曾连续3年获评安徽省科学发展先进县。

到2014年年底,全县共有3个成建制的县级公共图书馆,1个文化馆,广播电台、电视台各1个,3个数字影院,28个乡镇文化信息共享工程。编著出版图书《徽州技艺·歙县篇》。全年文化产业增加值3.5亿元,比上年增长7%。

广泛开展社会主义核心价值观宣传教育,深入推进公民道德建设,不断深化精神文明创建,志愿者服务和诚信建设规范发展。成功

歙县徽州府衙

创建首届全省文明县，全国文化先进县通过复评。被列为全省首批12个公共文化服务体系建设示范县，雄村、棠樾村2个省级农民文化乐园的公共文化服务信息化建设完成。徽州古城和棠樾牌坊群鲍家花园景区成功申报国家5A级旅游景区。

【徽班纪念馆正式开馆】 2014年12月30日，中国歙县徽班纪念馆正式开馆。该馆位于歙县徽州古城打箍井街曹氏二宅，占地约280平方米。按文字展板展示、照片展板展示、实物展示、视频播放、雕塑等功能，对其南宅、北宅、前院约500平方米的平、立面进行布展，体现徽班起源、徽班发展、徽班与京剧的关系、徽班与徽商的关系等，是徽剧(徽班)非物质文化遗产宣传、传承、展示的重要窗口。

【歙县徽州府衙修复工程获鲁班奖】 2014年底，歙县徽州府衙修复工程获中国建设工程质量的最高奖——中国建筑工程鲁班奖。这是作为徽文化重要组成部分的徽派建筑第一次获此殊荣，在安徽省古建项目中亦属首家。歙县徽州古城府县同城1300多年，是全国保存最为完好的四大古城之一。徽州府衙在宋绍熙年间(1191—1194)毁于大火，随后重建。最近的一次大修在清道光末年，后仍保存着二堂。2009年，按照明代弘治年间的建筑规制，歙县投入2.2亿元，采用“原工艺、原材料、原规制”模式，在原地址对徽州府衙进行修复，历时3年完成修复并对外开放。府衙总占地面积2.4公顷，建筑面积9800平方米，主要包括南谯楼、仪门、公堂、二堂、知府廨组群，整体建筑气势雄伟，规模庞大，体现徽派建筑的精髓，已成为徽州古城文化旅游核心景区。

休宁县

【文化概览】 休宁县位于安徽省最南端，与浙、赣两省交界，面积2151平方千米，人口27.4万，辖10个镇、11个乡。休宁县始建于东汉建安十三年（208），现有国家级重点文物保护单位3处、省级重点文物保护单位14处；有国家级非物质文化遗产保护项目2项、省级非物质文化遗产保护项目6项。

文化产业发展。2014年，齐云山生态文化旅游综合开发和世界徽商论坛永久会址2个项目列入省“861”项目库；世界徽商论坛永久会址、万安老街综合保护开发利用、黄山徽州雕塑嘉禾文化园、归根堂文化创意园项目纳入市文化产业精品打造工程。其中，省“861”项目完成投资5.28亿元。全县文化产业增加值1.3亿元，比上年29.5%，占GDP比重达1.9%。

公共文化建设及文化事业。县博物馆全年接待游客18万人次，成功举办黄一军珍藏文物捐赠仪式、徽州文化生态保护区馆藏书画联展、麟聖博物馆瓷器展等活动。县文化馆开展各类公益性文化活动52场，直接受益群众6.8万人次，主要活动包括社区文艺擂台赛、“休宁好声音”第二季、“美好乡村党旗红”庆七一文艺演出等；通过举办培训班等方式培训少儿及文艺骨干达6100余人次。县图书馆累计接待读者12万人次，外借图书、期刊9.3万册次，开展各类公益性读者服务活动6次，举办“全国绘本阅读推广高峰论坛暨全国图书馆未成年人服务提升计划”活动。休宁县美术馆成立。各乡镇文化站组织文化活动200余场次，直接受益群众近20万人次。完成1884场电影放映任务，观众21.5万人次。农家书屋通过省级招标新购图书15857册(本)。首次通过公开招标方式对农村文艺演出服务进行购买，开展各村专场文艺演出235场，观众18万人次，其中戏剧专场演出78个村共156场。省级农民文化乐园试点海阳镇琊斯村全部完成了剧场、礼堂、文化健身

“最美休宁人”系列活动

广场等“一场两堂三室四墙”的场所建设，并与省演艺集团结对共建。广播电视“村村通”工程完成124个任务点建设，新增用户数610户，受益人口1830人。农村有线广播村村响工程新增12个村，新增覆盖人口近1万人。村级公共文化服务信息化工程——万新村文化活动中心电子阅览室新建完成。县城首家数字影院——状元影城国庆节期间正式开业。中国摄影家协会会员陈开曦出版《阳台村影像——记述阳台村的变迁》摄影集，退休教师钟海军出版全县首部长篇小说《石屋坑》，陈吉祥出版个人散文集《弯弯的金钩》。万安镇获“安徽民间文化艺术之乡”称号。

文化遗产保护。开展可移动文物普查工作，完成2100条文物信息的采集和50个“文保”单位标志牌安装。争取各级文物保护资金1626万元，实施包括齐云山摩崖石刻保护二期工程、孙起孟故居维修和皖浙赣省委驻地旧址等重大文保单位的维修工程。吴鲁衡日晷制作技艺成功列入省级非遗保护名录。新公布15个项目36名县级非遗项目代表性传承人；汪裕民、徐爱国等16人成功申报为市级非遗传承人。《齐云山石刻》《徽州技艺·休宁篇》编辑出版。

精神文明建设。获“第三届安徽省文明县城”、安徽省“第二届未成年人思想道德建设工作先进县”称号。海阳镇琊斯村被评为“第三届安徽省创建文明村镇工作先进村镇”，海阳镇横江社区、萝宁社区被命名为“第四届安徽省文明社区”，县国税局等4家单位被评为“第十届安徽省文明单位”。商山小学退休教师吴小燕、流口镇茗洲村民谢健仙、县行政执法局吴国华、岭南林场彭玉林、万宁社区方小玲5人获评2014年“中国好人候选人”；谢健仙当选“安徽好人”；岭南乡村民彭玉林、县行政执法局吴国华、万宁社区方小玲3人获“安徽好人”提名。项国华、丁顺兆被评为全省“江淮志愿服务”优秀典型，宋水仙获“黄山市十佳志愿者”称号。横江社区“一路芬芳”志愿服务站被评为“安徽省社区优秀志愿者服务站”。

【举办首届“最美休宁人”系列活动】为大力培育和践行社会主义核心价值观，2014年，休宁县开展“最美休宁人”评选活动，对全县各条战线的先进典型评选活动进行整合，共评选出美德少年、好青年、好军嫂、最美职工、最美家庭、道德模范和最美党员等各类先进典型69名。10月1日，举办首届“心灵讲述——最美休宁人”分享报告会，对以上7大类69名“最美休宁人”进行表彰，10名“最美休宁人”代表与大家分享了身边的平凡而感人的事迹，全县500余名党员干部及群众参加。同时，编印《最美休宁人》一书，将县城黄山南路打造成“最美休宁人”主题宣传一条街，树立“最美休宁人”品牌。

祁门县

【文化概览】祁门县位于安徽省南部，辖18个乡镇，面积2257平方千米，人口18.77万，是“中国红茶之乡”。建县于唐永泰二年(766)，因城东北有祁山、西南有阊门而得名，属古徽州“一府六县”之一。现有国家级重点文物保护单位2处、省级12处；国家级非物质文化遗产4项、省级4项。

2014年，祁门县坚持以文化强县建设为统领，以文化阵地建设为抓手，不断完善公共文化服务体系建设，努力推动文化事业和文化产业繁荣健康发展。

公共文化建设。敦典堂古戏台和伟溪佛塔整体修缮工程全面完成。新安乡大本堂、顺本堂、聚福堂3座古戏台和洪家大屋申报国家

祁门县洪家大屋

文物专项资金500万元。总投资5316万元对祁山镇东街、4个古村落和162个单体形态进行整治提升。县财政每年投入10万元对省级以上文物保护单位看护者实行补助。

非物质文化遗产保护。徽州祠祭被列为第四批国家级非物质文化遗产代表性项目名录，这是祁门县第4个入选国家级非遗名录的项目。香港康文署对“徽州目连戏”进行实地考察，确定邀请历溪村、栗木村目连戏班参加2015年“香港戏曲文化节”。累计投资357.9万元，实施公共文化场馆免费开放、农村文化建设专项补助和广播电视“村村通”3项文化类民生工程。运用农村文化建设专项补助共“送戏下乡”152场次、“送电影下乡”1824场、统一采购农家书屋图书12495册，完成投资182.4万元。广播电视“村村通”新建项目点61个，投入资金91.5万元。

文化产业发展。全县实施1000万元以上文化产业重点建设项目共7个，其中续建工程3个，新建工程4个；总投资24.3亿元，完成投资7.4亿元。

精神文明建设。祁门县成功争创第三届全省文明县城，获“安徽好人”称号2人。农村环境整治常态保洁基本实现，市场化运作全面推行，县城出入口环境面貌整体提升。乡村学校少年宫建设逐年增加，截至2014年年底共达9所。

文明村镇建设。2014年，祁门县以农村环境整治为抓手，扎实开展文明村镇评选活动，并结合“三线三边”环境整治、美好乡村建设开展“十星级文明农户”“好婆婆、好媳妇”评选等活动，有效提高城镇文明程度、居民素质和生活质量。闪里镇继续保留全国文明村镇称号、金字牌镇洪村获全省文明村镇创建工作先进村。

黟 县

【文化概览】黟县位于安徽省南部，北枕黄山，南望白岳(齐云山)，县域面积857平方千米，人口9.6万，辖5个镇、3个乡。黟县是世界文化遗产地、国家生态示范区、中国旅游强县、全国文化旅游示范县、安徽省历史文化名城。

2014年，黟县文化事业和文化产业发展迅速。有民营文化企业72家（其中规模以上文化企业7家），有市级文化产业示范基地6处、省级文化产业示范基地2处；全年文化产业增加值2.1亿元，比上年增长16%。

截至2014年年底，全县拥有文化馆、美术馆、图书馆和少儿图书馆各1个，乡镇综合文化站8个，公共文化场馆全年免费开放。县少儿图书馆2014年投入50万元，采购少儿工坊和2万册少儿图书并于当年8月正式开馆，对外免费开放。8个乡镇综合文化站均评为等级站，其中西递、渔亭评为省一级站，碧阳、宏村评为省二级站，其他山区4乡镇评为省三级站。投入10万元建设麻田社区和楠玛村2个公共电子阅览室，整合资源打造郭门和团结2个精品 社区文化活动室、图书室。投入40万元按照“一场二堂三室四墙”标准完成西递村、雉山村2个省级农民文化乐园试点建设。投入80万元实施农村文化建设，专项补助文化民生工程，免费为全县66个村每村每月放映1场电影。通过政府招标采购，实施“送戏进万村”工程，为每村送2场高质量文艺演出，为66个村级共享工程基层点招标采购90个机顶盒和24台52寸电视机，为66个村农家书屋每村每年补助2000元，统一配送图书和运行管理，免费对群众开放。

2014年6月黟县百工展在安徽大学举办

黄山风景区

【文化概览】黄山核心景区面积160.6平方千米。1985年入选全国十大风景名胜区,1990年12月列入世界文化与自然遗产,2004年2月列入世界地质公园,是全国文明风景旅游区、国家5A级旅游景区和亚太地区唯一全球目的地可持续旅游标准实验区。

2014年,在发展旅游经济的同时,重视景区文化事业建设。搜集复制收藏《安徽黄山建设委员会会议记录》《黄山导览指南》《黄山游观录要》《黄山游览指南》及《黄炎培教育考察日记》等一批民国图书史料,编印《黄山票证》资料集和《黄山》杂志黄山风景区专刊2期。

文化活动。举办2013—2014"大美黄山·缤纷四季"国际摄影大展,并在北京园博园参展"魅力中国·江山如画"——中国风景区名胜区大型展览,在北京和广州分别举办"美在黄山·梦圆徽州"和"大黄山·中国梦"主题摄影展;成功举办《长江·黄山独秀》邮票首发仪式。协助黄山书画院院长李小可在上海举办"山水黄山""师法自然"为主题的"水墨家园·李小可作品展"。全力配合做好电影《邓小平登黄山》、纪录片《邓小平遗物的故事》、电视剧《历史转折中的邓小平》三大影视作品在黄山的拍摄工作。八集高清纪录片《黄山》获首届安徽省纪录片大赛"十佳"纪录片。

基层文化建设。增设基层文化站点,当年黄山风景区共有15个。首次将肩运工等群体文化生活纳入覆盖范围,定期补充文化站点的图书杂志,丰富一线工作人员的业余文化生活。

文化传承。依托黄山旅游对外扩张平台,打造徽商故里品牌,在北京、安徽等地开设"徽商故里"餐饮文化实体店,黄山旅游旗下共拥有6家实体门店。徽商故里突出徽州特色文化餐饮特色,建筑风格上体现青砖黛瓦马头墙徽派特色,装饰效果上大量运用徽州元素,展示徽州文化和人文风貌。菜品上以原汁原味的徽菜为主打,以山珍土产为本,用料讲究营养,传承和发展徽菜产业。同时坚持创新酒店文化,结合区域风光优势和功能设施优势,将狮林大酒店打造成"中国山岳景区首家摄影文化主题酒店"。

【黄山风景区实施国保单位修缮工程】2014年度,黄山风景区投资近300万元,实施全国重点文物保护单位黄山登山古道及古建筑——慈光阁(东、西配楼)与观瀑楼保护修缮工程。慈光阁为黄山现存面积最大、保存最完好的明清古建筑群,占地7410平方米,本次修缮的主体东配楼与西配楼建筑面积610平方米。观瀑楼始建于1939年,占地626平方米,为近现代重要史迹及代表性建筑,观瀑楼修缮后作为邓小平黄山居住地对外开放。项目的实施,对维护黄山世界遗产地的完整性和文物建筑安全性,更好地满足观众参观和接受爱国主义教育的愿望具有重要作用。

慈光阁

六　　安　　市

【文化概览】六安市位于安徽省西部,俗称"皖西",是全国著名的革命老区,被誉为"红军故乡""将军摇篮"。六安是皋陶文化的发祥地,因此又被称为"皋城"。公元前121年,汉武帝取"六地平安"之意置六安国,六安之名沿用至今。六安于2000年撤地建市,东临省会合肥,南接安庆市和湖北省黄冈市,西与河南省信阳市毗邻,北靠淮南市,是大别山区域中心城市。全市总面积17976平方千米,总人口718万,现辖寿县、霍邱、金寨、霍山、舒城5县和金安、裕安2区,设六安经济技术开发区、叶集改革发展试验区和市承接产业转移集中示范园区。

2014年末,全市有文化馆7个,乡镇(街道)综合文化站165个,公共图书馆6个;年末馆藏书籍65.17万册(件)、电子图书207.19万册;有文物保护管理机构7个、博物馆(纪念馆)11个(含民办1个),年末馆藏文物17672件;有广播电视台6家、中波发射台1座、调频转播发射台10座、电视转播发射台12座,有线广播电视用户54.10万户,广播综合人口覆盖率96.64%,电视综合人口覆盖率95.89%。

文明创建。成功创建第三届安徽省文明城市。金寨县梅山镇、霍邱县龙潭镇获第四届全国文明村镇,市财政局、市国税局、华电六安公司、裕安区国土局、天堂寨风景名胜区获第四届全国文明单位,霍山、金寨获第一届安徽省文明县(市),裕安获第一届安徽文明城区称号。积极培育践行社会主义核心价值观,开展"图说我们的价值观""讲文明树新风"公益广告宣传。组织评选首届"十佳道德讲堂""十佳优秀志愿服务站点""文明公交服务之星""文明的士之星",全力打造道德领域"好人"品牌、志愿服务"十佳"品牌、服务行业"星级"品牌,新入选"中国好人"2人、"安徽好人"6人、"安徽最美人物"1人。市道德讲堂总堂已举办31期,志愿服务广场(站点)已建成98个。组织实施爱国主义教育基地陈展提升工程,新建乡村学校少年宫10余所。开展"三线三边"城乡环境综合整治,着力推进"十乱"治理,全省"三线三边"环境治理工作调度暨现场观摩会在金寨召开。

公共文化服务。完成2614个20户以下已通电自然村"村村通"建设和舒城、寿县2座无线发射台站年度建设任务。全年架设光缆1100.05千米、电缆1553.55千米,新增农村广播电视用户23354户,安装直播卫星设备13338套。全市公共文化服务场所全面实行免费开放,其中6所图书馆、7所文化馆、5所博物馆积极参与全省联盟;157个乡镇综合文化站等级率达到100%,共有一级站22个、二级站67个、三级站68个。全市按照国家统一标准为2128个行政村每村补助1.2万元,提前完成年度送戏下乡、农村电影放映、农家书屋新书配送任务。霍山县获全国"文化先进县"称号。金寨县南溪镇、霍邱县姚李镇、舒城县万佛湖镇综合文化站入选省级综合文化服务中心试点。

文化活动及文艺创作。先后组织开展"走进马鬃岭·抒怀千坪村"百名文艺家下基层采风创作、"中国梦·活力龙舒"百名作家采风、百名艺术家下基层书法展活动、举办

六安首届荷花展咏荷诗词和书法作品展

"先行者、先觉者、先倡者"争当灵魂工程师大讨论及"走基层、接地气"采风创作、"青春做伴好还乡——六安籍14人书画作品回乡展""人间仙境天堂寨·马鬃岭上映山红"摄影大赛、六安首届荷花展咏荷诗词和书法作品展等多项活动。皖西庐剧《信义人家》等3部作品获省"五个一工程"奖,电视剧《上将洪学智》入选省"四个十"品牌项目。少儿舞蹈《海阔凭鱼跃》等12部作品获安徽省群众文艺最高奖——"群星奖",位居全省前列。电视剧《上线下线》(原名《杀熟》)将在央视播出,公益电影《那座山》在全国首映,以希望工程为主题的电影《希望之火》开机。《家在金寨》《雪地不在的日子》分获省首届优秀网络文化作品评选微视频类、网络文学作品类一等奖,获奖作品数量与质量均居全省第二位。农民文化乐园建设进展顺利,新增6个省级试点乐园全部建成开放。组织开展"书香六安·悦读人生"全民阅读活动、"书香六安·爱心赠报"公益活动,成功举办"绿色六安·山水江原"中韩文化交流活动。

文化遗产保护。加强文物行政执法,强力打击文物犯罪,全年共查处2起涉嫌盗墓案件,及时处理苏大堰等5起违法施工案件。推进重点文物项目建设,做好双墩一号汉墓、独山列宁小学旧址、文庙重点文物项目抢救性维修,积极推动王陵区安防建设工程等3项重点工程前期工作。成功申报4处中国历史文化街区和第三批中国传统村落项目。寿县、天堂寨镇、姚李镇被评为2014—2016年"安徽民间文化艺术之乡"。新增非遗项目国家级1项、省级1项、市级13项。完成乡土读本·皖西卷6项国家级、省级非遗稿件编审工作。皖西博物馆完成基本陈列新版皖西革命史《八月桂花遍地开》改陈工作,举办多个高品质临展,全年接待游客达30.2万人次,编著出版《皖西博物馆文物撷珍》。

文化市场管理。开展整治无证经营出版物、打击非法销售卫星地面接收设施和打击境外卫视传播秩序等专项行动,开展"扫黄打非""清剿火患"、安全生产大检查、整治取缔"黑网吧"、中高考禁噪护考等集中行动,在全市开展暑期网吧接纳未成年人"零容忍行动"。全年共组织专项行动24次,累计出动文化执法人员53512人次,检查各类经营场所17954家次,受理举报99起,查办案件115件,办结227件,收缴非法出版物1205本、非法音像制品4094张。积极参加全省新闻出版行政处罚案卷评查工作,3份执法案卷荣获全省新闻出版优秀案卷,2份卷宗获全省文化市场行政处罚、行政许可优秀卷宗,4份执法案卷入选省广电局典型执法案例,六安市获案卷评查优秀组织奖、省文化厅重大案件办理单位。

文化产业发展。推动市直11家国有文化企业深化改革,重点新闻网站整合基本完成。积极谋划、推进大别山红色文化创意产业园项目签约,全市入选省"861"计划的文化产业项目实现数量和质量同步提升,悠然蓝溪一期建成开放、大别山玉博园建设推进,电影院线、演艺剧场等文化业态日趋丰富完善。全市文化法人单位达1500家,5家企业跻身全省民营文化企业100强。组织开展以"文化让生活更美好"为主题的首届文化惠民消费季活动、促进城乡文化消费,六安市在"五看"刷卡消费活动中列全省第三位。参展第十届深圳文博会,市参展作品《十二檀》获中国工艺美术文化创意奖铜奖。

新闻宣传。围绕市委重大决策部署和全年中心工作,积极组织主题宣传、形势宣传、成就宣传、典型宣传,皖西日报《皋城新语》短评首次被《人民日报》头版采用,电视新闻《余家军:孤岛上的"120"》在央视《新闻联播》头条播出。坚持重大新闻线索上报等制度,全年组织新闻发布会34场。抓住大别山(六安)山水文化旅游节暨全国登山大赛、中韩古李十番棋赛等文化体育交流活动契机,邀请人民日报、新华社、中央电视台、中国青年报等中央、省级媒体实地采访、联动报道。完成市县手机报上划整合、推出安徽手机报(六安版)。六安好人网上展馆、爱国主义教育基地网上展馆建成运营。丰富完善官方微博,开通六安发布官方微信,实现民生部门官方微博全覆盖。出台机构微博建设管理等办法,网络环境不断净化,舆情管控不断加强,突发事件有效处置。

【全省"三线三边"环境治理工作调度会在金寨县召开】2014年9月2日,全省"三线三边"环境治理工作调度会在六安市金寨县召开,省委副书记李锦斌,省委常委、宣传部部长曹征海,省委常委、副省长陈树隆出席会议并讲话。与会人员还参观了金寨红军广场景区、梅山大龚岭休闲公园、209省道沿线的油坊店乡、青山镇、古碑镇和合武高速公路沿线的环境治理工作。

【举办首届六安市绿色发展论坛】2014年8月9日,由市委宣传部、市绿色发展指导委员会办公室主办,市委讲师团、皖西日报社承办的首届六安市绿色发展论坛,在金安区三十铺镇悠然蓝溪召开。国家环保部环境与经济政策研究中心主任夏光、中国旅游研究院副院长张栋、中国传媒大学文化发展研究院院长范周和北京农学院都市农业研究所所长史亚军4位专家学者分别从环保、旅游、文化、农业4个方面为六安的绿色发展出谋划策。

第三届中国大别山(六安)山水文化旅游节开幕式

【第三届中国大别山(六安)山水文化旅游节】 2014年8月8日,第三届中国大别山(六安)山水文化旅游节在金寨县天堂寨景区举行开幕式。第三届山水文化旅游节的主题是"红色土地·绿色发展",内容包括雪花啤酒节、古李"十番棋"赛、首届荷花展系列活动、"绿色发展 生态六安"六安市绿色发展论坛、央视7套《乡村大世界》走进金安、安徽省作家协会创作基地挂牌暨系列(马鬃岭)采风活动、韩国江原道文化代表团文化交流活动、第六届大别山歌会暨首届绿色发展六安城市形象歌曲全国征集活动、"绿色发展"诗歌全国征集活动、六安首届文化惠民消费季活动等。举办以"全民健身促健康、同心共筑中国梦"为主题的全国群众登山健身大会(金寨站)暨全国登山比赛,来自全国19个省市的238名运动员参加4个项目的角逐。

【"绿色六安·山水江原"中韩文化交流活动在六安举办】 2014年8月4—8日,韩国江原道代表团到六安市开展"绿色六安·山水江原"中韩文化交流活动。活动由省文化厅和六安市人民政府共同主办,六安市文广新局等单位承办。这是安徽省与韩国江原道自1994年开展文化交流互访以来的第14次交流活动。韩方代表团由江原道艺术文化团体总联合会会长许大宁带领,成员包括江原道国乐、舞蹈、音乐协会的会长及艺术家等15人,与六安市文化部门共同开展了中韩文化艺术展演、六安民间文化展示、六安民俗体验等形式的文化交流活动。

金安区

【文化概览】 金安区位于六安市东部,是撤地建市后新设立的市辖区,面积1657平方千米,人口87.6万,辖5个街道、11个镇、6个乡,设1个省级经济开发区。全区有不可移动文物139处,其中省级重点文物保护单位9处、市级保护单位15处。

公共文化建设。全区第一次全国可移动文物普查工作启动,收集153家行政事业单位名录,登记孙岗昭庆寺收藏物件66件,经省认定8件。区图书馆3000余册馆藏古籍图书,参加第五批《国家珍贵古籍名录》和"全国重点古籍保护单位"申报。群众文化活动精彩纷呈,开展专业性和群众性文化活动850场,红街"周末有戏"百姓大舞台作为文化志愿服务典型推荐上报文化部。完成文艺精品创作240件,音乐作品《路》在2014年"建国杯"第四届全国大型音乐展演总评中获金奖,音乐《家在淮上》、小品《称爹》分获"安徽省群星奖"二等奖和三等奖,推荐情景剧作品《老牛家的婚事》参加国家文化部评选。大力开展送戏下乡进村活动,全区291个行政村实现文艺演出全覆盖,演出场次403场,观看农民群众达20多万人次。

文化民生工程建设。全面完成广播电视"村村通"工程建设,安装直播卫星设备3810套,高质量建设三里桥街道阳光社区等6个公共电子阅览室。区文化馆每天免费开放时间10小时以上,开设摄影、美术等免费服务项目,全年接待群众8000多人次。区图书馆全年免费开放,提供借阅、咨询、讲座、文化娱乐等公共文化服务,全年接待读者5万余人次,解答读者咨询300余条。结合节假日和主题活动日活动,开展主题读书活动、专题讲座活动50余次,有3.6万人次参与。结合群众路线教育实践活动,放映《周恩来的四个昼夜》《永远的焦裕禄》等一批优秀电影故事片,全年放映4000场次广场电影、农技电影、扶贫电影、爱教电影等影片,观众达117万人次。

精神文明建设。开展培育践行社会主义核心价值观"主题季"活动,举办道德讲堂34场,推建报送5人当选"六安好人",推荐11人参

红街“周末有戏”百姓大舞台

加第四届六安市道德模范评选，表彰徐志虎等56户“美好家庭”。深入开展学雷锋志愿服务活动，全区志愿者近7000名，映山红爱心公益协会成为全市志愿服务品牌。全面整治提升国省干道沿线环境，整治绿化沪汉蓉铁路、宁西铁路沿线环境，集中清理沪陕高速沿线30多千米路段户外广告，打造九十里山水画廊。全年投入专项整治资金2.5亿元，拆除建筑物40万平方米，清运垃圾6万多吨，关停非煤矿山18家，整治违规、破旧广告标牌1.2万块，整治骑路集13个，国省干道集镇段美化、亮化100多千米，完成绿化1467公顷。

【音乐作品《路》获第四届全国大型音乐展演金奖】2014年“建国杯”第四届全国大型音乐展演活动，是经文化部备案、由中国大众音乐协会为庆祝中华人民共和国成立65周年而举办的，是2014年度中国音乐界、社会音乐界的高规格、高水准的全国性大型音乐展评活动，设创作、演唱、演奏3个类别。特约创作员张俊海创作的音乐作品《路》，讲述人在逆境中的坎坷沧桑，歌手卢贵森在大赛中的演唱，受到普遍好评，获演唱金奖。

裕安区

【文化概览】裕安区地处六安市西部，撤地建市后设立。面积1926平方千米，辖22个乡镇街，设1个省级经济开发区，人口100万左右。裕安区是全国九大将军(县)区之一，著名的六霍起义、苏家埠战役发生于此。有独山革命旧址群、龙井沟、横排头、九公寨等4个4A级景区，有西海农业生态园和黄连寺等2个3A级景区。有国家级重点文物保护单位9处、省级7处，有国家级非物质文化遗产“六安瓜片”制作技艺项目1个。2014年完成第一次全国可移动文物普查图片采集以及独山革命旧址群的防火安全改造工作。

文化民生工程建设。区文化馆和六霍起义纪念馆及19个乡镇文化站全部免费开放，全年接待公众18万人次。农村文化建设专项补助推行政府购买服务，完成280场“送戏进村”文艺演出任务，观众16万多人次。打造乡村“流动电影院”公益文化品牌，全区19个乡镇组建20支农村数字电影放映队，全面完成年度3360场农村公益电影放映目标任务。280个村级农家书屋补充更新图书29120册，更新补充期刊4种、1120份。全面完成广播电视“村村通”202个村点建设任务，6个村电子阅览室全部建成并投入使用。开展“农民文化乐园”试点工作，苏埠南楼、固镇佛庵和狮子岗南岳庙3个村的农民文化乐园建成开园。

群众性文化活动。全年组织指导区直机关单位、学校、乡镇街道和社会文艺社团开展群众性大型文化活动50余场，组织承办“春晚我来了”裕安专场演出、全市首届“美好乡村——绿色家园”广场舞展演活动、第六届大别山歌会裕安区专场演出、“辉煌六十五周年”国庆文艺演出、“送戏进社区”民生工程宣传月专场文艺演出、“舞动裕安·幸福生活”裕安区首届广场舞大赛丰富多彩的群众文化活动。

精神文明建设。开展基层理论宣讲，倡导社会主义核心价值观，开展“十八届三中全会”“中国梦”“全国两会精神”“培育践行社会主义核心价值观”等主题宣讲1000余场次，开展“我们的中国梦——讲述中国故事”文艺作品征集、“我们的中国梦·文化进万家”暨文化科技卫生“三下乡”集中服务、送法进文化乐园等活动。在苏埠戚桥中心村筹建全市第一个社会主义核心价值观主题公园。在公共场所制作核心价值观公益广告200余块、5000多平方米。举办社会主义核心价值观图片展和书画摄影展，开展“讲、读、唱、传”活动，使核心价值观宣传教育进学校、进企业、进社区、进村镇。开展“我评议我推荐身边好人活动”，苏埠镇凌波村村民

独山革命旧址群

崔书乐火海救人事迹被安徽文明网等省市媒体报道，并候选“中国好人榜”。组织开展“走复兴路 圆中国梦”全区青少年爱国主义读书教育活动和“十佳少年”“百名优秀学生”评选、“我阳光、我快乐”全省乡村少年儿童才艺展示推荐活动。开展“诚信经营示范户”“最美家庭”“五比五好”“评三户”等评选活动。推进志愿服务制度化建设，大力宣传“法官妈妈”志愿服务队等裕安志愿服务特色品牌，推进以和顺社区为代表的志愿者服务广场建设。区国土局获全国文明单位，苏埠镇获省第三届文明村镇，丁集镇获省创建文明村镇工作先进村镇，小华山街道和顺社区、平桥乡金马社区和月亮岛社区获省文明社区；区检察院等6家单位获省文明单位。

【裕安区获评安徽省第一届文明城区】 裕安区致力绿色发展，建设生态文明，围绕“五个一”大力开展“三线三边”环境整治，将“三线三边”环境治理纳入年度目标考核、政府绩效考核和效能建设考评三大考核内容，城乡环境面貌明显改观。2014年共投入综合整治资金1.8亿元。全区各乡镇街、开发区先后建立专门清扫保洁队伍，实现市场化运作、社会化参与、常态化保洁。2014年，裕安区获评安徽省第一届文明城区。

寿　县

【文化概览】 寿县国土面积2948平方千米，辖25个乡镇，耕地183万亩，人口139万，是国家历史文化名城、全国广播电视先进县、全国文化先进县、全国文物先进县和中国书法之乡。寿县古称寿春、寿阳、寿州，历史上4次为都、10次为郡，是楚文化的故乡、豆腐的发祥地、淝水之战的古战场和安徽第一个中共党组织——小甸集特支的诞生地。寿县素有“地下博物馆”之称，现有全国重点文物保护单位6处，省级重点文物保护单位9处；寿县博物馆珍藏国家一级文物224件，三级以上文物2000余件，正阳关抬阁肘阁、豆腐传统技艺跻身国家非物质文化遗产代表性项目名录。2014年，全县文化产业总产值3.22亿元，比上年增长2%；增加值0.2亿元，占全县GDP的2.8%。

公共文化建设。年初设立文化发展专项资金300万元。2014年投入文化建设、文物保护、广播影视、新闻出版等公共文化设施建设和服务的经费达4634万元，比2013年增长12.9%。完成151个广播电视“村村通”工程点建设任务，寿县文化艺术中心规划方案通过评审，完成全省首批农民文化乐园试点堰口镇魏岗村农民文化乐园建设。县博物馆等4馆和25个乡镇综合文化站免费开放，年接待观众50多万人次。完成“送戏进百村”演出740场，观众达15万人次；公益电影放映3252场，观众达30万人次。

精神文明建设。先后举办第三届广场健身舞大赛、“我们的节日”和“节俭养德、全面节约”等活动，开展核心价值观和身边好人故事宣讲160场。组织开展“文明旅游、文明餐桌、文明交通、文明网络”引领行动。在县政府网、县广播电视台常年开设公益广告宣传，在城乡主干道两侧设置公益广告、“文化墙”1138处。全年共评出县以上道德模范25人，好媳妇、好婆婆、好儿女30人，堰口镇农民汤传慧获“安徽好人”称号，曹玉峰、张兴勇等6人获“六安好人”称号。组织志愿服务活动6万人次，“夕阳红”“小红帽”志愿服务队已成为寿县志愿服务品牌。

文明城镇建设。围绕“三治三增三提升”目标，实施规划、整治、畅通、拆违、绿化等“六项提升”行动，提升历史文化名城形象。开展“三线三边一城一地”环境综合治理，县财政投入1300万元作为“以奖代补”专项资金。城乡联动集中

正阳关抬阁

开展专项整治行动,依法取缔非法采砂船106艘、砂石驳载场110处,拆除各类非法广告标牌10197处,清理占道经营489处,清理垃圾2.16万吨,拆除违章搭建及废弃旱厕、圈舍、窝棚6283处,整治“五小”场所132个,新造林地1100公顷,绿化道路20千米,城镇环境得到进一步改观。

【寿县“豆腐传统制作技艺”入选第四批国家级非遗名录】2014年11月,国务院公布第四批国家级非物质文化遗产代表性项目名录,寿县申报的“豆腐传统制作技艺”榜上有名。近年来,寿县高度重视非物质文化遗产保护传承工作,贯彻落实“保护为主、抢救第一,合理利用、传承发展”的工作方针,加大非遗传承保护力度,全县普查非遗项目6大类136项,建立起国家、省、市、县四级非遗名录数据库,开展项目申报、参加交流、抢救挖掘、非遗进校、展演展示等活动。

霍山县

【文化概览】霍山县位于安徽西部、大别山腹地、淮河一级支流淠河上游,辖16个乡镇,设1个省级经济开发区,面积2043平方千米,人口36.6万。

文化惠民工程。全面完成与儿街、东西溪、太平畈等8个乡镇18个行政村171个点2775户广播电视“村村通”建设任务,受到省广电局通电嘉奖。完成诸佛庵俊卿社区公共文化服务信息化建设。“三馆一站”等公共文化服务场馆免费对外开放,县文化馆免费开放项目在国家要求3项的基础上拓展为7项,县图书馆坚持每周对外开放不少于56小时。完成送戏下乡任务1608场,开展农村数字电影放映1608场,为村级农家书屋配送图书13400册,报刊、光碟800多种。诸佛庵俊卿社区和下符桥村2个市级农民文化乐园试点建设村建成开园,省级农民文化乐园试点建设村黑石渡镇朱家畈村、县级农民文化乐园试点建设村漫水河镇万家山村建设基本完成。

文化事业。举办2014年春节文化周和“我们的中国梦——文化进万家”春节期间系列文化活动,培育打造“舞动霍山”群众文化活动品牌,开展“送文化下乡”“文艺活动进社区”、农村公益电影放映等文化惠民活动。加强对民间文艺社团的引导和扶持,新登记注册“霍山县西山文化研究会”“霍山县衡西民俗演艺团”“霍山县葫芦丝、巴乌协会”等3家民间文艺社团。

历史文化保护。完成霍山文庙抢险工程、南岳庙维修保护工程,抓好博物馆升级改造和陈列布展提升,同黄山书社签订《霍山历史文化丛书》出版发行合同。着力打造霍山文庙国学经典文化、迎驾酒文化、西山农民艺术、佛子岭民俗、霍山黄芽茶文化等具有鲜明霍山特色的文化品牌。

文化产业。批准成立“霍山玉石文化传承研究会”,发展以迎驾彩印、柯林印铁、雁江印务为代表的印刷业,支持霍山港诚大健康项目和大别山(霍山)旅游集散综合服务中心项目建设,引导霍山县汉风徽韵演艺传播有限公司、佛子岭民俗艺术团面向市场开展演艺活动,加快全县文化产业基地和产业集群建设。

文化市场管理。全年开展各类文化执法检查2218多家次,办理行政处罚案件30件;全年收缴各类非法出版物100余本(册),经办一起新闻出版案件获全省“县级优秀案卷”。

【霍山县获“全国文化先进县”称号】2014年12月18日,霍山县被授予“全国文化先进县”称号。近年

霍山文庙

来，霍山县着力突出建设幸福霍山、争创全国文化先进县两大主题，全面加强公共文化服务体系建设，发展特色文化产业，每年安排600万元财政性文化发展专项资金用于文化建设投入，形成覆盖县、乡、村三级的公共文化服务体系。全县发展文化产业企业483家，文化产业增加值达5亿元，初步形成涵盖出版发行、文化旅游、霍山玉石、文化娱乐、艺术品鉴赏等多门类的文化产业群体，城乡文化同步发展，日益繁荣，居民幸福指数大大提升。

霍邱县

【文化概览】霍邱县位于安徽西部，是革命老区、沿淮行蓄洪区、国家扶贫开发工作重点县。面积3493平方千米，辖32个乡镇，设1个省级经济开发区，人口169.4万。境内有国家级重点文物保护单位李氏庄园和4处省级文物保护单位。庆发柳编、临水酒均为国家地理标志产品。

公共文化建设。2014年，全县投入文化建设发展经费1450.98万元。洪集镇会馆村农民文化乐园开园，成为全县首个农民文化乐园和镇史展览馆，并入选安徽省美好乡村建设50例。结合美好乡村建设建成顺河、富矿2个淮河主题文化广场。对4个村(社区)进行公共电子阅览室试点建设，完成354个20户以下已通电自然村“广播电视村村通”工程建设任务。开展送戏下乡425场，全年在农村放映各类电影6000余场。

文艺创作。罗阳编导的舞蹈《一支秧歌一趟秧》获第十二届全国民间文艺“山花奖”民间艺术表演金奖，田孝琴的泥塑《夕阳情》获第八届中国(合肥)国际文化博览会暨2014中国工艺美术精品博览会优秀作品银奖，孙鸣久编剧的《良心无价》获华东六省一市戏剧小品大赛银奖，另有近100部小说、散文、歌曲、戏剧等体裁作品在省市获大奖。2人入选全省文化领域拔尖人才工程。

社会文化活动。举办迎春书画展、双拥书画展，组织第三届“迎新春闹花灯”正月十五民俗文艺踩街活动、迎春戏曲晚会、第二届戏迷票友大赛、第四届广场舞大赛、首届青年教师才艺大赛、首届广场舞培训班等。举办乡镇综合文化站工作人员业务知识培训，努力打造一支业务精良的基层文化队伍。

文化产业发展。2014年，县财政投入5637万元用于文化发展，成功实施文化产业项目7个，以国家4A级标准建设、投资超亿元的项目有4个。华安达集团、庆发集团、蓼源贸易有限公司、水门公园分别被省、市批准为文化产业园和文化产业基地。华安达集团、庆发

临淮泥塑

集团、蓼源公司获全省文化百强民营企业称号。

理论武装。创新开展荐书送书活动,向中心组成员赠送学习用书2000余册,向全县党员和党组织推荐图书百余部。完善中心组理论学习考评机制,把理论学习成效纳入思想政治工作先进单位、先进个人和文明单位考评内容。制定民生政策宣讲机制,建立百姓宣讲人才库,组建25支百姓宣讲队伍。组建县级理论宣讲团,开展理论宣讲200余场次,受众数万人。

新闻宣传。全年在市级以上主流媒体发表正面新闻稿件1000余篇(条)。开展"主流媒体聚焦霍邱"活动,与4家在肥中央媒体开展新闻扶贫对接会。电视节目在省市获多个奖项,28件作品分获全省新闻类二、三等奖。《霍邱新闻网》官方网站成功认证,手机微信平台正式开通,政务微博关注度日益提升。建立新闻发言人制度,组建120人的网评员队伍,政府发声力度明显增强。

文明创建工作。开展"主题季"、打造好人霍邱等行动,积极推报好人好事,3人获评"六安好人"。县直单位举办道德讲堂50余场,参加干部职工1000余人次。全年开展12次"三线三边三地""三清"集中行动,参加干部群众达数万人次。2014年,霍邱县获"安徽省创建文明县城工作先进县"称号,龙潭镇荣获"第四届全国文明村镇"称号。

"非遗"保护。李氏庄园第一期古建筑维修工程通过省专家组验收合格,二期维修工程项目规划已经国家文物局批准。对柳编、剪纸撕纸、临淮泥塑、长集皮影等非遗项目加大保护和资助力度;长集皮影展览完成布展并对外开放,临淮民间文化艺术展览馆建成并开馆。主动搭建平台,在皖西博物馆举办《张玉柱剪纸作品展》。霍邱县安徽华安达集团工艺品有限公司、长集镇皮影戏民间艺术团被评为六安市首批非物质文化遗产传习基地。

金寨县

【文化概览】金寨县地处安徽省西部,与湖北省、河南省交界,辖23个乡镇,设1个现代产业园区,面积3814平方千米,人口68万。金寨县是著名的革命老区,全国第二大将军县,被誉为"红军的摇篮、将军的故乡",是著名的革命歌曲《八月桂花遍地开》的诞生地。现有国家重点文物保护单位2处8个点址,省级重点文物保护单位6处27个文物点址,省级非物质文化遗产2项。

公共文化建设。成功实施首批省级公共文化服务示范区建设,南溪、梅山综合文化站分别获省、市乡镇综合文化服务中心试点建设资格,并按照建设标准逐一推进落实。天堂寨镇获2014—2016安徽省民间文化艺术之乡。改造梅山老档案馆,建成梅山老城区县图书(文化)分馆,从根本上解决了老城区群众"看书难、借书难"的问题。完成双河镇鹤塘村、果子园乡果子园村、斑竹园镇金山村、花石乡千坪村、张冲乡张冲村和燕子河镇麒麟河村6个村农民文化乐园试点建设。实施并完成乡镇综合文化站与老年大学联合办学,文化信息共享工程村级服务点与党员远程教育资源共建共享。出台《金寨县文艺创作奖励办法》,设立县级文艺创作奖励基金,建立文艺作品创作奖励激励机制。完成洪学智故居等5处重点文物保护单位维修保护,对部分重要点址进行陈列布展;实施7处国保文物保护规划和4处省保文物维修方案的编制。第一次全国可移动文物普查扎实推进,完成400余处重点国有单位可移动文物调查。金寨县文化馆被授予省级非物质文化遗产古碑丝弦锣鼓非遗传习基地。

文化民生工程建设。全县公共文化场馆站全部免费对外开放,县文化馆开设书画等8个免费培训班,年培训500余人次;县图书馆实行全天候开放,2014年外借书刊达到5.5万册次,持证读者3568

金寨革命纪念馆一角

人，接待读者6.7万人次。新采购图书10万册，为每个乡镇分馆和村级服务点分别配送图书1000册和200册，同时对23个乡镇分馆原有图书进行编目、加工，纳入公共图书服务一体化管理。为每个文化信息共享工程村级服务点配送接收器1台；组织实施"送戏进万村"活动，电影放映2712场次，观看群众45万人次。

精神文明建设。深入开展文化、卫生、园林县城创建和"三线三边"环境综合治理，全力打造全景金寨、推动全域文明。通过高标定位、高位推动、高额投入、高效落实的工作方针，推动各项创建工作落实。2014年，县城梅山镇成功争创第四届全国文明村镇(县城)，金寨县获第一届安徽省文明县、第二届未成年人思想道德工作先进县、安徽省卫生县城和安徽省园林县城称号。

【金寨县文广新局获"全国文化系统先进集体"称号】2014年12月18日，金寨县文广新局被授予"全国文化系统先进集体"称号。2010年以来，金寨县文广新局积极争取各级文化专项资金9000余万元，先后新建以县文化馆、图书馆为主体的金寨县文化中心、金寨县影剧院，改造提升金寨县革命博物馆，23个乡镇综合文化站和226个农家书屋，县乡村三级公共文化服务设施实现全覆盖；率先在全省实施农民文化乐园和公共图书服务一体化暨总分馆制试点建设，已完成13个农民文化乐园试点建设和23个乡镇分馆、226个村级服务点建设；成功争创首批省级公共文化服务体系示范区。打造天舰文化节、金寨民歌擂台赛、"红色文化四进""书香金寨·全民阅读"等品牌文化活动；大力推进文艺创作，整理编辑出版《金寨优秀剧作选(1980—2012)》《金寨民间故事》《金寨百岁老人风采录》等书籍；坚持监管与发展并重的方针，大力繁荣全县文化市场；累计筹措资金4500余万元，对57处重点文物保护单位实施抢救性维修和重要点址的陈列布展；建立县乡村三级文物管护网络，实行网格化管理；突出抓好红色文物的合理开发利用工作，着力构建文物保护与红色旅游发展协调共赢机制。

舒城县

【文化概览】舒城县地处大别山东麓，面积2100平方千米，人口100.03万，辖21个乡镇，设2个省级经济开发区和1个省级旅游度假区。境内有160多处不可移动文物，其中省级重点文物保护单位9处、市级文物保护单位1处、县级文物保护单位21处。拥有非遗国家级名录1项、省级3项、市级8项、县级19项。馆藏文物1146件，其中国家一级文物7件、二级文物36件、三级文物841件。

文化产业。2014年，全县有各类文化生产经营单位近千家，年产值超10亿元，利税超5000万元，吸纳就业人员超过1万人。安徽翰文运动用品有限公司被安徽省科技厅授予"科技创新企业"，安徽省舒城三乐童车有限责任公司入选全省民营文化企业100强。新建大上海、中影国际两家3D、4D影院，建有7块荧幕800多座位。

文艺创作。2014年，老作家孙枫的小说《山青青，路漫漫》及省作协会员徐贤柱长篇小说《六户庄》上、中、下三集出版；全国优秀文化站长陈铁桃的散文集《田野的雨露》《山野的小花》出版。舒城师范学生史露露创作的油画《暖冬》、赵娜创作的油画《古风》在全国第十一届中等职业学校文明风采竞赛中分获一、二等奖；县里选送的原创作品童声合唱节目《春雨》获安徽省群星奖二等奖；出版《周瑜籍贯论述》《话说文翁》《北宋画家李公麟》《周瑜学术文化研讨会论文集》和《大别山赤子——高敬亭》。在2014年安徽省少儿书画作品大赛中，舒城县获一等奖3个、二等奖7个，县文化馆获优秀组织奖；选送的幼儿舞蹈《小鸡也疯狂》在"我的中国梦"安徽省"六一"少儿文艺调演中获二等奖。

群众文化活动。举办"龙舒宴"

"梦之路活力龙舒金秋笔会"采风活动

杯全省青少年“未来之星”阳光体育大会、“写好中国字，做好中国人”书法专题讲座、“宋画第一”李公麟学术讲座等。县文化馆艺术指导员邓超荣获2014年安徽省德艺双馨艺术家荣誉称号，辅导员裴晓君荣获德艺双馨艺术教育突出贡献奖，同时，邓超、裴晓君和幸福村艺术团的周继红等3人被评为全省优秀群众文化辅导员。

文物保护。公布列入保护名录舒城县不可移动文物200处。对春秋塘水厂宋代砖室墓、棠树乡洪院村汉墓、城关镇龙舒西路施工工地宋墓、S317道路九井段宋墓、棠树乡工业集中区战国墓、棠树乡三拐村中庄村民组大松山汉墓等6座墓葬进行抢救性清理，出土“崇宁重宝”等铜钱和汉代星云镜等珍贵文物。晓天传统村落国家级申报工作取得成功。苏成军舒席制造厂名列省非遗传习基地名单。

文化民生工程建设。完成14个乡镇71个村475个点的广电村村通工程建设任务；送戏进村394场，观众达10万人次；送公益电影下乡4944场，观众约60万人次；爱教电影进校园1702场，观众达10万人次。为全县394个农家书屋平均每家补充图书102种、报刊4种、音像制品2种，为全县500个村、街道、社区更换远程教育机顶盒。

精神文明建设。在县广播、电视、网络等主流媒体开设专栏；设置大型宣传标语60多幅，文化墙120多处；建立三里河路德育宣传一条路和大洪水巷好人文化长廊。积极挖掘、选树各类道德模范，3人获“中国好人”称号，10人次当选“安徽省好人”和省道德模范，39人次当选“六安好人”和市道德模范，2人家庭获市级“最美家庭”，1名学生获市级“十佳文明少年”称号，6支志愿服务队获市优秀志愿服务队，2人获市优秀志愿服务者称号，1家单位获市“十佳道德讲堂”称号。舒城县被评为第三届安徽省创建文明县城工作先进县，舒茶镇山埠村被评为第三届安徽省文明村镇，城关镇鼓楼社区、舒城县经济开发区三里河社区被评为第四届安徽省文明社区，6家单位被评为第十届安徽省文明单位。

【省市作家开展“梦之路活力龙舒金秋笔会”采风活动】2014年11月29—30日，省市作家协会70多人到舒城县开展“梦之路活力龙舒金秋笔会”采风活动。作家们参观了舒城县经济开发区，桃溪镇现代农业产业园、红光村美好乡村建设点、袁隆平超级杂交稻高产示范田、杭埠开发区、南聚产业园、万佛湖生态公园等地。

叶集试验区

【文化概览】叶集试验区辖三元镇、孙岗乡、平岗办、镇区办，面积320平方千米，人口16.3万。区内有4个综合文化站、3个农民文化乐园(省市区级各1个)、4个乡村少年宫、83个农家书屋。2014年，全区有16件文艺作品获省级以上奖项，100多篇(幅)文艺类作品在国家及省市刊物发表，4人加入省级文艺协会，5人夺得安徽省13届运动会金牌，1人夺得仁川亚运会铜牌。

文艺创作。黄圣凤散文《让兄弟姐妹都开花》获中宣部文艺局、人民网、新华网、光明网“我的中国梦——讲述中国故事”文艺作品征集二等奖，朱灏宇《雪地不在的日子》获安徽省2014年度优秀网络文学作品评比一等奖，窦老三的《空心面实心郎》获安徽省“群星奖”音乐类二等奖，原生态民歌《乖姐爱郎爱得深》获鄂豫皖三省举办的中国第六届大别山歌会总决赛金奖，舞蹈《薅秧歌》登上中韩文艺交流汇演大舞台，郭克瑞的书法入选“长江杯”全国书画展。黄菊长篇打工小说《梦断东莞》、曹声明散文集《史河追梦》和吴仁录纪实文学《老实人不吃亏》等文学专著相继问世。

文化活动。成功举办全区首届春节联欢晚会、第二届广场舞大赛和叶集大别山歌会。组织多家文艺团体“十一”期间在京辉老街广场开展专场巡回演出，以“廉洁风尚、和谐叶集”为主题的廉政文化下乡在全区各乡镇办、中小学、企业巡演近100场。设计编排的舞蹈节目在央视少儿频道《七巧板》栏目展播。

叶集试验区城市风貌

池 州 市

【文化概览】池州市位于安徽省西南部，辖贵池区、东至县、石台县、青阳县、九华山风景区，总面积8272平方千米，人口162万，是皖江城市带承接产业转移示范区城市、皖南国际文化旅游示范区核心区域和国家生态文明示范区城市，儒家文化、道家文化、佛家文化在这里荟萃交融。独特的地理位置，悠久的文明历史，形成了池州深厚而独具风韵的地域文化。

池州素有"千载诗人地"之誉，为省级历史文化名城。唐武德四年(621)设州置府，迄今近1400年。南朝昭明太子萧统曾住池州编著《昭明文选》，成为中国现存最早的一部诗文总集；诗仙李白三上九华、五游秋浦，留下《秋浦歌》十七首等著名诗篇；晚唐杜牧任池州刺史，所作的《清明》让杏花村饮誉天下，清代贵池学者郎遂编撰《四库全书》收录了唯一村志——《杏花村志》。历代名人陶渊明、苏轼、岳飞、陆游等都曾驻足池州，并留下宝贵的文化珍品。

池州是中国傩戏之乡，被誉为"戏曲活化石"的池州傩戏、"徽池雅调"青阳腔、东至花灯、九华山庙会列入国家级非物质文化遗产，贵池罗城民歌、石台唱曲、平安草龙灯、鸡公调、福主庙会、酉华唱经锣鼓等列入省级非物质文化遗产。经文物普查和考古发现，全市拥有古遗址157处、古墓葬101座、古建筑562处、石窟寺及石刻66处、近现代重要史迹及代表性建筑87处、其他9处。在这些古代文物和革命遗迹中，有省级历史文化名城1座、省级历史文化名镇3处、全国重点文物保护单位9处、省级重点文物保护单位45处、市级文物保护单位41处、中国传统村落6处、安徽省传统村落30处。

池州素以生态环境优美闻名，有"天然大氧吧"之称。市域内森林覆盖率近60%，全年大气质量优良天数达到365天，主要河流水质均在优、良以上，空气中的负氧离子含量是国家标准的35倍，主城区建成区绿化覆盖率达43.4%、绿地率38.4%、人均公园绿地13.1平方米，环境质量在中东部地区首屈一指，非常适宜人居。池州是中国优秀旅游城市、国家森林城市、国家园林城市、国家绿色生态示范城区、省级历史文化名城、安徽省文明城市，2013年获"中国人居环境奖"。

公共文化服务体系建设。2014年，以开展"服务质量提升年"活动为契机，扎实推进公共文化服务体系建设，各级公共文化场所服务水平稳步提升。市图书馆全年接待读者25万多人（次），办理读者证6369张，举办展览、征文、演讲等各类活动57场次。市文化馆全年接待群众11万多人次，举办各类文艺活动100余场次；开设春季、夏季和秋季艺术培训班49个，招收学员800余人，与韩国高丽大学开展学术交流。市博物馆全年接待参观者近10万人次，获得3A级景区和市爱国主义教育基地称号。各县(区)文化馆、图书馆、博物馆和乡镇(街道)综合文化站开展"书香中国——阅读引领未来"2014年图书馆服务宣传周等活动。青阳县启动省级公共文化服务示范区创建工作，同时作为全省农村公共图书服务一体化建设6个试点县之一，图书流通量达每年14万多册次。

文化民生工程。全市1094个广播电视"村村通"于7月底在全省率先完成，受到省新闻出版广电

池州市平天湖

局和市委市政府通报表彰。在省组织民生工程项目第三方评价中,池州市广播电视"村村通"以98分位居全省第一。11个公共电子阅览室于8月底建成使用。全市4个公共图书馆、5个文化馆、3个博物馆、53个乡镇综合文化站和713个农家书屋全部实行免费开放。开展农村文艺演出760场,放映农村公益电影7735场。惠民送戏331场,送电影3024场。

文化遗产保护。全国第一次可移动文物普查工作稳步推进,全市文物收藏单位36家,可移动文物信息登录1304件(套)。出台《池州市业余文物保护员管理办法》。齐山摩崖石刻保护规划、榉根关古徽道保护规划列入国家文物局重点保护项目。完成李氏宗祠等10处省级文物保护单位修缮。池州傩传习所、贵池区贵池民歌传习所和石台县牯牛降同乐班被命名为安徽省第二批非物质文化遗产传习所。5名传承人入选安徽省第五批省级非遗项目代表性传承人名单。命名唐茂华等18人为市级第二批非遗项目代表性传承人。

"好人"评选表彰和学习宣传活动。完成"池州市第三届道德模范""2014最美池州人""文明市民""文明楼院"等评选表彰和学习宣传活动;"平民英雄"罗腊英先进事迹在中央电视台《新闻联播》节目中播出,市文明委印发学习通知,在市级主流媒体刊播倡议书,组织采访小组深入挖掘罗腊英的感人事迹,同时举办主题报告会、学习会、座谈会等,充分发挥其示范教育作用;组织开展"中国好人""安徽好人""安徽省优秀志愿者"推荐活动;设立身边好人榜,在交通等9个行业以及美好乡村、省农村文化乐园试点村和各级文明单位率先推进。2014年,全市有1人当选"中国好人"、5人当选"安徽好人"、3人获"安徽好人"提名奖、1人获中国青年志愿者优秀个人奖、1人获选安徽省优秀志愿者。

"和美文化"建设。结合池州实际,把创建"和美文化"作为培育和践行社会主义核心价值观的重要载体。开展"创建和美文化 践行社会主义核心价值观""争做最美池州人""人物故事"等专题宣传,推出系列报道100多篇,刊播各类公益广告213幅、视频9000余分钟;举办"道德讲堂"1000余场次,受教育群众达10万余人;围绕"天人和、环境美""家庭和、生活美""邻里和、民风美""社会和、秩序美"等"四和四美",策划开展了47项广大群众便于乐于参与的主题活动。

"三线三边"环境治理。投入治理资金3.1亿元。全市38个镇街及所属村集共清理乱搭乱建4300余处、标牌3800多块,清理规范城市及周边各类户外广告设施165块、国省道高速公路沿线广告设施253块,拆除违法设置广告设施148块;关停非煤矿山48座,矿山复绿118公顷。在抓好基础环境治理的同时,各地结合城市景观、森林大道、美好乡村建设等项目,优选部分路段进行了绿化美化提升,共完成沿线绿化近1090公顷,打造省际出入口景观5个、城市(含县城)出入口景观19个。

文明创建工作。对市级以上文明单位进行全面考核,提高文明单位整体创建水平。2014年,3家单位获第四届全国文明单位称号,5家原第三届全国文明单位通过复核。对全市省级文明单位"文明单位大展台"建设情况进行全面检查,对15家不达标单位进行通报。推动文明单位进社区、进农村开展创建活动,组织40个文明单位编排60个文艺节目,深入社区、乡村开展巡演活动8次,直接参与群众近2万人。按照将城区当景区建设的理念,整治旅游环境,完善城市功能,提高城市品位,投资2100万元对穿城清溪河进行治理提升,建设园林景观,新增绿化41.9万平方米,提升绿化56.3万平方米,建设绿道10.7千米,建设6个城市小公园,为居民提供了更多的休闲娱乐场所。

【池州市举办"杏花梦·农耕情"非物质文化展演活动】2014年3月25日,由中共池州市委、市政府主办的"杏花梦·农耕情"安徽池州非物质文化遗产展演在杏花村文化旅游区举行。来自社会各界的5000多名群众代表以及外国友人共同观看展演,中央电视台进行现场录

"杏花梦·农耕情"安徽池州非物质文化遗产展演

制，安徽电视台进行现场直播。展演活动由傩文化、诗文化、酒文化、茶文化、水文化、孝文化、黄梅文化和花文化八个板块共同组成。入选国家级、省级和市级非遗名录的池州傩、青阳腔、东至花灯、贵池民歌、手狮舞、黄梅戏、目连戏、九华民歌等非遗项目纷纷登台亮相。此次非遗展演的开展，进一步扩大池州市非物质文化遗产对外的宣传力度，让更多的人认识池州非遗、了解池州非遗、走进池州非遗，有效推动非物质文化遗产的传承与发展。

【池州市举办安徽省第七届皖江8市群艺(原生态民歌)大赛】 2014年12月9—10日，安徽省第七届皖江8市群艺(原生态民歌)大赛在池州市举行，来自皖江8市的42名民歌手汇集池州，集中展示了皖江8市原生态民歌风采，共同演绎了一场民歌盛会。铜陵民歌，芜湖繁昌民歌、无为民歌，马鞍山当涂民歌、和县民歌、含山民歌，安庆桐城歌、岳西民歌，宣城绩溪民歌、宁国畲族民歌，黄山徽州民歌，滁州凤阳民歌、嘉山民歌、全椒民歌、池州贵池民歌、东至民歌，你方唱罢我登场。期间，安徽省文化馆和本次大赛组委会还特别授予池州市知名艺术家姜秀珍“优秀民间歌手”称号。安徽省皖江8市群艺大赛创办于2007年，每年举办一次，已举办七届。大赛举办加强皖江8市群众文化交流，展示皖江8市群众文化发展水平，形成了群众文化活动的区域品牌。

【池州市平天湖入选中国十大“最美赏月地”】 在中央电视台发起的2014年寻找“最美中秋赏月地”网络征集评选活动中，池州平天湖以总得票第三名成功入选十佳“最美中秋赏月地”。9月6日，池州市有关单位积极配合中央电视台顺利完成特别节目《月是故乡明·安徽池州平天湖——秋光似练月如水、一城山水满城诗》现场直播报道。中秋节期间，央视新闻频道、综合频道、财经频道、国际频道等节目中10多次播出平天湖赏月美景，以“池州平天湖中秋赏月”为关键词，百度搜索网页达12万余条，池州的知名度和美誉度得到提升。

贵池区

【文化概览】 贵池区北临长江，南接黄山、九华山，是池州市政治、经济、文化中心。面积2516平方千米，人口67万，辖9个镇、11个街道。贵池历史悠久，文化底蕴深厚，有“千载诗人地”之美誉。贵池傩戏被誉为“戏剧活化石”而列入国家级非物质文化遗产名录。贵池民歌被列入第一批省级非物质文化遗产。

群众文化活动。全区有社区组织的文艺团体30多个、由群众自发组织的活动团队100余个。2014年，由宣传、文化、文联、社区等组织的文化活动达30场，群众自发组织的文艺活动超过100场。组织文化馆专业人员帮助社区编排、辅导文艺作品47个，其中选送的4支广场舞代表队在首届安徽省广场舞大赛池州决赛中获得两个三等奖；经典诵读《品味书香、颂唱经典》和舞蹈《翱翔》参加《我的中国梦》2014年省“六一”少儿文艺调演，分获二、三等奖。

文化产业。抢抓安徽“文化强省”战略机遇，杏花村文化旅游区成功申报2014年度全省重点扶持文化产业示范园区；梅街镇傩文化传承演艺中心项目获省文化强省资金扶持，墩上街道罗成村农民文化乐园项目已按要求建成并通过验收。安徽新光源工贸(集团)有限公司、杏花村文化园入选全省民营文化企业100强；池州市石门高文化旅游综合开发、九华玉文化开发入选2013年安徽省文化产业招商重点项目册。

文艺创作。完成《文化贵池》系列丛书《贵池傩》《杏花村》和《罗城民歌》的编辑出版工作。开展以“中

杏花村文化旅游区

国梦”为主题的文艺创作活动，创作精神文明建设情景剧本《山里红》《皂角树》。池州市第四届优秀文艺作品评选活动中，全区有10余件作品榜上有名。出台《贵池区优秀文艺作品评选奖励办法（试行）》，计划每两年组织一次优秀文艺作品评选，首届优秀文艺作品评选活动正在组织评审。

精神文明建设。开展“四和四美”文明创建系列活动，组织“道德讲堂”活动；推荐2人入选“安徽好人”候选人，7人入选“中国好人”人选；推荐申报7个省级文明单位、24个市级文明单位；组织各类志愿服务活动100余次，开展向朱治平学习活动。巩固省级文明城市创建成果，开展“三线三边”环境整治。帮助棠溪中心学校、殷汇中心学校申报中央彩票公益金支持乡村学校少年宫项目。区组委会获全国爱国主义读书教育活动组织工作特等奖。

【杏花村文化旅游区初具规模】杏花村，距今已有1300多年的历史。晚唐著名诗人杜牧任池州刺史作《清明》诗：“清明时节雨纷纷，路上行人欲断魂。借问酒家何处有，牧童遥指杏花村。”自此杏花村随诗名扬千古，被誉为“天下第一村”。清康熙年间，池州人郎遂编撰的《杏花村志》，是被《四库全书》收录的唯一村志，记载有杏花村十二美景：平天春涨、三台夕照、白浦荷风、西湘烟雨、茶田麦浪、栖云松月、昭明书院、铁佛禅林、桑柘丹枫、梅洲晓雪、黄公酒垆、杜坞渔歌。杏花村文化旅游区以杏花村旧址为基础，规划面积35平方千米，分为民俗体验区、田园观光区、山水度假区。建成对外开放的民俗体验区约8平方千米，建有北村口、红梅园、唐茶村落、十里桥、焕园、窥园、憩园、百杏园、水上观光等景观景点。项目全部建成后，杏花村文化旅游区将展示“山水农耕、江南村落、传统民俗、盛唐诗酒”四大文化内涵，呈现“一河秋浦水，十里杏花村；百家香酒肆，千载诗人地”的经典田园休闲生活佳境。

青阳县

【文化概览】青阳县位于长江中下游南岸、皖南山区北部，南依黄山，北枕长江，是皖南国际文化旅游示范区北入口，县域面积1180平方千米，辖11个乡镇，人口27.34万。地方戏曲“青阳腔”是首批“国家非物质文化遗产”，被誉为京剧鼻祖；县内另有青阳农民画、酉华唱经锣鼓、大九华水磨玉骨绢扇制作技艺3个省级非物质文化遗产和李氏宗祠、曹氏宗祠、太平山房3处国家级重点文物保护单位。

文化事业和文化产业。新建3D数字影院1座和宝灵广场、莲花广场、金龟广场、人民公园、政和苑和芙蓉角等7个文化广场，获批创建省级公共文化服务体系示范区，成为全省12个首批公共文化服务体系示范区之一，成功实施首个农民文化乐园建设项目——庙前高源农民文化乐园项目。县图书馆、文化馆、博物馆和11个乡镇综合文化站免费开放，接待人数20余万人次。2014年9月被表彰为安徽省全民健身示范县。

群众文体活动。举办庆元旦越野长跑赛、迎新春棋牌大赛、安徽省第五届城市围棋邀请赛、庆国庆篮球赛、第六届全民健身日展示活动暨广场舞蹈赛、第五届农民篮球赛等重要赛事。举办“走复兴路、圆中国梦”爱国主义读书教育活动、县第九届“红领巾”少儿读书活动，建成盲人阅览室并对外开放。举办迎新春美术作品展、第三届书法家协会书画作品展、“迎新春”文艺晚会、风光摄影展、“皖风徽韵”扇面小品展、迎“五一”劳动者之歌文艺汇演、“灵秀青阳”书画展和“城市青阳”摄影展，大型黄梅戏《费姐》进行公演。

民间文化保护与传承。启动“宁氏宗祠”修缮工程，推进实施第一次全国可移动文物普查阶段性工作，继续扩大“非遗进校园活动”

青阳农民画

试点工作，举办"非遗进校园"成果展，开展"青阳县非遗文化展示"活动。举办农民画作者培训班，青阳民间歌谣《九华茶歌》登上市"杏花梦·农耕情"非物质文化遗产展演大舞台。

精神文明建设。制作悬挂各类社会主义核心价值观公益宣传牌，建成核心价值观文化墙。开展第二届"最美青阳人"评选活动，王忠宝、曹小玉获"安徽好人"提名，平民英雄罗腊英入选"中国好人"、安徽省十大感动江淮人物。开展"青山之阳·爱在蓉城"志愿服务活动启动仪式，涌现出"爱心送考""爱心送水""爱心助学"等一批特色志愿服务项目。全县6个单位获第十届安徽省级文明单位称号，陵阳镇获第三届省级文明村镇称号，丁桥镇、陵阳镇谢家村获第三届省创建文明村镇工作先进村镇称号，蓉城镇东河园社区获第四届省级文明社区称号。

【青阳农民画传承发展迎来春天】 青阳农民画是在接受青阳县及周边地区古代砖雕、石雕、木雕、剪纸、墙饰画等民间艺术的基础上，逐渐发展起来的独特的绘画艺术，具有文人画与农民画互补的特点，主要以身边人、身边事为题材，具有很强的时代特征和浓郁的生活气息，以色彩丰富、线条细腻、构图独特著称于世，一般用于过年、贺寿、婚礼、乔迁等喜庆活动中，具有很大的欣赏价值。2007年被命名为首批省级非物质文化遗产代表作项目，2009年入选全国农民歌会农民画展；2014年11月21—23日，省委常委、宣传部部长曹征海在青阳驻村入户蹲点调研，对青阳农民画传承发展工作作重要指示，有力推动了青阳农民画传承发展。青阳县相继组织创作以和美文化、计划生育、法制宣传、社会主义核心价值观和"中国梦"、新农村建设为主题的农民画作品，注重对农民画传承人的培养，举办春季青阳农民画培训班和农民画主题性创作座谈会，开办了以"社会主义核心价值观"为主题的农民画创作培训班。开展农民画进机关、进企业、进社区、进农村、进学校活动，提高农民画的群众知晓率，使农民画这种艺术形式深入千家万户，为更多人所喜爱，进一步巩固农民画发展的群众基础。推动农民画作品及农民画元素入商品，走市场化路子，申报安徽省省级文化强省建设专项资金，积极引进民间资本，推动青阳农民画与扇面、茶杯、挂历有机融合，在传承地方时代记忆的同时，创造经济价值，为青阳农民画发展提供强大生命力。

石台县

【文化概览】 石台县位于安徽省南部，现辖6个镇、2个乡，面积1413平方千米，人口10.8万，是专门从事发展生态旅游的山区县。石台原名石埭县，南梁大同二年(536)置县，1959年撤销建制，1965年复建并易名为石台。现有国家级重点文物保护单位1处、省级5处，省级非物质文化遗产项目4个。大演乡被评为2014—2016年度"安徽民间文化艺术之乡"，七都等10个村分别被批准为国家级和省级古村落。

2014年，石台县文化事业和文化产业发展迅速。全年文化产业总产值8193万元，比上年增长10.5％；增加值768万元，占地区生产总值的3.8%。

公共文化建设。坚持以政府为主导、以公共财政为支撑、以农村为重点，大力发展公益性文化事业。加快公共文化体系建设，改善文化基础设施，全县8个乡镇79个行政村全部建有农家书屋。全县文化信息资源共享基层点79个、公共电子阅览室9个，覆盖城乡的公共文化服务体系基本建立。

文化民生工程建设。县影剧院、仁里镇塘湾农民文化乐园、仁里镇城南社区公共文化服务信息化项目建成投入使用。农村数字电视整转二、三期工程全面铺开，

牯牛降

完成241个已通电盲点自然村广播电视"村村通"卫星直播建设任务。完成农网数字电视整体转换1483户。全年累计送电影下乡1338场、送戏下乡109场,开展文体活动474场。县图书馆接待读者8万人次,借阅图书7.4万册;举办书法、舞蹈、摄影、美术、文物等培训、主题讲座、图片展等150场次。

文明城镇建设。扎实开展文明县城创建工作,加大户外广告管理力度,严厉查处违法建设。以"三线三边"为突破口,扎实推进城乡环境治理,出台了《石台县"三线三边"城乡环境治理工作实施方案》《石台县城乡环境管理工作实施意见》,对各乡镇城乡环境治理工作进行督查通报。对照省美好乡村建设考核验收细则,认真做好资料的收集整理和归档工作。

【牯牛降全力推进核心景区开发】 牯牛降景区是石台县生态旅游的名片。2014年,景区管委会立足独特的生态资源优势,不断加大投入力度,把五指峰栈道建设作为景区深度开发的重要内容,纳入《牯牛降生态旅游区总体规划(2011—2030)》和《牯牛降景区三年发展行动计划》中。该栈道全长4000米,高差千余米,起点设在高架游览车站点椅子圈,终点设在五指峰,总投资约3000万元。栈道建成后,与核桃坡栈道、高架游览车在核心景区内自然形成多条游览观光环线,丰富景区游览线路,提升景区品味。

东至县

【文化概览】 东至县位于长江中下游南岸,1958年由东流、至德两县合并取其首字得名,是安徽省的西南门户。现拥有国家级自然保护区1处,国家级旅游示范点1处;有国家级非物质文化遗产1项,市级9项;有省级重点文物保护单位10处,市级4处。

文化民生工程建设。2014年,县图书馆、文化馆和15个乡镇综合文化站等公共文化场馆全面免费开放。整合使用农村文化建设专项补助资金,建设26个村级电子阅览室,每村配备电脑3台、服务器1台。开展"送戏进万村"活动,6家民营剧团中标,共为全县234个村送戏312场;完成惠民实事送戏下基层进社区任务45场。放映公益性电影2808场,其中科教片1248场,观众人数174751人次;广场电影放映600场,其中科教片265场,观众人数101192人次。新建实施270个广播电视"盲村"建设工程任务,全面实现20户以下已通电自然村"村村通"广播电视的目标。完成1座无线发射台站基础设施建设。

精神文明建设。开展"党员奉献日""送温暖、献爱心""当公仆、办实事""志愿者行动""关爱留守儿童""扶残助残""扶贫帮困"等活动,提升公民道德素养。不断丰富未成年思想道德教育内涵,深入开展"爱祖国、爱东至、爱家乡""放飞中国梦、做四有新人""民族精神代代传""向国旗敬礼""文明小公民"等主题教育活动,组织全县6万名学生参加青少年爱国主义读书教育活动。围绕"共筑中国梦、建设新东至",成功承办全省中华经典诵读(端午篇)活动,将中国传统文化与东至特色深度融合,在全县师生中形成国学经典诵读热潮。

深入推进公民思想道德建设和城乡文明创建工作,成功跻身省级文明县城,4家单位获评省级文明单位,2个乡镇获评省级文明村镇,1个乡镇获评创建文明村镇工作先进村镇。评选出"东至县第二届道德模范""东至县第二届道德模范先进个人"各10人。扎实做好各级"好人"推报工作,全年共有2人当选安徽好人。至德小学被评为全国第三届未成年人思想道德建设工作先进单位。

【至德小学获全国第三届未成年人思想道德建设工作先进单位称号】 至德小学自2007年秋创办以来,坚持把德育工作放在首位,把加强未成年人思想道德建设、促进未成

至德小学的武术表演

年人健康成长作为一项中心工作，积极构建学校、家庭、社会“三位一体”的思想道德建设体系，大力优化学生成长环境，在工作实践中，不断探索德育工作新思路、新途径、新方法。该校坚持以“实”覆盖广度，优化未成年人德育环境；以“活”紧扣深度，构建未成年人德育工作网络；以“亮”彰显宽度，挖掘未成年人德育资源，2014 年获评全国第三届未成年人思想道德建设工作先进单位。

九华山风景区

【文化概览】九华山风景区位于安徽省池州市境内，是中国佛教四大名山之一、首批国家 5A 级旅游区、首批国家重点风景名胜区、首批中国国家自然与文化双遗产、全国文明风景旅游区，是世界级旅游胜地和国际性佛教道场。

自东晋隆安时期佛教传入九华山地区以来，经千百年的传承，在九华山遗存了大量的珍贵文化遗产，其中全国重点文物保护单位 4 处，省级文物保护单位 8 处，风景区级文物保护单位 14 处，经国务院批准公布的国家重点寺庙 9 座，省级重点寺庙 30 座。历史文物馆和佛教寺庙还收藏有包括明万历圣旨、宋代贝叶经、历代地藏金玉印、明版《大藏经》、佛教造像等万余件珍贵传世文物。九华山庙会被列为国家级非物质文化遗产。

2014 年，景区文化事业和文化产业发展迅速。全年文化产业总产值 7100 万元，比上年增长 4.5%，增加值 1300 万元。

公共文化建设。全年投入专项经费 45 万元用于文化馆、图书馆、乡镇文化站配套设施建设和更新书目、日常维护；投资 27 万元为社区、居民小区购置健身活动场所器材，为景区 13 支广场舞队购置服装、道具及音响。

文化民生工程建设。采取政府购买服务方式，组织送戏下乡 45 场次，游客、村(居)民看戏 2.06 万余人次；组织送电影下乡 72 场次，为 6 个村农家书屋更新配送书目 106 种 840 本(册)。文化馆和乡镇文化站充分发挥职能作用，举办“迎新春、送春联”“庆元旦”广场舞比赛、六一少儿书画展、八一送书画进军营、迎国庆书画摄影展等文化活动，参与人数近 2 万人次。

精神文明建设。编印《社会主义核心价值观通俗读本》2 万册，免费向全山干群、僧尼发放，并在各主要旅行社及宾馆客房免费赠阅。广泛开展“文明村(居)民”“五好文明家庭”“星级文明户”等评选活动和开展“走复兴路、圆中国梦”等爱国、树德主题教育。登记志愿者 616 人，党政机关、企事业单位志愿者参与率超过 30%。全年开展志愿服务活动超 100 次，参与志愿服务活动人次达 1500 余人次。

文明城镇建设。广泛开展以“文明燃香”为主题的综合创建治理工作。佛教协会与全山寺院签订《九华山百所寺院文明燃香责任状》，免费向来山游客提供三支佛香；文明办制作“文明旅游、文明燃香”宣传册 8 万份，利用节假日、黄金周等重要节庆时段，组织志愿者免费向游客发放。通过电视台、短信手机 APP、短信等多种渠道宣传文明燃香工作，营造文明燃香氛围；推进寺庙香灰处置工作，在九华街区重点寺庙推行香灰处置办法，减少香灰对环境的污染。九华山风景区蝉联第四届“全国文明单位”，九华镇获第四届“全国文明村镇”称号。

【第六届世界传统武术锦标赛在九华山举行】第六届世界传统武术锦标赛 2014 年 10 月 26—29 日在九华山举行，来自中国、美国、加拿大、德国、俄罗斯、日本等 45 个国家和地区 2000 多名选手参加比赛。此次武术赛事以“相约池州·论剑九华”为主题，分为国内组和境外组，由个人项目、对练项目、集体项目三大类组成。其中个人项目分为传统拳术(太极拳类、南拳类、其他拳类)和传统器械(单器械、双器械、软器械)两大类。参赛选手分别展示了太极拳、咏春拳、五祖拳、形意拳、八卦掌、少林拳、武当拳、峨眉拳以及刀、剑、棍、枪、九节鞭、双节棍、三节棍、流星锤等传统武术的魅力与风采。

第六届世界传统武术锦标赛在九华山举行

宣 城 市

【文化概览】宣城市位于皖东南，与江苏、浙江两省接壤，总面积12340平方千米，人口279.8万，辖1个区、5个县、1个县级市。

新闻宣传。2014年，在群众路线教育实践活动中，在省级以上媒体刊发（播）稿件200多篇。新华社《国内动态清样》第2715期刊发《安徽宣城清理机关办公用房节约大笔资金》的稿件，获中共中央政治局常委刘云山批示，中央主要媒体陆续推出一批重点报道。市属媒体和新闻网站通过开设专题、专栏，及时报道各地活动动态，先后刊发50多篇综述、评论和言论文章。全年在省以上主流媒体刊播稿件4000余篇（条），其中中央主要媒体发稿250多篇（条）。围绕“山水诗乡、多彩宣城”城市形象品牌，突出文房四宝元素，制作《美在宣城》城市形象宣传片；并在央视《朝闻天下》、安徽电视台国际频道和全国百家电视台旅游联盟及人民网、新华网、腾讯等多个渠道播放；相关城市形象广告也通过首都机场LED显示屏、天安门旅游服务指南、全国134个地方台、安徽电视台等平台投放。加强与海外媒体合作，在《美国侨报》《欧洲时报》推出系列宣传专版。

网络管理。启动互联网“五项工程”建设，进一步强化依法办网、管网及底线意识，不断增强网上舆情监控处置和舆论引导能力。全年举办21期网络政民互动实时在线交流，现场回复网友问题600余个。80个上线市直单位共办理问题回复3470个，回复率达99.6%。办好宣城电视台《百姓问政》等重点栏目，从网上征集意见、论坛邀请问政者，到节目播出后的发帖宣传、跟踪监督，有效畅通了社情民意。全年集中举办七期“网友看宣城”主题活动，帖文浏览总量5万余人次，回复数600余人次。网络评论工作同步跟进，组织100余人的骨干网评员队伍撰写、转发“正能量”信息。开展“文明上网”先进社区创建活动，加强对商业网站信息内容的管理。

思想道德建设。组织实施社会主义核心价值观学校教育基础、价值导向引领、宣传教育普及、基层单位实践“四大工程”。举办“培育和践行社会主义核心价值观”专题报告会，开展培育践行核心价值观“主题季”“图说我们的价值观”、理论文章征集、知识竞赛等活动，举办“构建诚信 惩戒失信”合作备忘录签署仪式。设立“宣城好人馆”，举办安徽好人馆基层巡展巡演巡讲活动启动仪式。实施好人评选交流活动两年行动计划，组织开展“城乡居民文明行为规范”大讨论，成功举办2013年度“感动宣城”十佳人物颁奖典礼，召开省级以上文明单位结对关爱道德模范和身边好人座谈会，组织开展“最美”系列评选活动。全年共有121人当选“宣城好人”，10人当选“安徽好人”，1人当选“中国好人”。新建30个乡村少年宫，推动志愿服务工作常态化、品牌化和规范化。党员教育“三项活动”获全省组织工作二等奖。组织青少年爱国主义读书教育活动，连续18年获全省组织工作一等奖。2014年，还开展庆祝首届城乡环卫工人节、“讲文明树新风”公益广告征集评选、中华诗文诵读比赛、“十佳美德少年”评选、孝敬公婆好媳妇评选、联点共建、十星文明户创建等活动。

敬亭山

精神文明创建。2014年，宣城市成功创建省级文明城市，同时获得创建全国文明城市提名城市资格，各县市区也分别获评省文明示范县（市）、文明县（市）、文明城区、文明县城和创建文明县城工作先进县（市），实现“满堂红”。结合“三线四边”环境整治工作，全面推进覆盖城乡的“全域文明”，初步实现区域生态建设和发展环境的整体提升。

文化体制改革。2014年，出台文化产业、文化人才和文艺发展三个方面的具体扶持政策，加强市级宣传文化事业发展专项资金和文化强市建设专项资金的管理和使用，充分发挥两项资金引导效应。组织开展市级文化产业园区（基地）、市级优秀文化企业、敬亭山文学艺术奖和市级宣传文化领域拔尖人才四项评选，首批命名表彰9家市级文化产业园区（基地）、10家市级优秀文化企业、50件文学艺术作品及38位宣传文化领域拔尖人才，并给以扶持奖励。

文化事业。组织实施《文房四宝之乡城市品牌提升三年（2013—2015）行动计划》，通过“中国文房四宝之乡”复评，并更名为“中国文房四宝之城”；旌德县被授予“中国宣砚之乡”。电视剧《文房四宝》经国家新闻出版广电总局审查通过获得发行许可。县镇村三级公共文化服务网络进一步完善，市县两级现有博物馆、图书馆、文化馆（站）均实现免费开放。5个省级农民文化乐园试点村建设任务全面完成，49个省级美好乡村重点示范村建设同步推进。组织开展以“中国梦”为主题的文艺创作活动。推荐电视纪录片《美在宣城》、歌曲《月亮起山一盏灯》等5部作品参加省第十三届精神文明建设“五个一工程”评选。举办2014年宣城市暨宣州区文化科技卫生“三下乡”活动集中行动。

文化产业。2014年，全市文化产业增加值33.44亿元，占GDP比重为3.97%，比上年增长23.6%，取得全省文化产业发展目标管理绩效考核第三名的好成绩。中国宣纸股份有限公司入选全国十大最有影响力的国家级文化产业示范基地。中国（宣城）文房四宝产业园、中国宣纸股份有限公司分别入选2014年度省重点扶持的文化产业示范园区（基地）和文化改革发展示范企业。皖南海峰印刷包装有限公司等7家企业入选“2014安徽民营文化企业100强”。电视纪录片《中国诗山——敬亭山》等3项目入选省委宣传部通报的“四个一”文化品牌项目。中国宣纸股份有限公司“年产6000刀纪念宣纸研发生产”等6个项目获2014年省级文化强省建设专项资金（330万元）支持。33个项目入选2014年省“861”行动计划文化产业项目。组织第十届深圳文博会参展和首届安徽文化惠民消费季活动，分别荣获参展活动优秀组织奖、优秀展示成果奖和活动组织先进单位。加快宣城文教创意产业园建设，做好文房四宝交易中心等项目帮办服务工作。

文化遗产。全市拥有重点文物保护单位全国17处、省级文物保护单位57处、县（市、区）级194处，登记不可移动文物点2393处，现有国家级徽文化保护试验区1个、中国民间文化艺术之乡2个、国家级非物质文化遗产生产性保护示范基地2个、安徽省级非遗传习基地（所）9家。全市馆藏文物28711件（套），有联合国人类非物质文化遗产代表作名录项目1个，国家级非遗项目6个，国家级代表性传承人6个；省级非遗名录项目45个，省级代表性传承人63人；市级非遗名录项目138个，市级代表性传承人98人；县级非遗名录项目227个。形成较为完善的四级名录体系，并进行分层分级保护。

文化市场管理。2014年，出动执法人员2.1万余人（次），检查各类经营单位5700家（次），办结文化市场案件31起。网吧、电子游戏市场监管成果被《安徽日报》专题报道；全省2013—2014年度新闻出版（版权）行政处罚案卷评查中，宣城市案卷获市级优秀案卷奖，选送的宁国市、郎溪县执法案卷获县级优秀案卷奖。省文化厅组织的年度案卷评查中，宣城市办理的案件获2014年全省文化市场行政处罚优秀案卷。

三月三敬亭山传统民俗文化旅游月活动

公共文化服务体系。全市现有公共图书馆7个、文化馆7个、博物馆4个。市图书馆新馆、市博物馆新馆土建工程均已经完工,正在进行展陈设计。绩溪县龙川村投资500多万元建成全市最大的村级文化活动中心。全市新建、改建乡镇综合文化站78个,村文化活动室(农家书屋)796个。全市建成文化信息资源共享工程分中心,县市区建成支中心,乡镇、村建成基本型服务点845个。宁国市被确定为全省公共电子阅览室建设试点市。78个乡镇综合文化站全部投入使用,实施免费开放。村级文化广场建设入选第二批国家公共文化服务示范项目,截至2014年年底,已建成村级文化广场498个,配置音响设备351套。全年举办文艺辅导1022次,开展文艺活动804场,送文化到村222次,自创文艺节目238个,自办文艺团体370个。

群众文化活动。2014年,举办"欢欢喜喜闹元宵"广场文艺演出、"情浓月圆敬亭山"中秋文艺晚会等演出活动70余场次。送文化下乡下基层演出500多场。参加全省"六一"少儿文艺调演,舞蹈《小鸟与稻草人》和徽剧《贵妃醉酒》2个节目获二等奖,另有2个节目获三等奖。在安徽省群星奖决赛中,宣城市选送的广场舞《赶集的媳妇们》获二等奖,另有5个节目获三等奖。1个皖南花鼓戏、2个黄梅戏参加了全省小戏展演。宣城市分别获安徽省群星奖优秀组织奖、全省六一少儿文艺调演优秀组织奖。

【宣城市获"中国文房四宝之城"称号】6月22日,宣城——中国文房四宝之乡复评评审会召开。专家组一致认为,宣城文房四宝产业发展历史悠久、市场层次高、辐射面广、影响力大。近年来,宣城市文房四宝产业发展呈现出规模扩大、效益提升、技术进步、品种齐全、后劲增强的良好态势。专家组一致通过复评,同意将宣城市"中国文房四宝之乡"更名为"中国文房四宝之城"。专家组还就进一步做好文房四宝产业提出意见和建议。

【宣城市正式启动文化旅游产业"八大工程"建设】2014年1月16日,印发《宣城市实施文化旅游产业八大工程三年行动计划》,计划用3年时间,组织实施敬亭山宛溪河诗山宛水品质提升工程、大桃花潭景区开发建设工程、青龙湾生态旅游示范工程、扬子鳄旅游开发工程、文房四宝城市品牌提升工程、历史名人诗画开发工程、古建筑古遗址保护利用工程、美好乡村休闲养生旅游开发工程。计划到2016年,实现接待国内旅游人数超过2000万人次,入境旅游人数超过10万人次,实现旅游总收入200亿元。

【举办首届三月三敬亭山传统民俗文化旅游月活动】首届三月三敬亭山传统民俗文化旅游月系列活动从4月2日持续至4月20日,共有6项活动,即传统民俗文化登山节、民俗文化展演、书画摄影邀请展、全民健身登山比赛、敬亭山诗会、民俗文化旅游月营销活动。四方游客齐聚敬亭山风景区,看大戏、观民俗、赏美景、品美食。

【宣城市获评首个"安徽省生态市"】9月30日,宣城市正式被授予"安徽省生态市"称号,成为全省首个省级生态市。截至2014年年底,全市共创国家级生态乡镇55个。宁国市、绩溪县已获国家生态县(市)命名,并成为国家第五批生态文明建设试点县(市);郎溪县和泾县通过环保部组织的国家生态县技术评估,广德县和旌德县有望在2015年完成国家生态县技术评估。

宣州区

【文化概览】宣州区面积2533平方公里,人口85.1万。辖26个乡镇、街道办事处,为历代郡、州、府、行署和市政府驻地。

物质和非物质文化遗产的保护。截至2014年年底,在第一次全国可移动文物普查中,共普查到可移动文物420件。2014年投入56万元对水东镇小胡村花戏楼省文保单位进行修葺,采取单体和整体调查相结合的方式,对水东镇老街古建筑进行测绘。皖南木榨油技艺和水东蜜枣制作技艺入选省级非物质文化遗产,皖南皮影戏曲艺术团入选省级非遗传习所,皖南锅巴制作技艺、宣木瓜加工技艺、六月六荷灯节入选市级非物质文化遗产。

文化惠民。举办"皖南烟叶杯"宣州区第九届群众文化艺术节系列活动;区文化馆、区图书馆及18个乡镇综合文化站实行免费开放。孙埠镇、西林办、鳌峰办、济川办、双桥办、济川社区、城西社区、思佳社区等10个单位建成公共电子阅览室;通过政府招标采购,宣城市青年花鼓戏剧团为农民送戏194场;2014年,省级美好乡村示范村寒亭镇通津村南阳中心村完成"农民文化乐园"建设,其他21个中心村"农民文化乐园"启动建设;2014年,全区农村公益性电影放映2328场。

文学创作。利用《鳄城文学》《宣州文艺》等文学艺术阵地,展现区域内文学艺术成果。区文联主席田斌加入中国作协，其创作的诗歌《皖南》入选《中学生朗诵诗100首》(四川人民出版社)；区文艺创研中心黄廷洪创作的大型剧本《天下第一墨》获得安徽省文联举办的首届安徽戏剧双年奖，创作的皖南花鼓戏《春江水暖》参加安徽省小戏小品调演获得剧目奖、作曲奖、表演奖等多项奖励，创作的大型话剧《生命如歌》在山东省文化厅举办的全国剧本征稿中获得一等奖(第一名)；组织重点作家参加全省第二届小说大赛和首届散文大赛，宣州区获"安徽省文学创作先进县(区)"称号。

文化活动。区戏剧家协会以永恒剧团、青年剧团为载体，创作和编排了以新农村建设、社会主义核心价值观为题材的文艺节目；区摄影家协会先后组织开展"环卫杯"摄影月赛和"印象水阳"摄影大赛等；区书法家协会组织书法家先后赴洪林镇、杨柳镇以及驻地部队开展"送欢乐下基层写春联"活动，组织书法作品参加全国书协展览，承办第六届中国（宣城）文房四宝文化旅游节书画艺术展；7个协会分别建立"协会网站"和"博客"，开展"我们的中国梦"百场文艺下基层活动8场和皖南民俗群众文化活动5场。在府山广场组织宣州区首届文化广场舞大赛。吴作人美术馆先后举办李艾平等系列书画展活动6场。

文化产业。2014年，全区安排1000万元的专项资金，扶持文化产业发展，文化产业增加值12.2亿元，比上年增长18%。全区文化及相关产业法人企业522家，其中规模(限上)以上文化企业13家。文化产业涵盖广告设计、印刷包装、工艺术品(美术品)生产和销售、文化旅游、教育培训等多种类型。拥有省级美术大师3个，中级职称工艺美术师13个；昆山湖、小城故事生态文化项目入选国家文化部产业项目库。狸桥水晶科技产业园、汇贤生态旅游、小城故事生态文化3个项目入选省"861"文化产业项目；水东明清老街保护与开发项目已争取中央资金367万元；宣城万里纸业、周博广告入选市级首批优秀文化企业。组织开展了"让艺术更加平易近人"——宣州区首届文化惠民消费季活动。

皖南皮影博物馆

【新增一批省市非遗项目】2014年皖南木榨油技艺和水东蜜枣制作技艺入选省级非物质文化遗产名录。皖南皮影戏曲艺术团入选省级非遗传习所。皖南锅巴制作技艺、宣木瓜加工技艺、六月六荷灯节列入市级非物质文化遗产。截至2014年年底，全区非遗传承人达16名，其中国家级3名、省级5名、市级8名。

【9个民营博物馆相继建成】截至2014年年底，宣笔博物馆、皖南皮影博物馆、吴作人美术馆、红太阳博物馆、禅通博物馆、兆和美术馆、皖南民俗博物馆、宣酒博物馆、皖南木榨油博物馆等9个民营博物馆相继建成，并免费对外开放。

宁国市

【文化概览】宁国市面积2487平方千米，人口38.8万，辖5个乡、6个镇、8个街道。2014年，实施民生工程，不断繁荣群众文化，文化基础设施得到较大改善。先后获"全国文化先进县（市）""全国文化工作先进集体""安徽省扫黄打非先进集体""安徽省首批公共文化服务体系示范区"等称号。

公共文化服务。2014年先后举办一年一度的"元宵节"系列文化活动(灯会、灯谜竞猜、乡镇龙狮队进城表演、文艺晚会)、安徽畲乡"三月三"歌会、"中国梦·劳动美"全市职工迎"五一"书画展活动。"百人百米少儿绘画"大赛、7月中旬，精心组织准备《畲酒红》《小苹果》2个广场舞赴宣城市参加"首届安徽省广场舞大赛宣城专场"的比赛；市文旅广新局与市音乐家协会联合主办"放飞梦想迎国庆，文化旅游创辉煌"及"迎国庆 共欢歌"两场文艺演出。组织开展宁国"小三线"探亲游文艺演出活动和"百对恋人登天池"、环青龙湖自行车大赛等系列活动。

宁国市新立皖南花鼓戏剧团“送戏进万村”巡回演出

群众文艺活动。组织文艺人才开展形式多样的文化艺术活动40余场。组建了500余人的文化辅导员大队，招募文化志愿者3500余人，在各社区、乡镇、村、企业创建群众文化辅导点。组织开展送文化下乡、节庆主题文艺演出等文化惠民活动，如："传承文化、礼仪宁国""群众大舞台""皖南花鼓戏大家唱"、送文化进军营、"送戏进万村""公共文化空中大讲堂"等。

群众文艺创作。创作舞蹈《青龙春韵》、歌舞《请到宁国畲乡来》、花鼓戏表演唱《文化乐园欢乐多》、小品《返乡》《乡村保洁员》、原创歌曲《繁星》和《相思眷》等一批具有宁国特色的文艺精品，对舞蹈《畲乡盘歌会》和《畲酒红》进行创新改编。在"美好安徽舞起来"首届安徽省广场舞大赛宣城专场中《畲酒红》获优秀奖和组织奖，《小苹果》获"三等奖"；《请到宁国畲乡来》在安徽省皖江八市群艺（原生态民歌）大赛中获银奖。

少儿读书活动。图书馆2014年1月16—20日举办迎新春"诵读中华经典·弘扬传统文化"的"才子杯"青少年经典诵读大赛；2月，举办"与孩子一起成长"家庭教育讲座；3月，市津南小学分批组织学生到图书馆开展社会实践活动；"世界读书日"暨"全民读书月"期间，开展系列主题读书活动。"六一"儿童节之际，开展为留守儿童送书活动。暑假期间，开展7项"大学生志愿讲座"及"文化共享工程电影放映"活动。

文化民生工程。2014年年底，完成6个乡镇、街道公共电子阅览室工程建设任务；送戏进万村演出103场，农村电影放映1275场（次），累计观看人数达25.3万人（次）。每个农家书屋更新报刊10余种。以局域网站为平台，设立民生工程专栏，刊发民生工程相关信息50余条。

文化遗产保护。2014年，"宁国龙窑制陶技艺"项目被列入省级非物质文化遗产名录；"仙氏中医正骨"被列入非物质文化遗产名录。仙霞清明粑制作传承人罗美兰、宁国市龙窑制陶技艺传承人顾云尚为宣城市非遗代表性传承人。对吴越古道、山门洞摩崖石刻等文物资源加以开发利用和保护。全年编制相关文物保护规划5个。县级文保单位"万年台"、省级物保单位"周氏祠堂"维修方案已经完成；国家级文保单位"仙人塔"维修方案已通过国家审批；第一次可移动文物普查近1万件。

文化市场管理。全年出动执法人员6837人次，检查文化旅游经营户2379家次，出动执法车辆1710台次，受理举报4起，办结4起，办理案件22起。向公安部门移交案件1起。收缴光盘99张、出版物380本、电子游戏机96台。《宁国市育才书店发行非法出版物案》执法案卷被省新闻出版局（版权局）评为2013—2014年度优秀案卷。销毁违法音像制品2584余盘（张）、盗版书报刊3034余本、赌博游戏机109台、集成设备130套，其他伪劣商品1265件；联合公安、市场监管开展校园周边环境整治及取缔地面卫星接收设施专项行动。

宁国风光

郎溪县

【文化概览】郎溪县面积1105平方千米,人口34.5万,辖7个镇、2个乡,设2个省级开发区。现有国家级重点文物保护单位2处、省级7处,有国家级非物质文化遗产1项、省级5项。

文化服务设施。全县有县文化馆、图书馆、博物馆、9个乡镇文广站及覆盖全县的107个农家书屋、93个文化信息共享工程村基层服务点,全部对外免费开放。建成11个农民文化乐园,其中2个为省级试点。启动村级基本公共文化服务标准化建设。

文化服务形式。2014年免费送文艺演出142场,送电影下乡1200余场;举办文化活动600余场次、体育活动726场;赠送书籍12000余册、开展培训讲座展览近600场,为农家书屋更新图书11984册。

文化服务品牌特色。举办2014"郎溪之春"暨第四届郎溪合唱节颁奖晚会、2014新春广场文艺演出、第五届郎溪合唱节暨文艺调演活动。县参赛作品《打夯歌》《回娘家》获省"群星奖"音乐类节目三等奖,山东快书《老张家的砖》获"群星奖"曲艺类节目三等奖。少儿舞蹈《为我鼓掌》获2014年全省"六一"少儿文艺调演三等奖。全年开办基层群众文化辅导员培训班30余期,文艺创作、非遗、文物普查、市场执法等各类培训近30期,全县文化干部集中培训2期。

广播电视事业。广播电视台全年共播出广播电视新闻5500多件,专题96期;在省级媒体发稿20件,市级媒体发稿312条。完成城区内的有线数字电视的整体转换,农村广播电视全覆盖工程全力推进。

读书活动。开展知识产权宣传周活动,督促企业做好正版软件的采购更换。开展首届全县"书香之家"推荐评选活动,有5个家庭获全省"书香之家"称号,举办全县农家书屋有奖读书征文活动。

文化遗产保护。第一次全国可移动文物普查工作稳步推进。国保单位鸦山古道保护规划得到国家文物局批准,完成省保单位明代城墙局部维修工作。侯村祠堂维修工作正在进行。参加市首届三月三敬亭山传统民俗文化旅游月系列活动。郎溪县傩舞(跳五猖)成功入选第四批国家级非物质文化遗产项目名录,填补县非遗无国家级项目的空白。

文化市场管理。开展电子游戏娱乐场所、网吧、校园周边环境、中小印刷企业的整治工作;对庙会、春季商品交流会实施有效的监管;充分发挥乡镇文广站作用,做到文化市场监管"守土有责"。认真开展"净网""清源""秋风"扫黄打非专项整治行动,着力打造绿色文化环境。县局被评为2014年全省"扫黄打非"先进集体。

文化产业。围绕文化强县战略,发展文化产业,2014年10月底引进投资1.2亿元的宣石砚文化产业并落户梅渚大梁工业园,项目已投入建设,为县文化产业的创新发展奠定坚实基础。

【郎溪县获首批省级公共文化服务体系示范区创建资格】2014年6月,获首批创建省级公共文化服务体系建设示范区资格。2014年7月,出台《郎溪县创建省级公共文化服务体系示范区规划(2014—2016年)》,将公共文化服务体系建设纳入县国民经济和社会发展总体规划,为推动公共文化服务体系建设提供了强有力的支撑和保障。

【"中国民间文化艺术之乡"——郎溪县梅渚镇】梅渚镇深受吴楚文化的影响,民间表演艺术和传统工艺丰富多彩,其中尤以最具代表性的跳五猖、降福会、目连戏和皖南花鼓戏四种民间表演艺术传承至今。2010年,小马灯、大小锣鼓入选安徽省非物质文化遗产名录,2014年,跳五猖入选国家级非物质文化遗产名录;2008年11月,国家文化部命名梅渚镇为"中国民间文化艺术之乡";2010年7月,梅渚镇被安徽省人民政府命名为"历史文化名镇"。

郎溪县梅渚镇民俗大戏"跳五猖"表演

泾　县

【文化概览】泾县面积2054平方千米，人口35.67万，辖9个镇、2个乡，是著名的“中国宣纸之乡”“中国宣笔之乡”和“中国木梳之乡”，是新四军军部、中共中央东南局旧址所在地及震惊中外的“皖南事变”发生地。现有重点文物保护单位国家级5处、省级10处、县级37处，其他文物789处。有人类非物质文化遗产项目1个(宣纸制作技艺)、国家级项目1个(宣笔制作技艺)、省级非遗项目5个。有“非遗”专题博物馆1个(中国宣纸博物馆)，有“非遗”项目代表性传承人国家级2人、省级9人。

2014年，全县文化建设投入资金近3000万元，主要用于各类文化遗产保护、11个乡镇综合文化站建设、4个纪念馆及县图书馆、县文化馆、132个行政村文化信息资源共享工程村级服务点、农村文艺演出、农家书屋运行维护、农村电影放映、农村体育活动等。

文化下乡。2014年，先后举办“泾县首届乡村公路自行车邀请赛”“2014中国·桃花潭龙舟赛”“泾川风”送文化下乡走进月亮湾、“送戏进百村”走进桃花潭专场演出等。各业务群文团体也坚持面向基层，开展送文化进村组社区、到敬老院、军营慰问演出等活动。

创建“中华诗词之乡”。依托阵地建设，发挥优势，举办各种各样的创建“中华诗词之乡”的主题活动。建诗墙、辟诗栏、学诗联、创诗作、办诗刊，使全县创建“中华诗词之乡”工作开展得有声有色。

书画交流。中国国家画院杨晓阳、范扬工作室作品展先后在泾县启幕。萱艺美术馆、泾县泉鑫美术馆先后开馆。第二届“豫皖情”纸墨艺术精品展泾县专场隆重举行。举办首届“泾城杯”少儿书画艺术大奖赛、“印象皖南、纸在泾县”——泾县书画院成立三十周年书画展。

群众文化活动。全县现有10多支业余群众文艺队伍，自编自演、自娱自乐，活跃在广场、街头和农民文化乐园。主要有各乡镇的广场舞队、龙舟队、舞龙队等。

文艺创作。实施“泾川风”原创精品传承工程，汇集12首原创歌曲制作光盘《桃花潭》；精心创作黄梅小戏《洁如宣纸》参加安徽省小戏折子戏调演，少儿舞蹈《蚌精灵》代表宣城市参加全省少儿文艺调演获三等奖。举办全县文艺骨干培训班。

文化民生工程。县图书馆、文化馆、11个乡镇综合文化站和农家书屋以及云岭新四军军部旧址纪念馆、王稼祥故居纪念馆、皖南事变纪念馆、“三吴”纪念馆全部对外免费开放。“送戏进百村”免费文艺演出132场，农村公益电影放映1560场次，农家书屋出版物按要求得到及时更新。实施省级农民文化乐园建设示范村(琴溪镇赤滩村)和10个美好乡村省级重点示范村文化乐园建设；县图书馆被评为“国家二级图书馆”并建立蔡村分馆，开展图书漂流和第三届儿童读物交换集市活动；完成农村老放映员身份工龄认定和补助发放工作。

文物保护。开展全国第一次可移动文物普查，认定国有单位收藏文物180余件。编制王稼祥故居、水西双塔、吴组缃故居、宣纸古槽遗址、茂林柒房等文保单位保护方案。完成翟氏宗祠、张氏宗祠等一批省保、县保修缮和抢险加固维护工程。泾县花砖制作、宣纸制品加工、后山剪刀制作及榔桥木梳制作4项传统技艺入选安徽省第四批非遗名录。推荐第七批县保单位和第四批县级非遗名录。

文化产业。中国宣纸股份有限公司入选十大最具影响力国家文化产业示范基地和2014年度省重点扶持的文化改革发展示范企业；丁家桥镇宣纸书画纸产业园成功入选省委宣传部2014年度“四个一”文化品牌项目，泾县创建的“安徽省优质宣纸、书画纸生产示范区”获得省质监局批准，中国宣纸股份有限公司、安徽常春纸业有限公司、安徽桃花潭文化发展有限公司成功入选宣城市十大优秀文化企业。总投资1.5亿元的桃花潭白酒文化园项目年内开工建设。中国

2014中国·桃花潭龙舟赛

宣笔文化园、大桃花潭景区、查济景区等文化产业项目进展顺利。

文化市场监管。开展重大节假日期间公共娱乐聚集场所的消防安全检查,对经营业主开展消防安全知识培训及消防安全演练,确保文化市场安全。扎实开展“秋风”“清源”“净网”“剑网”等“扫黄打非”专项行动。完成省文化市场技术监管与服务平台上线应用工作。全年共出动检查4362人次,检查经营单位1454家次,行政处罚4家违规经营单位。

【泾县举办群众文化活动周】2014年泾县“共享改革成果、共建美好泾县”群众文化活动周于2月12—16日成功举办。活动内容包括“情暖泾川”泾县首届道德模范颁奖暨2014群众文化活动周启动仪式、文艺调演、美好乡村广场舞大赛、全民读书月、正月十五猜灯谜闹元宵等系列活动。群众文化活动周系列活动动员全县人民关心、支持、参与道德建设,推动全社会形成知荣辱、讲正气、树新风、促和谐的良好社会风尚。

绩溪县

【文化概况】绩溪县面积1126平方千米,人口18万,辖11个乡镇。是国家生态县、国家历史文化名城、中国徽菜之乡、中国厨师之乡、中国徽墨之乡、徽州文化生态保护实验区、省级文明县城。现有国家级自然保护区1处、5A级景区1处、4A级景区4处、3A级景区4处、省级风景名胜区1处、国家级重点保护文物单位4处、省级13处。徽墨制作、手龙舞列入国家级非遗名录,徽剧、徽菜、秋千抬阁等14项列入省级名录,另有43项列入市级名录,有国家级非遗传习基地1家、省级3家、徽州文保区4家;有国家级非遗代表性传承人1人、省级非遗代表性传承人23人。

文化事业和文化产业。2014年,胡开文墨业有限公司入选年度安徽省“四个一”项目,皖南海峰印刷包装有限公司等3家企业成功入选安徽民营文化企业100强,并入选宣城市市级优秀文化企业;上庄徽文化产业园、绩溪县劳模徽菜文化园成功入选首批宣城市级文化产业园区(基地),程慕斌、王明亮等5人获宣城市首批宣传文化领域拔尖人才称号;绩溪县龙川旅游开发(二期)等6个文化产业项目列入省“861”项目。完成3个农民文化乐园建设村和4个启动村的建设任务。举办梅干岭及“辰星杯”秀美上庄全国摄影大赛,家朋乡获“安徽省摄影家协会创作基地”称号。手龙舞晋升为第四批国家级非遗保护名录,徽州三雕、徽州墙头画、髹漆技艺3项非遗成功晋升为省级保护名录。

文化惠民活动。举办元宵节、油菜花节、徽剧童子班汇演、安苗节等系列民俗表演及“梨园情”戏曲演唱会、徽山情欢乐舞台演出、全县小戏小品创作大赛、广场舞大赛、国庆重阳节等各类群众性文化活动70余场次,受惠群众15万人次。实施“三下乡”“文化乐园文艺巡演”“书画笔会基层行”志愿服务品牌活动,农村放映电影912场,送戏下乡76场。县文化馆、图书馆免费举办培训班39期,培训学员3000余人。博物馆接待5万人次。

精神文明建设。持续开展龙川文明大讲堂活动,发动干部职工参加“我知道、我践行社会主义核心价值观知识竞赛”,组织开展“城乡居民文明行为规范”大讨论。广泛开展绩溪好人评选表彰工作,涌现出冯福州、胡孝明、申士珍等一批“中国好人”“安徽好人”先进典型;表彰并广泛宣传最美人物,举办“道德之光 感动绩溪”第二届道德模范颁奖晚会、年度“绩溪好人”“最佳山城美容师”“最美家庭、最美婆婆、最美媳妇”表彰会议,将身边好人故事创作成黄梅戏进行巡回演出;落实关爱帮扶好人机制,开展省市级文明单位结对慰问困难好人活动;组织道德模范、“绩溪好人”、志愿服务标兵参加齐云山幸福之旅。2014年12月,绩溪县被

绩溪县安苗节

省文明委授予第一届安徽省文明县称号。

文明村镇建设。以"三线三边"城乡环境治理为主要内容的文明村镇创建活动扎实开展，遵纪守法、诚实守信、尊老爱幼、夫妻和睦、勤俭持家文明乡风逐渐浓厚。2014年12月，华阳镇被推荐为第四届全国文明村镇，华阳镇、上庄镇、临溪镇被省文明委授予第三届安徽省文明村镇，华阳镇五龙社区、凤灵社区被授予第四届省级文明社区，瀛洲镇仁里村被授予第三届安徽省创建文明村镇工作先进村镇。长安镇等8个乡镇、郎坑等16个村(社区)、申士珍等61户被县委、县政府授予县级文明乡镇、文明村(社区)和十星文明户。

【手龙舞跻身国家级非遗保护名录】2014年，绩溪县手龙舞入选文化部第四批国家级非物质文化遗产名录。手龙舞流传于绩溪县部分村落并多次参加省、市、县展演，获全省民间舞蹈大赛二等奖。绩溪县为传承手龙舞，先后组建手龙舞舞蹈队，开设传习基地，培养手龙舞传承人。

【央视大型纪录片《记住乡愁》走进绩溪仁里】2014年12月14—24日，中央电视台大型纪录片《记住乡愁》摄制组走进绩溪县千年古村仁里进行采访拍摄。摄制组以"本分"为主题线索，通过深入挖掘老百姓身边的一个个生活化的故事，对这个村落的历史、文化传承、民风民俗进行提炼拍摄。

【村级文化博物馆宅坦博物馆开馆】2014年6月13日，全省首家村级文化博物馆绩溪县宅坦博物馆(又名皖南古村落文化博物馆以下简称"宅坦博物馆")正式揭牌开馆。宅坦博物馆位于宅坦村东原龙井胡氏宗祠的旧址，2012年10月动工，2014年3月布展，建筑面积1728平方米。博物馆由典型的徽派建筑风格的接待大厅、廊庑和两幢展楼组成，设"水墨人家""龙井英华""茅屋书声""姓氏记忆""瀚海拾珍""千古沟洫""徽州骆驼"、"民俗风俗"及"今日龙井"9大板块共10个展厅(展廊)。宅坦博物馆陈列着宅坦村自明代嘉靖以来，迄今连绵400多年的宗族、村务文献资料1800多件。

旌德县

【文化概况】旌德县面积904.8平方千米，人口15.2万，辖2个乡、8个镇。现有国保单位2处、省保单位3处，有省级非物质文化遗产2项、市级8项。素有"绿色旌德，徽州粮仓""中国灵芝之乡""中国宣砚之乡""安徽民间文化艺术之乡"之称。

2014年，全县文化事业和文化产业发展迅速，文化产业总产值2.17亿元，比上年增长61.9%。

公共文化建设。全年投入1830万元，完善县域公共文化服务体系建设。先后对国保单位旌德文庙及江村古建筑群茂承堂、老街古民居单体进行维修，对省保单位朱旺村古村落垂裕堂单体进行维修，对县保单位革命烈士梅大梁故居进行维修；建设16个农民文化乐园。全县公共文化馆、图书馆、乡镇公共文化站全部实行免费开放。

文化民生工程。2014年，为126个20户以下已通电自然村安装有线电视239户，安装直播卫星接收设备1678套(户)；建成高山无线广播电视节目发射台(站)；和部分少儿阅览室。

【举办梓山大舞台——灵芝广场文艺活动】为繁荣本土文艺节目的创作和演出，丰富群众精神文化生活，通过每月由乡镇、县直有关单位举办一场群众性广场文化活动，丰富广场文化活动内容，提升广场文化活动档次，达到"月月有交流，年年有突破"的效果。现梓山大舞台已逐步办成旌德县的城市文化品牌、群众文化生活的重要载体、各种文化活动交流的平台，实现锻炼基层文化队伍、展示特色文化品牌、丰富城市文化内涵的目的。

旌德县梓山大舞台

【旌德县被评为中国宣砚之乡】2014年5月7—9日，中国文房四宝协会会长郭海棠一行9人到旌德县开展申报中国宣砚之乡评审工作。评审组专程到白地镇宣砚文化有限公司实地考察，参观宣砚制作车间的工艺流程，听取雕刻车间艺人的汇报，实地察看砚石开采情况。经过评审，6月19日，中国文房四宝协会命名旌德县为中国宣砚之乡。

【旌德县被评为安徽民间文化艺术之乡】2014年6月13日，首届旌德民俗民风展演隆重举行，失传多年的采茶舞、欢喜迎亲、祥狮献瑞、京鼓闹山城、安苗祈丰收、挑花篮、剪纸龙等民俗文化又展现在舞台上。非物质文化遗产保护成绩斐然，“古法油烟制墨技艺”“旌德漆画”入选省级非遗；传统舞蹈——“舞龙狮”、传统技艺——“绿茶（天山真香）制作技艺”“三溪竹编技艺”“棕编技艺”“宣砚制作技艺”“传统印泥制作技艺”、民俗——哭嫁婚俗、“打棍求雨”等8项入选市级非物质文化遗产保护名录。9月16日，旌德县被省文化厅命名为2014—2016年安徽民间文化艺术之乡。

宿 松 县

【文化概览】宿松县位于安徽省西南部、长江中下游北岸、大别山南麓。西北与湖北省黄梅县、蕲春县毗邻，南与江西省湖口县、彭泽县隔江相望，辖22个乡镇，是国家文化部命名的“中国民间文化艺术之乡”和中国诗歌学会命名的“中国诗歌之乡”。宿松为古松兹候国，汉文帝十六年（公元前164）建县。现有国家级森林公园1处、国家级重点文物保护单位1处、省级重点文物保护单位5处。宿松县是黄梅戏的发源地之一，被誉为“戏曲古化石”的文南词被列为国家级非物质文化遗产，断丝弦锣鼓和小孤山传说为省级非物质文化遗产。“诗意山水，魅力宿松”是宿松的城市名片，是宿松自然、生态、人文、历史浓缩的精华，是宿松最具体、最直接、最现实的品牌。

2014年，全县文化事业和文化产业发展迅速，全年文化产业增加值6.28亿元。

公共文化和文化民生工程建设。全县191家农家书屋工程建设任务全面完成，实现全县每个乡镇有综合文化站，每个行政村和部分自然村有农家书屋。全年专业文艺院团共完成送戏下乡80余场，观众达18万人次；完成戏剧进广场进社区演出12场次，观众达1万人次；送电影下乡2280余场，送图书下乡2500册。广电“村村通”工程建设已按时序进度完成本年度418个20户以下已通电自然村建设任务，部分乡镇正在进行有线网络双向化改造。编制《宿松县数字直播与互动电视系统工程技术方案书》，已经建成电视数字化平台并投入运行。发射台基础设施建设给排水改造、铁塔维护及防雷设施改造、供电线路改造等工程已完工，为全国高山无线发射台站基础设施建设工作会议提供了观摩现场。制定《宿松县农村文化信息化建设工程广电综合数据网建设方案》，完成11个乡镇公共电子阅览室建设任务，县级重点工程县文化影视中心工程已完工。县农村区域文化服务创新与示范项目被国家文化部列为国家文化创新工程项目。2014年是项目实施的第二年，各文化区域中心按照计划开展活

宿松县首届道德模范人物评选暨“寻找最美宿松人”活动

动，“寻找最美宿松人”系列活动、东乡泊湖区域“龙舟赛”活动、戏曲文艺展演活动等，充分显示文化创新的生机活力。这一文化创新项目，也被评为2014年全省宣传思想工作创新案例。同时，百姓明星送欢乐群众活动也在全县深入开展，满足了群众的精神文化需求。

精神文明建设和文明城镇建设。以社会主义核心价值体系建设为主线，组织开展“宿松首届道德模范人物”评选和“寻找最美宿松人”活动，广泛开展“做文明有礼的宿松人”和“三关爱”志愿服务系列活动。建立“宿松好人榜”，不断挖掘、培育新的道德典型人物，通过榜样的力量在全县大力倡导“崇尚好人、孝义宿松”的价值取向，推进公民思想道德建设。建立未成年人思想道德建设长效工作机制，精心设计活动载体，通过组织中华经典诵读、优秀童谣征集传唱、读书演讲比赛等系列活动，把“奋发向上、崇德向善”主题活动引向深入，不断增强未成年人的思想道德素质。以争创省级文明县城为目标，着力在推动社会和谐文明进步、满足群众精神文化需求、提高公民思想道德素质上下功夫。建立县城管理秩序和市容环境集中整治常态化工作机制，打牢创建省级文明县城基础；以美好乡村建设为抓手，继续实施城乡清洁工程和村庄整治活动，基本建立比较完善的垃圾收集、转运体系，全面提升环境质量和管理水平，营造整洁优美、健康和谐的城乡环境，提升城乡文明程度。

【农村区域文化中心建设模式创新与示范项目获批立项】由宿松县文广新局承担的国家文化创新工程重点项目《农村区域文化中心建设模式创新与示范》，获得文化部批准立项，成为首批国家文化创新工程重点项目之一。该项目主要任务是：以示范区建设为平台，将分散在不同乡镇的公共文化服务资源有效整合，实现基层公共文化服务资源的共建共享，形成综合、系统、运行有效的公共文化服务网络，体现便民惠民，提高整体服务能力，发挥综合效益。项目的实施，走出了一条农村区域文化联动互动、共建共享共荣的新路，为创建农村公共文化服务体系，提升公共文化服务水平积累了经验，为新时期进一步加强农村文化建设提供了有益借鉴。

广德县

【文化概况】广德县地处皖苏浙3个省、8个县（市）交界处，是安徽省两个省直管县改革试点之一。广德区位优势明显，东临杭嘉湖，北倚苏锡常，是全省唯一与苏浙两省毗邻的县份，318国道、申苏浙皖高速、宣杭铁路和3条省道贯穿全境。生态环境优良，有万亩竹海、千顷卢湖和“天下四绝”之一的国家风景名胜区太极洞，是辐射江南数千里的祠山文化发源地，是中国最佳休闲旅游县、中国生态旅游百强县。物产资源富饶，是国家首批命名的“中国竹子之乡”“中国板栗之乡”，拥有竹林60万公顷，毛竹蓄积量居安徽省第一位、全国第六位。

公共文化投入。争创省级公共文化服务体系示范区，启动县文化中心和文化综合体建设，加强公共文化场馆和乡镇综合文化站、农民文化乐园建设。投资4.5亿元，建筑面积81150平方米的“五馆一院”工程实施，投资480万元建设的笄罩山广播电视无线发射塔全面竣工。建成农民文化乐园1个。

非物质文化遗产保护。加强非物质文化遗产保护与传承，《广德民歌》《明德竹扇》《皖南根雕》3个非物质文化遗产项目列入第四批省级非物质文化遗产名录。《皖南根雕》获批省第二批非物质文化遗产传习基地。制作《广德民歌》首辑光盘，编辑出版广德县非遗丛书《广德遗风》和《广德皖南花鼓戏曲谱集》。公布首批县级非遗名录项目传承人，1人入选省级非遗名录项目传承人。举办《镌石印痕——环太湖历史碑刻拓片精粹展》，展出环太湖领域不同朝代名人碑刻拓片及现代名人书法作品93幅。

文艺创作。2014年1月22日，县文化馆选送的少儿舞蹈《竹林深处是我家》，获得第十届全国校园春晚金奖；7月21日，少儿舞蹈《小马驹》在全省少儿舞蹈大赛上获得一等奖；10月13日，歌手解本康演唱的原创歌曲《故乡怀上》获得安徽省群星奖音乐类二等奖；12月18日，县文化馆龙琴参加中央电视台戏曲频道《一鸣惊人》栏目黄梅戏名家名票组团赛，在来自全国200多名选手中，夺得银奖。11月，在合肥安徽画廊举办《2014 安徽省广德县中国画作品展览》，展示广德美术创作成果。

群众文化活动。发挥群众文化主阵地作用，举办各类群众文化活动。2014 年 1 月 17 日，由广德县本土演员自编自演的广德首届春节联欢晚会成功举办，拉开全年群众文化活动的序幕。举办全县广场舞大赛，“欢乐竹乡行”“环东亭山地自行车赛”等活动形成品牌，笄山竹海登山节被评为“安徽省全民健身品牌活动”。加强周边毗邻地区群众文化交流，开展“文化走亲”活动；组织文艺爱好者参加苏、浙、皖 3 个省、4 个县毗邻地区广场舞交流、戏曲联谊、书画联展等活动，促进毗邻地区间群文艺术交流。全年举办文艺演出和书画美术摄影展览 200 余场。

精神文明建设。开展“寻找最美广德人”活动，设立身边好人榜，编印《广德好人志》，开通安徽好人馆网上广德分馆，开展年度人物评选表彰。入选“宣城好人”“安徽好人”“中国好人”及候选人 30 人、“全国乡村好青年”1 人、感动宣城“十佳人物”1 人。桃州镇山关村大学生村官卢志龙当选 2014 年度“心动安徽·最美人物”。

文明城镇建设。利用《文明手册》《一封信》《责任书》等方式，上门入户宣传，教育引导广大群众参与和支持环境治理工作，养成良好卫生习惯、文明习惯。设立各类宣传(广告)牌 500 多块，发放各类宣传资料 1 万多份。“三线三边”环境治理工作得到省委、省政府和省文明委的高度关注和充分肯定，省委书记张宝顺，省委副书记李锦斌，省委常委、宣传部部长曹征海等省领导到广德视察指导。创成第三届省级文明县城、首届宣城市文明县。卢村乡、桃州镇获评全国文明村镇，广德中学被评为全国文明单位。获评省级文明村镇 2 个、先进村镇 1 个、文明社区 3 个，文明单位 9 个；获评市级文明村镇 3 个，文明村(社区)40 个，文明单位 27 个。

【“乡村好人”评选做法入选全国“培育和践行社会主义核心价值观百家经验”】 2014 年以来，广德县按照省委宣传部“践行核心价值、打造好人安徽”活动部署，以“寻找最美广德人”活动为载体，坚持“组织推荐、群众举荐、个人自荐”相结合，自下而上办好“五个会”，层层推评“乡村好人”。一是办好“农家好人故事会”，推评村民组好人；二是办好“村级道德评议会”，推评村(社区)好人；三是办好“乡镇好人访谈会”，推评乡镇好人；四是办好“身边好人表彰会”，设立身边好人榜；五是办好“先进事迹报告会”，传递好人正能量，并围绕身边好人评选工作，逐步建立起“找、评、赞、学、帮”系列活动机制，有力推动基层党员群众践行社会主义核心价值观。“乡村好人”评选做法在全省推广，入选全国“培育和践行社会主义核心价值观百家经验”，2014 年 11 月 13 日在中央电视台新闻频道作专题报道，在《光明日报》作要闻报道。

广德环东亭山地自行车赛

【“皖南朝晖竹木雕刻文化园”被评为全省第二批非遗传习基地】 “皖南朝晖竹木雕刻文化园”坐落于县城之东，占地 8 亩，建筑面积 3000 多平方米。该园由省级工艺美术大师靳朝晖自筹资金建设，作为公益项目免费对外开放，年接待参观者十多万人次。园内主要由“皖南朝晖竹木雕刻博物馆”“安徽省皖南根雕非物质文化遗产传习基地工作室”“大师工作室”“竹木文化艺术交流中心”等 4 个版块组成。2014 年，省委书记张宝顺，省委常委、宣传部部长曹征海曾先后到“皖南朝晖竹木雕刻文化园”参观指导，把竹木根雕比作“化腐朽为神奇”的艺术，对传承竹木雕刻工艺、培养文化传人、发扬光大根雕艺术提出要求。“皖南朝晖竹木雕刻文化园”曾先后被评为全省“第二批非物质文化遗产传习基地”，入选“安徽省第四批非物质文化遗产名录”，该园创始人靳朝晖被评为“安徽省第五批省级非物质文化遗产项目代表性传承人”“安徽省第三届工艺美术大师”“宣城市宣传文化领域拔尖人才”。

大事記

□2014 年安徽文化大事记

2014年安徽文化大事记

1月

7日 副省长谢广祥深入池州青阳县庙前镇、贵池区殷汇镇等乡镇，调研综合性文化服务中心建设并主持召开座谈会，强调要整合资源，提高基层文化服务能力。

10日 全省首个农民文化乐园在金寨正式开园。

15日 全省"扫黄打非"工作会议在合肥市召开。省委常委、宣传部部长曹征海出席会议并讲话，副省长谢广祥主持会议。

26日 省级农民文化乐园试点范围扩至100个，新增80个，覆盖16个市。

28日 池州获"中国人居环境奖"，成为继黄山后全省第二个获此奖项的城市。

2月

21日 安徽艺术团完成赴泰访演，推动了中泰"一家亲"友好情谊，较好地传播了安徽文化。

24日 《光明日报》"中央媒体看安徽"以"凡有井水处，尽皆唱黄梅"为题报道安徽省大力繁荣发展地方黄梅戏。

25日 安徽省社科奖励大会在合肥市召开，会上宣读省政府关于2013年度安徽省科学技术奖励决定，省委书记张宝顺为重大科技成就奖获得者侯建国、胡承霖颁奖。

3月

1—3日 省委常委、宣传部部长曹征海到池州、安庆两市调研基层公共文化服务体系建设。

5日 皖南国际文化旅游示范区获批建设。经国务院同意，国家发改委正式批复《皖南国际文化旅游示范区建设发展规划纲要》。示范区范围包括黄山、池州、宣城、马鞍山、芜湖、铜陵、安庆等7个市，共47个县(市、区)，黄山、池州以及宣城和安庆的部分县为其核心区。

9日 中共中央总书记、国家主席、中央军委主席习近平参加十二届全国人大二次会议安徽代表团对《政府工作报告》的审议，提出各级领导干部都要树立和发扬好的作风，既严以修身、严以用权、严以律己，又谋事要实、创业要实、做人要实。

11日 泾县桃花潭镇、歙县雄村乡雄村等10个镇村（其中镇3个、村7个)新晋第六批中国历史文化名镇名村榜单。至此，全省中国历史文化名镇名村总数增至27个。

23日 唐代文物佛塔回乡、欧豪年美术馆开馆、孙多慈艺术展开幕仪式等3项皖台文化活动在安徽博物院举行。省委书记张宝顺、中国国民党荣誉主席吴伯雄分别致辞，并共同为活动揭幕。中国国民党中评会主席团主席、中山学术文化基金会董事长许水德，海协会原会长陈云林、副会长孙亚夫，省委常委、省委秘书长唐承沛，省委常委、省委宣传部部长曹征海，天津市政协副主席黎昌晋和台湾参访团一行出席活动。副省长花建慧主持开幕式。

25—27日 中共中央政治局常委、中央书记处书记刘云山到安徽调研。刘云山深入到农村、社区、企业和文化单位，听取基层干部群众对党建工作的意见。

26日 记录50年前中法建交珍贵史料的《中法建交始末》(法文版)在巴黎中国文化中心首发。该书是国务院新闻办公室为中法建交50周年筹划推出的重点合作项目，由安徽出版集团与法国阿歇特出版集团合作出版发行。

27日 全国首家省级好人馆——安徽好人馆正式开馆。

31日 全省正式推出2014年文化产业重点招商项目327个，投资总额2958.13亿元，比上年分别增长8.64%和36.89%。

4月

2日 全省统筹投入财政资金6837万元"送戏进万村"，1.5万多个行政村受益。

11—12日 安徽地域文化论坛——2014亳文化研究座谈会召开。

11日 全省农民文化乐园建设试点工作推进会在金寨县召开，省委常委、宣传部部长曹征海讲话。中宣部文化体制改革和发展办公室、文化部公共文化司有关负责同志出席会议。

21日 从1952年即着手采集，历时长达半个多世纪收录剧目完成的《中国岳西高腔剧目集成》出版发行，这是岳西高腔史上第一部公开出版发行的剧目集成。全书共收录岳西高腔剧目140余种310余出(曲)，共计80余万字。

21日 大型交响乐《渡江·

1949》在肥首演。

23 日 “书香安徽阅读团”暨第五届省直机关读书月游园活动启动仪式在合肥市和平广场举行。

5月

6 日 全省文化体制改革工作会议在肥召开，传达贯彻中央和省委有关会议精神，研究部署深化文化体制改革工作。省委常委、宣传部部长曹征海，副省长谢广祥出席会议。会上向全省重点扶持的 10 个文化改革发展示范企业、11 个文化产业示范园区和民营文化企业 100 强代表授牌。

6 日 为期 1 个月的“中国徽文化”图片展亮相巴黎，展览通过 50 幅精美摄影作品向观众展现安徽民居、徽州古城生活、徽商文化以及安徽经济发展等方面的内容。

6—11 日 省委书记张宝顺率安徽经贸文化访问团考察台湾。

9 日 齐云山发现远古恐龙足迹群。

12 日 全国首批 25 个美丽乡村建设标准化试点项目名单公布，安徽省潜山县、淮北市烈山区、铜陵县上榜。

12 日 黄山学院承担的“徽州可计算文化态研究——以古民居测量为例”和铜陵市青铜时代雕塑公司承担的“基于多彩渗透热着色技术的彩铜工艺”入围文化部科技创新项目。至此，全省入围文化部科技创新项目总数达到 6 个。

13 日 省“最美家庭”“最美媳妇”“最美婆婆”颁奖典礼暨第六届家庭文化艺术节开幕式在肥举行。

15 日 安徽日报报业集团获“中国报业融合发展奖”。

17 日 国家级非物质文化遗产——砀山唢呐在美获“最佳音乐奖”。

21—25 日 全国政协副主席卢展工在皖就“城镇化进程中的传统文化保护与传承”进行专题调研。

22 日 “爱国、敬业、诚信、友善——全国道德模范与身边好人现场交流活动”在合肥市举行。

26 日 安徽省博物馆陈列展览联盟成立。

27—30 日 “联合国教科文组织名录遗产与可持续发展黄山对话会”在黄山召开，会议公布《黄山宣言》。

29 日 新编黄梅大戏《小乔初嫁》在京成功上演。中共中央政治局委员、中央书记处书记、中宣部部长刘奇葆观看演出。

6月

10 日 以“培育法律信仰，建设法治安徽”为主题的 2014 年“江淮普法行”活动启动仪式在肥举行。

12 日 省文明委追授为拯救坠楼学生而牺牲的天长市金集中学教师朱长海为“安徽好人”，并授予他“安徽最美教师”称号。

18 日 界首发现汉代古墓。

20 日 省委宣传部在合肥市召开文化与金融战略合作座谈会，省委常委、宣传部部长曹征海出席并讲话。

22 日 宁国市云梯畲族乡千秋村入选首批中国少数民族特色村。

27 日 第六届冰心散文奖揭晓。安徽作家许辉的散文集《和自己的淮河单独在一起》、许泽夫的散文集《牧人吟》、武稚的散文《江南古镇》榜上有名。

7月

1 日 安徽新媒体集团在肥挂牌成立，新版《安徽手机报》同时上线发行。

6 日 《黄梅戏》特种邮票首发式在安庆举行。

8 日 中国宣纸股份有限公司入选国家十大文化产业示范基地。至此，全省共有 8 家国家文化产业示范基地。

9 日 繁昌古窑出土陶瓷片。

11 日 省出版集团、新华发行集团、演艺集团、广电传媒集团与黄山市政府签署战略合作框架协议。省委常委、宣传部部长曹征海出席签约仪式。

21 日 省委书记张宝顺在肥会见台湾铭传大学校长李铨一行。

22 日 电影《决战小朱庄》在淮北开机。

23 日 中宣部表彰 17 名“见义勇为最美人物”，安徽省朱长海名列其中。

24 日 潜山木偶戏《程氏下书》获“首届全国木偶戏展演大赛”金奖。

25 日至 8 月 10 日 首届“澳门文化节”在肥举办。

8月

1 日 第二十四届全国图书交易博览会在贵阳市拉开帷幕，6000 余种皖版图书精彩亮相书博会。

8 日 省属文化企业集团与中国科学技术大学合作签约仪式在肥举行。

8—10 日 首届中国桃花潭诗会在泾县举办。

20—22 日 国家文物局局长励小捷到蚌埠、滁州、合肥、马鞍山等地调研文物保护工作，并召开安徽省文物工作汇报会。

22 日 第 15 届全国中学生国际象棋赛在西安落下帷幕，蚌埠获全国国际象棋赛初中组“大满贯”。

25 日 电影《邓小平在黄山》新闻发布会在京举行。

26 日 黄梅戏《徽州往事》亮相国家大剧院。

26—29 日 文化部党组副书

记、副部长杨志今一行在皖调研公共文化服务体系建设。

9月

2日 “庆祝新中国和人民政协成立65周年——皖豫书画精品联展”在肥开幕。

2日 全省“三线三边”环境治理工作调度会在金寨召开。省委常委、宣传部部长曹征海主持会议，省委副书记李锦斌出席会议并讲话。

4日 我国首部山文化纪录片《大黄山》荣获中国(青海)世界山地纪录片特别奖。

10日 学习《习近平总书记系列重要讲话读本》座谈会在合肥市召开，省委常委、宣传部部长曹征海出席会议并讲话。

10日 大别山艺术馆在金寨开馆，同时展出中国近代书画大师李可染、黄胄、董寿平等50位名家的近百幅艺术精品。

13日 安徽省8部作品获全国第十三届精神文明建设“五个一工程”奖，获奖数量并列全国第三。

16日 “海内外广播记者看安徽”大型采访活动启动仪式在肥举行。

19日 首届安徽文化惠民消费季拉开帷幕。

20日 第六届中国宿州灵璧石国际文化节开幕。

22—23日 《中国黄梅戏唱腔集萃》首发式暨黄梅戏音乐研讨会在肥举行。

26日 新闻出版广电总局3家科研院所入驻合肥基地。

27日 中国第六届大别山歌会在六安落幕。

10月

11日 全省外宣工作会议在合肥市召开。

12—13日 新编黄梅戏《小乔初嫁》晋京展演。

12—21日 安徽省第十三届运动会在安庆市举行。

16日 《走读合肥》文化系列丛书合肥首发。

18日 《淮南子传奇》获第27届中国电视金鹰奖优秀电视动画片奖。

19日 由中国出版集团、人民文学出版社、安徽省文联、安徽大学联合主办的“大自然文学国际研讨会”在合肥市举行。

19—20日 纪念戴震诞辰290周年暨戴震学术研讨会在黄山市举办。

22日 全省文艺工作座谈会在肥召开。

8日 皖文艺家王长安的《黄梅戏的昨天与今天》蝉联中国戏剧理论奖。

9日 全国院校美术大赛评审会在肥举行。

18日 中国竹文化节在黄山举行。

22日 第四届刘开渠奖国际雕塑大展亮相芜湖。本届雕塑大展延续上届“人文·生态”的主题，共收到全球47个国家和地区的581名艺术家的2205件雕塑作品方案，参与国家地区和作品征集数量上都超过了前三届。在最终参展的35件雕塑作品中，有中国艺术家作品28件、国外艺术家作品7件。

22—24日 中国体育文化旅游博览会在芜湖举办。

26日至12月10日 2014再芬黄梅合肥演出季开演，由安徽再芬黄梅艺术剧院精心打造的《寂寞汉卿》《春江月》《靠善升官》《五女拜寿》四部大戏连续演出12场。

28日 古徽州文化旅游区正式晋级5A级景区，至此，全省5A级景区达到8家。

11月

14日 第六届世界公园大会在澳大利亚悉尼召开，黄山风景区被列入首批全球最佳管理保护地“绿色名录”。

20日 全省美好乡村建设推进会在合肥市召开。

20日 省及合肥市文明创建工作通报会商推进会召开。省委常委、合肥市委书记吴存荣主次会议，省委常委、宣传部部长曹征海出席会议并讲话。

24—25日 中共安徽省九届十次全体(扩大)会议在合肥举行，会议审议通过了《中共安徽省委关于贯彻落实党的十八届四中全会精神全面推进依法治省的意见》。

12月

1—4日 第12届中国女子围棋公开赛在黄山举行。

3—7日 中央美院举办徽派技艺展。

5日 全省法治书画摄影优秀作品展在肥举行。

14日 黄山入选“全球百佳可持续目的地”名单。

16日 安徽省歙县的4个村落被列入第三批中国传统村落名录。

26日 中国文联党组书记、副主席赵实一行在合肥市调研文艺工作。

26—27日 安徽省文学艺术界联合会第六次代表大会在肥召开，选举产生新一届委员会委员和主席团主席、副主席，吴雪当选为主席，季宇被聘请为名誉主席。

29—30日 安徽省社会科学界联合会第七次代表大会在肥召开，省委常委、宣传部部长曹征海当选新一届省社科联主席。

调研報告

□合肥文化产业园区转型升级调研

□合肥市手工艺产业发展调查

□蚌埠市手工艺产业发展调查

□阜阳市手工艺产业发展调查

合肥文化产业园区转型升级调研

一、合肥市文化产业园区发展现状

2012年5月份，合肥市被评为首批“全国文化和科技融合示范基地”。截至2014年6月，合肥文化产业园区（基地）共有28个（见表1）。涵盖文化制造业、文化服务业等多个门类。其中，仅高新区内动漫企业80余家，占全市80%，初步形成了以五星东方、智明星通、完美世界等知名企业为龙头的动漫游戏创作、影视制作等产业链，涌现出一大批优秀文化作品如《永远的忠诚》(原名《沈浩》)、动画片《老子》《天天家园》等。安徽国家数字出版基地合肥园区目前占地330亩、总建筑面积59万平方米、项目总投资26.5亿元的一期工程全部建成，入驻各类企业250余家，入驻数字出版及相关企业70余家，从业人员1.1万人，数字出版及相关企业产值近60亿元。基地二期占地300亩、总建筑面积71万平方米的建设项目已于2012年4月开工，预计2014年8月份建成投入使用。(见表1)

二、合肥市文化产业园区转型发展的原因

尽管合肥市文化产业园区发展取得了一定成绩，但是，我们也应该清醒地看到，合肥文化产业园存在的问题是明显，园区发展处在初级阶段，影响着文化产业的发展，必须进行转型发展。

1. 文化产业园区定位雷同，规划缺乏特色。虽然合肥在重点文化产业园区、文化产业项目上大都进行了详细论证与规划，但在总体政策的推动下，不乏一部分地区对文化产业发展政策理解出现偏差，盲目上项目，片面做规划，一些文化产业园区定位重合，规划缺乏特色。项目重复建设暴露了各地关于文化产业园区发展规划的不足，将导致资源的分散与浪费，并可引发各园区间的恶性竞争。

2.文化产业园区“文化”核心不突出，存在“空壳”现象。在文化产业发展过程中，推动产业集聚、建立文化产业园区是一条有效路径，也是文化产业上档次、上水平的必由之路。文化产业园区以“文化”这一主导产业为龙头，可带动关联产业快速发展，充分发挥品牌优势、资源整合优势、产业链衔接优势等，促进文化消费市场加快成熟，可成为区域经济发展的重要增长点。但是我市某些文化产业园区处于对经济利益的追求，在“文化产业”的名头之下，利用国家、省市等的政策优惠，发展非文化产业。从实际情况看，有些部门的领导认为文化产业集聚区建设首要的是硬件，就是跑马圈地。导致一些文化园区定位不明，园区运营商只是利用政策求利，圈地进行房地产等所谓的硬件建设，然后把地卖掉、把房子出租等，最后导致园区有的成为了普通物业，有的成为了普通商业。众多的投机分子，借文化的名义，实为圈地。

3. 文化产业园区产业链不健全，产业集聚效应弱化。从合肥文化产业集聚区的发展情况来看，各文化产业园区和集聚区中，大部分都没有形成较为清晰的产业链，园区缺乏资源整合和上下游产业链协作，入驻企业产业集聚度低，同质化竞争严重。文化产业园区的产业集聚应和产业链构成，应以文化产品生产的内容型企业为主体，以其为核心进而形成集内容生产、技术研发、推广策划、中介服务等多产业为一体的产业链。如动漫、影视、演艺等产业中，内容创意、内容设计、技术制作、包装发行、衍伸产品开发等可构成一个有效的产业链。而很多是以生产型、技术型企业为主导，不具备文化内容开发的能力，因而难以形成有效的产业链衔接。许多开发商在利益的导向下，放宽门槛，允许一些非文化企业的入驻，产业链结构受到影响。

4.园区管理缺失，影响园区发展。由于现有各园区所处地理位置、行业类型及规模大小等方面均存在一定的差异性，加之政府对文化产业的扶植政策不完善，从而影响到各园区发展机会的不平等。另外，园区在发展中存在一定的短期行为，一些开发商主导型的文化产业园区迫于盈利的压力，放宽园区的进入门槛，允许一些非文化类企业进驻，这将导致园区内文化产业生态环境被破坏，影响了园区健康发展。

5.公共服务平台不完善，高端人才缺乏。通过调研发现，目前融资难是困扰文化企业发展的大问题。企业大多靠的是智力和创意，他们因为缺乏有效的实物抵押，而无法与金融机构合作并得到后者有效扶持。从法律保障方面来看，目前大部分园区针对文化产业知识产权保护的法规体系尚未建立。整个产业还处在初级发展阶段，盗版、侵权等问题时有发生。此外，包括信息、人才培训、技术支撑、推广展示等平台也不完备。文化产业是头脑产业，源自个人创意、技巧及才华。没有人才，文化产业发展也就将成为无源之水。高端人才是文化产业发展的前提和基础，但从合肥文化产业园区的发展现状来看，许多行业高端人才匮乏。

三、文化园区转型升级路径

与其他产业园区的发展模式

表 1:合肥市文化园区(基地)

国家级文化产业园区(基地)	文化厅系统省级文化产业园区(基地)
1.合肥市安美艺术中心	1.安徽万盛文化艺术传播有限公司(江淮大戏院)
2.合肥国家级文化和科技融合示范基地	2.合肥市安美艺术中心(国家级)
3.合肥国家级动漫和服务外包产业基地	3.合肥市元一时代广场
4.合肥国家广播电视科技创新试验基地	4.安徽华教文化教育品有限公司
	5.安徽阿里巴巴文化娱乐有限公司
省委宣传部系统省级文化园区(基地)	6.裕丰物业投资有限公司
1.合肥国家级文化和科技融合示范基地	7.安徽万盛文化艺术传播有限公司
2.安徽出版集团数字印刷文化产业园	8.安徽演艺院线有限公司
3.合肥万达文化旅游城	9.合肥汉源文化传播有限公司
4.合肥国家广播影视科技创新实验基地	10.合肥安达电子有限责任公司
5.安徽出版集团有限责任公司	11.合肥智明星通软件科技有限公司
6.安徽新华发行(集团)控股有限公司	12.安徽同人文化传播有限公司
7.安徽广电传媒产业集团有限责任公司	13.安徽卓诚文化传媒(集团)有限公司
8.安徽演艺集团有限责任公司	14.安徽星视窗广告传媒有限公司
9.安徽科大讯飞信息科技股份有限公司	15.合肥金诺数码科技股份有限公司

一样,合肥文化产业园区的早期发展也是采用土地招商模式,这种模式最大的特点就是成本优势。针对合肥文化产业园区数量的激增,产业定位同质化、产业招商盲目化、产业集聚效应不明显现象,必须由注重规模向注重质量、由粗放式发展向集约化发展转变的转型升级,做好“加减法”。

一是“做减法”。有研究表明,目前真正称得上是“文化产业集聚区”的园区不多,企业之间的关联度低,没有形成完整的产业链。因此,对于合肥文化产业园区来说,要进行产业整合,从园区实际情况出发,结合产业发展基础、条件和产业发展动向,对园区现有产业进行整理、优化、升级,确立园区的主导产业,围绕主导产业打造产业链经济。

二是“做加法”。如果说“做减法”是减掉不好的,那么“做加法”就是要加入好的。对于不同园区,由于其发展情况不同,“做加法”的方式也有所差异。总结起来有两点:一是助力现有企业特别是传统产业企业进行转型升级;二是文化相关产业融合发展,延伸和拓展产业链,构筑园区产业“微笑曲线”,提升园区产业链竞争力。产业融合发展也是文化产业园区产业结构升级的必然趋势,是园区产业经济发展的一种新特征。

四、合肥市文化产业园转型发展对策

应从园区规划定位、园区发展模式创新、产业链打造、园区服务平台建设、人才引进与培养等方面入手,不断推进合肥文化产业园区发展,实现我市文化产业的繁荣与腾飞。

1.加大调控的力度,控制文化产业园区的数量和规模

文化产业园区建设应当从实际出发,遵循创新竞争、产业集群规律和差异化错位化发展模式,统筹规划,科学布局,合理配置文化资源和产业分工。土地是园区建设和企业发展的基本要素。国家有关部门应按照有关法律和政策规定,严把土地供应关,根据各城市的实际情况合理安排文化产业用地规模,杜绝“轰轰烈烈圈地,冷冷清清开发”的行为。应对文化产业园区在规划设计、产业定位、产业规模、产业形态等方面设定准入门槛和入园标准,并公开认定的程序,努力杜绝借建设文化产业园区之名行“圈地运动”之实的现象发生。应加强土地清理工作,对多占地乱占地的现象予以整治,进一步提高城市用地效能。应鼓励建成区的文化企业通过盘活整合原有土地资源扩大厂房,对互补性强和关联度大的文化企业予以集中,促进园区产业布局优化,切实提高城市文化产业园区土地的集约使用效率。

2.深化基础要素分析,规划文化产业园区特色定位

发展文化产业园区应在深入分析地方基础资源,界定发展优势的基础上,突出特色、合理布局,避免一哄而上和同质化竞争。作为文化产业园区规划的主导者和监管者,各级政府部门应以本地的文化资源、设施资源、园区资源、政策支持措施等的现状出发,界定本地发展文化产业园区的优势与劣势,完善规划方案,以形成园区的特色优势。文化是在具体的社会背景下发展起来的,文化产业的创意和创新带有突出的地方特点。在文化产业园区的规划上,必须突出地方特色,关注地方市场,如我市各地的

旅游资源、地方戏曲、民俗工艺品等。各地文化产业园区的规划发展,必须根据创意文化产业的发展特性和当地具备的优势条件,科学定位,错位发展。

3. 创新文化产业园区发展模式,避免“空壳”园区

由于文化产业属于虚拟经济的范畴,其生产形式与物质产品生产存在一定差异,其对物理空间的要求相对较低。因而,文化产业园区的建设不能简单套用经济建设园区概念。文化产业园区的建设不能一味地追求建筑面积、投资规模等硬性指标,而应以文化产业特性的根本,突出园区经营的文化内容。动辄上亿元的文化产业园区,如果只见建筑、不见产业内容,那也不过是一个空壳。文化产业园区建设,必须以文化内容产业主导园区发展,突出主业和特色,形成良性集聚的发展路径。在明确文化内容产业主导的前提下,产业园区还应创新管理模式,探索适应文化产业特征的管理机制。目前,我市文化产业园的管理模式主要有政府管理机构直接运营、政府管理机构下设或委托企业运营两种方式。在具体运行机制的选择上,应根据不同园区的发展成熟程度灵活选择,政府监管、公共服务、市场运作相结合。在目前行政事业管理模式为主的基础上,逐步探索在政府部门监督和指导下,直接授权由企业负责开发运营的管理模式。

4.优化园区产业链建设,打造产业集聚竞争优势

建设文化产业园区的目的通过产业集聚,把文化、人才、技术、资金、政策、市场等资源系统地集聚在某一区域,并进行有效整合、优化配置,做大做强文化产业链条,形成集聚效应和规模效应,实现效益最大化。文化产业园区如果缺乏完整的产业链,就会出现同质产品相互竞争而导致经济效益下降等问题。因而,产业链的强化、完善是延伸文化产业园区实现集聚效应的根本。要建立系统产业产业链,文化产业园区应首先明确自身的发展定位、文化主题和主导业务内容,在园区企业引进中,使园区内各企业既分工又合作,避免无谓内耗和无序竞争。同时通过引进政策、扶植政策等明确园区的主导企业或主导企业群,以其为核心形成产品内容上、产品档次上、产业衔接上的完善产业链。如影视、动漫、音乐、传媒、出版等领域,可建立原始创意、内容生产、技术研发、实体产品生产、延伸产品开发、市场销售等系列产业链,形成强大的产业集群,从而实现创意产品的市场化和产业化。

5. 完善公共服务平台建设,加强政府公共服务

园区管理者充分认识相关配套服务对园区企业发展的重要性,建设完备的服务平台,具体包括咨询服务、中介服务、投融资服务、知识产权保护服务、培训服务、交流展示服务等平台。要把软环境建设放在发展文化产业园区的重要位置之上,牢固树立“转变职能、简化程序、提高效率、服务到位”的理念,进一步理顺园区管理体制,大力优化园区政策、体制、服务和人文环境,为入园企业提供高效、周到、便捷、舒适的服务。

6.重视人才培养,为产业发展提供智力支撑

政府一方面要秉承“不为所有,但为所用”的原则,用优惠政策吸引国内外优秀文化人才特别是高科技、复合型领军人物;另一方面建立在职人员培训机制,引导本地高等院校加快建设文化产业重点专业和学科,引导各类培训机构、实验基地与文化企业进行合作,有针对性地培养专门文化人才。同时,深化分配制度改革,完善人才激励机制,探索建立以知识产权、无形资产和技术要素等参与分配的新路径,营造有利于人才脱颖而出的良好氛围,为文化产业实现可持续发展提供强大的智力支持。

(执笔:张谋贵)

合肥市手工艺产业发展调查

一、合肥市手工艺产业发展沿革

合肥历史上曾为一商业都会。秦汉时期合肥置县后,民间商贸得到进一步发展。合肥凭借得天独厚的淝河黄金水道,南可经巢湖而达长江,北可溯瓦埠湖而抵淮河。此外,有可辐射四邻地区的陆路相佐,交通便捷,成为南北农副产品集散地。加之民间能工巧匠云集,手工业发达,使合肥逐渐形成繁荣的商业都会,成为全国16大商城之一。古代合肥处于“男耕女织”的自然经济环境之中,手工艺提供了大部分的社会所需和生活所需,手工艺品的使用几乎涉及社会的每一个层面,金、玉、漆、木、编扎等行业的技艺登峰造极。进入近代工业文明开始,和其他地方一样,合肥传统手工艺产业逐步被瓦解,地位和作用也大不如前,但传统手工艺和手工业并未消失。晚清和民国时期倡导实业救国的有识之士认识到传统手工艺的价值,他们发现当时的政府可以通过出口精致的传统手工艺品赚取外汇。这种情况一直延续到新中国成立之后。“新中国成立后,合肥全城手工业仅有

1145户，各业工匠计2934人。其中：铁匠铺97户、木匠铺85户、寿材铺40户、竹篾铺98户、缝纫铺84户、藤棕铺98户、皮坊20多户、革履铺50余户，包括铁、木、竹、被服、制鞋、牙刷、土烛、纸扎、翻沙、糖坊等41个自然行业。”“新中国成立前合肥手工业的各行各业都有行会的组织，如铁业的老君会，木业的鲁班会，缝纫、土沙业的轩辕会等。行会在特定的历史情况下，对手工业工人曾起过一些庇护作用，但由于其自身带有浓厚的迷信和守旧的色彩，且被本行业中的一些殷实大户所左右，而当时的行业工人没有真正代表自己切身利益的组织，手工业工人基于求温饱、求生存的反抗，都是自发性的进行斗争”。

20世纪50—60年代，合肥市传统手工艺经历了一个难得的复兴期。在各级政府部门的直接指导下，集体所有制代替了分散的个体作坊，一些与百姓生活密切相关的手工业也得到了快速的发展。到20世纪80年代初，合肥市传统手工业产业仍然在国民生产总值中占有相当份额，其中主要以三河羽毛扇、灯笼等手工艺产业为主。改革开放后，国家的经济体制改革和推进中小城镇建设的政策和目标最终必然会改变中国以农业社会为主体的格局，工业社会已经成为现实。传统手工艺已经从国民经济之必需，转换成了“文化遗产”，其产业发展也陷入了困境。随着现代技术的发展，一些传统的手工技艺受到前所未有的冲击，面临灭绝的境地。

二、合肥市手工艺产业现状

（一）手工艺产品种类

按照制作工艺和材料可以把手工艺分为11大类，分别为：民族工艺及其他制品、雕塑工艺（牙骨、木竹、玉石、泥、面等材料的雕、刻或塑）、抽纱刺绣工艺品（各类刺绣制品）、锻冶工艺（铜器、金银器、景泰蓝等）、烧造工艺（陶瓷、玻璃料器等）、木作工艺（家具等）、髹饰工艺（漆器等）、织染工艺（丝织、刺绣、印染等）、编扎工艺（竹、藤、棕、草等材料的编织扎制）、画绘工艺（年画、烫画、铁画、内画壶等）、剪刻工艺（剪纸、皮影等）。目前，合肥市手工艺产品主要有以下两类：一类是雕塑工艺，主要有玉雕、木雕、竹雕、根雕等。如徽州三雕，主要指具有徽派风格的木雕、石雕、砖雕三种传统雕刻工艺，历史悠久，技艺精湛，世代相传，具有完整的工艺流程，在海内外享有很高的声誉。另一类是编扎工艺，代表性的有三河羽毛扇、包河灯笼和槐林渔网，其中包河灯笼销售全国及东南亚，槐林渔网被称为中国渔网第一镇。

（二）企业数量与规模

截至2014年年底，合肥手工艺行业参与企业约900余家。其中规模以上企业90家，私营企业约720余家，约占总数的80%；集体和股份合作企业约180余家，约占总数的20%。规模较大的主要以渔网企业为主，现拥有各类渔网企业500余家，其中规模以上企业37家，年产值超亿元企业5家，35家企业拥有进出口自营权。2012年，省级渔网产业集群共实现工业总产值46.21亿元，销售收入45.75亿元，创利税5.33亿元；渔网渔具产品主要出口东南亚、欧洲、北美、非洲、俄罗斯等60个国家及地区，出口交货值14.11亿元。

总体上看，大多数企业规模较小，手工艺专业性不强，尤其是传统手工艺以个体散户经营为主，并未产业化开发。企业数量排在前面的是编扎工艺、雕塑工艺企业，而且以现代手工业为主。

（三）行业从业人员

截至2014年，统计到的合肥市全行业手工艺从业人员共约2.8万人左右，其中渔网编织从业人员2.3万人。绝大多数手工艺企业人数在30人以下。合肥市共有工艺美术研究机构10余所，职工200余人；合肥众多高校开设的设计、工艺美术等专业为合肥市手工业发展提供了一定的人才支撑。但总体来看，合肥市手工艺从业人员中中国工艺美术大师、省级工艺美术大师、高级工艺美术师、非物质文化传承人人数较少，约50余人。

（四）行业产值

2014年，合肥市手工艺产业完成工业总产值约50亿元，总产值较高的行业有：渔网编织、珠宝饰品，民族工艺品，金属工艺品，雕塑工艺品等。出口量最大的是编扎工艺（渔网编织）。

三、合肥手工艺产业发展现状及存在问题

市场经济活跃，人们需求增加，随着民间资本的活跃，金融融资难度降低，迎来了现代手工艺产品的创业潮，手工艺发展总体转好。针对传统手工艺，政府也采取了大力支持的态度，出台了相关政策，传统手工艺开始焕发新的生机。在调研中发现，产业部门和非物质遗产保护部门引导传统手工艺传承者通过遗产申报来保护和传承非物质文化遗产，期望获得政府在资金、人员培训、设备、市场等方面的支持。这种模式正在发挥积极的作用，促进了传统手工艺传承与发展。目前已形成省、市、县三级非物质文化遗产，据不完全统计目前合肥市共有省级非物质文化遗产9项、市级非物质文化遗产37项。例如在合肥成立的“中国传统手工艺徽州三雕示范基地”，已开展人才培训、产业开发、技术研发等工作。肥西县三河镇把羽扇业作为一项重点产业来扶持，专门成立工艺品研发中心，并积极创新经营模式，形成了“公司+农户+旅游”的产业组织形式，手工艺产品在当地的经济发展中占有重要地位。此类

方法有力地推动了手工艺品制作、生产、销售的发展,促进合肥市手工艺的发展。但与此同时,合肥市手工艺市场存在的问题也很突出。

(一)管理体制不健全,政府支持力度不够

1.管理体制混乱,缺乏行业间的合作机制。建国后传统手工艺产业归轻工业部门管理,后来政府机构改革,取消政府专门管理部门,在国家层面由中华全国手工业合作总社指导各地方手工艺合作社或行业协会对行业进行服务指导,但目前地方上并没有成立手工业合作社,只有零星的行业自发组织的行业协会。另外省非物质文化遗产保护中心负责非物质文化遗产的保护。可是,部分手工艺能够列入遗产目录,还有部分没有列入非遗目录。由于传统手工艺种类繁多,涉及的地区分散,地方行业协会协调组织力量薄弱,相应的行业管理制度、产品质量标准缺乏,没有形成管理、监督、执法机制。同时,由于政府部门任务繁重,对工业增长的关注多,对传统手工艺产业重视不够,对行业协会的支持力度不大,指导不到位,协会的作用得不到充分发挥。

由于整个行业没有明确统一的主管部门,导致整个行业与其他行业间的沟通联系很少,发展缺乏活力。例如:旅游工艺美术品的开发,应该与旅游部门协调联动,但是目前还是各自为政,相互沟通互助少,导致资源没有整合,没有形成合力。

2.法律法规执行度不够。从法律法规层面来看,国务院于1997年颁布实施了《传统工艺美术保护条例》,2006年出台《国家级非物质文化遗产保护与管理暂行办法》,2011年颁布《非物质文化遗产法》,法律法规逐步完善。2014年安徽省通过了《安徽省非物质文化遗产条例》,以地方立法的形式明确了非物质文化遗产的抢救保护、合理利用、传承发展,特别明确了传承人的权利、义务及法律责任等。随着对地方文化的重视和保护,合肥市政府对这些法律法规的贯彻落实也做了不少努力,但保护力度仍然有所不足,法律法规执行度不够,保护传统手工艺流于表面,对于手工艺相关的传统知识、遗产资源、民间艺术形态以及文化环境和空间的保护相对空缺,需要进一步完善。

3.手工艺传承和创作观念难以与时代同步。在调研中我们了解到,合肥手工艺产业始终停留在匠人的技能和手工作坊式生产阶段,没有总结技艺的流程和特点并形成科学的成果,较难复制技艺的水平,随着传承者的年龄增加,传统技艺会逐渐消失,直接影响传统手工艺的发展。另一方面,作为技能型人才培养的主要阵地职业技术学院,虽有"艺术设计"或相关专业,但培养目标、课程设置和教学大纲都脱离生产和实际需要,不少教师从学校到学校,普遍缺乏企业的实践经验。再一方面,真正的传统手工艺并没有进入课堂,由于高校对教师资格的限制,手工艺传承人很难走进教室为学生授课,丧失大面积、高效率培养人才的机会。

4.行业融资困难重重。合肥市手工艺产业的典型特征是企业规模小、数量多、分布广、私营企业多、困难企业多,在争取政策支持和融资方面存在很大的困难。随着市场经济发展的深化,企业较小、资金困难等情况严重束缚了行业自身的发展。当前,合肥市现代手工艺产业已实现半工业化生产,如渔网生产,抽丝、捻线、织网、组装、定型、包装等程序实现由传统手工编织向机械编织和手工编织的转变,但绝大部分传统手工艺生产仍然以家庭手工作坊式生产为主,即使有部分产品能够进行统一的加工与制作,其厂家生产规模也较小。由于厂家生产起点较低,外界普遍对行业发展前景悲观,企业对外融资困难,影响传统手工艺规模化发展。

(二)人才短缺

从事传统手工艺行业的人员,整体文化素质偏低,经过专业训练的高素质人才更是缺乏,大多数从业人员只有技术,缺少文化,产品的文化层次提升受到很大限制。在调研中发现,招收工人难一直是行业内的突出问题。由于行业普遍存在工作条件差、待遇低、远离城市等问题,对年轻人的吸引力太低,现在业内工人以老艺人为主,发展前景令人担忧。例如:合肥庐阳工业开发区生产孔明灯等灯笼的合肥派特工贸有限公司,手工制作,耗时耗力,员工多为附近老百姓,妇女和老人较多。合肥市三河古镇风景区的羽扇,传统工序已经有50%失传。

分析工艺人才短缺、技艺人才老龄化、人才培养难等问题的主要原因有:第一,由于传统手工业生产成本高,生产周期长,利润较低,相比现代工业其生产效率低,再加上掌握一门传统技艺所需周期较长,生产过程原始、生产地点多处于农村和小城镇,现代的年轻人已不愿再继续学习手艺,由此造成的传承困难是时代性的难题。三河羽扇制作工艺复杂,程序繁琐,共有二十多道工序。当代青年人对传统羽扇文化认识浅薄,不愿从事此项技艺,而是选择去大城市闯荡,或是经营其他经济效益更高的工作。第二,传统手工艺由于其工艺的特殊性和私密性,技艺的传承一般采用口耳相传的形式,仅限于家族或师徒,同时,掌握技艺的师傅由于文化程度普遍不高,很难形成理论成果,随着诸多老艺人的离世,许多技艺也随之消失。第三,国家、省、市、县各级非物质文化遗产的认定程序繁琐,传承人对申报过程认识不清,影响申报的结果。另外,非物质文化遗产项目代表性传承人认定与管理办法和条例并没有严格落实,传承人没有完全享受到应有的保护和支持。

(三)市场问题突出

手工艺产品大规模生产企业极少,生产多是私营或个体作坊式,缺乏全行业的系统科学管理机制,导致以下问题:

1.质量和价格监管无序。行业内没有统一的质量标准,缺乏统一的市场监管,假冒伪劣产品泛滥,侵权现象屡禁不止,致使传统手工艺产品在人们心目中的形象受到损害,导致市场萎缩。

没有形成规范的定价机制,尤其体现在传统手工艺产品上,无论是正规商场的柜台还是在集市上的地摊式售卖,价格差异较大,影响产品的形象和声誉,很多具有购买需求的消费者望而止步,从而对整个手工艺市场产生负面影响。

2.成本上涨,竞争不力。近年来,随着人民币的持续升值、国内经济放缓和原材料与劳动力成本的上涨,导致企业经营困难和消费者需求下降,已严重影响了企业的发展,部分生产规模小、经营不善的企业面临破产倒闭的境地。同时手工艺产业是劳动密集型企业,相比工业化生产其生产效率低下,产品科技含量低,产品价格不高,劳动力成本占比过大,影响企业的竞争力。

3.产品同质化严重,营销手段落伍。现代手工艺产品一般技术含量较低,工艺并不复杂,可以批量大规模生产,造成相互抄袭,同质化十分严重,在对外宣传营销上,大多仍是靠口耳相传的“口碑效应”,在现代社会里,这种营销手段已经过于落伍。合肥市的手工艺公司几乎没有一家设立规模经营的商店,更不用说开设专营连锁店,这些公司绝大多数没有自己的工厂,主要通过电话、资料邮寄等方式向单位开展直销,利用样品拉单,拿到订单后再找工厂加工,销售手段单一。

(四)产业自身发展陷入瓶颈

1.规模小,专业度不高。目前大部分手工艺企业规模较小,代加工现象普遍,传统手工业仍以家庭手工作坊式生产为主,虽然有部分产品以公司或厂家的形式开展产品生产和销售,但总的来说,企业的规模较小、产品产量低,效益低下,未形成合力,竞争力低。

由于手工艺自身的特点,工艺制作流程复杂,生产效率低,产品利润低下,缺乏品牌保护意识,这给传统手工艺的发展带来了很大的局限性。合肥市三河智慧羽扇坊创办至今已有十几年的历史,以家庭作坊为主,自主经营,在三河镇拥有一家店面,对外出售各种类型,各种规格,色彩各异的羽毛扇。其中孔明扇尤为著名。但是他们没有品牌保护意识,“孔明扇”被江浙厂商注册为商标。

2.开发设计落后,品位不高。手工艺行业由于历史原因,其传承人甚少对外泄露技艺,缺乏现代创新和设计理念,很难吸收外围智力进行创新,同时手工艺产品的生产多为家庭作坊或小企业,缺乏创新机制,缺乏人力、物力和财力支持,生产产品几十年可能都保持不变。品位不高,品种单一。例如,灯笼制作中花样设计跟不上时尚的潮流,无法适应和满足消费者不断变化的需求,生产工艺粗糙,品位不高。许多民族、民间工艺品生产工艺粗糙,精品、绝品较少,文化价值含量不高,地域特点体现不够等问题,成了制约其发展的瓶颈。

四、发展合肥市手工艺产业的建议

(一)建立健全管理体制,加大对手工艺产业的扶持

1.推行优惠政策,积极发展对外贸易。政府注重顶层制度设计,将手工艺产业发展列入文化强市建设尤其是文化产业发展的重要内容,制定出台了一系列扶持政策,在信贷、财政、税收等各方面加大对手工艺企业的优惠力度,采用贷款贴息、土地无偿出租、出口退税等方式支持手工艺企业建设、技术创新研发和产品出口。银行业利用专利权、销售合同等多种形式进行银行信贷抵押,解决融资困难的问题。手工艺行业面临资金短缺,生产力水平低等问题,需要积极利用外资和民间资金发展外贸产品,这是手工艺产业继承和发展的一个重要途径。

2.以法律手段保护产业发展。当前关于手工艺产业法规不够完善,人们知识产权保护意识淡薄,产品仿制和侵权现象比较严重,影响手工艺产业的可持续发展。因此,加强知识产权保护意识,提倡有序竞争;加快完善手工艺产业相关法规,用法律手段保护手工艺产业发展。

3.成立协会组织。合肥市应成立“合肥市手工艺产业发展领导小组”,对区域内手工艺产业提供服务与指导,统一进行管理与协调;行业内成立协会组织,加强行业组织的自身管理与协调,协调本行业企业之间的经营行为。

(二)加大后继人才培养

1.建立有效机制,保护传承人的合法权益。合肥市目前已经有省级和市级非物质文化遗产名录项目46项,部分手工艺属于目录内,应该按照《安徽省非物质文化遗产条例》加强传承人的补助和奖励,以多种方式资助手工艺传承、研究等各类专门人才。同时对手工艺人实现津贴等附加措施也要落到实处。

2. 抓好各层次学校产学研用合作。手工艺技艺传承的私密性,

直接导致手工艺技术的发展与创新，传承人要有宽广的胸怀，加强制作人的培养，将所谓的“秘方”“秘技”根据需要对外公布。要吸收高校专业技术人才参与产品的研发，高等教育中要设立相应的学科和专业，利用学校和工艺美术研究机构的人才力量，积极开展理论研究和成果转化。合肥学院、巢湖学院、合肥职业技术学院等地方高校和中等职业学校要形成产学研用结合的协同创新人才培养模式，让民间工艺进校园，让学生直接参与文化创新和产品生产，培养一批热爱民间工艺的后备人才，有效解决企业人才瓶颈问题。

（三）挖掘手工艺技术价值，彰显区域性个性特色

合肥历史上各种手工技艺产品在创作过程中，均拥有着独特的背景及条件，采用的各种物质材料和手工艺技术也成为体现社会意识形态经济特征与技术发展的活化物，其内涵与形式不但满足了实用与审美需求，而且还达到了其力所能及的技术巅峰，更是代表了人们所向往的价值诉求和文化境界，因此我们要充分借助合肥的地缘优势与得天独厚的文化资源，深入发掘各类手工艺的技术与人文价值，进一步彰显合肥地域文化特色，通过手工艺技术的区域差异性以及新奇性，向消费者提供能够产生快感与美感的具有丰富魅力的生活体验方式。

（四）创新产品设计，改革产业发展模式

1.创新改进产品。积极跟踪消费者消费动态，准确把握消费者消费心理，把产品的设计与社会流行趋势相结合，传统的技艺和现代风格相结合，即用现代审美意识对传统手工艺进行再创造，使之与现代生活环境相适应，设计出独特的手工业产品；注重产品文化元素融入，把社会文化新的元素融入产品；加强生产者的精品意识，对产品生产各环节严格控制，不断提高生产工艺，提高产品生产质量。传统手工艺或者以既定的样式显示历史的深远；或者使技艺和风格分离，经过与现代要素的重新组合，才能融入工业化社会的环境中，从而获得“再生”。

2.重组发展模式，打造品牌。品牌是最有价值的无形资产，手工艺产业必须明确自身的品牌定位，创造具有独特个性的企业品牌，才能把企业做大做强。合肥市庐阳区工业园把纸工艺品产业作为一项重点产业来扶持，专门成立工艺品研发中心，槐林渔网生产企业积极创新经营模式，采用“企业+农户”的生产形式，减少生产成本，增加农户的收入，有力地推动当地手工艺产品的制作与生产。

（五）营销手段多元化。“口碑效应”有其宣传的局限性，手工艺行业应加大宣传力度，采取多渠道宣传，利用电视、广播、网络和报纸宣传企业形象和产品。积极主动参加国内外手工艺产品的展销会；加强销售渠道建设，大力发展网上交易、电子商务、连锁经营、代理等形式，大力拓展手工艺产品销售。

（执笔：陈恩虎　吕君丽）

蚌埠市手工艺产业发展调查

一、蚌埠市手工艺产业发展现状

随着社会发展和文明的不断进步，一些民间传统手工艺因不符合现代人的需求而逐渐远离了人们的生活，许多从前作为日常生活用品和劳动工具的手工艺品退出了历史舞台。和其他城市一样，蚌埠市一些民间传统手工艺也渐渐消失了，比如，位于老城区中心的篾匠街，现在也只留下了这个地名，早已不见当年编织品交易繁盛的踪影。

在调研中我们了解到，蚌埠市只有少数手工艺传承下来，作为非物质文化遗产（以下简称非遗）进行保护，主要有省级非遗项目杨氏微雕，市级非遗项目蚌埠玉器加工技艺、白玉微雕、虎头鞋、蚌埠剪纸、葫芦雕刻、浅绛彩瓷画等。在蚌埠市现有手工艺中，只有蚌埠玉雕经过多年的发展壮大，形成了全国闻名的特色文化产业，其他手工艺规模都比较小，没有形成产业，甚至有的手工艺品还未进入市场，如葫芦雕刻只有一位年过7旬的老人在做，成品也仅限赠送亲朋好友。

蚌埠不产玉，却是全国闻名的玉器生产、加工、销售、集散中心。蚌埠玉雕是从解放初期开始的，1958年3月，蚌埠玉雕厂前身——综合工艺社凭借一件玉雕产品“链条瓶”，打开了市场，蚌埠玉雕从此开始了兴盛之路。从1961年开始，凤阳工艺厂、淮南玉雕厂等相继并入蚌埠综合工艺厂，来自扬州、苏州、上海、南京等地的一大批玉雕艺人为支援城市建设被安排来到蚌埠玉雕厂。1964年6月，逐渐壮大的综合工艺社正式更名为蚌埠玉雕厂。蚌埠玉器因玉雕厂成立而盛极一时。

改革开放后，蚌埠玉雕厂经营日渐衰落，1993年该厂停产后，一批玉雕艺人走向了市场，以家庭作坊为形式，规模不等的玉器作坊和企业在玉雕厂附近如雨后春笋般冒了出来，民间玉器加工作坊数量不断增加，像滚雪球一样越滚越大，越滚越多，从而形成了今天这个特色鲜明，影响巨大的特色文化

产业。当初蚌埠玉雕厂培养了一批技艺精湛的玉雕工人，这些玉雕工人、技师手工相传，成为今天全市数千家玉雕生产作坊的技术支撑，同时，一些大的玉器生产企业和作坊走出去、请进来，从外地聘请技术人员，使蚌埠玉雕的工艺水平在全国领先。

据不完全统计，蚌埠玉雕产业有4000多家商户，直接从业人员有6万，年销售额超20亿元。从空间布局看，蚌埠玉雕市场分布在全市各处，4个区中，除了禹会区较少外，另外3个区都分布了多个玉雕市场。如蚌山区的光彩玉器城、南山路古玩玉器城、爱国巷华海玉器城；龙子湖区的郁金香白玉城、幸福村的“北工地”玉器市场、光明街“华东玉器第一街”；淮上区的中华玉博园等等。可以说，蚌埠玉雕市场遍布全市各个角落，在中国的玉器市场，蚌埠玉雕占有举足轻重的地位。

二、蚌埠市手工艺产业成绩与做法

蚌埠市手工艺产业主要是玉雕产业。经过几十年的发展，蚌埠玉雕经过了从无到有、从弱到强的过程，并逐渐形成了生产、加工、销售为一体的完整的产业链。既有玉器原石专业市场，又有玉器半成品加工市场，还有成品玉器市场，成为全国知名的玉器生产加工销售集散地之一。蚌埠玉雕产业快速发展的主要原因，不仅是因为蚌埠有着丰富的文化底蕴、便利的交通、繁荣的商贸，更重要的是因为蚌埠玉器在全国有着一定的知名度。

一是规模较大，具有较高知名度。经过多年的发展，蚌埠玉雕逐渐形成了生产、加工、销售相对完整的产业链条。其中生产加工仿古玉器和新工艺玉器的企业、作坊分布全市大街小巷，达数千家，玉器产业已形成相当规模，涌现出一批品牌意识较强的加工企业，如玉徽堂、正东玉器等。其中，正东玉器有限责任公司创建于1996年，经过近20年的快速发展，公司现有员工200余名，正东蚌埠玉雕生产基地总投资6000万元，占地39亩，是蚌埠市“3461”行动计划项目。现已形成以北京王府井大街99号营销总部、蚌埠玉雕生产基地、新疆和田玉矿山原料开采供应三位一体的连环运作模式，使得企业得以快速发展壮大。企业在北京、上海、深圳、青岛、合肥、新疆、蚌埠等地设有和田玉直销专卖店，形成了原料有矿山、生产有基地、信息有网络、销售建连锁的可喜局面。

在全市10多处玉雕市场中，规模较大的有位于蚌山区的光彩玉器城和位于淮上区是中华玉博园。2007年开工建设的光彩玉器城项目投资5亿元，占地面积315亩，建筑面积25万平方米，是全国最大的玉器集中交易市场之一。目前开业面积16万平方米，入驻商户2000余户。光彩玉器城的建成并投入使用，彻底改变了蚌埠玉雕经营“店坊合一”、销售展示散而乱的局面，为做强玉雕产业发展打下了良好的市场基础。2011年初，蚌埠光彩玉器城被国家文化部授予“国家文化产业示范基地”。

2012年开工建设的中华玉博园，是安徽省861重点文化产业项目，现在一、二期已经建成，700家商户也已陆续开始经营。整个园区包括玉器销售区与专业加工经营区、玉器鉴赏展示区、电子商务区等。2014年以来，每周四都在园区内举办玉器专场，吸引了来自河南镇平、江苏邳州等数百商户前来交易，影响很大。该项目的兴建，对打造具有蚌埠地方特色的玉器文化品牌，集聚产业优势，促进经营户发展等都将产生积极的影响。

二是玉雕技艺高超，仿古工艺堪称一绝。蚌埠玉器产业发展是靠20多年前老玉雕厂数名下岗工人发展起来的，他们通过“师傅带徒弟”“徒弟带徒弟”的代代相传方式，把玉器加工技艺传承和发扬开来，至今掌握初、中级专业技术的从业人员已达2万余人。蚌埠玉雕主要用各种玉石、翡翠、玛瑙、珊瑚等高中低档原料，雕刻出炉瓶、人物、花卉、鸟兽等各种产品，其中数炉瓶类最为出名。蚌埠炉瓶玉雕在南方流派的基础上创新，使其既有南方的精细玲珑，又有北方的敦实稳重。蚌埠玉雕取法传统、勇于创新、南北兼容、风格独特、自成一派。蚌埠玉雕名家荟萃、选料精良、造型大方、做工考究、品种齐全。杨其鹏、孔德佩、赵敏、王本龙等作品独树一帜，成为蚌埠玉雕界的代表性人物。在2014年安徽省成功申报中国传统工艺大师的13人中，有10人来自蚌埠玉雕行业。

人们把玩玉器，通常以古旧为好。在计划经济时代，蚌埠玉雕厂和田玉等高档玉料十分紧张，多以岫玉为主。老艺人为增观赏价值，结合传统手法，采用地下掩埋的手法，发明了“老提油”“鸡骨白”“黑皮”“枣皮红”等做旧工艺。一件玉器混合染料掩埋半年以上，几乎能达到以假乱真的效果。新一代玉雕艺人对仿古工艺做出改良。在染料配方上，更多采用草酸和一些化学色剂。同时，放弃地下掩埋的手法，改用喷枪或微波炉等加热工具，对玉坯进行加热，使玉坯表层结构胀裂或疏松，然后趁热，或整体、或局部将玉坯浸入配好的染料缸里浸染上色。随后，加之抛光、包浆等环节，最终完成制作。由于染料配方各不相同，也形成各家各户的独特风格。虽然是做旧产品，但这些仿古玉在市场上仍有收藏价值。因此，蚌埠仿古玉加工比较火爆，仿古玉加工工艺在全国独一无二，深受全国各地古玩玉器商家青睐。从全国古玩玉器市场来看，蚌埠市的古玩玉器市场已具较大规模，产品比较齐全，仿古件远到史前、商周，近到明清，时代样样齐全，蚌埠的玉器产业已形成有地方特色的文化产业。

三是政府重视，注重培育引导。市委、市政府高度重视玉器文化产业的健康发展，将发展玉器产业作为推动蚌埠市文化产业发展的重要突破口，围绕培育和发展玉器产业开展调查研究，并出台相关政策加以引导；制定了《关于深化文化体制改革加快文化产业发展的若干意见》，把玉器产业作为全市文化产业的一项重点来抓；多次考察外地和本地的玉器市场、玉器生产企业，召开座谈会，听取意见与建议。为了培育玉器这个特色文化产业，市委市政府一直采用“放水养鱼”的管理模式，在办证、税收等各方面给予照顾，使玉器产业得到了迅猛发展。蚌山区、淮上区、龙子湖区也制定了相关的产业发展规划，并积极推进，取得了明显效果。

为了扩大知名度，打响玉器牌，安徽省文化厅和蚌埠市政府从2006年开始每年举办一次“安徽(蚌埠)玉器奇石古玩盆景博览会”，博览会为广大的玉器商家提供了一个宣传自己、交流交易的平台，取得了很好的效果。2011年、2012年连续举办两届“中国玉文化节暨安徽(蚌埠)第六、七届玉器奇石古玩盆景博览会”，节会评出玉器、奇石、盆景“华夏奖”金银铜奖，并举办玉文化高峰论坛等一系列活动，以前所未有的高调姿态将蚌埠玉雕推到全国同行的面前，通过全国数十家主流媒体的报道，有力地宣传了蚌埠玉雕产业。

三、蚌埠市手工艺产业发展中存在问题及原因

从目前来看，蚌埠除了玉雕产业规模较大外，其他的手工艺行业大都处于社会弱势状态中，行业内缺乏系统的业务交流和总体的发展规划指导，更缺乏手工艺自身发展的环境。省级非遗项目杨氏微雕技艺精湛，艺术价值和市场价值都很高，但由于受家族式传承的限制，现在只有2位传承人在做，作品供不应求，规模上不去，难以形成产业。市级非遗项目虎头鞋，虽然做工精美，但是也存在传承人匮乏问题，同时还存在市场销售渠道不畅、包装过于简单等问题。蚌埠剪纸、葫芦雕刻等由于市场需求少，甚至还未投入市场，很难形成产业。

从已经形成规模的蚌埠玉雕产业来看，在多年发展过程中，既取得过令人骄傲的成绩，也存在许多突出的问题，有些问题严重地制约了蚌埠玉器的进一步发展壮大，需要高度重视，认真加以解决。

一是市场分散，难以形成集聚效应。经过多年的发展，蚌埠玉雕商户由少到多，逐步形成了4000多户的庞大规模，但数千家玉雕加工经营户分散在全市大街小巷，形成不了合力，资源不能共享，成本费用增大，品牌效应不能显现，没有形成产业集群。虽然蚌埠建有多处初具规模的玉器市场，但这些新建玉器市场分属不同行政区，缺乏全市统一的错位发展规划，同业竞争激烈，各个区各自为战，新的“玉器城”层出不穷，造成资源浪费，增加商户负担。调研中发现，很多商户对不断新建玉器市场比较反感，因为他们不得不又拿出钱来购买新市场的新商铺，对开发商重商铺销售轻后续管理和服务的行为很不满，不断新建的玉器城掏空了他们的口袋。而且各个市场大都是前店后坊的经营模式，加工分散，缺乏规模经营，且商铺混杂。部分商户急功近利，使粗制滥造的玉雕工艺品泛滥。同时，加工规模和档次的参差不齐，玉雕加工经营户生产规模普遍较小，缺少像正东玉器这样大的龙头企业带动，难以形成产业集聚效应。

二是融资困难，制约发展。玉器交易为现金交易，需要大量的周转现金。现实是，许多商户把大量的资金用于购买新开发的玉器城商铺，真正用于经营的资金短缺。还有一部分商户采用租赁场地的方式经营，用租来的民房和商铺作为加工销售场所。由于对房屋场地没有所有权，当需要大笔资金时，则无法从银行贷款。同时，作为玉器产业的原料和产品没有统一的定价标准，银行无法进行评估、贷款。调研中发现，融资瓶颈是制约玉雕产业发展的一个重要因素。

三是观念落后，缺乏创新。蚌埠玉雕以仿古玉器最为著名，上世纪80年代，蚌埠仿古玉就有了非常高的声望和工艺水平，并逐渐受到市场的追捧，玉器供不应求，蚌埠因此成为全国闻名的玉器生产加工和集散中心。随着蚌埠仿古玉声名鹊起，但是隐患也悄然滋生。近年来，古玩收藏的不断升温，一些利欲熏心的不法之徒将蚌埠仿古玉器当成古董文物在市场上倒买倒卖。2012年央视“3·15”对此进行曝光，一时间，原本引以为傲的蚌埠仿古玉器从巅峰跌落谷底，经营日渐萧条，当年就有1/4玉器经营户关门。如今，一些经营户依旧抱着陈旧观念，不能适应市场变化，幻想回到当年市场的辉煌，玉雕作品缺乏创新，跟不上日新月异的市场需求，一味模仿传统产品，不能随着市场的变化及时转型。蚌埠玉器行业需要由仿古向高精尖艺术品转型，但转型所面临的诸多问题经营户无法解决，发展遇到了瓶颈。

四是人才流失严重。蚌埠玉雕行业从业人员虽多，但多为当年下岗工人和来自周边农村进城务工人员，文化水平较低，整体素质不高，经过专业训练的高素质人才更是缺乏。在调研中我们了解到，近2

年来,蚌埠工艺美术学校培养的近百名玉雕设计与制作专业的毕业生中,有80%到苏州、上海等发达地区就业。随着蚌埠玉雕市场的不景气,玉雕技师的待遇很难提高,一些具有中、高级技术的玉雕人才也纷纷外流到苏州、扬州、上海、南阳等地区,留在蚌埠的大师级人才越来越少,这对玉雕产业的发展影响很大。另一方面,由于玉雕手工艺行操作辛苦,学徒期间收入低,加上掌握较高技艺所需周期较长,现代的年轻人已不愿学习玉雕手艺,造成职业院校招生难、玉雕作坊招学徒难,这将严重制约蚌埠玉雕行业的进一步发展。

五是缺乏有效管理体制。由于历史原因,手工艺行业没有明确统一的主管部门,导致整个行业与其他行业间的沟通联系很少,发展缺乏活力。同时,我国有关手工艺行业的法律法规也不健全,除了1997年国务院就颁布的《传统工艺美术保护条例》外,没有相关的法律法规可以遵循,影响了手工艺产业的健康发展。为了规范玉雕行业发展,2007年4月,蚌埠成立了“蚌埠市玉石雕刻艺术协会”,目前协会理事单位已经达到1200多家。2008年7月又成立了“蚌埠玉文化促进会”,以后陆续又成立“蚌埠玉文化学会”“蚌埠市白玉商会”“蚌埠市古玉传承研究会”等专业协会。由于行业协会过多,目前在民政部门登记的就有7家之多,各个协会各自为政,缺少有效沟通,未能形成合力,没能充分发挥行业协会应有的作用。

总之,造成目前蚌埠玉雕市场萎缩,产业发展困难的原因是多方面的,既有宏观经济下行带来的整个艺术品市场的不景气,也有国家反腐力度加大对奢侈品市场的冲击,间接地影响到作为高端艺术品的玉雕行业。但最主要的原因是蚌埠玉雕与经济社会发展的要求还不相适应,存在着科技创新能力弱、劳动生产率低、政策扶持少、市场化水平差、创新性不足、人才开发滞后等问题,影响和制约了蚌埠玉雕产业的快速发展。

四、蚌埠市手工艺产业发展对策建议

手工艺产业具有独特的艺术价值和市场价值,做大做强手工艺产业,形成具有地域特色的文化产业,对提升一个城市的文化内涵和产业发展具有重要的意义。一直以来,市、区两级政府十分重视以蚌埠玉雕为主体的手工艺产业发展,并出台了相关政策进行扶持。在当前机遇与挑战并存的重要时期,如何客观分析自身的优劣,实现蚌埠玉雕产业加快发展,是我们目前必须认真研究的课题。立足蚌埠玉雕产业发展实际,现提出如下意见和建议:

一是科学规划,合理布局。蚌埠玉雕市场一个突出问题就是缺少全市层面的统一规划,数千家玉雕加工经营户过于分散,难以形成产业集群,没有发挥集聚效应。因此,市政府要发挥主导作用,在深入调研的基础上,科学规划,合理布局,抓紧制定《蚌埠市手工艺产业(玉雕)发展规划》。整合玉雕市场资源,停止新的玉雕市场建设,协调好各个区之间的利益关系,利用好存量市场资源,把分散在小街小巷的商户集中在几个大的玉器市场,明确不同市场功能定位,原石交易、加工作坊、成品销售分属不同市场,市场之间错位发展,避免同业恶性竞争,促进蚌埠玉雕市场健康发展。

发扬光大非物质文化遗产项目,以蚌埠旅游为载体,以花鼓灯嘉年华、湖上生明月、大明文化产业园、光彩玉器城为依托,为杨氏微雕、虎头鞋、蚌埠剪纸、葫芦雕刻、浅绛彩瓷画等提供展示技艺的平台和销售场所渠道,也可通过互联网形式开辟新的销售形式,逐步产业化。

二是加大扶持力度,破解融资难题。产业的发展离不开政府的支持,作为传统手工艺产业的玉雕更需要政府的大力扶持。各级政府应在财政税收、土地出让金、一般行政事业性收费等方面给予支持,促进玉雕企业做大做强。政府及行业主管部门要加强引导和服务,为玉雕经营户提供市场信息,帮助开辟销售渠道,以销促产,推动发展。现有的文化产业引导资金主要用于文化产业园区的奖励激励,对经营户尚没有完整的渠道。要积极探索融资方式,创新金融产品形式,协调银行和相关担保公司,共同研究制定信贷扶持政策,鼓励各大商业银行对玉雕产业“量身定做”贷款产品,探索利用专利权、驰名商标以及经过评估的成品、销售合同等多种形式进行银行信贷抵押的办法,使玉雕产业得到更多金融支持,解决玉雕产业发展资金瓶颈,从源头上解决中小规模作坊做大做强融资难的问题。

三是改变观念,积极创新,加快转型。蚌埠仿古玉器行业的萎缩是市场选择的结果,人们鉴赏水平的提高,仿古玉已经不能满足人们的审美需要,自然一些中低端的仿古玉、造假玉会受到冲击。现在市场变了而人未变,很多经营户不知转变观念,创新发展,主动去适应市场,而是坐等市场的好转。再加上玉器制作高成本、低利润,蚌埠的玉雕行业正在经历转型过程中的市场自然淘汰过程,没有资金、没有技术的仿古做旧小作坊必然会被淘汰掉。

蚌埠玉雕要以市场为导向,充分利用自身的优势,向工艺化、艺术化方向转型,探索走玉器的高、精、尖路线,从过去粗放型的低端产品逐步走向高端艺术品。要遵从传统与现代相融合的创新之路,玉雕是一门造型艺术,在继承传统工艺的基础上,大力推广运用先进制作技术,严厉打击假冒伪劣行为,保护技术创新成果,保护诚实守信者,形成良好是市场秩序和创新氛围。

四是加强行业管理。调研中我们了解到,蚌埠玉雕行业基本上都是店铺经营,不上规模,真正成立公司的企业很少,没有明确的行业主管部门。要加强行业管理,规范玉雕市场经营,有关部门可成立专门的管理机构,对玉雕的生产、经营和销售进行宏观调控和统一管理、监督商品的质量、价格,规范市场行为。

要充分发挥行业协会的作用。蚌埠玉雕行业尽管协会成立较早,也很多,但各自为政,缺少统一的有影响力的能带动整个行业发展的协会。要改变目前玉雕行业群龙无首、行业混乱、恶性竞争的现状,必须由政府出面,协调各协会之间利益关系,成立一个统一的行业协会,规范行业健康有序发展,促进蚌埠玉雕不断发展壮大。要充分发挥协会在开展学术交流、产品展示和鉴赏、产品推介和市场分析、提高从业人员的艺术涵养和市场意识等方面的重要作用。

五是实施品牌战略,培育龙头企业。要改变目前玉雕商户小而弱的现状,必须强化品牌意识,培育壮大龙头企业。只有大力发展规模企业,扶持一批像正东玉器这样的重点企业,实现原料有产地、加工有基地、销售有网络的完整产业链。重点扶持有潜力、有特色的企业扩大生产规模,提升管理水平,创立品牌。利用龙头企业的品牌效应,辐射、带动更多的玉雕企业和商户,使玉雕产业成为蚌埠文化产业的重要支撑。

进一步打造高端宣传推介平台,政府提供支持,提升节庆活动规模档次,大造声势、塑造品牌,提高蚌埠玉器产业发展的知名度和影响力。组织玉雕商户参加高级别的玉器产品展销会、订货会、通过举办、参与工艺美术品设计大赛、旅游商品博览会、旅游购物节等活动扩大宣传力度,提升蚌埠玉雕品牌的知名度。

六是注重人才培养,为行业发展提供支撑。手工艺行业发展的核心靠技师,玉雕产业发展的关键是培育专业技术人才。要建立完备的人才培养模式,除了采取家庭世代传承、师带徒等传统的培养模式外,要探索建立社会培训、学校培养、行业交流等新的人才培养模式。

(执笔:崔北军 诸宗缘)

阜阳市手工艺产业发展调查

一、基本情况

2012 年以来,阜阳市委市政府相继出台了《关于加快建设文化强市的若干意见》《关于加快文化产业发展的若干政策意见》等五个加快建设文化强市配套文件,决定每年拿出 2 千万元作为文化强市资金,300 万元作为农村文化建设专项资金,从财政、土地、税收、工商等方面给予强有力的政策支持。同时,为加强专项资金的管理使用和市一级文化产业园区的评定工作,2014 年出台了《阜阳市市级文化强市建设专项资金管理暂行办法》《阜阳市市级文化产业园区 (基地) 认定管理暂行办法》《阜阳市重点文化品牌建设扶持奖励暂行办法》以及《阜阳市农村文化建设专项资金管理暂行办法》等一批针对性、操作性较强的配套文件。

有力的政策支撑,助推了文化产业大发展。据不完全统计,阜阳近几年文化产业增速均超过 5%,2014 年文化产业增加值约 67 亿元,增速达 18.5%,占 GDP 比重 5.89%;规模以上文化及相关产业企业法人单位数 166 家,增速约 36%;民营文化及相关产业企业法人单位数 1858 家,增速约 10.9%;文化产品出口总额达 5.1 亿美元,同比实现翻番,增速及总量居全省前列。阜南柳编全年产值 11 亿,是全省文化产业工艺品类单项最高产值;太和新富泰等文化企业已经进入改制上市准备阶段;去年,全市有 21 个文化产业项目进入《2012 年安徽省文化产业招商项目册》,25 个文化产业招商项目纳入《市重点招商项目册》;2013 年全市 18 文化产业项目列入《2013 年安徽省文化产业招商项目册》。2012 年,全市文化百强企业入选 11 家,2013 年 7 家,2014 年 10 家,数量均在全省排名靠前;本市的富泰发饰、华宇工艺品集团、雪峰木业等 6 家公司连续三年榜上有名。此外,金源柳木和华宇工艺品两家公司获得“2013—2014 年度国家文化出口重点企业”称号,金木工艺、文德堂笔庄等 3 家文化企业产品商标获评“安徽省著名商标”。

(一) 历史遗产助力手工艺产业品牌化

1.阜阳剪纸。阜阳剪纸历史悠久,发展历史可追溯至南北朝时期。建国后,阜阳剪纸蓬勃发展。上世纪 60 年代,安徽省和阜阳地区文化部门派出专门队伍收集和整理阜阳剪纸作品,编辑出版了《安徽阜阳剪纸集》,并培养一批农民剪纸创作队伍。中国文联副主席冯骥才在“阜阳剪纸歌”中写道:“双手能而巧，心灵慧亦聪。纸随刀剪转，须臾万象生。”1978年起阜阳剪纸在合肥、上海、北京、南京、济南、深圳、洛阳、沈阳、武汉、贵阳、成都、哈尔滨、乌鲁木齐等地及日本等国举办剪纸展览，并被《人民日报》《中国青年报》《中国农民报》等报纸介绍。1980年1月，建立全国第一个剪纸学术组织——阜阳剪纸研究会。1983年由安徽省文化厅批准成立阜阳民间美术研究室。1987年、1996年曾在阜阳两次召开全国剪纸学术研究会。1988年，刘继成与王家和合作的剪纸作品“红楼梦”被作为馈赠联合国的礼品。阜阳的界首市被文化部批准为“中国民间剪纸艺术之乡”；2002年农民剪纸艺人程建礼被中国剪纸研究会评为中国剪纸大师；2006年，阜阳剪纸被命名为安徽省非物质文化遗产；2008年，阜阳剪纸被列入中国国家级非物质文化遗产第一批名录。2009年，阜阳市颍州区又被文化部批准为“中国民间剪纸艺术之乡”。全区有剪纸大师1人、省级非物质文化遗产传承人4人，剪纸艺人近50人。阜阳剪纸研究会会员达108人。阜阳现有剪纸团体1000多家，参与艺人近万人，其中以开源剪纸、顺昌剪纸、青平坊、三艺堂、美晨公司等数家剪纸企业为代表，行业年产值突破1000万元。开源剪纸有限公司是安徽省文化产业示范基地。目前，该公司与阜阳特殊教育学校联合，建立阜阳剪纸教学研基地。

2.阜南柳编。阜南黄岗有丰富的杞柳资源，是国家林业局命名的“中国杞柳之乡”。早在明清时期，这里的人们就从事柳编生产。，1953年由黄岗人张明久、王治国、李汉奎等柳编个体合作户成立柳编生产合作社，1960年迁至县城，改名为“阜南县柳编工艺厂”，主要生产笆斗、簸箕、筐箩、水斗、安全帽等产品；1962年生产洗衣篮、花篮、面包篮等10多种新产品；1973年黄岗杨汝增、杨树青等人办柳编厂，产品远销山东、湖北、湖南、河南等省市。改革开放后，柳编工艺品于1978年被打入广州市广交会，自此“漂洋过海”，走出国门。但是此前的柳编均是箩筐、提篮、簸箕等生产生活用具。近十年来，黄岗镇的柳编艺人们在闯荡市场中发现，原本功能简单的柳编产品渐渐失去市场，不符合现代人的审美需求。为适应现代流行趋势，黄岗镇的柳编企业纷纷派人赴国外考察，摸清市场产品需求。柳编技师创造出了多材料复合编织工艺，如“编织工艺+图画镶嵌工艺”“编织工艺+植绒工艺”等，制造出壁画类、仿生类、仿古类等产品，产品立体感强，惟妙惟肖，提升了传统柳编制品工艺水平。近年来，黄岗柳编新研发产品在千种以上，均取得良好的市场反响。阜南县目前柳编企业有130家，柳编从业人数为3万人，拥有出口经营权的柳编企业64家。出口超500万美元的企业12家，其中华宇、金源、利民3家出口均超过1000万美元。金源柳木工艺品有限公司、华宇(安徽)工艺品有限公司以及腾祥工艺品公司的藤柳编织工艺科技研发与创新项目入选2011—2012年国家级文化出口重点企业和文化出口重点项目。华宇公司还在美国加利福尼亚州注册了直销公司。柳编工艺品成为安徽省工艺美术单项产品产值和出口额最高的类别。

3.界首彩陶。界首彩陶曾被学者称为“中国近现代四大彩陶之一”。历史上，界首彩陶主要分布在安徽颍河界首段南岸，当地村民都以制陶为生。隋代，界首便有了立窑烧陶的历史。唐代，因与唐三彩产地洛阳为邻，轰动一时的界首三彩刻花陶器得以问世。经过千百年的发展，界首三彩刻花陶已逐渐演变为今天的三彩刻画陶，但其独特的造型艺术，依然保持着古老的风韵。建国初期，界首彩陶得到政府的关心和支持，著名窑工卢山义、卢山志被送往中央美院华东分院群众艺术研究班学习，使得他们的绘画、制坯水平得到很大提高。1954年，卢山义先生组建了陶器生产合作社，1958年改名为界首工艺陶瓷厂。1954年，苏联东方艺术博物馆《造型艺术》刊登了卢山义先生制作的三彩“刀马人”酒坛的照片，在国际上反响很大，东欧地区的一些国家争相收藏其作品，卢山义先生也被中国民间艺术家协会评为全国优秀民间艺人，与紫砂艺人顾景舟等大师齐名。“文革”后期至20世纪80年代初期，我国文化艺术重获新生，界首彩陶也迎来了一个艺术的春天。界首工艺陶瓷厂在著名工艺美术家韩美林先生的指导下，研制出硅硼系列彩釉，如乌金釉、金砂釉、孔雀蓝釉、玫瑰红釉等，代替了原来的铅釉，同时把陶器由低温型转为高温型（窑温达1000度左右），胎釉结合较前更为紧密，彩釉更加艳美。2006年6月“界首彩陶烧制技艺”成功入选首批国家级非物质文化遗产保护名录，彩陶烧制技艺原产地田营镇于2007年被安徽省文化厅命名为“安徽省民间艺术彩陶之乡”称号，同时卢群山、卢莉华、王京胜三位彩陶艺人也分别被评为国家和省级非物质文化遗产代表性传承人。如今，“艺术彩陶之乡”已成为界首市地域文化发展的品牌，正在建设的“界首彩陶村”和即将对外开放的“界首彩陶博物馆”已逐渐形成完整的彩陶生态文化区。现界首市年生产彩陶作品4000余件，生产总值近400万元，产品出口波兰、捷克、苏联和保加利亚等10多个国家。

4.太和发艺。头发交易在太和历史悠久，清朝末年，中国人长长的头发辫子成了个别外国商人的原材料，他们根据本国的市场条件，从中国内地收购头发，回到自己国家加工成假发，供应国外市场。于是，在太和一带出现一些收购头发辫子的货郎，他们担着针头线脑等小百货，走村串户，换些不起眼的头发辫子。从此，人发生意在太和生根发芽，逐渐形成了双浮原发交易市场。现在太和县已成为世界上最大的发制品原料基地，人发原料市场主要集中在双浮、五星、马集、倪邱等乡镇，年成交在2000吨以上，毛发收购专业户达1万多户，从业人员2万多人，经销额12亿多元，经销量占全国的三分之一。从最初的粗加工辫发，到现在的深加工接发，太和发艺不断加大产品研发力度，提升产品档次和附加值，进一步扩大进出口市场。目前，太和县有4个发制品研发中心，30多家发制品企业被认定为'高新技术企业'和'创新型企业'。在研发中心和创新型企业的推动下，发制品产业实现了原料由单一人发向化纤、人发、毛发的转变，产品由档发向发帘、接发和发套的升级。全县发制品行业拥有自主品牌7个，在国(境)外注册商标2个，获得国际市场认证品牌5个。产品远销欧美、非洲、东南亚等地，国内专业营销网点达200多家。2013年底，太和县发制品基地被商务部认定为第三批国家外贸转型升级专业型示范基地。现有发制品企业138家，其中规模以上工业企业34家，总投资额超过亿元以上的企业有安徽新富泰发艺品公司、金瑞祥发品公司和鸿图发品公司，从业人员近10万人，人发年加工能力3600余吨，经销总量占全国的三分之一。2014年实现发制品业总产值45亿元、销售收入35亿元、利税总额2亿元；进出口总额2.02亿美元，其中出口1.95亿美元，占全县出口总额的66%，产品远销欧、美、非等国家和地区，是典型的劳动密集型产业和出口创汇型产业，成为全国最大的发制品集散地和出口基地之一。

5.临泉毛笔。临泉素称“毛笔圣地”“北国笔乡”。临潭毛笔因产于临泉临潭而得名，古称蒙笔，相传为秦朝将军蒙恬所制，昔日有蒙恬将军祠为供奉笔祖之所，今祭祀之俗尚不衰。临潭毛笔，起于明永乐年间，迄今五百余年。清光绪年间，以其制作技艺之精湛，独步京师，被奉为御用，光绪帝曾为之立碑表彰。国家主席李先念同志也曾为临泉题名“笔乡”。清代中期制笔大师李万钟是制笔世家。李万钟经常肩挑、背驮，到各地赶集市卖笔。由于他为了防止潮湿会在湿地撒上青灰，铺上油布把笔摆上来卖，由于地上撒有青灰，从此人称“吊毛灰”笔，“吊毛灰”笔因毛笔质量好，而扬名中原大地。制笔大师曹如章，14岁时家里当了二亩地，作“压跪礼”(学费)，拜李万中为师，学艺五年，得其真传后出师。在家制笔卖笔，60年代成立杨桥毛笔厂任厂长。70年代，制笔得到发展，从1家发展到4家，分别是明道堂、文德堂贡笔厂、临谭笔庄、杨桥毛笔社。如今最为驰名的有“临谭笔庄”和“文德堂笔庄”等。临泉毛笔享誉大江南北，声名远扬海外。赵朴初、吴作人、韩美林、范曾、启功等书画家对临泉毛笔均给予高度评价，产品远销日本、美国、法国等国家。在“十四大”期间，临泉毛笔就被安徽省代表团作为珍贵礼品敬献给邓小平同志，现存在北京历史博物馆；美国前总统克林顿1998年访华时，购买的唯一纪念品就是临泉的“谭笔”。现临泉毛笔拥有270多个品种，年生产能力在10万支以上，年销售额2000万元，远销日本、东南亚、西欧等11个国家和地区，获工艺美术“百花奖”和天津出口免检证书。

6.杜氏刻铜。铜刻艺术兴盛于清代中期，最负盛名的是陈寅生，他能在两寸见方的盒面上刻出《兰亭集序》全篇，因此有人把他刻的铜墨盒与陈曼生的紫砂壶称为“二美”。阜阳刻铜技艺传承人杜平的祖父杜星景就师从于陈寅生大师。“杜氏刻铜”技艺是阜阳民间艺术的代表，其传承人杜平在其父杜鸿年的熏陶下，在刻铜艺术方面自成一家，其作品造型独特，线条流畅，工艺精湛，古色古香，集书法、绘画、篆刻等多种艺术形式于一体，实现了方寸间的气象万千。近年来，杜平多次赴海内外参加非物质文化遗产作品展览和文化交流活动，作品多次在国家级、省级各类展览和大赛上摘金夺银。2014年，“杜氏刻铜”被评为国家级非遗。年销售额在50万元左右。

7.颍上泥人。古城泥人产于颍上县古城乡，该产品主要是用当地泥土，经制坯上彩，精塑而成。颍上县古城泥人厂厂长史悠荣是浙江嵊州市人，原是一名下放知青，1979年回城后，出于对手工制作泥人的特殊爱好，聘请当地3位美术大师做技术指导，白手起家，开办了一家泥人厂，几年下来，不但取得了明显的社会效益，而且经济效益也很丰厚。1991年颍上水灾后，史悠荣的妹妹因嫁在颍上，1992年春节回娘家，叙说了家境的贫困和当地闭塞的经济环境。这不仅让史悠荣动情，而且他想到了一个商机。1992年底，史悠荣经过一番考察后，于古城乡办起生产泥人的工厂。1996年开始，他大胆改革泥人制作，既生产制作以无锡惠山为代表的变形夸张写意为主的南派艺术泥人，又生产以天津“泥人张”为代表的写实逼真、栩栩如生的北派艺术泥人。生产的泥人素材以历史题材、传统故事、四大名著为主，有反映我国56个民族大团结的作品，还有代表我国5000年文化的国粹艺术戏剧脸谱。古城泥人每月产量可达10万件，品种也由原来的几十种增加到300多种。目前泥人产品已销售到国内许多城市，销量占到全国行业内一半以上，并与法国、德国等国家签订了销售合同，产品走出了国门。建国50周年时，他的产品56个“民族大团结”还被选为礼品赠送外宾。

8.刺绣。阜阳市刺绣工艺品的代表企业有界首市刘兰英刺绣和太和县苑玉玲刺绣。刘兰英刺绣是界首刺绣的传承人代表，她的绣品既继承了北方的粗犷、质朴、大气，又融汇了南方的细腻、流畅、生动，1980年，在全国首届民间工艺品博览会上，被专家称之为“艺苑独秀”。1985年刘兰英的绣品参加全国民间工艺美展获优秀奖，《人民画报》《安徽画报》《美术杂志》等刊物均有刊登，中央电视台、安徽电视台均做过专题报道。2009年，刘兰英应邀赴澳门展演、讲学，其绣品深得澳门公众和国内外游客的喜爱，澳门及国内外媒体均进行了宣传评价。同年界首刺绣被批准为安徽省第三批非物质文化遗产项目。刘兰英刺绣年销售额在12万元左右。苑玉玲刺绣绣品“云肩”“虎头帽”等风格独特、制作精美，2011年获第五届中国民间工艺品博览会银奖。苑玉玲刺绣年销售额在3万元左右。

9.黑陶。阜阳市黑陶工艺品的代表企业有丁鼎陶艺工作室和李俊陶艺工作室。丁鼎陶艺的代表性传承人丁南洋作品曾获中国轻工业联合会第七届陶艺展金奖，2010年作为世博会展示作品参展。丁鼎陶艺年销售额约40万元。李俊陶艺具有阜阳浓郁的乡土文化气息，其作品2002年获第七届全国陶瓷艺术设计创新评比铜奖，2008年获阜阳市首届民间工艺精品展银奖。其公司年销售额在10万元左右。

10.其他。阜阳地区除上述手工艺品类外，还有颍泉猫头鞋、颍上烙画、界首木版年画、界首木雕、临泉面塑、临泉木雕等手工艺品类。但大多为作坊式生产，手工艺传承者只有寥寥数人，年销售额不足10万元。同时这些手工艺品类面临着没有继承人、市场销售份额逐年减少等不利因素。

（二）文化产业园区助力手工艺产业规范化

在市县区积极推动下，经过近些年来的努力，全市一批文化产业园正在蓬勃兴起。2014年，全市首次评定了黄岗柳编文化产业园等3个市级文化产业园区和安徽新富泰发饰有限公司、阜阳开源剪纸公司等6个文化产业基地。黄岗柳编产业园总规2.75平方公里，一期建设1平方公里，总投资2.2618亿元。太和县规划的发艺品文化产业园占地面积3700多亩，预计到“十二五”末，年产值能达到60亿元。

一批新的文化产业园在建设或谋划中。2014年3月，阜阳文化产业园项目在颍州经济开发区开工，这一项目由阜阳市三宝文化投资发展有限公司投资建设，占地面积28亩，建筑面积50000多平方米，总投资5000万元。阜阳市三宝文化投资发展有限公司由安徽阜阳开源剪纸艺术有限公司、安徽省界首市卢氏刻花彩陶有限公司、安徽临潭笔庄有限公司等3家民营企业组成。

（三）非遗传统文化助力手工艺产业市场化

近年来，全市文化投入逐年增加、文物保护及非物质文化遗产传承保护进一步强化。目前，全市共有8项国家级、16项省级非物质文化遗产。阜南柳编、阜阳剪纸、界首彩陶等已从传统文化走向了市场化经营的路子，这些非遗不但在全省全国产生着广泛的影响，有的还走出了国门，走向世界，产品出口量在阜阳的整个外贸出口中占有很大一部分比例，为阜阳的传统文化产业的发展树立了榜样和信心。

同时随着文化体制改革的不断深化，传统文化与市场不断融合发展，文艺创作排演日益踊跃。为大力弘扬优秀传统文化，挖掘和保护非物质文化遗产，全市依托安徽省非遗民间工艺精品邀请展、首届阜阳文化产品交易周等活动开展一系列丰富多彩的文化活动。各县市每年也相继举办了柳编文化艺术节、彩陶精品展、剪纸艺术节等节庆活动，既传承了当地文化发展，又推动了文化产品市场化。

二、存在问题

全市手工艺文化产业发展虽然取得了一定的成绩，但是与经济的快速发展不够协调一致，与现阶段人们的精神文化需求还有一定的差距，主要表现在以下几个方面：

1.发展文化产业理念缺失。尽管在文化产业发展上做了大量工作，但从目前全市的发展水平上看，还处于低水平低层次和低速度发展状态。一些园区建设整体水平低下，发展理念不新，管理上还不够科学规范。同时，省、市已出台各类扶持文化产业发展的政策文件，但各县市区出台文化产业发展的具体政策还不够健全，还没有体现出文化产业政策自身的前瞻性、优越性和针对性；一些从事宣传文化工作部门的领导还没有从思想上真正重视起来，没有把抓文化产业像抓经济建设那样真正抓起来抓到位，工作中还存在被动应付的思想，不能够认清当前发展形势和抓文化产业的重要性。

2.缺少大项目支撑。就全市目前文化产业发展的实际情况来看，在全国全省有影响的文化产业项目少之又少，缺少具有特色的重大文化项目。文化与市场、科技、创意结合度不够，没有发挥文化产业巨大的经济效益。文化产业进入省“861”项目库的项目总投资额远低于周边地市投资水平，规模以上文化企业较少，特色文化产业园区较少，引领性的文化产业不突出，还没有形成集聚效应。

3.缺少新的增长点。据了解，全市文化产业发展不匀衡，有的县区没有特色的文化产业园，传统企业也呈现小而散的现状，一些文化企业管理上跟不上市场经济的发展，属于粗放型管理模式，企业管理家族式影响严重，不适应当前市场经济的发展，企业整体水平和实力缺乏活力及市场竞争力，缺少新的增长点。另外，我市的文化企业普遍受限于地域影响，还没有形成全国知名品牌，真正的文化附加值没有开发出来。

4.缺少创意产业。阜阳当前文化企业属于传统型加工型的在全省占有一定的比例，在今年6月份全省命名表彰100强民营文化企业中，阜阳有11家榜上有名。纵观这11家文化企业，大都集中在柳编等加工型企业，真正文化与科技相融合的项目较少，特别是新兴手工艺文化产业严重缺乏。

三、文化产业发展的思路

(一)提升认识，树立新观念

“十三五”时期是全省、全市文化发展的转型跨越期、文化建设的黄金机遇期，阜阳市已经做出了建设文化强市的战略决策，把文化产业列为支柱产业之一加快发展。市委市政府关于文化产业发展相关政策、文件密集出台并为文化产业发展提供政策依据和强大动力。要把文化产业对经济增长的贡献率作为衡量一个地方科学发展水平、经济发展质量和综合实力的重要指标，列入考核体系。全市上下特别是领导干部要抓住机遇、吃透精神，进一步树立文化自觉和文化自信，树立危机意识、使命意识和进取精神，积极深化文化体制改革，加快推进文化强市、强县、强区建设。

(二)抓好招商，培育增长点

各地在发展手工艺文化产业时，要解放思想、高点定位、做到差异化发展。要加大文化产业园区和项目建设力度，把抓文化产业发展摆在宣传文化工作的重要位置，特别是要在“十三五”时期，以建成一批有地域文化特色的重大文化产业项目和亮点为抓手，推动当地的文化产业迅速发展，加大文化产业园区招商力度。要做好“组织落实、规划落实、土地落实、政策落实、综合服务配套落实”五个落实，扶优扶强，引进培育一批特色文化产业项目和企业。

(三)推进融合，扩大影响力

做大总量仍是全市文化产业发展亟须解决的首要问题。以阜阳为中心，200公里范围内还未形成中心城市；发展成为辐射更大范围的中心城，对阜阳既是挑战，更是机遇。像芜湖方特、合肥中国非物质文化遗产园、太湖中华五千年文博园等省内文化产业项目都已形成，并且产生了良好的经济效益和社会效益。在缺乏新兴文化产业项目的情况下，要增强发展的紧迫感，结合本地实际，要深入挖掘本地特色文化资源，做好科技与文化相融合的项目，扩大品牌对外影响力。同时，还要做好非物质文化遗产的生产性保护工作，力争打造出一系列全国一流水准、既叫好又叫座的文化艺术精品。

(四)健全机制，提高落地率

要抓住当前难得的发展机遇，不断强化主体责任，形成“文化发展，人人有责”的共识，变组织领导“一般性”地抓，为党委政府“一把手”亲自抓、分管部门领导具体抓，把文化建设纳入经济社会发展总体规划，列入各级领导班子考核内容，纳入全市宣传思想文化工作考核。在市委市政府已经出台了支持文化产业发展若干文件和政策的前提下，各级文化发展主管部门要做好服务、引导工作，搭建产业发展平台；各地各部门要制定配套文件，分解工作任务，制定工作目标，研究文化产业发展具体的落实意见，鼓励、支持、引导文化产业发展；各县市区要成立文化产业发展相关机构，明确专职人员负责文化体制改革和文化产业发展工作。要加强文化产业人才队伍建设，尤其是要加强文化产业项目政策、法规、相关业务知识、招商引资、项目建设等方面工作力度，完成好文化产业各项工作任务。

(执笔：燕少红 盛琴 李梓城)

附録

□在全省宣传工作会议上的讲话(曹征海)

□在省文联第六次代表大会上的讲话(张宝顺)

□在省文联第六次代表大会闭幕式上的讲话(曹征海)

□在省社科联第七次代表大会上的讲话(李锦斌)

□在省社科联第七次代表大会闭幕式上的讲话(曹征海)

□安徽省文化事业、文化产业发展统计表

在全省宣传工作会议上的讲话

(2014年1月21日)

中共安徽省委常委、宣传部部长　曹征海

刚刚过去的2013年，是党和国家事业开新局、树新风的一年，也是宣传思想文化工作继往开来、成果丰硕的一年。全省宣传思想文化战线认真贯彻中央和省委部署要求，以奋发有为的精神状态，圆满完成各项任务，着力抓好大事要事，充分发挥了思想引领、舆论推动、精神激励、文化支撑的应有作用，展现了新作为新气象。一是迅速兴起十八届三中全会和习近平总书记系列讲话宣传贯彻热潮，集中开展"美好安徽·圆梦中国"主题教育活动，唱响了发展进步的时代主旋律。二是紧紧围绕省委、省政府工作大局，立体推进十多项专题宣传，精心组织一系列集中采访报道，巩固扩大了正面宣传强势。三是切实加强对意识形态领域引导和管理，健全"大舆情"会商机制，加强对合作办报、新闻采编、各类网站的规范监管，有力维护了健康向上的舆论环境。四是广泛开展"践行核心价值 打造好人安徽"主题实践活动，完善选树、帮扶机制，全国道德模范与"中国好人榜"入选人数双双蝉联全国第一。五是健全创作生产促进机制，出台文化品牌建设扶持奖励办法，推出了黄梅戏《徽州往事》和《半个月亮》、徽剧《惊魂记》、话剧《徽商传奇》、杂技剧《美丽的梦》、电视剧《生活启示录》和《曹操》、纪录片《大黄山》等一批演艺和影视精品。六是开展文化体制改革"回头看"，大力扶持民营文化企业、文化示范园区发展，整合资源试点建设农民文化乐园并得到中央领导充分肯定。七是周密组织、扎实开展群众路线教育实践活动和全战线大调研，持续推进转作风正学风改文风，着力整治豪华文艺晚会、虚假报道、新闻敲诈等突出问题，进一步树立了宣传战线良好形象。刚才，郎涛同志全面通报了去年工作情况。在此，我代表省委，向大家一年来的辛勤工作表示诚挚问候！向中央驻皖新闻单位和各有关方面给予的大力支持表示衷心感谢！

今年是全面贯彻落实党的十八届三中全会精神、全面深化改革的第一年，是全面完成"十二五"规划目标任务的重要一年。贯彻全国宣传部长会议精神和省委部署，做好今年工作的总体思路是：深入学习宣传贯彻党的十八大、十八届三中全会、习近平总书记系列讲话和全国宣传思想工作会议精神，牢牢把握党在意识形态领域的领导权、话语权，紧紧围绕实现中华民族伟大复兴的中国梦，紧紧围绕"两个巩固"的根本任务，着力加强思想理论建设，着力提高舆论引导能力和水平，着力培育和践行社会主义核心价值观，着力推动文化体制改革和文化发展，敢于攻坚破难，锐意求实创新，在推进"八个强"上取得更大突破，加快打造充满活力的文化强省，为建设美好安徽提供坚强的思想文化保证。重点做好以下三个方面工作：

一、突出重点任务，全力推进文化强省建设取得新进展

省委、省政府《文化强省建设实施纲要》贯彻省第九次党代会精神，对打造充满活力的文化强省进行了系统规划和全面部署。建设文化强省，既是一个长远的目标，又是一个不断奋进的过程，必须稳扎稳打、善作善成。要围绕实现2016年的阶段性目标，以文化影响力、竞争力和整体实力进入全国十强乃至更高位次为标杆，以提升公共文化服务能力和水平、更好地满足人民群众精神文化需要为目的，加快推进"八个强"：

1.推进理论社科强。以理论武装和社科精品打造为重点，建立高效率的宣传阐释和科研攻关工作体系，推出高质量的活动品牌、科研基地、理论成果和学术阵地，全面提升思想引导、决策咨询、学术创新的能力和水平，争取形成一些领域在全国具有领先地位和相对优势的发展格局。要不断深化习近平总书记系列讲话学习宣传。坚持不懈用马克思主义中国化的理论创新成果武装党员、教育群众，把学习习近平总书记系列讲话精神作为思想理论建设的重要内容、作为长期的政治任务，在已有工作基础上加大力度、拓展广度、增进深度。各地各单位要加强和改进党委中心组学习抓领导带头，创建学习型党组织建设工作示范点抓基层带动，引导各级党员干部精研细读、把握精髓，努力做到真、深、实。把宣传贯彻习近平总书记系列讲话与宣传贯彻十八届三中全会精神结合起来，组织开展深入浅出的宣传阐释和对象化、分众化、互动

化、艺术化的面上宣讲，集中推出一批新闻报道、体会文章、访谈评论和研究成果，全方位、多形式推动学习贯彻不断深入。要持续深入开展中国特色社会主义和中国梦宣传教育。以“美好安徽·圆梦中国”为主题，灵活运用“讲故事”、网络征文等有血有肉、生动活泼的宣传方式，广泛开展中国梦主题宣传教育活动，引导人们不断增强“三个自信”。组织编写理论通俗读物，推出系列重点文章和评论，提升办好理论下基层、百人宣讲团、社科普及月等品牌活动，努力满足干部群众的理论需求。密切关注思想理论领域动态，正确区分、妥善处理好重大政治原则和大是大非、思想认识、学术探讨三类问题，加强对错误思潮的辨析和批驳，帮助人们澄清认识、提高辨别能力。要深入实施哲学社会科学创新工程。大力推进学科体系、学术观点、科研方法和话语体系创新，改进和完善省社科规划运行机制，进一步提升全国社科规划项目申报的质量和份额。坚持应用研究与基础研究并重，整合社科研究力量，逐批建立省哲学社会科学研究基地，对重大课题组织跨学科、跨系统的联合攻关。成立安徽智库联盟，建立决策咨询专家库、学界兴皖成果文库和一批专题数据库，创办《成果要报》，办好全省经济大讲堂，更好地服务省委、省政府科学决策和全省经济社会发展。以深入研究安徽地域文化和历史文化为重点，集中力量培育2—3个国内领先的优长学科和特色学科，打响安徽文化论坛等学术活动品牌，推出一批具有重大理论创新和文化传承价值的标志性成果。

2.推进思想道德强。贯彻落实中央《培育和践行社会主义核心价值观的意见》，注重宣传教育、示范引领、实践养成相统一，注重政策保障、制度规范、法律约束相衔接，持之以恒、扎实有效地开展好人安徽、诚信建设、志愿服务、文明争创、“三线三边”五大行动，努力在全国做出声势和特色，更好地凝聚精神力量、建设共有精神家园。要大力培育和践行社会主义核心价值观。制定我省实施意见，把培育和践行的任务落实到经济发展、社会治理和国民教育各个环节，落实到各个责任单位。进一步深化“践行核心价值　打造好人安徽”主题实践活动，扎实推进公民道德建设工程，大力培育选树各级道德模范、身边好人和美德少年，务求全国重大典型、中国好人入选数保持全国前列。重点围绕倡导个人层面的价值准则，组织实施“友善季”“敬业季”“诚信季”“爱国季”等道德实践“主题季”活动，教育引导人们向往和追求讲道德、尊道德、守道德的生活。发挥安徽人文底蕴丰厚的优势，利用优秀传统文化育人化人，加紧组织编写能自用、可推广的地方德育教材，积极推动核心价值观进课堂、进师生头脑。建立健全道德模范嘉奖礼遇荣誉制度，运用道德信贷、道德基金褒德扶善，建好用好安徽好人馆、道德讲堂、乡村学校少年宫、崇德尚贤展览墙等德育基地，策划推出一批弘扬正能量的品牌电视栏目，组织开展公益广告评选，推出更多公益广告精品。建立由省发改、工商、质检、税务、法院等10个部门参加的诚信建设联席会议制度，设立诚信“红黑榜”，创建诚信示范点，深入推进诚信建设制度化。加强警示教育，集中力量对人们反映强烈、有碍社会风化的道德领域突出问题进行专项整治，力求取得看得见、感受得到的明显成效。深入开展勤劳节俭教育，营造劳动光荣、节约光荣的浓厚社会氛围。要深化群众性文明创建活动。以全国文明城市数进入全国前十、中部领先为目标，综合创建、分类推进、重点突破，着力打造皖江文明城市群，推进皖北文明创建追赶跨越。创建省界文明村镇带，力争安徽省界成为中部地区最美风景线。聚焦文明交通、文明餐桌、文明旅游、文明传播等社会关心关注的热点问题，开展礼节、礼仪、礼貌等基本文明素质教育，进一步完善有关自律公约和行业规范，通过创建治理彰显社会主流价值。与美好乡村建设相同步，突出“四整治一提升”，从治理“三线三边”环境上突破，在培育“文明乡风”根本上着力，确保农村创建一年有变化、三年大变样。要大力推进志愿服务活动。成立省志愿服务联合会，充分发挥各级共青团、工会、妇联、关工委等人民团体和群众组织作用，健全志愿服务星级认定和嘉许回馈制度，完善政策法规保障机制，推进志愿服务制度化常态化。培育壮大民间志愿服务组织，围绕扶贫济困、应急救援、环境保护等方面，围绕空巢老人、留守儿童、残疾人等群体，组织开展形式多样的服务，着力打造10个江淮志愿服务精品项目，重点培育10位全国知名的志愿服务领军人物，真正把学雷锋志愿服务活动做到城乡基层、做进千家万户。

3.推进新闻出版强。统筹新闻宣传与出版发行、出版事业和出版产业，进一步巩固拓展传统领域，加快布局新型业态，大力提升报业媒体建设、出版精品打造、出版产业发展和书报惠民水平，在跨越赶超中奋力推进新闻出版强省建设。要加强和改进正面宣传。推进党报党刊提升策划水平、改进新闻文风，持续开展中央和省委省政府重大决策部署以及全面深化改革、建设三个强省、优化投资环境、践行群众路线等重大宣传活动，与时俱进做好主题报道、做实评论言论、做重深度报道，不断提升正面宣传的质量和水平。做大做强主流媒体，建设以安徽日报为龙头、都市报为支撑、专业报为补充的“徽派报刊群”。把推进传统媒体和新兴媒体融合发展作为一项重大工程、基础工程来抓，支持纸质媒体向电子媒体进军，建设一批基于现代信息技术的新型主流媒体。集聚全省移动媒体资源组建新媒体集团，对全省各类手机报进行整合，做大做强安徽手机报，实现“一省一报一平台”，同时推出各市县区专版。省网络管理、通讯管理、新闻出版等部门，电信、移动、联通等运营商，各市县区委宣传部、网宣办要全力支持安徽手机报发展和各类手机报整合，力争年末用户突破500万，积极抢占新媒体舆论阵地。要壮大提升新闻出版产业。以省出版、发行、报业三大集团为龙头，拓展延伸图书出版、报刊传媒、印刷复制、发行物流等出版产业链，做实做好合肥、芜湖国家级数字出版基地，全力推动新闻出版产业整合资源、调整结构、转型发展。出版集团要突出打造阅读欣赏、创意衍生、信息服务三条产业线，发行集团要着力培育文化消费、教育服务、现代物流、综合商贸、文化地产等五大产业群，不断在全国争先进位。实施皖版出版精品工程，围绕冲刺国家“五个一工程”和中国出版政府奖，加大对一流题材、原创出版的引导奖扶力度，策划推出更多具有广泛社会影响和市场效益、代表中国出版最高水准的重点主题出版物、文化学术名著和优秀畅销读物。扶持有关行业杂志社提高办刊水准，着力在科教、文艺、生活方面培育业界领先的知名期刊。要加快公共图书服务体系建设。启动“江淮读书季”全民阅读，开展“书香机关、书香校园、书香企业、书香社区”等形式多样的读书活动，开展以“走复兴路 圆中国梦”为主题的第20届青少年爱国主义读书教育活动，形成书香满江淮的生动景象。扩大农村公共图书服务一体化建设试点，建立以县级公共图书馆为总馆、乡镇综合文化站为分馆、村农家书屋为服务点的县域图书资源建设、流通、服务网络，让群众经常看到新书报好书报。要加强舆论引导和出版物市场管理。落实党管媒体原则，切实管好导向、管好班子、管好队伍，严肃宣传纪律，规范采编行为，改进新闻阅评，加强对频道频率、子报子刊的管理和对报网、台网互动环节的审核把关，试点建设新闻道德委员会，巩固优化业已形成的良好舆论态势。与有关大学共建传媒学院，加强马克思主义新闻观全员教育。将提高舆论引导能力和水平纳入社会治理体系，统筹公开报道与内参反映、总体调控与个案处理，有针对性地做好经济社会热点和敏感问题的引导，回应关切，消除疑虑。加强和改进突发事件宣传，制订规范的舆论引导工作流程，实行新闻发布制度化，有关地方和实际处置部门要尽早发出正面声音、发布权威信息，抢占舆论引导第一落点。着眼于改进工作、解决问题、增进团结、维护稳定，充分考虑客观效果，开展好建设性舆论监督。深入开展“扫黄打非”专项行动，强力推进少儿出版市场整治，确保文化市场健康有序发展。

4.推进广电影视强。紧紧围绕构建技术先进、传输快捷、覆盖广泛、安全高效的现代广播影视传播体系，大力实施影视精品战略，扎实推进广电惠民工程，加快发展广播影视产业，力争通过三年努力，全省广播电视综合入户率和广播影视经营创收双双跻身全国十强。要巩固提升广电媒体品牌优势。重点加大安徽卫视模式节目开发、引进力度，加快实现“剧行天下”和“节目制胜”并重，放大卫视“金字招牌”效应。明确特色定位、强化内容创新，全力办好地面电视频道，形成与卫视互为支撑的一体化品牌合力。推动安徽广播电视台整合采编播资源，着力构建面向多个播出平台、多种用户终端的综合制播系统，不断拓展IPTV、互联网电视、手机电视等新兴领域和新兴传播阵地，打造宣传安徽的主流媒体，融多种业务、功能齐备的全媒体。要大力实施广播影视精品工程。瞄准走进央视、进入全国电影院线，着力抓好10部重点影视剧的创作生产，力争5部以上电视剧在央视播出，3部以上电影进入全国院线，6—7部影视作品获国家级奖项，力争广播剧、电视剧再获全国“五个一工程”奖。建强合肥、芜湖国家级动漫基地，加大对动漫领军企业和全产业链开发的扶持力度，推进皖版动漫产量、质量同步提升，实现动漫大省向动漫强省的转变。要扎实推进广播影视惠民工程。统筹抓好“村村通”“户户通”工程，运用各种传播手段不断提高广播电视综合入户率。完成今年国家下达的9000个20户以下“村村通”、15座高山无线发射台站基础设施建设任务。启动实施全省地面数字电视工程，按照全省“无线一张网”的要求建设地面数字电视传输覆盖网，免费提供10套以上公益性节目，各市县区广电部门要积极支持，力争年末用户超过100万户。实施农村电影放映提质工程，建立公益电影放映监管平台，高质量完成18.65万场放映任务，确保新片比例达到50%以上。加快县级城市数字影院建设，力争覆盖率由45%提高到80%以上，城市多厅数字影院达到150家。要大力发展广播影视产业。重点推进省广电集团做强主业、多元发展，持续打造内容生产、广告经营、网络传输等主导产业及相关衍生产业，通过并购、参股等形式拓展电影院线，着力培育新媒体、新业态等经济增长点。提升电视购物产品和服务品质，巩固省内用户，扩大全国有效覆盖，力争经营收入两年翻一番以上。切实抓好高科技影视基地、广播影视科技创新实验基地规划建设，抢占新领域、延长产业链，打开更为广阔的发展空间。

5.推进网络舆论强。坚持“积极利用、科学发展、依法管理、确保安全”的指导方针，以正能量为总要求、以管得住为硬道理，努力形成从技术到内容、从日常监管到打击犯罪的互联网管理合力，形成正面引导与依法管理相结合的网络舆论工作格局，力争到2016年，全省互联网宣传管理综合水平进入全国前五位。要全方位加强网络管理。加快完善互联网管理领导体制，强化市县区网宣部门机构和力量，实现省市县网络宣传管理工作全覆盖，加快从网络管理向网络治理转变。推进互联网站分类管理、互联网新闻信息服务从业人员准入管理，继续推进实施网络“实名制”，健全基础管理、内容管理、行业管理以及网络违法犯罪防范和打击等工作联动机制，不断完善并严格执行各项管理规章制度。深化文明办网、文明上网，实施“网德建设工程”，大力开展文明上网先进社区创建活动，总结经验，扩大成效，形成品牌。持续开展打击网络淫秽色情低俗信息、违规登载新闻信息等专项行动，坚决打击传播网络有害信息特别是网络谣言等行为，做到依法治网、正本清源。升级改造互联网舆情监测指挥系统，健全网络突发事件应急处置机制，推动网上有效引导与网下妥善处置良性互动。要进一步建强网络媒体。支持中安在线等重点新闻网站做大做强，发挥好商业网站的建设性作用，提升安徽网站在全国的竞争力影响力。加大网上正面宣传力度，唱响网上主旋律，开展“网络媒体安徽行”活动。建好用好“安徽微博发布厅”及“安徽发布”，所有市县区和与民生密切相关部门都要尽快进入，实现政务微博和法人微博的广覆盖、多功能，提升以“安徽发布”为龙头、在新媒体舆论场集群发声的传播效应。开展首届安徽省优秀网络文化产品评比展示活动，推动优秀文化精品网上传播，鼓励网站和网民制作适合互联网和移动新媒体传播的格调健康的网络文化作品。

6.推进文化演艺强。坚持以人民为中心的工作导向，进一步整合资源、加大投入，夯实硬件、提升软件，推出更好更多的文化演艺产品和服务，打造全国一流的精品力作，不断增强地域文化的服务力、影响力。要健全完善现代公共文化服务体系。以标准化均等化为主攻方向，统筹全省五级服务设施网络规划和建设。打造省级滨湖文化艺术中心，今年争取开工建设省博物馆、省图书馆新馆，推进市级“三馆一院”、县级“两馆一场”达标升级。整合基层宣传文化、党员教育、科学普及、体育健身等设施，依托乡镇文化站打造综合性文化服务中心，在中心村扩大试点，建设100个农民文化乐园，实现16个市全面覆盖；做好其他1400个美好乡村重点示范村农民文化乐园整体规划，先行启动文化活动室建设。注重“送文化”与“种文化”并举，继续开展“三下乡”等送文化活动，成立全省图书馆讲演联盟、博物馆展览联盟和文化馆活动联盟，开展省级公共文化服务示范区和“群星奖”评选，发挥带动联动效应，让广大城乡机关单位、企业学校、社区广场等群众文化活动更加丰富多彩，努力实现村村有队伍、镇镇有特色，县县有亮点、市市有品牌。大力扶持社会力量以兴办实体、资助项目、赞助活动、提供设施等多种方式投身公共文化服务，引导和推动骨干文化企业参与公共文化设施管理运营。要着力推出有质量有影响的文艺精品。围绕打造全国一流文化品牌，以“五个一工程”和国家舞台艺术精品工程为龙头，以现实题材、革命题材和重大历史题材为重点，加强选题策划，整合创作资源，继续抓好2013年度10部演艺作品创作生产和传播推介，遴选一批有潜质的列入2014年打造计划，形成“动态管理、滚动开发、梯次推进、持续打造”的格局。重点组织创作一批表现中国梦主题和体现核心价值观的优秀作品，通过艺术的形式展现中国梦、讴歌中国梦。着重加强黄梅戏的创作生产，广泛开展面向全国征集剧本活动，重点打造1—2部在全国有重大影响的原创黄梅戏舞台剧，策划开展新徽班进京暨徽州工艺美术精品展。大力扶持文学原创，实施长篇小说创作工程，为精品生产打基础、强实力、增后劲。要大力实施演艺惠民工程。将文艺活动专项补助标准由每村2400元提高到4400元，组织省市县演艺院团和民营剧团集中开展“送戏进万村”等活动，保证一个行政村一年看到一场正规演出。开展“我们的中国梦——文化进万家”以及“身边好人?安徽大舞台”“文艺江淮行”“校园大舞台”“情暖农民工”等活动，深入城乡基层和重点工程一线开展慰问演出。要提升文物和非遗保护开发利用水平。实施重大文物保护利用工程，重点推进徽州区呈坎村、泾县黄田村全国文物保护样板工程，高水准规划建设含山凌家滩、凤阳明中都皇故城国家考古遗址公园，扎实做好隋唐大运河安徽段文物保护和环境整治。统筹推进徽州文化生态保护区建设，重点打造一批文化遗产密集区，扶持一批非遗传习基地、生产性保护示范基地。加大对民间文化扶持力度，充分发挥各类民营艺术团、民办博物馆和民间文化协会作用，促进徽、黄、庐、泗、花等地方戏曲繁荣发展。

7.推进文化产业强。紧紧围绕

培育国民经济支柱性产业，着眼提高规模化集约化专业化水平，壮大传统产业，发展新型业态，积极构建特色鲜明、结构合理、竞争力强的现代文化产业体系，务使业态创新、主体培育和产业集中度、成长性等方面早日进入全国第一方阵。要加快做大文化产业规模。把增加有效投入、扩大文化消费作为突出任务来抓，力争到2016年全省文化产业增加值达到1500亿元，占GDP比重超过5%，在全国位次前移2至3位。出台支持文化产业重大项目建设暂行办法，健全文化产业重大项目库，加大在建项目推进力度，围绕主导产业组织集约、高效、精准招商。适应人民群众文化消费需求多样化、个性化趋势，研究出台促进文化消费工作方案，开展全省首届“文化惠民消费季”活动，加快发展大众性文化消费市场，培育特色文化消费，形成新的文化消费增长点。要大力推进文化产业融合发展。把文化与科技融合作为重中之重，健全文化科技创新体系，评选认定首批省级文化科技企业，大力发展文化创意、数字出版、移动多媒体等新型业态，促进文化产业提档升级。研究出台推进文化与旅游融合发展实施意见，力促文化旅游产品开发、文化旅游业态培育、文化旅游市场推广和文化旅游环境营造，重点推进皖南国际文化旅游示范区建设。要着力培育骨干文化企业。推动省属文化集团跨地区、跨行业、跨所有制兼并重组，支持相互之间、与其他所有制企业之间加强资本合作，交叉持股、跨界发展，鼓励率先整合重组省内经营性资源，着力打造混合所有制企业和大型综合性文化企业集团。深入实施“百千万工程”，充分发挥省民营文化企业协会作用，支持小微企业成长壮大。抢抓IPO重启和新三板扩容的机遇，进一步推动符合条件的文化企业上市融资，开展非上市股权融资和集合票据融资。组织十大文化企业集团、百强民营文化企业评选，重点扶持其做大做强。要建好文化产业示范园区基地。坚持走差异化、错位化发展之路，继续开展省级文化产业示范园区（基地）评比，优胜劣汰、动态管理，促进规范提升。鼓励有条件的城市利用老工厂老街区老码头打造高品位文化创意产业基地。各地要依托首位产业和核心项目，引导优秀企业、优质资源向园区集中，加快建设特色文化产业集群。

8.推进文化开放强。树立大外宣理念，整合利用多种形式多个渠道多方平台，与经济社会部门携手、与侨台外旅工作结合，发挥政府部门和民间组织两个积极性，变各方力量分散走出去为攥起拳头整体走出去，更好地讲述安徽故事、传播安徽声音、塑造安徽形象，提升安徽知名度美誉度。要进一步扩大对外宣传。着力理顺内宣外宣体制，支持省重点媒体面向国内国际发展，形成内宣外宣互补、传统媒体与新兴媒体互动的对外传播格局。实施“美好安徽形象提升行动”，设计制作《中国黄梅戏》精品画册等一批以“美好安徽 迎客天下”为主题的外宣品，建立统一的文化外宣资源项目库和外宣供稿中心。抓好融通中外这个关键，大力推进国际传播本土化，提高安徽广播电视台国际频道、《中国安徽之声》广播外宣栏目以及安徽日报报业集团《魅力安徽》专版、中国安徽英文网站对外报道的原创率、首发率、落地率，努力做到传得出去、落得下去、深得进去。积极借助海外传播渠道和交流平台，加强与中央电视台国际频道和外语频道、海外主流媒体、港澳台媒体的合作，继续组织好“中外记者看安徽”系列采访活动，实现海外传播有效到达、广泛覆盖。要进一步扩大对外文化交流。重点依托龙头企业、骨干单位、重点城市等集聚资源、主动出击，积极争取和承担国家对外文化交流任务，根据对象国需求推出黄梅戏、徽京剧、花鼓灯、少儿艺术、文物非遗、图书影视等优势项目展览展示展演展映活动，开展形式多样的点对点文化交流，大力推动徽风皖韵更好地走向世界。支持出版集团打造“时光流影”中美文化社交网站，参与北美、东欧地区孔子学院建设。要进一步扩大对外文化贸易。加强外向型骨干文化企业培育、出口平台和渠道建设，抓好主打产品和潜力产品出口，推动文化产品和服务走出去。鼓励有条件的文化企业入驻上海自贸区发展，在海外开展并购合作、设立营销渠道。制订我省文化产品和服务出口指导目录，优先扶持图书、影视等具有较强地域特色和思想内涵的内容产品出口，调整优化出口结构和层次，提升安徽文化产品和服务出口在全国的位次和在国际市场的占有率。

二、加快改革创新，为文化强省建设注入强大动力

实现“八个强”的既定目标，必须全面落实党的十八届三中全会精神，把改革创新贯穿到“八个强”建设的各领域全过程，真正让体制机制强起来、人才队伍强起来、组织领导强起来，进一步解放和发展文化生产力，进一步解放和激发文化创造活力。

1.不断深化和完善文化体制改革。认真贯彻中央《深化文化体制改革实施方案》和省委贯彻十八届三中全会决定的实施意见，研究制定文化改革具体方案，确立新目标，规划路线图，实施新举措。要深入开展改革“回头看”活动，巩固提升已有成果，着力补缺补差、及时调整完善，更好地发挥新体制机制的优势。要着力完善文化管理体制，按照政企分开、政事分开、政资分开原则，进一步转变文化行政管理部门职能，积极稳妥推进省级广电、新闻出版部门机构改革。加强国有文化资产管理，按照"四管"相统一的要求，成立省委、省政府国有文化资产监督管理办公室，改革国有文化资本授权经营体制，研究组建国有文化资本运营投资公司。要深化国有文化企业改革，继续推动省属文化企业公司制股份制改造，完善法人治理结构，在重要传媒类企业探索实行特殊管理股制度。分类推进文化事业单位改革，启动文化馆、博物馆、图书馆法人治理结构试点；积极稳妥推进报刊资源整合，完成非时政类报刊改革收尾工作。要着力建设现代文化市场体系，发展图书、电子音像制品、演出娱乐、影视剧、动漫游戏等产品市场，培育资本、产权、版权、技术、信息等要素市场。重点加快建立省级文化产权交易平台，设立文化产业创业投资基金，筹建文化银行和文化产业担保公司。要更好地统筹"两种属性""两个效益"，完善文化经济政策，继续扶持转企改制文化企业，为各类文化市场主体发展提供良好环境。

*2.深入推进理念手段和基层工作创新。*要坚持以创新思维、更新观念为突破点。树立强烈的市场意识和开放合作意识，自觉从政府投入和政策保护的路径依赖中走出来，从自我封闭和体内循环中走出来，更加主动地到广阔市场中找出路、想办法、解难题。进一步强化品牌兴文理念，善于把常规工作凝练策划成感召力、竞争力强的特色品牌，展示形象、扩大影响，各市要继续抓好一戏一片一企一园"四个一"重点文化品牌工程，更好地整合和牵引各项工作。要坚持以方法手段创新为着力点。针对不同社会群体的多元化需求，创新分级、分层、分众的方式方法，设计有力抓手和有效载体，克服模式化、套路化、呆板化现象，真正把工作触角延伸到各类人群。针对信息化数字化移动化迅猛发展的大趋势，高度重视新技术的汲取和运用，增强文化的创造力、表现力、传播力，改进管理模式、提高管理效能。今年上半年中宣部将召开创新宣传工作座谈会，要以此为契机大力推进宣传方式创新，及时用制度固化一批创新成果。要坚持以基层工作创新为立足点。加大政策倾斜和扶持力度，加快构建政府主导与社会投入相统筹、专职队伍与兼职人员相结合、常规工程与特色项目相补充的推进和保障机制，变下边一根针为织起一张网，尽快改观基层基础薄弱的问题。今年省里将总结推广一批基层工作的创新范例，带动兴起大胆探索、创新开拓的浓厚风气。

*3. 突出抓好文化人才队伍建设。*落实全省宣传思想文化中长期人才发展规划纲要，重点围绕支撑"八个强"和各领域急需，精心育人才、广泛聚人才、放手用人才，打造人才高地。要围绕职能工作集聚人才，按照"信念坚定、为民服务、勤政务实、敢于担当、清正廉洁"的好干部标准和宣传队伍"16字"要求，配齐配强宣传思想文化战线领导班子，加强宣口单位之间、宣口与其他部门和地区之间干部交流，拓宽干部使用渠道。要围绕重点领域集聚人才，把培养优长学科研究、文艺创作和编导演、黄梅戏艺术、影视制作、新媒体新技术、项目管理和资本运作、涉外文化贸易等领域高端人才作为突出任务，持续实施宣传文化领域拔尖人才和青年英才培养工程，努力造就更多扎根安徽、影响全国的领军人物。要围绕骨干企业集聚人才，修订完善《省属文化企业领导人员管理办法》，积极探索职业经理人制度，适时推动宣传文化企业按照市场化选聘高级管理人员，培养引进知文化、懂市场、会经营、善管理的复合型人才和文化企业家。要围绕服务基层集聚人才，落实好《加强地方县级和城乡基层宣传文化队伍建设的若干意见》，实施边远贫困地区、革命老区文化人才支持计划，发展壮大群众文化辅导员、文化志愿者队伍，重视发现和培养使用民间乡土文化能人，不断充实乡镇综合性文化服务中心和中心村农民文化乐园管理运营队伍。各地各单位都要把人才作为强文之基，拿出具体规划，建立专家人才库，强化激励保障机制，切实优化人才工作环境。省里将完善突出业绩导向、强化过程管理的项目资助办法，引导建设一批基地和工作室，抓紧设立省级文化荣誉称号，大力表彰奖励和宣传优秀文化工作者，促进各类文化人才施展才华、建功立业。

*4. 着力构建大文化建设格局。*文化建设是全党全社会的共同责任，各级党委、政府要从协调推进五位一体事业和三个强省建设的高度，把文化改革发展纳入总体规划，摆上位置、加大投入，切实履行领导责任。各级党委主要负责同志一定要按照习近平总书记提出的"四个带头"的要求，把宣传文化工作紧紧抓在手上，经常研究、及时决策，牢牢掌握意识形态工作主导权和文化改革发展领导权。要按照大宣传的工作要求，健全共同推进文化建设的工作机制，文化强省建设以及文化体制改革、精神文明建设、网络文化建设和管理、扫黄打非、对外宣传等各个领导机构及其办公室，都要加强统一领导和协调指导，动员各条战线、各个部门一起来做，使宣传文化战线与党政各部门、社会各方面之间，宣传文化战线各个部门之间，形成上下贯通、左右协同、各方联动、积极主动的强大合力。省里今年将建立以"八个强"为主要内容的文化强省建设目标体系，启动两年一度的文化强市、文化强县评选，进一步掀

起文化改革发展的新热潮。

三、锤炼能力作风，为文化强省建设提供有力保障

“八个强”要真正强起来，首要的是全战线的能力素质、工作作风强起来。要坚持抓源头、重实践、搭平台、强机制，努力锻造一支既有很强的政治意识大局意识、又有很强的责任担当，既保持优良传统、又适应新形势新要求的文化强省建设主力军。

*一要解放思想，更加自觉地拓宽视野拉高标杆。*思想解放的程度，决定着改革的深度、开放的力度、发展的速度。要在争创一流中解放思想，振奋精神、自我加压，以横比争先、纵比进位的精神向一流看齐，在对标全国“十强”中找准工作方位、明确努力方向，领先的要争取更好名次，靠后的要确保位次前移。要在开阔眼界中解放思想，跳出安徽看安徽、走出安徽长见识，打破思维惯性，消除畏难情绪，汲取先进经验，焕发想干事的激情，增添干成事的底气。要在解放思想中统一思想，以远大目标凝聚广泛共识，以实际成果坚定发展信心，寻求“最大公约数”，汇聚起支持、参与文化强省建设的强大正能量。解放思想，领导干部要带头。要勇于把自己摆进去，做到内与外统一、知与行合一，以自己的奋发进取，带动全战线的思想大解放、工作大提升。

*二要加强学习，更加有效地提升能力素质。*丰富的知识、深厚的学养和过硬的业务，是搞好工作、推进“八个强”的必备前提。要完善干部教育培训和实践锻炼制度，大力开展领导干部、专业技术人员、基层宣传文化骨干等分类分级、全员培训，启动实施2014—2015年度干部教育培训工作计划，对全系统3500多人开展54期培训。办好宣传文化系统读书报告会和部机关“宣传文化双周大讲堂”，打造读书学习的“高端课堂”。要健全完善干部在职学习等制度，重点推动省直宣传文化单位中青年业务骨干到基层挂职锻炼，增强理论联系实际的能力。全战线广大干部职工都要大兴学习之风，系统学习党的创新理论特别是习近平总书记系列讲话精神，深学政治，精学业务，广学历史、经济、科技等各领域知识，不断提高应对复杂形势、驾驭意识形态工作、推动文化事业产业发展的能力，真正成为在理论上、笔头上、口才上或其他专长上都有“几把刷子”、让人信服的行家里手。

*三要改进作风，更加主动地服务基层服务群众。*教育实践活动有期限，贯彻群众路线无限期。要进一步巩固发展好第一批教育实践活动成果，实现第二批活动扎实开局，形成无缝对接、上下联动的整体效应。要牢牢把握世界观人生观价值观这个“总开关”，进一步增强党性修养和党性锻炼，坚定信仰追求、增强服务意识、树立为民情怀，始终保持改进作风的思想自觉和行动自觉。要紧紧抓住“四风”整治不放，保持足够的力度和韧劲，驰而不息地加以推进，承诺解决的要兑现，已经纠治的防反弹，深层次问题敢触及，新出现的问题不放过。持续深化“四治一改”，深入查找、强力整治文山会海、奢华演出、新闻敲诈、虚假广告等群众反映强烈的突出问题，严格执行省属国有文化企业领导人员职务消费等管理办法。要深入开展党风廉政建设和反腐败斗争，认真履行主体责任，维护政治纪律，严明组织纪律，落实各项规定，筑牢拒腐蚀、永不沾的坚固堤坝。要突出服务基层、造福群众，深化拓展“走转改”活动，建立党员领导干部定点联系服务困难地区制度，深入群众、问需问计，在走进群众中引导和赢得群众。完善调研工作长效机制，围绕“八个强”中的重大问题、难点问题深入开展调研，助力工作又好又快推进。

*四要真抓实干，更加有为地履职尽责。*实现“八个强”，关键看落实。要强化虚功实做、讲求实效的工作理念，按照“八个强”的安排部署，做到“一个领域工作、一位牵头领导、一个实施方案、一套推进人马”，务求执行效能和工作效果最大化。要在整体推进的同时重点突破，针对“八个强”中最有基础、最有优势、最有潜力的重点领域以及缺项短板、薄弱环节，确立一批重大项目、关键工程集中力量加以实施，不见成效不放手。要敢抓敢管敢于负责，勇趟文化改革的深水区、冲破影响文化科学发展的利益格局、直面各类宣传文化阵地和意识形态领域的风险挑战，旗帜鲜明、立场坚定，遵从指挥、听从号令，不回避矛盾、不避重就轻、不推诿扯皮，确保攻坚攻得下、守土守得牢。要强化一抓到底的实干之风，用“钉钉子”的精神，以踏石留印、抓铁有痕的干劲，一项一项、一步一个脚印地抓，做到督查有力、赏罚分明，形成人人讲责任、事事重落实的良好氛围。

在省文联第六次代表大会上的讲话

（2014年12月26日）

中共安徽省委书记　张宝顺

各位代表，同志们，朋友们：

在全省上下深入贯彻党的十八届四中全会精神之际,我们欢聚一堂，隆重举行安徽省文联第六次代表大会，这是全省文艺界的一次盛会，也是全省人民文化生活中的一件大事。我代表省委、省政府，对大会的召开表示热烈的祝贺！向长期以来关心支持安徽文艺工作的中国文联，向莅临大会指导的中国文联党组书记、副主席赵实同志，表示衷心的感谢！向各位代表和全省广大文艺工作者，致以崇高的敬意和诚挚的问候！

安徽人文璀璨，钟灵毓秀，文脉浩荡，在中华文明孕育发展的历史长河中，屡开风气之先，人才佳作辈出。老庄哲学、建安文学、徽州文化、桐城文派博大精深，文房四宝、徽剧、黄梅戏、花鼓灯异彩纷呈，这是江淮儿女引以为豪、倍加珍惜的宝贵财富。新世纪以来，全省广大文艺工作者牢记神圣使命，把握时代大势，积极投身兴皖富民的火热实践，奉献了一大批思想内涵丰富、艺术品质上乘的精神食粮，涌现了一大批有建树、有影响的杰出人才，呈现出百花竞放、精品迭出的动人景象。特别是在我省举办一系列大事要事的过程中，总有文艺工作者辛勤耕耘的身影，总有文艺工作者创新前行的足迹，总有文艺工作者倾心谱写的华章。实践证明，我省广大文艺工作者是一支胸怀理想、勇于担当的队伍，是一支锐意进取、乐于奉献的队伍，是一支值得信赖、大有可为的队伍。我们对大家取得的骄人业绩，感到由衷欣喜！对大家作出的重要贡献，由衷欣慰、衷心感谢！

文艺是民族精神的火炬，是时代前进的号角。72年前，毛泽东主席在延安文艺座谈会上发表重要讲话，从根本上回答了革命文艺的方向、道路和原则，开启了文艺事业的新纪元。72年后，习近平总书记在文艺工作座谈会上发表重要讲话，深刻阐述了新的时代条件下文艺事业的立场、观点和方法，是指导当前和今后一个时期文艺工作的纲领性文献。当前，安徽正处在全面建成小康社会关键时期，波澜壮阔的改革进程，如火如荼的发展实践，既呼唤文艺事业大繁荣大发展，也为文艺创作提供了大空间大舞台。希望广大文艺工作者坚持以习近平总书记重要讲话为引领，立时代潮头，举精神之旗，强文化自信，努力创作生产更多无愧于历史、无愧于时代、无愧于人民的优秀作品，推动安徽文艺事业走向更加蓬勃发展的新春天。

一要坚持先进文化的前进方向，高扬中国梦的主旋律。“文章合为时而著，歌诗合为事而作。”一切优秀的文化创造，一切传世的精品力作，都是时代的产物。现在，实现中华民族伟大复兴的中国梦，已经成为中华儿女的共同理想，代表了全体人民的根本利益。广大文艺工作者要充分认清自己所肩负的历史使命，坚定道路自信、理论自信、制度自信，以文化自觉彰显信仰之美，把艺术追求融入时代潮流，推出更多有筋骨、有道德、有温度的文艺作品，为实现中国梦凝聚精神力量、插上腾飞翅膀。中国梦是国家梦、民族梦、人民梦，我们每个人都是“梦之队”的成员，都是中国梦的参与者和书写者。广大文艺工作者要把这份真情、这份挚爱，融入到安徽改革发展的大潮之中，从江淮儿女追梦圆梦的生动实践中汲取营养、挖掘素材、提炼主题，推出更多具有安徽元素、安徽风格、安徽气派的精品力作，讲好安徽故事，彰显徽风皖韵，奋力谱写实现中国梦的安徽篇章。

二要坚持以人民为中心的创作导向，唱响为民放歌的好声音。人民性是社会主义文艺的价值底色，是文艺事业繁荣发展的生命源泉。广大文艺工作者要始终把人民放在心中最高位置，把为人民服务作为最大天职，把人民满意作为最终追求，坚持笔触伸向人民、镜头对准人民、文艺献给人民，真正解决好“为了谁、依靠谁、我是谁”的根本问题。前不久，我省文艺战线组织开展“千名文艺家下基层采风”活动，既送去文艺、播下火种，又采集灵感、创造佳作，取得丰硕成果，引起强烈反响。要进一步深化“深入生活、扎根人民”主题实践活动，与生活面对面，与人民心贴心，从人民的生活体验中找寻创作的源泉，不断进行生活和艺术的积累，不断进行美的发现和美的创造。文艺离不开人民，人民更需要文艺。要坚持文化惠民、重心下移，积极适应群众文化需求的新特点新变化，开展更多符合百姓口味、群众喜闻乐见的送文化活动，鼓励发展乡土文化、地域文化，更好地满足人民群众多层次、多样化、多方面的精神文化需求。

三要坚持向上向善的价值取向，彰显文化人的正能量。“诗言志，歌咏言。”古今中外，凡是留得住、传得开、影响深的经典作品，无不蕴含着深刻的思想内涵，体现着鲜明的价值取向。在当代中国，社会主义核心价值观是全体人民的共同价值追求，是我们生而为中国人的独特精神支柱。广大文艺工作者要自觉践行社会主义核心价值观，找准与人们情感世界的契合点，把社会主义核心价值观生动活泼、活灵活现地体现在文艺创作之中，在春风化雨、润物无声中感染人、滋养人、引领人。近年来，我省涌现了一大批感人至深、令人敬佩的“安徽好人”、道德模范，展现了江淮儿女的优秀品质，为文艺战线弘扬社会主义核心价值观提供了丰厚的创作土壤。要更加关注群众身边的榜样，用栩栩如生的作品形象、丰富多彩的艺术形式，宣传最美人物，弘扬最美精神，放大立体效应，让道德盆景变成靓丽的道德风景，构筑安徽人共有的精神家园。“书中乾坤大，笔下天地宽”。要把创作生产优秀作品作为文艺工作者的中心任务和立身之本，志存高远、孜孜不懈，潜心创作、精雕细琢，以“十年磨一剑”的恒心，打造更多思想性、艺术性、观赏性相统一的传世佳作。总书记强调，“文艺不能当市场的奴隶，不要沾满了铜臭气。”要处理好经济效益和社会效益的关系，始终把文艺的社会效益放在首位，坚守文艺的审美理想，保持文艺的独立气节，以文质兼修、形神具备的作品赢得社会的推崇、赢得市场的认可。

四要坚持德艺双馨的崇高志向，争当时代风气的引领者。文艺工作者是启迪心智、塑造灵魂的工程师，道正才能功成，大德之人方能出大家之作。近代以来，安徽涌现出的黄宾虹、张恨水、田间、鲁彦周、严凤英等一批大师名家，正是因为他们具有艺术之精、人格之美、品德之善。广大文艺工作者要传承老一辈文艺家的优良传统，坚守“爱国、为民、崇德、尚艺”的职业道德，笃定志向，坚定信念，不断提高学养、涵养、修养，为历史存正气，为世人弘美德，为自身留清名。要牢记社会责任，像爱护眼睛一样珍惜人民给予的荣誉，坚决同低俗、庸俗、媚俗之风作斗争，维护文艺作品的品质和尊严，争当时代风气的先觉者、先行者、先倡者。“江山代有才人出，各领风骚数百年。”人才培养是文艺事业繁荣发展的根本大计，要大力培养文艺皖军的带头人和后备队，以老带新，不拘一格，努力形成老艺术家壮心不已、文艺新人不断涌现的生动局面。

同志们，朋友们！文艺事业是党和人民事业的重要组成部分，关心爱护文艺工作者是我们党的优良传统。各级党委要加强和改进对文艺工作的领导，认真贯彻党的文艺方针政策，切实把文艺工作摆上重要议事日程，深入研究事关文艺发展的重大问题，高度重视文艺阵地建设和管理，牢牢把握文艺发展的正确方向。要充分尊重文艺工作者的创作个性和创造性劳动，诚心诚意同文艺工作者交朋友，做到政治上充分信任、创作上热情支持、生活上真诚关怀，营造有利于文艺创作的良好环境。要遵循文艺工作规律，适应文艺工作对象、方式、手段、机制的新情况新特点，完善管理体制和政策措施，创新组织形式和活动方式，不断提高领导文艺工作的能力和水平。

文联是党和政府联系广大文艺工作者的桥梁和纽带，是建设文化强省的重要力量。安徽省文联成立60年来，发挥自身优势，切实履行职能，做了大量卓有成效的工作。面对新形势新任务，要继续坚持围绕中心、服务大局，更好地履行联络、协调、服务的基本职责，更好地发挥组织、引导、维权的重要作用，努力建设成为文艺工作者的温馨之家、和谐之家。

同志们，朋友们！“日出江花红胜火，春来江水绿如蓝。”这是一个昂扬向上、饱含激情的时代，这是一个充满希望、放飞梦想的时代。让我们紧密团结在以习近平同志为总书记的党中央周围，团结一心，开拓奋进，共同谱写安徽文艺事业繁荣发展的新篇章，奋力开创打造三个强省、建设美好安徽、全面建成小康社会的新局面！

祝大会圆满成功！

在省文联第六次代表大会闭幕式上的讲话

（2014 年 12 月 27 日）

中共安徽省委常委、宣传部部长　曹征海

各位代表、同志们：

安徽省文学艺术界联合会第六次代表大会，经与会代表的共同努力，圆满完成了预定的各项议程，就要胜利闭幕了。这次会议是在文艺界广泛开展“深入生活、扎根人民”主题实践活动之际召开的一次盛会，是承前启后、继往开来、凝聚力量、团结奋进的一次大会。会议高举中国特色社会主义伟大旗帜，深入贯彻习近平总书记在文艺工作座谈会上的重要讲话精神，总结过去、分析形势、规划未来，顺利选举产生了新一届省文联委员会和领导班子。会议的成功召开，必将对我省文艺事业的繁荣发展产生重大促进作用。由于年龄的原因，一些老同志不再担任文联领导职务。在此，我代表省委，向离任的五届主席团成员表示崇高敬意！向新当选的各位文联主席团成员、委员和聘请的名誉主席，表示热烈祝贺！向与会代表并通过你们向全省广大文艺工作者，致以诚挚问候！

中国文联、安徽省委对这次大会十分重视。中国文联党组书记、副主席赵实同志亲临会议并作了重要讲话。会前，省委常委会专门听取了省文联的工作汇报，对搞好换届提出了明确要求。宝顺书记、学军省长、明方主席、锦斌副书记、承沛秘书长、世凯副主任、广祥副省长出席了开幕式。宝顺书记发表了重要讲话，充分肯定了省文联成立 60 年特别是第五次文代会以来取得的显著成绩，以“四个坚持”对当前及今后一段时期我省文艺工作和文艺事业作出了规划部署、确立了前进方向。我们一定要认真学习领会，抓好贯彻落实。

各位代表、同志们，五年一届的文代会，意味着文艺发展一个新的开始。中华民族复兴的伟大时代赋予责任使命，美好安徽建设的火热实践给予空间舞台。今后五年，安徽文艺怎么发展、应该有什么样担当，如何才能不负省委的重托和人民的期待，是摆在文艺战线面前必须回答而且要解决好的重大紧迫课题。下面，我就贯彻落实宝顺书记重要讲话精神、推进新形势下的文艺繁荣发展，强调三点意见，与同志们共勉。

一、安徽文艺要大力发扬光荣传统，讲好中国故事安徽故事，着力建构“文艺皖军”新的高峰

今年恰逢省文联成立 60 周年。与全省经济社会发展一样，文艺工作站在了新的历史起点上。以习近平总书记亲自主持召开文艺工作座谈会为标志，我国文艺发展迎来又一个繁荣的春天。文艺战线要抢抓机遇，继承安徽文艺的光荣传统，当好安徽文脉的薪火传人，高擎精神火炬，吹响时代号角，鼓舞全省人民朝气蓬勃迈向未来。

*一要更加注重弘扬主流旋律和主流价值。*民族复兴的中国梦，将国家、民族、人民联系起来，将中国、世界、人类联系起来，是中国人民和中华民族的价值体认和价值追求，成为激励中华儿女团结奋进、开辟未来的一面精神旗帜。中国梦是一种形象表达，充满想象，有一种憧憬美，得其大可兼其小，见其小可观其大，很适合以艺术形式来展现。现在，中宣部正在组织开展以中国梦为主题的文艺创作活动。全省各个门类的文艺家都要积极作为、始终聚焦，把描绘中国梦、弘扬中国梦、抒发中国梦的美好憧憬，作为应有的历史担当，增强“讲好故事”意识，立足安徽、着眼全国、面向世界，运用文学、戏剧、影视、音乐、美术、摄影、杂技、动漫、纪录片、微电影等一切艺术形式，全景展示普通劳动者通过辛勤劳动创造美好生活的感人故事，生动讲述中国人安徽人的光荣与梦想、奋斗与成功，激励人们投身实现中国梦的伟大事业，奏响走向复兴的时代最强音。要将展现中国梦与弘扬当代中国价值观念结合起来，把核心价值观 12 个主题词、24 个字作为灵魂，深刻地融入艺术创作生产之中，坚持以文载道、以文化人，注重寓教于乐、寓美于乐，通过精彩的故事情节、生动的镜头语言、丰满的舞台形象、圆润的歌喉唱腔，积极反映历史大势、讴歌人间真情，塑造美好心灵、追求幸福生活，弘扬真善美、贬斥假恶丑，唱响时代主旋律、传播社会正能量，给人以奋斗的激情

和前行的动力。

二要更加注重以人民为中心的创作导向。文艺为什么人的问题，一直以来都是根本的问题、原则的问题。总书记强调，社会主义文艺，从本质上讲就是人民的文艺，人民需要文艺，文艺需要人民，文艺要热爱人民。应当看到，一旦离开人民的阅读、人民的收听、人民的收看，文艺就会变成无根的浮萍、无病的呻吟、无魂的躯壳。要推动“深入生活、扎根人民”主题实践活动向纵深发展，继续在“采、创、送、种”上下功夫，以最广大人民为表现主体和服务对象，从人民创造实践中提炼主题，从人民审美需要中汲取灵感，更好为人民抒写、为人民抒情、为人民抒怀。要认真总结“千名文艺家下基层采风”活动成功经验，建立健全常态化深入生活的工作机制，深化“走转改”、践行“三贴近”，推动作家艺术家把艺术的触角植根生活，把版面荧屏多留给基层，把镜头话筒多对准群众，倾听群众呼声、了解群众意愿、表达群众诉求，始终欢乐着群众的欢乐、忧患着群众的忧患，始终保持作品的群众立场和生活温度。要坚持把社会效益放在首位，正确处理义与利、社会价值与市场价值的关系，兼容整合、执其两端、把握好度，绝不让文艺沾染铜臭气、成为市场的奴隶，真正使远离低俗、不唯功利成为文艺的新常态，从而不断为人民群众提供更多更好的精神食粮。

三要更加注重坚守和传承优秀传统文化。不忘本来才能开辟未来，一个国家和地区的文化发展、文艺繁荣，必须从优秀传统文化中汲取营养、汲取力量。安徽是中华文明的重要发祥地，徽文化是中国三大地域文化之一，徽剧是京剧的前身，老庄道家学说与儒家、释家学说共同构成支撑中华传统文化的三大支柱，对中华文明的形成、民族精神的传承具有重要而独特的作用。越是民族的越是世界的。在当今世界全球化、信息化的大趋势下，民族的、本土的文化传统具有不可替代和复制的重要价值，同时也面临被边缘、取代、衰落甚至消亡的危险。广大文艺工作者要自觉坚守中华文化立场，植根安徽文化沃土，礼敬自豪地对待优秀传统文化，从恢弘的历史篇章、丰富的文化典籍、传奇的人物故事、伟大的发明创造、多姿多彩的民族民间文化中，吸收人文精华、挖掘思想价值，并很好地体现到创作生产各方面，使我们的作品有文化内涵和历史纵深。文艺创作传承文化传统的血脉，绝不能简单复古复旧，而是要古为今用、辨证取舍，摒弃消极因素，继承积极思想，做到与时俱进，实现传统文化的创造性转化和创新性发展。要把弘扬优秀传统文化作为省“四个十”和市“四个一”文化品牌打造的重要方面，各个艺术门类都要规划一批重点作品，发挥本土力量优势，吸引高端团队加盟，推出更多反映“文化中国”、体现“美好安徽”的大戏佳片好书名作，让中华文化基因生生不息、让安徽文化历史薪火相传，健步豪迈地走向世界。

二、安徽文艺工作者要执着坚守德艺双馨的崇高追求，当好时代风气的先觉者先行者先倡者，奋力谱写艺术人生新的篇章

文艺的发展首先看作品，优秀作品的背后是好的作家、好的艺术家。文艺作为创造性的精神劳动，所有文艺作品实质是作者境界功底的外化，作家艺术家自身的思想水平、业务水平、道德水平，在文艺创作生产中起着决定性作用。提升安徽文艺、安徽文艺在全国的地位，需要一大批文艺名家来引领，需要一大批精品力作来支撑。安徽文学艺术界要确立新的艺术标杆，全面提振争创一流的精气神，汇聚起新时期安徽文人的正能量。

一要始终保持文化定力、文化自信。文艺是人类的审美意识形态，文艺工作是意识形态工作的重要方面。当前，文艺界存在一些偏激思想和不良倾向，比如，过度娱乐化、颠覆历史、扭曲经典，盲目西化甚至去中国化等等。抵御西方意识形态渗透，抵制不良思想文化侵蚀，推进全社会“三个自信”，要求广大作家艺术家在根本性问题上保持定力、增强信心，自觉用马克思主义文艺观武装头脑、指导创作，坚持中国特色社会主义共同理想，坚守和传承中华文化基因，展现中华审美风范，不断壮大社会主义主流文化。

二要始终秉持社会责任、道德操守。人品决定艺品，立艺必先立德。作为公众人物，每一位作家艺术家都要牢固树立良好的社会公德、职业道德、家庭美德、个人品德，讲正气、走正道、树正气，自觉承担起引领文明道德风尚的社会责任。要积极响应中国文联发起的倡议，模范践行“爱国、为民、崇德、尚艺”的文艺界核心价值观，珍视人民的爱戴、艺术家的荣誉和粉丝的崇拜，坚决反对享乐主义、拜金主义和追求低级趣味的错误倾向，自觉抵制黄赌毒黑等违法乱纪行为，铁肩担道义、妙手著文章，以文艺人清新的形象，助推社会文明进步。

三要始终坚守艺术理想、曲高和众。一个地方的文艺地位，是由领军人物撑起来的。安徽历史上建安文学、桐城文派、新安画派、徽剧的地位，新中国成立后黄梅戏、花鼓灯、“反思文学”的地位，都是因为有一批文学巨匠、艺术大师。与辉煌的过去相比，现在安徽文学艺术界还缺少泰斗级人物，亟须“续上香火”，重振“文化皖军”的雄风。宝剑锋从磨砺出，梅花香自苦寒来，成为名师大家是一个漫长而痛苦的淬炼过程。全省广大作家艺术家要志存高远、宁静致远，耐得住清苦寂寞，经得住名利诱惑，拿出曹雪芹“披阅十载”写《红楼梦》的那种执着，用情、用功、用时间去锤炼作品，不断攀登文学和艺术的高峰。

四要始终坚持博采众长、兼收并蓄。闻道有先后，术业有专攻。但凡功成名就的艺术大家，往往都是精通一门、兼知其他、涉猎广泛、学养广博的一代宗师。全省作家艺术家要主动适应时代需要，自觉加强学习，优化知识结构，广采博取众收，多方借鉴艺术各领域各门类的有益养分，积极吸收世界各民族文化的优秀成果，从新知识、新技术、新应用、新市场中寻找文艺创新的闪光点和切入点，努力做到“笼天地于形内，挫万物于笔端”。要大力提倡团队合作精神，杜绝“文人相轻”、“门户之见”，相互尊重、平等交流，取长补短、借鉴提高，共同维护安徽文艺界风清气正、和谐奋进的良好形象。

三、安徽文联要切实加强自身建设，发挥桥梁纽带作用，努力打造文艺工作者温馨和谐新的家园

宝顺书记在开幕式讲话中特别强调，面对新形势新任务，省文联要继续坚持围绕中心、服务大局，更好地履行联络、协调、服务的基本职责，更好地发挥组织、引导、维权的重要作用。希望省文联新一届委员会要认真贯彻落实好这一要求，适应形势变化，科学谋划推进，充分发挥职能作用，努力把全省广大作家艺术家紧紧团结凝聚在党和政府的周围。

一要发挥“联”的作用，不断提升善联系、善联合、善联动的能力水平。文联文联，关键在“联”，“联”是工作方式、也是事业抓手。文联作为党领导的人民团体，作为党委、政府联系文艺界的桥梁和纽带，具有天然的人民性、群众性。要遵循自身特点，积极主动地开展工作，努力做到作家艺术家在哪里，文联工作就跟进到哪里。要大力探索新形势下适应政府职能转变要求、符合文艺发展规律和人民团体特点的管理体制、运行机制，着力做好“联”字文章，对上加强与中国文联沟通联系，横向推进与兄弟省力量联合，向下整合资源形成联动，重在“联”上履行职责，重在“联”上赢得人心，把广大文艺工作者团结起来、凝聚起来，为我省文艺事业发展、文化“八个强”建设建言献策、建功立业。

二要改进提升服务，努力培育出作品、出人才、出形象的文艺生态。“联”说到底就是服务，服务就是文联的最大优势。文联作为群众组织，要坚决摒弃衙门作风，把服务作为文艺工作的生命线，努力为文艺工作者做好事、办实事、解难事。要尊重文艺规律和人才成长规律，尊重劳动、尊重知识、尊重人才、尊重创造，充分发扬艺术民主和学术民主，加强和改进文艺评论。要推动文艺家常下基层、常在基层，创新和完善保障服务制度，为文艺家特别是老艺术家采风、办展、出书等活动提供支持，更好发挥他们的“传帮带”作用。要把新的文艺组织和网络作家等自由职业者纳入服务的范围，加强培训，加强引导，培育新人、提携新秀，让他们在文艺道路上越走越宽，促进安徽文艺人才脱颖而出、优秀作品竞相涌现、文联形象牢固树立。

三要强化团结奋进，努力形成讲政治、讲大局、讲奉献的生动局面。文联工作强不强，关键在领导班子和领导干部。新一届省文联领导班子要深入学习贯彻习近平总书记系列重要讲话精神，紧抓思想政治建设这个根本，站稳政治立场，遵守党的纪律，深化作风建设，不断提高班子的凝聚力、创造力、战斗力。要全面落实党风廉政建设主体责任，贯彻执行以民主集中制为核心的党的组织制度，坚持党的干部路线和“好干部”的标准，既把工作抓上去，又把队伍带上来。文联工作的成效、水平和质量，与各专业文艺家协会工作息息相关。要把各专业协会做大做强、做活做实，坚持着眼大局、政治把关、统筹规划、宏观管理、有效服务，推进简政放权，做到充分放手，更多激发各专业协会的积极性、主动性和创造性，真正激活文联工作来自基层的内生动力。

各位代表、同志们：在每一个历史的关键时期，一代代作家艺术家都自觉主动地担当起了自己的神圣使命，为推动社会前行、激励人民奋进奉献了青春和才华。省文联第六次代表大会即将闭幕，新的征程已经开启。让我们齐心协力、真抓实干，承继传统、开拓创新，共同开创安徽文艺和安徽文联更加辉煌灿烂的明天！

元旦将至，祝各位代表和艺术家在新的一年里身体健康、阖家幸福、创作丰收。

谢谢大家！

在省社科联第七次代表大会上的讲话

(2014年12月29日)

中共安徽省委副书记　李锦斌

各位代表、同志们：

安徽省社会科学界联合会第七次代表大会今天隆重开幕了。这是我省哲学社会科学界的一次盛会。受张宝顺书记、王学军省长的委托，我代表省委、省政府，向大会的召开表示热烈祝贺！向与会代表和全省广大哲学社会科学工作者致以诚挚问候！

省社科联第六次代表大会以来，全省各级社科联组织高举中国特色社会主义伟大旗帜，深入学习贯彻习近平总书记系列重要讲话精神，坚持服务党委政府、服务人民群众、服务社科界，精心打造"学界兴皖""厚重安徽""名家巡讲""人文讲坛"等载体平台，深入开展理论研究、决策咨询、学术交流、社科普及等各项工作，有力促进了我省哲学社会科学事业的繁荣发展。全省广大哲学社会科学工作者坚持正确政治方向，大胆探索，扎实工作，推出了一批有理论深度和实用价值的优秀成果，涌现出一批理论功底扎实、富有创新精神的学术带头人和科研骨干，为各级党委、政府的科学决策提供了智力支持，为打造三个强省、建设美好安徽作出了积极贡献。

哲学社会科学担负着认识世界、传承文明、创新理论、咨政育人、服务社会的重大使命。中央和省委历来高度重视哲学社会科学。党的十八大明确提出，要深入实施马克思主义研究和建设工程，建设哲学社会科学创新体系。习近平总书记先后就加强宣传思想工作及繁荣发展哲学社会科学作出了一系列重要指示，为我们指明了前进方向。张宝顺书记多次强调，要认真学习贯彻中央精神，实施哲学社会科学创新工程，推进哲学社会科学繁荣发展。全省广大哲学社会科学工作者要按照中央和省委的部署，深入学习贯彻习近平总书记系列重要讲话精神，坚持以研究回答重大理论和现实问题为主攻方向，着力推进理论创新、学术创新，着力多出成果、多出人才，为全面建成小康社会、全面深化改革、全面推进依法治省、全面从严治党，提供强大的智力支持和理论支撑。

第一，要突出主题主线，在深化理论研究阐释上作出新贡献。中央强调，哲学社会科学战线要紧紧围绕坚持和发展中国特色社会主义这个主题主线，加强对重大理论问题的研究。要牢牢把握主题主线，集中骨干力量，加强综合攻关，努力推出一批重大理论成果，为增强道路自信、理论自信、制度自信提供坚实学理支撑。要着眼推进理论武装，深入研究阐释党的十八大及十八届三中、四中全会精神，特别是习近平总书记系列重要讲话精神，深刻阐明系列重要讲话的重大意义、精神实质和根本要求，深刻阐明中国梦的基本内涵和实现中国梦的现实路径、价值支撑、动力源泉，不断增强干部群众的思想认同、理论认同和情感认同。要着眼引领社会思潮，深入辨析批驳意识形态领域的各类错误观点，以令人信服的研究成果揭示其本质危害，帮助干部群众划清是非界限、澄清模糊认识，坚定不移地巩固壮大主流思想舆论。要着眼弘扬核心价值观，深入宣传解读社会主义核心价值观的丰富内涵和实践要求，帮助不同行业、不同地方提炼各自的行业精神、地方精神，努力让"三个倡导"入脑入心、成为全社会的价值共识和自觉追求。

第二，要贴近决策需求，在推动改革发展上取得新成绩。服务党委政府决策、推动解决实际问题，是哲学社会科学价值和优势的集中体现。要坚持理论联系实际，以我们正在做的事情为中心，着力加强全局性、战略性、前瞻性问题研究。要紧紧围绕描绘宏伟蓝图，深入研究阐释新常态下的趋势性变化，分析安徽发展的阶段性特征，探讨当前和今后一个时期的目标任务，为省委省政府谋划改革方案、编制"十三五"规划等当好智囊高参。要紧紧围绕实施重大战略，深入研究阐释国家优化经济发展空间格局的总体部署，探索长江经济带建设以及加快皖北、皖南和大别山区发展的思路对策，提出推进新型城镇化、建设美好乡村的意见建议，为推动各项决策部署落地生效贡献智慧力量。要紧紧围绕化解焦点难点问题，深入研究阐释经济下行压力较大、转方式调结构任务艰巨、实体经济发展困难增多等问题的背景成因，梳理分析重点领域改革可能遇到的障碍藩篱，探寻解难题、啃骨头、往前走的思路办法，为全面深化改革、提高经济发展质量效益、维护社会和谐稳定发挥好思想库作用。

第三，要践行根本宗旨，在服务基层群众上展现新作为。坚持人民至上，是以马克思主义为指导的哲学社会科学工作的本质要求，也是我省哲学社会科学工作者的优良传统。要始终坚持为人民服务、为社会主义服务，坚持贴近实际、贴近生活、贴近群众，切实解决好哲学社会科学工作"为了谁、依靠谁"和"从哪里来、到哪里去"等重大问题。要落实群众路线要求，持续深化"走转改"活动，走出机关，走出大院，走出书斋，努力在扎根群众中锤炼思想品质、增强创新能力，在深入基层中培养社会责任、提升学术水平。要关注群众现实诉求，认真倾听人民群众呼声，积极探索做好教育就业、医疗卫生、公共文化、社会保障、棚户区改造等民生工作的办法，努力推动解决人民群众最关心最直接最现实的利益问题。要顺应群众精神文化需求，继续完善"社科名家大巡讲"、"安徽人文讲坛"等，运用通俗易懂的语言、群众喜闻乐见的形式，广泛宣传哲学社会科学知识，不断提高广大群众的人文修养和综合素质。

第四，要加强自身建设，在打造一流智库上迈出新步伐。习近平总书记强调，要从推动科学决策、民主决策，推进国家治理体系和治理能力现代化、增强国家软实力的战略高度，把中国特色新型智库建设作为一项重大而紧迫的任务切实抓好。希望省社科联发挥智力优势，着力打造在省内有较大影响、在全国有一定知名度的智库，全面提升自身建设科学化水平。要完善学科发展布局，按照优化基础性研究、强化应用性研究、突出政策性研究的要求，突出优势学科，体现学术特色，进一步推进学科体系、学术观点和科研方法创新，努力形成具有鲜明时代特征、中国特色、安徽地域特点的哲学社会科学创新体系。要健全成果运用机制，充分运用"学界兴皖"、"安徽智库论坛"等对接实际工作的平台，拓宽推介优秀成果的渠道，提升研究成果转化率，更好地实现社科研究与党政科学决策有效互动、与理论普及宣传有机结合。要抓好人才队伍建设，着眼出大作、出大家，精心培育骨干团队，不断提升整体水平，努力打造一支政治坚定、业务精湛、结构合理、乐于奉献的哲学社会科学工作者队伍。

哲学社会科学工作，是党的一项十分重要的工作。各级党委要加强组织领导，加强工作指导和统筹协调，牢牢把握党对意识形态工作的领导权、管理权、话语权，确保哲学社会科学沿着正确方向繁荣发展。要发挥外脑作用，经常就经济社会发展的重大决策注重听取哲学社会科学专家的意见，重视运用哲学社会科学的成果。要创新管理体制，整合研究力量，加大投入力度，努力营造求真务实、开拓创新、和谐宽松的良好环境。

社科联是党和政府联系广大社科工作者的桥梁和纽带，是促进哲学社会科学事业繁荣发展的重要力量。各级党委要积极支持社科联组织依照法律和章程独立自主地开展工作，及时研究解决社科联工作遇到的实际困难，努力把社科联建设成为帮助干部群众提高素养的重要基地，促进社科成果转化的重要平台，推动社科知识普及的重要窗口，凝聚社科工作者的温暖之家。

各位代表、同志们，理论源于实践又指导实践。安徽改革发展的生动实践，为哲学社会科学繁荣发展提供了丰沛的源头活水。让我们紧密团结在以习近平同志为总书记的党中央周围，坚持正确导向，服从服务大局，发扬学术民主，锐意改革创新，努力推动我省哲学社会科学实现新的发展，为加快建设美好安徽、全面建成小康社会作出新的贡献。

预祝大会圆满成功！

在省社科联第七次代表大会闭幕式上的讲话

（2014年12月30日）

中共安徽省委常委、宣传部部长、省社科联主席　曹征海

各位代表、同志们：

安徽省社会科学界联合会第七次代表大会，顺利完成各项议程，就要闭幕了。这是我省哲学社会科学界的一次历史性盛会。全省社会科学界的代表济济一堂、建言献策，共商哲学社会科学繁荣发展大计，认真审议并通过了《安徽省社会科学界联合会第六届委员会工作报告》《安徽省社会科学界联合会章程》（修改草案），选举产生了新一届委员会和主席团。大会开得很圆满、很成功，达到了预期目的，必将进一步推动我省哲学社会科学事业的更大发展、更大繁荣。在此，我代表省委，对第六届委员会的辛勤工作，表示衷心感谢！向新当选的第七届委员会和主席团，表示热烈祝贺！向各位代表和全省广大社科工作者，致以诚挚问候！

省委、省政府对这次大会高度重视。会前，省委常委会议专门做了研究，宝顺书记特别要求，全省社科界要把握正确方向、加强理论研究，强化决策咨询、发挥智库作用，坚持改革创新、促进繁荣发展，推动我省由社科大省向社科强省转变，为推进兴皖富民大业提供有力的思想保证、精神动力和智力支持。昨天上午，宝顺书记、学军省长、明方主席、锦斌副书记、承沛秘书长、世凯主任、广祥副省长出席了开幕式。锦斌副书记代表省委、省政府作了重要讲话，充分肯定了省社科联第六次代表大会以来取得的显著成就，从突出主题主线、贴近决策需求、践行根本宗旨、加强自身建设四方面，对进一步繁荣发展我省哲学社会科学事业作出了部署。我们要把思想行动统一到省委、省政府的部署要求上来，抓紧工作、抓紧落实。

各位代表、同志们，本次大会选举我担任第七届省社科联主席，选举马雷等20位同志担任副主席。这是省委、省政府和各位代表对我们的信任和重托。我们深感使命光荣,又倍感责任重大。我们将在省委、省政府的领导下，团结带领广大社科工作者，坚持解放思想、与时俱进，坚持求真务实、真抓实干，遵守省社科联章程，用心做好工作，尽心搞好服务，决不辜负大家的期望。

下面，我就贯彻落实好宝顺书记指示、锦斌副书记讲话以及这次会议精神，做好今后五年全省社科工作和社科联工作，强调几点意见，与同志们共勉。

一、在推进“两个巩固”中担起责任，自觉当好坚守意识形态主阵地的坚强战士

巩固马克思主义在意识形态领域的指导地位，巩固全党全国人民团结奋斗的共同思想基础，是宣传思想工作的根本任务，也是哲学社会科学的根本任务。现在，意识形态领域情况复杂、斗争尖锐，某些西方国家把我国的发展壮大视为对其价值观和制度模式的最大威胁，不断翻新对我施压促变、西化分化的手段，妄图“唱衰中国”、“扳倒中国”。意识形态领域渗透与反渗透将是长期的，可以说，也是一种新常态。社科战线是做思想理论建设工作，直接处于意识形态领域的前沿，要求我们在根本性问题上心有定力、举旗亮剑。

一要自觉保持高度一致。十八大以来，党中央对意识形态工作作出了一系列重大部署，习近平总书记特别强调，决不允许与中央唱反调，决不允许吃共产党的饭、砸共产党的锅。我们一定要强化政治意识、责任意识、阵地意识，把中央和省委的部署要求贯彻到哲学社会科学的各领域各方面，无论是推进理论武装、社科普及，还是开展决策咨询、学术交流，都要坚持党管思想理论不动摇，管控负效应、传导正能量，确保主流思想舆论牢牢占领一切社科理论阵地。

二要加强分析研判和深入引导。最近，省里进一步健全了思想理论舆情研判应对机制，旨在整合思想理论新闻资源，联合内宣外宣网宣力量，力求在打通“两个舆论场”上积极探索，更加有效地用中国特色社会主义理论成果引导舆论，用社会主义核心价值观凝聚人心。社科战线也要建立相应的机制，对意识形态领域特别是思想理论、社会思潮的变迁、动态、动向，以及一段时间以内热炒的思想理论观点和相关代表性观点，综合研判、深度研究，及时对错误的观点进行辨

析和批驳，促进形成主流意识形态的压倒性优势。

三要积极开展网上舆论斗争。适应意识形态斗争主战场转向互联网的新形势，把网上理论引导作为思想理论引导的重中之重，针对西方宪政民主、“普世价值”、西方新闻观、历史虚无主义等错误思潮和主张，发挥社科人才集中、基础研究扎实的优势，运用马克思主义的理论武器，主动出击、反制攻击，把实质讲清楚、把要害讲透彻，起到明方向、划底线、守阵地、防侵蚀的作用，推动形成更加清朗的网上舆论空间。

二、在贴紧跟进大局中主动作为，着力打造服务三个强省的新型智库

总书记指出，改革发展任务越是繁重，就越需要强大的智力支持。前不久，中央全面深化改革领导小组第六次会议审议通过《关于加强中国特色新型智库建设的意见》，为新时期智库发展规划了目标方向，也为哲学社会科学深入研究、深刻回答重大现实问题提供了重要遵循。社科战线要围绕锦斌书记提出的打造一流智库目标，立足安徽、着眼全国、面向世界，实施“四项行动”、建设“四大高地”，不断强化思想引领、深化咨政育人、推进理论惠民，更好的服务安徽全面建成小康社会、全面深化改革、全面依法治省、全面从严治党的大局。

一是实施马克思主义理论研究创新行动，建设党的理论创新成果研究高地。以推进马克思主义中国化时代化大众化为重点，把坚持和发展中国特色社会主义作为主题主线，依托省中国特色社会主义理论体系研究中心，整合高校院所、社科类社会组织研究力量，突出加强对习近平总书记系列重要讲话精神和中国梦的研究阐释，加强对社会主义核心价值观和“四个全面”治国方略的深入研究，致力创新、注重原创，推出一批重大理论成果，为增强“三个自信”提供学理支撑。

二是实施应用对策研究拓展行动，建设经济新常态实践创新研究高地。在全国经济工作会议上，习总书记从九个方面论述了我国经济发展新常态的主要特征，在最近召开的全省经济工作会议上，宝顺书记就我省适应新常态提出“四个更加注重”的工作导向，即更加注重提高发展质量、更加注重深化改革开放、更加注重创新驱动、更加注重破解难题；学军省长也对新常态下安徽经济如何转型做了很多分析。希望大家要以此为主攻方向，突出问题导向，深入开展调查，研究阐释新常态下安徽经济发展的趋势走势，全面分析“一带一路”、京津冀协同发展、长江经济带建设三大战略带来的机遇挑战，为中央战略方针在安徽落地见效出主意、想办法、献良策。

三是实施重点学科提升行动，建设社科优势学科高地。结合“十三五”规划，进一步优化学科布局，巩固文学、史学、哲学、语言学等传统优势学科，总结推广部校共建新闻学院的做法，构建国家—省—院校三级联动、分级建设工作机制，做大做强经济学、政治学、历史学、社会学、法学、管理学、新闻学等学科，力争走在全国前列。在继续扶持基础学科的同时，采取“请进来”与“走出去”相结合的方式，大力发展新兴交叉学科，增强安徽学术发展后劲。

四是实施传统文化传承创新行动，建设安徽文化研究高地。坚守中华文化立场和安徽文化因子，以国家级皖南国际文化旅游示范区建设为抓手，以徽州文化、皖江文化、淮河文化、老庄文化、君子文化等传统文化和明史、近代史等为重点，加强安徽特色历史文化的研究、发掘与弘扬。坚持古为今用、推陈出新，结合时代的新发展新要求，推动传统文化实现创造性转化和创新性发展，加强对外学术交流，不断扩大安徽文化的影响力。

三、在遵循规律特点中改进创新，大力提升社科皖军的核心竞争力

文化是最需要创新的领域，哲学社会科学作为社会主义先进文化的重要组成部分，尤其离不开创新。党的十八大、十八届三中全会提出了新时期哲学社会科学创新体系建设的重要任务，这是当前和今后社科工作的战略重点。我省已经作出哲学社会科学创新工程实施规划，要持续推进、不断深化，推进好精品力作打造、理论社科普及、基础阵地拓展、成果转化助推等“八大工程”，形成学科体系、学术观点、科研方法协同创新的整体优势，努力抢占理论研究制高点、学术发展的话语权。

一要更加注重观念创新。创新的理念和思维，是哲学社会科学研究的灵魂。广大社科工作者要树牢敢于创新、争创一流的学术勇气和学术精神，把创新作为必备的品格、不渝的追求和自觉的实践，以关注前沿、注重前瞻、走在前面的理念，不断发掘新材料、研究新情况、回答新课题、应对新挑战，始终保持“理论之树常青”。要更新思想观念，注重发扬传统和与时俱进相结合，既深深植根安徽地域文化的沃土，从博大精深的优秀传统文化中汲取营养，又紧跟时代前进步伐，主动适应信息化网络化迅猛发展的大势，从新的实践中增添力量，不断有所创造、有所突破。

二要更加注重品牌打造。策划打造宣传文化工作系列品牌，是这两年我省主抓的一项重点工作。不仅文艺工作需要创品牌，社科理论领域也要牢固树立品牌意识，加快凝练形成一批知名度高、竞争力强的全国一流品牌。这方面我们有基础，也有一定的条件。当前，要着力巩固“社科知识普及月”“社科名家大巡讲”“安徽人文讲坛”等宣传普及品牌，着力提升《学术界》《江淮论坛》《安徽史学》等学术期刊品牌，着力推介“安徽发展研究”“经济大讲堂”等社科栏目品牌，着力打响“社科学术年会”“安徽文化论坛”等学术活动品牌，加快构建独具特色的社科理论品牌方阵，展示形象、扩大影响，更好地整合和牵引各项工作。

三要更加注重话语改进。学术话语问题，表面上看是一个“说什么话、怎么说话”的问题，实质上是一个涉及思想传播、价值认同、形象塑造等多方面的重大问题，不仅关系到我们在走出去中能否掌握话语权、赢得主动，更关系到我们在走下去时能否增进认同感、赢得群众。如果讲的听不明、写的看不懂，也就谈不上入脑入心、见行见效。要始终坚持文以载道、经世致用的价值取向，自觉把改文风写新风的要求贯穿社科理论研究和普及全过程，变“作者本位”为“读者本位”“受众本位”，力求做到深入而不深奥、浅出而不浅薄、生动而不生硬、通俗而不庸俗，增强学术成果的亲和力感染力。

四要更加注重机制保障。科学有效的体制机制，能够从根本上激发创新创造的持久动力。哲学社会科学创新工程的实施过程，很大程度上就是通过构建充满活力、富有效率的体制机制，加强协作、集聚优势，不断增强理论创新和实践创新能力。要重点在课题引导、成果评价、经费投入等方面建立规范化制度，在凝练研究方向、配置学术资源、形成核心团队等方面实行项目化运作，用良好的体制机制推动社科理论研究的繁荣发展。当前尤其要突出创新为重、质量第一的导向，着力完善成果评价激励机制。在省委、省政府的关心支持下，省社会科学奖已经恢复为省政府奖，明年将开展第十二届省社科奖评选工作。要修订完善评价标准和奖励办法，重点把是否发现新问题、挖掘新材料，是否提出新观点、构建新理论，作为衡量成果质量高低的主要内容和核心要素，引导广大社科工作者把学术原创作为更高的目标来追求。

四、在建强人才队伍中激发活力，着力打造社科强省的主力军排头兵

人才是社科强省建设的第一资源和核心要素。安徽人文荟萃，有五路社科理论大军，直接从事社科工作的各类研究人才达10万多人，其中副高以上职称1.3万人。虽然人才队伍初具规模，但在结构上还不尽合理，高端人才仍显不足，尤其缺少有全国影响的名家大师。繁荣发展安徽社科事业，必须牢固树立人才是第一资源的理念，坚持出成果与出人才并重，广开育贤之路，广纳各方英才，加快建设一支过硬的社科人才队伍。

一要抓培养抓凝聚。深入实施全省宣传文化系统拔尖人才工程、青年英才工程、名家培养计划，建立健全理论研究、理论宣讲、思想舆论热点引导专家库，着力造就一批学术精湛、带动力强的学科带头人、学术领军人物和名家大师。中青年人才事关事业薪火相传，要加大培养力度，完善进修、培训和选拔机制，通过研修引导、课题攻关、实践锻炼等途径，着力培养一支功底深厚、创造活力突出的中坚和后备力量。探索实行高端人才特聘使用办法，多措并举吸引国内外知名专家学者来皖开展项目合作、聘任兼职，主动对接服务在外皖籍专家学者，把更多的优秀人才团结凝聚到安徽社科事业中来。

二要抓使用抓扶持。坚持选育用相结合，注重在干事创业中造就人才，对那些讲政治、顾大局，学术精、做事实的专家学者，对那些有潜力、有发展前途的社科理论苗子，要多压担子、多给任务，在社科规划、项目立项、成果推介等方面给予政策倾斜，使他们保持前进动力、拥有空间舞台。坚持重大课题牵引，发挥社科基金规划引领作用，紧扣经济社会发展的重点热点问题设立课题，依托项目实施，以重大课题带动重点科研团队建设，让更多的人在学术团体中加强交流、接受历练，互动互促、共进共赢。坚持以激励催生动力，进一步加强和完善拔尖人才、青年英才、“安徽社科名家”评选工作，加大对各类社科优秀人才的项目扶持、出版资助和奖励力度，充分调动各类社科人才的积极性主动性创造性。

三要抓学风抓作风。引导广大哲学社会科学工作者坚定马克思主义信仰信念，牢固树立宗旨意识，把“德学双馨”作为不懈追求，克服浮躁心态，抵制学术泡沫，潜心治学、“十年磨剑”，努力以高尚的职业操守、良好的社会形象、文质兼美的学术成果赢得人民的喜爱和欢迎。我们搞课题、搞研究、搞普及，一定要自觉践行党的群众路线，坚持“三贴近”、深化走转改，把文章写在大地上，把成果送入千家万户。也只有经常深入改革发展前沿，深入群众生产生活，掌握第一手资料，加深对客观情况的了解和认识，才能在总结实践中找到解决问题的金钥匙，在走进大众中推动科学理论育人化人。

五、在优化服务管理中倾心尽力，努力建成社科工作者的温馨和谐家园

社科联是党委、政府领导下的学术性社会团体，是联系广大社科工作者的桥梁和纽带。随着经济社会的不断发展、国家治理体系和治理能力现代化的加快推进，社会组织的作用将会越来越凸显。新一届社科联要强化自身建设，发挥职能优势，切实加强行业服务、行业管理、行业自律，不断提升服务力、凝聚力、影响力，团结带领广大社科工作者，把安徽社科工作做得更实更好更富成效。

*一要发挥“联”的作用。*积极探索“联”的方式，充实“联”的内容，用真情“联络”、载体“联系”、课题“联动”，努力做到社科工作覆盖到哪里，“联”的触角就延伸到哪里，社科工作者在哪里，“联”的工作就跟进到哪里。指导协调全省社科界紧紧围绕党委、政府工作大局开展课题研究、学术交流、知识普及和参与决策等活动，积极促进社会科学界的团结、学术团体的沟通、理论工作部门与实际工作部门的联系、社会科学界与自然科学界的协作，支持推动我省社科组织、个人加强同省外国外学术界的交流合作与学习借鉴，真正让全省社科工作联起来、动起来、活起来。

*二要履行“管”的责任。*加强对全省社科联、学会研究会、基金会、民办社科研究机构等的指导和管理，加强对社科讲座论坛、报告会、研讨会、社科网站等阵地的监督和管理，尤其要密切关注境外非政府组织的活动，对体制内单位和个人与境外非政府组织开展论坛、培训等交流合作的要严格审批，确保其所有活动都在有效监控之下，严防渗透和破坏。注重管理方式创新，综合采取政策法规、基金项目、基地建设、评审表彰等手段，充分运用现代信息网络技术，努力变传统管理为现代管理、变粗放管理为精细管理、变终端管理为全程管理，以管理促改革、促发展、促繁荣。

*三要突出“家”的功能。*热忱服务各类学术团体，主动同专家学者谈心交朋友，及时反映社科工作者的呼声，诚心诚意地为他们排忧解难，千方百计为他们做好事、办实事。贯彻“百花齐放、百家争鸣”方针，厚植创新创造、创业创优文化，既提倡、鼓励创新，又允许、宽容失败，鼓励不同学派、不同学术观点的自由讨论和平等切磋；既尊重差异、包容多样，又有力抵制各种错误和腐朽思想的影响，营造起生动活泼、民主团结、宽松和谐的学术生态。

各位代表、同志们，理论兴，文运昌，国家强。历史表明，一个伟大时代的产生必然要以哲学社会科学的繁荣发展为基础。民族伟大复兴的共同事业赋予责任使命，美好安徽建设的火热实践给予空间舞台。让我们高举中国特色社会主义伟大旗帜，不断增强理论自觉和理论自信，从新的起点再出发，抓住机遇、奋发作为，以哲学社会科学事业的新成果，不断开辟思想理论事业的新境界！

元旦将至，祝大家在新的一年里身体健康、阖家幸福、事业有成！

谢谢大家！

安徽省文化事业、文化产业发展统计表

2014年全省各级公共图书馆基本情况

项　目	计量单位	总计	省级	地市级	县级
公共图书馆	个	113	1	18	94
从业人员	人	1410	56	421	833
总藏量	千册	1753.3	301	551.4	900.9
#图书	千册	1397.6	223.6	402.5	761.5
#古　籍	千册	63.6	35.3	16.8	11.5
报刊	千册	153.1	30.8	53.4	68.9
微缩制品	千册	1.3	0.4	0	0.9
图书借阅情况					
总流通人次	千人次	1545.8	106.5	501.3	938
书刊外借册次	千册次	846	93.1	210.2	542.7
累计发放借书证数	万个	75.2	14.6	30.6	30
为读者服务举办各种活动					
次数	次	3149	279	854	2016
参加人次	千人次	1452	200	330	922
总支出	万元	22278.2	3984	7957.5	10336.7
#基本支出	万元	12844.4	2027.4	4144.9	6672.1
#藏量购置费	万元	3367.5	568.5	1430.2	1368.8
本年新购藏量	千册	169.6	18.7	58.2	92.7
公用房屋建筑面积	千平方米	36.9	3.7	11.7	21.5
#书库	千平方米	7.5	0.8	2.2	4.5
阅览室	千平方米	11.7	0.9	3.9	6.9
阅览室坐席数	千个	29453	1659	9130	18664

2014年全省艺术表演团体从业人员情况

单位：人

指标名称	从业人员		
		高级职称	中级职称
总　计	20796	350	971
省级	826	172	241
地市级	2105	152	455
县区级	17865	26	275
按剧种分			
话剧、儿童剧、滑稽剧团	979	9	26
歌舞、音乐类	2662	82	251
戏曲剧团	5591	211	515
#京剧	202	15	44
曲艺、杂技、木偶、皮影团	5761	0	0
综合性艺术表演团体	5803	48	179

2014年全省文化馆(站)基本情况

指标名称	计量单位	总计	文化馆				文化站	
				省级	地市级	县市级		乡镇文化站
机构数	个	1557	120	1	14	105	1437	1288
从业人员	人	5979	473	31	272	1170	4506	4119
藏书	万册	568.89	16.24	0	1.04	15.2	552.65	481.56
举办展览个数	个	5116	976	25	149	802	4140	3805
组织文艺活动次数	次	33318	6534	58	664	5812	26784	23882
举办训练班班次	次	17869	5829	92	1090	4647	12040	10488
培训人次	万人次	130.18	36.31	0.15	6.91	29.25	93.87	86.39
计算机	台	17548	1430	0	228	1202	16118	14752
本年收入合计	千元	469177	202500	7344	55673	139483	266677	242978
事业收入	千元	2705	2705	185	1245	1275		
经营收入	千元							
本年支出合计	千元	462905	194866	7135	47716	140015	268039	244126
固定资产原值	千元	1015795	179162	5651	29077	144434	836633	791040
实际使用房屋建筑面积	万平方米	98.05	22.95	0.25	4.38	18.33	75.09	67.88
业务用房面积	万平方米	80.75	18.03	0	3.86	14.17	62.73	57.33

2014年全省各类艺术表演团体演出情况

类 别	国内演出场数(万场次)	#到农村演出	国内演出观众人数(万人次)	演出收入(万元)
总 计	28.896	23.538	14095.7	64283.2
省级	0.169	0.007	207.3	2258.4
地市级	0.782	0.370	608.8	7196.6
县区级	27.44	23.161	13279.6	54828.2
按剧种分				
话剧、儿童剧、滑稽剧团	0.727	0.573	774.012	2727.1
歌舞、音乐类	0.978	0.581	5949.09	5712.5
戏曲剧团	4.362	3.644	2103.17	10580
#京剧	0.03	0.001	22.8	274.4
曲艺、杂技、木偶、皮影团	13.894	13.856	4173.443	38507.8
综合性艺术表演团体	8.905	6.884	1095.985	16277.8

2014年各市文化及相关产业专利授权情况

单位：件

地　区	总　计	发　明	实用新型	外观设计
总　计	1600	98	790	712
合 肥 市	297	48	169	80
淮 北 市	33	1	31	1
亳 州 市	32	0	12	20
宿 州 市	71	1	38	32
蚌 埠 市	94	6	44	44
阜 阳 市	63	1	42	20
淮 南 市	92	4	71	17
滁 州 市	278	3	89	186
六 安 市	116	1	37	78
马鞍山市	44	8	28	8
芜 湖 市	246	13	91	142
宣 城 市	66	3	30	33
铜 陵 市	21	0	15	6
池 州 市	23	0	17	6
安 庆 市	82	2	53	27
黄 山 市	42	7	23	12

2011—2014年全省电影综合情况

指　标	计量单位	2011年	2012年	2013年	2014年
机构数					
电影发行	个	6	6	7	7
电影摄制	个	1	1	1	1
电影放映	个	161	193	237	276
电影院	个	50	81	131	193
#数字影院	个	55	87	131	193
银幕数	块	341	570	794	1131
影剧院	个	5	6	6	7
制作情况					
故事片	部	9	17	23	35
译制片	本				
科教片	本				
美术片	本				
发行放映情况					
放映场次	万场	25.4	58.9	109.9	131.1
观众人次数	万人次	672.8	1177.1	5412.9	2702.4
放映收入	万元	21113.1	37165.4	51200	82678

2014年全省电影放映基本情况

类 别	机构数（个）	放映场次（万场）	观众人次数（万人次）	放映收入（万元）
电影院	193	131.1	2702.4	82678
影剧院	7	2.5	36.3	1171.2
农村电影放映	78	19.6		3157.2
数字电影放映	200	133.6	2738.7	83849.2

2014年全省国家级重点文物保护单位分布

单位：个

地区	合计	古遗址	古墓葬	古建筑	石窟寺及石刻	近现代重要史迹及代表性建筑
总 计	130	28	13	63	6	20
合肥市	6	1				5
淮北市	5	4	1			
亳州市	7	2	1	4		
宿州市	3	2				1
蚌埠市	7	3	3			1
阜阳市						
淮南市	2	1				1
滁州市	3	1			1	1
六安市	10	1	3	5		1
马鞍山市	5	2	2	1		
芜湖市	8	3	1	1		3
宣城市	17	3	1	11		2
铜陵市	1	1				
池州市	9	1		7	1	
安庆市	16	3	1	7	2	3
黄山市	31			27	2	2

2014年全省非物质文化遗产保护中心基本情况

指标名称	计量单位	总计	省区市	地市	县市区
机构数	个	97	1	14	82
工作人员数	人	668	13	122	533
#高级职称	人	48	4	15	29
中级职称	人	172	2	34	136
宣传展示培训活动					
举办展览	个	813	5	123	685
参观人次	万人次	91.57	1	30.47	60.10
举办演出	场	1285	1	255	1029
观众人次	万人次	138.676	0.1	22.66	115.916
举办民俗活动	次	628	0	231	397
参与人次	万人次	136.063	0	20.16	115.903
开展培训班班次	次	1109	0	174	935
参与人次	万人次	8.265	0	1.841	6.424
展示传习场所					
非物质文化遗产博物馆	个	99	0	35	64
#民办非物质文化遗产博物馆	个	56	0	23	33
收藏实物数	件/套	48541	0	15495	33046
展示及演出面积	万平方米	9.825	0	5.69	4.135
传习场所	个	278	0	115	163
民办传习所	个	161	0	64	97
传习所面积	万平方米	16.185	0	9.445	6.740
本年收入合计	千元	15105	2915	3374	8816
#财政拨款	千元	14005	2915	3068	8022
资产合计	千元	11349	2583	560	8206
#固定资产原值	千元	10409	1849	560	8000
实际使用房屋建筑面积	万平方米	3.241	0.017	0.553	2.671
实际拥有产权面积	万平方米	2.46	0	0.475	1.985

全省国家级非物质文化遗产项目一览表

（共4批计72项，按国务院公布顺序排列）

序号	项目名称	申报地区或单位	备注
	一、民间文学(共3项，其中第二批1项，第四批2项)		
1	桐城歌	安庆市桐城市	第二批
2	孔雀东南飞传说	安庆市怀宁县、潜山县	第四批
3	老子传说	安徽省涡阳县	第四批
	二、传统音乐(共9项，其中第一批2项，第二批4项，第三批2项，第四批1项)		
4	当涂民歌	马鞍山市当涂县	第一批
5	巢湖民歌	合肥市(原巢湖市)	第一批
6	五河民歌	蚌埠市五河县	第二批
7	大别山民歌	六安市	第二批
8	徽州民歌	黄山市	第二批
9	道教音乐(齐云山道场音乐)	黄山市休宁县	第二批
10	凤阳民歌	滁州市	第三批
11	唢呐艺术(砀山唢呐)	宿州市砀山县	第三批
12	唢呐艺术(灵璧菠林喇叭)	宿州市灵璧县	第四批
	三、传统舞蹈(共7项，其中第一批1项，第二批3项，第三批1项，第四批2项)		
13	花鼓灯	蚌埠市、淮南市凤台县、阜阳市颍上县	第一批
14	灯舞(东至花灯舞)	池州市东至县	第二批
15	火老虎	淮南市凤台县	第二批
16	傩舞(祁门傩舞)	黄山市祁门县	第二批
17	灯舞(无为鱼灯)	芜湖市无为县(原巢湖市)	第三批
18	傩舞(跳五猖)	宣城市郎溪县	第四批
19	龙舞(手龙舞)	宣城市绩溪县	第四批
	四、传统戏剧(共17项，其中第一批8项，第二批4项，第三批4项，第四批1项)		
20	青阳腔	池州市青阳县	第一批
21	高腔(岳西高腔)	安庆市岳西县	第一批
22	徽剧	安徽省徽剧团、黄山市	第一批
23	庐剧	合肥市、六安市	第一批
24	黄梅戏	安庆市	第一批
25	泗州戏	宿州市、蚌埠市	第一批
26	目连戏(徽州目连戏)	黄山市祁门县	第一批
27	傩戏(池州傩戏)	池州市	第一批
28	坠子戏	宿州市	第二批
29	文南词	安庆市宿松县	第二批
30	花鼓戏	宿州市、淮北市、宣城市	第二批
31	二夹弦	亳州市	第二批
32	嗨子戏	阜阳市阜南县	第三批
33	淮北梆子戏	宿州市、阜阳市	第三批
34	庐剧(东路庐剧)	马鞍山市和县(原巢湖市)	第三批
35	黄梅戏	安徽省黄梅戏剧院	第三批
36	四平调	宿州市砀山县	第四批

续表

序号	项目名称	申报地区或单位	备注
	五、曲艺(共2项,其中第一批1项,第三批1项)		
37	凤阳花鼓	滁州市凤阳县	第一批
38	渔鼓道情	宿州市萧县	第三批
	六、传统体育、游艺与杂技(共2项,其中第二批1项,第三批1项)		
39	马戏(埇桥马戏)	宿州市埇桥区	第二批
40	华佗五禽戏	亳州市	第三批
	七、传统美术(共9项,其中第一批1项,第二批4项,第三批2项,第四批2项)		
41	徽州三雕	黄山市	第一批
42	盆景技艺(徽派盆景技艺)	黄山市歙县	第二批
43	剪纸(阜阳剪纸)	阜阳市	第二批
44	挑花(望江挑花)	安庆市望江县	第二批
45	竹编(舒席)	六安市舒城县	第二批
46	柳编(黄岗柳编)	阜阳市阜南县	第三批
47	柳编(霍邱柳编)	六安市霍邱县	第三批
48	竹刻(徽州竹雕)	黄山市徽州区	第四批
49	刻铜(杜氏刻铜)	阜阳市	第四批
	八、传统技艺(共15项,其中第一批6项,第二批7项,第四批2项)		
50	界首彩陶烧制技艺	阜阳市界首市	第一批
51	芜湖铁画锻制技艺	芜湖市	第一批
52	万安罗盘制作技艺	黄山市休宁县	第一批
53	宣纸制作技艺	宣城市泾县	第一批
54	徽墨制作技艺	宣城市绩溪县,黄山市歙县、屯溪区	第一批
55	歙砚制作技艺	黄山市歙县	第一批
56	漆器髹饰技艺(徽州漆器髹饰技艺)	黄山市屯溪区	第二批
57	纸笺加工技艺	巢湖市	第二批
58	宣笔制作技艺	宣城市	第二批
59	绿茶制作技艺(黄山毛峰、太平猴魁、六安瓜片)	黄山市徽州区、黄山区、六安市裕安区	第二批
60	红茶制作技艺(祁门红茶制作技艺)	黄山市祁门县	第二批
61	徽派传统民居营造技艺	黄山市	第二批
62	桑皮纸制作技艺	安庆市潜山县、岳西县	第二批
63	毛笔制作技艺(徽笔制作技艺)	黄山市屯溪区	第四批
64	豆腐传统制作技艺	淮南市、寿县	第四批
	九、传统医药(共2项,其中第三批1项,第四批1项)		
65	中医诊法(张一贴内科疗法)	黄山市	第三批
66	中医诊疗法(西园喉科医术)	黄山市歙县	第四批
	十、民俗(共6项,其中第二批4项,第三批1项,第四批1项)		
67	肥东洋蛇灯	合肥市肥东县	第二批
68	抬阁(肘阁抬阁)	六安市寿县、阜阳市临泉县	第二批
69	界首书会	阜阳市界首市	第二批
70	珠算(程大位珠算法)	黄山市屯溪区	第二批
71	庙会(九华山庙会)	池州市九华山风景区	第三批
72	祭祖习俗(徽州祠祭)	黄山市祁门县	第四批

主题词索引

本索引采取主题分析索引法，按索引词首字汉语拼音字母排序，首字同声同韵按声调、同音字按笔画顺序排列，若首字相同则按第二字音序排列，以此类推。索引词后的阿拉伯数字表示该词所在页码，数字后的英文字母a、b、c分别表示该页文字的左、中、右栏。

A

爱心面对面　66c
安广网络公司　90a
安徽博物院　135a
安徽城市研究中心　50a
安徽出版集团　58c 85b
《安徽传统剧种音乐档案数字化建设与研究》122b
《安徽大事记》161c
《安徽地方志》161c
安徽发行集团　58c
《安徽法制报》68a
《安徽佛教》167c
安徽佛教首届迎新春书画展　167c
安徽工业经济研究院　50a
安徽广播电视台　73a
安徽广播影视职业技术学院　78b
安徽广电传媒产业集团　90a
安徽广行领视通信科技有限公司　90c
安徽好人馆开馆　30b 38a 342c
安徽花鼓灯艺术团　34a
安徽黄山合唱团　117b
安徽金辉印务有限公司　59c
安徽精神文明建设研究中心　50a
安徽旅游发展研究中心　50a
安徽民间文化艺术之乡　299c338b
《安徽民营科技企业风险控制策略研究》44b
"安徽年度经济人物"评选　76b
《安徽年鉴》162c
"安徽人文讲坛"46c
《安徽日报》65a
《〈安徽日报〉：记者带着思考"走转改"》69c
安徽日报报业集团　62a
《安徽日报农村版》67a
安徽日报微信公众账号　64b 70a
《安徽商报》66c
安徽社科专家库　46a
"安徽摄影家网"131b
安徽摄影家协会　128a
安徽省"第九期媒体管理与新闻业务培训班"34a
安徽省道教第四次代表会议召开　169b
安徽省地方志编纂委员会　161a
安徽省第二届魔术大赛　121a
安徽省第二届小说对抗大奖赛　108a
安徽省第七届少数民族传统体育运动会　166a
安徽省第七届皖江8市群艺(原生态民歌)大赛　324a
安徽省第三届大学生自创话剧展演　148a
安徽省第三届书法大赛　127c
安徽省第十九届摄影艺术展览　128c
安徽省第十三届运动会　154a
安徽省第十一届小提琴比赛　117c
安徽省第四届大学生艺术展演　148c
安徽省第一届文明城区　217b 316b
《安徽省非物质音乐文化遗产的保护、传承及其开发利用》44b
安徽省佛协举办汉传佛教讲经交流会　169c
安徽省高校声乐比赛暨第六届"神州唱响"全国高校声乐选拔赛　117b
安徽省话剧团　116a
安徽省话剧院　115a
安徽省话剧院演出　113c
安徽省黄梅戏剧院　114c 115c
安徽省黄梅戏剧院演出　113a
《安徽省黄梅戏人才现状调研》122b
安徽省徽京剧院　114b 115a 115c
安徽省旅游星级饭店主题服务技能大赛　178a
安徽省美协　124a
安徽省美协工作会议暨十二届全国美展安徽省第二次草图观摩会　124b
安徽省民间文化艺术之乡　165a
安徽省千人赴港培训计划　85a
安徽省曲艺家协会　121b
安徽省群星奖　136b
"安徽省社会科学奖"47c
安徽省社会科学界联合会第七次代表大会　36b 344c
安徽省社科奖励大会　342a
"安徽省生态市"331c
安徽省首届体育美术书法摄影作品展　156a
安徽省体育局　151a
安徽省天主教第五次代表会议　168c
安徽省图书馆　134a
安徽省文物考古研究所　139a
安徽省文学艺术界联合会第六次代表大会　35a 110c 344c
安徽省舞协第五届主席团二次会议　119a
安徽省新龙图贸易进出口有限公司　59b
安徽省油画精品高校巡回展　124c
安徽省长篇小说精品创作工程

作品研讨会 104b
《安徽省志》161a
“安徽省中华经典诵读” 76c
安徽省作家协会首届散文大奖赛 108c
安徽十大新闻评选 64c
《安徽史学》49c
安徽手机报 70b
安徽手机报滁州版 249c
安徽特色研究工程 4a
安徽网 70b
《安徽文化年鉴》162c
安徽文化研究中心 50a
安徽无线传媒数字电视公司 90c
《安徽戏剧通史》122c
安徽新华传媒股份有限公司 59a
安徽新华发行集团 87b
安徽新华印刷股份有限公司 59c
安徽新媒体集团 64b 70a 82c 91b
《安徽新闻联播》74c
安徽演艺集团 89a
安徽艺术团 33c 342a
《安徽早期话剧之发生》122c
安徽作家台湾采风团 109c
安庆日报 289b
安庆市 167c 286a
安庆市“柏兆记”品牌字号获“安徽老字号”称号 165c
安庆市广播电视台 289a
安庆市黄梅戏艺术剧院演出 113b
安庆市文学艺术奖 290a
安泰科技股份公司 86c
澳大利亚华夏传媒集团 28b
澳门 34a

B

“八个强” 2
《爸爸的脊梁》72b
“百馆(站)千村”文化结对活动 35a
《百年黄梅戏》86a
百岁宫 169c
《板车女孩》89a
板张集革命烈士陵园 248a
版画 125c
版权输出 57b
包河区 195a
《蚌埠·禹会诸侯之地》234c
蚌埠大禹文化产业园 231c
蚌埠市 85a 230a
蚌埠禹会村遗址 26c
蚌山区 233a
报友网 70c
《笔墨年华》122c
滨江健身长廊 291b
亳州曹氏宗族墓群 26c
亳州市 223a
《亳州市旅游业优劣势分析与发展战略策略》45c
亳州市演艺公司演出 113a
《亳州晚报》68b
亳州晚报社 70c
《博客舆情的分析与研判》48c
博望区 264b
博物馆 27a 135a 190a 200a 206a
不可移动文物 62c
布克乐园 88c

C

财政收入 209a
采风 118a 119c 121c 128c
策划报道 63c
产业发展 12b
产业规模 9b
产业转型升级 11a
常坟镇 120c
《嫦娥之梦》104c
《畅通 2014》76a
《超级先生》75c
《超级笑星》75c
《超级新闻场》75a
《超级演说家》75b
巢湖市 199a
长城文化创意产业 252a
长丰县 197b
长江流域四省书法作品展 127c
长三角城市自行车越野邀请赛 265b
长三角旅游合作 174c
《尘世喧嚣》105a
《尘器》126c
陈抟老祖心意六合八法拳 156a
城市精神 216b
城市名片 216b
城市数字影院建设 77a
城乡公共文化体系 89a
城乡文明建设 2c 258c
池州市 322a
出版图书 85c
出版物市场集中检查 57c
出境游 172c
出境游客 172c
《出土简帛宗教神话文献研究》106a
滁州市 249a
滁州中国文具产业示范区 84c
《楚辞与汉代文学论集》106b
传承人 27c
创建“中国诗词之乡” 335a
《创新:黄梅戏传统剧本改编的必由之路——从黄梅戏遗产抢救工程改编剧目想到的》122c
创新引领战略 18a
春节联欢晚会 76b
《词学范畴研究论集》106b
村村通广播电视 72c
《村支书金岚岚》72c

D

“大高雄新闻记者公会”采访团 33b
大观区 291a
“大湖名城·悦读合肥”全民阅读活动 192a
《大黄山》72b 344a 303b
大通"万人坑"教育馆 243b
大通澜溪老街修缮保护工程 284c
大通区 242b
《大药商》106b
大运河 138c
大庄镇 110c
《戴震全书》86a
戴震墓 27a
当涂县 265b
档案法制建设 159b
档案馆 158a 190a

档案馆建设　159a
档案信息化建设　159a
党的理论创新成果　4a
党史宣传教育　160b
砀山果园　204a
砀山唢呐　201c
砀山县　203b
导向引领　9a
道德提升工程　3c
德国　34a
德国巡演　121a
德育工作　144c
《邓小平登黄山》31a 72b 303b 343c
地面数字电视建设　72c
地情研究　162b
地区典型　63c
第 22 届“俄罗斯之源”全俄艺术节　34a
第 24 届全国图书交易博览会　58b
第 26 届马鞍山中国李白诗歌节　179b
第 27 届中国电视金鹰奖　241c
第二届“农民工·我的兄弟姐妹”摄影大赛　130a
第二届戏曲大舞台举办　201b
第二十届“四·二〇”农民文体节　246c
第二十四届全国图书交易博览会　343c
第九届省社科界学术年会　46a
第六届“杜鹃花奖”安徽省中老年社区舞蹈展演　120a
第六届冰心散文奖　105c 343b
第六届省“美好乡村”农民篮球赛　153b
第六届世界传统武术锦标赛　155a 328c
第六届世界公园大会　344c
第六届皖江地区历史文化研讨会　48a
第三届“安徽省文明县城”　213c
第三届“包公杯”全国反腐倡廉曲艺作品征集大赛　121c
第三届安徽省动漫大赛　85c
第三届安徽省文明城市　216b
第三届中国大别山(六安)山水文化旅游节　314a
第十届黄山书市　303c
第十届全省社科知识普及月　46c
第十七届仁川亚运会　154a
第十三届全国考古与文物保护化学学术研讨会　226c
第四届刘开渠奖国际雕塑大展　344b
第四届全国绿色运动健身大会　151c
第五届安徽美术大展　124c
第五届石榴文化旅游节　210c
第五批 40 名援藏教师赴疆工作　166b
第一次全国可移动文物普查　141a
第一届安徽省文明县城称号　285c
第一批全省民族团结进步教育基地宣传画册　164c
典型报道　63b
电视剧　72b
电视台　72a
电影　72b
电影创作生产　77c
电影票房　77a
雕塑　125c
《顶板凳》121a
《东门破》104c
《东至》104c
东至县　327a
东至县华龙洞旧石器与古人类遗址发掘　140a
动画片　72b
动漫企业　85b
动植物资源　25c
《都是为你好》122b
豆腐传统制作技艺　317a
读者点题　67b
杜集区　211b
对外合作　91c
对外交流　150c
对外贸易　87a
对外文化交流合作　6c 8b
对外文化贸易　7a 8c
对外宣传　6a
对外宣传形象展示工程　8a
多媒体资源库　134c

E

俄罗斯楚瓦什共和国　34a
2014“中国旅游日”安徽主场活动　178a
“2014 安徽省舞蹈创作研习班”　119b
2014 安徽省小折子戏调演　112b
2014 安徽自驾游大会　179c
2014 年安徽省导游大赛　180c
2014 年北京图书订货会　58a
2014 年全国体育文化·旅游博览会　155a
2014 深圳·安庆黄梅戏艺术 290a
2014 再芬黄梅合肥演出季　344b
2014 中国·滁州第三届桃文化旅游节　257b
2014 中国·上海欢乐谷国际魔术节暨第五届长三角地区“金手杖奖”魔术大会　121b
2014 中国黄山国际旅游节暨第三届安徽国际旅行商大会　180a
2014 中国体育文化·体育旅游博览会　180b
《2014 作品 NO.2》126c
206 文化创意产业园开园　241a
二类城市语言文字评估　148b
《二十四孝》254c

F

发行单位营业收入总额　58a
发射台和转播台　72a
法国阿歇特出版集团　34b
繁昌人字洞早期人类活动遗址 26c
繁昌万牛墩土墩墓群　26c
繁昌县图书馆　277c
繁昌窑遗址　278a
繁昌窑遗址考古发掘　139c
范培开书法研讨会　267c
方苞文学奖　296a
方铭文集《文学的鉴赏与评论》研讨会 108c
方以智墓　27a

方丈升座法会 169c
肥东县 196a
非法设施治理 78a
非国有博物馆 135b
非物质文化遗产 27b 142a 190a 193b 194a 195a 196a 197b 198c 199a 201b 202b 203b 205a 212b 214a 217a 218c 222a 222b 226c 227a 228a 229a 235c 242b 255b 256b 259a 264c 267c 269a 277a 278a 280a 286c 294a 296c 299a 300a 306a 307c 308b 309b 315b 316c 319a 320b 322a 328a 332b 334a 335a 336a 337b 338a
非物质文化遗产保护 202a 310a 331b 339b
《非物质文化遗产——巢湖民歌研究》 44b
肥西县 196b
非遗保护 265a 319b
非遗传承 305c
非遗传习基地 340c
肥西三河古镇 176b
粉特刊 66c
《风雨丽人行》 122c
《风韵太湖》 298c
凤台县 247a
凤阳明皇陵 27a
凤阳明中都皇故城遗址 26c 138a
凤阳县 257b
佛教舞蹈采风交流 119c
《父亲的一九四二》 124c 126c
阜南县 220b
阜阳省级印刷包装产业园 59a
阜阳市 213a

G

改革创新战略 13b
甘露寺 169c
干部队伍建设 226a
干部培训 230a
干线网总长 72a
《港台现代新儒家美学思想研究》 107c
高等教育 146
"高铁时代·皖美旅行" 179b
高校社科研究 150a
高正文文学创作 35 周年研讨会 109b
《更新理念,整合资源,融通发展——党报在传播格局大变革下如何有力有效引领舆情》 69b
《工农关系调整与欠发达地区农业现代化》 44b
公共频道 74a
公共图书馆服务外包管理 272c
公共文化场馆免费开放 33b
公共文化服务 30c 194c 209a 219a 261a 265b 270a 273a 291a 293a 295a 298a 306c 312b 322b 331a 332b 334a 338a 339a
公共文化服务体系建设 20a 190c 200a 225a 240b 246a
公共文化建设 196a 197c 198c 201c 204a 205b 210a 211b 217a 221a 232c 233a 236a 245a 253a 255c 259a 262b 263c 265a 266c 275a 276a 278a 282b 283a 284a 285a 291a 299a 304a 305b 308b 309c 314c 316c 318a 319a 326c 328a 337b
公共文化设施建设 229a
公开集中销毁侵权盗版及非法出版物 32a
公民道德建设 2b
《构建新型农村电网的对策和建议》 45c
古代方志名家研讨会 162a
古代石刻 27a
古徽州文化旅游区 172a 176b 344b
古籍保护 134c 142c
古建筑 27a
古墓葬 26c
古遗迹 26c
牯牛降景区 327b
固镇县 236b
关爱困难道德模范 38b
《关于促进旅游业改革发展的实施意见》 172a
《关于农村文化乐园建设管理和推广价值的研究》 45c
《关于培育和践行社会主义核心价值观的实施意见》 38c
馆藏文物 27a 135a
管子文化旅游节 223c
《光明行》 105b
广播电视台 72a
广播电视总收入 73a
广播电台 72a
广播剧 72b
广播影视强实施方案 12
广德县 339a
广告播出管理 78a
广告经营 90c
规模以上文化及相关产业法人单位 84a
贵池区 324b
涡阳县 168b 227a
国保单位修缮工程 311c
国画 125c
国家电影专项资金 77b
国家公共文化服务标准化试点建设城市 262a
国家广播影视科技创新实验室基地建设项目 73a
国家级抗战纪念设施遗址名 243b
国家级文化产业示范区创建 85a
国家社科基金项目 44c
国家新闻出版总署 29b
国剧盛典 76b
国民体质监测 156b
国内游 172c
国内游客 172b
国新办五洲传播中心 28c
国有文化企业 84b

H

《哈佛凌晨四点半》 86a
海外媒体 28b
海子文化园 294a
《含山恋》 268c
含山凌家滩遗址 26c
含山县 267b
含山县凌家滩遗址 138a
韩国阿里郎国际广播电视台 28b

行政审批改革 72c
《好人安徽大舞台》 89a
《好支书王坤友》巡演 280a
合肥包拯家族墓群 27a
合肥报业传媒集团 191b
合肥工业大学少数民族学生朋辈教育基地标兵学长受聘仪式暨民族之夜晚会 166c
合肥乐堂动漫信息技术有限公司 85c
合肥庐阳产业园 59a
合肥市 190a
合肥市庐剧院 114b 115a 117a
合肥泰尚文化 85c
合肥网 70b
"和美文化"建设 323b
和你说法 68a
和县 266b
和县猿人遗址 26c
《和自己的淮河单独在一起》105c
核心价值观 231a
核心价值观培育 206b 209a
红色旅游 173a
"红袖标"工程 263a
宏村 26b
洪庄文化艺术有限公司 210c
厚德亳州、好人好评 68c
互联网信息办公室 80a
互联网宣传管理工作 14a
互联网宣传管理体系 14a
《花儿声声》122c
花鼓灯艺术研讨会暨中国舞蹈家协会民族民间舞蹈专业委员会成立大会 119a
花山区 262b
花戏楼 68b
华文国际公司 86b
怀宁邓石如墓 27a
怀宁县 294a
怀远县 235b
《淮北梆子戏传统剧目的历史认识作用和价值意义》122c
淮北市 206a
淮北市首届市民文化节 208c
《淮河六章》72c
淮河文化研究 53a
淮南楚汉文化 239a
淮南市 239a
《淮南市新四军老战士、老同志自力更生创建新四军纪念林先进事迹的调查报告》45c
《淮南子》239a
《淮南子传奇》344b
《淮南子传奇》第二季 241c
淮上区 234b
淮系集团研究 54a
《欢声笑语》 122a
环境治理工程 3c
《寰宇中国》 29b
黄梅戏《惊天一兰》 294b
《黄梅戏的昨天与今天》 344b
黄山 26a
黄山风景区 311a
黄山区 305a
黄山市 131a 301a
黄镇铜像安放仪式 296b
《徽班传奇》 122c
徽班纪念馆 308a
徽笔制作技艺 303c
徽商网 70c
《徽商杂志》 68b 89a 112a 115a
《徽学视域下徽州民俗体育及其传承研究》44b
徽学研究 51a
徽州祠祭 303c
徽州区 306a
徽州区呈坎村古建筑群 138b
《徽州往事》 112a 343c
徽州武术 156b
徽州竹雕 303c 307b
徽州竹简菜单 307b
《回访》276c
惠民服务 12b
霍邱县 318a
《霍邱新闻网》319a
霍山县 131b 317a

J

机关文化 182a
基层公共阅览室 33b
基层文化建设 311a
基础教育 144b
基督教 170a
记者调查 67b
《记住乡愁》337a
纪念馆 27a 135a
《寂寞汉卿》112a
绩溪霞涧窑 26c
绩溪县 336a
绩溪县宅坦博物馆(皖南古村落文化博物馆) 337a
《加快媒体融合发展,壮大主流舆论阵地》69a
《加快转变安徽经济发展方式的机制创新研究》44b
加拿大 34b 121a
《加强社会建设:实现中国梦的必然要求》48c
加强网络分级管理和属地管理 16b
加强网络文明教育和专项整治 16b
加强网络宣传管理人才队伍建设 16c
加强网上正面宣传和舆论引导 16a
加强网上主阵地建设 15c
家家购物公司 90a
家家购物频道 91a
《甲午大海战》85c
假日旅游 173c
监管 73a
柬埔寨 119c
简政放权 78a
《江淮好少年》195c
《江淮论坛》49c
《江淮时报》67c
《江姐》276c
《江南古镇》105c
"江淮"系列栏目 65c
交通广播 74c
郊区 284a
教师管理体制改革 145a
教学工作 78b
教学科研骨干研修工作 45a
教育督导体制 145a
街谈巷议 66b
节目传送管理 78a
界首市 219a
金安区 314a

金娟广告公司 90a
金寨县 319a
金寨县文广新局 320a
泾县 335a
泾县黄田村古建筑群 318b
《经济发展方式转变背景下的安徽文化创意产业发展战略研究 44b
经济生活频道 73c
旌德县 337b
《惊魂记》 89a
《惊天一兰》 122c
《精粹 丰满 出新——评廖奔新新编昆曲〈红梅记〉》 122c
精品创作 12a
精神文明建设 41a 194a 194c 196c 197a 197c 199b 204a 208a 210a 215a 216c 217c 220c 222a 223c 225a 228c 234b 239c 243c 244c 245b 247b 248c 250a 252c 254a 258c 259c 260c 264a 265b 266a 271a 272b 273c 274b 275b 276b 277b 278c 280a 282c 283c 284b 285b 295c 299b 300b 303a 304c 305c 309a 310a 314c 315c 316c 320a 321a 325a 326a 327b 328b 336c 339a 340a
警钟长鸣 67a
净利润 85a
净资产 85a 85b 89a 90a
净资产市值 85b
竞技体育 154a
"敬亭书风"书法作品展 127a
镜湖区 272a
鸠江区 274a
九华山 26a 155a
九华山风景区 328a
九华山天池景区 176b
旧志整理 161b
就业率 78c
军旅文化 187a
《君子文化与社会主义核心价值观》 48c

K

开福寺 169c
《抗拒不了的传统:以延安文学为中心的历史性阅读》 106c
柯家冲窑址 139c
《孔雀·孔雀》 164c
"孔雀东南飞"传说 295a
孔雀东南飞影视基地 295b
《孔雀东南飞之焦仲卿妻》 112a 115a
矿产资源 25c

L

《喇叭》 104c
来安人物馆暨木兰纪念厅揭幕仪式 257c
来安县 256b
郎溪县 334a
琅琊区 252a
琅琊山 26b
《老舍与中外文化综论》 107a
《老子传说》 227c
李白墓 27a
梨花旅游节暨民俗文化节 204a
理论社科队伍 4b
理论社科强实施方案 4
理论武装工作 224a
理论学习示范工程 5b
理想信念教育 2b
历史文化名城 26b
利润 87b
利润总额 9c 85b 86c 89a 90a
利辛县 229a
《利用安徽红色资源推进社会主义核心价值体系大众化研究》 44b
《廉田凤丹开》 114c
廉政文化 184b
烈山区 210a
临泉县 121a 220a
灵璧菠林喇叭 205b
灵璧县 204a
灵璧虞姬墓 27a
凌家滩遗址发掘 140c
"留守儿童免费视频专座" 88c
榴园村 211a
柳孜运河遗址 208b
六安皋陶墓 27a
六安市 312a
六安双墩汉墓群 27a
庐剧 25a
"六个一"活动 233c
龙头带动战略 13b 18b
龙子湖区 232a
《楼市》 104a
庐江县 198a
庐阳区 193b
庐阳区三十岗乡 194b
《路》 315b
骆冲窑址 139c
旅行社 172c
旅游标准化建设 177c
旅游饭店 172c
旅游景区建设 176b
旅游品牌 235a
旅游商品 173a
旅游收入 172b
旅游体制改革 175c
旅游外汇收入 172b
旅游项目建设 177b
旅游资源 26a
"绿色六安·山水江原"中韩文化交流活动 314b

M

《妈妈和我》 112a
马鞍山市 260a
马东升书法篆刻遗作展及捐赠仪式 167c
《马路天使》 89a
毛集社会发展综合实验区 248a
梅渚镇 334c
媒体融合 62b 67b 88b 206b 271c
媒体宣传 12a
美国 34b
美国第十届"亚裔艺术节" 201c
美国多元文化传播集团 28b
美国国家地理频道 29b
美国科罗拉多州立大学 150c
美国巡演 121a
美国中文电视台 28b
美好乡村建设 39a
《美丽的梦》 121a

《美丽化学》 88b
《美丽乡村》 29b
美丽心灵 68c
“美丽中华行”栏目拍摄 229a
《美梦成真》 122b
门票收入 174a 177a
蒙城县 228a
《蒙古骑兵》 120b
《梦想的力量——中国梦青少年读本》 56c
《梦焰》 85c
“梦之路活力龙舒金秋笔会”采风活动 321c
缅甸瑞丹伦集团摄制组 72b
缅甸瑞丹轮集团 29a
民间文化遗产 246c
民生工程 244a 297a
民生工程建设 223a
民俗民间文艺汇演 193b
民营博物馆 332c
民营文化企业 84c
民营艺术院团 29b
民族教育工作 167a
民族教育经费 166a
民族团结书画展 165a
明光市 254c
明皇陵 26b
《明清徽派篆刻研究》 44b
明文化研讨会 162a
《命脉》 104c
《摸花轿》 89a
摩崖石刻 27a
墨西哥电视十一台 29a 72b
《母亲母亲》 72c
《牧人吟》 105c

N

纳税总额 9c 85a
《男生女生向前冲》 75a
南陵县 278a
南谯区 253a
年鉴编纂 161b
宁国市 332b
宁国市云梯畲族乡千秋畲族 164a
农村创建 2c
农村公益电影 72c
农村公益电影放映 77a
《农村区域文化中心建设模式创新与示范》 339c
农村文化建设专项补助 33b
农村义务教育生均公用经费补助标准 144b
《农民的眼睛》 105a
农民电脑上网“扫盲班” 88c
《农民服务台》 76a
农民文化家园 88c
农民文化乐园 32c 268c

P

潘集区 246a
《培育和践行社会主义核心价值观的实施意见》 2a
“培育践行社会主义核心价值观”系列 66c
票房 91a
票房总额 73a
频道频率管理 77b
品牌提升战略 13c 18a
平天湖 324a
普通话测试 148b

Q

齐云山 26b 167a
祁门县 309b
气候 26b
《憩》漆画 126c
“千人网军队伍” 216a
“牵手·瑞风行动” 76c
潜山县 296b
潜山县非遗展示馆 297c
潜山薛家岗遗址 26c
强化队伍建设 14a
强化借力发展 13c
强化精品意识 21c
强化宣传推介 14b
强化资源整合 13c
谯城区 226b
《青山鉴》剧本 122c
青少年阳光体育活动 154c
青阳农民画 326a
青阳县 325b
《清明》杂志 108b
“情系大别山”摄影大赛 129b
庆祝中华人民共和国成立 65 周年澳门回归 15 周年暨纪录片“在希望的田野上”开机仪式 34a
全国库钧大奖赛 153a
“全国文化系统先进集体” 320a
全国文化先进县 236b 317c
全国文明城市创建 38a 191c 262a
全国优秀人文社科普及基地 242a
全国重点寺庙 167b
全椒县 255b
全民建设场地设施建设 153c
全民体育建设 213a
全民文化月 196c
全省“六一”少儿文艺调演 136c
全省博物馆陈列展览联盟 34b
全省公共图书馆阅读推广联盟 34b
“全省广播故事大赛” 76c
全省群众文化辅导员培训 136c
全省首届“徽姑娘”农家乐服务技能(展示)大赛复赛 178b
全省网络信息安全大检查 82c
全省文化馆活动联盟 34b
全省文化市场综合执法标准规范化培训班 201a
全省文化体制改革工作会议 343a
全省小折子戏调演比赛 29c
《全省新闻联播》 76a
全省宣传工作会议 35a
全省职业教育工作会议 145b
“泉心泉益”志愿者协会 218a
《缺失与重建——中国传统文化在当代大学生信仰重塑中的价值研究》 44b
鹊桥社区"邻里节" 264b
群众文化 293a
群众文化和民间文化活动 20b
群众文化活动 190c 193c 199a 200c 203a 205c 209b 212a 212c 216c 217a 218c 219a 221a 223b 225b 230b 233a 233b 235c 238a 240b 243a 244c 246c 247a 252b 258b 262c 264a 264c 265c 266c

268a 270b 273a 275a 277a 278a 279a 281b 282b 283a 284a 285a 287b 290c 291a 292a 294a 302a 304b 305b 306c 312c 315c 318c 320c 321c 324b 325c 331a 332a 333a 335b 340a
群众文化活动周 336b

R

热点报道和舆论监督系列栏目 66a
人才队伍建设工程 5c
人才培养 11c 297b
人才培养战略 13c
人才兴文战略 18b
人口 26c
人口自然增长率 26c
“人物”系列栏目 65c
人物典型 63b
仁里 337a
日本 NHK 摄制组 29b 72b
日播出时长 73a
《融合》 124c 126c
融资创新 85a
融资渠道 11b
入境游客 172b

S

三山区 275a
三山区第三届社区文化节 275c
“三线三边”环境治理 39a 271c 323b
扫黄打非 31b 57c 236c 256a
宿松县 338a
宿州市 200a
宿州市泗州戏剧团 114c 115b
宿州市戏剧团演出 113a
上海展演月 89c
上市 91c
少儿读书月 333a
少年体育组织 154c
《少年与海》 85c
少数民族 164a
社会热点焦点 64a
社会主义核心价值观 2a 30a 190a 224b 260b 301b
《社会主义价值观导论》 56c
社科精品打造工程 5c
“社科名家大巡讲” 46b
社科期刊 4b
社科项目 4b
社科知识普及 46c
社情民意 67c
涉皖舆情监测 14b
歙县 307a
歙县徽州府衙修复工程 308a
歙县渐江墓 27a
省档案局 158a
省第六届残疾人运动会 151c
省第七届少数民族传统体育项目运动会 151c
省歌舞剧院 34b
省级非物质文化遗产 156a
省级农民文化乐园 276c
省旅游学会 45c
省美术馆 32c
省农村公益电影传媒股份公司 77a
省社科规划项目 44a
省社科联 45b
省社科联第七次代表大会 47b
省社科普及基地 47a
省社科院 48a
省社科院分院 49b
省首届全民健身示范县(市、区)男子篮球赛 153a
省网络文化建设和管理工作领导小组 80c
省委党史研究室 160a
省委宣传部 2
省舞蹈家协会 119a
省舞协第五届主席团会议第三次会议 119b
省新四军历史研究会 45b
省新闻出版广电局 30b
省伊斯兰协会 170b
省医药公司 86c
省杂技团 34b
省哲学学会 45c
省宗教团体 167a
狮子山区 283a
“十一”黄梅戏展演周 289c
石榴博物馆 210c
石台县 326b
时代出版传媒股份公司 85b 86c
“时光流影(TIMEFACE)” 86a
实体店扶持 58a
世界文化遗产 26b
世界文化遗产保护 138c
《世界遗产名录》 208b
市场监管 29c
《市场星报》 86c
市场支撑战略 18b
市县志编纂 161a
手龙舞 337a
首届“乡村旅游月”活动 267b
首届“最美休宁人”系列活动 309b
“首届安徽粉画作品展优秀作品苏州特展” 124c
首届安徽省姑熟画派研究会画家作品展 262c
首届安徽省广场舞大赛 136c
首届安徽省国际标准舞青少年锦标赛 248b
首届安徽省文明示范城市 282a
首届安徽文化惠民消费季·好戏大家看——全省民营院团优秀剧目展演 29c
首届安徽文化惠民消费季·好戏大家看系列展演 112a
首届安徽文化惠民消费季活动 84b
首届段园葡萄采摘节 212c
首届风景名胜区道教名山联盟大会 167a
首届六安市绿色发展论坛 313c
首届中国国际健身气功交流比赛大会 151c
寿县 316a
寿县刘安墓 27a
寿县寿春城 26c
《书架》 126c
“书香安徽阅读团”暨第五届省直机关读书月 343a
“书香相山”全民读书活动 209c
舒城县 153a 320b
《赎罪日里的学究们》 124c 126c
蜀山区 194a
《数码娱乐 DVD 导刊》 68c

数字图书馆　134c
数字资源　134a
双墩春秋一号墓　234c
《双语学习报》　68c
“双元制”职业教育　60a
水彩粉画　125c
水畈村　301b
水资源　26a
思想道德建设　329a
思想道德强实施方案　2
思想理论建设　301a
思想品德教育　149b
思想引领工程　3b
思想政治工作　2a
“四治理一提升”行动　39a
泗县　205a
宋代“宣州官窑”　26c
宋街　26b
《送礼》　276c
“送书到校、分书到班”活动　88a
送文化下基层　127a
《俗雅文津》　107b
素质养成工程　3b
濉溪临涣古城　26c
濉溪县　212b
隋唐大运河申遗成功　201b
《碎片》　124c 126c
所有者权益　9c

T

台湾　33b
台湾中视　28c
太和县　120c 222a
太湖县　297b
《太空熊猫历险记》　72c 85c
泰国　34b
《泰坦尼克号》　104a
“汤都论剑”2014 年亳州传统武术大会　165c
唐代五寿州窑　26c
《唐音浅尝集》　106a
《逃离地球的鱼》　126c
特别报道　62c
《特别关注》　76a
腾讯　28c
体育文化事业　222a
体制改革　9b
天鹅湖大酒店　86c
天官画　254a
天静宫老子文化研究学会成立大会　168b
“天使之声”少儿合唱团　245a
《天下祁红》　105a
天长市　253a
天主教安徽教区主教座堂落成典礼　168c
天柱山　26b
田家庵区　243b
《挑花舞》　120b
《挑山》　120b
调查研究　67c
调研　289c
铁拐宋墓　279a
《铁画记》　276c
厅长零距离　66b
桐城省级印刷包装产业园　59a
桐城市　293a
桐城姚莹墓　27a
铜官乐大舞台　283
铜官山区　282b
铜陵市　280a
铜陵市艺术剧院　113a 114c 115b
铜陵县　285a
《铜陵作家文库》　282b
统筹推进战略　13b
图书馆　134a 190a 200a 206a
图书印刷质量抽样工作　59c
推剧　25a
《屯溪八景》邮票珍藏册发行　304c
屯溪区　304a

W

《豌豆花开》　104a
皖江历史文化研究　52a
皖南朝晖竹木雕刻文化园　340c
皖南大工山-凤凰山铜矿遗址　26c
皖南国际文化旅游示范区建设　174a 342b
皖新传媒　59a
王家坝抗洪纪念馆　221c
网络安全和信息化领导小组　30b
网络安全和信息化领导小组　82c
网络管理　329a
网络监督管理　81a
网络文化建设　80b 281c
网络文明建设　14c 81b
网络依法管理　14c
网络舆论强实施方案　14
网民　80a
网上宣传　80c
网上正面宣传和舆论引导　14b
网站　80a
望江县　299a
望江县漳湖镇回民村　164a
微波线路总长　72a
微波站　72a
微博　63a 70a 82c
微博注册用户　80a
微电影　268c
微信　70a
“微宣讲”　215c
韦小庄　121a
《为接收史辩护》　107a
卫视频道　73c
文化保护与传承　191c 207c
文化产品和服务出口　31a
文化产业　191b 193c 194b 197a 197b 201a 202a 203b 204c 207c 210c 214b 217b 218b 220a 221b 222c 227c 228a 231a 233c 240a 242c 243b 247a 248c 251a 253c 254b 256c 258a 259b 261a 264a 265a 266a 267a 269a 272a 273b 274a 275b 276a 277a 280c 283a 283b 284a 285a 287c 291c 294a 297a 299a 300a 302a 304c 305b 307a 308b 310a 313b 317c 318c 320b 324c 325b 330b 332a 334c 335c 336a
文化产业法人单位　84a
文化产业强实施方案　17
文化产业园区建设　84c
文化产业增加值　214b 316c 338a
文化产业总产值　205a 316c 326b 337b
文化场馆建设　252b

文化出口　84b
文化传承　228b 311a
文化创作　198c 225b 268b
文化队伍建设　207a
文化改革发展方案　30a
文化改革重点任务率先完成　17a
文化馆　136b 190a 200a 206a
文化惠民 21a 298b 331c
文化惠民工程　199a 203c 210c 219b 229c 272b 279b 317a
文化惠民活动　244a 336b
文化惠民消费季活动　233a
文化活动　222b 253c 311a
文化基础建设　236b
文化建设　258a
文化讲座　134c
文化交流　268b 302c 335a
文化精品工程　222c
文化开放强实施方案　6
文化旅游　243a 245c 257c
文化旅游产业　331b
文化旅游资源　234a
文化民生工程　193b 196b 197c 198c 202a 202b 205a 212b 216c 235a 237c 245a 247b 253b 255c 259a 276a 278c 281a 299b 314c 315b 319c 321a 322c 326c 327a 328a 333b 335b 337c 338a
文化民生工程建设　193a 204a
文化品牌建设　31a 197a
文化强区建设　209a
文化强省建设　2
《文化强省建设实施纲要》2
文化设施建设　292a
文化市场　20c
文化市场管理　201a 214c 221b 225c 241a 254c 261c 263a 267a 270a 272b 288c 291b 293c 294a 297b 313b 317c 330c 333c 334b 336a
文化市场监管　191c 203a 238a
文化市场体系　30c
文化市场体系建设　206c
文化事业　207b 214a 218a 220a 223a 227a 228a 239a 242c 243b 247a 248a 250a 254b 256c 262a 272a 274a 275a 277a 290c 297a 300a 301c 305b 317c 325b 330a 336a
文化事业和文化产业发展　193a
文化体制改革　30a 191b 206c 214a 225c 270a 279c 280c 330a
文化体制管理　30b
文化下乡　335a
文化演艺强实施方案　20
文化遗产　26 258a
文化遗产保护　200b 211c 219c 233b 237a 238b 240c 250c 262a 267a 271a 276a 288a 292c 293b 298c 302c 304b 309a 313a 317c 323a 325c 330b 333b 334b
文化遗产传承保护　20b 279c
文化遗产和文物保护　203a
文化艺术创作　216c
文化志愿者活动　212a
文化走出去战略　31a
文明城镇建设　196c 198a 202b 234b 245c 316c 327a 328b 339a 340b
文明创建　209c 221c 237a 243a 255a 257a 312a 319b 323c
文明村镇建设　310a 337a
文明旅游　174c
文明县城建设　247c
文明争创工程　3c
文史天地　67c
文物　138a 141a
文物保护　258a 265a 297a 306c 321a 335c
文物保护单位　218c 264c 266b 269a 318a 337b
文物保护管理　213b
文物保护修复基地建设　141a
《文学的鉴赏与评论——方铭文集》(上下)　106c
文艺创作　196b 199a 200a 205c 210b 214c 217c 218c 219a 228b 237a 240c 251a 253c 255b 257a 258c 261b 263a 264a 265a 266a 267a 270c 273b 279a 281b 287a 299a 302b 304c 305c 312c 318c 320c 321b 324c 331c 333a 335b 339c
文艺创作和艺术表演表彰奖励大会　237c
文艺家下基层采风　110b 192b
文艺精品创作　191a
文艺团队建设　194c
《文摘周刊》 67a
《我的"中国梦"——青春励志故事》 56c
《我的康乃馨》 72c
《我国不同历史阶段青年马克思主义者素质比较及对当代的启示》 44b
"我阳光·我快乐"全省乡村少年儿童才艺展示　120a
乌兰巴托中国文化中心　34c
无为县　279a
《无言的结局》 105b
芜湖方特　85a 176b 274c
芜湖广告产业园　271b
芜湖华强文化科技产业有限公司　274c
芜湖市　155a 269a
芜湖县　276a
吴翼翚华岳心意六合八法拳　156a
五A级景区　172a 311a
五个一工程奖　41a 195c 227b 241b 271b
五河民歌　238c
五河县　237b
五音八卦拳　156a
《五洲同春》艺术团　121a
《武昌湖笔记》 108c
《舞动兰花》 120b
物流业　88c
物质文化遗产　26b 331b

X

西递　26b
《〈西厢记〉全谱》 86a
西园喉科艺术　303c
《嘻哈二人行》 76a
系列评论员文章　63a 64a
仙源镇　305c
先进典型　2a

《先唐文史考论》 106c
县级城市数字影院 73a
现代舞台情景郴剧《红芍花》 227
“乡村好人”评选 340b
乡村旅游 173b
乡镇综合文化服务中心 33a
相山区 209a
香港 33c
《香港商报》 28c
萧县 202b
销量 91a
《小康生活·文明风》 49c
《小女神灭黑客》 122b
《小乔初嫁》 89a 112a 122c
《孝行天下》 251b
孝文化 253c 254c
校园大舞台 112c
“校园大舞台——徽风皖韵进高校活动” 148a
校园社区建设 149a
谢家集区 244a
“新安百姓讲堂” 134b
“新安读书月”活动 76c
新安利群阳光助学 66b
《新安晚报》 66a
新浪 28c
《新文化运动与安徽》 107a
新闻出版公共服务体系 11b
新闻出版体制机制创新 11a
新闻出版强实施方案 9
新闻出版职业技术学院 60a
《新闻第一线》 75a
新闻发布会 28a
《新闻世界杂志》 67b
新闻宣传 249a 329a
新闻综合广播 74b
《新戏剧》 122c
新欣艺术团 198b
新增影院 73a
杏花村文化旅游区 325a
“杏花梦·农耕情”非物质文化展演 323c
“幸福田家庵·梦想红五月”群众文化成果展示活动 244a
休宁县 308b
《许海峰的枪》 89a
宣城市 329a
宣城市档案局 165b
宣传报道 62a
宣传阵地拓展工程 5c
宣州区 331b
“学界兴皖” 45b
学科建设 4b 48a
“学雷锋志愿服务地图” 208c
学前教育三年行动计划 144c
学生社会实践 150a
《学术界》 46b
学术研究 136a
《雪豹》 121c

Y

严歌平文艺评论集《究竟是谁侵犯了谁?》研讨会 110a
沿淮花鼓灯 25a
演艺创作生产 20a
杨公镇汤王村 242a
《杨善洲》 72b
姚鼐墓 27a
瑶海区 192b
《药都往事》 105b
《野旷天低树》 124c
叶集试验区 321b
1912 时尚街区 252c
《一八九四·甲午大海战》 72b
《一罐黄金》 112a
“一线调研”系列栏目 66a
黟县 310b
宜居村庄 211a
宜秀区 292a
弋江区 273a
艺术创作 293b
艺术基金 112b
艺术家下基层 125a
《艺术中国——中国画走进联合国》 125a
音乐创作 118a
音乐广播 74c
音乐考级 118c
银幕 77a
印刷工业总产值 59a
印刷质量检测和价格检查 59c
英国 BBC 摄制组 72b
英国剑桥大学 128c
迎江区 290b
营业收入 9b
颍东区 218a
颍泉区 217a
颍上县 222b
颍州区 216a
“颍淮大讲堂” 215b
影院 77a
应急管理 14b
《永远的黄玫瑰》 249b
埇桥区 201b
优秀作品集中进京展示 112c
油画 125c
油画展 124a
游客 174a 177a
《有了》 120b
有线电视用户 72a
幼儿园 144a
尉迟寺遗址 26b
舆论监督 64b
舆论引导 206a 215a 224a
雨山区 263b
禹会区 234a
裕安区 315a
《圆桌》 126c
院线建设 91a
《月上西河》 276c
《月是故乡明》 126c
《月是故乡明·安徽池州平天湖——秋光似练月如水、一城山水满城诗》 324b
岳西妙道山旅游景区 176b
岳西县 300a

Z

杂技专业村 121a
再芬黄梅艺术剧院 116b
在校生 144a
在园幼儿 144a
枞阳县 295a
展览 135c
张恨水纪念馆 297b
张山村 110c

张廷玉墓 27a
“掌握蚌埠”APP 232b
招聘会 78c
招商引资 235b
《昭君泪》 114c
赵朴初人间佛教思想暨太湖禅宗文化学术研讨会 170c
哲学社科创新工程 5b
政策落实 11c
知识产权 57b
职业教育 145b
纸质文献资源 134a
至德小学 327c
《志苑》 161c
志愿服务 40a 272c
志愿服务广场 40a
志愿服务活动 249a
志愿服务制度化建设 38b
志愿者 120c
“智慧旅游·悦读安徽——安徽大学生文化旅游行第二季”178c
智慧旅游建设 177c
中安在线 70b
中德合作 60a
《中法建交始末》 34b 85c 342c
“中国·亳州老庄思想与弘扬社会主义核心价值观”学术研讨 49c
“中国·亳州老庄思想与弘扬社会主义核心价值观学术研讨会” 226b
中国亳州网 70c
《中国豆腐文化研究——以淮南为例》 44b
《中国共产党安徽历史(第二卷)》 160a
《中国故事》 112a
“中国好人” 251c
“中国好人榜” 256c
中国好人名单 41b
《中国花鼓灯》 122a
《中国黄梅戏》 122c
中国历史文化名镇名村 138a
《“中国梦”一词的由来》 49a
“中国梦·安徽行”16 市及省直书法协会晋省汇报展 127a
中国民间文化艺术之乡 199c 259a 295b 334c
中国摄影创作基地 131b
中国摄影之乡 131a
《中国深蓝梦》 56c
中国诗歌之城 262b
中国十大最美乡村 301b
《中国特色社会主义理论体系论要》 48c
《中国天机》 85c
中国文房四宝之城 331a
“中国舞蹈家协会第 286 届少儿舞蹈展演” 120a
《中国现代叙事文学的情感与叙述》 107b
中国宣砚之乡 338a
中国宣纸股份有限公司 343c
《中国岳西高腔剧目集成》 300c
中国杂技之乡 121a 220c
中华经典诗词诵读会 292c
“中外记者看安徽” 28c
“中小学体育卫生艺术教育促进工程” 148a
中央电视台国际频道 28c
中意博物馆联盟展览交流第三次会议暨首届联盟理事会 34c
重点文物保护单位 26b 138a 190a 192c 193b 196a 196b 197b 198a 199a 201b 202b 204a 205a 206a 212b 217a 222a 222b 223c 226c 227a 228a 229a 232c 235c 242b 252a 253a 253b 255b 256b 259a 265b 277a 280a 286c 296b 299a 300a 305a 307b 309b 314b 315a 316b 319a 320b 322b 326b 328a 334a 335a 336a 338a
《重视整理——写在〈岳西高腔剧目集成〉出版之际》 122c
重装上阵 68c
周本立新作《绿叶红椿》诗歌朗诵研讨会 109a
周瑜墓 27a
“朱光潜艺术奖” 296a
主题策划 68b
专题宣传 72b
专项整治 81b
专项治理 31c
专职教师 144a
转变服务方式 21c
《转世》 104a
转型发展战略 13b
《咨政》 49b
资产总额 9c 87b 89a 90a
资料征编 160b
资政服务引导工程 5c
梓山大舞台——灵芝广场文艺活动 337c
自来桥镇 110c
自助移动智能图书馆建设 219c
“宗教慈善周” 168a
综合文化站 190a 200a 229b
综艺频道 74a
总播出时间 72a 73a
《总裁班》 104a 105b
“走出去” 88c 89a 207c
“走进淮上”系列活动 235c
“走上去” 89c
“走下去” 89c
“走转改”活动 69c
“最美基层图书馆” 277c
《醉鼓》 276c
作家书屋 259c

人名索引

人名索引按汉语拼音排序，首字母相同则按第二字音排序，以此类推。
人名后阿拉伯数字表示人名所在页码，英文字母 a、b、c 分别表示左、中、右。

A

阿　英　25a
奥尔特加·里瓦斯　29a
奥朗德　85c

B

白启忠　126a
柏大燕　178a
班　苓　126a 126b
包　拯　24c
鲍　峰　242b
鲍振平　41b
贝恩哈尔·辛德贝格　249c
毕　沅　24c
卜幼凡　36c

C

采长林　257a
蔡宗周　263a
曹　霸　24b
曹帮萍　276c
曹　操　24b
曹培芹　125c 251b
曹　丕　24b
曹声明　321c
曹小玉　326a
曹新云　238c
曹永盛　306a
曹振镛　24c
曹征海　31b 32a 33c 35a 36b 45c 46a 47c 49a 50c 62c 110b 261a 289c 313c 326a 340b 342a 343a 344a 344c
曹宗英　41c
柴绍良　298c
常春山　236a
常丽华　236a
常谦德　236a
常　松　48b
陈　彬　196c
陈德容　194a
陈东霞　251a
陈独秀　25a
陈桂英　125c
陈惠龙　118c
陈慧娟　243c
陈吉祥　309a
陈　坚　36b
陈开曦　309a
陈克雨　283c
陈纫宁　126c
陈　锐　237b
陈　瑞　50c
陈　胜　24a
陈树隆　49a 313c
陈树平　168c
陈　田　36b 124a
陈铁桃　320c
陈廷桂　266b
陈文忠　107a
陈祥国　248c
陈晓梅　282c
陈兴玲　118a 118c 223a
陈　旭　122a
陈学英　243c
陈永兰　236a
陈余芳　41c
陈云林　342b
陈正保　266c
陈忠强　126c
程大昌　24c
程大位　24c
程建华　45a
程建设　122c
程慕斌　336a
程润泽　305c
程新德　126a
程瑶田　24c
程　银　41b
程长庚　25a 296b
储金霞　274a
储　琳　300c
崔怀伦　242b
崔书乐　316a
崔通宝　251a 257a
崔晓鸣　126b

D

戴　斌　126b
戴　逵　24b
戴　震　24c　27a
邓　超　321a
邓稼先　25a
邓琳琳　155a 222c
邓全翠　293b
邓石如　25a
邓晓焰　119b
刁朝岗　254c
丁光旭　296a
丁顺兆　309b
丁寺钟　126c
董登岭　254c
董寿平　344a
杜　默　266b
杜　牧　322a 325a
杜先汝　41b

段祺瑞 25a
段兴宝 41c 280b

F

樊 纲 215b
范本勤 126c
范春晓 125c
范和生 44c
范恒森 36c
范 静 262a
范 逍 121a
范奕兵 114c
范 周 313c
方 苞 25a
方春明 49a 166b 168c
方东美 25a
方继凡 305c
方金友 50c
方 铭 109a
方培虎 281c
方 佩 178a
方维保 107b
方 霞 177c
方小玲 309a
方以智 24c
房 玫 2a
冯 冬 122c
冯福州 336c
冯 坤 180b
冯 淼 41b
冯玉祥 25a
冯哲彬 121a 121b
伏爱华 107c
付国先 256c

G

甘而可 302c
高 飞 125c
高俊平 41b
高 鸣 124c
高 乾 122a
高清泉 126c
高绪贵 41b
高 云 257a
高正文 109b
葛士静 236a
葛 松 236a
耿 牧 125c
宫 义 126a
顾红霞 256c
顾美琴 124c
顾云尚 333c
管 子 24a
郭海棠 338a
郭居敬 254c
郭 凯 125c 126c
郭明辉 104c
郭宗保 126a
过仕宁 281c

H

韩琦富 257a
韩再芬 36b 116c 296a
汉武帝 26b
何凤娇 115a
何厚铧 57a
何小剑 115a
何 垚 121a
何 云 115a
宏慧法师 169c
洪 波 41b 125c
洪 放 108b
洪建华 306a
侯建国 342a
侯 露 122c
侯士云 41b
侯学煜 266b
胡本七 126c
胡承霖 342a
胡 迟 119c
胡金林 126c
胡 进 105b 281c
胡 兰 254c
胡连松 170a
胡 适 25a
胡思园 220c
胡太平 278c
胡锡福 41c 280b 283c
胡小树 168c
胡晓义 66a
胡孝明 336c
胡忠海 300c
花建慧 33c 45c 342b
华锦玉 263a
华 佗 24b
华严法师 169c
黄本刚 273c
黄宾虹 25a
黄凤霞 117c
黄锦昌 263a
黄菊长 321c
黄梅戏 25a
黄圣凤 321b
黄仕娟 41c
黄新德 115b
黄 镇 296c
黄 胄 344a
徽州四雕 25a
慧光法师 169c
慧庆法师 169c
慧深法师 170a

J

嵇 康 24b
纪 念 126a
季爱萍 282c
季 宇 36b 110c 344c
郏德强 228b
江 涛 36c
江兴美 41c 300b
姜 恒 41b
蒋光慈 25a
蒋劲华 302c
焦仲卿 295a
金 明 251a
金千钧 121a 121b
金兴安 41b 249b 259c

K

柯增华 204c
孔令培 118c
孔 莹 227b
邝 实 118c

L

郎　遂　322a 325a
郎　涛　46c
老　子　24a 227a
黎昌晋　342b
李　白　264c 322a
李本军　275b
李　斌　237b
李超峰　126c
李成城　126a
李成恩　204c
李成云　246c
李传代　41b 65c
李春荣　122c
李奋勤　256c
李公麟　24b
李国彬　104c
李宏祥　254c
李鸿章　25a
李华阳　251a
李慧桥　36b
李建辉　166b
李锦斌　35b 36b 47b 49a 145c 313c 340b 344a
李　军　204c
李俊平　108c
李可染　344a
李利利　121a
李　莉　228b
李　娜　155a
李培华　126a
李　平　105a 305c
李　泉　217c
李松雷　126c
李天馥　24c
李　玮　27b
李　文　41b
李夕茹　232c
李小可　311a
李小青　265b
李晓舒　117c
李学亮　223a
李雪晴　125c
李肇星　116b 215b
李宗强　255b
励小捷　343c
栗　亮　121c
梁朝朋　41b
梁月银　196a
林　兵　126c
林散之　25a 266b
林　勇　36b
凌云飞　126a
刘　安　24b 246a
刘大櫆　25a
刘恩连　41b 249b 256c
刘福通　24c
刘汉寿　122b
刘恒群　254c
刘继潮　125a
刘建福　115a
刘兰芝　295a
刘梦芙　48b
刘铭传　25a
刘奇葆　85c 343b
刘涉运　227b
刘同烟　288c 297a
刘卫东　166b
刘文华　126a 126b
刘新红　168c
刘信芳　106a
刘学锴　106a
刘学伟　168c
刘玉龙　125c
刘云山　30b 65a 85c 329a 342c
刘运好　106c
刘振邦　221c
刘志宏　281c
柳新生　124c
楼根友　306a
卢昌林　41c
卢桂森　315b
卢　晓　228b
卢展工　343a
卢志龙　340a
鲁　超　117c
鲁世萍　125c 126a
鲁　肃　24b
陆　可　126a
陆荣飞　204c
陆志成　217c
路云飞　251a
罗光成　270c
罗腊英　41c 323a 326a
罗美兰　333c
罗雪娟　155a 180b
罗　阳　318c
吕公著　24b
吕胜侠　236a
吕夷简　24b

M

马东升　167c
马　雷　36c
马留柱　238c
马英林　168c
马　韵　173a
梅连社　236a
梅其柱　236a
梅文鼎　24c
梅尧臣　24c
梅院军　115a
孟　伟　215b
孟秀兰　273c
苗太林　216c
苗秀侠　105a
苗　勇　222a
妙安长老　169c 170a
明　生　169c
莫彦夫　121a
墨　子　24a

N

倪建明　126a
聂　璐　168c
宁瑶瑶　126c
牛耕地　191a
牛家荣　248c
钮　毅　125c

O

欧豪年　33c

P

潘军 282c
潘立华 41c
潘小平 104a
潘啸龙 106b
潘昱竹 114c
盘　龙 36b 118a
庞宗超 126c
裴晓君 321a
彭典云 244c
彭伟平 204c
彭玉林 309a
蒲立春 222a

Q

齐　彪 215b
钱澄之 24c
钱广忠 41c
钱　娟 281c
钱念孙 48c 50b
钱玉贵 105a
钱志英 265b
乔　森 125c
秦立建 45a
秦　文 126a
秦长征 237c
庆贤法师 169c

R

任　辉 126c
任莹莹 121a
任泽锋 167b
汝亚峰 222a

S

单　峰 237b
单守杰 41b
邵传富 196a
邵桂林 217a
邵　军 281c
邵先国 118c
邵英文 41b
申士珍 336c
申维品 255b
沈承学 41c 280b
沈　浩 2a 249b
沈瑞雪 41c
沈卫国 46c
沈鑫敏 41b
沈跃春 48c
沈宗贺 168c
圣　辉 169c
盛和煜 115a
师　晶 126a 126b
施闰章 24c
施晓冬 115a
施芝鸿 215b
石春彩 236a
石春兰 236a
石春全 236a
石　兰 125a
石　楠 298c
时白林 116c
时一林 118a
史露露 320c
史亚军 313c
水巨洋 249b
司　杰 126a
泗州戏 25a
宋　蓓 50c
宋　刚 126b
宋水仙 309b
宋万奎 237b
宋学东 251c
苏　峰 263a
孙方启 245c
孙　枫 320c
孙家鼐 25a
孙家正 298c
孙丽芳 167c
孙　亮 126c
孙鸣久 318c
孙铭泽 122a
孙　然 116b
孙叔敖 24b
孙献华 125c
孙亚夫 342b
孙以侨 248c
孙长江 41c 281c
孙中锋 45a
孙中民 118a

T

谈　善 252c
谈正衡 270c
唐承沛 33c 35b 36b 342b
唐光德 41c 280b
唐建峰 114c
唐　跃 36b
陶芳秀 275b
陶行知 25a
陶弘景 264c
陶身友 265b
陶小妹 265b
陶月恩 199a
田海明 85b
田维谦 267c
田孝琴 318c
仝　音 263a
童朝珍 41c
童兆源 126a 126b
涂　曦 126c

W

宛小平 107c
万林媚 115b
汪春锋 281c
汪光焘 167a
汪金海 256a
汪谦干 48b 49a
汪少飞 305c
汪相义 304c
汪　杨 107a
汪裕民 309a
王　承 126c
王　驰 126c
王传杰 255c
王翠凤 32a 166b 168c
王道琼 257a
王二玲 273c
王锋林 305c

王凤武 167b
王国刚 104c
王海彪 124c 126c
王 宏 204c
王洪祥 215b
王 华 300c
王家治 41c
王稼祥 25a
王 景 24a
王 娟 115a
王凯东 118c
王考千 246c
王坤友 2a 280b
王立武 257a
王丽娟 114c 281c
王 璐 125c 173a
王 蒙 298c
王明方 35b 36b
王明亮 336a
王培吾 242a
王佩刚 116b
王启志 41c
王 芹 238c
王 琴 113b
王 青 114c
王晴飞 48b
王仁华 125c
王仕如 271a
王苏婉 126c
王潇婧 237b
王晓马 114c
王新德 211b
王新发 41c 278c
王绪宏 41c 280b
王学军 35b 36b 145b 154a
王衍平 125c
王 艳 36b
王艳秋 41b 204c
王影怀 242a
王咏莉 281c
王允琪 125c
王长安 36b 115c 116c 344b
王 桢 24c
王 甄 69b
王振荣 217a
王忠宝 326a
王祝华 114c
王自莲 41c
韦清泉 126c
魏嘉瓒 124c
魏来安 251a 257a
魏 亮 126c
魏晓明 290a
文 翁 24b
巫 俊 125c
无相法师 170a
吴伯雄 33c 342b
吴存荣 344c
吴德才 256c
吴 广 24a
吴国华 309a
吴国文 114c
吴国珍 296a
吴江玲 41c
吴敬琏 215b
吴敬梓 24c
吴静钰 180b
吴开山 255c
吴兰波 271b
吴宁宁 117b
吴 培 194b
吴仁录 321c
吴汝纶 25a
吴善民 194b
吴小燕 309a
吴 雪 36b 110c 344c
吴 阳 121a
吴玉叶 118b
吴宗宝 257a
武 稚 105c 343b

X

习近平 342b
夏 光 313c
夏菊花 296b
夏 涛 166b 168c 169c 170a 170c
项东升 251a
项国华 309b
项至祥 300b
肖超英 208b
肖 霞 41c
萧 统 322a
晓 露 263a
解本康 339c
谢广祥 32a 35a 36b 49a 145c 155a 167a 261a 342a 343a
谢健仙 309a
谢林义 118b
谢四十 306a
谢 宇 126a
谢昭新 107a
谢宗君 125c
辛秋水 50c
辛思洁 177c
熊辰龙 113b
熊 炜 126a
徐爱国 309a
徐代泉 114c
徐德明 107b
徐东平 69a
徐多林 266c
徐寒杰 126a
徐家柱 41b
徐 俊 44c
徐 里 124a
徐 楠 281c
徐启仁 122c
徐全庆 217a
徐土根 124c
徐贤柱 320c
徐晓虹 126b
徐秀山 256c
徐正传 256a
徐志远 114c 115a
徐中舒 25a
许大宁 314b
许冬子 217c
许 飞 165c
许海峰 266b
许怀喜 124c 126c
许 辉 36b 105c 108c 109c 110c 343b
许 雷 275b
许启金 41b
许水德 342b
许泽夫 105c 196c 343b
许正华 265b

薛焕刚 281c
薛胜友 238c

Y

严贝妮 44c
严歌平 110a
杨柏岭 106b
杨朝祥 116b
杨根乔 50c
杨国新 125c
杨行密 24b
杨河清 41c 280b
杨继光 104c
杨 建 149b
杨景宇 215b
杨开开 222a
杨 林 217c
杨四平 44c
杨文浏 191a
杨文涛 124c
杨小凡 104a 105b
杨月楼 25a
杨再先 236a
杨振超 145c
杨振宁 25a
杨志今 344a
杨志远 202a
杨智君 300c
杨智明 121a 121b
姚恩田 115a
姚广德 122b
姚金龙 281c
姚良卿 41c
姚 鼐 25a
叶景成 33c
叶 平 281c
尹韵公 48c
殷光兰 196a
印顺法师 170a
于洪水 281c
于金宝 41b
余翠华 278c
余明清 248c
余 顺 116a
余同友 104a 105b
余月祥 121a
俞长芝 244c
虞爱华 166b
袁 华 290a
袁俊华 125c
袁 伟 124c 126c
袁 媛 116a
圆藏法师 169c
苑玉玲 222a
岳毅平 50c

Z

臧世凯 35b 36b
翟亚东 263a
詹敬维 168c
詹夏来 45c
张 宝 41b 238c
张宝顺 33c 35a 36b 45c 49a 110c 116a 125b 145b 154a 251c 340b 342a 343a
张春华 126c
张 聪 126c
张 丹 276c
张德林 257a
张德信 168c
张 栋 313c
张光辉 126a
张桂银 228b
张国琳 126b
张瀚东 217a
张恨水 25a 296b
张恒心 265b
张红曼 238c
张洪奎 222a
张华东 216c
张 籍 266b
张建春 197a
张 健 41c
张 杰 126c
张经纬 148c
张景兰 41b
张居淮 36b 119b
张 军 252c
张俊海 315b
张俊喆 121a 121b
张 凯 115a
张乐行 227a
张丽丽 177c
张曼君 115a
张淼淼 121a
张名松 114c
张 宁 126c
张其煜 126a
张器友 106c
张 强 126c
张善葆 265b
张廷玉 24c
张文乔 276c
张文忠 296a
张先义 41b
张小威 115a
张孝祥 266b
张学群 298c
张 研 177c
张 琰 126a
张野马 251a
张贻敏 265b
张翼飞 122a
张 英 24c
张 莹 122c
张雨欣 117b
张玉龙 248c
张玉柱 41b
张治中 25a
张子辉 41b
张子林 256a
章思林 256c
赵阿娜 276c
赵安吉 257c
赵福祥 222b
赵国青 298c
赵 韩 32a
赵继虎 222a
赵 磊 41b
赵 娜 320c
赵 萍 244c
赵朴初 170c
赵荣凯 204c
赵 实 35b 110c 124a 125b 344c
赵锡成 257c
赵小兰 257c

赵艳艳 177c
赵章伟 115a
郑春童 245c
郑 寒 302c
郑九如 236a
郑牧明 170c
郑天伦 124c 126c
郑向阳 237b
郑孝华 211b
钟海军 309a
仲呈祥 116a
周本立 109a
周 宾 257a
周 恒 104c
周继红 321a
周建祥 125c
周克武 41c
周 路 126a
周 群 125c 126c
周学熙 25a
周一良 25a
周 瑜 24b
朱斌峰 114c 281c
朱超伦 227b
朱东黎 119c
朱光潜 25a
朱广源 121a
朱灏宇 321b
朱 进 281c
朱进权 296a
朱 力 251a
朱 楠 24c
朱仕华 251a
朱寿昌 251b 253c
朱维芳 169c
朱 温 24b
朱元良 254c
朱元璋 24c
朱 赟 276c
朱载堉 24c
朱长海 41b 249b 251c 253c 343b
朱照华 257a
庄 颖 217a
庄 子 24a
卓新平 170c
宗白华 25a
祖 海 238c
左 青 119b
左中一 124a

图表索引

图表索引按图表在书中的页码排序,文字后的阿拉伯数字表示图表所在页码。正文之前的图表为插页。

皖南山乡春色 插页 1
习近平参加十二届全国人大二次会议安徽代表团全体会议 插页 2
刘云山到小岗村参观 插页 3
省委召开全省党的群众路线教育实践活动总结大会 插页 3
张宝顺率安徽经贸文化访问团访台 插页 4
王学军和德国下萨克森州州长施特凡窑魏尔在合肥市共同签署安徽省与下萨克森州结好 30 周年备忘录 插页 4
安徽省社会科学界联合会第七次代表大会在合肥市召开 插页 5
安徽省文学艺术界联合会第六次代表大会在合肥市召开 插页 5
中国稻米博物馆在庐江县建成 插页 6
第十届中国(深圳)国际文化产业博览交易会在深圳会展中心举行 插页 6
安徽省第十三届运动会在安庆市体育中心体育场开幕 插页 7
大型原创黄梅戏舞台剧《徽州往事》在国家大剧院上演 插页 7
全国首家省级好人馆——安徽好人馆正式开馆 插页 8
首届安徽文化惠民消费季活动启动仪式在安徽国际会展中心举行 插页 8
2010—2014 年全省文化及相关产业增加值 插页 9
2011—2014 年全省城镇和农村常住居民人均教育文化娱乐消费支出 插页 9
2010—2014 年全省文化及相关产品进出口情况 插页 9
2014 年全省文化及相关产品进出口情况(按商品类别分) 插页 9
2014 年全省版权引进构成(按国家和地区分) 插页 10
2014 年全省版权输出构成(按国家和地区分) 插页 10
2010—2014 年全省公共图书馆总藏书量 插页 10
九华山天台 24
梅山水库 25
徽剧 27
首届安徽文化惠民消费季·好戏大家看——全省民营院团优秀剧目展演 29
安徽省美术馆、科技馆、百戏城举行开工仪式 32

唐代文物佛塔回乡、欧豪年美术馆开馆、孙多慈艺术展开幕仪式在安徽博物院举行 34
阜阳邮政分公司开展“爱心邮路”创建活动 38
安徽省推进“三线三边”治理工作座谈会召开 39
合肥市望湖社区志愿服务广场 40
芜湖市志愿者来到社区开展志愿服务活动 40
电视纪录片《大黄山》海报 41
安徽省社会科学界第九届(2014)学术年会 44
安徽省社会科学界联合会第七次代表大会 45
安徽社科名家大巡讲滁州专场暨明光市第39期周末讲坛在明光市举办 46
全省第十届社会科学知识普及活动月开幕式 47
第六届皖江地区历史文化研讨会 47
生态安徽与水环境安全法制建设高层论坛 49
中国·亳州老庄思想与弘扬社会主义核心价值观学术研讨会在亳州举行 50
华东六省一市社科院院长论坛在杭州举行 50
安徽出版集团大厦 56
安徽省新闻出版广电局与国家新闻出版广电总局广科院等签订合作协议 56
安徽出版集团向黄山市图书馆以及黄山市部分中小学图书馆捐赠图书 57
安徽新华发行集团在合肥召开干部大会 58
安徽新华发行集团以“前言后记”全新的书店形象亮相第十届深圳文博会 58
阜阳印刷包装产业园 59
安徽省新闻出版职业技术学院举办毕业生欢送晚会 60
安徽日报记者探访“东乡武术” 63
安徽新媒体集团在合肥挂牌成立 65
《安徽日报》采编人员在开展业务研讨 65
“安徽十大新闻”专家推荐会 66
安徽商报开展“大家写安徽”活动 67
安徽报业集团深入基层开展“走、转、改”活动 69
电影《邓小平登黄山》安徽首映式在安徽大剧院举行 72
2014安徽卫视春晚 73
安徽广播电视台广播频率 74
安徽广播电视台电视频道 74
《男生女生向前冲》演播现场 75
电视栏目《超级演说家》播出画面 75
利辛县农村电影放映现场 77
《村支书金岚岚》电影海报 77
安徽广播影视职业技术学院迎新年联欢会 78
安徽网信系统学习贯彻党的十八届五中全会精神报告会 80
“网络名人探访长江经济带——皖‘约’徽风里”活动启动仪式 80
首届“安徽好网民”颁奖典礼 81
安徽新媒体高峰论坛 82
首届安徽网络安全宣传周“网络安全大讲堂” 82
首届安徽省文化惠民消费季宣城市活动在泾县中国宣纸文化园启动 84
合肥万达文化旅游城 85
刘云山视察2014北京国际图书博览会展位 86
7000余种皖版精品图书亮相第21届北京国际图书博览会开幕 86
第十届黄山书市在黄山市举办 87
安徽新华发行集团开展“送书到校、分书到班”活动 88
“鼓乡情韵”送戏下乡小岗村专场文艺演出 89
《徽商传奇》剧照 89
安徽省广播电视中心塔楼 90
刘奇葆参观第十届中国(深圳)国际文化产业博览交易会安徽广电集团展区 90
安徽广电集团与台湾东森、厦门国贸、龙邦国际兴业公司达成合作协议 91
2014年各市规模以上文化企业基本情况 92
2014年全省上市文化企业主要财务状况 92
2014年安徽省规模以上文化制造业企业主要经济指标 93
2014年安徽省规模以上文化制造业企业主要经济指标(续1) 94
2014年各市规模以上文化服务业法人单位主要经济指标 95
2014年安徽省规模以上文化服务业主要经济指标 96
国家级文化产业示范基地(园区) 97
2014年省重点扶持文化产业示范园区 97
省级文化产业示范基地 98
省级文化产业示范基地(续1) 99
升级文化产业示范基地(续2) 100
2014年全省分地区文化及相关产业施工和建成投产项目情况 100
2014年全省文化及相关产品进出口情况 101
省级文化产业集群专业镇 102
安徽省文学艺术界联合会第六次代表大会召开 104
省文联纪念《讲话》发表72周年 105
省作协主席许辉带队赴皖东基层采风创作 107
安徽省作家协会首届散文大奖赛颁奖大会在马鞍山举行 108
安徽作家台湾采风团赴台交流 109
87岁高龄的老作家苏中与农民在田间话家常 110
《女驸马》在安徽省首届文化惠民消费季演出深受观众喜爱 112
黄梅戏《小乔初嫁》剧照 113
黄梅戏小戏《阿斗》剧照 114
话剧《徽商传奇》剧照 115
黄梅戏《榴花不开盼哥回》 116
《蚌埠板车女孩》剧照 117
著名作曲家时白林《黄梅戏名段精

选乐队总谱》出版发行专家座谈会 118
第九届中国音乐金钟奖声乐比赛(安徽赛区)选拔赛 118
安徽省舞蹈家协会第五次代表大会 119
"中国舞蹈家协会第286届少儿舞蹈展演"在合肥安徽大剧院举行采风活动 120
舞蹈《花鼓敲天下》 120
安徽杂技团新编杂技剧《美丽的梦》在柏林奥林匹克公园举行柏林首演 121
曲艺下乡 122
2014年安徽省美术工作会议 124
安徽省首届粉画展优秀作品苏州特展 125
徽园平价艺术月活动 126
第三届安徽省书法大展开幕式 127
安徽省直书法篆刻精品展 127
安徽省第十九届摄影艺术展开幕 128
摄影家赴南陵县基层采风并向当地村民赠送摄影作品 128
英国皇家摄影协会理事长迈克尔·普里查德博士在英国剑桥大学参观"魅力安徽"摄影图片展 129
"农民工拍农民工"摄影活动在合肥启动 130
记录类《夜间架梁》摄影作品组照 131
记录类《历练精兵》摄影作品 132
艺术类《超现实之梦》摄影作品 132
艺术类《天地间》摄影作品 132
商业类《挣脱》摄影作品 132
艺术类《水墨黄山》摄影作品 132
新安百姓讲堂 134
安徽博物院 135
三和民俗博物馆 135
首届安徽省广场舞大赛 136
泾县查济村 138
繁昌县人字洞遗址 138
薛家岗遗址 139
繁昌窑遗址考古发掘 139
六安双墩一号汉墓 140
东至县华龙洞旧石器与人类遗址发掘现场 140
春秋青铜龙耳尊 141
天长汉墓出土的漆木器 141
2014年中国文化遗产日安徽省主场活动启动仪式 142
宣纸制作 142
国务院义务教育均衡发展督察组在安徽检查工作 144
芜湖市教育局举办2014年新教师上岗培训班 145
安徽黄梅戏艺术职业学院四学子获第十八届中国少儿戏曲小梅花金奖 146
安徽医科大学举办第一个"国家宪法日"文化广场活动 147
安徽新华学院药学院开展师生文艺联欢 149
"长三角地区应用型本科高校联盟"启动仪式 150
安徽省第十三届运动会在安庆市体育中心体育场隆重开幕 151
第四届全国绿色运动建设大会 152
安徽省第七届少数民族传统体育运动会在安庆市体育馆开幕 152
2014合肥国际马拉松赛 152
第六届省"美好乡村"农民篮球赛 153
安徽省直机关全民健身活动成果展示暨第七届运动会开幕式 153
第十七届仁川亚运会开幕式 1154
2014年全国体育文化·体育旅游博览会在芜湖市举办 155
第六届世界传统武术锦标赛于10月26日至28日在池州市九华山举行 155
安徽省首届体育美术书法摄影作品展开幕式 156
省委常委、省委秘书长唐承沛参观《让档案告诉我们——安徽1937—1945》档案展 158
全身数字档案馆(室)建设推进会在蚌埠召开 159
张宝顺、王学军等省领导集体参观党史图片展 160
古代方志名家研讨会在马鞍山市召开 162
宁国市云梯畲族乡舞蹈表演 164
"汤都论剑"2014年亳州传统武术大会 165
安庆市"柏兆记"品牌字号获"安徽老字号"称号 165
安徽省第七届少数民族传统体育运动会会徽 166
首届中国风景名胜区道教名山联盟大会 167
安徽省佛教"宗教慈善周·双千行动"捐款集中发放仪式在黄山市举行 168
安徽省道教第四次代表会议 169
天主教安徽教区主教座堂落成典礼 169
合肥开福寺举行圆藏法师荣膺方丈升座庆典法会 170
赵朴初人间佛教思想暨太湖禅宗文化学术研讨会在合肥召开 170
安徽省政府举行《关于促进旅游业改革发展的实施意见》新闻发布会 172
安徽省红色旅游管理培训班 173
2014年黄山风景区十一黄金周盛况 173
电影《邓小平在黄山》新闻发布会 175
全省旅游局长研讨班暨工作会议 175
安徽大八公山旅游区总统规划评审会 177
2014年 重点项目建设推进会 177
2014"中国旅游日"安徽分会场活动 178
安徽省导游大赛在合肥市举办 180
安徽省直机关迎接十八大"颂歌献给党"文艺演出 182
"书香安徽阅读季"启动仪式暨第五届"省直机关读书月"游园活动在合肥和平广场隆重举行 183
安徽省直机关大讲堂专题辅导报告 183
勤廉礼赞文艺演出 185
安徽第一面党旗纪念园的清廉长廊 185
天长市检察院的警示教育展 186

宣城烟草公司廉政文化知识竞赛 186
安徽省军区举办纪念古田会议召开 85 周年老战士书画摄影展 188
安徽省军区战士业余演出队排练参加军区第九届文艺会演节目 188
天鹅湖夜景 190
2014 年瑶海区第三届“梨园风采展”社区戏曲展演月广场演出 192
崔岗文化创意村 193
中国(合肥)国际动漫城落户蜀山区 194
国家广播影视科技创新实验基地(效果图) 195
渡江战役纪念馆 195
肥东县首届“全民文化月”启动仪式暨社区专场文艺演出 196
2014 紫蓬·雅歌中秋国际诗会 197
庐剧现代戏《这钱怎么花》开排 198
庐江县第四届风筝文化节 198
巢父生态园内的巢父、有巢氏石雕像 199
宿州市第二届戏曲大舞台 200
市级非物质文化遗产——埇桥琴书 201
白土镇费村广场秧歌队欢快舞蹈 202
砀山唢呐应邀赴美国参加“第十届亚裔节”并获“最佳音乐奖” 203
灵璧菠林喇叭——周家班唢呐第四代传人周本祥(左)与周海燕(右) 204
“美好泗州舞起来”泗县第二届“汴河国际杯”全民广场舞比赛 205
“大淮海杯”安徽省第四届葫芦丝·巴乌器乐大赛颁奖晚会 207
淮北市首届市民文化节现场 208
淮北市隋唐运河古镇入口五凤三阁效果图 209
淮北市中国石榴博物馆 210
杜集区第三届群众文化艺术节暨首届段园葡萄采摘节 212
临涣古城遗址 213
阜阳市青联举办颍淮大讲堂青年分讲堂 214
阜阳市“微宣讲”团成立大会 215
颍州区三合镇胡庙居委会政策理论末梢宣讲 216
文艺宣传小分队在行流镇大鹿敬老院慰问演出 217
弘扬社会主义核心价值观文艺演出 218
小读者在自助移动智能图书馆里读书 219
胡思园央视演出剧照 220
阜南县国家非遗传承班学员在表演嗨子戏 221
王家坝 221
太和县体育馆 222
颍上城北水系景观 223
《天下第一针》电影海报 224
第十三届全国考古与文物保护化学学术研讨会在亳州召开 225
现代舞台情景梆剧《红芍花》226
天静宫 227
中央电视台《美丽中华行》栏目——走进蒙城大型专题片开拍仪式 228
利辛县道德模范和利辛好人授奖仪式 229
2014 中国蚌埠花鼓灯艺术交流展演周 230
蚌埠大禹文化产业园 231
龙子湖夜景 232
蚌埠市第五届书画展和“骏马迎春·珠城腾飞——金为马画艺术作品展” 233
“禹会村遗址与淮河流域文明研讨会”与会专家考察禹会村遗址 234
双墩遗址二次发掘正式启动仪式 235
禹王庙会 236
固镇县文艺创作和艺术表演表彰奖励大会 237
第七届“五河民歌会” 238
五河沱湖风光 238
焦岗湖风光 239
淮南市 206 文化创意产业园开园仪式 241
“美好大通舞起来--大通区首届广场舞大赛”和“美好乡村舞起来”文艺节目巡演 242
“幸福田家庵·梦想红五月”群众文化成果展示活动 243
《美好淮南舞起来》获首届安徽省广场舞大赛淮南市专场一等奖 244
中国淮南八公山旅游节 245
淮南市“全民健身活动乡村行”暨夹沟镇第二十届“4·20”农民文体节 246
板张集革命烈士陵园 247
焦岗湖影视城 248
原创黄梅戏《孝行天下》获安徽省“五个一”工程奖 250
曹征海在滁州长城文化创意产业园调研 251
滁州市琅琊区 1912 街区 252
双洪生态文化公园 253
天长“天官画” 254
2014 中国·明光首届维真啤酒节开幕式暨文艺晚会 255
全椒县城新貌 256
2014 中国·滁州第三届桃文化旅游节在来安县张山乡仰山村举行 257
美丽乡村中国行走进凤阳新春特别节目现场 258
定远县蒋集镇农家书屋——安徽省第一家作家书屋 259
第 26 届李白诗歌节开幕式 260
中国诗歌之城授牌 261
矿内社区红袖标志愿者服务队 262
邻里节喷香交流会 263
长三角城市·博望自行车越野邀请赛 264
当涂县千年护城河龙舟竞赛 266
和县首届乡村旅游月启动仪式 267
含山县第二届武术太极拳展演大会 268
繁昌人字洞遗址 269
“我们的中国梦”文化进万家暨《春

风绿江南》活动 270
镜湖区雨耕山酒文化创意产业园 272
大型1890民生工程进社区活动(弋江站)在洪桥社区拉开帷幕 273
芜湖方特 274
2014首届安徽省广场舞大赛专场比赛中的三山区广场舞队 275
芜湖县六郎镇 276
繁昌窑遗址 277
铁拐宋墓考古发掘 278
现代庐剧《好支书王坤友》巡演 279
铜陵风光 280
铜陵市暨郊区第八届社区文化活动月 281
铜官乐大舞台 282
狮子山区社区居民广场舞 283
大通澜溪老街 284
天井小镇文化旅游区 285
安庆夜景 286
安庆市首届文学艺术奖颁奖 287
安庆市黄梅戏艺术中心(中国黄梅戏博物馆) 288
全国首届黄梅戏民间班社群英汇颁奖仪式 289
迎江区文化下基层演出场景 290
大观区群众文化活动 291
宜秀区中华经典诗词诵读会现场 292
黄梅戏《惊天一兰》剧照 293
孔雀东南飞景区 294
上海画家向枞阳县黄镇图书馆捐赠作品 295
张恨水纪念馆 296
群众文化辅导员培训班授旗仪式 298
望江《挑花舞》获全国校园舞蹈银奖 299
岳西映山红文化月活动 300
电影《邓小平登黄山》安徽首映式 302
第十届黄山书市开幕式 303
“出彩屯溪人”全民选秀活动 304
全国公开水域游泳系列赛太平湖站比赛 305
徽州区岩寺古镇新貌 306
歙县徽州府衙 307
“最美休宁人”系列活动 308
祁门县洪家大屋 309
黟县百工展在安徽大学举办 310
慈光阁 311
六安首届荷花展咏荷诗词和书法作品展 312
第三届中国大别山(六安)山水文化旅游节开幕式 314
红街“周末游戏”百姓大舞台 315
独山革命旧址群 316
正阳关抬阁 317
霍山文庙 318
临淮泥塑 318
金寨革命纪念馆一角 319
“梦之路活力龙舒金秋笔会”采风活动 320
叶集试验区城市风貌 321
池州市平天湖 322
“杏花梦·农耕情”安徽池州非物质文化遗产展演 323
杏花村文化旅游区 324
青阳农民画 325
牯牛降 326
至德小学的武术比赛 327
第六届世界传统武术锦标赛在九华山举行 328
敬亭山 329
三月三敬亭山传统民俗文化旅游月活动 330
皖南皮影博物馆 332
宁国市新立皖南花鼓戏剧团“送戏进万村”巡回演出 333
宁国风光 333
郎溪县梅渚镇民俗大戏“跳五猖”表演 334
2014中国·桃花潭龙舟赛 335
绩溪县安苗节 336
旌德县梓山大舞台 337
宿松县首届道德模范人物评选暨“寻找最美宿松人”活动 338
广德环东亭山地自行车赛 340
合肥市文化园区(基地) 347
2014年全省各级公共图书馆基本情况 380
2014年全省艺术表演团体从业人员情况 380
2014年全省文化馆(站)基本情况 381
2014年全省各类艺术表演团体演出情况 381
2014年各市文化及相关产业专利授权情况 382
2011—2014年全省电影综合情况 382
2014年全省电影放映基本情况 383
2014年全省国家级重点文物保护单位分布 383
2014年全省非物质文化遗产保护中心基本情况 384
全省国家级非物质文化遗产项目一览表 385

《安徽文化年鉴》编写人员名单

单　位	审稿人	撰稿人
省委宣传部	张家杰	李　宁　强惠玲　史仲红　康福升　张旭东　计雪峰　吴金华　时　玲　陈新颖
省文化厅	葛　光	李一兵
省教育厅	周　元　胡晓云	胡艳群
省体育局	文　斌	孙同瑞
省新闻出版广电局	黄红文	杨振桥
省旅游局	杨　柳	夏珍珍
安徽日报报业集团	王　甄	张尚稳　范春晓
省广电台	张　波	张宇阳
省社科院	邢　军	王　磊
省文联	吴　雪	王灵均
省社科联	韩修良	曹　刚
省民委（宗教局）	韩　雷	汪安定
安徽出版集团	程春雷	范仁平
安徽演艺集团	陈建国	范　伟
安徽发行集团	郭宏斌	韩　琴
安徽广电传媒产业集团	王　胜	汪志凯
合肥市	王　浩	关礼准
蜀山区	赵　顺	李燕茹
庐阳区	张　云	黄　铮
瑶海区	谢后平	张　勇
包河区	钱　江	吴　亮
巢湖市	王有洲	费卫伟
长丰县	杨道文	严太高
肥东县	王业芬	康俊卿
肥西县	张建春	李琼芳
庐江县	宛　雷	房　亮
宿州市	徐　宁	徐　宁
埇桥区	徐　宁	王琳琳
砀山县	徐　宁	舒　畅
萧　县	徐　宁	张前锋
灵璧县	徐　宁	许　聪
泗　县	徐　宁	张　军

淮北市	吴鸿雁	部　锋　闻　勇
相山区	邵　青	孔庆明
杜集区	戚德新	苗　红
烈山区	罗广才	陈鹏鸟
濉溪县	李　磊	张晓波
阜阳市	李　涛	张金波　安兴亮
颍州区	陈　涛	陈昆朋
颍东区	周振雷	苗恩和
颍泉区	刘海燕	张浩林
界首市	卢康乐	蒋祥虎
临泉县	马丽华	刘华光
太和县	刘成义	郭　宇
阜南县	杨东亚	张　震
颍上县	左　琴	李　静
亳州市	杜爱玉　张　弘	魏　斌
谯城区	李先禹	王新峰　苏英杰
涡阳县	雅浩海　张　梅	李　涛　李永进　刘　斌　赵晓蕾
蒙城县	范勤跃	张建同
利辛县	茹　勇	马　林
蚌埠市	张文虎	孟　波
蚌山区	马祥健	张岳嵬
龙子湖区	王承清	陈西涛
禹会区	王　兵	梁　艳
淮上区	陈立功	吕亚骅
怀远县	陈　林	张云清
五河县	张耀对	刘秀玲
固镇县	王中华	王　芳
淮南市	马光明	姚尚书　陈　杰　王克永　宫笃奎 赵明康　邵　尉　陈建强
凤台县	王安超	王　刚
大通区	余　波	余　波　张　胜
田家庵区	汪晓玲	李为民
谢家集区	余　刚	尹　蕾　王　涛
八公山区	陈玉惠	缪亚涛
潘集区	蒋　超	平兆芝
毛集实验区	朱家新	陈士根
滁州市	李中东	唐晓伟
琅琊区	孙燕舟	张琳君
南谯区	尹　虹	黄玉才　孙运汇
明光市	董维喜	董　广
天长市	刘兴民	王家银
来安县	张正宇	刘　亚
全椒县	陈　飏	曹　静

定远县	周成东	曹　力
凤阳县	姚　瑶	殷兆松
马鞍山市	赵　宇	董洁亮
雨山区	蒋　露	伍　伟
花山区	庾日升	谌开斌
博望区	李大友	袁馨馨
当涂县	周开林	孔德金
含山县	杜维斌	黄永扣
和　县	章修成	成茂奇
芜湖市	江　汛	叶　勇
鸠江区	江　辰	胡晓莲
弋江区	陈几明	姚　祥
三山区	程依宝	陆宗文
镜湖区	韩步华	赵继红
芜湖县	张致林	陈　伟
繁昌县	许必玉	季益棠
南陵县	章晓龙	罗光成
无为县	赵昌扣	张胜为
铜陵市	张文林	齐文革　施荣富　徐达佩　徐　楠　毛昌鹏　杨　健　范　燚　栾　勇　王　炜
铜官山区	谢峥嵘	
狮子山区	仇春川	
郊　区	杨纲要	
铜陵县	赵小平	
安庆市	江宏滨	王　勇
大观区	施茂生	王志强
迎江区	宋崇明	黄　莹
宜秀区	王文革	江家春
桐城市	洪　放	陈守国
怀宁县	程四益	方洪亮
枞阳县	吴银明	徐连祥
潜山县	江葆东	叶文胜
太湖县	刘春寿	程春华
望江县	何立杰	查敬兵
岳西县	王开华	储　驾
黄山市	黄建敏	余永海
屯溪区	孙春明	汪子珺
黄山区	董绍辉	汪少飞
徽州区	吴之兴	程锡锋
歙　县	潘世辉	孙文萍
休宁县	毕永茂	王海峰
祁门县	金志来	储正茂

黟　县	刘菁兰	韩永林
黄山风景区	程亚星	余盛明
六安市	储叶来　胡永生	黄遵胜
市文广新局	周　钢	周　冕
金安区	许　玲	吴玉泉
裕安区	杨光华	徐明海
寿　县	陈　卓	楚仁君
霍邱县	田　强	王礼文
舒城县	王庭美	周　红
金寨县	王观全	董策伟
霍山县	陈　林	梁　明
叶集试验区	李　静	张道红
池州市	刘茂华	李厚刚
贵池区	杨上平	谢海龙
东至县	黄正发	陈美红
石台县	殷宝宁	吴海岩
青阳县	陈　群	刘馨泽
九华山风景区	邓新建	苗仕润
宣城市	张剑平　刘维刚	田　野　袁青垂　濮阳雪明
宣州区	洪明祥	刘谋瑜
宁国市	方　莉	邓　军
郎溪县	张　健	储勤飞
泾　县	佘　民	蔡　盛
旌德县	周晓东	陈卫军　陈新红
绩溪县	汪旭红	汪劲松
宿松县	高翠玉	石茂林
广德县	王浩明	郝文静

特约撰稿人　陈　瑞　何　平　张谋贵　范丽娟